Dictionary of
Misused Japanese

日本語誤用辞典

外国人学習者の誤用から学ぶ
日本語の意味用法と指導のポイント

市川保子
＊
編著

浅山友貴
荒巻朋子
板井美佐
太田陽子
坂本まり子
杉本ろここ
副島昭夫
田代ひとみ
野田景子
本郷智子
＊
著

スリーエーネットワーク

© 2010 by ICHIKAWA Yasuko, ASAYAMA Yuki, ARAMAKI Tomoko, ITAI Misa, OTA Yoko, SAKAMOTO Mariko, SUGIMOTO Rokoko, SOEJIMA Akio, TASHIRO Hitomi, NODA Keiko, and HONGO Tomoko

All rights reserved. No part of this publication may be reproduced, stored in a retrieval system, or transmitted in any form or by any means, electronic, mechanical, photocopying, recording, or otherwise, without the prior written permission of the Publisher.

Published by 3A Corporation.
Shoei Bldg., 6-3, Sarugaku-cho 2-chome, Chiyoda-ku, Tokyo 101-0064, Japan

ISBN978-4-88319-522-0 C0081

First published 2010
Printed in Japan

まえがき

　外国人学習者は日本語を習得するうえで、さまざまな誤りをおかす。それは、学習者の母語と日本語の違いに基づくものであったり、日本語そのものの体系や意味用法によるものであったり、教え方にかかわるものであったりする。そして、我々はそこから日本語理解や指導のポイントへのヒントを得る。
　この辞典はそうした学習者の貴重な誤用と、誤用から得た貴重なヒントや指導のポイントをまとめたものである。
　辞典が目指すところは次の2点である。
　1．国内外の日本語教師、日本語教育を学ぶ学生、学習者、一般の方々に「外国人日本語学習者の生きた誤用データを、整理された形で示す」こと。
　2．「学習者の誤用から何が学べるかが見える」ようにすること。

　誤用の要因を明らかにすることは非常に難しい。学習者に作文の作成意図を尋ねることが重要であるが、誤用分析をする時には学習者が帰国して、日本にいないことも多い。また、学習者に意図を尋ねても、自分の作成意図を正しくつかんでいなかったり、うまく伝えられなかったりする場合もある。そういう場合は学習者の意図を文脈や状況から想像せざるを得ない。そのために、本書で示した誤用解説と訂正文は絶対的なものではなく、誤用要因の可能性の一部を示すに過ぎない場合もある。

　この辞典の著者たちは、2003年から小さな勉強会（エルの会）を続けてきた。今回辞典作成にかかわったのは、その中の11人のメンバーである。この辞典は『日本語誤用例文小辞典』（1997）とその続編（1999）を参考にしているが、今回、11人によって誤用例の収集が広範囲に行われたこと、また、文法的な説明ではおさまらない「伝達上の誤り」や「使い方の誤り」などを取り上げることができたことにより、全く新しい形の誤用辞典を作成

することができた。

　誤用例の収集に当たっては、国立国語研究所の宇佐美洋氏の『日本語学習者による日本語作文とその母語訳との対訳データベースVer.2』CD-ROM版(2001)の一部を利用させていただいたことを心よりお礼申し上げる。

　出版元のスリーエーネットワークは、「できるだけ廉価で、誤用辞典を」という私どもの願いを受け入れ、最大限の努力をしてくださった。丁寧に内容のチェック、助言、提案をしてくださった編集者の佐野智子さん、新谷遥さん、服部智里さんとともに、関係者の皆様に心よりお礼申し上げる。

2010年3月　市川保子

本書をお使いになる方へ

I　本書の構成・内容

1. 見出し項目数：170項目（50音順配列）
   誤用例文数：2720文
   見出し項目の内訳は以下の通りである。（巻末インデックス参照）

モダリティ（20）	テンス・アスペクト（12）	ヴォイス（7）
やりもらい（6）	助詞（18）	指示語（3）
引用節（4）	名詞節（2）	名詞修飾節（1）
理由節（4）	トキ節（5）	条件節（4）
逆接節（4）	目的節（5）	並列（継起）節（7）
接続詞（28）	副詞（40）	

2. 「誤用例文」は学習者の作文、テスト解答文、練習問題の答えなどに基づくものが主であるが、会話やディスカッションから採集したものもある。

3. 文法上の誤用を中心にし、文法を超えたコミュニケーション上の誤用、使い方の誤用、文体などにかかわるものは、誤用文の文頭に★を付け、「伝達上の誤用★」で解説を行った。

4. 「誤用例文」では、できるだけ多くの誤用を取り上げるように努めたが、スペースの都合上、同じような誤用は割愛した。誤用数の多いものについては「誤用の解説」で触れるようにした。

Ⅱ 本書の使い方

各項目は次のような構成で、分類・説明がなされている。見出し項目「は」を例に取り上げる。

> **見出し項目**
>
> **は**
>
> 【見出し項目と関連する他の項目】
>
> ➡私はインドのモハメッドです。
> ➡魚は好きだが、光り物はだめだ。
>
> 【見出し項目を用いた例文。太字部分が当該項目を指す。】
>
> 【見出し項目の意味用法の説明】
>
> 様々な語に付いて、主題的に、また、対比的にそのものを取り立てる働きを持つ。
> 関連項目　が、を、に、って、について、従属節、主語・主題
>
> ─────────────
>
> 誤用例文
>
> 脱落
> 1.　誤 しかし、今の社会で栄養不足Φもう問題ではないと思う。〈中国〉
>   正 しかし、今の社会で栄養不足はもう問題ではないと思う。
>
> 【< >は、その文が作られた、あるいは、会話が行われた状況を示す。】
>
> 【文を作った学習者の国籍】
>
> 付加
> 6.　★誤 <レストランで>メ...
>   正 メニュー、あり...すか。
>
> 【元例文では「は」を使っているが、「が」とすべきものを表す。】
>
> 【★は伝達上の誤用を示す。】
>
> 混同
> 【は→が】
> 12.　誤 カラオケで3時間も歌いっぱなしだったので、今のどはとても痛い。〈イギリス〉
>   正 カラオケで3時間も歌いっぱなしだったので、今、のどがとても痛い。
>
> 【誤は学習者の作った元例文（誤用文）。太字部分は当該項目の誤用部分。】
>
> 【正は誤用文に対する訂正文。太字部分は当該訂正部分。】
>
> 誤用の解説
>
> 【ここから「誤用例文」についての解説が始まる。】
>
> 伝達上の誤用　★
>
> 【コミュニケーション上の、また、使い方、文体上の誤用を取り上げ、説明する。】
>
> 指導のポイント
> ●「は」と「が」の混同による誤用が多いが、指導に当たっては、両者の
>
> 【見出し項目の、指導上のポイントを箇条書きにしてまとめたもの。】

1. 関連項目について

　誤用は一つの部分（項目）だけに要因があるとは限らず、他の文要素の影響を受けて引き起こされる場合が多い。「関連項目」は、見出し項目の誤用が他のどのような項目と関連して引き起こされるかの「誤用の相関」を示したものである。

　「る」「た」、また「る・た」とあるのはテンス・アスペクトの非過去・過去、ル形（辞書形）・タ形（過去形）を指す。「また（接）」は接続詞としての「また」を、「また（副）」は副詞としての「また」を表す。

2. 誤用の分類について

　「誤用例文」は、次のように「脱落・付加・誤形成・混同・位置・その他」の6種類に分類した。

- **脱落**：当該項目を使用しなければいけないのに使用していない誤用。その項目がないと非文法的になる場合と、非文法的ではないが、適切でないという場合がある。

  なお、助詞、指示語、接続詞、副詞の脱落の誤用においては、脱落箇所に「Φ」を挿入した。（他の項目では活用と絡んでくるので、使用していない。）

- **付加**：脱落とは逆に、当該項目を使用してはいけないところに使用している誤用。

- **誤形成**：「したがって」を「たしがって」にするなどの形態的な誤り。

- **混同**：助詞「は」と「が」、接続詞「そして」と「それで」などのように、当該項目を他の項目と混同していることによる誤用。

- **位置**：当該項目の文中での位置がおかしい誤用。

- **その他**：以上の五つに属さないが、当該項目と密接に関係すると判断される誤用。

3．国名について

各誤用文の後ろに文を作成した学習者の国籍を示した。次に例を示す。

〈中国〉：中国国籍であることを示す。

〈中国・香港〉：国籍は中国であるが、学習者が「香港」と記したもの。

〈アメリカ（韓国）〉：韓国語母語話者、または、韓国系であるが、国籍はアメリカであることを示す。

〈？〉：国籍が不明のもの。

〈帰国子女（日本）〉：長年海外に住んでいた日本人を示す。

4．誤用文・訂正文の太字について

誤用文・訂正文において、当該項目の誤用部分と訂正部分を太字にした。ただし、活用のある語が前に来る場合は、その部分までを太字にしてある。太字部分が長すぎるなど、誤用・訂正部分が判別しにくい場合は、適宜調整した。

5．訂正文の漢字について

訂正文は基本的には常用漢字を用いた。しかし、形容詞や接尾語などでひらがなのほうがふさわしい場合、また、発音上の混同、混乱が起こりやすい場合はひらがなで表してある。（学習者の元例文を尊重し、学習者の使用漢字などが常用漢字の範囲であれば、それを生かす方向で訂正した。）

6．誤用の解説（誤用傾向と要因の説明）について

1）学習者の誤用の傾向と要因についての説明を行った。なぜ誤用をおかしたかの原因追究を、文法的に、また、母語との関係、教授法との関係などから検討した。

2）「誤用の解説」では、全誤用文について何らかの形で解説を加えている。

3）解説中の番号は誤用文の番号を示す。ただし、★の付いた誤用文は「伝達上の誤用★」で取り上げているため、解説では番号が飛んだ形になる。★が付いている文については「伝達上の誤用★」の解説をご覧いただきたい。（一部のものについては、誤用の分類におけ

る解説と「伝達上の誤用★」両方で取り上げているものもある。)
4)「伝達上の誤用★」で取り上げた誤用例は次のような範囲に及ぶ。
- ・文法的な誤りというより、その形式の使い方の誤用にかかわるもの。
- ・文としては正しいが、コミュニケーション上の適切さから言うと不自然であると思われるもの。
- ・文体にかかわるもの。
- ・その他

7．指導のポイントについて

　誤用分析を通して得た、教育に役立つ事柄を箇条書きにして整理し、授業での具体的な指導の仕方や練習方法を提案した。教師はこれらのポイントを念頭に指導に当たってほしい。

8．用語について

- ・名詞、動詞は適宜、N、Vで表すことがある。
- ・引用節、疑問引用節、名詞節、名詞修飾節は「従属節」に含まれるが、独立させてそれぞれの名前を使う場合がある。
- ・本書で用いる「普通形」は、ナ形容詞および「名詞＋だ」の場合、後続の語によって起こる次のような変化の形も含めている。

　　ナ形容詞：<u>きれいだ</u>（から）、<u>きれいな</u>（ので）、<u>きれい</u>ϕ（かもしれない）

　　名詞＋だ：<u>雨だ</u>（から）、<u>雨な</u>（ので）、<u>雨</u>ϕ（かもしれない）

- ・本書の「ル形」と「辞書形」の使い分けについては、その動詞などが「時」（テンス・アスペクト）にかかわる場合はル形を、「時」にはかかわらず形だけを問題にする場合は辞書形を用いる。どちらにも関係する場合は「ル形（辞書形）」で表すこともある。

目次

まえがき ……………………………………………………………… 003
本書をお使いになる方へ ……………………………………………… 005

<あ－お>

(て)あげる・(て)さしあげる ……………………………………… 016
あと(で) ……………………………………………………………… 022
あまり ………………………………………………………………… 026
いちばん(一番) ……………………………………………………… 030
いつも ………………………………………………………………… 032
いま(今) ……………………………………………………………… 036
いわば ………………………………………………………………… 045
受身文 ………………………………………………………………… 049
うちに ………………………………………………………………… 054

<か－こ>

が［助詞］…………………………………………………………… 058
が・けれども ………………………………………………………… 065
かならず(必ず) ……………………………………………………… 071
可能文 ………………………………………………………………… 075
かもしれない ………………………………………………………… 082
から①［助詞］……………………………………………………… 086
から②［理由節］…………………………………………………… 089
きっと ………………………………………………………………… 096
疑問引用節 …………………………………………………………… 100
(て)くれる・(て)くださる ………………………………………… 103
結局 …………………………………………………………………… 112
こと［名詞節］……………………………………………………… 116

ことができる	123
ことだ	128

<さーそ>

さて	132
さらに	136
し［並列（継起）節］	140
使役文	144
使役やりもらい	150
しか	155
しかし	158
しかも	163
指示語（こ・そ・あ）	167
したがって	198
実は	203
自動詞	208
自分で	213
ずいぶん	217
ずっと	220
すなわち	226
すると	230
ぜひ	234
全部	237
そうだ①［様態］	241
そうだ②［伝聞］	247
そこで	251
そして	255
そのうえ	261
それから	265
それで	269
それでは	275
それに	281

＜た－と＞

- た 287
- たい 293
- だいたい 297
- たいてい 301
- たいへん（大変） 305
- だが 308
- だから 312
- たくさん 317
- だけ 321
- だけしか 327
- たしか 329
- 確かに 332
- （し）出す 336
- 他動詞 339
- たぶん 344
- たまに 347
- ため（に）①［理由節］ 350
- ため（に）②［目的節］ 354
- たら 359
- たり 366
- だろう 371
- つい 376
- つまり 380
- つもりだ 385
- て①［理由節］ 389
- て②［並列（継起）節］ 393
- で［助詞］ 399
- てある 405
- ていく 409
- ている 412
- ておく 420

てから	424
てくる	428
てしまう	434
てほしい	439
てみる	443
ても	447
でも［接続詞］	452
と［条件節］	456
と言う	462
〜という〜	466
というのは	471
どうしても	474
どうも	478
と思う	481
とき	488
ときどき（時々）	494
ところが	497
ところで	502
として	507
とても	511

＜な－の＞

なかなか	516
なければならない	519
なら	523
なる・ようになる	528
に［助詞］	535
(し)に［目的節］	542
に関して	546
に対して	551
にちがいない	556
について	559

にとって ……………………………………………………… 562
には［目的節］ ………………………………………… 567
によって ………………………………………………… 570
の①［助詞］ …………………………………………… 575
の②［名詞節］ ………………………………………… 581
のだ／んだ ……………………………………………… 585
ので ……………………………………………………… 591
のに①［逆接節］ ……………………………………… 596
のに②［目的節］ ……………………………………… 600

＜は－ほ＞

は［助詞］ ……………………………………………… 603
ば［条件節］ …………………………………………… 611
はじめ・はじめて ……………………………………… 616
（し）始める …………………………………………… 622
はずだ …………………………………………………… 626
べきだ …………………………………………………… 632
ほうがいい ……………………………………………… 637
ほとんど ………………………………………………… 641
本当に …………………………………………………… 645

＜ま－も＞

前（に） ………………………………………………… 650
また［接続詞］ ………………………………………… 654
まだ ……………………………………………………… 659
または …………………………………………………… 663
まで ……………………………………………………… 667
まるで …………………………………………………… 673
みな（皆）・みんな …………………………………… 676
名詞修飾節（連体修飾節） …………………………… 681
名詞の並列（と、や、とか） ………………………… 687
名詞文・形容詞文の並列（で・くて） ……………… 693

も［助詞］	696
もう	702
もっと	706
もっとも［接続詞］	711
最も	717
ものだ	720
（て）もらう・（て）いただく	724

＜や－よ＞

やっと	732
やはり・やっぱり	737
（よ）う	742
要するに	746
ようだ	750
ように	755
よく	758

＜ら－ろ＞

らしい	766
連用中止（形）	770

＜わ－ん＞

わけだ	774
を［助詞］	780
んじゃないか	787

引用文献・参考文献	792
索引（文法範疇による）	794

（て）あげる・（て）さしあげる

➡ 友達にCDを**あげた**。
➡ おばあさんを駅まで連れて行っ**てあげた**／**てさしあげた**。

日本語の「やりもらい（授受）」には、ものの移動と動作・行為による恩恵・利益の移動がある。ここでは、「名詞を＋あげる／さしあげる」「動詞＋てあげる／てさしあげる」を取り上げる。（解説は「脱落」「混同」などの誤用分類に沿って、まとめて行う。）

|関連項目| （て）やる、（て）もらう・（て）いただく、（て）くれる・（て）くださる、敬語（謙譲語）、助詞「に、を」

|誤用例文|

|Nをあげる|

|付加|

1. 誤　かみを**あげて**ください。　　　　　　　　　〈バングラデシュ〉
   正　紙を**ください**。
2. 　　A：このテレビ、捨てようと思ってるんですよ。
   誤　B：捨てるのなら、私に**あげて**下さい。　　　〈フィリピン〉
   正　B：捨てるのなら、私に**ください**。

|誤形成|

3. 誤　木村先生の奥さんはリサさんにセーターを**あげました**。
   　　　　　　　　　　　　　　　　　　　　　　　〈インドネシア〉
   正　木村先生の奥さんはリサさんにセーターを**あげました**。

|混同|

【あげる→くれる】

4. 誤　アニルさんは私にテレビを**あげました**。　　　〈ブラジル〉
   正　アニルさんは私にテレビを**くれました**。

【あげる→くださる】

5. 誤　いつもじゅぎょうがおわってから、せんせいは私にしゅくだいを**あげました**。　　　　　　　　　　　　　　　　　　〈インドネシア〉
   正　いつも授業が終わると、先生は私に宿題を**くださいました**。

【あげさせる→持つ】
6. 誤 人民がみんな同じの人権をあげさせます。〈インドネシア〉
   正 人民はみんな同じ人権を持っています。

てあげる
脱落
7. <入院している田中さんがあなたに会いたいと言っている。だから>
   ★誤 病院へお見舞いに行ってもいいですか。〈中国〉
   正 病院へお見舞いに行ってあげてください／あげてくれませんか。

付加
8. 誤 しかしある女の人は女性の日のわけにして、どうしても何もしようとしないで、男性に仕事や家事などをさせたり、プレゼントを買ってあげさせたりします。〈ベトナム〉
   正 しかし女の人の中には、女性の日を理由に、絶対に何もしようとしないで、男性に仕事や家事などをさせたり、プレゼントを買わせたりする人がいます。

誤形成
9. 誤 おしえってあけってください。〈中国〉
   正 教えてあげてください。

混同
【てあげる→ご／お～する（謙譲）】
10. A（先生）：スペインへ行くんですよ。
    ★誤 B：じゃ、バルセロナ町をご案内してあげます。〈フィリピン〉
    正 B：じゃ、バルセロナの町をご案内します。
11. A（先生）：今度の土曜日引越しします。
    ★誤 B：私は土曜日がひまなので先生の引越しを手伝ってあげます。〈中国〉
    正 B：私は土曜日ひまなので、お手伝いします。

【てあげる→てもらう】
12. <森さんが「私」にお金を渡す絵を見て>
    誤 （私は）森さんにお金をかしてあげました。〈ベトナム〉
    正 （私は）森さんにお金を貸してもらいました。

【てあげる→ていただく】

13. <先生がジムさんを病院へ連れて行く絵を見て>
    - 誤 ジムさんは先生に病院へいっしょに**いってあげました**。
      〈フィリピン〉
    - 正 ジムさんは先生に病院へいっしょに**行っていただきました**。

【てあげる→てくださる】

14. - 誤 最初、この印刷の工場に入る時仕事が全然できませんでした。でも、会社の課長さんは、ほんとうに親切な人で私たちに少しずつ**教えてあげました**。 〈台湾〉
    - 正 最初、この印刷の工場に入った時は仕事が全然できませんでした。でも、会社の課長さんは、本当に親切な人で、私たちに少しずつ**教えてくださいました**。

15. - 誤 ゴ先生はまじめな先生、いつも学生（私たち）に親切に**あげてだから**学生たちはゴ先生はたいへんすきです。 〈イギリス〉
    - 正 ゴ先生はまじめな先生で、いつも（私たち）学生に親切に**してくださるから**、学生たちはゴ先生が大好きです。

その他

【助詞「に」→助詞「と」】

16. - 誤 私はリーさん**に**いっしょに行ってあげました。 〈フィリピン〉
    - 正 私はリーさん**と**いっしょに行ってあげました。

Nをさしあげる

誤形成

17. - 誤 学生たちは木村先生にネクタイを**さしあけました**。〈インドネシア〉
    - 正 学生たちは木村先生にネクタイを**さしあげました**。

混同

【さしあげる→くださる】

18. - 誤 <終了式の学生のスピーチで>日本語の本もういいし、私たちに**さしあげました**テープは日本語をわかるようにとてもたすかりました。 〈ブラジル〉
    - 正 日本語の本もいいし、私たちに**くださった**テープも日本語を理解するのにとても役立ちました。

てさしあげる

混同

【てさしあげる→ていただく】

19. ＜先生が車で駅まで（自分を）送る絵を見て＞
    - 誤 先生に駅まで**おくてさしあげました**。 〈ミャンマー〉
    - 正 先生に駅まで**送っていただきました**。

20. ＜先生がジムさんを病院へ連れて行く絵を見て＞
    - 誤 ジムさんは先生に病院へいっしょに**いってさしあげました**。 〈メキシコ〉
    - 正 ジムさんは先生に病院へいっしょに**行っていただきました**。

【てさしあげる→お～する（謙譲）】

21. A（先生）：今度の土曜日引越しします。
    - ★誤 B：私は土曜日暇だから、**手伝ってさしあげる**。 〈中国〉
    - 正 B：私は土曜日暇なので、**お手伝いします**。

誤用の解説

付加

1，2のように、英語話者の中には、「待ってください（please wait）」などから「please」を「動詞＋てください」の意味だと思い、「please give(me)」も「（私に）あげてください」とする誤りをしてしまう。もののやりとりでは、「ください」で「please give(me)」の意味になること、そして、「（自分に）～をください」「（他の人に）～をあげてください」の区別をすることをきちんと説明をしておきたい。8では「てあげる」が不要である。学習者は男性が女性に買ってあげるのだから、それをさせるという意味で「買ってあげさせる」としたのだろう。

誤形成

3，9，17で発音上、または表記上の誤りが起こっている。3，17では「あげる／さしあげる」の「げ」が「け」になっている。また、9では、テ形「あげて」が「あけって」になっている。「あげる・さしあげる」が1グループ動詞か2グループ動詞か区別できないための混乱とも考えられるが、「あげて」の濁音「げ」＋「て」を、清音「け」＋促音「っ」＋「て」と聞いたとも考えられる。

混同

4，5や、また12～15のように、「（て）あげる」と「（て）くれる」「（て）もらう」はしばしば混乱しやすい。4，5、そして14，15のように主語が第三者で、ものや

あ

（て）あげる・（て）さしあげる

動作を受ける対象が「私」や「私の家族・仲間」の場合は、「（て）くれる・（て）くださる」を用いなければならない。（「第三者」は聞き手「あなた」を含む。以下同じ。）

12は、「私」を設定し、その「私」が恩恵を受ける対象として描かれた絵を見せた上で、学習者に作らせた文である。文作成時には「私は」を主語とするように指示してあるので、「（私は）貸してもらう」とする必要がある。学習者は、恩恵を受けるのがどちらであるかがわかっていても、それをどう表すかが、「（て）あげる」を使うべきか「（て）もらう」「（て）くれる」を使うべきかの段階になると混乱してしまうようだ。

「（て）あげる」と「（て）くれる」「（て）もらう」は「だれがだれにするか」によって使い分けられる。

```
＜第三者＞ ）
         ｝は／が　＜第三者＞に　　（て）あげる
私       ）

＜第三者＞ ）
         ｝は／が　＜第三者＞に　　（て）もらう
私       ）

＜第三者＞が／は　　　私（家族・仲間）に　　（て）くれる
```

「（て）あげる・（て）もらう・（て）くれる」の敬語表現が、「（て）さしあげる・（て）いただく・（て）くださる」となる。「（て）くれる・（て）くださる」では、「だれが」恩恵をくれたかが重要なので、主語選択を表す「が」をとりやすい。

6では「あげる」に使役の「させる」を付けて「あげさせる」としている。学習者は「（政府は）人民に同じ人権を持たせる」と言いたかったと思われる。付加の **8** でも使役を用いているところを見ると、学習者はやりもらいの「（て）あげる」を使役と結び付けやすいのではないかと考えられる。

18〜20は「（て）さしあげる」の誤用の例であるが、**12〜15**と同じく「（て）くれる」「（て）もらう」との混同が見られる。**18**は「くれる」との混同であるが、敬語表現を使って「くださる」となる。**19, 20**は「てもらう」との混同で、「ていただく」となる。

その他

16のように、「動詞＋てあげる」（「動詞＋てくれる」も）の文では、助詞がいつも「に」ではなく、動詞によって異なってくることが、学習者にはわかりにくい。

(1) 李さんは林さんに韓国語を教えた。
  a．李さんは林さんに韓国語を教えてあげた。
  b．林さんは李さんに韓国語を教えてもらった。
  c．李さんが私に韓国語を教えてくれた。
(2) 李さんは林さんを銀行へ連れて行った。
  a．李さんは林さんを銀行へ連れて行ってあげた。
  b．林さんは李さんに銀行へ連れて行ってもらった。
  c．李さんが私を銀行へ連れて行ってくれた。
(3) 李さんは林さんの宿題を手伝った。
  a．李さんは林さんの宿題を手伝ってあげた。
  b．林さんは李さんに宿題を手伝ってもらった。
  c．李さんは私の宿題を手伝ってくれた。

　(1)〜(3)はどのような助詞をとるかの一例であるが、「てもらう」の場合は常に「に」をとり、他の場合は基本の動詞がどのような助詞をとるかで変わってくる。（もののやりもらいでは、「あげる・さしあげる」「もらう・いただく」「くれる・くださる」すべてにおいて、「李さんが張さんにCDをあげる／もらう／くれる」のように「に」と「を」をとる。）

| 伝達上の誤用 | ★

● 話し手が相手に、他の人のために何かをしてあげるように頼む時、日本語では「（他の人のために）〜てあげてください」、または「〜てあげてくれませんか」という表現を使う。7 の「行ってもいいですか」では、話し手自身が行くことになってしまう。

● 10, 11, 21 など、聞き手に対してある行為を「してあげる」場合には、「てあげる」を使うと恩着せがましく聞こえることがある。目上の人に対して、いくら「ご案内」や「てさしあげる」という丁寧な表現を使っても、恩着せがましさの感じが残る。学習者は目上の人には「さしあげる」を使うべきだと思っていることが多いが、日本人は「お／ご〜する」（例：お手伝いします／ご案内します）、または、「〜させていただく」（例：（ご）案内させていただきます）という言い方をすることが多い。

あ

（て）あげる・（て）さしあげる

あ
あと（で）

> **指導のポイント**
> - 「（て）あげる」と「（て）くれる・（て）くださる」の混同が多い。特に第三者が自分（話し手）に物をくれたり、何かしてくれた時に「（て）あげる」を使ってしまう。構文として次の形になることを徹底させる必要がある。
>   　＜第三者＞が　＜私・家族・仲間＞に　～（て）くれる／くださる
> - 「（て）あげる」と「（て）もらう・（て）いただく」の混同も見られる。誤用には、使用する語を取り違える場合と、「森さんは私に教えてもらう」のような構文自体を誤る場合がある。後者の場合日本語では、次の形をとることを理解させる。
>   　私は　＜第三者＞に　～（て）あげる
> - 「てあげる・てさしあげる」「てくれる・てくださる」では、常に助詞が「に」であるとは限らないので、動詞に応じて、「に」の代わりの助詞を指導する必要がある。
> - 「Nをください」と「Nをあげてください」の違いを理解させる。
> - 「てあげる・てさしあげる」はしばしば恩着せがましく聞こえる。特に目上の人に対しては、「～てさしあげる」ではなく「お／ご～します（例：お手伝いします／ご案内します）」または「～（さ）せてください（例：手伝わせてください）」「～（さ）せていただきます（例：手伝わせていただきます）」のように言うほうがよい。

あと（で）

➡ 仕事が終わった**あと**で、ジョギングをする。
➡ 授業の**あと**で、事務室に来てください。

前件の事柄・行為が起こってから、後件（主節）の事柄・行為が起こることを表す。

|関連項目| あとは・あとに、トキ節「てから」、並列（継起）節「て」、条件節「と、たら」、主語・主題

|誤用例文|

|誤形成|

1.　誤　**結婚したの**後で、男の人と女の人は女の人のりょうしんに住んでいます。　　〈インドネシア〉

　　　　正 **結婚した**あとで、男の人と女の人は女の人の両親の家に住みます。
2． 誤 きのう日光へ**行ったの**後東京へ行きました。　　　　〈韓国〉
　　　　正 きのう、日光へ**行った**あと、東京へ行きました。

【るあと(で) →たあと(で)】

3． 誤 このレストランは食事を**する**あとで、必ずデザートが出ます。〈中国〉
　　　　正 このレストランは、食事を**した**あと(で)、必ずデザートが出ます。
4． 誤 日本語を**勉強する**あとで、手紙を書きます。　　　　〈タイ〉
　　　　正 日本語を**勉強した**あとで、手紙を書きます。
5． 誤 私はこの映画**見る**後で、もし世界の中で戦争はない、いいわねと思いました。　　　　　　　　　　　　　　　　　〈インド〉
　　　　正 私はこの映画を**見た**あとで、もし世界に戦争がなかったらいい(のに)と思いました。

▎混同

【あと→て】

6． 誤 来年は**結婚したあと**十年になる。　　　　　　　　〈韓国〉
　　　　正 来年は**結婚して**十年になる。

【あとで→て／てから】

7． 誤 東京へ**行ったあとで**、買いものしました。　　　〈インドネシア〉
　　　　正 東京へ**行って／てから**、買い物をしました。

【あとで→てから】

8． 誤 日本へ**来たあとで**、日本語を勉強しました。　　　　〈タイ〉
　　　　正 日本へ**来てから**、日本語を勉強しました。
9． 誤 **卒業した後で**、中学で英語を教えていました。　　　〈ブラジル〉
　　　　正 **卒業してから**、中学で英語を教えていました。

【あと→てから／とき】

10． 誤 8さいに**なった後**、家族といっしょに日本にきました。〈アメリカ〉
　　　　正 8歳に**なってから／8歳のとき**、家族といっしょに日本に来ました。

【あとで→たら】

11． 誤 病気に**なったあとで**、病院へ行ったほうがいい。　〈中国〉
　　　　正 病気に**なったら**、病院へ行ったほうがいい。
12．★ 誤 **卒業したあとで**新聞社に入りたい。　　　〈オーストラリア〉
　　　　正 **卒業したら**、新聞社に入りたい。

13. 誤 この薬を**飲んだあとで**、充分な睡眠が必要です。　　〈韓国〉
    正 この薬を**飲んだら**、充分な睡眠が必要です。
14. ★誤 いいね、じゃあ、**終わった後で**連絡するよ。　　〈アメリカ〉
    正 いいね、じゃあ、**終わったら**連絡するよ。

【あとで→と】

15. ★誤 狼は10匹の子羊を**食べたあとで**、川へ水飲みに行った。〈アメリカ〉
    正 狼は10匹の子羊を**食べると**、川へ水を飲みに行った。

【あとで→あとは】

16. ★誤 <誘いの場面で>今日、**授業の後で**どうするの？　　〈アメリカ〉
    正 今日、**授業のあとは**どうするの？

【あとで→あとも】

17. ★誤 アメリカに**帰ったあとで**、日本語の勉強を続けました。〈アメリカ〉
    正 アメリカに**帰ったあとも**、日本語の勉強を続けました。

 その他

【あとに→あとで】

18. ★誤 同窓会のとき、私達はいつも**食事のあとに**、カラオケに行きます。　　〈台湾〉
    正 同窓会のとき、私達はいつも**食事のあとで**、カラオケに行きます。

 誤用の解説
 誤形成

「あとで」が動詞と接続する場合はタ形を用いるが、辞書形のまま接続したり（3〜5）、名詞への修飾ということで助詞「の」を入れてしまったり（1, 2）する傾向がある。特に3, 4のように、主節が非過去の場合も、「あとで」の前はタ形になることに注意が必要である。

 混同

6〜10は「あと（で）」と「て／てから」との混同である。両者の基本的な違いは次のようである。

　　あと（で）：前件と後件の間にはっきりした時間的な前後関係が存在し、時間的な切れ目がかなりあっても文として成り立つ。
　　て／てから：前後関係は存在するが、時間的な切れ目はあまりなく、前件と後件が引き続いて起こる。

「行く、来る、卒業する、なる」などの動詞は、事柄・行為が完了したその時点でその事柄・行為が終了するのではなく、完了とともにその結果が状態として残っているという意味を持つ（瞬間動詞）。こうした動詞で単に前後関係を表す場合は、「てから」を用いたほうが自然である。

11～14は「あとで」と「たら」との混同である。「あとで」が物事の終了した「時」を問題にするのに対し、「たら」は前件のことがきっかけとなって後件で事柄・行為が生じ、その生じた事柄・行為を問題にするというように、表現意図が異なっている。11～14は、前件と後件の時間的な前後関係を特にはっきりさせたいわけではないので、「あとで」は不自然になる。特に、11, 12, 14に見られるような、結果の残存する瞬間動詞は、はっきりとした時間的な前後関係を示す「あとで」が結び付きにくい。

15における「子羊を食べる」と「水を飲みに行く」とは引き続き行われた行為であり、前後関係を問題にする「あとで」はふさわしくない。この場合は、ストーリー展開のために、次に何が起こるかという意味合いを表現する「と」がふさわしい。

|伝達上の誤用| ★

● 12, 14, 15は「あとで」より「たら／と」などのほうがふさわしいと考えられるが、事態間の前後関係を問題にする文脈の場合は「あとで」も可能になる。例えば、12では、「今すぐと言われても困る。やっぱり卒業したあとで、（正式に）新聞社に入りたい」などの文脈の場合は、「たら」ではなく「あとで」を用いることも可能である。あくまでも話し手が「時」を問題にしているかどうかが、表現の選択に関係することに注意が必要である。

● 「あと」は名詞であるので、「で」以外の助詞も付けることができる。16～18は、「あとで」でも文として可能だが、それまでとそれ以後を対比的に取り立てる「（あと）は」（16）、「現在だけでなく、前件の事態が起こったあとも同様に」という「（あと）も」（17）など、意図に合わせて助詞を選択するほうがよい。18は、「あとに」でも「あとで」でも可能である。「あとに」は「カラオケに行くのはいつか」という、行為の起こる「ある時点」を問題にしており、「食事→カラオケ」という順序を表す前後関係は、「あとで」のほうがふさわしい。次の場合は「あとに」と「あとで」のどちらがよいだろうか。

　(1)　コーヒーの｛あとに／あとで｝たばこを一服どうぞ。
　(2)　宴の｛あとに／あとで｝ツーショットを一枚。
　(3)　他の人たちが行ってしまった｛あとに／あとで｝一人残る。

(1)〜(3)は「あとに」「あとで」どちらも可能であるが、「あとで」は時間的順序（前後関係）を問題にし、「あとに」は「前件の事態が終わった時点の状況・状態の中で、そのまま／引き続き」という意味合いが入ると言えるだろう。

指導のポイント

- 接続の形を正しく理解させる。特に、主節が過去でなくても、「あとで」の前にはタ形が用いられることに注意させる。
- 「たあとで」（時間の前後関係に焦点を置く）と「てから」（それ以前にはしない／しなかった）の違いを学習者のレベルに合わせて理解させる。
- 「あと」の後ろには、「で」以外にも、「は、も、に、の」などの助詞を付けることができる。必要な時には、節のつながりに応じて選択できるように説明すること。
- 「たら」「と」との混同を防ぐために、「あとで」では時間関係に焦点を当てる状況の中での導入・練習を心がけ、表現の意図の違いを意識させる。
- 学習者は、after という意味を表現する場合、すぐに「あとで」を使おうとする傾向がある。何でも「あとで」としないで、「てから」「たら」などの「事態間の前後を表す表現」が使い分けられるように指導する。

あまり

➡ あの映画は**あまり**おもしろくない。
➡ **あまり**急いでやると、間違うよ。

いくつかの用法があるが、ここでは「あまり＋否定」の形で、「それほど〜ない」と物事の程度が期待・必要以上のものではないことを示す場合を中心に取り上げる。

関連項目 あまりに、かなり、とても、少ない、否定形、形容詞

誤用例文

付加

1. 誤 わたしはたばこについて**あまり**肯定でも、不定でもないです。〈韓国〉
   正 私はたばこについて肯定的でも否定的でもないです。

> 誤形成

2. 誤 私の小学の時、**あり**、いい学生じゃなかった。いつもたくさ悪いことをした。　〈インド〉

   正 私は小学生の時、**あまり**いい生徒ではなかった。いつもたくさん悪いことをした。

> 混同

【あまり→あまりに】

3. 誤 汽車の切符はとても求めにくいし、バスや自家用は**あまり**道が込んで帰郷の道はとてもつらいです。　〈韓国〉

   正 汽車の切符はとても手に入れにくいし、バスや自家用車が**あまりに**渋滞するので、帰郷の道はとてもつらいです。

4. 誤 大きく見ると自然はいつも変化しながらいろいろな模様を現すが人間はその変化について**あまり**利己的なのようである。　〈韓国〉

   正 大きく見ると、自然はいつも変化しながらいろいろな様相を呈するが、人間はその変化に対して**あまりに**利己的なようである。

【あまり→かなり／とても】

5. 誤 ブティーアナの大きさと形は、誰も知らないが、マレー人によると、犬と同じ形を持っているそうです。この動物を養う方法は、**あまり**、むずかしいと思う。　〈マレーシア〉

   正 ブティーアナの大きさと形は誰も知らないが、マレー人によると、犬と同じ形をしているそうだ。この動物を飼う方法は**かなり／とても**難しいと思う。

【あまり→とても】

6. 誤 きのうのパーティーは**あまり**うるさかった。　〈イスラエル〉

   正 きのうのパーティーは**とても**うるさかった。

7. 誤 先生の日になると、学校で**あまり**大きいパーティーがひらかせます。　〈ベトナム〉

   正 先生の日になると、学校で**とても**大きいパーティーが開かれます。

【あまり＋肯定→あまり＋否定】

8. 誤 日本人は自分の気持ちを**あまり**直接言うので、ときどき私は誤解するわけである。　〈？〉

正 日本人は自分の気持ちを**あまり**はっきり**言わない**ので、ときどき私は誤解してしまう。

9. 誤 日本語は**あまり**むずかしいです。　　　　　　　〈バングラデシュ〉
   正 日本語は**あまり**難しくないです。
10. 誤 私は故国すなわち韓国へ帰りました。その時成田空港は**あまり**こんでいました。　　　　　　　　　　　　　　　　　　　　　〈韓国〉
    正 私は故郷の韓国へ帰りました。その時、成田空港は**あまり込んで**いませんでした。

位置

11. 誤 **あまり**水をかけられる人はおこっていない。　　　　　　〈タイ〉
    正 水をかけられる人は**あまり**怒らない。

その他

【少ない→あまり】

12. 誤 市の中にはたくさん家があります。アパートが**少ない**ありません。　　　　　　　　　　　　　　　　　　　　　　　　　〈ブラジル〉
    正 町の中にはたくさん家があります。アパートは**あまり**ありません。

【「あまり」と従属節】

13. ★誤 あまり食べすきてお仲が痛くなる。　　　　　　　　　　〈タイ〉
    正 **あまり食べすぎると**、おなかが痛くなる。／**あまりに食べすぎて**おなかが痛くなった。

誤用の解説

付加

　1は「あまり肯定的でもなく、あまり否定的でもない」と言いたかったのかもしれないが、「〜でも〜でもない」に「それほど〜ない」の意味合いが含まれているので、「あまり」を削除したほうがよい。

誤形成

　2は「あまり」の「ま」が認識できていないために起こった誤りと考えられるが、表記を間違ったという可能性も高い。

混同

　3，4は「あまり」と「あまりに」の混同で、「あまりに」は過度にそうであることを表す否定的評価の副詞である。5〜7も学習者は程度の高いことを言いた

くて、「あまりに」のつもりで「あまり」と書いてしまったのかもしれない。「あまりに」は強調の度合いが高く、また、ややかたい表現であるので、ここでは「かなり」や「とても」がふさわしい。8～10は文末が否定になっていない。「あまり」＝ not very と解して、「あまり」自体に否定の意味合いを含んでいると考えてしまうのであろう。学習者の日本語レベルが高くなっても見られる誤りである。

位置

11は副詞「あまり」の文中での位置の問題である。副詞は内容理解に混乱を来さないように、置く場所を決める必要がある。11のように文頭に置くより、修飾する動詞や形容詞の前に置くのが望ましい。

その他

12は「少ない＝あまり」と考えたのであろうが、「あまり～ない＝少ない」であり、12のように「少ない」を否定にすると「多い」の意味になってしまう。

伝達上の誤用 ★

●13は「～て」の中に「あまり」が使われている例である。13は「あまり」を「あまりに」にし、「痛くなる」を「痛くなった」とすれば、原因と結果、また、引き続いて起こったという継起関係が明白になり、自然な文になる。13の「痛くなる」を生かす場合は、条件を示す「～と」がふさわしい。「あまり～すぎると」という形で否定的な意味合いを表すことができる。

指導のポイント

- 初級レベルでは、程度が高くない意味の「あまり～ない」（例：あまり難しくない。あまり寒くない。）の練習から始め、文末を否定形にすることに注意させる。
- 「あまり」は not very と訳されるが、「あまり」自体には否定を含まないことを徹底する。このことは日本語レベルが上がっても忘れやすいので、注意する必要がある。
- 「あまり」と「あまりに」は根本的に意味用法が異なるので、混同しないように指導する。

いちばん（一番）

➡ **一番**好きな食べ物は納豆です。
➡ 彼女が**一番**最後にやってきた。

ここでは副詞としての「一番」を取り上げる。「一番」はそれ以上（以下）の程度のものはない、最高（最低）の程度であることを表す。

関連項目　ずっと、だれよりも、とても、非常に、もっと、最も、〜の中で、形容詞

誤用例文

混同

【一番→だれよりも】

1. 誤　田中先生の奥さんは料理にかけては**一番**うまいだ。〈韓国〉
   正　田中先生の奥さんは、料理にかけては**だれよりも**うまい。

【一番→とても】

2. 誤　この仕事は忙しくて、**一番**早いしなければなりません。〈韓国〉
   正　この仕事は忙しいので、**とても**早くしなければなりません。

【一番→非常に】

3. ★誤　私の意見には仕事について分析的な考え方を使わなければならない仕事は**一番**面白いと満足な仕事です。〈アメリカ〉
   正　私の考えでは、分析力を使わなければならない仕事は、**非常に**面白くて満足いく仕事だと思います。

【一番→ずっと】

4. 誤　この柿はじゅくし柿にして食べたほうが**一番**おいしい食べ方ですね。〈韓国〉
   正　この柿はじゅくし柿にして食べたほうが、**ずっと**おいしいですね。

【一番→もっと】

5. ★誤　しごとは大せつですが、**一番**大せつは、かぞくです。〈ブラジル〉
   正　仕事は大切ですが、**もっと**大切なのは家族です。

6. 誤　私は留学生だったら、言葉が一番基本的なものでもちろん勉強しなければならないが、**一番**勉強したいことは、あの国の文化とか歴史とかのことです。〈台湾〉
   正　私は留学生だから、言葉は一番基本的なもので、もちろん勉強し

なければならないが、**もっと**勉強したいことはその国の文化とか歴史などだ。

その他
【比較表現】
7.　誤　俳優**のうちに**、だれがいちばん好きですか。　〈ニュージーランド〉
　　　正　俳優**のうちで**、だれが一番好きですか。

誤用の解説

混同

　学習者の頭の中に、「一番」＝No.1（＝とびきりの）という図式があるのだろうか。「とても」「非常に」をより強調したい時に「一番」を使いたがる学習者がいる。1～3はその誤用と言える。日本語の「一番」は、何らかの特定した枠（広い、狭いにかかわらず）があり、その中でナンバーワンだと言う時に使われる。1の場合は無限大の中から人を選んでいるのであるから、「一番」ではなく、「だれよりも」のほうが適切である。2，3も特定の範囲が設けられていないので、「一番」は不適切になる。

　4のように二者間の比較の「～(の)ほうが」では「一番」は使わない。「じゅくし柿」のおいしさを強調したかったと考えられるので、「ずっと」を用いたほうがよい。5，6は、前文の内容と比較した「それよりも」という意味なので、「もっと」としたほうがよい。学習者の頭の中ではナンバーワンととらえているのだろうが、文脈上は対比関係になっている。日本語母語話者は対比関係がつかめるが、学習者は何と何が、そして、どの程度の対比関係にあるのかをつかむのが難しいと思われる。

その他

　7において、「一番」を使って比較表現をする場合、「(ある範囲)の中で／うちで」という言い方が正確にできない学習者が多い。決まった言い方として指導しておきたい。

伝達上の誤用　★

● 3と5は一見正しいように見えるが、文脈上は「もっと」や「非常に」などを使うべきである。学習者は文脈を考えずに、また、言及している対象の範囲が曖昧なまま、単に強調するために「一番」を使いがちだが、しばしば唐突で、舌足らずな感じを与えてしまう。

い
いつも

> **指導のポイント**
> - 「一番」はある範囲・枠の中で程度が最も高い（または、低い）時に使われる。学習者は範囲が特定されていなくても、「一番」を使ってしまうが、この場合は「とても」「非常に」などを用いる必要がある。
> - 学習者に「一番」と「非常に」「とても」の意味の違いをつかませる。
> - 「一番」と「もっと」の違いをつかませる。二者比較に「一番」を使わないように指導する。

いつも

➡コンさんは月曜日は**いつも**遅刻する。
➡彼は**いつも**親切だ。

習慣・状態を表し、「話し手が対象を認識するときは必ず決まって」（森田1989）という話し手の主観でとらえた判断を含む。

関連項目 いつでも、しょっちゅう、ずっと、常に、毎年、毎日、よく、いつもは、決して、否定形

誤用例文

付加

1. 誤 **いつも**時々あの学生が思い出してちょっとかわいそうな学生だと思っている。　〈韓国〉
   正 時々あの学生を思い出して、ちょっとかわいそうな学生だと思ったりする。

2. 誤 おぼんはカンボジアじんのでんとうせんぞですから、まいねん**いつも**かならずこのおぼんまつりがあった。　〈カンボジア〉
   正 お盆はカンボジア人の伝統行事ですから、毎年かならずこのお盆祭りがあった。

混同

【いつも→毎年】

3. 誤 いろいろなくにでは**いつも**べつべつのおしょうがつがあります。　〈カンボジア〉

正　いろいろな国には**毎年**別々のお正月があります。
4．誤　**いつも**たぶん14日と15日正月になります。　　　　〈カンボジア〉
　　　正　**毎年**たいてい14日と15日が正月になります。

【いつも＋否定→決して＋否定】
5．誤　逆に彼女はもし何か心配事があったら**いつも**子供達に心配させません。私の母がすばらしいと私が思います。　　　　〈台湾〉
　　　正　逆に彼女は、もし何か心配事があっても、**決して**子供たちを心配させません。私の母はすばらしいと思います。

【いつも→しょっちゅう】
6．誤　あの夫婦は**いつも**喧嘩しているところを見ると、結婚するのはしたくなくなってしまった。　　　　〈台湾〉
　　　正　あの夫婦が**しょっちゅう**喧嘩しているところを見て、結婚したくなくなってしまった。

【いつも→ずっと】
7．誤　先生とじっしゅせいの教えたことは**いつも**私におぼえられます。　　　　〈インドネシア〉
　　　正　先生と実習生の／が教えてくださったことを、**ずっと**私は覚えています。
8．誤　仕事は簡単でしたが、一日中**いつも**立って足が非常に疲れました。　　　　〈台湾〉
　　　正　仕事は簡単でしたが、一日中**ずっと**立っていたので、足が非常に疲れました。

【いつも→常に】
9．★誤　マレーシアは農業国である。農産品主要な輸出品で**いつも**農産品の価格が上げたり下げたりしている。　　　　〈マレーシア〉
　　　正　マレーシアは農業国です。農産品が主要な輸出品で、農産品の価格が**常に**上がったり下がったりしています。

【いつも→よく】
10．誤　それをする人は普通お金持ちである。普通の人はあまりやらない。一番**いつも**する人は政治化である。　　　　〈マレーシア〉

33

正 それをする人は普通お金持ちである。普通の人はあまりやらない。一番よくする人は政治家である。

位置

11. 誤 お父さんは**いつも**お母さんにトバコをやめるようにと注意されていますがなかなかやめられない。　　　　　　　〈アメリカ〉

    正 お父さんはお母さんに、タバコをやめるようにと**いつも**注意されていますが、なかなかやめられません。

その他

【いつでも→いつも】

12. 誤 これを覚悟して来た人は日本人と住んで見ると、**いつでも**決心した通りにいかないと分かって来る。　　　　　　〈アメリカ〉

    正 このことを覚悟している人／外国人が日本人と住んでみると、**いつも**決めた通りにはいかないことが分かってくる。

【「いつも」と否定】

13. 　　A：いつも遅刻するんですか。

    誤 B：いえ、**いつも**遅刻しません。　　　　　　　　〈フランス〉

    正 B：いえ、**いつもは**遅刻しません。

誤用の解説

付加

「いつも」を使いながら、1では「時々」を、2では「毎年」を同時に使っている。「いつも」を使うのであれば、これらの語は不要である。

混同

3，4では、年中行事が話題となっているので、「毎年」が適切であろう。5は「いつも～ない」の形をとっているが、「話し手（ここでは子供である筆者）が認識する時は決まって」ではなく、「常に、全く」心配させることはないと言いたいのであるから、「決して～ない」が適している。6は「いつも」でも誤りではない。しかし、ここでは「四六時中喧嘩をしている」ということを言いたいのであるから、回数の多さ（頻度）を表す「しょっちゅう」のほうがふさわしい。

7，8にも「話し手が対象を認識する時は決まって」という意味合いはなく、ある状態が続くだけの意味であるから、「ずっと」（「常に」でも可）がふさわしい。8に見られるように、「一日中」のような「～中」をとる表現に「いつも」はあまり使われない。「～中」と「いつも」は意味的に重なるからであろう。10では、

「一番」と「いつも」はいっしょに使いにくいので、「一番」を生かし、「いつも」の代わりに「よく」を用いて訂正した。

> 位置

11は「いつも」の文中での位置の問題である。「いつも」がここにあっても間違いとは言えないが、読みにくさ、わかりにくさを避けるためには、述語の前に置くほうがよい。

> その他

12の「いつでも」と「いつも」は意味的にもよく似ている。

(1) わからないことを質問すると、彼女は｛いつも／いつでも｝丁寧に教えてくれる。

「いつも」が「話し手が対象を認識するときは必ず決まって」（森田1989）であるのに対し、「いつでも」は「いやな時でも」「忙しい時でも」のように「それにもかかわらず」という逆接の意味合いが含まれる。また、(2)(3)のように「いつも」は意志表現（「～ましょう」「～てください」など）をとりにくいが、「いつでも」はそうではない。

(2) 時間さえ都合がつけば、｛？いつも／○いつでも｝会いましょう。

(3) ひまな時は、｛？いつも／○いつでも｝遊びに来てください。

12の「いつでも決心した通りにいかない」は、その通りにいく時もあればそうでない時もあるという意味なので、「いつも決めた通りにいく」の否定表現を用いて「いつも決めた通りにはいかない」と訂正した。13は「いつも」を否定にした時に「は」が抜ける誤用である。「いつもは～ない」の形で話し手の判断が入り、意味的には「今日は遅刻したが、いつもは遅刻しない」になる。

> 伝達上の誤用 ★

● 9のように「（マレーシア政府は）いつも農産品の価格を上げたり下げたりしている」とすると、話し手のマレーシア政府に対する批判が入る。これは「いつも」に話し手の主観が入り、マイナス評価の内容の時は批判的意味合いが入りやすいためと考えられる。批判ではなく、客観的に事実・事態を説明するのであれば、「いつも」より「常に」が適切になる。「いつも」と「常に」を比べると、「いつも」のほうが話しことば的で、「例外ない」という話し手の判断が入るが、「常に」は、どのような時でも同じ状態が続くという客観的状態を表す。

指導のポイント

- 学習者は「いつも」だけでは不十分と思うのか、「いつも時々」「いつも毎年」などと言ってしまう。「いつも」を使えば、頻度に関する他の語や、同じ意味を持つ語は不要なことを知らせておく。
- 「いつも」は文末に意志表現をとりにくい。
- 学習者は「いつも」と「いつでも」を混同する。「いつも」は習慣化されている行動・状態を表すが、「いつでも」は「どんな時でも」「時間にかかわらず」の意味を持つ。「いつでも」は「いつも」と異なり、「いつでも来てください」のように意志表現をとることができる。
- 学習者は「ずっと覚えている」ことを「いつも覚えている」と言う。ある時以来続くことを表現する場合は、「ずっと」を用いる。
- 「いつも」は「話し手が対象を認識するときは必ず決まって」（森田1989）の意味である。自分自身を客観的に述べる時以外は、「私はいつも忙しい」のような言い方はしない。
- 「いつも」と「常に」もよく混同される。「常に」は書きことば的で、客観的表現になる。
- 「いつも」は否定と結び付いて部分否定となる。その時「は」を伴って、「いつもは」（例：いつもは許さないけど、今日だけは…）となることにも言及しておきたい。

いま（今）

➡ **今**すぐ来てください。
➡ 苦節20年、**今**では彼は日本一の芸人だ。

「今」の誤用は、大きく2種類に分けられる。「今」そのものの使い方の誤りと、「今」に助詞などが付いた副詞句としての誤りである。ここでは両方の誤用を検討する。

関連項目　今にも、今でも、現在、このごろ、最近、今から、これから、今では、今や、今まで、今も、ずっと

誤用例文

脱落

【「今は」の脱落】
1. 誤 将来日本語が生かせる仕事をしたいです。たぶん貿易会社とかに入ります。Φまだそのことについて考えています。　〈アメリカ〉
   正 将来日本語が生かせる仕事がしたいです。たぶん貿易会社に入ると思います。でも、**今は**まだそのことについて考えているところです。

【「今や」の脱落】
2. 誤 もし弁護士になって、仕事に専念したら毎日仕事をやりながら勉強になると思います。それだけではなくて、アメリカではΦ弁護の商売は法律だけの訳ではないのです。　〈アメリカ〉
   正 もし、弁護士になって仕事に専念できるようになったら、毎日仕事をやりながら勉強できると思います。また、アメリカでは**今や**弁護の商売は法律にかかわるものだけではないのです。

【「今より」の脱落】
3. 誤 もし私が台湾の野球の理事長だったら、どうやって台湾の野球にもっと人気になると思います。まず、野球のチームがΦおおくならなければなりません。　〈台湾〉
   正 もし、私が台湾の野球協会の理事長だったら、どうやって台湾の野球をもっと人気のあるものにするかということを考えます。まず、野球のチームが**今より**多くならなければなりません。

付加

【「今まで」の付加】
4. 誤 私が以前から**今まで**、関心を持って来たことは、政治経済だと思います。　〈韓国〉
   正 私が以前から関心を持って来たことは、政治経済です。

【「今までに」の付加】
5. 誤 **今までに**日本で４ヶ月ぐらい滞在します。　〈韓国〉
   正 日本に４か月ぐらい滞在しています。

いま（今）

混同

【今→ちょっと】
6. ★ 誤　すみません。**今**、よろしいでしょうか。〈中国〉
   　 正　すみません。**ちょっと／今ちょっと**よろしいでしょうか。

【今→今年で】
7. 　 誤　ゴルフは私が一番好きなしゅみです。**今**、球歴7年でハンディは10です。〈韓国〉
   　 正　ゴルフは私が一番好きな趣味です。**今年で**ゴルフ歴7年、ハンディは10です。

【今→今から】
8. 　 誤　**いま**、自分でへやを介紹する。間に入る時、左側トイレとお風呂ところです。〈インド〉
   　 正　**今から**自分の部屋を紹介します。中に入ると、左側はトイレとお風呂です。

【今→これから】
9. 　 誤　すみません。**今**、日本と中国の貿易について卒論を書きたいですが、先生の中国経済の授業をとってもよろしいでしょうか。〈韓国〉
   　 正　すみません。**これから**日本と中国の貿易について卒論を書きたいんですが、先生の中国経済の授業を取ってもよろしいでしょうか。

【今→今では】
10. 　誤　**今**、私と私の家族は日本の生活にだいぶ慣れてきました。〈マレーシア〉
   　 正　**今では**、私も家族も日本の生活にだいぶ慣れてきました。

【今→今や】
11. 　誤　3歳でピアノを始めてからというもの**今**彼女はプロピアニストである。〈タイ〉
   　 正　3歳でピアノを始め（て）、**今や**彼女はプロのピアニストである。

【今→まだ】
12. 　誤　まいにちがっこうのきょうしちのなかでにほんごをべんきょうしてにほんごをはなして会話はいちばんいいです。しかしわたしは**いま**にほんごはあまりじょうずではありません。〈中国〉
   　 正　毎日学校（の教室）で日本語を勉強して日本語を話します。会話

が一番いいです。しかし、私は**まだ**日本語はあまり上手ではありません。

【今から→これから】

13. 誤 かぜにかからないようにするためにはどうすればいいか。**今から**どんどんさむくなります。だからみんな注意した方がいいです。　〈フィンランド〉

　　 正 風邪にかからないようにするためにはどうすればいいか。**これから**どんどん寒くなる。だから、みんな注意した方がいい。

【今からも→これからも】

14. 誤 **今からも**、たばこの禁止の場所を広げ出して、テレビでたばこの弊害を効果的に広告しなければならないと思います。　〈韓国〉

　　 正 **これからも**、禁煙の場所を広げ、テレビでたばこの弊害を効果的に宣伝しなければならないと思います。

【今ごろ→このごろ】

15. ★誤 **今頃**、よく雨が降りつづけているのは、梅雨入りがもうはじまったからである。ところが、時々晴れる日もある。　〈韓国〉

　　 正 **このごろ**よく雨が降るのは、梅雨がもう始まったからである。ところが、時々晴れる日もある。

【今ごろ→最近】

16. ★誤 父の研究は大分進んで**今頃**父が書いた研究についてが雑誌によく出ている。　〈アメリカ〉

　　 正 父の研究は大分進んで、**最近**父が書いた研究（論文）について雑誌によく出ている。

【今ごろ→久しぶりに】

17. ★誤 昔のことを**今ごろ**言われてはなつかしい思い出が頭の中に浮き上がった。　〈台湾〉

　　 正 昔のことを**久しぶりに**言われて、なつかしい思い出が頭の中に浮かび上がった。

【いまだに→今も】

18. 誤 私の国籍は台湾ですけど、11才から家族とタイへ移住しました。私はタイで8年間住みました。**今だに**家族もまだタイに在住しています。　〈台湾〉

|正| 私の国籍は台湾ですけど、11才のとき家族とタイへ移住しました。私はタイに8年間住みました。**今も**家族はまだタイに在住しています。

【今でも→今も】

19. ★|誤| とにかくマカイエス先生の文学に熱意を示されたことが**いまでも**私に影響を及ぼしています。　　　　　　　　　　　〈アメリカ〉
|正| とにかくマカイエス先生が文学に熱意を示されたことが、**今も**私に影響を及ぼしています。

【今でも→今からでも】

20. |誤| 先にする未来のために、青少年がたばこを吸うことをきびしくしなければならないのです。**今でも**遅くないです。　　　〈韓国〉
|正| これからの未来のために、青少年がたばこを吸うことに対して厳しくしなければなりません。**今からでも**遅くないのです。

【今にも→今も】

21. |誤| 私と李さんは外国人だから、お客さんといろいろな話をした。みんな親切だ、時々ジュースをもらった。**今にも**、この仕事をやっているんけど、毎日夕方からだ。　　　　　　　　　　〈マレーシア〉
|正| 私と李さんは外国人だから、お客さんといろいろな話をした。みんな親切で、時々ジュースをもらった。**今も**この仕事をやっているが、毎日夕方からだ。

【今まで→今では】

22. |誤| **今まで**私は日本のスーパーで買物することにもう慣れた。〈タイ〉
|正| （私は）**今では**もう日本のスーパーで買物することに慣れた。

【今まで→いまだに／今でも】

23. |誤| 最初に日本に来て、住む所は解決しなければ、なりませんから、アパートを探しにいって不動産屋さんは探してくれましたが、いろいろ契約して、そして敷金、礼金ということはやっとわかりました。これはどういうことですか。世界中で日本だけでこのことがあるでしょうか。私は**いままで**まだ信じられません。　〈中国〉
|正| 最初に日本に来たとき、住む所を解決しなければなりませんでしたから、アパートを探しに行きました。不動産屋さんが探してくれましたが、そこでいろいろ契約して、そのとき敷金、礼金とい

うことをはじめて知りました。これはどういうことですか。世界中で、どうして日本にだけこんなものがあるのでしょうか。私は**いまだに／今でも**まだ信じられません。

【今まで→ずっと】
24. 誤 私が以前から**今まで**、関心を持って来たことは、政治経済だと思います。　　　　　　　　　　　　　　　　　　　　　　　〈韓国〉
    正 私が以前から**ずっと**関心を持って来たことは、政治経済です。

【今まで→昔から】
25. 誤 しかし、**今まで**、たばこ吸う人々は麻薬ように、ほとんどやめることがむずかしいと言います。　　　　　　　　　　　〈韓国〉
    正 しかし、**昔から**たばこは麻薬と同じように、やめることはほとんどできないと言います／言われています。

【今までも→今も】
26. 誤 先先週の土曜日テレビから見たの映画は本当にいい映画です。**今までも**心に残っています。この映画のなまえは「ビルマのたて琴」です。　　　　　　　　　　　　　　　　　　　　　　　〈インド〉
    正 先々週の土曜日にテレビで見た映画は、本当にいい映画です。**今も**心に残っています。この映画の名前は「ビルマのたて琴」です。

　その他

【本日は→今は】
27. 誤 **本日は**海外に日本語を補習として教える学校がありますが50年前はありませんでした。　　　　　　　　　　　　　〈アメリカ〉
    正 **今は**海外に日本語を補習として教える学校がありますが、50年前はありませんでした。

　誤用の解説

　脱落

1は「今は」、2は「今や」、3は「今より」が脱落している。1は、将来の希望を述べたあと現在の状態について述べているので、「今は」が必要である。2は「それだけでなく」と強調して言っているので、「（昔とは大きく変わって）今はそうなっている」という意味の「今や」を用いるとよい。3は「今より」がなくても可能だが、文の流れを明確にするために「今より」を加えたほうがよい。

付加

4は、「以前から」が「今（現時点）まで」という意味合いを含むので、「今まで」を削除するか、「関心を持ち続けてきた」ことを表すために、「今まで」を「ずっと」にしてもよい。5も「滞在している」とすれば「今まで／今までに」は不要である。学習者は「今までに滞在も4か月が過ぎた」と言いたかったのかもしれないが、継続表現「ている」を用いて、「今までに」を削除するだけでよい。

混同

6～12は「今」そのものの誤用である。7は話しことばとしては間違いではない。ただし、「今、球歴7年で」より「今年で、ゴルフ歴7年で」としたほうが、わかりやすくなる。8は話題を切り出す時などに用いられる、英語の now を訳したものと思われるが、日本語では「今から」となるか、そうでなければ、「さあ」（「では」「さて」など）となる。「今紹介する」では、「今の瞬間」「すぐに」の意味になる。9は、この瞬間に卒論を書くのではないので、「今後」の意味の「これから」が適切である。

10,11は両者とも、昔と現在の状況を比べて取り上げているので、「今や」か「今では」が適切である。10では「慣れてきた」と呼応する形で「今では」、11では「プロピアニストである」という表現に合わせて、「今や」に訂正した。「～てからというもの」はある時点から一定の状態が継続していることを表すので文意に合わない。12に見られる「今～ない」（今上手じゃない、今行かない）は日本語では、「まだ～ない」（まだ上手じゃない、まだ行かない）となるのが自然である。

13,14は「今から」と「これから」の混同である。「今から」と「これから」は同義に使われる場合もあるが、「今から」が話しているその時点を起点とするのに対し、「これから」は時の開始を漠然ととらえ「今後は」というような意味を持つ。13の「今から寒くなる」のような表現では「この時点から」「たった今から」という現時点が強調されて聞こえる。14のように、今までしてきたことを続けていくという時には「これからも」を使う。

15～17に見られるように、「今ごろ」が正しく使えない例も多い。「今ごろ」は「だいたい今」「今時分」を表す。

(1) 娘は今ごろどうしているだろう。
(2) 今ごろは6時前には明るくなる。

15,16は「今ごろ」が表す「だいたい今」や「現時点」より、もう少し幅のある時間帯を意味する「このごろ」「最近」が適切である。17は昔のことを聞いたまさにその瞬間にという意味なので「今ごろ」は適切ではない。

18,19のように「今も」が使えない学習者も多い。18では「今だに」としている

が、正確には「未だに」である。「未だに」はマイナス評価を表す語で、「解決されていない状態がまだ続いている」という意味を表す。18もタイから早く引き揚げたいと思っているのであれば、「未だに」も可能である。ただし、18は家族の状態を客観的に述べているだけなので、「今も」としたほうがよい。

　20では、以前していなかったことを始める開始点を表すには「今から（でも）」が適している。21の「今にも」は「今にも雨が降り出しそうだ」のように、「これからすぐに」の意味を表す。ここではまだ仕事が続いている様子を言っているので、「今も」がよい。

　22～26は「今まで」に関する誤用である。「今まで」は過去のある時点から現時点まで続く（ただし、そのあとはわからない）ことを表す。22のように、過去と今を比べて状況を説明するには、「今まで」ではなく、「今では」を用いる。23の「今まで信じられない」は、日本語では「未だに／今でも」になる。学習者は「～から～まで」の形が使いやすいのか、24のような「以前から今まで」という言い方をしがちである。特に現時点までと限定するのでなければ、継続を表す「ずっと」が適当である。25は、日本語では「今まで言う／言われている」とは言わず、「昔から言う／言われている」という言い方をする。現時点で終了するのではなく、以前から今も、そして、これからもという意味を表す時には、「今まで」は使えない。26の「今までも」は今までのことを問題にする表現である。ここでは現時点に焦点があると考えて、「今も」としたほうがよい。

その他

　27の「本日」は非常に改まった、また、公的にアナウンス（報告）する時に用いられ、「今日、この日」という意味である。ここでは「今日」という特定の日を指しているのではないから、「今は」または、「今では」となる。

伝達上の誤用 ★

● 6で「今」を用いると、「（またの機会ではなく）今のこの時間にお願いします」というニュアンスが入り、相手の都合や状況を考えない、あるいは、相手に選択の余地を与えない不躾で失礼な印象を与える場合がある。「今」を「ちょっと」に言い変えるか、「ちょっと」を付け加えることによって、やわらかく丁寧になる。

● 15～17では「今ごろ」が用いられている。すでに述べたように「今ごろ」は、「今ごろ言われても…」「今ごろ何を言っているのか」のように、「タイミングが悪い」「時機を逸している」という批判的なマイナスの意味合いを含むことが多い。学習者がそれを知らずに、「今来たのですか」の代わりに「今ごろ来たのですか」と言うと、非常に失礼になってしまう。「（彼は目的地に）今ごろ着いているでし

ょうね」のように批判的な意味合いのない推量の用法もあるが、学習者は正確なニュアンスがわからないまま使ってしまうので、注意が必要である。
- **19**の「今でも」と「今も」は継続的に物事が行われているという意味で共通だが、話しことばでは「今でも」が使われやすく、改まり度の高い場合は「今も」のほうが適切である。

> **指導のポイント**
>
> - 「ちょっと」「これから」「今から」「今では」「今や」「もう」「まだ」などを用いなければならないのに、「今」で済ませてしまう誤用が多い。日本語の「今」は、話し手が発話している現時点のみを表すので、指導の際には注意が必要である。
> - It is ten o'clock now. は「今10時です」とも「もう10時です」とも解釈される。「今」は現時点という短いポイントを表し、「もう」は「早くも10時だ」という話し手の気持ちを表す。「まだ10時です」と言うこともでき、「まだ」は「遅いなあ」という気持ちを含む。「今」と「もう」「まだ」の使い分けも時間をかけて、じっくり練習させたい。
> - 学習者はある状態が続いていることを表す時、ある時点から現時点までと言いたいためか、「今まで」を使ってしまう。「今まで」は現時点までで今後のことは含まれない。続いてきた、そして、続いていくことを表す「ずっと」「昔から」「今も」を使わせたい。
> - 「現時点では慣れた」と言うべきところを、「今まで慣れた」という言い方をしがちである。「今では慣れた」のように「今では」を使えるようにしたい。
> - 「今から」と「これから」の違いも例を挙げて理解させたい。次の例では、時の開始を漠然ととらえているので、話しているその時点を起点とする「今から」より、「これから」のほうがふさわしいと考えられる。
>   例：{○これから／？今から}いい季節になりますよ。

いわば

➡彼に金を貸すなんて、**いわば**金をどぶに捨てるようなものだ。

「言い換え」の接続詞であるが、例示、因果、比況・比喩ではなく、ずばりこれだ、というものに言い換える場合に使われる。書きことば的で、かたい文体で用いられる。

|関連項目| つまり、すなわち、例えば、言い換えれば、まるで、〜という〜、だから

|誤用例文|

|付加|
1. 誤 ここが新宿です。**いわば**若者があつまるところです。〈韓国〉
   正 ここが新宿です。若者が集まる所です。

|混同|
【いわば→言い換えれば】
2. 誤 一番目は、西洋人よりアジア人のほうが１対１闘技スポーツにもっと強いと言うことです。**言わば**もし西洋人とアジア人がケンカをしたら、たぶんアジア人のほうが勝つことが多いだろうと思います。〈韓国〉
   正 一番目は、１対１の格闘技スポーツは、西洋人よりアジア人のほうが強いということです。**言い換えれば**、もし、西洋人とアジア人がけんかをしたら、たぶんアジア人のほうが勝つことが多いだろうと思います。

【いわば→言ってみれば】
3. 誤 かれは有名な科学者です。**いわば**美国のアインスタインに当ります。〈韓国〉
   正 彼は有名な科学者です。**言ってみれば**、アメリカのアインシュタインに当たります。
4. 誤 人間を**いわば**、意識を持っている生物である。〈ベトナム〉
   正 人間は、**言ってみれば**、意識を持っている生物である。

【いわば→きっと】
5. 誤 彼は毎日図書館に通っているね、**いわば**勉強家に間違いないだろう。〈ベトナム〉

正　彼は毎日図書館に通っているね。**きっと**勉強家に違いない。

【いわば→といっても】
6. 誤　先月車を買いました。車**いわば**、中古車です。　　　　　〈中国〉
　　　正　先月車を買いました。車**といっても**、中古車です。

【いわば→例えば】
7. 誤　色々方法がある。**いわば**文書によって申請して、ビザを受けることもできる。　　　　　　　　　　　　　　　　　　　　　　〈ロシア〉
　　　正　色々方法がある。**例えば**、文書で申請してビザを受けることもできる。

【いわば→だから】
8. 誤　彼女は美人で、やさしくて、頭がよい。**いわば**、この仕事は彼女にはとても似合う。　　　　　　　　　　　　　　　　　〈マレーシア〉
　　　正　彼女は美人で、やさしくて、頭がよい。**だから**、この仕事は彼女にはよく合っている。

【いわば→つまり】
9. 誤　私は交換生として九大で日本語を勉強している。**いわば**、私は両友好都市の留学交換生として九州大学で日本語を専攻している。
　　　　　　　　　　　　　　　　　　　　　　　　　　　　　　〈中国〉
　　　正　私は交換留学生として九大で日本語を勉強している。**つまり**、（私は）両友好都市の交換留学生として九州大学で日本語を専攻している。

10. 誤　かれは犬やねこやとりなどのペットをもっている。**いわば**かれは愛する気持ちをもっている。　　　　　　　　　　　〈インドネシア〉
　　　正　彼は犬や猫や鳥などのペットを飼っている。**つまり**、彼は愛する気持ちを持っている。

11. 誤　タバコをすっている人が周りの人のけんこうに毒して、**いわば**、けんこうを盗んでいるにほかならないではないか。　　〈モンゴル〉
　　　正　タバコを吸っている人が周りの人の健康を害する、**つまり**、健康を盗んでいるのにほかならないのではないか。

【いわば→まるで】
12. 誤　あの子は**いわば**うさぎのようにとびまわっている。〈インドネシア〉
　　　正　あの子は**まるで**うさぎのように跳び回っている。

【いわば→NというN】

13. 誤 彼はディカプリオのファンなんで、**いわば**ディカプリオの映画と言うのは全部見たようだ。 〈中国〉

    正 彼はディカプリオのファンなん／なので、ディカプリオの**映画という映画**は全部見たようだ。

位置

14. 誤 広島の野村は攻・しゅ・走るの3拍子を兼ねた選手である。**いわば、彼は萬能選手である。** 〈韓国〉

    正 広島の野村は攻・守・走の3拍子を兼ね備えた選手である。彼は**いわば**万能選手である。

その他

【主語・主題の脱落】

15. ★誤 若い時、目立たないが、年をとると、りっぱになることがよくある。**いわば**「大器晩成」ということである。 〈中国〉

    正 若い時は、目立たないが、年をとると、立派になる人がよくいる。**そういう人を、いわば**「大器晩成」の人と言う。

誤用の解説

付加

1は「いわば」を使って新宿について説明している。「いわば」にはこのような注釈的（解説的）な用法はないので、「いわば」は不要である。

混同

「いわば」と、「言い換えれば」「言ってみれば」「例えば」「つまり」「まるで」などとの混同が見られる。2は、前文を単に説明し直しているだけで、「いわば」の「典型的なものに言い換える様子」という意味合いとは異なる。説明し直しているという点で「言い換えれば」が適切であろう。

3，4は、自分の考えを述べるのに「いわば」を使用している。物事にたとえる際、話し手自身の個人的、主観的な意味合いが入る場合は、「言ってみれば」のほうを用いることが多い。5の「だろう」を使った推測の文には、ずばりこれだという「いわば」はそぐわない。また、「いわば」は6のように注釈的な用法には適さない。2文の意味的な関係から「といっても」がよいだろう。

「いわば」は例示（7）、因果（8）比況・比喩（12）にも適さない。このような誤用が起こるのは、学習者が言い換えの意味を広く解釈しているためと考えら

れる。9〜11は言い換えながら結論付けてまとめている。「すなわち」でもよいが、より口語的な「つまり」のほうが内容には合っていると思われる。13で学習者は、「ディカプリオの映画を全部見るほどのファンだ」と言いたかったとも考えられる。その場合は、「〜なん／なので、いわばディカプリオマニアとも言える」というような文が来れば「いわば」が生きてくる。

位置

14でもそれほど違和感はないが、言い換える語の直前に置いたほうが、どの語と言い換えたかがはっきりする。

伝達上の誤用 ★

●「いわば」を用いた文章は、前文で事態の報告をし、後文で「いわば」を用いてまとめる形をとることが多い。したがって、後文は「N1はいわばN2だ」のように名詞文になりやすい。後文の名詞文では、主題・主語を明示したほうが前文との関係がわかりやすくなる。15は意味関係がわからないことはないが、主題・主語がないと、どこか不安定な感じがする。

指導のポイント

- ●「いわば」は、例示、因果、比況・比喩ではなく、ずばりこれだ、というものに言い換える場合に使われる。「いわば」は前文に事実・事態の説明があって、後文で「〜は、いわば〜である」という形をとることが多い。
  　例：A氏は今回も多額の寄付をしてくれた。A氏はわが社にとって、いわば救世主とも言うべき人だ。
  「いわば」は言い換えではあるが、使用できる範囲が限られているので、それに注意させる必要がある。
- ●「いわば」の練習として「事実・事態の説明。N1は、いわばN2である。」の形から入るのも一方法である。後文の「主語・主題（N1は）」が、抜けると意味関係が不明になることがあるので、言わせるようにする。（「いわば」はN1の前に来ることもある。）
- ●「いわば」は書きことば的であるので、前文・後文の文体的なバランスにも気をつけさせる。
- ●「いわば」を用いた文は文末に意志表現が来にくいことに注意させる。
- ●「いわば」を置く位置にも注意させる。

受身文

➡ その寺は100年前に**建てられた**。
➡ (私は) 弟にカメラを**こわされた**。

受身文は大きく直接受身と間接受身に分けられる。直接受身は、主語がだれかから直接的な動作・行為を受けることを、間接受身は、主語がだれかから間接的に何らかの影響（多くの場合、迷惑・被害）を受けることを表す。

関連項目　自動詞、他動詞、可能文、使役文、てもらう・ていただく、助詞「が、を、に、によって」

誤用例文

脱落

1. 誤　交通事故の多発に対して交通安全の宣伝計画が**実施している**。〈中国〉
   正　交通事故の多発に対して、交通安全キャンペーンが**実施されている**。
2. 誤　そして、有名な**刺身が代表した**日本の食生活は健康にいいと言われます。〈中国〉
   正　そして、有名な**刺身に代表される**日本の食生活は健康にいいと言われます。
3. 誤　ドイツでは決して見ませんでしたから、私は**魅惑しました**。〈ドイツ〉
   正　ドイツでは決して見られなかった／見たことがなかったので、私は**魅惑されました**。

付加

4. 誤　**三木さんはわたしにしごとをたのめられました**。〈イギリス〉
   正　**私は三木さんに仕事を頼みました**。

誤形成

5. 誤　田中さんはおぼあさんに駅のぼしょを**聞かれました**。〈タイ〉
   正　田中さんはおばあさんに駅の場所を**聞かれました**。
6. 誤　みち子さんは山下さんに映画に**さそられました**。〈ミャンマー〉
   正　みち子さんは山下さんに映画に**誘われました**。
7. 誤　先生に相談したところが、忙しくて**ことわれてしまった**。〈中国〉
   正　先生に相談したところ、忙しいと言って**ことわられてしまった**。
8. 誤　1154年に大司教に新しい協会の新築が**建て始まられた**。〈ドイツ〉

正 1154年に大司教によって新しい教会が**建て始められた／建てられ始めた**。

混同

【受身→他動詞】

9. 誤 私が遅刻したばかりに、みんなに迷惑を**かかれて**しまった。〈韓国〉
   正 私が遅刻したばかりに、みんなに迷惑を**かけて**しまった。

10. 誤 次から次への台風のために今年の農産物の収穫は**影響される**にちがいない。〈台湾〉
    正 次から次へと来た台風のために、今年の農産物の収穫は**影響を受ける**に違いない。

【受身→自動詞】

11. 誤 深い傷はそのまま放っておくと、**感染され**大変なことになりかねない。〈アメリカ〉
    正 深い傷はそのまま放っておくと（細菌に）**感染し**、大変なことになりかねない。

12. 誤 彼女はこのサプライズパーティですごく**感動されて**、泣き出した。〈シンガポール〉
    正 彼女はこのサプライズパーティーにすごく**感動して**、泣き出した。

13. 誤 （私は）田中様の明るい態度に大変**感心された**。〈中国〉
    正 （私は）田中様の明るい態度に大変**感心した**。

14. 誤 PKO問題をめぐって、日本では意見が二つに**分けられた**。〈韓国〉
    正 PKO問題をめぐって、日本では意見が二つに**分かれた／分かれている**。

15. 誤 シアトルの経済はよく**変化されました**。〈アメリカ〉
    正 シアトルの経済はかなり**変化しました**。

16. 誤 指導教官と相談した結果、論文テーマが**変われました**。〈韓国〉
    正 指導教官と相談した結果、論文テーマが**変わりました**。

17. 誤 私はもっと専問的な都市計画という学問を学ぶために日本へやって来ました。というのは、私が国にはそのついて、まだ**発展されない**し、大学でもそんな科目の時間が少くなかったんです。〈韓国〉
    正 私はより専門的な都市計画という学問を学ぶために、日本へやって来ました。というのは、私の国では、そうした学問はまだ**発展**

していないし、大学でもそのような科目の時間は少なかったからです。

【受身→使役】
18. 誤 私の妹のようにながら族という人達は私に聖徳太子を**連想される**。 〈アメリカ〉
    正 私の妹のような「ながら族」は、私に聖徳太子を**連想させる**。
19. 誤 敬語のポイントはまず自分が一番居心地よいのを選ぶこと。無理に使うことや過剰に使うこともかえって相手に**気をつかわれてしまう**ので、まず自分と相手も一番気を遣わない話し方をえらぶこそが相手に対する礼儀正しいことであろう。　〈オーストラリア〉
    正 敬語のポイントはまず自分が一番心地よいものを選ぶこと。無理な使用や過剰な使用はかえって相手に**気を遣わせてしまう**ので、一番気を遣わない話し方を選ぶこと。そのことこそが相手に対して礼儀正しいということであろう。

【受身→可能】
20. 誤 この美術館でピカソの絵を**見せられています**。 〈ドイツ〉
    正 この美術館でピカソの絵が**見られます／展示されています**。

【受身→いただく】
21. ★誤 ただ今**紹介された**ムンです。 〈韓国〉
    正 ただ今ご**紹介いただきました**ムンです。

■その他
【助詞「が」→助詞「を」】
22. ★誤 どろぼうにかばん**が**とられました。 〈ロシア〉
    正 どろぼうにかばん**を**とられました。

【助詞「に」→助詞「によって」】
23. 誤 モナリザはダビンチ**に**かかれた。 〈中国〉
    正 モナリザはダビンチ**によって**かかれた。

【迷惑受身】
24. ★誤 おとこのひとのくつがおなのひとのくつにふまれました。 〈パキスタン〉
    正 男の人は女の人にくつを踏まれました。

受身文

誤用の解説

脱落

1〜3については、「が」「は」を用いて主語を示しているにもかかわらず、それに対してどういう動詞（自動詞か他動詞か、受身形かなど）が来るべきかがわかっていない。文中での主語・述語の関係を正確に把握することが難しいと思われる。

付加

4は、「頼む」の受身形（頼む→頼まれる）が正しくできていないこともあるが、構文的に「＜第三者＞が 私に ～(さ)れる」という受身文は用いられないことがわかっていない。この場合は訂正文のように、「私」を主語にして、能動文で表現すべきである。

誤形成

受身形が正しく作れない誤用が非常に多い。中でも1グループ動詞の誤形成が多く、5，6では「られ」を用い、7では「ら」が抜けている。8では、複合動詞に「～(し)始まる」という形はないこと、また、複合動詞の受身形は、「始める」を受身にする場合と、「始める」に前置する動詞を受身にする場合があることを教える必要があろう。

混同

9，10は受身ではなく他動詞で表現すべきもの、11〜17は受身ではなく自動詞表現をとったほうがいいものである。9は「迷惑をかける」とすればよいところを、考え過ぎたためか、自動詞（かかる）と混同し、さらに自動詞を受身にしてしまったようだ。「みんな」にとっては「迷惑をかけられた」のだと思ったのかもしれない。

10〜13は、英語などの影響を受けているのであろうか。「影響を受ける be influenced」「感染する be infected」「感動する／感心する be impressed」をすべて受身で表している。14で学習者は受身の「分けられた」を使っているが、「分けられる」は意図を持って区分されることで、自然に行われる場合は「(意見が) 分かれる」と自動詞を用いる。

15〜17も学習者は受身的な要素が入っていると考えたのかもしれないが、日本語では、変化の過程も含めて、「結果」を自動詞で表す。これらの誤用を見ると、日本語では何を受身で表し、何を自動詞・他動詞で表すかの使い分けを、きちんと指導する必要があると思われる。

18，19は、構文的には使役の形ができているのに、動詞部分を受身にしてしまっている。形の上の単なる混同であるとすれば、初級段階で使役と受身が前後して

教えられるために、両者の作り方や使い方が不正確なままであると考えられる。**20**は受身文を可能文に変えたほうがよい。また、「見せる」の代わりとして「展示する」にすることもできる。

| その他

　23のように作品や建造物など何かが創り出される場合、「〜に＋受身形」ではなく「〜によって＋受身形」になる。

| 伝達上の誤用 | ★

●**21**は事実をそのまま述べており、誤りではない。気楽なパーティーのあいさつなどでは使えるだろう。しかし、聴衆や司会者に対してへりくだった気持ちを表す必要のある場面では、受身を用いず訂正文のように「ご紹介いただきました〇〇です」「ご紹介にあずかりました××です」のような慣用的な表現のほうがよい。
●**22**は、かばんに視点があるので、かばんがとられたということを客観的に述べるような場合（ニュースなど）に使われる。一方、訂正文のように「を」を使うと、文には書かれていない主体（とられた人）に視点が置かれるため、被害を受けたという意味になる。警察や交番で自分のかばんが盗まれたことを届け出ているような状況であれば、被害を強調するためにも「を」を使うほうがよいと思われる。
●**24**において、直接踏まれたのは「くつ」だが、それによって痛い思いをしたのは男の人なので、日本語では男の人を主語・主題に立てて「男の人は女の人にくつを踏まれました」と言ったほうがよい。このような迷惑受身文では次のような構文をとることが多い。

　　＜迷惑を受ける者Ａ＞が ＜迷惑を与える者Ｂ＞に ＜Ａの所有物＞を 〜（ら）れる
この場合、迷惑を受ける者は話し手であることが多い。外国人学習者は、「迷惑を受ける者」を主題として文頭に出すことが難しく、**24**のように「男の人は」を文頭に出し、「女の人にくつを」と続けるべきところを、「男の人のくつは」とする誤りが多く見られる。

う
うちに

指導のポイント

- 受身形が正しく作れない学習者が多いので、何度も練習する必要がある。特に1グループ動詞と2グループ動詞との混同が目立つ。
- 活用練習だけでは身に付かないので、文レベルでもよく練習する。受身文によく使われる動詞や文を重点的に練習させるのもよい。
- 受身文では、主語が明白な時は省略されることが多いので、省略された文からも主体（主語）と対象の関係がつかめるように指導する必要がある。
- 「男の人は女の人にくつ／足を踏まれた」のような持ち主の受身（間接受身、多くの場合、迷惑受身）が理解しにくいので、丁寧に指導する必要がある。

うちに

➡暗くならない**うちに**帰りましょう。
➡本を読んでいる**うちに**、眠ってしまった。

「うちに」の主な意味用法は次のようである。
　①状態性の表現（形容詞、動詞の否定形など）をとって、その状態が終わる前に主節の動作が実現していなければならないことを表す。（その期間を過ぎると、好ましくない事態が起こってしまう。）
　②「ている」の形をとって、一つのことをしている時、自然に別のことが起こってくることを表す。

|関連項目|　うちは、トキ節「**あいだ・あいだに、ときに・ときは、前に**」、**ている、否定形（ないうちに）、主語・主題**

誤用例文

誤形成

1.　誤　私が日本に**留学する**うちに、中国の状況が大変変わったそうだ。
　　　　　　　　　　　　　　　　　　　　　　　　　　〈中国〉

　　正　私が日本に**留学している**うちに、中国の状況がかなり変わったそうだ。

▎混同

【うちに→ときに】

2. 誤 学校に行くうちに、スーパーマーケットに寄った。　　〈タイ〉
   正 学校に行くときに、スーパーマーケットに寄った。
3. 誤 テレビを見ているうちに電話が何回もかかってきた。〈ブルガリア〉
   正 テレビを見ているときに、電話が何回もかかってきた。
4. 誤 試験勉強をしているうちに友達から電話がかかってきた。〈中国〉
   正 試験勉強をしているときに、友達から電話がかかってきた。
5. ★誤 ご飯を食べているうちに、李さんが来た。　　〈韓国〉
   正 ご飯を食べているときに、李さんが来た。
6. 誤 ご飯を食べているうちに、話すのはあまり好きではない。

〈中国・香港〉

   正 ご飯を食べているときに話すのは、あまり好きではない。

【うちに→ときは】

7. 誤 勉強しているうちにラジオを聞かないようにしてください。〈韓国〉
   正 勉強しているときは、ラジオを聞かないようにしてください。

【うちに→あいだに】

8. 誤 授業のうちに、問題紙を出してください。　　〈中国〉
   正 授業のあいだに／授業が終わるまでに、問題用紙を出してください。

【うちに→てから】

9. 誤 日本へ来るうちに、ラテンダンスを少し習って、とてもおもしろいと思いますから、ダンスクラブに入りたいです。　　〈中国〉
   正 日本へ来てからラテンダンスを少し習ってみたところ、とてもおもしろいと思ったので、ダンスクラブに入りたいと考えています。

【(ない)うちに→前に】

10. 誤 ご飯を食べないうちに手を洗いましょう。　　〈タイ〉
    正 ご飯を食べる前に、手を洗いましょう。
11. ★誤 就職活動をしていないうちに、よく先輩と相談してください。〈中国〉
    正 就職活動をする前に、よく先輩と相談してください。

【(ない)うちに→うちは】

12. ★誤 暗くならないうちに、公園で遊んでいます　　〈アメリカ〉
    正 暗くならないうちは、公園で遊んでいます。

【（ない）うちに→（ている）うちは／あいだは】

13. 誤 この本を**返さない**うちに、きちんときれいにしてください。〈中国〉
    正 この本を**借りているうちは／あいだは**、きちんときれいにしてください。

その他

【あいだに→うちは／あいだは】

14. 誤 子供がまだ**小さい間に**脳は無限の可能性を持っているから、さまざまなことを習う方がよい。〈オーストラリア〉
    正 子供がまだ**小さいうちは／あいだは**、脳が無限の可能性を持っているから、さまざまなことを習う方がよい。

【動詞の自他】

15. 誤 電車のドアがまだ**しめてない**うちに、急ぎで電車に乗ろう。〈中国・香港〉
    正 電車のドアが**閉まらない**うちに、急いで電車に乗ろう。

【文末】

16. 誤 がんばっているうちに、いい成績を**取りました**。〈中国〉
    正 頑張っているうちに、いい成績が**取れるようになりました**。

【アスペクト】

17. ★誤 先生が黒板に書いているうちに、お菓子を**食べた**ほうが安全です。〈タイ〉
    正 先生が黒板に書いているうちに、お菓子を**食べてしまった**ほうが安全です。

誤用の解説

誤形成

「うちに」の前は状態性の表現をとるので、1のように、動作性の表現を用いる場合は、「ている」の形にしないと不適切になる。

混同

2～8は「うちに」と、「とき」または「あいだ」との混同である。「うちに」の意味用法「状態性の表現をとって、その状態が終わる前に主節の動作が実現していなければならないこと」、および、「「ている」の形をとって、一つのことをしている時、自然に別のことが起こってくること」を十分理解していないことが誤

用の要因と考えられる。

9もまた「うちに」の表す意味用法からは外れている。ここでは、「来日後、習い始めた」という時間的順序を示すために、「来てから」としたほうがよい。

10, 11は「〜ないうちに」と「前に」との混同である。「〜ないうちに」は、「その状態が終わる前に主節の動作が実現していなければならない」という意味を表すが、それが理解されていないと、単に後件の出来事が起こる前という場合に「うちに」を使用してしまう。

12, 13は「うちに」と「うちは」の混同である。「うちに」は、後件（主節）に事態の変化や行為・行動表現が来やすいのに対し、「うちは」はその期間を主題化して述べる表現なので、主節に判断を表したり、対比的な意味合いを表したりする表現が来やすい。また、**13**については、一定期間、後件の状態（きれいにしている）を保つという意味であるから、「借りる」を使って「借りている」としたほうがよい。

その他

14は「あいだは」とすれば問題はない。

(1) 小さいあいだは無限の可能性を持っている。
(2) 小さいうちは無限の可能性を持っている。

(1)と(2)の違いは、(1)が単に「小さい時」という時間・期間の幅を示すのに対し、(2)は「小さいうちは可能性があるが、大きくなったらわからない」という含みを持つ。

15は「うちに」の問題というより、その前に接続する動詞の問題である。学習者は「車掌がドアをしめていないうちに」と考えたのであろうが、「電車のドア」が主語になっているので自動詞を用いて「電車のドアが閉まらないうちに」とすべきである。また、**16**のように、「一つのことをしている時、自然に別のことが起こってくること」を表す「うちに」の場合は、後件（主節）は無意志表現（取れるようになった）を用いたほうがよい。

17は、「うちに」を用いて、先生が書き終わる前に主節の動作（お菓子を食べる）が終わっていなければならないことを表そうとしている。一定時間内に終了させるという意味を表すためには、主節文末に「てしまう」を用いたほうがよい。

伝達上の誤用 ★

● **5, 11, 12**は、それぞれ「とき」「前に」「うちは」との混同であったが、次に見るように、「その期間を過ぎると、好ましくない事態が起こってしまう」というような意味合いで用いるのであれば、「うちに」も可能である。「うちに」が示す意

図を理解して使用しないと、状況が誤解される恐れがある。次のような言い方をすれば、意図が明らかになる。

 5 ＝ 本来は食事が終わってから来るはずの李さんが、
  「食べ終わらないうちに来てしまった」
 11 ＝ 就職活動をひとたび始めたら、先輩との接触は禁じられてしまうから、
  「就職活動をしていないうちに、先輩と会ってよく相談しておいてください」
 12 ＝ 最近は日が短く、すぐに暗くなってしまうから、
  「暗くならないうちに、公園で遊ぶようにしています」

指導のポイント

- 学習者は、「うちに」の基本的な意味「ある限られた状態の間に動作が実現していなければならない」がつかめなくて、単なる時を表す「とき(に)」と混同してしまう。十分な例を示して「うちに」の使い方を把握させる必要がある。
- 「うちに」の前は状態性の表現が来るので、動詞の場合「ている」や「ない」の形をとることが多いという点についても、注意させておく。
- 「うちに」と「うちは」の区別を学習者のレベルを見ながら説明しておくとよい。
- 「ある事柄と並行して別の事態が起こる」時にも「うちに」を使うが、この場合は主節末は無意志表現になるので注意させる。
 例：勉強しているうちに、眠ってしまった。

が

➡公園で子供**が**遊んでいる。
➡私は音楽**が**好きだ。

名詞に付いて、動作や状態の主語を表す。また、感情・感覚の向かう対象も表す。

関連項目　は、も、を、ほしい、たい、可能文、疑問詞、数量表現、従属節、主語・主題

誤用例文

脱落

1. 誤 住民が反対しているところを見ると、何か問題Φあるようです。　〈台湾〉
   正 住民が反対しているところを見ると、何か問題**が**あるようです。
2. 誤 あの洋服はきれいで安いために、おおぜい人Φ買うそうだ。〈カナダ〉
   正 あの洋服はきれいで安いので、大勢の人**が**買うそうだ。
3. 誤 おおげさな化粧は時間Φかかって、とくに、学生は必ず勉強に影響を及ぼすだろう。　〈中国〉
   正 大げさな化粧は時間**が**かかるので、特に学生は勉強に影響を及ぼすにちがいない。

付加

4. ★誤 そこに、けしごむ**が**、ある？　〈中国〉
   正 そこに、消しゴム、ある？
5. ★誤 〈レストランで〉メニュー**が**ありますか。　〈中国〉
   正 メニュー、ありますか。
6. 誤 まあ、いろいろ**が**あってさ。　〈フランス〉
   正 まあ、いろいろあってさ。
7. 誤 兄弟は八人**が**あってロスアンジェルスやサンフランシスコやシアトルに住んでいます。　〈アメリカ〉
   正 兄弟は八人いて、ロスアンジェルスやサンフランシスコやシアトルに住んでいます。

混同

【が→は】

（主題）

8. ★誤 A：田中さん**が**どこですか。　〈韓国〉
      B：事務所ですよ。
   正 A：田中さん**は**どこですか。
9. 誤 A　：ザンさんは料理**が**どうですか。
      ザン：料理**が**むずかしいです。　〈アイスランド〉
   正 A　：ザンさんは料理**は**どうですか。

か
が

ザン：料理**は**難しいです。

10. 誤 周恩来**が**中国の江蘇省に生まれた。21歳の時、日本へ渡って留学した。〈中国〉
    正 周恩来**は**中国の江蘇省に生まれた。21歳の時、留学のために日本へ渡った。

(対比)

11. ★ 誤 肉**が**好きですが、魚**が**きらいです。〈タイ〉
       正 肉**は**好きですが、魚**は**嫌いです。

12. ★ 誤 サッカー**が**好きですが、テニス**が**あまりしません。〈タイ〉
       正 サッカー**は**好きですが、テニス**は**あまりしません。

13. 誤 ロボットじゃあるまいし、心があるので他の人に恋に落ちること**が**当たり前のことである。〈タイ〉
    正 ロボットじゃあるまいし、心があるの／んだから、他の人と恋に落ちるの**は**当たり前のことである。

14. 誤 中国は世界で最も早くアヒルの飼育をはじめた国の一つであるといえる。北京ダックの「アヒル」と普通のアヒル**が**違う。北京ダックは特別に飼料を与え飼育するという意味がある。〈中国〉
    正 中国は世界で最も早くアヒルの飼育を始めた国の一つであるといえる。北京ダックの「アヒル」と普通のアヒル**は**違う。北京ダックは特別に飼料を与え飼育したものを指している。

(複文の主語)

15. 誤 人**が**強い心さえあれば、ひとりで旅行や生活を自由にたのしむことができる。〈中国〉
    正 人**は**強い心さえあれば、一人で旅行や生活を自由に楽しむことができる。

16. 誤 いくら人間が訂正させようと努力してもコンピュータ**が**人間の気持ちを分かってくれない。〈アメリカ〉
    正 いくら人間が訂正させようと努力しても、コンピュータ**は**人間の気持ちを分かってくれない。

【が→は／なんか】

17. 誤 ロボットじゃあるまいし、ねないでずっと働くこと**が**できない。〈中国〉

正 ロボットじゃあるまいし、寝ないでずっと働くこと**は／なんか**できない。

【が→も】

18. 誤 それぞれの地方は少なくても一つ大きショーピングセンターがあります。それに大きいスーパや市場**が**あります。　〈ブラジル〉

    正 それぞれの地方には、少なくとも一つ大きいショッピングセンターがあります。それに大きいスーパーや市場**も**あります。

19. 誤 気候変動が進むとともにスイスのアルプス**が**変化している。〈スイス〉

    正 気候変動が進むとともにスイスのアルプス**も**変化している。

【が→を】

20. 誤 すみませんが、ワープロの使い方**が**教えてくださいませんか。〈アルバニア〉

    正 すみませんが、ワープロの使い方**を**教えてくださいませんか。

21. 誤 彼はその人に出会ってからというもの、たばこをすうこと**が**止めた。〈タイ〉

    正 彼はその人に出会ってからというもの、たばこを吸うの**を**やめた。

22. 誤 彼は交通事故で命にかかわるけが**が**してしまった。〈シンガポール〉

    正 彼は交通事故で命にかかわるけが**を**してしまった。

23. 誤 オーストラリアの環境は代表的なものなので、大事にしなければ、まわりの産地に悪い影響**が**与える。　〈オーストラリア〉

    正 オーストラリアの自然環境は国を代表するものなので、大切にしなければ、周りの地域に悪い影響**を**与える。

【(皆)が→(みんな)で】

24. 誤 林さんが合格したら、皆**が**焼き肉に食べましょう。　〈韓国〉

    正 林さんが合格したら、みんな**で**焼き肉を食べましょう。

誤用の解説

脱落

　1～3はいずれも文法的に必須のものが落ちている例である。会話で助詞を言わずに済ませることに慣れた学生が、うっかり落とすようである。

付加

6,7の「いろいろがある」「8人がある」は、数量表現の後ろに「が」を置いた誤用である。副詞や助数詞のように動詞を修飾する語は、通常、格助詞を付けない。

混同

8,9のように「どこ」「どう」「何」「だれ」などの疑問詞が述語にある場合（例：李さんはどこですか。）、主語には「は」を使う原則がある。初級で習っているはずであるが、正確な文型が定着していなかったようだ。10は出現を述べる自動詞文で、本来は「が」が用いられる。ただし、その時は語順が「場所・主語・生まれた」でなければならない。10では「主語・場所・生まれた」となっているため、主語について属性（出身地）を述べる文となり、「は」が適切になる。属性を述べる文での「が」の使用は、「周恩来が中国人だ」や「水が百度で沸騰する」のような強い指定の意味合いが出る。

13において、「当たり前／当然／必要／重要だ」などの述語は、「が」を用いると「〜すべきだ」の意味が出て、働きかける内容となる。ここでは「恋に落ちるべきだ」という意図はなく、単にそのような属性・性質があると述べればよいので、「は」のほうが自然である。14の「違う」は動詞であるが、動作の意味がなく、属性を述べる文（例：水は百度で沸騰する。）を作る。「AはBと違う」または「AとBは違う」の形で用いられ、「が」を使うと、強い指定の意味合いが出る。ここではその意図がないため違和感がある。

15, 16は複文の主語に関する誤りである。15の主語「人」は、条件節「〜ば」内の主語であるばかりでなく後件（主節）の主語でもある。したがって、「が」ではなく「は」を用いる必要がある。16では主節が属性（コンピュータの一般的な特徴）を述べる文であるのに「が」を使用したために、不要な取り立て（指定）の意味合いが出ている。15, 16はいずれも複文での主語（同一主語であるか異主語であるか、「は」をとるか「が」をとるか、など）について十分教えられていないために誤用が起こっていると考えられる。（複文では基本的には、節内の主語は「が」をとる。）

17において、「（人は）〜ができる」という肯定の形では「が」が使われるが、否定の場合は「〜は／なんか（できない）」となる。否定文にあえて「が」を用いると、単なる否定でなく、「お金がない！」「連絡ができない！」といった予想外の事態が発生した意味合いが出てしまう。

18では前文でショッピングセンターについて述べ、後文で同類のスーパーや市場について述べている。したがって、同類のものを示す「も」が適切だと判断で

きる。19も「気候変動」という変化に加えて「アルプスが変化する」ことを述べる文であることから「も」がふさわしい。ただし、類似の変化ではなく、新たなものとして「アルプスの変化」を提示するのであれば、出現を述べる自動詞文となり、「が」の使用は適切になる。

　20は単純なミスのように見えるが、「使い方がわかりません」のような言い方が定着してしまって「が」と混同したのかもしれない。また、22は「けがをする」の「を」が出なかったもの、21,23は「たばこを吸うことがストップした」「影響が及ぶ」と自動詞文的に表現したかったのを、適切な動詞がわからずに他動詞「止める」「与える」で代用してしまったための誤りと考えられる。24は、「は」のところでも同様の誤用が見られるが、「みんなで」ができていない。

伝達上の誤用　★

●4,5は、2例とも存在を問う文で「が」が使用されている。「が」があっても文法的に誤りとまでは言い難い（あるはずのない物をあると言われ、いぶかったり問いただすような文脈で「(本当に)そこに消しゴムがある？」と言う場合など）。しかし、ニュートラルな意味で有無を質問する場合に「が」を使用すると、上述のような意図しない意味が出て不適切となる。学習者は、無助詞が適切である文型を改めて学ぶ機会が乏しく、「は」「が」どちらかを当てはめようとしてしまうのだろう。

●8のように「どこ」のような疑問詞が述語にある文では、主語は「は」で提示される。ただし、人や場所の一致を確認するような場面では「え？田中さんがどこですって？」「山田さんがここで、田中さんがどこだったかな。」というような言い方も聞かれることがある。このような特殊な文脈を想定する場合に限り、あり得る文である。

●11,12は構文上も「〜(です)が、〜」とあり、明らかに二者対比をしていることから「は」が使われるべきで、「が」の使用はかなり違和感が強い。ただし誤解を訂正するような場面（例えば「魚が好きで、肉が嫌いなのですか。」という質問に対して「いえ、肉が好きですが、魚がきらいです。」と答えるなど）では言えなくはないだろう。

か

が

> **指導のポイント**
>
> - 「どう」「何」「だれ」などの疑問詞が述語にある場合、主語には「が」を使わない。「何がありますか。」「それは何ですか。」の文型を確認する。
> - 数量表現が動詞を直接修飾する場合は、格助詞が付けられないことを確認する。(例：×一つがあります。)
> - 名詞修飾節や条件節などの従属節の内部におさまらず、主節にかかっていく主語には「は」を使用し、節内におさまる主語には「が」を使用するという規則を確認する。
> - 動詞の自他の区別とともに「が」「を」の区別を徹底させる。
> - 折を見て、以下のような傾向について整理し、意識的に選択させる機会を持つとよい。
>
>   ＊動詞文で「は」「が」が使用できる環境
>   ①存在・出現を述べる動詞文→「が」　　例：メールが来た。
>   ②変化を述べる動詞文→「は・が」　　例：信号は／が青になった。
>   ③能動的な動作を述べる動詞文→「は」　例：李さんは毎朝走っている。
>   ④属性を述べる動詞文→「は」　　　　例：李さんはまじめだ。
>
> - 「私たちが〜しましょう」「おまえが行け！」のように、働きかけの強い文（誘いかける文、質問文など）で主語に「が」を使用すると、大変強い指定性が出ることを確認する。
> - 談話レベルでは、単純にあるかないかを質問する場合、助詞を言わないほうが自然になる文がある。学習者のレベルに合わせて、存在質問文での無助詞の練習もしたい。

が・けれども

➡早く帰りたい**が/けれども**、まだ仕事がある。
➡話があるんです**が/けど**、いいですか。

「が・けれども・けど・けれど」の本質的な働きは逆接を表すというより、対比的な二つの事柄を結び付けることにある。また、「が・けど」の形で前置き的に用いられることも多い。「が」は「けれども」に比べ、ややかたく書きことば的である。

関連項目　理由節「ので、から」、逆接節「のに、ても、ながらも」、並列（継起）節「し、て」、助詞「も」、主語・主題

誤用例文

脱落

1. 誤　そうですよ。来ると、よく**話し合えるだろう**来ないと話があっても仕方がないだろう。〈中国〉
   正　そうですよ。来ればよく**話し合えるだろうが**、来なければ話があっても仕方がないだろう。

誤形成

2. 誤　私の国はおおきい**国**けれども、電気設備等の物の産量が低いです。〈中国〉
   正　私の国は大きい**国**だけれども、電気設備等の物の生産量は低いです。
3. 誤　テニスは**はじめで**けど、やってみよう。〈中国〉
   正　テニスは**はじめて**だけど、やってみよう。
4. 誤　そのゲームが**むずかしそう**けど、やってみなかったらわからない。〈インドネシア〉
   正　そのゲームは**難しそう**だけど、やってみないとわからない。
5. 誤　コンピュータの普及が高くなって来る**一方**が、まだ家庭への普及ぶりというところまでは行っていない。〈台湾〉
   正　コンピュータの普及が広がる**一方**だが、まだ各家庭に普及するというところまでは行っていない。

混同

【けど→ので】

6. 誤　私は日本の文化はいろいろなことをまだ**わからないけど**、わかるように日本人の友だちを作りなければなりません。〈ブラジル〉

正 私は日本の文化のいろいろなことがまだ**わからないので**、わかるように日本人の友だちを作っていきたいと思います。

【が→から】

7. 誤 今日、あなたは用事が**ありますが**、それではまた合いましょう。 〈中国〉

   正 今日は、あなたは用事が**あるようですから**、また今度会いましょう。

【けど→が】

8. ★誤 私と李さんは外国人だから、お客さんといろいろな話をした。みんな親切だ、時々ジュースをもらった。今にも、この仕事を**やっているんけど**、毎日夕方からだ。 〈マレーシア〉

   正 私と李さんは外国人だから、お客さんといろいろな話をした。みんな親切で、時々ジュースをもらった。今もこの仕事を**やっているが**、毎日夕方からだ。

【けれども→のに】

9. ★誤 彼との約束に守るように**走ってきたけれども**、彼はおそくなりました。 〈韓国〉

   正 彼との約束に間に合うように**走ってきたのに**、彼は遅れました。

【が→ても】

10. 誤 たとえ多数の人が**来るんですが**、全部の目標は一つだけです。 〈マレーシア〉

    正 たとえ多数の人が**来ても**、全員の目標は一つだけです。

【が→し】

11. ★誤 ロシアのパンには黒いパンと白いパンがあります。黒いパンはロシアのりょうりと合いますが、白いパンはほかのりょうりと合います。でも、ロシアに黒いパンが好きじゃない人が**いますが**、白いパンが好きじゃない人もいます。 〈ロシア〉

    正 ロシアのパンには黒いパンと白いパンがあります。黒いパンはロシアの料理と合いますが、白いパンはほかの料理と合います。でも、ロシアには黒いパンが好きじゃない人も**いるし**、白いパンが好きじゃない人もいます。

【が→とおり】

12. ★ 誤 ロッジの部屋は、ミにキチャンもおふろもついていますし、近にはコンビにイエンショップや駅もあり、便利なところなので、住み安くてたのしいです。でも、物価が高いと**きいていましたが**、本当に高いと思います。〈中国〉

    正 ロッジの部屋は、ミニキッチンもおふろも付いていますし、近くにはコンビニエンスストアや駅もあり、便利な所なので、住みやすくて楽しいです。でも、**聞いていたとおり**、物価は本当に高いと思います。

その他
【文体】

13. ★ 誤 電話機を借りたいと**思ってます**が結局買っちゃた。〈韓国〉

    正 電話機を借りたいと**思っていた**が、結局買っちゃった。

【文体の一致】

14. ★ 誤 宿題をやる時、グラフなど使かようと**思ったが**、めんどくさいため、やめました。〈中国〉

    正 宿題をやる時、グラフなどを使おうと**思いましたが**、めんどくさいのでやめました。

【テンス・アスペクト】

15. 誤 郵便局へ**行きたいんですけど**、わかりませんでした。〈マレーシア〉

    正 郵便局へ**行きたかったんですが**、（行き方が）わかりませんでした。

【2文→1文】

16. 誤 **彼らはやさしい顔をしている。実は一番不親切な人間だ。**〈中国〉

    正 **彼らはやさしい顔をしているが、実は一番不親切な人たちだ。**

【助詞「が」→助詞「は」】

17. 誤 漢字**が**むずかしいですが、文法**が**やさしいです。〈中国〉

    正 漢字**は**難しいですが、文法**は**やさしいです。

【助詞「は」→助詞「も」】

18. 誤 その仕方**は**いいけれども、もっといいほうほうがあると思う。〈アメリカ〉

    正 その仕方**も**いいけれども、もっといい方法があると思う。

【ながらも→が／けれども】

19. 誤 勉強はしていながらも、彼女に対する考えで隼中はできない。〈韓国〉
    正 勉強はしているが／けれども、彼女のことを思って集中できない。

【ながらも→のに／が／けれども】

20. 誤 一人暮らしはもう**一年と言っていながらも**、まだ慣れていない。〈中国〉
    正 一人暮らしはもう**一年**なのに／**一年**だが／**一年**だけれども、まだ慣れない。

【並列関係】

21. ★ 誤 日本語は**おもしろくて**むずかしいです。〈フィリピン〉
       正 日本語は**おもしろい**ですが、難しいです。

誤用の解説

脱落

1は「～だろう。」として句点を置くこともできるが、自然さから言えば「～だろうが、」として次へ続けたほうがよい。

誤形成

2～5は正しく「が・けれども」に接続できない例である。2, 5のように「名詞＋だ」の「だ」が抜ける誤りが多く見られる。

混同

「が・けれども」には、前置き的な用法（例：きのうお話ししたことなんですが／けど、…。）もあるが、6, 7は前件・後件にはっきりした因果関係があるので、「ので」「から」が必要である。10は「たとえ」で始めているので「ても」に訂正した。「たとえ」がなければ「が」でもよい。

その他

15では前件と後件（主節）は同じ過去の時点のことであるので、前件も過去にする必要がある。理由節「ので・から」では、同じ過去の事柄でも非過去を使うことができる。

(1) ノックしても返事がないので／から、窓からのぞいてみた。

(1)では、返事がなかったのでのぞいたのであるから、前件は過去にしたいところである。しかし、「ので・から」の前の述語が状態性の場合は過去にしなくてもよい。一方、「が・けれども」では(2)のように過去にする必要がある。

(2) ノックして返事がなかったが／けれども、窓からのぞいてみた。

16の「実は」は事情を打ち明ける表現で、文の型としては「前文。しかし／だが、実は、～のだ。」という形をとることが多い。「しかし・だが」を用いて2文にしてもよいが、1文にするなら、「が・けれども」が必要である。17のように前件・後件が対比的な関係を持つ時は、対比されるものは前件では「は」をとり、後件（主節）では「は」か「が」（主語の場合）をとる。学習者は対比ということがわからないことが多いので、前件を「が」にしたがるようだ。また、「も」との関係では、18のように前件で一応認めておいて、後件で但し書きを付ける場合は、「は」より「も」のほうが落ち着いた文となる。

逆接を表す「ながらも」は、通常、話し手のことではなく他の人のことに用いられる。また、「XながらもY」は「Xの事柄が、社会的な通念や期待に反してYである」（例：彼女はすべてを知っていながらも、黙っている。）という意味が入る。19, 20は話し手自身のことを述べており、「ながらも」は適切でない。仮に主語が第三者であるとすると、文としての許容度は上がるが、「ながらも」の使用に伴って、後件（主節）を文体的に、また、表現的に工夫する必要があろう。（例：（彼は）勉強はしていながらも、彼女への思いで集中できないでいる。（彼は）一年経って、一人暮らしはもう慣れたと言いながらも、実はそうでもないらしい。）

伝達上の誤用 ★

● 8の「けど」は「けれども」を縮めた形であるが、より口語的でくだけた言い方になる。8のように書かれたものでは「けれども」は可能であるが「けど」は使えない。

● 9は誤りではない。しかし、「約束を守るために頑張って走ってきたが、相手が遅れた」という場合は期待外れやがっかりした気持ちが入るので、「のに」のほうが自然になる。

● 11は、前文で黒いパンと白いパンの紹介をし、「でも」以降でそれぞれのパンに対するロシア人の好みを述べている。「が」も「～も～が、～も～」（黒パンも好きじゃないが、白パンも好きじゃない。）の形で並列を表すことができるが、どちらかと言うと後件（白パンが好きじゃない）のほうの主張が強くなる。11の学習者は全く対等に並列表現をしたいと考えられるので、「～も～し、～も～」がふさわしいと思われる。

● 「～が」は前置き的に「物価は高いと聞いていましたが、本当にそうですね。」というような言い方ができる。12に少し違和感を覚えるのは、「でも」と逆接の接続詞を用いながら、すぐそのあとで「～と聞いていましたが」と逆接の従属節を続けているためと考えられる。

- 13, 14は前件・後件における文体の一致ができていない例である。「が・けれども」の文体については、基本的には前件・後件が一致する必要がある。これは「から」「ので」と異なる点である。（例：もうあるので／から、要りません。）次の②では前件で普通体を、後件（主節）で丁寧体を使っている。

①疲れました｛が／けれども｝、もう少し続けます。
②疲れた｛？？が／？けれども｝、もう少し続けます。
③疲れた｛が／けれども｝、もう少し続ける。

②では、「が」は不可能な場合が多いが、「けれども」は使われそうである。ただし、話しことばではやや丁寧度が落ちると思われる。

- 21は誤りとは言えない。基本的には、「て」で並列されるものは、通常、プラスならプラス評価、マイナスならマイナス評価のものになる。21では「おもしろい」がプラス、「難しい」がマイナス評価の語なので、反対を表す「が・けれども」を用いたほうがよいと考えられる。しかし、「難しい」にそれほどマイナス評価を置かない場合は、「て」で並列することも可能である。

指導のポイント

- 比較的初期の段階で導入されるので、定着がよいように思われるが、レベルが高い学習者にも、「が・けれども」が落ちる脱落や、誤形成（特に「名詞／ナ形容詞＋だ＋が／けれども」の「だ」が落ちる）が起こっている。
- 「が・けれども」は対比的に二つの事柄を結び付ける。二つの事柄は「は」で対比されることが多く（例：肉は食べるが、魚は食べない。）、特に前件では「は」をとる。
- 「が・けど」は前置き的に使われることが多い。学習者は自分の立場を説明する時、理由節「ので」や「から」を使いたがるが、言い訳がましく聞こえるので、「が・けど」を使って前置き的に述べることを身に付けさせたい。

  例：明日用事がある｛？ので／んですが｝、休んでもいいですか。
- 「が・けれども」文においては前件と後件の文体を一致させるよう説明、練習させる。

かならず（必ず）

➡明日**かならず**来てくださいよ。
➡夜のあとには**かならず**朝が来る。

「例外など一つも起こらずに」「間違いなく」という意味を表す。「きっと」「ぜひ」「絶対に」より物事の成立度が高い。命令・勧誘・指示などで用いられることも多い。

[関連項目] きっと、絶対に、ぜひ、だろう、はずだ、にちがいない、なければならない

[誤用例文]

付加

1. 誤 天気予報によると、あしたは**必ず**雨が降るらしい。〈韓国〉
   正 天気予報によると、あしたは雨が降るらしい。
2. 誤 おおげさな化粧は時間かかって、とくに、学生は**必ず**勉強に影響を及ぼすだろう。〈中国〉
   正 大げさな化粧は時間がかかるので、特に学生は勉強に影響を及ぼすにちがいない。
3. 誤 私は、来年の大学費はたりないために夏休みの前に、アルバイトを探がして行きました。**必ず**、夏休の間もずっとアルバイトをしました。〈台湾〉
   正 私は、来年の大学の学費が足りないので夏休みの前に、アルバイトを探してきました。夏休みはずっとアルバイトをしました。

混同

【かならず→きっと】

4. ★誤 薬を飲むのは**必ず**役立つ。〈中国〉
   正 薬を飲むと、**きっと**効く。
5. ★誤 いつも私のことをバカにしている陳さんに、**必ず**何かを達成してみせます。〈台湾〉
   正 いつも私のことをバカにしている陳さんを、**きっと**見返してみせます。

【かならず→絶対に】

6. ★誤 あなたは来たら、私も**必ず**来るんだが、あなたは来なかったら、私は、来たくないんだよ。〈中国〉

正 あなたが来るなら、私も**絶対**に来るけど、あなたが来ないなら、私は来たくないんだよ。
7．★誤 動物にとって**必ず**水、空気がなければなりません。〈韓国〉
　　　正 動物にとって**絶対**に水と空気はなければなりません。

【かならず→ぜひ】
8．　　A：冬休み、京都に行きましょう。
　★誤 B：はい、**かならず**行きたいです。〈？〉
　　　正 B：はい、**ぜひ**行きたいです。
9．★誤 筑波大学のことなら田川先生が何でもよく知っているから、**必ず**たずねてみた方が良いと思う。〈韓国〉
　　　正 筑波大学のことなら田川先生が何でもよく知っているから、**ぜひ**訪ねてみたらよいと思う。

位置
10．誤 あした**必ず**皆学校に来て下さい。〈タイ〉
　　正 あしたは皆**必ず**学校に来てください。
11．誤 明日重要な会議が行なわれるのでこの書類を**必ず**持っていって、また遅刻しないでください。〈中国〉
　　正 明日重要な会議が行なわれるので、**必ず**この書類を持って行ってください。また遅刻しないでください。

その他
【助詞「は」】
12．誤 今度の旅行のとき、かならず先生のお宅をたずねると思っている。〈韓国〉
　　正 今度の旅行のとき**は**、かならず先生のお宅を訪ねようと思っている。

【文末】
13．誤 日本語の授業を受けよう人は必ず日本語 placement test を**受け**ます。〈中国〉
　　正 日本語の授業を受ける人は、必ず日本語の placement test を**受けなければなりません**。

誤用の解説

付加

1では、天気予報という客観的な情報に基づいているので、話し手の確信を表す「かならず」は不要になる。2は「（影響を及ぼす）だろう」という主観的な表現を使っているので、3は「ずっと」という語があるので、「かならず」は必要がないと考えられる。

混同

4，5は「かならず」と「きっと」の混同である。「かならず」は100％そうであることを話し手が確信している、または、相手にそう示したい時に用いられる。可能性が下がる時は、推測の入る「きっと」を使ったほうがよい。4は薬の効き目について話しており、それは100％断言できないことである。5は「かならず」でも間違いではないが、強く聞こえ過ぎるので「きっと」が適当であろう。

6，7は「絶対に」との混同である。「かならず」や「きっと」とは異なり、「絶対に」は話し手の「何が何でもそうである」という主観的な強い気持ちを表す。6では「あなたが来たら」という条件を出しているので、話し手の強い気持ちを表すために「絶対に」がふさわしいだろう。7は、動物には水と空気は不可欠のもので、そうした自明のことを取り立てて述べているのであるから、強い表現の「絶対に」がよいと思われる。

8，9は「ぜひ」との混同である。「かならず」も文末に依頼、命令などの意志表現をとることができる。しかし、8のような願望表現で「必ず行きたい」は使えない。一方、「ぜひ」は相手指向の副詞で、相手に対する勧め、助言を表す。9は助言の形をとっているので「ぜひ」がふさわしい。

位置

「かならず」の位置にとまどう学習者も多い。副詞は動詞・形容詞の直前に置かれることが多いが、10では「学校に来る」の結び付きが強いので、「かならず」をその前に置いて、「かならず学校に来てください」にしたほうが自然である。11は「この書類」が重要なので、その前に「かならず」を置いたほうがよい。

その他

「かならず」は話し手の確信的判断を表すので、12では判断の状況、対象に取り立て助詞「は」を付けたほうがよい。13は単なる説明文としては誤りではないが、「かならず」が強い意志や要望・義務を表すという点から考えると、文末に「なければならない」が来るほうが自然である。

かならず（必ず）

|伝達上の誤用| ★

●学習者の誤用に見られるように、「かならず」「きっと」（4，5）「絶対に」（6，7）「ぜひ」（8，9）は使い分けが難しい。飛田・浅田（1994）に基づき、以下にそれぞれの特徴をまとめておく。

　かならず：例外なく一定の結果になることを表したり、話し手の確信を示す。命令、勧誘、指示などの文脈で用いられることが多く、その場合は相手の確実な行動を促す。断定や意志の表現を伴って用いられることが多い。プラスマイナスのイメージはない。

　きっと：話し手が確信を持って推量する様子を表す。推量表現を伴うことが多い。この確信はかなり主観的で、客観的な根拠は暗示されないことが多い。相手に対して使う場合は、相手の行為について強い信頼を持っていることを暗示し、結果的に相手に強く要望している意味になる。自分のことに対しては自分の行為を確信し、強い決意を表す。ややプラスのイメージを持つ。

　絶対に：（元々は完全である様子を表す。）意志や判断を誇張する様子を表す。プラスマイナスのイメージはない。理由のいかんを問題にせず、話者が非常に強い確信を持っている様子を誇張的に表す。

　ぜひ：非常に強く要望する様子を表す。相手に対する主体の強い要望を表す語で、しばしば希望・依頼などの表現を伴う。ややプラスイメージを表す。

|指導のポイント|

●学習者は、「かならず」と「きっと」「ぜひ」「絶対に」を混同しやすい。「かならず」は、事態実現が確実であることを客観的に述べる時に用いられる。それぞれを会話の例を通して理解させ、練習させたい。

　例1　課長：明日書類はかならず持って来てください。
　　　　部下：はい、｛○かならず／？きっと／×ぜひ｝持参します。
　例2　A：明日のパーティーに来てくださいね。
　　　　B：はい、｛かならず／きっと／ぜひ／絶対に｝行きます。

例1の部下の返答は、命令に100％従うということなので、「きっと／ぜひ」は不可となり、「かならず」が可となる。例2のBは誘いに対する返答であるので「きっと／ぜひ」も可となる。「かならず」も使えるが、ややかたい言い方になる。

- 聞き手に勧めたり、誘ったりする文では、「かならず」でなく「ぜひ」を使うように指導する。
- 「かならず」は単なる願望表現には用いられず、「たい」とは結び付かない。
- 「かならず」はあくまでも実現の確率が高い確信を表す表現である。それが常態化したとき「いつも」になる。
  例：朝起きたら、{かならず／いつも}ジョギングをする。
- 「かならず」を文のどこに置けばよいか迷う学習者もいる。迷う時は、動詞などの述語の前に置けばよいことに言及しておく。

可能文

➡彼はアラビア語が**話せる**。
➡図書館で2週間本が**借りられる**。

動詞の可能形（可能動詞）を伴って能力や、状況・事態の可能性を表す。

|関連項目| 自動詞、他動詞、ことができる、受身文、助詞「が、を、に」、可能動詞「見える、聞こえる、わかる、できる」

|誤用例文|

|脱落|

1. ★誤 ＜自分のことを言う＞大学院に**入る**といいなあ。　〈中国〉
   正 大学院に**入れる**といいなあ。
2. 　　A：何時ごろ終りますか。
   ★誤 B：もうすぐ**帰り**そうですから、待って下さい。　〈韓国〉
   　正 B：もうすぐ**帰れ**そうですから、待ってください。
3. 　誤 頑張って連習すれば、チャンピオンに**なる**はずだ。〈インドネシア〉
   　正 頑張って練習すれば、チャンピオンに**なれる**はずだ。
4. 　誤 最近の子供たちは親の支配の中で育てられます。自分が**かなえなかった**夢を親は子供に実現させようとしているとも言われています。
   　　　　　　　　　　　　　　　　　　　　　　　　　　〈台湾〉

75

か

可能文

　　正 最近の子供たちは親の支配の中で育てられます。自分が**かなえられなかった**夢を、親は子供によって実現させようとしているとも言われています。

5. 誤 ドイツでは決して**見ませんでした**から、私は魅惑しました。〈ドイツ〉
　　正 ドイツでは決して**見られなかった**ので、私は魅惑されました。
6. 誤 滝の**みんりょく**はいいけしきがあるし、**ハイキングをする**し、きれいな**しゃしんをとる**し、たくさん**する**ものがあることです。
　　　　　　　　　　　　　　　　　　　　　　　　　　〈アメリカ〉
　　正 滝の魅力は、景色がいいし、**ハイキングができる**し、きれいな**写真がとれる**し、いろいろ**できる**ものがあることです。

付加

7. 誤 日本語が少し**わかれる**ようになりました。　　〈フィリピン〉
　　正 日本語が少し**わかる**ようになりました。
8. 誤 物価がいくら高くなっても生活**できない**わけには行かない。〈台湾〉
　　正 物価がいくら高くなっても生活**しない**わけにはいかない。
9. 誤 10万円の借金がある。返せるものなら、**返せたい**けど今家計が火の車になっているので仕方がない。　　　　　　　　〈中国〉
　　正 10万円の借金がある。返せるものなら**返したい**けど、今家計が火の車になっているので仕方がない。

誤形成

10. 誤 A：この車には、何人**のられます**か。　　〈インドネシア〉
　　　　B：5人です。
　　正 A：この車には、何人**乗れます**か。
11. 誤 一生懸命勉強すれば、良い成績を**取られる**にちがいない。〈台湾〉
　　正 一生懸命勉強すれば、良い成績が**取れる**に違いない。
12. 誤 頭が痛くて、起きようにもあんまり**起けない**。　　〈中国〉
　　正 頭が痛くて、起きようにも**起きられない**。

混同

【可能→自動詞】

13. 誤 このコップは落としても、**割られない**。　　〈中国〉
　　正 このコップは落としても、**割れない**。

14. 誤 そんなに悲しんだところで、うしなった友情はもう**戻られない**。 〈台湾〉
    正 そんなに悲しんだところで、失った友情はもう**戻らない**。
15. ★誤 この荷物は重くて、**動けない**。 〈中国〉
    正 この荷物は重くて、**動かない**。
16. 誤 彼女と一緒に映画を見に行くことが**決められて**、うれしいかぎりだ。 〈アメリカ〉
    正 彼女と一緒に映画を見に行くことが**決まって**、うれしいかぎりだ。

【可能→ことができる】

17. 誤 日本はすごいおもしろい国です。日本には古いとモーダンを**みつけれます**。 〈ブラジル〉
    正 日本はすごくおもしろい国です。日本には古いところとモダンなところを**見つけることができます**。
18. 誤 ネットでは別人格になるわけではなく、本当の自分が**さらせる**だけである。 〈中国〉
    正 ネットでは別人格になるわけではなく、本当の自分を**さらすことができる**だけである。
19. 誤 日本のすもう界は外国人力士を受け入れて、すもうの活性化を図るべきだと思う。というのは、まず、日本の若者たちがすもうに興味を持たないようになったので、このままたとすもうがなくなりかねないからである。すもうを通して日本の伝統文化を外国に**知らせられる**からである。 〈韓国〉
    正 日本のすもう界は外国人力士を受け入れて、すもうの活性化を図るべきだと思う。というのは、まず、日本の若者たちがすもうに興味を持たなくなったので、このままだとすもうがなくなりかねないからである。また、すもうを通して、日本の伝統文化を外国に**知らせることができる**からである。

【可能→ている】

20. 誤 先生とじっしゅせいの教えたことはいつも私に**おぼえられます**。 〈インドネシア〉
    正 先生と実習生の／が教えてくださったことを、ずっと私は**覚えています**。

可能文

可能文

【見える→見られる】

21. 誤 おぼんの行事のなかに一番たくさん**見える**風習はよるになるまえ月を見えるために人々がうみとか山に行くことです。 〈韓国〉

    正 お盆の行事の中で一番たくさん**見られる**風習は、夜になる前、月を見るために人々が海や山に行くことです。

22. 誤 今、湾岸戦争がはじめ、日本の財政上の援助が多くなり、また、戦争の心配する人はたぶんたくさんいるであろう。それでも、戦争に反対する活動が**見えない**。 〈インドネシア〉

    正 今、湾岸戦争が始まり、日本の財政上の援助が多くなった。また、戦争を心配する人はたぶんたくさんいるであろう。それでも、戦争に反対する活動は**見られない**。

【聞ける→聞こえる】

23. 誤 もしもし、電話が**聞けません**。 〈タイ〉

    正 もしもし、電話が**聞こえません**。

■その他

【〜のが難しい→可能形】

24. 誤 平日と同じ時に**起るのがむずかしい**ということは病気になったということの証拠だ。 〈韓国〉

    正 平日と同じ時間に**起きられない**ということは病気になったということの証拠だ。

【助詞「を」→助詞「が」】

25. ★誤 去年10月5日、私は日本に来ました。始めに、私は日本語**を**ぜんぜん分かりませんでした。 〈インドネシア〉

    正 去年10月5日、私は日本に来ました。はじめは、私は日本語**が**全然分かりませんでした。

26. ★誤 SFJの本をよめば、日本語**を**できます。 〈インドネシア〉

    正 SFJの本を読めば、日本語**が**できるようになります。

【助詞「が」→助詞「に」】

27. 誤 先生がいろいろなことを教えてくれなかったなら、私は試験**が**合格をできなかったにちがいない。 〈帰国子女（日本）〉

    正 先生がいろいろなことを教えてくれなかったなら、私は試験**に**合格できなかったに違いない。

誤用の解説
脱落
1～3は、話し手の願望は可能形で表すことが多いということが理解されていないために、誤用が起こっている。1の場合、「私」でなく他者であれば可能形にしなくても（例：彼が大学院に入るといいな。）通じる。4で学習者は「夢をかなえた」ことは可能の「かなえられた」に通じるので、可能形を付けなかったのかもしれない。しかし、否定の「夢をかなえなかった」には可能の意味は含まれないので「かなえなかった夢→かなえられなかった夢」とすべきである。

学習者は5のように自分（話し手）を主体にして考える傾向があるが、日本語では「そのもの」に視点を置いて「見られない」とする。6も「滝の魅力」が主題になっているのだから、他動詞を使うのではなく、滝のそばで何々ができるという表現をするべきであろう。

付加
7の「わかる」にはすでに可能の意味があることから、可能形にはできない。8, 9において、「わけにはいかない」「たい」の前には意志を表す動詞が来る必要があり、可能形はとれない。

誤形成
受身の場合と同様、動詞のグループによる可能形の作り方が混乱している。グループ分けそのものがあやふやなのかもしれない。10, 11は1グループの動詞なのに「られ」を付けており、この種の誤用は多く見られる。12は2グループの動詞だが、可能形ができていない。

混同
13～15は、特に中国人に多く見られる誤用である。日本語の自動詞には可能の意味合いを含むものが多い（「見つかる」「直る・治る」「開（あ）く」「閉まる」「つく」「かかる」など）。特に自動詞が否定と結び付いて、「できない」という意味を表すことが多い。学習者はそこのところがわかりにくく、13では他動詞「割る」を、14, 15では自動詞「戻る」「動く」を可能の否定形にしようとして間違っている。

「決められる」は、話し合いや検討の過程を経て、決定される場合に使われる。16の「彼女といっしょに映画を見に行く」ことに対して、「決められる」を用いると、大げさな感じがするので、ここでは、単に「決定したその結果、～」というほどの意味で自動詞「決まる」を使ったほうがよい。

17～19は「可能形」と「ことができる」の混同である。使い分けについては「ことができる」を参照されたい。17の「見つける」のような2グループ動詞は「見つけられる」にすると、可能とも受身とも解釈できる。明確に可能であること

を表すためには「ことができる」を用いたほうがよい。18の「さらす」や、19「知らせる」のように「せる」で終わる動詞、また、使役形（～（さ）せる）は、「可能形」より「ことができる」が使われやすいようである。形の、また、意味の弁別をしやすくするためであろうと考えられる。

　20のような誤りは学習者にときどき見られる。学習者は「覚えることができた」から「覚えている」のであり、「覚えている」ことには可能の意味合いが含まれると考えるのかもしれない。また、学習者の母語では可能表現を使うのかもしれない。しかし、日本語では「覚えられる」と「覚えている」は全く異なる。

　21～23「見える」「聞こえる」と可能の「見られる」「聞ける」との混同である。自然に目や耳に入ってくるのが「見える」「聞こえる」で、意志を持って、あるいは、何か手段を使って見よう、聞こうとする場合が「見られる」「聞ける」である。

　その他

　24は、「～のが難しい」という形を使って、不可能と意味の似た「困難」を表そうとしたのであろう。しかし、単純に「起きられない」としたほうがよい。27では可能文の対象・目的は「が」をとるということが定着し過ぎて、「合格する」は助詞として「に」をとるのに、「が」に変えている。可能文で助詞の変換が起こるのは、あくまでも「を」だけである。

伝達上の誤用 ★

● 1，2から言えることは、自分のことを言っているのか他者のことを言っているのかによって、可能形を使うか否かが決まることがあるということである。日本語では、次のように自分自身の行為の願望や意志は可能形を使って表されることが多い。

　　（彼が）大学に入るといいな。　　→　　（私は）大学に入れるといいな。
　　（彼が）切符を買わないかな。　　→　　（私は）切符が買えないかな。
　　（彼は）明日は会社に出ると思う。→　　（私は）明日は会社に出られると思う。
　　（彼は）もうすぐ帰りそうだ。　　→　　（私は）もうすぐ帰れそうだ。

● ピアノのような重い物を動かそうとしている時、日本語では「動く」「動かない」を使い、「なかなか動かない。」「あ、少し動いた。」などと言う。学習者には自動詞は自動的に動くものに用いるという思い込みがあって、ピアノが勝手に動くことはないと主張する。そして、「動かせない」と、他動詞を使ったり、15のように自動詞「動く」を可能形にしてしまおうとする。特にその傾向は否定を表す時に強い。これは指導法にも一因があって、教師は、動詞の自他の違いを明確にしようとして、自動ドアや風を使ったりして自然現象を使いがちである。15のような

誤りは中国人だけでなく、学習者に共通して見られる。

● **25, 26**は「わかる」「できる」に「を」を用いている例である。可能文では「日本語が話せる」のように可能の対象・目的には「が」を用いることになっているが、最近は「日本語を話せる」「本を借りられる」のように「を」が使われることもある。しかし、「わかる」「できる」は「を」ではなく、「が」が用いられる。将来、「を」が「が」に取って代わられて、「日本語をわかる」「日本語をできる」と言うようになるかもしれない。

指導のポイント

- 可能形を使わずに済ます非用や脱落が多い。学習者にはいつ可能を用いるのかが案外難しいのかもしれない。
- 可能形が正しく作れない学習者が多い。特に1グループ動詞に「られ」（例：よい成績がとられる。）が付きやすい。
- 可能形にできる動詞は意志動詞（例：食べる、行く、書く、作る）で、無意志動詞（例：ある、倒れる、こわれる、割れる）は可能形にできないことに触れておく。
- 「わかる」にはすでに可能の意味があることから、可能形にはできないことに触れておいたほうがよい。
- 「見える」「聞こえる」と可能形「見られる」「聞ける」との違いを理解させる必要がある。

かもしれない

➡彼はこの申し出を断る**かもしれない**。
➡彼女は来ない**かもしれない**。

未来のことや不確実な事柄に対して用いられる。「だろう」と比べ可能性の低い場合に使われることが多い。したがって、肯定的な内容だけでなく否定的表現とともに現れやすくなる。

関連項目　だろう、にちがいない、と思う、のだ、副詞「ひょっとすると、もしかすると」

誤用例文

脱落

1. ★誤　彼は仕事を終えたと言って帰りました。確かに自分の仕事は**終えた**が、同僚の仕事を手伝ったらよかったでしょう。　〈ロシア〉
   正　彼は仕事を終えたと言って帰りました。確かに自分の仕事は**終えたかもしれない**が、同僚の仕事を手伝ったらよかったでしょう。

2. ★誤　例えば後輩が先輩の前に帰ればその先輩に怒られてしまう可能性があるから、夜遅くまで**仕事にいる**。　〈?〉
   正　例えば、後輩が先輩より先に帰れば、その先輩に怒られてしまう可能性があるから、夜遅くまで**仕事しているのかもしれない**。

誤形成

3. 誤　時代も移り変わって最近の女性の喫煙者も大分増えてきたが、私はちょっと偏った考え**かも知らない**が　特に女性の場合控えるべきだと思う。　〈韓国〉
   正　時代も移り変わって最近は女性の喫煙者も大分増えてきた。私はちょっと偏った考え**かもしれない**が、特に女性の場合、たばこは控えるべきだと思う。

4. 誤　これを見るとけつえんしゃにとってタバコは水みたいなもの**かもしりません**。　〈モンゴル〉
   正　これを見ると、喫煙者にとってタバコは水みたいなもの**かもしれません**。

5. 誤　デパートはきょう**休みだかもしれません**　〈タイ〉
   正　デパートはきょう**休みかもしれません**。

6. 誤 大人なら理性があって判断する能力があるが、学生たちとか子供たちはまだ判断するべき能力がないので、広告をすれば、好奇心が生じてすいたいという心が**生じ**かもしれない。 〈韓国〉
   正 大人なら理性があって判断する能力があるが、学生たちや子供たちはまだ判断する能力がないので、広告を見ることで好奇心が生まれ、（たばこを）吸いたいという気持ちが**生じる**かもしれない。
7. 誤 女の学生たちは社会的に批判の対象になるので室内だけでたばこを吸うことがいつの間にか不問に付されていましたが、いつかはかの女たちもまちでたばこを**吸う**にかもしれません。 〈韓国〉
   正 女子学生たちは社会の批判対象になるので、いつの間にか室内でだけたばこを吸うようになっていますが、いつかは彼女たちも街でたばこを**吸うようになる**かもしれません。

■混同

【かもしれない→にちがいない】
8. 誤 姿から見て、あの先生は小林先生**かもしれない**。 〈台湾〉
   正 姿から見て、あの先生は小林先生**にちがいない**。

【かもしれない→だろう／と思う】
9. 誤 たぶん将来そんなことは社会一つの問題に**なっているかもしれません**。 〈タイ〉
   正 そんなことは、たぶん将来、社会の一つの問題に**なっていくでしょう／と思います**。

【かもしれない→だろう】
10. 誤 今、息子は二歳で、これからは教育を受けるじきで、来年帰国して、多分**遅れないかもしれない**。 〈中国〉
    正 今、息子は二歳で、これから教育を受ける時期だが、来年帰国すれば、多分**間に合うだろう**。

【かもしれませんか→と思いませんか】
11. 誤 前に述べたことは、現在の香港と日本の関係を象徴する**かもしれませんか**。 〈中国・香港〉
    正 前に述べたことは、現在の香港と日本の関係を象徴している**と思いませんか**。

■その他
【可能性がある→かもしれない】
12.　誤　後で手伝ってもらう**ことが起る可能性がある**から、彼に連絡しておいたほうがいい。　〈韓国〉
　　　正　後で手伝ってもらう**かもしれない**から、彼に連絡しておいたほうがいい。

【「と思う」の付加】
13.★誤　田中さんは来ない**かもしれないと思う**。　〈ブラジル〉
　　　正　田中さんは来ない**かもしれない**。

【「と思う」の付加、副詞「たぶん」】
14.　誤　私がそうすると、**たぶん**その人は腹に立たせる**かもしれないと思います**。　〈ベトナム〉
　　　正　私がそうすると、その人を怒らせる**かもしれない**。

■誤用の解説

■誤形成
　3のように「かもしれない」の「しれない」を「知る」の否定形だと考えて「知らない」とする誤用がある。また、4のように「知りません」とする誤用もある。5，6では「かもしれない」の前の動詞・形容詞・「名詞＋だ」の接続の形が正しく作れていない。7は「吸うに」と書いているので、「に」で「ようになる」を兼ねようとしたのかもしれない。

■混同
　「かもしれない」は未来のことや不確実な事柄に対して用いられる。「かもしれない」を用いると、やや他人事のような言い方になることが多い。8〜11は、話し手の気持ちや考えをより直接的に伝えるために、「と思う」「にちがいない」「だろう」を用いたほうがよい。9，10では「たぶん」を用いている。「たぶん」は確実性が高いことを表すので、「かもしれない」とは結び付きにくい。

■その他
　12は回りくどい言い方である。「かもしれない」一言で表すことができる。
　「かもしれない」は副詞「ひょっとすると」「もしかすると」「あるいは」とともに、一方、「たぶん」は「だろう」や「と思う」とともに使われることが多い。14は「かもしれない」を用いた文で「たぶん」を使っており、この「たぶん」は不要である。14のもう一つの問題は、「かもしれない」に「と思う」を添えていること

とである。「かもしれない」はそれ自身で推量判断を表しているので、「と思う」を付けると冗長に感じられる。

|伝達上の誤用| ★

●「かもしれない」には「たしかに／なるほど～かもしれないが、～」の形で相手の言った内容をいったん認めた上で、それとは異なる見解を述べる用法がある。1では、その用法を使ったほうがより話し手の意図が伝わると思われる。
● 2はこのままでも間違いではないが、そういう「可能性がある」という意図を伝えたい場合は、「いる」と断定するのではなく、「かもしれない」を加えたほうが適切になる。
● 13のように、「かもしれない」に「と思う」が付いた「かもしれないと思う」が誤りか否かは微妙なところである。特に会話などで、「かもしれない」と推量判断をしておいて、断定をしかねて、「と思う」を付けることは日本語母語話者にも見られるようである。しかし、基本的には、「かもしれない」を用いれば「と思う」は不要である。

|指導のポイント|

- 「かもしれない」を「かもしらない」「かもしりません」と言ってしまうので、注意する。
- 「かもしれない」の前に接続する動詞・形容詞・「名詞＋だ」の形を正しく理解させる。
- 「かもしれない」は副詞「ひょっとすると」「もしかすると」「あるいは」といっしょに使われることが多い。しかし、「たぶん」は使われにくいことも言っておく。
- 日本語母語話者は、確定していることでも「かもしれない」を使って表現することが多い。曖昧にすることで人間関係をスムーズに保とうと考えていることを、学習者に説明しておくとよい。

から①

➡駅**から**家までバスで帰った。
➡次の上映は午後3時**から**です。

名詞に付いて、出発点・起点、出どころ（例：母からセーターをもらった。）、時の基点（例：花火は七時から始まる。）、原料（例：日本酒は米から作る。）などの意味用法を表す。

|関連項目|　が、を、で、まで、の

|誤用例文|

|脱落|

1. 誤　途中でやめるくらいなら、最初Φやらなかったほうがいいんじゃない。　〈中国〉
   正　途中でやめるくらいなら、最初**から**やらないほうがいいんじゃない。

|付加|

2. 誤　昔の事があまり記憶がないのに、昔**から**の写真を見た後、片思いを急に覚え出した。　〈カナダ〉
   正　昔**の**事はあまり記憶がないのに、昔の写真を見た後で、片思いをしたことを急に思い出した。

|混同|

【から→が】

3. 誤　また、祖母**から**様々な料理をつくってくれました。　〈マレーシア〉
   正　また、祖母**が**様々な料理を作ってくれました。

4. 誤　九時ごろ家を出て教室へ来て先生**から**わたしに教えてくれます。　〈中国〉
   正　九時ごろ家を出て教室へ来ると、先生**が**教えてくださいます。

【から→を】

5. 誤　ミシガン州立大学**から**そつぎょうしました。　〈アメリカ〉
   正　ミシガン州立大学**を**卒業しました。

6. 誤　話があまりにつまらないものだから、途中でせき**から**出てしまった。　〈タイ〉
   正　話があまりにつまらないものだから、途中で席**を**立ってしまった。

【から→で】
7. 誤 しかし、すぐ事務員の退屈な仕事にあきあきして、一ヵ月**から**やめた。 〈オーストラリア〉
   正 しかし、すぐ事務員の退屈な仕事にあきあきして、一か月**で**やめた。
8. 誤 いすは木**から**作ります。 〈タイ〉
   正 いすは木**で**作ります。

【から→について／を見て】
9. 誤 第二次世界大戦に関した映画**から**、いろいろな意見が出された。 〈アメリカ〉
   正 第二次世界大戦に関する映画**について／を見て**、いろいろな意見が出された。

【から→のときから】
10. 誤 母は五年生**から**毎朝五時半に起って豚に食べ物をやってから洗濯をして全部終ってから学校へ行きます。 〈台湾〉
    正 母は五年生**のときから**毎朝五時半に起きて、豚にえさをやってから洗濯をし、全部終わってから学校へ行きました。

【から→の】
11. 誤 もっともっと日本にある世界中**から**おいしい料理を食べたいです。 〈タイ〉
    正 もっともっと日本にある世界中**の**おいしい料理を食べたいです。

【からの→からV】
12. 誤 先輩**からの**本を早く返すほうがいいと思っている。 〈中国〉
    正 先輩**から借りた**本を早く返したほうがいいと思っている。

位置
13. 誤 私はポンペンです、**タイから**。 〈タイ〉
    正 私は**タイから**来たポンペンです。
14. 誤 最近は、日本へ働きに来る人が増えてきて、現在で約20万人ブラジル来た**から**労働者がいます。 〈ブラジル〉
    正 最近は、日本へ働きに来る人が増えてきて、現在ブラジル**から**来た労働者が約20万人います。

誤用の解説

脱落
1の「最初」だけでは「最初の時に」という一時点のみを指し、「最初→途中→現在」までの経過すべてを含んだ時間の意味がなくなる。

付加
2は1と逆で「最初→途中→現在」までを含んでいるのではなく、昔の一時点を指すので、「から」は不適切である。

混同
「から」は他の格助詞と意味的に共通しておらず、混同すると文法的に誤りとなる。「から」と結び付く動詞の選択の誤りが多い。3、4は「Nが＋Vてくれた」とすべきところを「Nから＋Vてくれた」と誤ったもので、やりもらいの構文の理解が不十分なために、格助詞の選択を誤ったと考えられる。5、6は、「～を卒業する」「～を出る」のように、離脱対象を「を」で提示すべきところに「から」を使用したことによる誤用である。母語の影響があるのではないかと思われる。7は時間・期間を限定しているので、「一か月でやめた」にすべきである。学習者は「一か月してから（やめた）」という表現に引きずられたのかもしれない。

8については本来「材料＋で」「原料＋から」という区別がある。「鶴を折り紙で作る（正）」「鶴を折り紙から作る（誤）」のように違いがはっきりするものもある。しかし「木」は、すぐ組み立て可能な木材（材料）である一方で、製材したり粉砕加工するなど原料として変質させることもできるため、「から」を誤用と言い切ることはできないだろう。9の「～から意見が出された」は、通常「人から」であって、「事柄（映画）から～」は不適切である。「意見を出す」のは「意見のテーマについて」であるので、ここでは「映画について」または「映画を見て」となる。

「○○年／昔／昨日から」のように、「から」は時を表す語と結び付いて動作・状態の開始時期を提示する。しかし、10の「五年生」は、時ではなく所属する学年を指している。ある時期について述べる時は、「小学生／五年生の時」のように、時であることを明示した上で「から」を付ける必要がある。

11は、「～から来た」を「～から」一語で表現しようとした誤用である。母語でそのような表現が可能であるのかもしれない。「から」を使うのなら動詞を補って「から来た」とするか、後続の名詞に接続する形として「の」を補い、「からの」とする必要がある。12は、「～から借りた」のように動詞を添えて表現すべきところを、動詞のない「～からの」だけで表現しようとした誤用である。「先輩からのプレゼント」「父からの手紙」など、N１とN２の関係が明らかな時は「N１からのN２」という形が使えるが、そうでない時は動詞を明示する必要がある。

位置

13の学習者は、訂正文のように言いたかったが、母語の語順「私・ポンペン・から・タイ」に影響されて発話したと考えられる。**14**も「来た・から・ブラジル」という母語の語順が影響していると思われる。

指導のポイント

- 「から」とともに用いられる動詞についてよく整理する。やりもらい表現では「＜第三者＞が 〜（て）くれた」が「＜第三者＞から 〜（て）くれた」となりやすいので注意する。
- 「部屋を出る」は「部屋から出る」でもよいが、「大学を出る」は「大学から出る」とは言わない。出発点を表す「を」と「から」の使い分けに注意をする必要がある。
- 「に」が時の一つのポイントを表すのに対し、「から」はその時点から継続する意味合いを表すことが多い。
    例：漢字は最初｛に／から｝きちんと勉強したほうがいい。
学習者のレベルに合わせて、両者の違いにも少し触れとおくとよい。

から②

→うるさい**から**、静かにしてください。
→熱がある**から**、学校を休もうと思う。

前件が理由を、後件（主節）がその結果を表す。話しことばに用いられ、話し手の直接的な理由付けの気持ちを表すことが多い。

関連項目 理由節「ので、の／んだから、ため（に）、からには」、前置き「が・けど」、並列（継起）節「て」、トキ節「てから」、逆接節「のに、が」、主語・主題

誤用例文

脱落

1. 誤 徹夜して企画書を作ったところで、大手会社しかああいう仕事が**取れない**、私が取りっこない。 〈アメリカ〉

- 正 徹夜して企画書を作ったところで、大手の会社しかああいう仕事は**取れないの／んだから**、私が取れるわけがない。
2. 誤 私は人はネットでは別人格になると思います。むしろ当本の自分に変身できていいことだと思います。特に日本の社会では公の場所では猫を被る人が**多いだろう**。 〈アメリカ（日本）〉
- 正 私は人はネットでは別人格になると思います。むしろ本当の自分に変身できていいことだと思います。特に、日本の社会では公の場所では猫を被る人が**多いですから**。

誤形成

3. 誤 ゆうたかなしぜんとモンタナ大学が有名ですけど、小さい**町**からじつはあまり有名じゃありません。 〈アメリカ〉
- 正 豊かな自然とモンタナ大学が有名ですが、小さい**町**だから、実は、あまり有名じゃありません。
4. 誤 香港で買物税が**いらないだから**、本当に安いね。 〈中国・香港〉
- 正 香港では買物税が**いらないから**、本当に安い。
5. 誤 **いきたくて**から早く準備してください。 〈中国〉
- 正 **行きたいから**、早く準備してください。

混同

【から→ので】

6. 誤 電気もつけないで部屋に**入るから**、ぶつかってしまった。 〈韓国〉
- 正 電気をつけないで部屋に**入ったので**、ぶつかってしまった。
7. ★誤 日本へ来るうちに、ラテンダンスを少し習って、とてもおもしろいと**思いますから**、ダンスクラブに入りたいです。 〈中国〉
- 正 日本へ来てからラテンダンスを少し習ってみたところ、とてもおもしろいと**思ったので**、ダンスクラブに入りたいと考えています。

【から→の／んだから】

8. ★誤 あなたが**引き受けたから**、がんばってください。 〈韓国〉
- 正 あなたが（自分で）**引き受けたんだから**、頑張ってください。

【から→からには／以上(は)】

9. 誤 やると**言ったから**、最後までやるつもりだ。 〈タイ〉
- 正 やると**言ったからには／以上(は)**、最後までやるつもりだ。

10. 誤 約束したから、どうしてもそれを守るしかないんじゃないか。〈タイ〉
    正 約束したからには／以上(は)、どうしてもそれを守るしかないんじゃないか。

【から→ところを見ると】
11. 誤 たくさん**残っているから**、その料理はおいしくないようだ。〈タイ〉
    正 たくさん**残っているところを見ると**、その料理はおいしくないようだ。
12. 誤 もう時間なのに、Aさんがまだ**こないから**、今日も欠席するはずだ。〈台湾〉
    正 もう時間なのにAさんがまだ**来ないところを見ると**、今日も欠席するに違いない。

【から→なら】
13. 誤 **いきたくてから**早く準備してください。〈中国〉
    正 **行きたいなら**、早く準備してください。

【から→のに】
14. ★誤 むかし日本でその看板は必要だと思いますけど、今、洋トイレはどこにでも**あるから**、どして今もその「使い方看板」がありますか。〈アメリカ〉
    正 昔の日本でならその表示は必要だと思いますが、今、洋式トイレはどこにでも**あるのに**、どうして今もその「使い方表示」があるのでしょうか。

【から→が】
15. ★誤 その時、特別の軍票を作って**使わせましたから**、戦後には無用の物になりましたので、軍票を持っている香港人は大きな損失をもらいました。〈中国・香港〉
    正 その時、特別な軍票を作って**使わせましたが**、戦後には無用の物になったので、軍票を持っている香港人は大きな損失を受けました。

【から→が／けど（前置き）】
16. ★誤 頭が**痛いですから**、午後休んでもいいですか。〈フランス〉
    正 頭が**痛いんですが／けど**、午後休んでもいいですか。
17. ★誤 お話したいことが**ありますから**、よろしいでしょうか。〈タイ〉
    正 お話ししたいことが**あるんですが／けど**、よろしいでしょうか。

【の／んだから→から／ので】
18. ★誤 忙しいんだから、その仕事はできない。　〈韓国〉
    正 忙しいから／ので、その仕事はできない。
19. ★誤 国へ帰るんですから、荷物を送らなければなりません。　〈韓国〉
    正 国へ帰るから／ので、荷物を送らなければなりません。

位置
20. 誤 あした大学へ行きませんから、大使館へ行きます。　〈フィリピン〉
    正 あした大使館へ行きますから、大学へ行きません。

その他
【て→から】
21. 誤 もう２年間家族とはなれて、両親と会いたい。　〈インドネシア〉
    正 もう２年間家族と離れているから、両親と会いたい。

【連用中止(形)(なく)→ないから】
22. 誤 母は中国人なので洋風な料理を作らなく、八つまでチーズを食べたことがない。　〈オーストラリア〉
    正 母は中国人なので洋風の料理を作らないから、八つまでチーズを食べたことがなかった。

誤用の解説

脱落
学習者は１のように文の羅列で済ませようとすることが多い。「(大手の会社しか)仕事が取れない」ことと、「私が取れるわけがない」ことの間には、「～だから、当然そうである」という関係が存在するので、「当然そうである」ことを理由付ける「の／んだから」が必要である。また、２のようにあとから自分の意見の根拠や理由を述べる場合に、「から」を付け忘れたり、あえて付けなかったりすることも多い。文章展開によっては「からだ」なしでも続けられることもあるが、論理的にしっかりと結び付けたい時には、やはり「からだ」を使用したい。

誤形成
「から」への接続の問題で特に多いのが、次の①～③である。
  ① 「名詞＋だ」の場合、「だ」が抜けやすい。（3）
  ② イ形容詞の場合、「だ」を付けてしまう。（4）
  ③ 「てから」の形で固定化。（5）
学習者は「～だから」を固定化して覚えているためか、イ形容詞にも「だ」を

付けてしまいがちである。理由節であることをはっきり言うために強調させて「だから」と言ってしまう面もあると思われる。また、テ形が強く定着しているためか、理由を表す時にも「テ形＋から」になりやすい。時を表す「てから」（例：行ってから）の形で固定化しているとも考えられる。

混同

理由節「から」では他の様々な従属節との混同が見られる。これは、学習者が様々な意味関係を、単純に理由節の「から」で表現しようとすることの表れでもある。「から」は学習の早い時期に導入されるので、それを使って済ませてしまい、その後他の表現が導入されても定着しないことにも一因がある。日本語には、話し手の発話意図によって、「から」以外にも理由を表す表現がいろいろある。その特徴を簡単にまとめると次のとおりである。

  から：自分の行動や判断の理由・根拠を相手に示す。主観的である。
  ので：事態の間の因果関係を表す。叙述的であり、丁寧に感じられる。
  て ：単に２文を結合する機能を持つだけで、前後の意味関係によって理由、
     継起などを表す。
  の／んだから：後件（主節）が「当然そうする／そうである」事柄を述べている場合に用いられる。
  からには／以上（は）：後件（主節）で決意を述べている場合に用いられる。

6は行動の理由や根拠を述べているのではなく、事態間の因果関係を示しているため「ので」が妥当である。9, 10は後件（主節）に話し手の強い決意が述べられている。そうした理由・根拠のために「責任・決意を持って、覚悟をして行う」という話し手の気持ちは「からには」「以上（は）」で表される。

11, 12のように、話し手の判断の根拠となる事柄を取り上げて、話し手自身が因果関係をつなぐ形で表現する場合は、「～ところを見ると」などがふさわしい。13は聞き手が行きたいような様子をしているのを見ての発話なので、「そうであるなら」という推測の意味を含む「なら」がふさわしい。

位置

「から」の習いたてのころは、20のように、主節と理由節の順序が逆になる誤用もしばしば見られる。学習者の母語の影響が考えられる。

その他

21, 22はテ形や連用中止(形)を用いているが、後件（主節）との関係は因果関係なので、理由節を用いたほうがよい。21では主節に願望の「たい」が来ているので、「から」がふさわしい。22は「母は中国人なので」と「ので」が来ているので、同じ理由節「ので」が重ならないほうがよい。因果関係をつないで文を作る場合、

同じ理由節の複数使用（例：おなかが痛いから、病院へ行くから、授業を休む。おなかが痛いので、病院へ行くので、授業を休む。）のような誤りがときどき見られる。日本語では一つの文の中に「から・から」「ので・ので」が並ぶことはない。

伝達上の誤用 ★

●「ので」を使用すべきところに「から」が用いられると、ことさらに理由を述べ立てるような印象を与えやすい。**7**は主節に話し手の願望の「たい」が来ているので「から」でよいはずであるが、理由の申し立てを控え目にするためには「ので」のほうがよいと考えられる。特に、謝罪や依頼の場面で「から」を用いると、「当然のことであり、自分は悪くない」といった態度と受け取られかねないので、注意が必要である。次の(1)(2)は避けたい例である。

　(1)？バスが遅れたから、遅刻しました。

　(2)？ちょっとよくわからないから、もう一度、説明してください。

●日本語では逆接で表現するところを、理由節で表現する誤用も見られる。**14**で学習者は、「洋式トイレはどこにでもある」ことと、主節の「看板は必要ない」ことを因果関係としてとらえているが、日本語では、A「洋式トイレはどこにでもある」→B「ならば看板はなくていい」→C「（それなのに）なぜあるのか」というBの段階を踏んで、逆接的な関係としてCに結び付いていく。また、**15**では、学習者は「特別な軍票を使わせた」ことと、主節の「損失をもらった」ことを因果関係で表現しているが、日本語では、直接、因果関係で結ぶのではなく、次に挿入された「戦後には無用の物になった」こととの関係から、逆接が使用される。

●**16**や**17**のような、前置き文に使われる「が／けど」との混同もしばしば起こる。理論上は理由を表しているが、主節に依頼や申し出が来る時は「から」では押し付けがましく聞こえるので、「（んです）が／けど」としたほうがよい。

●コミュニケーション上、文体「です・ます」をどこに使うか（丁寧さの段階性）も学習者に伝える必要がある。次は①から③の順に丁寧になる。②は前件で普通体、後件（主節）で丁寧体を使っている。あまり丁寧な状況では使えない。

　① 疲れたから、すぐ寝る。

　② 疲れたから、すぐ寝ます。

　③ 疲れましたから、すぐ寝ます。

●**8**のような場合は、話し手の「そうするのが当然だ」という思いは「の／んだから」でないと表せないが、**18**, **19**のような、そうではない時に「の／んだから」を多用すると、自分の理由を押し付け、いらだたしげに述べているような印象を与えるので、注意する必要がある。特に、韓国語では、「の／んだから」に相当す

る言い方が存在するため、韓国語母語話者にその傾向が多く見られる。

> **指導のポイント**
>
> - 初歩の段階では理由節と主節の順序を逆にして、「から」でつないでしまう学習者がいるので、「から」は理由を述べる文のあとに付き、「理由＋から、後件（主節）」となることを十分に指導し、練習させる。
> - 接続の正しい形を定着させる。特にイ形容詞が「から」に接続する時、「安い／小さいだから」と「だ」が付きやすいので、注意させる。
> - 理由「から」、時を表す「てから」、条件の「たら」は混同しやすいので注意させる。
> - 「から」をいったん習得すると、その後、様々な理由の表現が導入されても、「から」で済ませてしまう傾向があるため、発話意図に応じていろいろな理由節の表現を使うよう促す必要がある。
> - 「から」と「ので」の混同や「の／んだから」という言い方が、時にコミュニケーション上、支障を来す可能性があることに目を向けさせる。
> - 申し出・依頼などの場合は、「から」ではなく前置き表現「が／けど」を使用することを、場面練習を通じて定着させる。
> - 初級で、会話の練習として、「～ですから。」といった言い差しの形を練習していると、書きことばなどで用いる「(～のは)～からだ／です」という言い方と混同する学習者が出てくるので注意させる。次の例1は言い差しの、例2は「(～のは)～からだ／です」の例である。
>   例1　A：どうしてみんなといっしょに行かないのですか。
>   　　　B：すみません。明日はちょっと忙しい{○ですから／？からです}。
>   例2：明日来られないのは忙しい{×ですから／○からです}。

きっと

➡きっといいことがありますよ。
➡きっと手紙をくださいね。

「かならず」が話し手の高い確信を示すのに対し、主観的な、推測的・推量的確信を表す。また、相手に対する強い要望や、話し手自身の強い決意を表す。話しことばに用いられる。

|関連項目| かならず、絶対に、ぜひ、どうしても、いつも、本当に、だろう、はずだ、にちがいない、

|誤用例文|

|混同|

【きっと→いつも】

1. 誤 私は彼に会うとき**きっと**雨が降る。 〈韓国〉
   正 私が彼に会うときは**いつも**雨が降る。

【きっと→かならず】

2. ★誤 あした**きっと**来ますので、この本をここにおいてください。〈中国〉
   正 あした**かならず**来ますので、この本をここに置いておいてください。

3. ★誤 来年は入場券があれば、**きっと**パレードへ行くつもりです。 〈シンガポール〉
   正 来年は入場券があれば、**かならず**パレードへ行きます。

4. 誤 来なくて、**きっと**先生に話して下さい。 〈中国〉
   正 来ないのなら、**かならず**先生に話してください。

5. 誤 日本には魚介類が沢山ありますから毎日の御飯の中には**きっと**魚介類を加えます。 〈シンガポール〉
   正 日本には魚介類が沢山ありますから、毎日の御飯の中に**かならず**魚介類を加えます。

【きっと→絶対に】

6. 誤 今回は**きっと**成功したいです。 〈中国〉
   正 今回は**絶対に**成功したいです。

7. 誤 寒なら、**きっと**行かない。 〈オーストラリア〉
   正 寒かったら、**絶対に**行かない。

8. 誤 どうしても彼女は**きっと**来ると思う。 〈マレーシア〉
   正 彼女は**絶対**に来ると思う。

【きっと→ぜひ】

9. ★誤 都合がいいとき私の家に**きっと**あそびに来てください。 〈韓国〉
   正 都合がいいときに、私の家に**ぜひ**遊びに来てください。

【きっと→本当に】

10. 誤 今日**きっと**つかれてしまいました。 〈アメリカ〉
    正 今日は**本当**に疲れてしまいました。

【きっと→どうしても／ぜひ】

11. 誤 近いうちに**きっと**あなたに会いたい。 〈韓国〉
    正 近いうちに**どうしても／ぜひ**あなたに会いたい。

【きっと→やっと／ようやく】

12. 誤 いろいろ話をして、**きっと**納得した。 〈中国〉
    正 いろいろ話をして**やっと／ようやく**納得した。

位置

13. 誤 もし山田さんもきったらパーティのふんいきが**きっと**楽しくなります。 〈中国〉
    正 もし山田さんも来たら、**きっと**パーティーが楽しくなります。

その他

【文末】

14. 誤 とおいところで留学しても、きっと両親が**わすれられない**。 〈インドネシア〉
    正 遠い所へ留学しても、きっと両親のことが**忘れられないだろう／にちがいない**。

【従属節】

15. 誤 **努力して**、きっと成功するのに違いありません。 〈中国〉
    正 **努力したら**、きっと成功するにちがいありません。

【助詞「は」】

16. 誤 今度きっと答えられる。 〈中国〉
    正 今度**は**きっと答えられる。

誤用の解説
混同
「きっと」は推測的な確信を表すので、1のように常態化した状態、現象では「いつも」がふさわしい。2～5は「かならず」との混同である。4の「てください」は誘いではなく、命令に近い依頼である。100％そうすべきだという意味で「かならず」にしたほうがよい。5は習慣化しているという点で「いつも」でもよさそうだが、「毎日」があるので「かならず」がよいだろう。

6～8は「きっと」ではなく「絶対に」にしたい例である。「きっと」は「かならず」と同じく、6のように願望を表す「たい」とは結び付きにくい。第三者については「彼はきっと来ない」のように否定と結び付くことができるが、7のように「（私は）きっと行かない」とは言えない。「きっと」を話し手自身のことに用いる場合は、強い決意表明になるので、「きっと行きます」のような肯定的内容では用いられるが、否定的内容にはそぐわないのであろう。

8は「どうしても」という気持ちを表したいので、主観性の強い「絶対に」が適している。9は誘い、勧めであるので、推測を表す「きっと」ではなく「ぜひ」が適している。10は英語の sure や surely の連想から「きっと」を用いたのかもしれない。「きっと」はあくまでも推量的確信を示すので、不適切である。

6でも見たように、「きっと」と願望の「たい」は結び付きにくい。11では相手への強い気持ちを表すために、「どうしても／ぜひ」としたほうがよい。12は「きっと」と「やっと」の混同である。ここでは時間や労力をかけ、困難を乗り越えて実現した様子を表す「やっと」がよい。音が似ているので混同したのであろうか。中国以外に韓国の学習者にも同種の誤りが見られた。

位置
13は、「楽しくなる」を取り立てたいのであれば、誤りではない。しかし、13の「きっと」は「パーティーが楽しくなる」全体にかかると考えられるので、「パーティー」の前に持って行くほうが自然になる。

その他
14は文末の推量表現が抜けている例である。「きっと」は文末に「だろう／にちがいない」を伴うことが多い。話し手が推量的断定をするためには、根拠やきっかけを表す従属節が正しく作れなければならない。15では、「て」ではなく条件節で示すべきである。「きっと」は話し手の推量的確信・判断を表すので、16では「今度は」と「は」を加えたほうがよい。

|伝達上の誤用| ★

● 2，3において、動作の主体が第三者（「彼はきっと来ます」「彼女はきっとパレードへ行きます」）であればこのままでもよいが、主体が話し手自身の場合「きっと」は不適切で、「かならず」にする必要がある。「きっと」には推測的な要素が入るため、自分自身の意志表明とは結び付きにくいと考えられる。また、相手に向かって「（私は）きっと来る／行く」と言うと、不確定な、不安な気持ちを抱かせる。確率が多少低くても「かならず」にしたほうがよい。

●「きっと」は依頼表現と結び付いて「きっと来てください」と言えるが、9では少しおかしく感じられる。人を誘うときは、第一段階で、「ぜひ遊びに来てください」と言い、次に念を押して「きっと来てください（ね／よ）」となるのが自然であろう。

| 指導のポイント |

- 「きっと」は話し手の主観的な推測を表す。客観的で、確信の強い時に用いられる「かならず」との使い分けをつかませる。
- 「きっと」は話し手が自分自身の意志表明をする時以外は、主観的な推量表現になってしまうことに注意させる。
　　例：A：明日来てください。
　　　　B：　a．きっと行きます。
　　　　　　？b．（私は）きっと行くと思います。
　Baのように、意志表明をする場合は「きっと」は使えるが、bになると推量の意味合いを帯び、話し手が自分自身を推量していることになり、不自然な文になる。
- 働きかけの文では、「かならず」は命令調になり、「きっと」「絶対に」はやや強い勧め、「ぜひ」は誘いになることに注意させる。
　　命令調：明日かならず来てください。
　　勧誘（命令ではない）：明日｛きっと／ぜひ／絶対に｝来てください。
- 「きっと」は「かならず」と同様、願望の「たい」とは結び付かない。
- 「きっと」は話し手の主観的な推量を表す。それが常態化した状況・事柄には「いつも」が用いられる。

き
きっと

疑問引用節

➡ いつ帰国する**か**教えてください。
➡ 帰国する**かどうか**まだわかりません。

本書では、疑問文が引用節として文中に取り込まれているものを「疑問引用節」と呼ぶ。疑問引用節の中に疑問詞がある場合とない場合がある。

|関連項目|　疑問詞、名詞節「こと、の」、かどうか、終助詞「か」

|誤用例文|

|誤形成|
【「か」の脱落】

1. 誤　私は田中さんがいつ東京へ**いくの**知りません。　　　〈ミャンマー〉
   正　私は田中さんがいつ東京へ**行くのか**知りません。

2. 誤　だれがこの手紙を**書いたの**知っていますか。　　　〈モンゴル〉
   正　だれがこの手紙を**書いたのか**知っていますか。

3. 誤　その理由は人生というのはこれから何が**起きるの**がわからないものである。　　　〈韓国〉
   正　その理由は、人生というのはこれから何が**起きるのか**がわからないからである。

4. 誤　どの**食べ物は**予言が違いますから、皆は牛がなにを食べるか知りたがります。　　　〈タイ〉
   正　どの**食べ物か**で予言が異なりますから、皆は牛が何を食べるか知りたがります。

5. 誤　なぜこのことわざが**好きだ**というと、これと生活との結びつきは一番強く感じられるのだろう。　　　〈台湾〉
   正　なぜこのことわざが**好きか**というと、これと生活との結びつきが一番強く感じられるからだろう。

【「のか」の脱落】

6. 誤　現在、どこへ行ってもテレビかラジオが見られる。それに、なにが**放送される**は良かれ悪しかれ国際か国内の人々に皆に知れることだ。　　　〈アメリカ〉
   正　現在、どこへ行ってもテレビかラジオがある。したがって、何が**放送されるのか**は、良かれ悪しかれ世界中の人々皆に知れるも

のだ。

【「のか(と)」の脱落】

7. 誤　私は田中さんにどこへ**行く**聞かれました。　　　〈ブラジル〉
   正　私は田中さんにどこへ**行くのか(と)**聞かれました。

【終助詞「かな」】

8. 誤　さんざん迷ったあげくどちらが**いいかな**わからない。　〈中国〉
   正　さんざん迷ったあげくどちらが**いいか**わからなくなった。

【丁寧形→普通形】

9. 誤　田中さんはどこへ**行きました**わかりません。　　　〈フランス〉
   正　田中さんはどこへ**行ったか**わかりません。

10. 誤　何時に**行きます**かわかりません。　　　　　　　〈タイ〉
    正　何時に**行く**かわかりません。

【かどうか】

11. 誤　私は中野区新井のところに住んでいます。最近引っ越したばかりですから、おもしろい所**がどうか**わかりません。　〈中国〉
    正　私は中野区新井という所に住んでいます。最近引っ越したばかりですから、おもしろい所**かどうか**まだわかりません。

12. 誤　あした、田中さんと会うか**どか**わかりません。　〈メキシコ〉
    正　あした、田中さんと会うか**どうか**わかりません。

13. 誤　あしたどこへ**行くかどうか**わからない。　　　〈タイ〉
    正　あしたはどこへ**行くか**わからない。

【だれがだれか】

14. 誤　雨上がりのグラウンドで、皆どろまみれになって、**だれかがだれか**は分からない。　〈アメリカ〉
    正　雨上がりのグラウンドで、皆泥まみれになって、**だれがだれか**は分からない。

その他

【こと→か】

15. 誤　特急電車と各駅電車はどこでどうやって**まちあわせること**が全然わからなかった。　〈中国〉
    正　特急電車と各駅電車が、どこでどうやって**待ち合わせるか**が全然わからなかった。

【こと→のか】

16. 誤 この行事はいつから**始まったこと**がまだ分りません。　〈タイ〉
    正 この行事はいつから**始まったのか**まだ分かりません。

【だろうか→か／なのか】

17. 誤 その絵には一番面白いところはストーブの王様がズボンをはかないことだ。**どうしてだろうか**分からない。　〈ベトナム〉
    正 その絵で一番面白いところは、ストーブの王様がズボンをはいていないことだ。**どうしてか／なのか**分からない。

> 誤用の解説

> 誤形成

　誤用の大半が誤形成であった。学習者にとって、疑問引用の構文を正確に作るのがいかに難しいかがわかる。誤形成の中で一番多いのは、引用部分の文末の「か」（1～5）、および、「のか」の脱落（6，7）である。8では「か」の代わりに終助詞「かな」を使っているが、基本的には「か」以外の終助詞は疑問引用節の中には入らない。

　次に多いのが疑問引用節で普通形が使えない誤り（9，10）である。9では「か」の脱落も起こっている。11～13は「かどうか」に関係する誤りである。11は「おもしろい所がどうか」となっている。「所が」の「が」は、音の清濁がうまく区別できず、格助詞の「が」と混同していると考えられる。12は長母音ができない誤り、13は「どこ」という疑問詞があるので「どうか」は不要である。14は「だれがだれか」になる。

> その他

　15, 16は「か」にするべきところを「こと」を用いて、名詞節にしている。疑問詞が付いた時に「か」を用いることがきちんと習得されていないようだ。疑問引用節と名詞節を比較すると次のようになる。

　　(1)　中山さんが何時に来るか知っていますか。（疑問引用節「疑問詞～か」）
　　(2)　中山さんが来るかどうか知っていますか。（疑問引用節「～かどうか」）
　　(3)　中山さんが来ること／のを知っていますか。（名詞節「～こと／の」）

　17は「だろうか」を使っているが、「だろうか」はモダリティ性が高く、疑問引用節内に入れることができない。

指導のポイント

- 疑問引用節末の「(の)か」の脱落が起きやすい。「(の)か」に注目させた形の練習が必要である。
- 疑問引用節の「(の)か」の前には普通形が来る。普通形が来ることを徹底するとともに、普通形が正確に作れるように練習させる。
- 学習者は「いつ行くかどうか」のような「疑問詞＋かどうか」の形を作ってしまいがちなので、疑問詞があるかどうかに注意させることが必要である。
- 疑問引用節は名詞節などと同じく、後ろに助詞をとって、主語、目的語などとして文の構成要素になっていく。学習者は疑問引用節に助詞を付けて、そのあと、どう文を続けてよいかわからない場合が多いので、いろいろな助詞を付けて文作りをさせることも必要である。

(て)くれる・(て)くださる

➡友達がこのＣＤを**くれた**。
➡会社の上司がお金を貸して**くれた**／**てくださった**。

日本語の「やりもらい(授受)」には、ものの移動と動作・行為による恩恵・利益の移動がある。ここでは、「名詞を＋くれる／くださる」「動詞＋てくれる／てくださる」を取り上げる。(解説は「脱落」「混同」などの誤用分類に沿って、まとめて行う。)

関連項目　(て)あげる・(て)さしあげる、(て)もらう・(て)いただく、敬語（謙譲語）、助詞「が、に、から」

誤用例文

Nをくれる

混同

【くれる→受ける】

1.　誤　とにかく私のたばこについての決論は私に別に被害を**くれなかったら**だれがたばこ吸っても何をしても関係ないということです。
〈韓国〉

正 とにかく私のたばこについての結論は、私が別に被害を**受けなかったら**、だれがたばこを吸っても何をしても関係ないということです。

【くれたりもらったり→与え合う】

2. 誤 たとえば、バスや電車なら。こんな場所は子どもから成人まで、いろいろな人々が集まっていることです。それから、相互にいい印象を**くれたりもらたり**ためには指定された場所で吸うことがいいじゃないでしょうかと考えます。 〈韓国〉

   正 たとえば、バスや電車のような場所は、子供から成人までいろいろな人々が集まっています。ですから、相互にいい印象を**与え合う**ためには、指定された場所で吸うほうがいいんじゃないかと考えます。

その他

【助詞「は」→助詞「が」】

3. ★誤 昨日の誕生日にお父さん**は**この時計をくれました。 〈タイ〉
   正 昨日の誕生日に父（お父さん）**が**この時計をくれました。

【助詞「に」→助詞「が」】

4. ★誤 友達**に**この書をくれました。 〈中国・香港〉
   正 友達**が**この本をくれました。

【助詞「が」→助詞「を」】

5. 誤 彼に三回手紙を出したのだが、返事**が**くれない。 〈中国・香港〉
   正 彼に三回手紙を出したのだが、返事**を**くれない。

てくれる

脱落

6. ★誤 いま、わたしのにほんごはたくさんしりませんから、ともたちはしんせつに**おしえます**。 〈中国〉
   正 今、私は日本語をあまり知りませんから、友達が親切に**教えてくれます**。

7. ★誤 Mさんがアパートに来て、私にノートを**貸しました**。 〈韓国〉
   正 Mさんがアパートに来て、ノートを**貸してくれました**。

8. ＜マリアさんはてんぷらの作り方を知りたがっています＞
   - ★誤 （マリアさんに）てんぷらの作り方を**教えてあげませんか**。〈ドイツ〉
   - 正 （マリアさんに）天ぷらの作り方を**教えてあげてくれませんか／教えてくれませんか**。
9. ★誤 その後、池袋へいきました。そこでは西武へいくかたをしんせつなにほんじんが**おしえました**。〈韓国〉
   - 正 その後、池袋へ行きました。そこでは西武への行き方を親切な日本人が**教えてくれました**。
10. ★誤 ＜ホームステイ先の＞お父さんが車で日光に**連れて行きました**。〈中国〉
    - 正 お父さんが車で日光に**連れて行ってくれました／くださいました**。

付加

11. 誤 この本を**くれてください**。〈イラン〉
    - 正 この本を**ください**。
12. 誤 人人は線香を持ちながら神様に「来年たくさんお金を**くれてください**」とか「来年ご健康いたします」とかとお祈りします。〈中国〉
    - 正 人々は線香を持ちながら、神様に「来年たくさんお金を**ください**」とか、「来年も健康でいられますように」とお祈りします。

誤形成

13. 誤 お父さんは、まさおくんに新聞を**もってこさせてくれましえた**。〈フランス〉
    - 正 お父さんは、まさおくんに新聞を**持って来させました／持って来てもらいました**。
14. 誤 ときときゴ先生は書局で新しい本をかって私にくれました。だからゴ先生は私にいろいろ**せわや親切にくれた**、いつも私の心に残っています。〈インド〉
    - 正 ときどきゴ先生は本屋で新しい本を買って私にくれました。このようにゴ先生はいろいろ**世話をしてくれたり、親切にしてくれた**ので、いつも私の心に残っています。
15. 誤 先生はどんなに忙しくても聞かれたら**相談をくれます**。〈ブルガリア〉

く（て）くれる・（て）くださる

正　先生はどんなに忙しくても、聞かれたら、**相談にのってください
　　　　ます**。

16.　誤　Mがアパートに来てノートを**貸してぐれました**。　　〈韓国〉
　　　正　Mがアパートに来てノートを**貸してくれました**。

|混同|

【てくれる→てもらう】

17.　＜森さんが「私」にお金を渡す絵を見て＞
　　　誤　森さんにお金を**かしてくれました**。　　　　〈ミャンマー〉
　　　正　森さんにお金を**貸してもらいました**。／森さんがお金を貸してく
　　　　れました。

18.　誤　田中さんに車で日光を**案内してくれました**。　　〈ドイツ〉
　　　正　田中さんに車で日光を**案内してもらいました**。／田中さんが車で
　　　　日光を案内してくれました。

19.　誤　たとえば、先進国にいろいろ先端技術や貿易などを**おしえてくれ
　　　　ます**。　　　　　　　　　　　　　　　　　　　〈マレーシア〉
　　　正　たとえば、先進国にいろいろ先端技術や貿易などを**教えてもらい
　　　　ます**。

20.　誤　企画書を作っても、上司に**認められてくれなかった**。
　　　　　　　　　　　　　　　　　　　　　　　　　〈オーストラリア〉
　　　正　企画書を作っても、上司に**認めてもらえなかった**。

【てくれる→てくださる】

21.　★誤　しかしゴ先生は私に親切に**くれた**。　　　　〈イギリス〉
　　　正　しかし、ゴ先生は私に親切に**してくださった**。

22.　★誤　先生がドアを**あけてくれました**。　　　　〈ミャンマー〉
　　　正　先生がドアを**開けてくださいました**。

|位置|

23.　誤　学校実験の前に先生はいつも私のうちに英語や数学やマレー語な
　　　　どを**おしえてくれて来ました**。ときときゴ先生は書局で新しい本
　　　　をかって私にくれました。　　　　　　　　　　　　〈インド〉
　　　正　学校の試験の前に、先生はいつも私の家に英語や数学やマレー語
　　　　などを**教えに来てくれました**。ときどきゴ先生は本屋で新しい本
　　　　を買って私にくれました。

その他

【借りる→貸す】

24. 誤 辞書を忘れました、ちょっと**借してくれる**？　〈中国〉
    正 辞書を忘れたんだけど、ちょっと**貸してくれる**？

【たい→ませんか】

25. 誤 作り方を**教えてくれたいです**。　〈中国〉
    正 作り方を**教えてくれませんか**。

【助詞「に」→助詞「が」】

26. ★誤 この本をみたらどうかと友達**に**貸してくれた。　〈中国〉
    正 この本を見たらどうかと（言って）、友達**が**貸してくれた。

【助詞「から」→助詞「が」】

27. 誤 また、祖母**から**様々な料理をつくってくれました。　〈マレーシア〉
    正 また、祖母**が**様々な料理を作ってくれました。

28. 誤 九時ごろ家を出て教室へ来て先生**から**わたしに教えてくれます。　〈中国〉
    正 九時ごろ家を出て教室へ来ると、先生**が**教えてくださいます。

Nをくださる

混同

【くださる→さしあげる】

29. ＜学生たちが先生にネクタイをプレゼントする絵を見て＞
    誤 学生たちは木村先生にネクタイを**くださいました**。　〈メキシコ〉
    正 学生たちは木村先生にネクタイを**さしあげました**。

てくださる

脱落

30. ★誤 先生とじっしゅせいの**教えた**ことはいつも私におぼえられます。　〈インドネシア〉
    正 先生と実習生の／が**教えてくださった**ことを、ずっと私は覚えています。

31. ★誤 せんせいはいつもしんせつに**おしえます**。　〈中国〉
    正 先生はいつも親切に**教えてくださいます**。

32. ★ 誤 村田先生が私を誠に**手伝った**ので、それに十分にいいプレゼントとが存在しないと分かりますが、私は何かします。 〈?〉
    正 村田先生は（私のことを）本当に**手伝ってくださった**ので、それに値するお返しは存在しないと思いますが、私は何かするつもりです。

誤形成

33. 誤 すこしわからないときせんせいに**おしえてくたさい**。 〈中国〉
    正 少しわからないとき、先生、**教えてください**。

混同

【てくださる→ていただく】

34. <「私」が木村先生に辞書を貸してもらう絵を見て>
    誤 私は、木村先生に辞書を**貸してくださいました**。 〈タイ〉
    正 私は、木村先生に辞書を**貸していただきました**。

【てくださる→てくれる】

35. ★ 誤 父が空港まで**送ってくださいました**。 〈韓国〉
    正 父が空港まで**送ってくれました**。
36. ★ 誤 お母さんは先週国内から**送ってくださいました**。 〈中国〉
    正 母が先週国から**送ってくれました**。

その他

【助詞「に」→助詞「の」】

37. 誤 田中さんは私に仕事をてつだってくれました。 〈タイ〉
    正 田中さんは私の仕事を手伝ってくれました。

【助詞「に」】

38. 誤 すこしわからないときせんせいにおしえてくたさい。 〈中国〉
    正 少しわからないとき、先生、教えてください。

誤用の解説

脱落

6〜10、30〜32に見られるように、「てくれる・てくださる」を使うべきところで使えない学習者が多く見られる。

付加

「あげる」でも「あげてください」の誤用があったが、同様の要因で「くれる」

でも11, 12のように「くれてください」の誤用が見られる。

誤形成

　13は動詞の「てくれる」を付けてしまった「付加」の誤用とも考えられる。また、「持って来てもらった」と言いたかったのが、使役形を使ったりして、うまく形成できなかったとも考えられる。ここでは、誤形成に入れておいた。14や15のように、「世話や親切をくれた」「相談をくれた」という学習者が多く見られる。これは英語表現などから来ているとも考えられるが、日本語では「世話をする」「親切にする」「相談にのる」に「くれる」を接続させる。16, 33は音の清濁の区別ができていないために起きた誤りである。16では韓国の学習者が「貸してくれる」を「貸してぐれる」と濁音化し、33では中国の学習者が「ください」を「くたさい」と清音化している。

混同

　1, 2は、名詞に適切な動詞を組み合わせて用いるべきところに、「くれる」「もらう」を使っている。1の「被害をくれる」は「被害を受ける／こうむる」、2の「いい印象をくれたりもらったり」は「いい印象を与え合う」とすべきである。17～20は「てくれる」と「てもらう」の混同である。やりもらい表現の中で特に学習者にとって難しいのが、「（て）くれる・（て）くださる」である。英語などでは、もののやりとりは give, receive の二つで表せるのに、日本語には三つの表現があり、日本語の「ウチ・ソト」の概念もしっかり理解しなければならない。

　　a．＜第三者・私＞は／が　＜第三者＞に　あげる
　　b．＜第三者＞が／は　私に　くれる
　　c．＜第三者・私＞は／が　＜第三者＞に／から　もらう
　　　（「第三者」は聞き手（あなた）も含む。）

　aもbも英語では give を使うが、日本語ではbの時に「あげる」ではなく「くれる」を使うということがよく理解できていない。また「やりもらい」の文で、与える人、与えられる人、特に「私」が省略されると、だれがだれに与えるかが見えなくなって、間違ってしまう。

　29はまだ初級の学習者で、「くださる」と「さしあげる」を混同したようだ。先生だから敬語表現を使わねばと思って間違ってしまったのかもしれない。34は、「私」が木村先生に辞書を貸してもらう絵を見て作った文である。「私は」で始めるなら「貸していただく」、木村先生を主語にするなら「貸してくださる」にしなければならない。「てくださる」と「ていただく」の混同ではあるが、そこに「貸す」という方向性を持った動詞が絡んでいて、一層難しさを増したのであろう。

位置

23は「てくれる」をどこに置くかの問題である。「教えに来る」ことに対する恩恵なのだから、「てくれる」を最後に持って来るべきである。

その他

5は、「(だれかが)返事をくれない」とするか、「返事が来ない」とすべきである。

24は中国語と日本語で使用する漢字「貸／借」の混乱によるものである。「借りる」と「貸す」は動詞の意味自体が混乱しやすく、意味の混乱が24の誤用にも影響していると思われる。25は「てくれる」に願望の「たい」を付けているが、文法的に誤りである。「てくれる」は主に叙述文に用いられ、意志表現（例：×てくれよう／×てくれたい／×てくれなさい）は表しにくい。依頼表現として「てくれませんか」を用いるのがよい。26は友達がこの本を勧めて話し手に貸したのであるから、「友達に」ではなく、主語の「友達が」にするべきである。27, 28は恩恵をくれる人に「から～てくれる」を用いているが、「から」は「(て)もらう／(て)いただく」でしか用いられない。

37は「私に仕事を手伝ってくれる」は言わないこともないが、普通は「私の仕事を手伝ってくれる」となる。38では「教えてください」とお願いしているので、助詞を用いないで呼びかけの形にする必要がある。

伝達上の誤用 ★

● 「やりもらい」では助詞の扱いが難しいようである。特に「(て)くれる」はそうである。ここでは伝達にかかわる3, 4, 26について考える。3は文法的に誤りではない。父の行為について話す時はこのままでよい。しかし、「てくれる」は性質上、だれがくれたかが問題になる構文であり、行為の主体には主に「が」が用いられる。(26も正しい助詞は「は」ではなく「が」になる。)

(1) （リーさんではなく）パクさんがこれをくれた。
(2) 銀行員がお金を換えてくれた。

4は1文では誤りとは言えない。「ほかの人が友達に本をくれた」とも理解できる。ただし、日本語では主体の省略がある場合は、通常、その行為が話し手自身のものととらえられる。

● 6, 7, 9, 10, 30～32は「(て)くれる・(て)くださる」を使うべきところで使えない例であり、この誤用は多く見られる。この表現はその行為に対する感謝の気持ちを表すため、抜けてしまうと、相手に対して失礼になることが多い。

● 8は文法的に間違いではない。しかし「教えてあげませんか」は単に相手の意志を聞いているだけなので、教えてくれるように頼む場合は、「(他の人のために)

〜てあげてください」、または「〜てあげてくれませんか」という表現を使う。「てください」「てくれる」を入れることによって、「私のために」という意味合いが入ってくる。

- 21, 22のように、基本的には、目上の人には「(て)くれる」ではなく、「(て)くださる」を使う必要がある。ただし、目の前にその人（目上の人）がいない場合、また、目上意識を表す必要のない場合は、「(て)くれる」を使うこともできる。
- 「(て)もらう」でも触れたように、自分の家族に対して日本語では、通常、敬語を使わないが、学習者は母語の影響で、35, 36のように「父」「母」に対し「(て)くださる」を使うことがある。日本語では「(て)くれる」を使うべきである。

指導のポイント

- 「森さんが私に教えた」のように、「てくれる・てくださる」を使わないで済ます非用が多く見られる。非用が多いということは、学習者がどのように使っていいのかがわからないということなので、もの・恩恵を問わず、「(て)くれる・(て)くださる」を十分時間をかけ練習をする必要がある。
- 「(て)くれる・(て)くださる」の文では、「私に」が省略される場合が多い。導入時から「私に」を抜いた練習もさせるとよい。
- 「私は ＜第三者＞に 〜(て)もらう／いただく」（例：私は森さんに教えてもらう）と「＜第三者＞が 私に 〜(て)くれる／くださる」（例：森さんが私に教えてくれる）はもの・恩恵の移動が同じであるため、非常に混乱しやすい。もの・恩恵が話し手自身に与えられる時、「私は」で始めると「(て)もらう・(て)いただく」に、「第三者（聞き手を含む）が」で始めると「(て)くれる・(て)くださる」になることを徹底させる。
- 「てくれる・てくださる」の文では、常に助詞に「〜に〜を」をとるとは限らない。動詞によって「に」の代わりに他の助詞が使われることも指導しておきたい。

  例1：安井さんが私を浅草へ連れて行ってくれた。
  例2：吉井さんが私の仕事を手伝ってくださった。

結局

➡気に入らなかったが、**結局**、そのくつを買ってしまった。

途中に紆余曲折があり、事態が終結することを表す。「つまり」や「すなわち」のように、前文を言い換えたり、定義付ける働きはない。マイナスの結果に用いられることが多い。

|関連項目| つまり、要するに、その結果、最後には、ついに、しかし、そのため(に)、一方

|誤用例文|

|付加|

1. 誤 私はおさけが好きですが。**結局**ビールしか飲まないです。〈韓国〉
   正 私はお酒が好きですが、ビールしか飲まないです。
2. 誤 その外、ホームステイの時に、京都の映画村に数人の友人とそれぞれのホストマザーと一緒に行ったり、お母さんと買い物をしたり、色々なお寺を見物したりした。**結局**、面白くて、楽しくて、忘れられない経験だった。〈ドイツ〉
   正 そのほか、ホームステイのときに、数人の友人とそれぞれのホストマザーと一緒に京都の映画村に行ったり、買い物をしたり、色々なお寺を見物したりした。面白くて、楽しくて、忘れられない経験だった。

|混同|

【結局→最後には】

3. 誤 先生に何回も説明していただいたので、**結局**だいたい分かるようになった。〈中国〉
   正 先生に何回も説明していただいたので、**最後には**だいたい分かるようになった。

【結局→しかし】

4. 誤 きのうたくさん勉強しました。**結局**今何もおぼえていない。〈中国〉
   正 きのうたくさん勉強しました。**しかし**今何も覚えていません。

【結局→その結果】

5. 誤 いっしょうけんめいがんばりました。**結局**、合格しました。〈韓国〉

正 一生懸命がんばりました。**その結果**、合格しました。
6．誤 免疫接種をしました。**結局**、ある伝染病がなくなりました。〈中国〉
　　　正 免疫を付ける予防接種を（実施）しました。**その結果**、ある伝染病がなくなりました。

け

結局

【結局→そのために】
7．誤 他人の助言を無視した。**結局**ひどい目に遭った。〈中国〉
　　　正 他人の助言を無視した。**そのために**ひどい目に遭った。

【結局→ついに】
8．★誤 何度もがんばってきた。**結局**受かった。〈タイ〉
　　　正 何度も頑張った。そして、**ついに**受かった。

【結局→何と言っても】
9．★誤 ぜひ代表的名勝古蹟をミニ中国へ来てください。私は将来きっと中国中と世界中を旅行します。**結局**、中国は広くて、美しいですから、時間とお金があれば、ぜひ中国に来てください。〈中国〉
　　　正 ぜひ代表的な名勝古蹟を見に中国へ来てください。私は将来きっと中国と世界を旅行します。**何と言っても**、中国は広くて、美しいですから、時間とお金があれば、ぜひ中国に来てください。

【結局→一方】
10．誤 また、子供にたばこの悪い点について教えておいたら、たばこのコマーシャルを見ても大丈夫だろうと思う。**結局**、レストランや電車など公共の場所では大体禁煙室があるから、規則を作る必要がない。〈タイ〉
　　　正 また、子供にたばこの悪い点について教えておいたら、たばこのコマーシャルを見ても大丈夫だろうと思う。**一方**、レストランや電車など公共の場所では、大体禁煙室があるため、規則を作る必要はないと言えるだろう。

位置
11．誤 おいしい料理を作ろといろいろ材料を買った。**結局**時間がなかったからやめました。〈中国〉
　　　正 おいしい料理を作ろうと、いろいろ材料を買った。でも時間がなかったから、**結局**やめてしまった。

113

その他

【「結局」の前の「それで」の必要性】

12. 誤　先生と相談した。**結局**、コースをやめる。　　〈オーストラリア〉
    正　先生と相談した。**それで**、**結局**、コースをやめることにした。

【「結局」の前の「だから」の必要性】

13. 誤　彼は、会社にはいったばかりのころから、いやだった。**結局**会社をやめた。　　〈アメリカ〉
    正　彼は、会社に入ったばかりのころから、会社がいやだった。**だから**、**結局**、会社をやめた。

【「結局」の前の「でも」の必要性】

14. 誤　おいしい料理を作ろといろいろ材料を買った。**結局**時間がなかったからやめました。　　〈中国〉
    正　おいしい料理を作ろうと、いろいろ材料を買った。**でも**時間がなかったから、**結局**やめてしまった。

【文のまとめ方】

15. 誤　私は子供のころ父に授業のときかならずノートを書くことをよく言われている。なぜなら授業内容を全部覚えても、いつかにわすれてしまうかもしれないが書いたものはもう一度よんだら思い出せる。**けっきょく、人間のあたまは忘れやすい。**〈インドネシア〉
    正　私は子供のころ、父に授業のときはかならずノートを取るようにとよく言われた。なぜなら、授業内容を全部覚えても、いつか忘れてしまうかもしれないが、書いたものは再び読むと思い出せる。**結局、人間の頭は忘れやすいということなのだろう。**

【結局に言うと→結局／結論としては】

16. 誤　**結局に言うと**、私が以上で述べたように、たばこを問題を解決するもっと新しい方法を捜して試してみたらよいのではないだろうか。　　〈モンゴル〉
    正　**結局／結論としては**、私が以上述べたように、たばこの問題を解決するもっと新しい方法を探して、試してみたらよいのではないだろうか。

誤用の解説

付加

「結局」は事態の終結を述べる時以外は適さない。1，2は事態の終結を述べているのではないので、「結局」を入れる必要がない。

混同

単なる時間的経過（3）や、因果関係の結果（5〜7）には「結局」は使わない。学習者は「結局」の意味を広く考えていろいろな用い方をしているように思われる。4は、途中に紆余曲折があって今は何も覚えていないというより、後文で前文の予想とは反対のことが起こったということなので、逆接・反対を表す「しかし」を用いたほうがよい。10では、前文と後文との関係は事態の結末・結果を表すものではない。むしろ、両文とも「喫煙の害を防ぐ対策」について述べているので、並列表現の「一方」や「また」がふさわしい。

位置

事態の終結を表す「結局」は、事態の終結を表す述語や文の直前に来たほうが、意味関係が明確になることが多い。11では理由節を乗り越えて後文（主節）にまでかかるという形をとっているが、文としてやや落ち着かない。

その他

「結局」で導かれる文の前に、結末に至った理由を表す「だから、それで、そのため」や、結末に至るまでの事態の推移を表す「そして」、反対の結末になったことを表す逆接「でも、しかし」などが必要な場合が多い。12〜14は、「結局」の前にそれらの接続詞がほしい例である。「結局」には前文・後文を結び付ける因果的な意味合いはないので、後文を因果関係の結論とする場合は、「結局」の前に「それで」「だから」「でも」が必要となってくる。学習者は、「結局」の中に関係を示す意味合いが含まれていると思っているようである。

15のように客観的に結論を述べる場合は、「ということだ」のようなまとめの表現が必要だと考えられる。16の学習者は、「結局」を接続詞ではなく、「結論」という名詞としてとらえているようだ。「結局＝結論としては」という意味を表すことを納得させる必要があろう。

伝達上の誤用 ★

● 8は単なる推移を述べているだけであれば、このままでも誤りではない。「結局」は紆余曲折を経てマイナス結果に至ったことを表すことが多いので、8の内容からすれば、プラス結果を表す「ついに（＋肯定）」が適している。

● 9は前文で述べたことを後文でより強く主張し直している。このような場合は、「何より一番」の意味を表す「何と言っても」が適切になる。「結局」は途中に紆余曲折があり、事態が終結することを表す。ただし、「何と言っても」は「皆さんが何と言おうと中国は素晴らしいんだから」という、やや横柄な印象を与えてしまう場合があるので、注意する必要がある。

指導のポイント

- 「結局」はやや話しことば的な接続詞である。いろいろあったあとの、事態の結果・結論（主にマイナス結果）を述べる場合に使う。したがって、話し手の感情（多くは残念な気持ち）が暗示される。学習者は「結局」が結果表現であることはわかっているようだが、「合格した」「わかるようになった」などのプラス結果に用いている場合が多い。
- 「結局」には「つまり」や「すなわち」のように、前文を言い換えたり、定義付ける働きはないことを理解させる。
- 結論に因果・逆接などの関係を含む場合、「結局」以外の接続詞も必要であることを指導する。
    例1：先生と相談した。それで結局授業をやめることにした。
    例2：先生と相談した。けれども結局結論は出なかった。
  学習者は、「結局」の中に関係を示す意味合いが含まれていると思っているようである。
- 文末に意志表現は来ない。「～だった」「～てしまった」が来ることが多い。「結局」と文末を結び付けた文作りの練習もしたい。

こと

➡ビデオを見る**こと**が好きだ。
➡親にはまだ留学する**こと**を言っていない。

ここでは文を名詞化する（名詞節にする）「こと」を中心に取り上げる。また、「彼女のことが好きだ」の「名詞＋の＋こと」についても触れる。

関連項目　名詞節「の」、もの、ということ、並列節「たり」、条件節「ば、と」

誤用例文

脱落

1. 誤 彼はその人に出会ってからというもの、いつも**彼女の**考えばかりしている。　　〈韓国〉
   正 彼はその人に出会ってからというもの、いつも**彼女のこと**ばかり考えている。
2. 誤 私は日本に来て、まず、一番困ることは日本語をぜんぜん**わかりませんでした**。　　〈ブラジル〉
   正 私が日本に来て、まず、一番困ったことは、日本語が全然**わからなかったことです**。
3. 誤 原因としては、どうやら国の経済を開発のために、工業化が進んでいて環境を**破壊してしまったのだ**。　　〈タイ〉
   正 原因としては、国の経済発展のために、工業化が進んでいて環境を**破壊してしまったことが考えられる**。
4. 誤 レスキュー隊がかけつけた。あとはただ無事に**帰って**祈るのみだ。　　〈オーストラリア〉
   正 レスキュー隊が駆けつけた。あとはただ無事に**戻ってくることを**祈るのみだ。

誤形成

5. 誤 国民があまり環境を大切しなくて、経済開発を**しつつこと**により、環境破壊をすると考えられる。　　〈中国・香港〉
   正 国民があまり環境を大切にせず、経済開発を**しつつある**ことにより、環境破壊が起きると考えられる。

付加

6. 誤 そして、将来は、国へ帰って日本語を**教えることがしたい**と思っています。　　〈中国〉
   正 そして将来は、国へ帰って日本語を**教えたい**と思っています。
7. 誤 この問題のポイントは「が」と「は」の違いのである。Aにおける「が」が文のどこかに用いると、その文の部分は従属節に**なることである**。　　〈シンガポール〉
   正 この問題のポイントは「が」と「は」の違いである。Aにおける

「が」が文のどこかに用いられると、その文の部分は従属節に**なる**。

8. 誤 一段動詞の場合には、作り方はそれほど難しくない。動詞の最後の「る」という字を取って、「て」と入れ替える**ことだけである**。〈イギリス〉

  正 一段動詞の場合には、作り方はそれほど難しくない。動詞の最後の「る」という字を取って、「て」と入れ替える**だけでいい**。

|混同|

【こと→の】

9. 誤 夏休みにみんな国へ帰った**こと**を見て、君は帰ろうと思わない？〈中国〉

  正 夏休みにみんなが国へ帰った**の**を見て、君も帰ろうと思わない？

10. 誤 石油の価格が上がる**こと**は、中近東に問題があって、石油の生産が停帯しているわけだ。〈台湾〉

  正 石油の価格が上がる**の**は、中近東に問題があって、石油の生産が停滞しているからだ。

11. 誤 これより、男性は家族の経済的側面あるいは個人的側面に関心している**こと**に対し、女性は家族の家、子供、あるいは仕事と家庭の両立に関心することであることがわかる。〈ブラジル〉

  正 これより、男性は家族の経済的側面、あるいは個人的側面に関心を持っている**の**に対し、女性は家族の家、子供、あるいは仕事と家庭の両立に関心を持っていることがわかる。

12. 誤 みんなの前でスピーチしなければならないとあって、彼が緊張する**こと**は当たり前だ。〈シンガポール〉

  正 みんなの前でスピーチしなければならないのだから、彼が緊張する**の**は当たり前だ。

13. 誤 実は私は今経営管理研究科で投資ファンドについて勉強しているので、それと関係し皆さんの国の貯蓄行動を聞きたい**こと**です。〈韓国〉

  正 実は、私は今、経営管理研究科で投資ファンドについて勉強しているので、それと関連して、皆さんの国の貯蓄行動について聞きたい**の**です。

【こと→もの】
14. 誤 柔道家にとって、柔道というものは武道場のそとでも生活の中に大事な**こと**である。　〈イギリス〉
　　 正 柔道家にとって、柔道というものは、武道場の外の生活でも／においても大切な**もの**である。

【こと→ため】
15. 誤 ミラノが世界中有名なのはファッションやゴシック建築のデュオモという教会などの**こと**である。　〈イタリア〉
　　 正 ミラノが世界中で有名なのは、ファッションやゴシック建築のドゥオモという教会などの**ため**である。

【こと→というN】
16. 誤 子供にとって一番重要なものは感謝することと、節約することと、もったいない**こと**を自ら身につけることだ。　〈韓国〉
　　 正 子供にとって一番重要なことは感謝することと、節約することと、もったいない**という気持ち**を自ら身につけることだ。

【こと→ば】
17. ★誤 長い話だったが、要するに「**勉強することは、勉強するほど、わ**からなくなる」ということを感んじたであろう。　〈マレーシア〉
　　 正 長い話だったが、要するに「**勉強というものは、すれば**するほどわからなくなる」ということを言いたかったのであろう。

【ことは→と】
18. ★誤 たばこをたくさん**吸うことは**のどうがいたくなる。　〈ベトナム〉
　　 正 たばこをたくさん**吸うと**、のどが痛くなる。

【〜ことや→〜たり〜たりする】
19. ★誤 例ば、子どもの時に木に**登ることや**おもちゃで**遊ぶこと**が好きであった。しかし、いまビールを**飲みに行くことや**美術館へ行くことの方が好きである。　〈オーストラリア〉
　　 正 例えば、子どもの時には木に**登ったり**おもちゃで**遊んだりすること**が好きであった。しかし、今は、ビールを**飲みに行ったり**美術館へ**行ったりする**（ことの）方が好きである。

> その他

【と→ことが】

20. 誤 火事の原因を調査したところ、電子レンジは欠点が**あったと**分かりました。 〈イラン〉
    正 火事の原因を調査したところ、電子レンジに問題が**あったことが**分かりました。

【て→ことを】

21. 誤 手紙を**書いて**忘れないで下さい。 〈タイ〉
    正 手紙を**書くことを**忘れないでください。

> 誤用の解説

> 脱落

　1の「Nのこと」は学習者にとって適切に使うのが難しい。授業や教科書などであまり取り上げられていないためであろう。「のこと」の代わりに、少し説明的になるが「について」を用いることもできる。学習者は両方とも思いつかなかったようだ。2は「一番困ることは」、3は「原因としては」で始まっていながら、それを受けるもの（名詞節「こと」）が文末にないという誤用である。これは中国語話者に多いが、その他の外国人学習者にも見られる。

　学習者は「〜て」を多用して、何にでも（ここでは「〜こと」の代わりに）使えると思ってしまう。4では、「帰る」ことが「祈る」の目的語になっているのだから、名詞化する必要がある。（「祈る」は名詞化に「の」ではなく「こと」をとる。）

> 誤形成

　5の「しつつ」は「しつつある」でひとまとまりである。

> 付加

　6のように、「動詞マス形の語幹＋たい」（例：食べたい、見たい）の動詞部分が過剰に名詞化されることがある。学習者は「Nをしたい」から発想しているのかもしれない。7は1文目の「NはNだ」に引きずられて2文目も定義文のようにしようとしたのかもしれない。「NはNだ」文（名詞文）と動詞文の使い分けがわかっていないと言える。8のような場合、「〜ことだけである」という言い方はしない。「こと」を除いて「〜だけでいい」とすべきである。

> 混同

　混同の誤用では、圧倒的に「こと」と「の」の使い分けによるものが多い。9

の「見る」のような知覚を表す動詞は「こと」ではなく「の」をとる。「見る」のほかに、「見える、聞く、聞こえる、気がつく、感じる」なども同じである。10は「わけだ」を「からだ」にすべき誤りであるが、構文としては、「～のは～からだ／ためだ」という形（強調構文）をとっている。強調構文は「こと」ではなく「～のは～」となる。

11は対照を表す「Xに対しY（は）」を用いている。対照を表す「に対し／対して」においてXに文が来る時は、「関心を持っているのに対し」のように「の」を用いる。「こと」は誤りとなる。12のように「～は当然だ／当たり前だ」は「こと」ではなく「の」をとる。13は「私は」で始まっているのに、文末が「ことだ」で終わるという文のねじれが起こっている。

「こと」「もの」の使い分けが混同しやすい。通常は物体を表す「もの」も抽象的な語に用いられることがある。その場合も、基本的には「こと」は概念を表し、「もの」は事柄自体を表す。

 (1) 宗教というのは、信じるという｛○こと／×もの｝だ。
 (2) 宗教というのは、人間にとって必要な｛○もの／?こと｝だ。

(1)では宗教の中身（どういうものであるか、概念）を、(2)では宗教を形・形式としてとらえ、説明している。

14では柔道を形・形式としてとらえているので「もの」になる。15は強調構文「～のは～である」の形をとっている。15は、ミラノが有名な理由を表すために文末を「～ためである」と訂正したが、学習者は（文の構成が不正確であるが）、単に「ミラノが有名なのは～などである」と、有名なものを並べたかったのかもしれない。

16は「こと」の前に「という」が入るかどうかという問題である。「無駄遣いはもったいないことだ」のように「無駄遣い＝もったいないこと」の場合は「という」は不要だが、16のように「もったいない」ことを思考概念としてとらえている場合は「という（気持ち）」が必要である。

その他

20の「あったとわかった」という言い方は文法的に誤りではない。ただし、「とわかる」は試行錯誤や経験、時間を経て、そういうことを知ったという意味を表す。20も散々調査、熟考しその結果わかったのであれば「と」でもいいが、単にそのことが判明したという意味でなら「ことがわかった」が適切である。21ではテ形を「ことを」の代わりに使っている。学習者は「て」を使って文を結び付けようとしがちである。名詞化という概念自体がわからないのかもしれない。

こと

|伝達上の誤用| ★

●17, 18は、条件節と名詞節「こと」を混同している例である。日本語は「勉強することは」「たばこを吸うことは」のように定義文のように表すのではなく、「勉強すれば」「たばこを吸うと」のように条件節で表現することが多い。日本語が「(こうすれば、) こうなる」のように、結果表現を好む言語であるためであろう。

●19の学習者は「～たり～たり」がなかなか使えず、「こと」を使って名詞化して並べようとしている。「～ことや～」は回りくどく翻訳調に聞こえる。そのほかにもあるという含みを持たせるためには「～たり～たり」が適切であり、「～たり～たり」を使うと、自然な日本語により近づくようである。

|指導のポイント|

- 「こと」の前は普通形になるので、正確な形が作れるよう指導、練習させる。
- 「て」を多用して、「こと」とすべきところを「て」で済ませてしまう学習者が多い。そうではないことを理解させ、時間をかけて繰り返し練習させたい。
- 名詞節でも「こと」となる場合と「の」となる場合があるので、使い分けについても説明し、練習する。(「の」をとる場合：知覚動詞「見る、聞く、など」、強調構文「～のは～だ」など)
- 文が「N1はN2だ」の形をとり、N2に動詞や形容詞が来る時は、「～ことだ」の形をとる。

  例：趣味は映画を見ることだ。

  学習者は「～ことだ」にすることを忘れるので、十分練習させる。
- 「ことができる」「ことにする／なる」「ことがある」などには「の」は使えない。また、動詞によっては「こと」と「の」の一方しかとらないものもある。「こと」しか使えない場合、「の」しか使えない場合を、学習者のレベルに合わせて整理するとよい。
- 「こと」「もの」の区別も説明が必要である。適切な用例を挙げて理解させる。

  例1：宗教という｛○もの／×こと｝は人間にとって必要な｛○もの／×こと｝だ。

  例2：信じるという｛×もの／○こと｝は人間にとって必要な｛×もの／○こと｝だ。
- 名詞節内の主語は、通常、「が」をとることを指導する。

- 名詞節は後ろに助詞をとって、主語・目的語などになるが、学習者は名詞節にどの助詞を付ければよいかわからない場合が多いので、いろいろな助詞を付けて文作りをさせる練習も取り入れたい。

ことができる

→ 今行けば福袋を買う**ことができる**。
→ この種の魚は、人工孵化をしないと増える**ことができない**。

「可能形（買える、食べられる）」と共通して用いられることが多いが、やや書きことば的である。受身形や使役形、また、「せる」を持つ動詞（知らせる、見せる）、などで多く用いられ、無意志動詞も「ことができる」を使えば、可能を表現することができる場合がある。

|関連項目| 可能形、てもいい、てもらえる、名詞節「の、こと」、助詞「が、を、は」

|誤用例文|

|脱落|

1. 誤 手伝っていただいたおかげで早く仕事を**すませた**。 〈タイ〉
   正 手伝っていただいたおかげで早く仕事を**済ませることができた**。
2. 誤 日本語のテ形は音の変化がたくさんあるので、覚えるのが大変だが、やっと身に付けると新しい動詞でも辞書形を見るとテ形をすぐに**作れる**。 〈アメリカ〉
   正 日本語のテ形は音の変化がたくさんあるので、覚えるのが大変だ。が、一度身に付けると、新しい動詞でも辞書形を見るとすぐに、テ形を**作ることができる**ようになる。
3. ★誤 チーズのファクトリでおきゃくさまはチーズを作り方を見られて、アイスクリームとチーズを**食べてみてもいいです**。〈アメリカ〉
   正 チーズの工場でお客さまはチーズの作り方を見られるし、アイスクリームとチーズを**食べてみることもできます**。

誤形成

4. 誤 日本では本当に安全です。よるにも自分で**行くのはできる**。
〈インドネシア〉
   正 日本は本当に安全です。夜も一人で**外出することができます**。

5. 誤 だから、たぶん、外国人はブラジルへ行った時にポルトカル語が話せなくてもすぐブラジル人の友だちを**作るのができる**と私は思います。
〈ブラジル〉
   正 だから、たぶん、外国人はブラジルへ行ったときにポルトガル語が話せなくても、すぐブラジル人の友達を**作ることができる**と私は思います。

6. 誤 日本の割りかん文化が悪いと思わない。私も相手に迷惑をかけるのは悪いと思う人だから。でもぜひは情を**感じるのができる**ようぐらいの割りかんは必要だと思われる。
〈韓国〉
   正 日本の割り勘文化が悪いとは思わない。私も相手に迷惑をかけるのは悪いと思う人間だからである。しかし、ときどきは情を**感じることができる**ような割り勘が必要だと思われる。

混同

【ことができる→ている】

7. 誤 外国人労働者に対しての対策はまだ**解決することができない**。
〈マレーシア〉
   正 外国人労働者への対策はまだ**解決していない／できていない**。

【ことができる→てもらえる／ていただける】

8. ★誤 聞きたいことがあるんですが、**教えることができますか**。〈メキシコ〉
   正 聞きたいことがあるんですが、**教えてもらえません／いただけませんか**。

【ことができる→てもいい】

9. ★誤 先生、お手洗いへ**行くことができますか**。
〈エルサルバドル〉
   正 先生、お手洗いへ**行ってもいいですか**。

【ことができる→可能形】

10. 誤 頭が痛くて、起きようにも**起きることができない**。
〈韓国〉
    正 頭が痛くて、起きようにも**起きられない**。

その他

【〜に弱い→ことができない】

11. 誤 この親の支配で育てた子供達は、幼い頃から向でも甘やかされて自分の意志でものを**決めることなどに弱くなり**、親の言う通りに動くようになります。つまり「よい子」になるのです。 〈韓国〉

　　 正 親の支配のもとで育った子供たちは、幼い頃から何でも甘やかされて、自分の意志でものを**決めることができなくなり**、親の言う通りに動くようになります。つまり「よい子」になるのです。

【〜やすい→ことができる】

12. 誤 子供が少ない場合、産んでからよく**育てやすい**ためである。〈中国〉

　　 正 子供が少ないと、産んでから十分に**育てることができる**。

【てもいい→ことができる】

13. ★誤 「道具」という発想を強調する方法は、ブラジル人の学習者にとって分かりやすいと思われる。「場所」の場合でも、その所が動作が行われるための舞台のようなものになり、ある意味で「道具」**として思われてもよい**。 〈ブラジル〉

　　 正 「道具」という発想を強調する方法は、ブラジル人の学習者にとって分かりやすいと思われる。「場所」の場合でも、そこが動作が行われるための舞台のようなものになり、ある意味で「道具」**と考えることができる**。

【ことではない→ことが／はできない】

14. 誤 徹夜をして企画書を作ったところで、給与を**もらうことではない**。 〈韓国〉

　　 正 徹夜をして企画書を作ったところで、給与を**もらうことはできない**。

【助詞「が」→助詞「を」】

15. 誤 素早く正しくテ形**が**作ることができるまでそのようなドリルをしなければならない。 〈イギリス〉

　　 正 素早く正しくテ形**を**作ることができるまで、そのようなドリルをしなければならない。

【助詞「は」→助詞「が」】

16. 誤 カラオケで3時間も歌いっぱなしだったので、声を出すこと**は**全然できなかった。 〈台湾〉

正 カラオケで3時間も歌いっぱなしだったので、声を出すこと**が**全然できなかった。

誤用の解説

脱落

1のように「〜(た)おかげで」とある場合は、可能表現を用いたほうが完遂したという気持ちが出る。その場合、「ことができる」を用いるとよい。2のように、決まり事や段取りを説明する場合は、可能形より「ことができる」が使われやすい。「ことができる」のほうが書きことば的であるためであろう。

3のように、「てもいい」という許可表現と「ことができる」のような可能表現は、使われる状況が似ているために混同されやすい。また、学習者の母語によっては、「てもいい」と「ことができる」が同一表現（スペイン語の poder、英語の can など）で表される場合もあるので、混同しやすいのかもしれない。

誤形成

4〜6に見られるように「〜ことができる」の場合に、「〜のができる」としてしまう誤用が見られる。

混同

7は「解決できていない」と訂正することもできる。ただ、日本語では「解決していない」だけでも「解決できていない」の意味になる。10は「起きることができない」でも問題はない。ただ、「〜(し)ようにも〜」という慣用的な表現では、「ことができる」より、より音節数の少ない可能形で表すほうが自然である。

その他

「ことができる」と似た表現との混同が見られる。11, 12では意味的に似ている「〜に弱い」と「〜やすい」を使ってしまったようだ。11で学習者は「〜に弱い」という言い方をしている。本来は、「数学に弱い」「喧嘩に弱い」のように「腕力・能力があまりない」の意味で使われる。（一方で、「孫には弱くて」のように範囲を広げて使われることも多い。）11のように「ものを決めることに弱い」という言い方はあまりしない。12で用いられている「〜やすい」はその動作・行為が簡単にできること（例：このくつは歩きやすい。）、また、すぐ起こり得る、そういう傾向があること（例：ここはがけ崩れが起きやすい。今の子はキレやすい。）などを表す。いずれも「〜は〜やすい」という形をとる。12の「育てやすい」は、一般には、そのものの属性について用いる語で、「女の子（丈夫でおとなしいという属性）は育てやすい」「ハムスター（小さくて、世話に手間がかからないという属性）は育てやすい」という言い方をする。「子供が少ないから、育てやすい」は

因果関係が希薄で、不自然に感じられる。

14は形が似ている「ことが／はできない」と「ことではない」との混同である。15, 16は助詞の誤用である。15では「テ形を作る」とすべきところを「テ形が作る」としてしまっている。「テ形（を作ること）ができる」の「が」と混同してしまったのかもしれない。16は「は」「が」の問題だが、「は」を使うと「Aすることはできる」が「Bすることはできない」という対比的ニュアンスを含んでしまう。

| 伝達上の誤用 | ★

● 3ではチーズメーカーの人が客に話しているのであるから、許可を表す「てもいい」は失礼になる。親が子供に話す場合は、「手を洗ってきたら、食べることができるよ」とも、「手を洗ってきたら、食べてもいいよ」とも言えるだろう。

● 8は相手（聞き手）が主語で、話し手がお願いをする表現である。学習者は英語の Can you～? Could you～?、スペイン語の Puede Ud～? などをそのまま翻訳したのであろうが、日本語では「ことができる」を使うと、相手の能力を聞いているようなニュアンスが出るので不適切である。「やりもらい」表現で表す必要がある。

● 9も本質的には8と同じで、can = may（スペイン語の poder は can と may の意味を持つ）と考えたのであろう。行為の主体が話し手自身なので、ここでは許可求めの表現になる。

●13は日本語の助詞「で」の教え方を説明している。「で」を統一的に教えるため、「場所」も動作が行われる「道具」だと提案している。ここで用いている「思われてもよい」は8, 9同様、スペイン語圏の学習者に見られる、can = may（ここでは may = can、つまり、「ことができる」）の混同によるものであろう。

| 指導のポイント |

● 初期の段階では、可能形と「ことができる」は置き換えが可能として練習するとよい。可能形は話しことば的であり、「ことができる」はやや書きことば的である。

● 可能形はほぼ「ことができる」に置き換えることができるが、次の例のように、必ずしもその反対は可能ではない。
　　例：ペットの中には人工受精しないと、{○増えることができない／×増えられない}ものもいる。

●「てもいいですか」という許可を求める表現と、「ことができますか」の可能を尋ねる表現は、使われる状況が似ているため混同されやすい。

- 「ことができる」と「〜やすい」、また「ことができない」と「〜にくい」の違いを、学習者のレベルを見て説明するとよい。

ことだ

➡ 人の悪口は言わない**こと**だ。
➡ 面接にパスしたなんてすごい**こと**だ。

形式名詞「こと」がその名詞としての独立性を失って、「〜ことだ」という形で、話し手の心的態度（モダリティ）を表す。「〜するのが大切だ／肝要だ」という意味を表し、多くの場合、そうしておかないと悪い結果が引き起こされるということを言外に含む。また、感嘆・驚きの気持ちも表す。

|関連項目| ものだ、のだ／んだ、わけだ、べきだ、ため(だ)

誤用例文

付加

1. ★ 誤 何回読んでも**分からないことだ**。 〈アメリカ〉
   正 何回読んでも**分からない**。
2. ★ 誤 お正月ハーパープリージで火花をして、一番きれいなイベントだ。時間があるシドニーのかたは絶対に行く、時間ない人も家のテレビで火花の放送を**見ることだ**。 〈オーストラリア〉
   正 お正月のハーバーブリッジの花火大会は、とてもきれいだ。シドニーでは、時間がある人は絶対に行くし、時間のない人も家のテレビで花火の放送を**見る**。

混同

【ことだ→ものだ】

3. 誤 時間がたつのは、**はやいことですね**。 〈タイ〉
   正 時間が経つのは、**早いものですね**。
4. 誤 年をとると、目が**悪くなることだ**。 〈台湾〉
   正 年をとると、目が**悪くなるものだ**。

5. 誤 子供がいつも**いたずらすることだ**。 〈ブラジル〉
   正 子供はいつも**いたずらをするものだ**。
6. 誤 現在、どこへ行ってもテレビかラジオが見られる。それに、なにが放送されるは良かれ悪しかれ国際か国内の人々に皆に**知れることだ**。 〈アメリカ〉
   正 現在、どこへ行ってもテレビかラジオがある。したがって、何が放送されるのかは、良かれ悪しかれ世界中の人々皆に**知られるものだ**。
7. 誤 学生時代にはよく友だちと**議論したことだ**。 〈中国〉
   正 学生時代にはよく友だちと**議論したものだ**。

【ことだ→のだ】
8. 誤 青少年は、たばこが好きなので吸うことではない。みんなの人々がたばこを吸うから、それを見て誘惑を**感じることだ**。 〈韓国〉
   正 青少年は、たばこが好きだから吸うのではない。人々がみんなたばこを吸うから、それを見て誘惑を**感じるのだ**。
9. 誤 実は私は今経営管理研究科で投資ファンドについて勉強しているので、それと関係し皆さんの国の貯蓄行動を**聞きたいことです**。 〈韓国〉
   正 実は、私は今、経営管理研究科で投資ファンドについて勉強しているので、それと関連して、皆さんの国の貯蓄行動について**聞きたいのです**。

【ことだ→だろう】
10. 誤 つまり、もしこのまま酸性雨が進行すれば、その影響は極めて大きく、生態環境が不均衡に**なることである**。 〈中国〉
    正 つまり、もしこのまま酸性雨が進行すれば、その影響は極めて大きく、生物の生態系が不均衡に**なるだろう**。

【ことだ→べきだ】
11. ★誤 大人にたったら自分のことは自分が**決めることだ**。 〈韓国〉
    正 大人になったら、自分のことは自分で**決めるべきだ**。

【ことだ→ためだ】
12. 誤 「花轎」に上がる時、花娘は泣かなくてはいけない。それは実家に離れたくない気持を**表わすことだ**。 〈中国〉

正 「花轎（嫁入りのかご）」に上がる時、花嫁は泣かなくてはいけない。それは実家を離れたくない気持ち**を表わすため**だ。

【ことだ→わけだ】

13. 誤 歩いたり、自転車で行けば、体を動かす事ができて、環境にもいいし、まさに、一石二鳥**と言うこと**だ。　　　　〈中国〉

　　 正 歩いたり自転車で行ったりすれば、体を動かすことができて、環境にもいいし、まさに、一石二鳥**というわけ**だ。

【ことではない→わけではない／とは限らない】

14. 誤 有名な大学の学生だながら、必ずしも成功の人生がある**ことではない**。　　　　〈中国・香港〉

　　 正 有名な大学の学生だからといって、必ずしも人生で成功できる**わけではない／とは限らない**。

【ことではない→ことはない】

15. 誤 あの人は頭がいいから医者になり得ない**事ではない**でしょう。　　　　〈台湾〉

　　 正 あの人は頭がいいから医者になれない**ことはない**でしょう。

【ことではない→ものではない】

16. 誤 小さい子供ではあるまいし、いつも泣いている**ことではない**だろう。　　　　〈韓国〉

　　 正 小さい子供ではあるまいし、いつまでも泣いている**ものではない**。

誤用の解説

混同

「ことだ」と「ものだ」は意味用法が似ている部分もあるが、基本的には、「ことだ」が話し手自身の個別的な意見・意向を表すのに対し、「ものだ」は社会的通念などを含んだ一般論として提出されることが多い。3〜6のように、物事の本来的な特徴や「（当然）そういう展開や結果になる」と言いたい場合は、「ことだ」ではなく「ものだ」を使う。また、7のように回想や述懐の気持ちを付加する時も、「ことだ」ではなく「ものだ」を使う必要がある。

他のモダリティ表現「のだ／んだ、べきだ、わけだ、だろう」などとの混同が見られるのは、「ことだ」の示す話し手の気持ちが学習者にとってつかみにくいためであると考えられる。8，9は「のだ／んだ」を使うべきなのに「ことだ」を用

いている誤用である。両者とも、前件に理由節があって、後件（主節）でそれに基づく展開を述べているので、説明を与え、まとめる「のだ／んだ」がふさわしい。

10は前件に条件節「ば」が来ているので、後件（主節）では予想される結果を「だろう」で表すとよい。3〜10のような「ことだ」による誤りは、学習者自身が「ことだ」の意味用法を正確に把握していない一方で、文末に「ことだ」を置くと文がまとまる、結論付けられると考えているためと思われる。

12, 13は、「ことだ」のままだと、前文と後文の意味関係が曖昧になる。「ためだ」「わけだ」とすることで、因果関係がはっきりし、文意が明確になる。「ことだ」の否定形として、14〜16のような「ことではない」という形は用いられない。「ことだ」の否定形は「ことはない」で、「必要がない、可能性がない」という意味になる。14には、「必ずしも〜ない」という部分否定を表す「わけではない／とは限らない」を、15には「〜ないことはない」という二重否定（「可能性はある」という意味を表す）表現を用いる必要がある。16は「いつまでも泣いているのはよくない」という助言・忠告としては、一般論的な表現の「ものではない」が用いられる。

伝達上の誤用 ★

- 「〜することが大切だ」の意味にせよ、「感嘆・驚き」の意味にせよ、「ことだ」は説教がましく響きがちで、自然な文脈で使うのは学習者にとってはなかなか難しい。
- 「ことだ」は必要な時に使えない非用と、逆に使い過ぎる付加が起こりやすいので、注意が必要である。1や2には、「ことだ」で述べるほどの強い気持ちがあるとは感じられないと思われる。
- 11は、個別の聞き手に対する忠告としてなら、「ことだ」も用いることができるが、ここでは「そうするのが当然だ」という意味合いで用いているので、「べきだ」がふさわしい。

指導のポイント

- 「ことだ」は、名詞句・名詞節に用いられる名詞化の「〜こと＋だ」とは異なることに注意させる。名詞化の「こと」の意味・用法を整理した上で、話し手の気持ちを表す「ことだ」を導入するとよい。
- 「ことだ」と「ものだ」の基本的な違いは、「ことだ」が個別的な、「ものだ」が一般論的な判断に基づくという点である。このことについても、

どこかで説明しておくとよい。
- 「ことだ」は「ものだ」と同じく、使い方によっては説教じみて聞こえることにも注意させる。
- 「ことだ」の否定表現「〜ないことだ」「〜ことはない」は意味・用法が異なるので、学習者が混乱しないように導入、説明する。

さて

➡ **さて**、本題に入りましょうか。
➡ 彼女は就職が決まった。**さて**、彼は？

「ところで」や「それでは」と同じく、話題を転換する接続詞である。現在の状況から次の展開へ移る前触れ語として用いられる。主に話しことばで使われる。

関連項目　**さあ、では／じゃ、今から、ところで、それから、だが、でも、また(接)**

誤用例文

混同

【さて→さあ】

1. ★誤　もう、時間になった。**さて**、仕事を始めましょう。〈中国〉
   正　もう、時間になった。**さあ**、仕事を始めましょう。
2. ★誤　やっと終わりましたね。**さて**一緒に帰りましょうか。〈台湾〉
   正　やっと終わりましたね。**さあ**、一緒に帰りましょうか。
3. ★誤　もう時間ではないですか。**さて**、始めましょう。〈ロシア〉
   正　もう時間ではないですか。**さあ**、始めましょう。

【さて→じゃ】

4. 誤　まあまあ、後からもう一回電話をする。100円玉もうないから。**さて**、5分の後にお待ちしなさい。〈中国〉
   正　**じゃ**、後からもう一回電話をする。100円玉がもうないから。**じゃ**、5分ほど待っててね。

【さて→では】

5. 誤　それはコンピュータの原理です。**さて**一緒に演習しましょう。〈中国〉

正 それは／がコンピュータの原理です。**では**、一緒に演習しましょう。

【さて→では、今から】

6. 誤 お元気ですか。**さて**、昨日の会議について話したい。
　　　　　　　　　　　　　　　　　　　　　　　　〈オーストラリア〉

　　　正 お元気ですか。**では**、**今から**、昨日の会議について話したいと思います。

【さて→ところで】

7. 誤 私は試験に合格した。**さて**木村さんはとうなったかな。　〈韓国〉

　　　正 私は試験に合格した。**ところで**、木村さんはどうなったかな。

【さて→それから】

8. 誤 その時、子供たちがみんな一諸に花火を遊びます。このときは、とても楽しいものです。**さて**、「レーマン」をレンダンやピーナッツ・ソースやカレーにつけて食べます。　〈マレーシア〉

　　　正 その時、子供たちはみんな一緒に花火で遊びます。この時間は、とても楽しいものです。**それから**、「レーマン」をレンダンやピーナッツ・ソースやカレーにつけて食べます。

【さて→また】

9. 誤 じつは（タバコを）吸う人たちほど周りにいる人たちがたくさん亡くした。（中略）技術の進歩に伴って、ますます早く亡くする人もそうです。**さて**、吸う人にとってはっきりたばこを買うためにたくさんお金が使う。　〈マレーシア〉

　　　正 実は（タバコを）吸う人たちほど、周りにいる人たちをたくさん亡くしている。（中略）技術の進歩に伴って、（タバコを吸う人が増え、）ますます早く亡くなる人もいる。**また**、（タバコを）吸う人は明らかにたばこを買うためにたくさんお金を使う。

【さて→だが】

10. 誤 あの仕事は一生けんめいやった。**さて**いい結果が出なかった。
　　　　　　　　　　　　　　　　　　　　　　　　〈タイ〉

　　　正 あの仕事は一生懸命やった。**だが**、いい結果が出なかった。

【さて→でも】

11. 誤 父は三十年間のたばこを吸ったので、最近は肺が痛くて入院しています。主人はたばこを吸った時よく首が痛かったし体もわるか

ったし健康のはよくなかったです。**さて**むすめがいてからぜんぜんたばこを吸っていません。　　　　　　　　　　　　　〈ベトナム〉

正 父は三十年間たばこを吸っていたので、最近は肺が痛くて入院しています。主人はたばこを吸っていた時、よく首を痛がったし、体も悪かったし、健康じゃなかったです。**でも**、娘ができてから、全然たばこを吸っていません。

■ その他
【「さて」の後ろの副詞・副詞句の欠落】
12.　誤　以上はご報告しました。**さて**、相談しだいこともあります。〈中国〉
　　　正　以上、ご報告しました。**さて**、**次に**ご相談したいことがあります。
13.　誤　**さて**、ロシアのニュースです。　　　　　　　　　〈アメリカ〉
　　　正　**さて**、**次は**ロシアのニュースです。
【「さて」の後ろの語「〜について見ると」】
14.　誤　しかし、少なくとも、筑波大学では、そのようなことはあまり見られなく、むしろ、日本の学生の遊ぶのは入ったサークルによって決まっているようである。

　　　さて、**オーストラリアの学生と**日本の学生の勉強に対しての考え方はちょっと違うと思う。　　　　　　　　　〈オーストラリア〉

　　　正　しかし、少なくとも、筑波大学ではそのようなことはあまり見られず、むしろ、日本の学生が遊ぶのは入ったサークルによって決まるようである。

　　　さて、**オーストラリアの学生について見ると**、日本の学生の勉強に対する考え方とはちょっと違っていると思う。

■ 誤用の解説
■ 混同

　「さて」は他人への働きかけの文には使われない。**1〜3**では「〜ましょう(か)」を使っているが、相手への誘いかけがはっきりしている場合は、「さて」ではなく「さあ」が用いられる。**4〜6**も働きかけの文（依頼、誘い、願望）で「さて」が用いられている。「さて」は展開の方向を曖昧にして、疑問の形で提出することが多い。次の行動に移る合図として使われることも多いが、具体的な場面や行動の切り替えでは、「では／じゃ」が適切になる。

7は「さて」でもよいが、積極的に話題転換をするのであれば、「ところで」が適切になる。8, 9では、「さて」を追加を表す「それから」「また」と同じ意味で使っているが、「さて」には追加の意味はない。学習者は追加することと、転換することの意味を混同しているようである。10, 11のように、「さて」は叙述表現には用いられにくい。また、「さて」には「だが」「でも」のような逆接の意味はない。

その他

12, 13は、「さて」の後ろに「次に、次は」が脱落した誤用である。「さて」は事態・事柄が転換してしまうので、引き続いて行う事柄であれば、「さて」の後ろに「次に、次は」がほしいところである。14は、「さて」と話題を転換したあとで、次の話題を導入する表現、例えば、「～について見ると」などが必要な例である。

伝達上の誤用 ★

- 1～3は「さて」と「さあ」の混同であるが、いずれも「さて～ましょう(か)」の形をとっている。3のように相手への誘いかけがはっきりしている場合は、「さて」ではなく「さあ」が用いられるが、勧誘でなく単なる意志の表出として、自分に向けて、「さて、仕事を始めよう。」「さて、仕事を始めましょうか。」として用いる場合は、「さて」でも可能である。「さて」は、特別の場合(「さて、その時一人の大男が現れた。」のような物語調のものでは可能)以外は、叙述表現には用いられにくい。

指導のポイント

- 転換の接続詞は学習者にとって非用（使わないで済まそうとする）や誤用（「さあ」「では」などとの混同）が起きやすい。
- 「さて」は文末に、意志の表出を表す「(よ)う」や「～ましょう」はとることができるが、依頼や命令などの意志表現はとることができない。(例：×さて、言ってください。) 文末と関係付けて練習する必要がある。
- 「さて」は話題を転換する語であるが、次の話題を導入する表現（「次に」「次は」「～について見ると」など）とともに使う場合も多いので、いっしょに練習したほうがよい。
- 「さて」は話しことばであるが、ややかたい表現で年配者に用いられることが多い。そのことにも触れておくとよい。

さらに

→ 1週間の天気が予測でき、**さらに**1週間の気温までわかるようになってきた。

同じ種類、性質の事柄が重なって程度が増す、また、広がる時に使われる。「A, B, C, D…」と物事が付加されていく、最初のほうではなく、あとのほうに使われる。

関連項目　しかも、それから、そして、そのうえ、もっと、並列（継起）節「て」

誤用例文

脱落

1. 誤 マレーシアでは環境破壊が問題と答えた人は60%であった。（中略）次に深刻化している問題は、両国でエイズ・薬物などの社会問題である。（中略）Φタイには、貧富格差の拡大は36%で第三位に位置づけられた。〈タイ〉
   正 マレーシアでも環境破壊が問題だと答えた人は60%であった。（中略）次に、深刻化している問題は、両国ともエイズ・薬物などの社会問題である。（中略）**さらに**タイでは、貧富格差の割合は36%で、世界第三位になっている。

2. 誤 現代社会問題として、（中略）高齢社会になる一方で少子化の現象が深刻化されていることと共に、労働力人口が減っていることで福祉に使う予算がなくなっていることだ。Φ現在日本で年金制度も改革が必要だと言われている。〈韓国〉
   正 現代社会では、（中略）高齢化社会になる一方で少子化現象が深刻化している、と共に、労働力人口が減って福祉に使う予算がなくなっていることも問題である。**さらに**、現在、日本では年金制度も改革が必要だと言われている。

付加

3. 誤 奨学金をもらってから、**さらに**日本に来た。〈インドネシア〉
   正 奨学金をもらってから、日本に来た。
4. 誤 夕食を食べてから、**さらに**デザートを食べる。〈インドネシア〉
   正 夕食を食べてから、デザートも食べる。

▎混同

【さらに→つづいて】
5. 誤 彼は就職してから、**さらに**結婚した。　　　　　　　　〈中国〉
   正 彼は就職してから、**つづいて**結婚もした。

【さらに→しかも】
6. 誤 日本の場合に宗教の影響は文化だけにあると思う。**さらに**昔から来た文化だけである。現実に明治時代前に日本における宗教は重要だった。　　　　　　　　　　　　　　　　　　　　　〈アメリカ〉
   正 日本の場合、宗教の影響は文化だけにあると思う。**しかも**昔からの文化にである。実際に明治時代以前には、日本では／においては宗教は重要だった。

【さらに→そして】
7. 誤 この本は評判が非常にいい。**さらに**今週の売り上げベスト5に入っている。　　　　　　　　　　　　　　　　　　　　　〈中国〉
   正 この本は評判が非常にいい。**そして**今週の売り上げベスト5に入っている。

【さらに→それから】
8. 誤 東京に来てから、**さらに**大学に入った。　　　　　　〈マレーシア〉
   正 東京に来て、**それから**大学に入った。
9. 誤 奨学金をもらってから、**さらに**日本に来た。　　　〈インドネシア〉
   正 奨学金をもらって、**それから**日本に来た。

【さらに→もっと】
10. ★誤 大学に入って、**更に**勉強すべきだ。　　　　　　　　　〈中国〉
    正 大学に入って、**もっと**勉強すべきだ。

【さらに→うえに】
11. 誤 2005年には祭りの囲い地の広さが900エーカー**のさらに**、385以上ライブの演奏が行われ、その時の参会数が150000人以上であった。　　　　　　　　　　　　　　　　　　　　　〈カナダ〉
    正 2005年には祭りの囲い地の広さが900エーカー**になったうえに**、385以上ライブの演奏が行われ、そのときの参加人数は15万人以上であった。

その他

【加えて→さらに】

12. 誤 森から木を持ってきて、恋人のために家の前で植え付けることが伝統的だそうだ。**加えて**、大勢の人が町の中心で大きな「5月の木」の周りを取り囲んでいて、踊っていたということである。

〈ドイツ〉

正 森から木を切って来て、恋人のために家の前に植えることが伝統だそうだ。**さらに**、大勢の人が町の中央で、大きな「5月の木」の周りを取り囲んで踊るということである。

【うえに→さらに】

13. 誤 教課書によって、昔の人々はいろいろな方法をする。そして、あすの天気を予知ができる、**うえに**、天気予報の重要性がわかる。

〈マレーシア〉

正 教科書をもとにして、昔の人々はいろいろな方法を考えてきた。そして、あすの天気が予測でき、**さらに**、天気予報の重要性がわかるようになった。

誤用の解説

脱落

1では環境破壊、エイズ・薬物、貧富格差と問題が列記されている。単に並べるだけでは読みにくいので、文脈を整える（読みやすくする）ために、「さらに」が必要だと思われる。これは2についても同じである。

付加

学習者は、3，4のように、事柄の重なりということで、「ある事柄をしてから、さらに〜」という言い方をしたがるようだが、「てから」を使うと時間の前後関係に焦点が当たり、程度の増加を表す「さらに」とは共存しにくくなる。「さらに」の持つ「累加」（同じ種類・性質の事柄の重なり）の意味を時間的継起と混同したためと考えられる。

混同

5も3，4と同じく、累加を表す「さらに」を時間的継起と混同したようである。「さらに」はA, B, C, D…と同じような物事が付加され程度が増していく時に使われるが、6，7にはそのような累加は見られないので、単なる付け加え（添加）を表す「しかも」「そして」などを使ったほうがよい。

3，4では「さらに」を不必要と判定し削除したが、8，9では「てから」を「て」に変え、時間の継起を表す「それから」を用いて訂正した。11では「名詞＋のさらに」という使い方をしている。「の上に」と混同したと思われる。

その他

12, 13では単に付け加える「加えて」「上に」を用いているが、12, 13とも、前文と同じ種類・性質の事柄が重なって程度が増す「さらに」との使い分けが理解されていない。

伝達上の誤用 ★

● 10は文として誤りとは言えないが、学習者は「もっと」の意味で「さらに」を使ってしまったようだ。中国語母語話者の場合、「更に」という漢字から、中国語の「更」(「いっそう・ますます」の意味)と結び付け、10のような例を作ることが考えられる。「さらに勉強すべき」は「続けて」の意味が入り、「もっと勉強すべき」は今まで以上に努力するべきだという意味合いが入る。

指導のポイント

- 「さらに」はもともとが副詞なので、基本的には、後文で前文の事柄・事態の程度を増す時に用いられる。
- 「さらに」は程度が増す時に使われるが、A, B, C, D…と物事が付加されていくはじめのほうではなく、後ろのほうに使われることに注目させる。
- 「さらに」は「連用中止(形)／〜て、さらに〜」の形で用いられることが多い。練習にもこの構文を取り入れるとよい。
  例：彼は多くの企業を買収し／して、さらに一流企業の買収を計画している。
- 「さらに」は文末に意志表現をとりにくい。文末との関係も指導しておく必要がある。
- 「さらに」は程度が増す時に使われるので、単に付け加える「それから」「そして」とは異なることに注意させる。

し

➡東京は人も多いし、車も多いし、あまり住みたくない。

事柄の並列を表す。また、並列表現を主節に結び付けて、理由付けを表す用法もある。「〜し」を一つだけでも、また、二つ以上続けて用いることもできる。話しことばに用いられる。

関連項目 並列（継起）節「たり、て、で」、理由節「ので」、逆接節「のに」、自動詞、他動詞、助詞「も、は」

誤用例文

脱落

1. 誤 私は日本語を**勉強したかった**、いいコースで**勉強した**、とてもいい先生たちに教えていただきましたから、これからずつ日本語を勉強しつづけたいと思います。　〈ブラジル〉
   正 私は日本語を**勉強したかったし**、いいコースで**勉強したし**、とてもいい先生たちに教えていただきましたから、これからも（自分で）ずっと日本語を勉強し続けたいと思います。

2. 誤 子借の時から私は色々なことが好きです。八歳から十五歳まで私はクラシクギターを**習いました**。スポツと読書も大好きです。　〈アメリカ〉
   正 子供の時から私は色々なことが好きでした。八歳から十五歳まで私はクラシックギターを**習ったし**、スポーツと読書も大好きです。

3. 誤 この店で食べた魚のおいしさは今でもよく覚えています。でも、「白洋淀」の隣に、工場が**あります**。観光客は、ゴミを湖に投げ込みます。　〈中国〉
   正 この店で食べた魚のおいしさは今でもよく覚えています。でも、その店「白洋淀」の隣には工場が**あるし**、観光客はゴミを湖に投げ捨てます。

付加

4. 誤 日本に来てから、私は大学院に**入りたいしので**、筑波大学の研究生になりました。　〈中国〉
   正 日本に来てから、私は大学院に**入りたかったので**、筑波大学の研

究生になりました。

誤形成

5. 誤 つくばはいいところだとおもういます。つくば大学も**べんりし**、しずかくて、べんきょうもできるし、スプツもできます。
〈インドネシア〉
   正 筑波はいいところだと思います。筑波大学は**便利だし**、静かで、勉強もできるし、スポーツもできます。

6. 誤 きょうは天気が**いいだし**、お金もあるし、やはりあそびに行きましょう。　〈韓国〉
   正 きょうは天気が**いいし**、お金もあるし、やはり遊びに行きましょう。

混同

【し→たり】

7. 誤 女の子の電話さえあったら、母親がその後いらいらして私を根ほり葉ほり追求するように**聞かれるし**、一日中大騒ぎして乱れた。
〈台湾〉
   正 女の子からの電話でもあったら、母親はその後いらいらして、私に根ほり葉ほり追求するように**聞いたり**、一日中大騒ぎしたりした。

8. 誤 カイロ大学を卒業してから通訳と翻訳をやりましたけどその時日本語が下手でしたので簡単な日本語をアラビア語に**通訳したし**アラビア語のやさしい会話を日本語に直していました。〈エジプト〉
   正 カイロ大学を卒業してから、通訳と翻訳をやりましたが、その時は日本語が下手でしたので、簡単な日本語をアラビア語に**通訳したり**、アラビア語のやさしい会話を日本語に直したりしていました。

9. 誤 日本の大学生はよくパーティを**するし**、たくさんのお酒を**飲むし**、いろいろなクラブや課外活動等をさんかするので勉強することがあまり重要ではなくなる。　〈中国・香港〉
   正 日本の大学生はよくパーティーを**したり**、たくさんお酒を**飲んだり**、いろいろなクラブや課外活動等に参加するので、勉強することがあまり重要ではなくなる。

【し→で】

10. 誤 家族では私は**一番上ですし**、弟が２人います。　〈？〉
    正 家族では、私が**一番上で**、弟が２人います。

【し→連用中止（形）】

11. 誤 オーロラというのは、体が大きく、**長いし**、不気味な姿をしている動物です。 〈マレーシア〉

    正 オーロラというのは、体が大きくて**長く**、不気味な姿をしている動物です。

【し→のに】

12. 誤 日本ではいろいろ有名な観光所があるし、交通も**便利だし**、なぜ国内旅行の人がすくなくなって、海外旅行者が増えるでしょうか。 〈台湾〉

    正 日本には有名な観光地がいろいろあるし、交通も**便利なのに**、なぜ国内旅行をする人が少なくなって、海外旅行者が増えたのだろうか。

その他

【助詞「も／は」の脱落】

13. ★ 誤 最初の三つのスポーツは自分ではなかなか上手にできる楽しいスポーツですが他のスポーツがきらいでできない**わけでないし**、見るだけにしているわけでもない。 〈アメリカ〉

    正 最初の三つのスポーツは、かなり上手にできる楽しいスポーツですが、他のスポーツが嫌いでできない**わけでも／ではないし**、見るだけにしているわけでもありません。

【助詞「を」→助詞「は／も」】

14. ★ 誤 朝のラシャワの電車は込むし、知らない人から乱暴な言葉**を**かけられるし、いなかに引越した方がいいと思う。 〈アメリカ〉

    正 朝のラッシュアワーの電車は込むし、知らない人から乱暴な言葉**は／も**かけられるし、いなかに引っ越した方がいいと思う。

誤用の解説

脱落

　学習者は１，２のように短文を羅列する傾向がある。１ではゆるやかな理由付けを表す「し」が、２では話しことばでの並列表現として「し」が適している。３は昔に比べて環境が悪くなったことを残念がっている文である。工場が建ったこと、観光客のマナーが悪いことを環境悪化の理由として、「し」でつなぐとよい。

付加

「し」には理由付けの意味合いもあり、同じく理由を表す「ので」と並べることはできない。4のように前件・後件の因果関係が明確な場合は、「ので」を用いるほうがよい。

誤形成

「し」は、特に丁寧に述べる場合以外はその前に動詞・形容詞・「名詞＋だ」の普通形をとる。5，6のように形容詞の普通形が正確に作れない誤用が見られる。5では「だ」が抜け、6では「だ」が付加されている。

混同

動作・行為の中からいくつかを選び、例示しているのであるから、7～9は「し」ではなく「たり」にしたほうがよい。10，11で「し」を用いると、意味的関係から「し」は理由付けを表してしまう。単なる並列を表す時は、「て」や「連用中止（形）」を用いたほうがよい。12も前件と後件（主節）の関係が逆接的な意味合いを持つので、「し」ではなく、「が・けれども」や「のに」にしたほうがよい。後件が予想外の気持ちを表した質問なので「のに」が適しているだろう。

伝達上の誤用 ★

- 「し」の使い方の問題点の一つは、並列する事柄にどのような助詞を付ければよいかということである。格助詞も可能であるが、話し手の付け加えの気持ちや、やわらかく表現する気持ちを表したければ、取り立て助詞「も」（「は」でも表せる）が落ち着くようである。13は「も」か「は」（「も」のほうが自然だが、「は」でもよい）を加え、14は「を」の代わりに「も」か「は」を用いたほうがよい。
- 「し」は理由を表すが、「から」や「ので」が直接的な理由付けを表すのに対し、理由付けがゆるやかでぼかした感じになり、その分、会話的で遠まわしな感じを表す。誘いを断る時など、日本人は「から」「ので」で理由を表すより、「し」を使って婉曲に断ることが多い。次の(1)(2)において、学習者は(1)を使いたがるので、中級レベルの段階で(2)のような断り方を使わせたい。
  - (1) 忙しくて用事があるので、会には参加できません。
  - (2) 忙しいし、ちょっと用事があるし、会には参加できません。
- 「し」は話しことばで用いられ、論文やレポートなどの書きことばでは、基本的には使われない。

指導のポイント

- 「し」は、論文やレポートなどの書きことばでは、基本的には使われないことに言及しておく必要がある。
- 「し」の前には動詞・形容詞・「名詞＋だ」の普通形が来る。形が正しく作れない学習者が多いので、十分練習させる。
- 「し」は「ゆるやかな理由付け」を表す。授業では、「し」を使って婉曲に断る会話練習なども取り入れたい。
- 「〜し〜し」節で、並列する事柄に付ける助詞として「も」（または「は」）を使うほうが文が自然になる。「も」を適切に用いる練習もしたほうがよい。
- 「〜し〜し」のあと、文をどう続けてよいかとまどう学習者も多いので、文を最後まで作る練習を十分にさせる。

使役文

➡警官が車を道路わきに**止めさせた**。
➡やりたいように**やらせて**おく。

「指示・命令・強制」「許可」「放置」などのほかに、「私がそばにいながら、孫にけがをさせてしまった。」（責任）、「その問題が彼を困らせる。」（誘発）などの意味用法がある。

関連項目　他動詞、自動詞、受身文、てもらう、助詞「に、を」

誤用例文

脱落

1．★誤　わかりました。あなたの頼みとあれば、どんな大変でも早く**実現したい**。〈ベトナム〉
　　　正　わかりました。あなたの頼みとあれば、どんなに大変でも早く**実現させたい**と思います。
2．　誤　最後に小テストを通じて、学生にことばをよく**知る**ようにする。〈シンガポール〉

正 最後に小テストを通して、学生にことばをよく**覚えさせる**ようにする。

3．誤 また、混乱しやすい**動詞を集中する**。よく分けにくいので、そんなことばを暗記させる。「に座る・寝る・泊まる」「で待つ・暮らす」
〈シンガポール〉

　　　正 また、混乱しやすい**動詞に集中させる**。区別しにくいので、そのことばを暗記させる。「に座る・寝る・泊まる」「で待つ・暮らす」など。

誤形成

4．誤 先生は、子どもを**たたわせました**。 〈タイ〉
　　　正 先生は、子供を**立たせました**。

5．誤 他のスポーツの場合には目的が試合をなるべく早く**終わせて**勝つことだ。しかし、ジョギングの場合は逆だ。 〈アメリカ〉
　　　正 他のスポーツの場合には、目的は試合をなるべく早く**終わらせて**勝つことだ。しかし、ジョギングの場合は逆だ。

6．誤 学生に自分で会話を作らせて、皆の前にペアで**演じらせる**こともいい練習方法だと思う。このようにしたら、印象が深くなれ、忘れにくくなる。 〈台湾〉
　　　正 学生に自分で会話を作らせて、皆の前でペアで**演じさせる**こともいい練習方法だと思う。このようにしたら、印象が深くなり、忘れにくくなる。

7．誤 最初から長い会話で教えれば、かなり**混乱しさせる**かもしれない。だから、最初は、A．桜がきれいだ。B．桜はきれいだ。というような例文で違いを説明してから、会話に入ったほうがいいと思う。
〈中国〉
　　　正 最初から長い会話で教えたら、かなり**混乱させる**かもしれない。だから、最初は、A．桜がきれいだ。B．桜はきれいだ。というような例文で違いを説明してから、会話に入ったほうがいいと思う。

混同

【使役→他動詞】

8．誤 普通ならば、これは人生の道でもっともロマンチックのだが、私の恋愛は、やっと静かになった家をもう一つの暴風雨を**おこらせたんだ**。 〈台湾〉

し 使役文

|正| 普通ならば、これは人生で最もロマンチックなのだが、私の恋愛は、やっと静かになった家にもう一つの暴風雨を**引き起こした**。

9．|誤| たばこは自分の体だけではなく、まわりの人にも**めいわくさせる**。　　〈中国〉
|正| たばこは自分の体だけではなく、周りの人にも**迷惑をかける**。

10．|誤| 私の勉強状態に関してもしもっと**よくさせる**ところがあれば、教えてくれませんか。　　〈インドネシア〉
|正| 私の勉強方法に関して、もしもっと**改善したほうがいい**ところがあれば、教えてくれませんか。

11．|誤| 地震は建物を倒壊するのみならず、人を**傷害させた**。　　〈中国〉
|正| 地震は建物を倒壊させるのみならず、人を**傷つける**。

12．★|誤| この前、韓国で母親を刃物で殺そうとした息子が逮捕されました。息子は母親にお金を要求したが、母親がそれを聞いてくれなかったことに、腹が立ったので刃物で刺したと言ったそうです。ところで、刺されて倒れた母親は刃物を持たまま立っている息子を**逃げさせた**後、父親に電話をして強盗に刺されたと告げたそうです。
　　　　　　　　　　　　　　　　　　　　　　　　　　　〈韓国〉
|正| この前、韓国で母親を刃物で殺そうとした息子が逮捕されました。息子は母親にお金を要求したが、母親がそれを聞いてくれなかったことに腹が立ったので、刃物で刺したと言ったそうです。ところが、刺されて倒れた母親は刃物を持ったまま立っている息子を**逃がした**後、父親に電話をして強盗に刺されたと告げたそうです。

【使役→自動詞】

13．★|誤| それは**私をおどろかせました**。　　〈アメリカ〉
|正| それを聞いて**私は驚きました**。

14．★|誤| それは**私をがっかりさせました**。　　〈アメリカ〉
|正| それで**私はがっかりしました**。

15．★|誤| それは雨をたくさん**降らせます**。　　〈アメリカ〉
|正| そのために雨がたくさん**降ります**。

16．★|誤| 日本人について、**私におどろかすこと**は日本人の比較的な宗教の欠乏である。　　〈アメリカ〉

正 日本人について**私が驚く**ことは、日本人には宗教心がかなり欠けているという点である。

17. ★誤 もう一つの深く**感じさせた**のは一日の中で、よく耳にする「すみません」などという言葉は外人にとっては一番理解しにくいのです。〈中国〉

正 もう一つ深く**感じた**ことは、日常よく耳にする「すみません」という言葉は、外国人にとっては非常に理解しにくいということです。

18. 誤 私が何も食べられなく、他の部屋に行き、**横にさせなければならなかった**。〈オーストラリア〉

正 私は何も食べられなくて、他の部屋に行き、**横にならざるをえなかった／なるほかなかった／なるしかなかった**。

■ その他

【助詞「に」→助詞「を」】

19. 誤 リーさんが友だちにおこらせた。〈マレーシア〉
正 リーさんが友達**を**怒らせた。

20. 誤 うれしさのあまり、つい大きい声を出して、他の人にびっくりさせた。〈タイ〉
正 うれしさのあまり、つい大きい声を出して、他の人**を**びっくりさせてしまった。

21. 誤 子供の頃はいたずらであった私は、よく親に困まらせてんだ。〈台湾〉
正 子供の頃いたずらだった私は、よく親**を**困らせた。

【助詞「を」→助詞「に」】

22. 誤 お父さんは、まさおくん**を**しんぶんをもってきてくらせました。〈メキシコ〉
正 お父さんは、まさおくん**に**新聞を持って来させました。

■ 誤用の解説

■ 脱落

1と2、3では誤用の要因が異なっている。2、3において学習者は、「だれがだれに／を〜させる」の関係、および、それをどう文として表すかがわかっていないと思われる。2で、「学生が」とすれば、「よく知るように」も可能になる。学習者は「が」が持つ意味、「に」が持つ意味がよくわかっていないようだ。

誤形成

4〜7のように使役形を正しく作れない誤りが多く見られる。4，5は1グループ、6は2グループ、7は3グループ（不規則）動詞に見られる誤りである。

混同

8〜11では「起こらせる」「迷惑させる」「よくさせる」「傷害させる」を用いている。これらを見ると、学習者は他動詞と使役形（または使役動詞）の使い分けを、語彙不足もあって、正確に把握できていないのがわかる。動詞に「せる／させる」を付けさえすれば、他動詞的表現になると思っているのかもしれない。

18の学習者は英語で I had to let myself lie down. を考え、「横にさせなければ〜」としたと考えられる。「横にさせる」ではなく「横になる」を用いる必要がある。また、義務・当為を表す「なければならない」ではなく、「そうするよりほかに選択肢がない」ことを表す「（せ）ざるをえない」「（する）ほかない」「（する）しかない」を用いる必要がある。

その他

19〜22は使役文における助詞の誤りである。使役文は通常、次のような助詞をとる。

(1) 子供が部屋を掃除する。→（私は）子供に部屋を掃除させる。

(2) 田中さんが困った。→（私は）田中さんを困らせた。

(1)は基本の文が他動性の動詞で、目的語に「を」をとる場合、(2)は自動性の動詞（意志の入る余地のない動詞）（例：困る、驚く、悲しむ）で「を」をとる場合である。19〜21は(2)に、22は(1)に当てはまる。（自動性の動詞の場合、「歩く」「行く」などの意志の入る動詞は「子供を歩かせる／子供に歩かせる」「子供を行かせる／子供に行かせる」両方可能で、前者「を」は強制的にさせる、後者「に」は自主的にさせると言われている。）

伝達上の誤用 ★

● 1の「実現する」は、自動詞「夢が実現する」としても他動詞「夢を実現する」としても使える。そのため1はそのままでよいようだが、もっと積極的に実現の意志を表す場合は、「実現する」では弱く、使役形を用いて「実現させる」としたほうがよい。

(3) どんなことがあってもプロジェクトを実現する。

(4) どんなことがあってもプロジェクトを実現させる。

1では人から頼まれて、自分が引き受けるという決意を表すのであるから、「実現させる」を用いたほうがよい。また、相手に伝えるためには、「たい」を言い切り

では用いず、「と思う」を付けたほうがよい。
- **12**は自動詞「逃げる」を使役形にした「逃げさせる」と、他動詞「逃がす」の違いである。これは「着させる」と「着せる」、「見させる」と「見せる」などの違いと共通している。「着させる／着せる」を例にとると、両者はしばしば置き換えが可能であるが、「親が子供にパジャマを着させる」（使役）は、親は着るように指示はするが、見守っているだけで、子供自身が着る努力をするという意味に、一方、「着せる」（他動詞）は、親が実際に動いて子供にパジャマを着せてしまうという意味になることが多い。**12**で学習者は「逃げさせる」を用いている。「逃げさせる」は、親は逃げるように指示はするが、見守っているだけで、子供自身が逃げる努力をするという意味になる。作文の内容では、息子は呆然としてしまって、自分の意志によって動作を行えない状態にあると考えられるので、母親の直接的な手助けがあったと考えるのが妥当である。したがって、他動詞「（母親が）逃がす」を用いたほうがよいと思われる。
- **13〜16**はすべてアメリカ人の誤用である。「＜無生物主語＞が 〜（さ）せる」という言い方は欧米人の日本語によく見られる。日本語として全く使わないわけではないが、これらの表現は、特別な効果をねらったり、あえて翻訳調にする時以外は違和感がある。日本語では、使役など他動詞的用法では無生物主語はとりにくい。**17**は無生物の存在が明記されていないが、無生物主語による表現と考えられるので、「感じた」を用いたほうがよい。

指導のポイント

- 使役形が正しく作れない学習者が多い。また、適切な他動詞表現がわからず、使役形を多用する傾向がある。
- 「使役文」は、ある状況・文脈があって使われるため、状況・文脈を正しく表せるかどうかも問題になる。副詞句や従属節とともに使えるように指導したい。
  - 例１：子供の健康のために牛乳を飲ませている。
  - 例２：塾に通わせるのは子供の将来のためだ。
  - 例３：子供にご飯を食べさせながら、テレビを見ている。
- 学習者は「使役」の意味を「強制」と思い、あまり使わない表現ととらえている者が多い。「許可」「放置」などいろいろな意味を持ち、日常的によく使われることを理解させ、積極的に学ぶ練習環境を作りたい。
- 無意志動詞を使った使役文（例：（私は）子供を驚かせた。）では、使役の対象者は「を」をとるということを理解させ練習させる。

- ただし、「それは私を驚かせた」のような無生物主語による表現は、日本語ではあまり使わないことを指導する必要がある。

使役やりもらい

➡この花の写真をとらせていただけませんか。
➡私にやらせてください。

使役形は、単に「他の人に何かをさせる」という以外に、「てもらう／ていただく／てくれる／てくださる」などと結び付いて「使役やりもらい」として用いられる。使役やりもらいは「〜（さ）せていただけませんか」「〜（さ）せてくれませんか」のように相手に依頼する、あるいは、許可を求める用法として用いられることが多い。

関連項目　使役文、てもらう・ていただく、可能文、受身文、使役受身文

誤用例文

脱落

【使役の脱落】

1. ★誤 ＜相手の写真をとりたい＞しゃしんを**とってもらい**ませんか。
〈パキスタン〉
   正 写真を**とらせてもらえ**ませんか。

2. ★誤 先生、頭がいたいので、ごごのコラースを**やすん**でいただきたいんですが。　　　　　　　　　　　　　　　　　　　　　　〈フランス〉
   正 先生、頭が痛いので、午後のクラスを**休ませ**ていただきたいんですが。

3. ★誤 A：すみませんが、ちょっと**相談して**いただけませんか。〈アメリカ〉
       B：はい、どうぞ。
   正 A：すみませんが、ちょっと**相談させて**いただけませんか。

付加

【使役の付加】

4. 誤 私は、木村先生にすいせんじょうを**書かせて**いただきました。
〈フィリピン〉

正　私は、木村先生に推薦状を**書いて**いただきました。
5．誤　私は電車の中で座席に座っていた。中年の女性が前に立った。疲れているようなので席を立って**ゆずらせて**あげた。〈中国・マカオ〉
　　　正　私は電車の中で座席に座っていた。中年の女性が前に立った。疲れているようなので席を立って**譲って**あげた。
6．誤　手が痛くてシャツが脱げないので、友だちに**手伝わせて**もらった。〈韓国〉
　　　正　手が痛くてシャツが脱げないので、友達に**手伝って**もらった。
7．★誤　テレビを**見させて**もらえませんか。〈中国〉
　　　正　テレビを**見せて**もらえませんか。
8．★誤　つくば大学の日本語コースは有右ですけど、私は暗示をしたいんです。その暗示は、漢字の覚える方法の暗示です。一日中五字だけを**覚えさせてもらうほうがいいです。**〈ブラジル〉
　　　正　筑波大学の日本語コースは有名ですけど、私は提案をしたいんです。その提案というのは、漢字を覚える方法について（の提案）です。一日に五字だけに**していただけませんか。**

【「てあげる」の付加】
9．誤　あなたばかりしゃべっていないで、私にも**しゃべらせてあげて**ください。〈シンガポール〉
　　　正　あなたばかりしゃべっていないで、私にも**しゃべらせて**ください。

【「てもらう」の付加】
10．誤　止めないで下さい。死にたいんです。**死なせてもらってください。**〈シンガポール〉
　　　正　止めないでください。死にたいんです。**死なせてください。**

■誤形成
11．誤　先生、頭がいたいので、**やすみせて**いただけませんか。〈タイ〉
　　　正　先生、頭が痛いので、**休ませて**いただけませんか。
12．誤　私は電車の中で座席に座っていた。中年の女性が前に立った。疲れているようなので席を立って**座わせてせて**あげた。〈韓国〉
　　　正　私は電車の中で座席に座っていた。中年の女性が前に立った。疲れているようなので席を立って**座らせて**あげた。

13. 誤 先生、行くところがないので、この教室に**いらせてもらっていい**ですか。　〈中国〉
    正 先生、行くところがないので、この教室に**いさせてもらっていい**ですか。
14. 誤 いつもごちそうになっているので、今日は私に**はらせて**下さい。　〈オーストラリア〉
    正 いつもごちそうになっているので、今日は私に**払わせて**下さい。
15. 誤 あなたばかりしゃべっていないで、私にも**しゃべさせて**ください。　〈韓国〉
    正 あなたばかりしゃべっていないで、私にも**しゃべらせて**ください。

混同

【使役→てもらう】
16. ★誤 リサさんは、田中さんにかんじを**教えさせた**。　〈メキシコ〉
    正 リサさんは、田中さんに漢字を**教えてもらった**。

【使役やりもらい→受身】
17. 誤 山田さんは木村さんに仕事を**たのませてもらいました**。　〈インドネシア〉
    正 山田さんは木村さんに仕事を**頼まれました**。

【てもらう→てもらえる】
18. 誤 ちょうとすみません。しゃしんをとらせて**もらいませんか**。　〈フランス〉
    正 ちょっとすみません。写真をとらせて**もらえませんか**。

【ていただく→ていただける】
19. 誤 ちょっとすみません。しゃしんをとらせて**いただきませんか**。　〈ボリビア〉
    正 ちょっとすみません。写真をとらせて**いただけませんか**。

誤用の解説

脱落

　1〜3では「使役やりもらい」表現の使役部分が脱落している。「使役やりもらい」表現が、聞き手に対する「許可願い」を表すことが理解できていないと思われる。「写真をとる」「休む」「相談する」という行為をするのはだれか、許可を願

い出ているのはだれか、という人の関係を明らかにしてから文を作らせる必要がある。

付加

4〜7は不必要なのに使役形を付加している。ここでの誤用も脱落と同様、使役やりもらい表現が、話し手から聞き手への「許可願い」を表すということが理解できていないと思われる。特に5，6の場合、「席を譲る」「手伝う」のはだれか、「譲ってもらう」「手伝ってもらう」(恩恵を受ける)のはだれか、という人の関係をしっかり確認する必要がある。

9では、行為者が話し手自身なのに「てあげる」を使ってしまっている。「しゃべる」のが第三者であれば、「○○さんにもしゃべらせてあげてください」となり正用となる。10も同様に、自分の動作に「てもらう」と「ください」を同時に使っていることが誤用の原因である。

誤形成

「使役やりもらい」ではあるが、11〜15のように使役形を正しく作れない誤りが多く見られる。

混同

17は使役と受身の単純な取り違えとも考えられるが、誤用の要因はもっと根深く、両者の概念が混乱しているとも言えよう。18，19は、「使役」というよりは「やりもらい」の形の問題である。話し手から聞き手へ依頼をする場合、それが可能かどうかお伺いを立てるために可能形を使うが、学習者は可能形にすることがなかなかできないようだ。

伝達上の誤用 ★

● 1について、学習者は自分が何かの写真をとる許可がほしかったのだが、「とってもらう」を使ったために、だれか他の人に「自分たちの写真をとってもらいましょう」と誘っている表現になってしまった。自分の行為の許可を得るためには、「とらせてもらえませんか」という「使役やりもらい」を使う必要がある。

● 2，3は、1同様、学習者は自分が休みたい、また、相談したいのだが、「使役やりもらい」を使わず「休んでいただきたい」「相談していただきたい」としてしまったため、休んだり相談したりするのは、話し手ではなく聞き手になってしまっている。

● 7において、学習者は「見る」の「使役形＋やりもらい」を使ってテレビを見る許可を得ようとしている。日本語には「見る」という他動詞に加えて「見せる」

という他動詞もあり、話し手がテレビの視聴の許可を求める場合は、「見せる」を使って「見せてもらえませんか」という場合と、「見る」の使役形を使って「テレビを見させてもらえませんか」という言い方もできる。しかし、「見せて」が存在するのに「見させて」を使うと、使役性が強く感じられ、へりくだり感が強くなると思われる。

● **8** も **7** によく似ていて、文法的に間違っているとは言えない。しかし、教師と学生の関係なので、「覚えさせてもらう」という「使役やりもらい」は使わず、「（覚えるのは）一日に五字だけにしていただけませんか」のように直接的な言い方にしたほうがよい。

● **16**は、恩恵があるのに使役を使っている。使役と「てもらう」は次のように共通して使われることがある。

　(1)　田中君を九州へ出張させました。
　(2)　田中君に九州へ出張してもらいました。

基本的には、(1)は指示・命令で出張をさせ、(2)は田中君に頼んだり納得してもらって出張させたことを表す。しかし、どちらを使うかは話し手の立場や状況、心理に依存することも多い。例えば、田中君の両親に話す時には(2)を使うであろうし、威厳を示したい上司は(1)を使うであろう。

指導のポイント

- 「使役やりもらい」では、「使役」そのものの脱落と付加が多い。学習者は「行ってもらう」と「行かせてもらう」の区別がわかりにくいようで、行為をする者、させる者の確認をする必要がある。理解のみでなく、具体的な使用場面を作って練習するのがよい。

- 「使役やりもらい」の誤形成では、「使役形」が正しく作れない学習者が多い。

- 「使役やりもらい」は複雑な形式が合わさっているため、形の上でも用法の上でも習得が難しい。しかし日常生活では使用頻度が高いので、しっかり身に付けさせ、使えるようにしたい。

- 実際の「使役やりもらい」では、動作の主体、恩恵を受ける対象が状況・文脈に依存し、省略されることが多い。省略された使役文で主体と対象の関係を正しくつかむことが必要となる。

しか

➡朝は少し**しか**食べない。
➡彼女は好きな人と**しか**話さない。

後ろに否定の形を伴って、物事がある範囲や程度に限られ、不十分(少し)であることを表す。

|関連項目| だけ、ばかり、**否定形、数量表現**

|誤用例文|

|誤形成|

【しか＋肯定→しか＋否定】

1. 誤 毎日忙しくて、少し**しか**時間が**あります**。 〈イギリス〉
   正 毎日忙しくて、少し**しか**時間が**ありません**。
2. 誤 今日、ジョギングをしたり、バスケットボールをしたり、車を洗ったりしたのに、たった百ミリリットル**しか**水を**飲んだ**。
   〈オーストラリア〉
   正 きょうはジョギングをしたり、バスケットボールをしたり、車を洗ったりしたのに、たった百ミリリットル**しか**水を**飲まなかった**。

|混同|

【しか→だけ】

3. 誤 彼こそ**しか**いない親しみを感じさせる先生でした。 〈中国〉
   正 彼**だけ**が親しみを感じさせる先生でした。
4. 誤 たばこは吸う人に**しか影響しない**物ではない。吸わない人にも影響する。 〈？〉
   正 たばこは吸う人に**だけ影響する**ものではない。吸わない人にも影響する。
5. ★誤 規則があっても、たばこのコマーシャルが禁止しても、人々はまだたばこを吸っている。一つ**しか変えなかった**のは、今公共の場所でたばこを吸えない。 〈シンガポール〉
   正 規則があっても、たばこのコマーシャルを禁止しても、人々はまだたばこを吸っている。一つ**だけ変わった**のは、今公共の場所でたばこを吸えなくなったということだ。
6. ★誤 卒業表を下さる人は昔から王様である。たくさんの人はその日が

155

一生一度**しか**王様の手からものをもらえないと言うから、卒業式の日が一生一番大切な日だと考えている。　　　　　　　〈タイ〉

　正　卒業証書を下さる人は昔から王様である。その日、一生に一度**だけ**王様の手から直接いただけるというので、多くの人は卒業式の日が一生で一番大切な日だと考えている。

7．　誤　私はたばこを吸うことけいけんがあります。しかし一ど**しか**吸ってもう吸うまい。　　　　　　　　　　　　　　　　〈マレーシア〉

　正　私はたばこを吸ったことがあります。しかし一度**だけ**吸って、もう吸うまいと思いました。

【しか→ばかり】

8．　誤　彼女は何も言わなくて、**泣いてしかいない**。　　　　　〈中国〉

　正　彼女は何も言わないで、**泣いてばかりいる**。

位置

9．　誤　しかし動きにくい、活動ふわしくないので、若人たちはいつも洋服を着て、結婚式や特別な会議などにAo DAiを**しか着ていません**。　　　　　　　　　　　　　　　　　　　　　〈ベトナム〉

　正　しかし、動きにくく活動にふさわしくないので、若い人たちはいつも洋服を着て、結婚式や特別な会議などに**しか**アオザイを**着ません**。

その他

【「が」の付加】

10．　誤　アルコールを含んでいる物にはたくさん種類がありますが、日本では、20歳以上の人**が****しか**飲めません。アルコールを含んでいない物はだれでも飲めます。　　　　　　　　　　　　　　〈中国〉

　正　アルコールを含んでいる物にはたくさん種類がありますが、日本では、20歳以上の人**しか**飲めません。でも、アルコールを含んでいない物はだれでも飲めます。

【「を」の付加】

11．　誤　それ**しかを**食べていないといってもそんなに少なくありませんね。　　　　　　　　　　　　　　　　　　　　　〈アメリカ〉

　正　それ**しか**食べていないといっても、そんなに少なくありませんね。

誤用の解説
誤形成
　1，2とも「しか＋否定」とすべきところを「しか＋肯定」とした誤用である。「しか」は否定形のみに接続することを確認する必要がある。

混同
　3の「彼こそしかいない」は語構成的にも明らかな文法の誤りである。「こそ」と「しか＋否定」の意味用法について知識が不足していることが、誤用の要因と思われる。4の「吸う人にしか影響しない」は文法的には誤りではないが、「吸う人にしか影響しない」という否定表現に、さらに「物ではない」のように否定の形が続いて読み取りにくい。7の学習者は、文末に「吸うまい」と否定表現を用いたので、否定表現と結び付く「しか」を用いたと思われる。8の「泣いてしかいない」は文法的にはあり得るが、これは「彼女はいろいろすべきことがあったのに、彼女がしたのは泣くことだけだ」のように非難がましく表現する意図が出る。ここでは「ひたすら泣き続けている」という状態を言いたいので、「泣いてばかりいる」が適切である。

位置
　9は、結果的に「アオザイを」を取り立てた形になっているが、意味内容から言って「結婚式や特別な会議などに」のほうを取り立てるべきなので、「しか」の位置を変更する必要がある。

その他
　10，11は「～がしか」「～しかを」のように、本来組み合わせることができない助詞と並べたために生じた文法的な誤用である。「しか」は格助詞「が」「を」、取り立て助詞「は」「も」とは組み合わせることができない。しかし、格助詞「に」「へ」「で」「と」「から」「まで」、取り立て助詞「だけ」「ばかり」などとは並べることができる。

伝達上の誤用 ★

● 5，6は、その事態（「一つ変わったこと」「一生に一度王様の手から卒業証書をもらうこと」）を少なすぎると非難するのでなく、唯一のよいこととして評価するならば、「しか＋否定」ではなく「だけ＋肯定」が適している。「だけ＋肯定」は唯一のものの存在を肯定的に述べており、「しか＋ない」は少なすぎるためよくないというニュアンスで使われる。「少なすぎる」という意味合いが不要なのに「しか＋ない」の形だけ正しく使えるのは、かえって危険である。

指導のポイント

- 「しか＋否定」とすべきところを「しか＋肯定」とする誤用が多い。この問題は「だけ」の誤用（例：？（親は）母だけいる。）とも関連して多く見られるので、時間を十分にとり、「しか＋否定」を徹底する必要がある。
- 格助詞「が」「を」は「しか」に取って代わられる。（例：りんごしか食べない。）他の格助詞に接続する時は「格助詞＋しか」（例：親しい人としか遊べない。）になることも、どこかできちんと整理したい。
- 「だけ＋肯定」は唯一のものの存在を肯定的に述べており、「しか＋否定」はそれが少なすぎるためよくないというニュアンスで使われる。「少なすぎる」という意味合いがない場合は、「しか＋否定」の形を使わないように指導し、話し手のとらえ方を正確に伝えられるように練習する。

しかし

➡天気は悪い。**しかし**、出発する。
➡彼女は美人だ。**しかし**、意地が悪い。

意味の幅が広く、「逆接」だけでなく、「対比」「転換」「補足」にも用いられる。基本的には、先の話を受けてそれと反対、または、一部違うことを述べる時に使われる。書きことば的で、話しことばでは改まった場面で使用される。会話では「でも」「けれども」に取って代わられやすい。

関連項目　ところが、それにもかかわらず、それにしては、でも、けれども、それが、そのため、逆接節「ても」、助詞「が、は」

誤用例文

脱落

1. 誤　小さいときからずっと私の住むところにはテレビがあったものだ。φテレビがあったと言ってもあまり見なかった。〈アメリカ〉
   正　小さいときから私の住む所にはずっとテレビがあった。**しかし**、テレビがあったといっても（私は）あまり見なかった。
2. 誤　インド人とマレー人の結婚式も特色のあることが多い。φこの文

章で詳細に紹介することは本当にできない。　〈シンガポール〉
　　　正　インド人とマレー人の結婚式も特色のあることが多い。**しかし**、この文章（の中）で詳細に紹介することはできない。
3．　誤　いままでなんでもうまく行っていたからしっぱいしたことは何もありませんでした。Φ困ったことが一つだけありました。
〈ハンガリー〉
　　　正　今まで何でもうまく行っていて、失敗したことは何もありませんでした。**しかし**、困ったことが一つだけありました。

付加
4．　誤　子供のころ毎晩、晩飯を食べたあとで父はいつも会社の経営管理のことを話題になりました。**しかし**、そのとき、父の話全然分かりませんがだんだん大きくなってこの仕事の興味を持っています。　〈インド〉
　　　正　子供のころ、父は毎晩ご飯を食べたあとでいつも会社の経営管理のことを話題にしました。そのときは父の話は全然分かりませんでしたが、大きくなるにつれて、この仕事に興味を持ち始めました。

混同
【しかし→それにしては】
5．★誤　あの人外国人ですか。**しかし**、日本語が上手ですね。　〈韓国〉
　　　正　あの人、外国人ですか。**それにしては**、日本語が上手ですね。
【しかし→ところが】
6．★誤　ベッドによこになっていた。多分寝るとだんだんよくなるだろうと思っていた。**しかし**、考えていたのと違って、よくならないで、もっと痛くなってきた。　〈中国〉
　　　正　ベッドに横になっていた。たぶん寝るとよくなるだろうと思っていた。**ところが**、考えていたのと違って、もっと痛くなってきた。
【て、しかし→ても】
7．★誤　私はそのときもう一度驚きました。私の国では仕事がなくて、人々を雇われないのですが、経済大国では仕事が**あって**、**しかし**、仕事をせずに浮浪者になる人もいるのは本当に不思議です。　〈中国〉
　　　正　私はそのときもう一度驚きました。私の国では仕事がなくて人々

を雇えないのですが、経済大国では、仕事が**あっても**仕事をせずに浮浪者になる人がいるのは、本当に不思議です。

▪ その他

【それが→しかし／でも、それで】

8. 誤 読んでいらっしゃる先生が知っているように今頃の一番よくしているスポーツは卓球である。**それが**卓球は一番好きだとは言えません。 〈アメリカ〉

   正 これを読んでいらっしゃる先生もご存じのように、私がこのごろ一番やるスポーツは卓球です。**しかし／でも、それで**卓球が一番好きだとは言えません。

【そのため→しかし、その一方で】

9. 誤 つまり、携帯は非常に方便な科学技術の製品だ。**そのため**、問題を出ていきました。 〈カナダ（中国）〉

   正 つまり、携帯は非常に便利な科学技術の製品だ。**しかし、その一方で**、問題も出てきた。

【それにもかかわらず→しかし、一方で】

10. 誤 大人になってから私がテレビにたんできすることは、少なくなった。**それにもかかわらず**大学時代にはたまにいくつかの週間引き続いて部屋に留まてテレビを見たばかりということもあったから大学の成績がすばらしいとは言えなかった。 〈アメリカ〉

    正 大人になってから、(私が)テレビに夢中になることは少なくなった。**しかし、一方で**、大学時代には続けて何週間も部屋でテレビを見てばかりということもあったから、大学の成績はすばらしいとは言えなかった。

【助詞「が」→助詞「は」】

11. 誤 田中さん**が**日光に行く。しかし、山田さん**が**行かないそうだ。〈？〉
    正 田中さん**は**日光に行く。しかし、山田さん**は**行かないそうだ。

12. 誤 きのう、友達と約束した。しかし、彼**が**来なかった。 〈タイ〉
    正 きのう、友達と約束した。しかし、彼**は**来なかった。

【「しかし」のあとの説明句の欠落】

13. 誤 図書館へ行ったつもりです。**しかし**、郵便局に行きました。〈中国〉
    正 図書館へ行くつもりでした。**しかし、間違って**郵便局に行きました。

【文末】

14. ★ 誤 旅行しようと思っていた。しかし、とつぜん友だちが来たから**行けなかった**。　　　　　　　　　　　　　　　　〈インドネシア〉
    正 旅行しようと思っていた。しかし、突然友だちが来たから**行けなくなった**。

誤用の解説

脱落
1～3は「しかし」の「脱落」による誤用である。2文（前文・後文）が対比的（逆接的）文脈を持っている時、逆接の接続詞を入れる必要があるかどうかは学習者には判断が難しいようだ。

付加
4は後文に「～が」という逆接の接続表現があるので、文頭の「しかし」と重複して不適切になっている。

その他
8に見られる、逆接や言い訳を表す「それが」（例：今週には借金はすべて返済するつもりでした。それが、株の暴落で財産を全部なくしてしまいました。）は、一語としては普通は辞書に載っていない語である。日本語母語話者はよく使うが、学習者にはかなり難しい。8の学習者は日本語母語話者の使う「それが」の用法（事情説明を遠慮した形で言う）がよくわからないまま、「しかし」や「でも」のつもりで使用したようである。

9で学習者は、「便利であるがために」という意味で「そのため」を使ったのかもしれないが、日本語では「しかし」で前文を受け止め、対比的（対照的）に「その一方で」としたほうが流れが自然になる。10では「それにもかかわらず」を用いている。「それにもかかわらず」は、「医者に安静にするように命じられた。それにもかかわらず、彼は出勤した。」のように、当然予測されることとは大きく食い違った事態に対して用いられる。10は後文に述べられていることが「当然予測されることとの大きな食い違い」ではないので、「しかし、一方で」のように対比的（対照的）にとらえて表したほうがよいと思われる。

11, 12は助詞「は」「が」の問題である。「しかし」でつながれる前後の文は通常、対比的になる。対比文では「前文（～は～）。しかし、（～は～）。」のように主語は「は」をとりやすい。学習者は接続詞の使い方に気を取られて、助詞にまで注意が行き届いていないようだ。13に見られる説明句の脱落は、学習者が他の接続詞の場合にもおかす誤りである。「しかし」の後ろに「間違って」などの説明句が

来ないと文として落ち着かない。説明句を入れないで、後文の文末を「行ってしまいました」とすることもできるが、「しかし」の後ろに説明句のあったほうが事実関係がわかりやすい。

伝達上の誤用 ★

- **5** は「しかし」でも問題はない。日本語母語話者ならこのように言うことが多いかもしれない。訂正文ではより的確な表現として「それにしては」にしたが、「それにしては」は、話し手が今まで持っていた評価・期待と食い違った「その割には（思っていた割には）そうではない」という気持ちを表す。やや予想外の気持ち（外国人は日本語は下手なはずだ。なのに…）を表すため、当人に向かって直接言うと、よほど親しい関係なら別だが、失礼な感じを与えるので注意が必要である。
- **6** も「しかし」で問題はない。「ところが」との違いは、予想外という気持ちがどの程度含まれるかという点である。「よくなるだろうと思っていた」のが、逆に「あまりに痛くなった」のであれば、意外性を表す「ところが」を使ったほうがよい。
- **7** では「～ても」を用いればよいところを、「～て、しかし」にしている。誤用とは言えないが、「しかし」を入れるとそこにポーズができ、感情が入るので、「～ても」を使ってまとめたほうがよいと思われる。
- **14**もこのままで問題はない。しかし、旅行への期待がだめになったのを「しかし」でとらえるなら、事態の単なる報告ではなく、「行けなくなった」「行けなくなってしまった」と成り行きの結末を表したほうがより適切な文になる。

指導のポイント

- 「しかし」は逆接の接続詞として非常に多く使用されるが、逆接以外の用法にもよく使われるので、徐々に注意を向けさせる必要がある。
- 話し手（書き手）の考え方によって、「しかし」に続く文はいろいろ考えられる。
    例：あの店はうまい。しかし、高い。
    　　あの店はうまい。しかし、安い。
  「しかし」の意味用法に幅があるため、正用と認められる範囲も広いと考えられる。
- 学習者に「しかし」の脱落がしばしば起きる。日本語母語話者でも、特

に話しことばでは、あえて反対を表す「しかし」を言わないこともあるが、誤用例のように書かれたものでは、論理関係を明確にするために、「しかし」を明示したほうがよい場合が多い。
- 「しかし」は書きことば的であるので、前文・後文の文体的なバランスにも気をつけさせる。
- 1文中に「しかし」と「が／けれども」をいっしょに使う学習者がいるが、不自然な文になるので、同時に使っていないか気をつけさせる。
  例：？きのうは風邪気味だった。しかし、頑張って出かけたが、あまり楽しくなかった。
- 「しかし」を用いた文では前後の文が対比的になることが多いので、「は」「が」などの助詞にも注意させる。

しかも

➡これは質がよい。**しかも**、値段が安い。
➡寒いし、**しかも**、雨が降っている。

前文と後文の評価が同じ（プラスとプラス、マイナスとマイナス）場合に使う。前文の事柄に対する判断・評価について、後文でそれを助長するコメントを付け加えるというのが典型的な形である。

|関連項目| また（接）、そして、そのうえ、それで、しかし、でも、助詞「も、まで」

|誤用例文|

|混同|

【しかも→しかし】
1. 誤 結果は悪くなかった。**しかも**方法は間違っていた。　〈ロシア〉
   正 結果は悪くなかった。**しかし**、方法は間違っていた。
2. 誤 この事件の犯人は彼だ。**しかも**彼は認定していない。　〈韓国〉
   正 この事件の犯人は彼だ。**しかし**、彼は（犯人だと）断定されて（は）いない。

【しかも→でも/しかし】

3. 誤 やっぱり最後の最後だ。ヤクルトの優勝。**しかも**自慢してはいけません。野球は応援が一番おもしろいものだ。 〈中国〉

   正 やっぱり最後の最後にヤクルトが優勝した。**でも／しかし**、自慢してはいけません。野球は応援が一番おもしろいものだ。

【しかも→そして】

4. 誤 そこにすんでいる。**しかも**、仕事をしている。 〈韓国〉

   正 そこに住んでいる。**そして**、仕事をしている。

5. ★誤 日本語の勉強はおもしろい。**しかも**日本の内国を旅行する時、勉強した日本語を役に立つ。 〈タイ〉

   正 日本語の勉強はおもしろい。**そして**、日本の国内を旅行する時、勉強した日本語が役に立つ。

6. ★誤 私たちはそこで（中略）いろいろの遊びをしました。例えば、昼中は海で泳いだり、林で小鳥を捕らえたり、木を取ったりしました。それから、夜はみんな集まっていて、食べたり、飲んだり、**しかも**、歌を歌ったり、躍ったりしました。 〈中国〉

   正 私たちはそこで（中略）いろいろの遊びをしました。例えば、昼間は海で泳いだり、林で小鳥を捕らえたり、木を集めたりしました。それから、夜はみんなで集まって、食べたり、飲んだり、**そして**、歌を歌ったり、踊ったりしました。

【しかも→そのうえ】

7. ★誤 アメリカには社会問題が多い。**しかも**、国際社会の問題の解決にも努力しなくてはならない。 〈アメリカ〉

   正 アメリカには社会問題が多い。**そのうえ**、国際社会の問題の解決にも努力しなくてはならない。

【しかも→それで】

8. 誤 きのうテニスをやって、とても疲れた。**しかも**、ゆうべ八時から寝てしまった。 〈インドネシア〉

   正 きのうテニスをやって、とても疲れた。**それで**、ゆうべ八時から寝てしまった。

【しかも→（同時に）】

9. ★誤 中国は面積が広く**しかも**人口も多いです。 〈中国〉

正 中国は面積が広く、**(同時に)** 人口も多いです。

【しかも→また】

10. 誤 ハリラヤの時マレイシアでは伝説のおかしいを食べます。た例ば「レマン」とか「ケチュパート」とかいろいろな食べ物があります。**しかも**、時々インド一人と中国人のおかしもあります。 〈マレーシア〉

    正 ハリラヤの時マレーシアでは伝統的なおかしを食べます。たとえば「レマン」とか「ケチュパート」とかのいろいろな食べ物です。**また**、インド人と中国人のおかしもあります。

11. 誤 いまテレビの番組の中にときどきたばこの広告がある。**しかも**一部分の建物の上にたばこの看板もある。 〈中国〉

    正 今テレビの番組でたばこのコマーシャルが見られる。**また**、建物にたばこの看板がかかっていることもある。

その他

【助詞「も」→助詞「まで」】

12. ★誤 彼女にふられた。しかもお金**も**ねすまれた。 〈韓国〉

    正 彼女にふられた。しかも、お金**まで**盗まれた。

【同列ということ】

13. 誤 彼は傘を**貸した**。しかも駅まで**送ってくる**。 〈中国〉

    正 彼は傘を**貸してくれた**。しかも、駅まで**送ってくれた**。

【文末】

14. 誤 日曜日の朝にとても早く起きなければなりません。実は、三鷹宿舎の寮の日です。しかも予報によると、雨が降る**かもしれません**。 〈フランス〉

    正 日曜日の朝はとても早く起きなければなりません。実は、三鷹宿舎の寮の日なんです。しかも、予報によると、雨が降る**かもしれないんです**。

誤用の解説

混同

1, 2は「しかし」とすべきところに「しかも」を用いている。「しかし」と「しかも」は字形が似ていることから、意味用法も似ていると考えたのかもしれな

い。3も1，2と同じだが、「しかし」より話しことば的である「でも」がふさわしいようだ。

付け加えるという点では「そして」との混同が起きやすい。しかし、「しかも」は前文を助長する意味合いがないと使えない。4，5は単に2文をつないでいるだけなので「しかも」は不適当である。8は前文「疲れた」と後文「寝てしまった」が因果関係にあるので、「それで」としたほうがよい。10，11では後文で前文と並列関係にある事柄を述べている。特別に話し手の主観を入れて強調するのであれば「しかも」でも可能かもしれないが、文脈的には「また」を用いて、並列的に、客観的に述べたほうがよい。

その他

13は、前文、後文で「てくれる」が抜けている。「しかも」は、一つの事柄に同じ傾向の事柄を付け加える時に使われる。したがって、前文と後文両方に「てくれる」を付けたほうが自然である。14では、「寮の日であること」「雨が降るかもしれないこと」の二つが、早起きしなければならないことの(理由)説明になっている。「寮の日だ」に、また「～かもしれない」に、(理由)説明を表す「のだ／んだ」を付けたほうが意味関係がはっきりする。

伝達上の誤用 ★

● 5～7は前後の文脈で「しかも」が不適切になる。しかし、話し手（書き手）が強調したい場合は「しかも」も可能になる。「しかも」を使うか他の添加を表す「そして」「そのうえ」などを用いるかは、文脈と書き手の意図によるところが大きい。「しかも」は「そして」や「そのうえ」と似ているが、より話し手の主観が強く、判断、評価が入ってしまう。5～7はより事柄・事態を客観的に述べるべき内容なので、「しかも」にしないほうがよい。9についても同じことが言える。
● 12は取り立て助詞「も」の問題である。「しかも」は「～だけでなく～も」という意味合いを持つ。「も」も間違いではないが、ここでは程度が極端であることを示す取り立て助詞「まで」が適切である。

指導のポイント

- 「しかも」は話しことば、書きことば両方に使うが、ややかたい表現である。使用される場面に注意させる。
- 「しかも」の強調的、主観的であるという含みに注目させる。単なる付加や添加を表す「そして」「そのうえ」とは単純には置き換えられないので、

注意が必要である。
- 前文と後文を並列的、追加的に続けて述べる「また」との混同も見られる。「しかも」は後文で、前文を助長するコメントを付け加える性質があるので、「また」とは異なる。
- 「しかも」の意味用法がよくわからない学習者が多く、音が似ているためか、「しかも＝しかし」と考えてしまう場合がある。

指示語（こ・そ・あ）

➡この問題について意見はありませんか。
➡それは私の知らないことだ。

指示語（こ・そ・あ）は、実際の現場にあるものを指し示す「現場指示」と、文章の中や話の中で話題にのぼった事柄を指し示す「文脈指示」とに分けられる。学習者の誤用が多く見られるのは文脈指示のほうである。ここでは主に文脈指示の誤用を取り上げる。

文脈指示では、指示語（こ・そ・あ）は、前述された、また、後述される事柄を指すとともに、前文を次の文につなげていく役割を担う。「これ・それ・あれ」「この・その・あの」「ここ・そこ・あそこ」「こう・そう・ああ」「こんな・そんな・あんな」などがある。

|関連項目| 名詞修飾・連用修飾、接続詞、条件節「ば、と」、副詞「とても、かなり」、こと、名詞、動詞、形容詞、否定、文体

こ

|誤用例文|

|脱落|

【「これは」の脱落】

1. 誤 一番、重要なことがあります。なんかというところです。心を安定させるのがかぜにかからないようにする方法の中で一番いいと思います。Φなにもまして難しい方法だと思います。 〈韓国〉

正 かぜにかからないようにする一番重要なことは心を安定させることです。**そして、これ**は何にもまして難しい方法だと思います。

2. 誤 日本の都市化は、いわば村から都への人口移動その結果としての都のエクメーネの相対的拡大として理解できよう。Φ戦後、重化学工業中心の日本経済の発展と続いた都市化が、農業と農民に及ぼした影響である。〈中国・香港〉

正 日本の都市化は、いわば村から都市への人口移動、その結果としての都市のエクメーネの相対的拡大として理解できよう。**これは**戦後の、重化学工業中心の日本経済の発展へと続く都市化が、農業と農民に及ぼした影響によるものである。

付加

【「こういう」の付加】

3. 誤 親達も30代40代くらいで、パソコンの知識はあまり足りなくて、**こういう**直接的に干渉できる親達は少ないと思います。〈中国〉

正 親達も30代か40代くらいで、パソコンの知識はあまりありません。したがって、直接（子供たちに）干渉できる親達は少ないと思います。

誤形成

4. 誤 「…」と筆者書きました。これを読むと本当におもしろい事にきがついた。**こういうふ**事はアフリカでどう考えるんでしょうか。〈台湾〉

正 「…」と筆者は書いています。これを読むと本当におもしろい事に気づかされますが、**こういうふうな**事はアフリカではどう考えるんでしょうか。

混同

【これ→それ】

5. <日本人が「内向き」であるかどうかというディスカッションで>
   A：いや、うちに住んでても話しかけられたことがほとんどないですよ、1回か2回しかないですよ。

   誤 B：えー、私はちょっと**これ**と違った経験があるんですけど。〈アメリカ〉

   正 B：そうですか。私にはちょっと**それ**と違った経験があるんですけど。

6. 誤 彼は**これ**だけは言わなかったが、とうとう言うにした。〈ブルガリア〉
   正 彼は**それ**だけは言わなかったが、とうとう言うことにした。

【これ→この】
7. 誤 **これ**車は形がいい。 〈タイ〉
   正 **この**車は形がいい。

【これ→このこと】
8. 誤 日本人は礼儀正しい国民である。他人がすべて目上とみなし、自分が対照的に卑しいものだと考える。いつも、他人を傷つけることを避けるから、もし自分が何かがきらいと直接に言わなくて、相手が察してくれるのを希望する。外国人はこの日本人の心理がとても理解しにくい。でも**これ**を通じて、日本人の社会特徴がよくわかる。 〈中国・香港〉
   正 日本人は礼儀正しい国民である。他人をすべて目上とみなし、対照的に自分を卑しいものだと考えている。他人を傷つけることを常に避け、自分がいやだと直接言わなくても、相手が察してくれるのを期待している。外国人は日本人のこの心理がとても理解しにくい。しかし、**このこと**を通じて、日本人の社会的特徴がよくわかる。

【これ→ここ／そこ】
9. 誤 今、私の部屋を紹介しましょう。ドアの右のかべに、服をかけるねじがあります。かべの空間は日本の地図がはってあります。反対がわのかべに戸があります。
   これから、テニスコートが見えます。そして、コタツを置いているがわのかべに窓があるから、昼間の時、いつもそんなに明るいです。 〈韓国〉
   正 さあ、私の部屋を紹介しましょう。ドアの右のかべには服をかけるねじがあります。かべには日本の地図がはってあります。反対側のかべには戸があります。**ここ／そこ**から、テニスコートが見えます。コタツが置いてある側のかべには窓があるから、昼間はとても明るいです。

【これ→こういう／このような】
10. <今から映画のあらすじを説明する状況で>
　　誤 この映画の内容は、**これ**概要です。　　　〈インド〉
　　正 この映画は、**こういう／このような**内容／あらすじです。

【この→その】
11. 誤 私は小さいとき、よくある親族の家へ遊びにいき、**この**家はおもしろかったです。　　　〈中国・香港〉
　　正 私は小さいとき、ある親戚の家へよく遊びに行きましたが、**その**家はおもしろい家でした。

12. 誤 中国人もそうであるが時々、中国人も自分の考えをはっきり言わない。でも**この**程度は日本人ほど高くない。　〈中国・香港〉
　　正 中国人も自分の考えをはっきり言わないことがある。でも**その**程度は日本人ほどではない。

【この→あの】
13. 誤 私はさっきから、彼女の写真をじっと見ています。どうして彼女は私の勉強に反対をしました。彼女はどうしているのだろう。この間どうしてあのような別れ方をしてしまっただろう。**この**時、彼女は本当に今にもなき出しそうなかおをして、かわいそうな眼をしました。そうしてさようならも言わずに走り去ってしまいました。　〈インド〉
　　正 私はさっきから彼女の写真をじっと見ています。なぜか彼女は私が勉強することに反対しました。彼女はどうしているのだろう。この間はどうしてあのような別れ方をしてしまったのだろう。**あの**時、彼女は本当に今にも泣き出しそうな顔をして、悲しそうな眼をしていました。そうして、さようならも言わずに走り去ってしまいました。

【この→そういう】
14. 誤 この前「大和女性」をいう文章を勉強しました。この文について作文を書くとなんだか、昔、日本は男の社会の感じを強く感じます。いまも**この**気がしますけれども、この文に書いてある事と比べるとそんなに強くしていません。　〈台湾〉
　　正 この前「大和女性」をいう文章を勉強しました。この文章について

作文を書いていると、昔の日本は男社会だったのだということを強く感じます。今の日本でも**そういう**感じはありますが、この文章に書いてある事と比べると、それほどではないように思います。

【このこと→こんなもの】

15. 誤 最初に日本に来て、住む所は解決しなければ、なりませんから、アパートを探しにいって不動産屋さんは探してくれましたが、いろいろ契約して、そして敷金、礼金ということはやっとわかりました。これはとういうことですか。世界中で日本だけで**このこと**があるでしょうか。私はいままでまだ信じられません。 〈中国〉

    正 日本に来たとき、最初に住む所を解決しなければなりませんでしたから、アパートを探しに行きました。不動産屋さんが探してくれましたが、そこでいろいろ契約して、そのとき敷金、礼金ということをはじめて知りました。これはどういうことですか。世界中で、どうして日本にだけ**こんなもの**があるのでしょうか。私はいまだに／今でもまだ信じられません。

【このこと→盆踊りのこと】

16. 誤 きのう、私は近くにある盆踊り大会を見に行きました。やはり、おもしろかったです。今、私が**このこと**をわかりました。 〈マレーシア〉

    正 きのう、私は近くであった盆踊り大会を見に行きました。期待したとおりおもしろかったです。今、私は**盆踊りのこと**がわかりました。

【ここに→話したいんですが】

17. ★誤 今までおっしゃってたこととはちょっと違うんですけど、**ここに**手助けしないことについてですけど、…。 〈アメリカ〉

    正 今までおっしゃってたこととはちょっと違うんですけど、(日本人が)助けてくれないことについて**話したいんですが**、…。

【こちら→この国】

18. ★誤 日本人の生活とか習慣とか風俗などをもっと瞭解しました。でも、日本の中で私に受けた最も強い印象は日本の生活・習慣です。例えば、**こちら**の若者は着た洋服とかヘーアのタイプとか自由な生活などをびっくりしました。 〈中国〉

指示語(こ・そ・あ) し

171

㊣ 日本人の生活や習慣、風俗などがわかってきました。私が最も強く印象を受けたのは日本の生活・習慣です。例えば、**この国の若者が着ている洋服やヘアスタイルや自由な生活ぶりにはびっくり**しました。

【こちそち→あちらこちらに】

19. ㊌ 私はこの映画見る後で、もし世界の中で戦争がない、いいわねと思いました。**こちそち**平和の気分があって、みんな幸せに生活して、これはいいことではありませんか。　　　　　　〈インド〉

　　㊣ 私はこの映画を見た後で、もし、世界に戦争がなかったらいい（のに）と思いました。**あちらこちらに**平和の気分があふれ、みんな幸せに生活できるのはいいことではありませんか。

【こう→このように】

20. ㊌ 人によって結婚に対してみんなの意見が違うので、**こう**意見が分かれているんではないかと言えるでしょう。　　〈シンガポール〉

　　㊣ 人によって結婚に対する意味が違うので、**このように**意見が分かれているんではないかと思います。

【こういう→そういう】

21. ＜結婚について話した人のあとを受けて＞

　　㊌ 私ももう少し２，３年前までは、**こういう**思いがあまり強くなかったんですけど、私は仲がいい人の中に、私より年が上の人がたくさんいて、35歳以上でまだ結婚してない人、で、理由を実際に聞くと、なぜ晩婚化が深刻化しているかにもつながるんですけど、（後略）　　　　　　　　　　　　　　　〈中国〉

　　㊣ 私も２，３年前までは**そういう**思いはあまり強くなかったんですけど、仲がいい人の中に、私より年上の人がたくさんいて、35歳以上でまだ結婚してない人で、…（後略）

【こういう→このような】

22. ★㊌ 最近百年間の日本の文学の目標にしたものは三つである。（中略）ひとくちに文学と言いますけれども、明治以前のものと明治以降のものとは大きくちがう。第二の目標というのは、**こういうこと**でしょうか。　　　　　　　　　　　　　　　〈中国・香港〉

　　㊣ これまでの百年間で日本の文学が目標としたものは三つある。

（中略）一口に文学と言うが、明治以前のものと明治以降のものとでは大きく違うこと。第二の目標というのは、**このようなことだろうか**。

【このように→そうすれば】

23. 誤 もし私が国の首相だったら、私は農業を工業化するつもりです。農業の研究所が必要で、たくさんの研究所を設立すると考えています。**このように**、農産物をやさしく生産できるようになるそうです。　　　　　　　　　　　　　　　　　　　　　〈マレーシア〉

    正 もし私が国の首相になったら、農業を工業化するつもりです。農業の研究所が必要なので、たくさんの研究所を設立しようと考えています。**そうすれば**、農産物を容易に生産できるようになると思います。

【こんな→そんなに】

24. 　　A：このアパートはいくらですか。
    　　B：1か月10万円です。

    誤 A：えっ、**こんな**高いんですか。　　　　　　　　　　〈ブラジル〉
    正 A：えっ、**そんなに**高いんですか。

【こんな→このような】

25. 誤 鯖田はまずヨーロッパの食生活パターンを日本のと比べた。前者の肉食率が後者よりもっと高い。**こんな**違いは思想の相違をもたらす。　　　　　　　　　　　　　　　　　　　　　　〈中国・香港〉

    正 鯖田はまずヨーロッパと日本の食生活パターンを比べた。前者のほうが後者より肉食率がずっと高く、**このような**違いは思想の相違をもたらす。

【こんな→こういう／このような】

26. 誤 台湾のたべものやあそびものなど日本もっとやすいですから、暑休みの時に国でたべたりあそんだりしました。例えば、台湾料理や広東料理やぴざなどよくたべました。なぜなら、日本には、**こんな**料理が高いし、場所もよくわからないからです。もし暑休みは国へ帰らなければ、日本へもどったあとで、**こんな**料理たぶんたべられないかもしれません。　　　　　　　　　　　　〈台湾〉

    正 台湾は食べ物や遊びなどが日本より安いですから、夏休みは国で

食べたり遊んだりしました。例えば、台湾料理や広東料理やピザなどよく食べました。なぜなら、日本では、**こういう／このような**料理は高いし、店もよくわからないからです。もし夏休みに国へ帰らなければ、**こういう／このような**料理はずっと食べられなかったかもしれません。

【こんなに→こんな】

27.　　A：いい車ですね。
　　誤　B：ええ、私も**こんなに**車がほしいです。　　〈バングラデシュ〉
　　正　B：ええ、私も**こんな**車がほしいです。

【こんなに→そんなに】

28.　　A：このアパートはいくらですか。
　　　　B：1か月10万円です。
　　誤　A：えっ、**こんなに**高いんですか。　　〈インドネシア〉
　　正　A：えっ、**そんなに**高いんですか。

位置

29.　誤　（日本人は）いつも、他人を傷つけることを避けるから、もし自分が何かがきらいと直接に言わなくて、相手が察してくれるのを希望する。外国人は**この**日本人の心理がとても理解しにくい。でもこれを通じて、日本人の社会特徴がよくわかる。　〈中国・香港〉

　　正　（日本人は）他人を傷つけることを常に避け、自分がいやだと直接言わなくても、相手が察してくれるのを期待している。外国人は日本人の**この**心理がとても理解しにくい。しかし、このことを通じて、日本人の社会的特徴がよくわかる。

誤用の解説

　指示語において一番多いのは「こ・そ・あ」の混同による誤りである。文脈指示としての「こ・そ・あ」は次のような場合に用いられる。
　こ
　・その事柄が、まさに自分が提供した話題であるという気持ちを表す場合。
　・話し手に自分の領域にある事柄であるという意識がある場合。
　・次の文で前文そのものを指したり、言い換えたりする場合。
　・話し手がこれから話題にしようとする事柄を指す（指すものがあとから出て

くる）場合、など。

そ
・相手が言った内容を受ける場合。
・今出てきた事柄を指す場合。話し手自身が今出した事柄を、すぐに再度指す場合にも使う。
・「こ」「あ」が使える場合でも、客観的な述べ方をする場合は「そ」が適している。

あ
・話し手と聞き手が直接知っている事柄に用いられる。
・文章（書かれたもの）では基本的には「あ」は用いられない。
・話し手が特別の感慨を持って用いる場合。（その場合は感情的、感傷的ニュアンスが含まれる。）

「こ」の誤用では、「そ」との混同（「これ／それ」「この／その」「こういう／そういう」など）が一番多いが、「これ／この」「この／こんな」「この／こういう」などの「こ」の中での混同も見られる。また、具体的な名詞を用いるべきなのに「この／こちら」などで表してしまう誤用も見られる。

 脱落

1，2は「これは」の脱落である。1では「そして」を加えたほうが前後の文がより結び付き、関係がわかりやすくなる。1の「何にもまして」以下の文が、自分が提供した事柄であるという気持ちを表しているので、「これは」がふさわしい。2は、「戦後の」以下が前文を言い換え、まとめているので、「これ」が適している。

 付加

3はディスカッションでの発話であるが、先行発話に「こういう」に当たるものはない状況で、「こういう」を用いている。発話の中で不用意に、また、口癖として「こういう」が出てしまったのかもしれない。

 誤形成

4は、会話などであれば相手に意味が通じるので、あまり問題にならないが、書いたものであれば長母音を、また、名詞にかかる「〜な」までを完全に記する必要がある。

 混同

5，6は「それ」とすべきなのに、「これ」を用いている誤用である。5の「これ」は相手Aの言ったことを指しているので、「それ」にする必要がある。6も、「彼」にだけ属することととらえると「それ」がふさわしい。ただし、話し手がそ

のことをよく知っていて、自分のこととしてとらえる意識が働くと、「これ」も可能になると思われる。しかし、「これだけ」は一語として別の意味を持つ場合（例：これだけ言っているのに。）があるので、「こ」を使う時は、「このことだけ」としたほうがよい。

7は「これ」と「この」の混同である。英語ではThis is mine.のようにthisが代名詞「これ」として用いられる場合と、this bookのように名詞修飾の形「この」として用いられる場合がある。このような区別のない母語を持つ学習者は「これ」と「この」を混同しやすい。もう一つの誤用の要因としては、「この＋名詞」より「これ」のほうが構造が簡単で、学習者に定着しやすいため、名詞の前でも「これ」と言ってしまうとも考えられる。8は「これ」を用いて前文そのものを指してまとめようとしているので、「こ」で正しい。しかし、「これ」は、基本的には「物」を指し示す語であるので、抽象的な事柄には「これ」ではなく、「このこと」を使うほうがよい。

9は写真や絵を使って自分の部屋を説明している状況と思われる。学習者は「戸」からテニスコートが見えると言って「これ」を使っているが、日本語では「戸」は周辺のスペースを含めて場所として扱い、「ここ／そこ／あそこ」を用いる。（「戸を修理する」のように「戸」を物体としてみなす時は「これ」を使う。）9は「ここ」も「そこ」も可能である。もし、学習者が「ここからテニスコートが見える」という場合は、話し手の意識としては、戸に近づいて、戸を自分の領域にあるととらえての発話である。一方、意識を聞き手に置いて、聞き手から見てどうであるかを考えて述べるなら、「そこ」になる。「ここから」を用いるとより臨場感を伴った言い方になり、「そこから」を用いるとより客観的な言い方になると言えよう。

8で見たように「これ」の基本的な意味は「この物体」であるので、10で「これ」を使うと、概要を書いたパンフレットのような誤解を与えてしまう。映画の内容を表すには「こういう＋内容」または「このような＋内容」を用いる必要がある。「こういう」と「このような」を比べると、「こういう」のほうがより会話的である。

11〜14は「この」と他の指示語との混同である。11, 12は「その」を用いたほうがよい例である。11, 12とも、話し手自身が今出した事柄について再度取り上げているので、「その」がふさわしい。13は過去のことを感傷的に思い出しているのであるから、「あ」を用いた「あの時」がふさわしい。前文に「先日」を表す「この間」があるので、同じように過去の時を表せると思って「この時」としてしまったのかもしれない。「この間」は文脈指示の用法とは関係なく、一語として固定し

た意味を持つ表現である。

　14では「この気がする」を用いているが、日本語ではそういう言い方はしない。「この」は次の語を限定し指定する意味合いが強いので、「気がする」「感じがする」のような漠然とした表現とはそぐわない。「どのような気がするか」という意味の「こういう／そういう」が適している。ここでは、話し手自身が今出した事柄をすぐに再度取り上げているので、「そ」の「そういう」が適している。

　15のように「このこと」を用いると、一つの事柄だけに限定される。**15**では礼金、敷金などいくつかの事柄が重なっており、また、話し手の感情（ここでは「怒り」）が含まれているので、次に来る語を強める「こんな」が適している。学習者は「このこと」と「こと」で表しているが、礼金、敷金などを物としてとらえ、「こんなもの」にしたほうがよい。（丁寧度を上げたければ、「このようなもの」を使うとよい。）**16**で学習者は「このことがわかった」と言っているが、何がわかったのかとらえにくい。「このこと」は「このことは黙っていてください」のように、一つの限定された事柄としてとらえられるので、「名詞＋のこと」（盆踊りのこと）を使って、もっと漠然と、しかし、具体的に表したほうがよい場合が多い。

　英語では here and there のように「ここ」が「そこ／あそこ」より先に来る。**19**の学習者の母語でも同じような言い方をするのかどうかは不明であるが、日本語では「あちこち」や「あちらこちら」などのように「あ」が先に来る。

　20〜22は「こう」「こういう」に関係する誤用である。**20**は「意見が分かれている」に「こう」が用いられている。「こう」は「言う、する／やる、思う／考える、なる、書く」などの意志動詞と結び付いて「このように」という意味を表すが、「分かれる」のような無意志動詞では不自然になる。「このように」を用いて、分かれ方の様子を丁寧に示す必要がある。**21**で用いられている「こういう」は、常に名詞と結び付いて用いられる。その点では学習者は正しいが、「こ」と「そ」を取り違えている。「こういう／そういう／ああいう」の使い分けは「これ／それ／あれ」と同じく「こ・そ・あ」の基本ルールに従う。**21**は、学習者の前に発話者がいて、その人が結婚について話した「その内容」を受けての発話であるので、相手が言った内容を受ける「そ」を用いた「そういう」がふさわしい。

　23は、前2文と最後の文との関係が把握されていないために起きた誤りである。「農業を工業化して、研究所を設立すること」と「農産物が容易に作れるようになる」ことの間には、条件と結果の関係がある。「このように」は「具体的な動作・状態を直接指し示して」という意味しか持たないので、条件表現「そうすれば」にする必要がある。「こうすれば」でもよいが、段階を踏まえて説明している文なので、より客観的表現の「そ」を用いたほうがよい。

24〜26は「こんな」、27〜28は「こんなに」の誤用である。「こんな／そんな／あんな」に共通するが、これらは会話などでは「形容詞＋名詞」を修飾した形（例：こんなおもしろいことはない。）で用いられることもあるが、基本的には名詞と結び付いて用いられる。24のように形容詞を修飾するためには「こんなに／そんなに／あんなに」を用いる必要がある。また、24では「こ」を用いているが、Aは相手が言った内容（アパートの値段）を受けて、驚いているのであるから、「そんなに」を用いる必要がある。25は書きことばの文章である。「こんな」は「このような」が詰まった語で、話しことば的な表現であるので、より書きことば的な「このような」がふさわしい。同じことは26にも言える。26は25より話しことば的であるが、丁寧に話しているので、丁寧さを欠きやすい「こんな」より「このような」を使うか、もう少し話しことば的な「こういう」を用いたほうがよい。

27は、名詞を修飾する語に「こんなに」を用いている。「こんなに」は副詞（句）として、名詞ではなく動詞や形容詞にかかる。28は24と同じく、Aは相手が言った内容（アパートの値段）を受けて驚いているのであるから、「そんなに」を用いる必要がある。

位置

29は「この」の位置の問題である。学習者の文のままでも理解できないことはないが、「この」が何を指すのかより明確にするために、「心理」の前に「この」を置いて「日本人のこの心理が」としたほうがよい。

伝達上の誤用 ★

- 17で学習者は、これから話題にしようとする事柄を出そうとして、「ここに」を用いている。英語の here に当たると思われる。話し手がこれから話題にしようとする事柄を指す（指すものがあとから出てくる）場合、「こ」を用いることができる（例：きのうこんなことがあったんですよ。道を歩いていたら…）が、状況に応じて異なる表現が必要になる。17では、「ここに」ではなく、文末に「〜について話したいんですが」を用いるのがふさわしいと思われる。
- 18が日本人を前にしたスピーチのようなものであれば、丁寧語の「こちら」も可能である。しかし、それ以外の場面で、また、作文などの書いたものでは「こちら」が何を指すのかが不明瞭になってくるので、明確に「この国」と指定したほうがよい。日本語学習者は初期の段階で、場所を表す「ここ・そこ・あそこ」の丁寧表現として「こちら・そちら・あちら」を習う。そして、丁寧だからという理由でしばしば使おうとする。しかし、「こちら・そちら・あちら」は意味用法

が多く、また、漠然と場所・方向、事柄を指すことが多いために、聞き手には何を指しているのかがわかりにくいことがある。

●**22**は文体に関する誤用である。1文目と2文目に「である体」を用いているので、最後の3文目も「である体」にしたほうがよい。「である体」にすると最後の部分は「こういうことであろうか」になる。しかし、「こういう」はやや「である体」になじまない感じがする。「こういう」の代わりに「このような」を用いたほうが「である体」として落ち着く。これは「こういう」が「このような」に比べ、より話しことば的であるということを表しているからだと思われる。

--- 指導のポイント ---

- 学習者は「これ」と「この」を混同しやすい。学習者にとっては「この＋名詞」より「これ」のほうが覚えやすく、また定着しやすいので、「これ＋名詞」と言ってしまいがちである。現場指示を導入する段階で、「この／その／あの」が常に名詞とともに使われることを徹底的に練習しておく必要がある。
- その指示語が名詞にかかるのか、動詞・形容詞にかかるのか、正確に覚えさせる必要がある。

    名詞にかかるもの：この／その／あの、こんな／そんな／あんな、こういう／そういう／ああいう、このような／そのような／あのような

    動詞・形容詞にかかるもの：こう／そう／ああ、こんなに／そんなに／あんなに、このように／そのように／あのように

- 「こういう」「このような／このように」「こういうふうな／こういうふうに」など長母音含むものは、書く場合には「う」を落とさないように、また、名詞にかかる場合は「〜な」まで正しく書けるように指導する。
- 「こんな／こういう／このような」など、指示語の中にも話しことば的なもの、改まり度の高いもの（書きことば的なもの）があるので、だいたいの指標を示すとよい。「こんな／こういう／このような」ではおおよそ次のようになる。

    話しことば的← こんな−こういう−このような →書きことば的

- 「このこと」は「このことは黙っていてください。」のように、一つの限定された事柄としてとらえられるので、前出された事柄を示す時、不適切になる場合がある。日本語では名詞を繰り返して「名詞＋のこと」で表すことが多いことも、機会があれば触れておいたほうがよい。特に、

「目的、理由、わけ」などでは「この」より「こういう／このような」を用いることが多い。
●「ここ」の丁寧表現「こちら」は用法が多く、また、漠然と方向や物事を指すことが多い。聞き手には何を指しているのかがわかりにくいことがあるので、できるだけ具体的に、名詞を使って指し示したほうがよいことにも言及しておくとよい。

そ

誤用例文

脱落

【「それは」の脱落】

1. 誤 試験の結果は悪かった。要するにΦ私の責任だ。　　　　〈韓国〉
   正 試験の結果は悪かった。要するに**それは**私の責任だ。
2. 誤 今の日本の事情は1960年代の難しかった状態をきっかけにして今の日本になったと思います。Φ今の我が国と同じだと思います。
   　　　　　　　　　　　　　　　　　　　　　　　　　　　〈韓国〉
   正 日本は1960年代の困難期を乗り越えて今の日本になったと思います。**それは**今の我が国と同じだと思います。

【「それを」の脱落】

3. 誤 ときどき小学校の時、風邪引った時、時々おばあさんが寺へ行って「神」を書いてある紙を一枚焼いて持って帰えりました。それでΦ水と併せて彼女に飲みさせられました。　　　　〈台湾〉
   正 小学校の時、風邪を引くと、おばあさんは時々寺へ行って、「神」と書いてある紙を一枚焼いて持って帰ってきてくれました。そして、**それを**水といっしょに飲まされました。

【「その」の脱落】

4. 誤 専門の分野がちがいます。したがってΦ分野の関ずる本をよまなけれはいかない。　　　　　　　　　　　　　　　　　　〈韓国〉
   正 専門の分野が違います。したがって、**その**分野に関する本を読まなければなりません。

5. 誤 大学を卒業してからお父さんは空のパイロットになってベトナムの戦争に参加した。Φあと27年定年に達してお父さんは空軍から出った。〈アメリカ〉
　　正 父は大学を卒業して、パイロットになり、ベトナム戦争に参加した。**その**27年後に定年になって空軍を離れた。
6. 誤 少し批判的な意見を言ったばかりに、Φむくいは重かった。〈韓国〉
　　正 少し批判的な意見を言ったばかりに、**その**報いは大きかった。
7. 誤 日本は中国と同じように人口を密集している国です。ですから、歩く時でも、電車に乗っている時でも、足を踏まれたり、体を押されたりすることがよくあります。けれども、Φ後は「すみません」とか、「失礼いたします」とかよく聞こえます。日本はさすが文明国だとしみじみ思っています。〈中国〉
　　正 日本は中国と同じように人口が密集している国です。ですから、歩く時でも電車に乗っている時でも、足を踏まれたり体を押されたりすることがよくあります。けれども、**その**後は「すみません」とか、「失礼しました」とか言うのをよく聞きます。日本はさすが文明国だとしみじみ思います。

付加

【「それ」の付加】

8. 誤 寒くなるとかぜが一番かかりやすいだ病気です。**それ**もし、かぜがかかったら、すぐお医者さんにみにいった方がいいでしょう。〈インド〉
　　正 寒くなると一番かかりやすい病気はかぜです。もし、かぜにかかったら、すぐお医者さんにみてもらったほうがいいでしょう。

【「そんな」の付加】

9. 誤 外国語として、日本、あ、英語よりは日本語のほうがネット上では使いやすいというか、**そんな**意見ですか。〈韓国〉
　　正 ネット上では、外国語としては英語より日本語のほうが使いやすいという意見ですか。
10. 誤 英語早期教育の仕方については、まず私、自分では**そんな**経験はないんですけど、自分の考えによってやっぱり押し付けないほうがいいと思います。〈中国〉

正 英語早期教育の方法については、私自身には経験はないんですけど、やっぱり押し付けないほうがいいと思います。

[誤形成]

11. 誤 私は広告について非常に趣味がある人です、というのは広告写真は商業と芸術をつないでいわゆる商業設計で、いま私の国には、**そいう**人材はあまり多くてありません。　　　　　　　　〈インド〉

正 私は広告について非常に興味があります。広告写真は商業と芸術をつなぐ商業デザインと呼ばれるもので、今の私の国には**そういう**人材があまりいません。

[混同]

【それ→これ】

12. 誤 ネット上で仲良くして、それから、いっしょに集めようかとして、今は、今になっては定期的に集まって、いろいろ飲み会みたいにやっていて、**それ**はちょっとほかの場合と別だと思うんですけど、そうやっています。　　　　　　　　〈韓国〉

正 ネット上で仲良くして、いっしょに集まろうかと言って、今は定期的に集まって、いろいろ飲み会みたいにやっています。**これ**はちょっとほかの場合と別だと思うんですけど、そうやっています。

13. 誤 彼が本当のことを言わない以上、**それ**以上追及ができません。〈中国〉

正 彼が本当のことを言わない以上、**これ**以上追及ができません。

【それ→この】

14. 誤 いま工業社会と呼ばれているの生活に、みんなほどんと毎日緊張な気がなっている、毎日見たのは冷たい建物、と無表情の顔。もしこの様々とおもしろい広告画が**それ**毎日辛い、心配、緊張しているの会社員に対して、助けることがあれば、広告は私たちにとって大切なものである。　　　　　　　　〈インド〉

正 現在の工業社会の中で人々は毎日緊張して生活している。毎日見るのは冷たい建物と無表情の顔。もし、いろいろなおもしろい広告が、**この**辛い、心配と緊張いっぱいの会社員を助けることができれば、広告は私たちにとって大切なものになるはずだ。

【それ→そう】

15. 誤 友だちが病気だと聞きましたが。実は**それ**ではなかった。〈韓国〉

正 友だちが病気だと聞いたが、実は**そう**ではなかった。

【それ→コンピュータ】
16.　誤 （日本では）特にコンピュータを普通に使います。日本の学生は中学校から、学校で**それ**を学ぶました。　　　〈インド〉
　　　正 （日本では）特にコンピュータを普通に使っています。日本の生徒たちは中学校から**コンピュータ**を学びます。

【それは→そうすれば】
17.　誤 外国語の勉強は暗記というのは絶対必要と思います。中国の言葉、文法的な面は弱いけど、でもいろいろ言葉暗記してそして使って、**それは**自然な外国語にしゃべれると思います。　〈中国〉
　　　正 外国語の勉強には暗記が絶対必要だと思います。中国語は文法的な面は弱いけど、いろいろな単語を暗記して、使って、**そうすれば**自然な外国語がしゃべれると思います。

【それは→そのほうが】
18.　誤 **それは**もっといいですよ。　　　　　　　　　〈中国〉
　　　正 **そのほうが**もっといいですよ。

【それらの→このような】
19.　誤 中国では乗合バスの中で本当のつまらないことで、或は席を取るためでけんかを起こしたことがときどきあります。これはお互いに譲り合う気持ちがたりない、知識水準があまり高くないというわけであると思います。あまり遠くないの将来、人々の知識水準が高くなるによって、**それらの**人にいやがられることがだんだん無くなると信じます。　　　　　　　　　　　〈中国〉
　　　正 中国では乗合バスの中で本当につまらないことで、あるいは席を取るためにけんかをすることがあります。これはお互いに譲り合う気持ちが足りない、知識水準があまり高くないからだと思います。あまり遠くない将来、人々の知識水準が高くなることによって、**このような**人にいやがられることがだんだんなくなると信じます。

【その→それ】
20.　誤 でも私は実力もないし、無理かも思いましたが、やっぱりこれは自分のためですから、出戦**その**自体に意味を与えろうと思います。
　　　　　　　　　　　　　　　　　　　　　　　　〈韓国〉

指示語（こ・そ・あ）

正 でも、私は実力もないし、無理かとも思いましたが、やっぱりこれは自分のためですから、出場**それ**自体に意味があると思います。

【その→この】

21. 誤 1年間、日本語を勉強したあと、今この作文を書いています。**その**コースはいいじゃないでしょうか。　　　　　　〈ブラジル〉

    正 1年間日本語を勉強したあと、今この作文を書いています。**この**コースはいいと思います。

22. 誤 今HさんとKさんの、結婚に適齢期はあるという意見の根拠としては、子供を生む年、生まれるというのに限界があるからその前にするほうがいいという意見でした。**その**意見に反対して、適齢期というのはないと思う人の意見を聞きたいんで、Ｉさん、お願いします。　　　　　　　　　　　　　　　　　　　　　　〈中国〉

    正 今HさんとKさんの、結婚に適齢期はあるという意見の根拠としては、子供を生む年齢には限界があるからその前に結婚するほうがいいということでした。**この**意見に対して、適齢期というのはないと思う人の意見を聞きたいんで、Ｉさん、お願いします。

【その→そこの／その店の】

23. 誤 たとえば、お店とかに入ったときに、かなり、**その**店長さんの笑顔見たらすぐわかると思いますけど、何かこう、いやな顔ってか、あ、外人が来たって顔していると、私は感じたことありますんで…。
    　　　　　　　　　　　　　　　　　　　　　　〈フランス〉

    正 たとえば、お店に入ったときに、**そこの／その店の**店長さんの顔を見たらすぐわかると思います。何かいやな顔というか、あ、外人が来たっていう顔をしていると私は感じたことあります。

【その→そういう／そのような】

24. 誤 特に今中国では、政府機関や大学の福祉がいいですから、給料とか大学の給料とかとてもいいですから、企業よりもっと多いです。マンションとかオクションももらえる、そういう先生もいますから、**その**目的を目指して、わざわざ博士に進学する人が多いですから。　　　　　　　　　　　　　　　　　　　　　　〈中国〉

    正 特に今中国では、政府機関や大学は福利厚生がよく、給料も企業

より多いです。マンションとか億ションをもらえる先生もいるし、**そういう目的で**わざわざ博士課程に進学する人が多いです。

【そのわけで→そんなわけで／そういうわけで】

25. 誤 家を出てバス停まで一分ほどかかります。でも、そのバスは限定時間なんですが、一歩おくれて、二十分以上も待たされたこともあります。**そのわけで**自転車を買いました。　〈中国〉

　　 正 家を出てバス停まで一分ほどかかります。バスは来る時間は決まっているんですが、一歩遅れただけで、二十分以上待たされたこともあります。**そんなわけで／そういうわけで**自転車を買いました。

【その子→子供】

26. ★誤 子供がすべって川の中に落ちた。すると、父親があわてて川の中に飛び込んで、**その子**を助けた。　〈インドネシア〉

　　 正 子供がすべって川の中に落ちた。すると、父親があわてて川の中に飛び込んで、**子供**を助けた。

【その人→自分たち】

27. 誤 みんなの意見を聞いて、女の人を作りました。で、ずーと１時間半ぐらい、全然知らない人と話して、つまりみんな男でしたのに、女の生活を作りました。で、**その人**の行動、言い方、すべて作り物でした。　〈南アフリカ〉

　　 正 みんなの意見を聞いて、女の人のふりをしました。仲間はみんな男でしたが、女のふりをして、１時間半ぐらい全然知らない人と話しました。**自分たち**の行動、言い方はすべて作り物でした。

【そのように→このように】

28. 誤 私がここでふうととよぶのは、あるとちのきこう、きそう、ちしつ、けいかんなどのそうしょうである。しかし、あるにんげんをとりまいている、そのとちのしぜんかんきょうはたんにかれのそとにそうざいしているのではない。たとえば、くうきのおんどとしつどのとくていのじょうたいは、かれのうちに「おそかなきぶん」をひきおこす。**そのように**かれはふうとによってじこをりょうかいする。　〈中国・香港〉

　　 正 私がここで風土と呼ぶのは、ある土地の気候、気象、地質、景観

指示語（こ・そ・あ）

185

などの総称である。しかし、ある人間を取りまいている、その土地の自然環境は単にその人の外側だけに存在しているのではない。例えば、空気の温度と湿度の特定の状態は、その人の内側で「厳かな気分」を引き起こす。**このように**人は風土によって自己を理解する。

【そう→そんなに】

29. 誤 入口にたいへん高い「すぎ」というの木がありました。韓国には**そう**高い木はとてもみえませんです。 〈韓国〉

　　正 入口にとても高い「杉」という木がありました。韓国では**そんなに**高い木はあまり見られません。

【そういう→こういう】

30. 誤 みんなの意見を聞いて、女の人を作りました。で、ずーと1時間半ぐらい、全然知らない人と話して、つまりみんな男でしたのに、女の生活を作りました。で、その人の行動、言い方、すべて作り物でした。皆さん、**そういう**経験は全然ないですか。**そういう**遊びはしないですか。 〈南アフリカ〉

　　正 みんなの意見を聞いて、女の人のふりをしました。仲間はみんな男でしたが、女のふりをして、1時間半ぐらい全然知らない人と話しました。自分たちの行動、言い方はすべて作り物でした。皆さんは**こういう**経験は全然ないですか。**こういう**遊びはしないですか。

【そんな→こんな】

31. 　A：いい車ですね。

　　誤 B：ええ、私も**そんな**車がほしいです。 〈フランス〉

　　正 B：ええ、私も**こんな**車がほしいです。

【そんな→そんなに】

32. ★誤 もうちょっと自分が、若いうちに、働けときに、働いてから結婚するほうが、いいんじゃないかと思う人が多いので、晩婚化が進んでいると思います。私もやっぱり働きたいと思っている人なので、**そんな**早く結婚するつもりはないですけどれども、結婚したくないとか思ったりはそれないですね。 〈中国〉

　　正 自分が若くて働けるうちは働いてから、結婚したほうがいいんじゃないかと思う人が多いので、晩婚化が進んでいるのだと思いま

す。私もやっぱり働きたいと思っているので、**そんなに**早く結婚するつもりはないですけれども、結婚したくないというのではないですね。

【そんな→このような】

33. ★ 誤 香港の教育制度も学生たちが入学試験のために、分かるかどうかのことを無視しているうちに、たくさんの勉強をさせている。**そんな**教育制度は、日本の「詰め込み教育」ということと同じだろうか。〈中国・香港〉

    正 香港の教育は学生たちが分かるかどうかということを無視して、入学試験のためにたくさんの勉強をさせている。**このような**教育制度は、日本の「詰め込み教育」と同じなのではないだろうか。

【そんな→そのような/そういう】

34. ★ 誤 日本に神社とお寺がたくさんあるのに、**そんな**ところは結婚式や葬式のための施設だけらしいだと思う。〈アメリカ〉

    正 日本には神社やお寺がたくさんあるのに、**そのような/そういう**ところは結婚式や葬式のための施設でしかないらしい。

【そんな→今にも】

35. 誤 どうしたんだろうと思っていた。かれは**そんな**泣きださんばかりのような顔をしていた。〈アメリカ〉

    正 どうしたんだろうと思っていた。彼は**今にも**泣き出さんばかりのような顔をしていた。

【そんな→とても】

36. 誤 家族は社会のために**そんな**大切ですから家族は社会の一番大切な単位で社会の基礎です。〈バングラデシュ〉

    正 家族は社会のために**とても**大切で、社会の一番大切な単位で、社会の基礎です。

その他

【そして→そのとき】

37. 誤 最初に日本に来て、住む所は解決しなければ、なりませんから、アパートを探しにいって不動産屋さんは探してくれましたが、いろいろ契約して、**そして**敷金、礼金ということはやっとわかりました。〈中国〉

[正] 日本に来たとき、最初に住む所を解決しなければなりませんでしたから、アパートを探しに行きました。不動産屋さんが探してくれましたが、そこでいろいろ契約して、**そのとき**敷金、礼金ということをはじめて知りました。

誤用の解説

「そ」の誤用は多岐にわたる。脱落、付加による誤用も多い。また、「そ」と「こ」との混同（特に「その」と「この」）、「それは」の不適切な使い方、「その」の多用が目立つ。このように「そ」の誤用が多岐にわたるということは、学習者にとって「そ」の使い方が理解しにくいということを意味する。

脱落

1，2は主題「それは」の脱落の誤用である。1で学習者は、前文の事柄をまとめたり要約したりする接続詞「要するに」を用いたので、「それは」は必要ないと思ったのかもしれないが、「それは」がないと、書いたものでは意味が不明瞭になる場合がある。特に、名詞文「N1はN2だ」では主題となる「N1は」が必要になる場合が多い。2も1と同じく、会話などでは「それは」がなくても可能だが、このような説明文はわかりにくさが残る。後文の「（Nは）今の我が国と同じだ」は形容詞文であるが、形容詞文も名詞文と同じく主題「Nは」が必要な場合が多い。

3は目的語「それを」の脱落である。注意して読まなければ、水といっしょに飲まされたものが何であるかがわかりにくい。前文を後文につなげるためにも、「それを」がほしいところである。

4～7は「その」が抜けている誤りである。接続詞「したがって」（4）「けれども」（7）、副詞（句）「あと」（5）「ばかりに」（6）があるので、文がスムーズにつながっていると思ったのかもしれないが、「その」という指定の語がないために、何を指すのかが曖昧になっている。5の「あと27年」は after 27 years を逐語訳したと思われるが、「27年後」となり、前文を後文につなげるためには、「その27年後」とする必要がある。

付加

8で学習者は「かぜ」のことを不用意に「それ」と言って（書いて）しまったと思われる。8が話されたものか、書かれたものかは不明であるが、前に述べたことを「それ」で受けて、次の文の文頭で言って（書いて）しまう傾向は、学習者によく見られる。9，10は両方ともディスカッションの中での発話である。9は司会者の言ったことばで、発話の流れとしては自然で誤りとは言えない。（「そんな」はややくだけた言い方であるので、「そのような」を使ったほうが丁寧であろ

う。)しかし、「意見」の前に「という」があるので、「そんな」を省いて「〜という意見」としたほうがすっきりした形になる。10は関連する先行発話がない中でなされた発話であるが、「そんな」を用いている。「そ」は、通常、相手が言った内容を受ける場合、また、今出てきた（または、話し手自身が出した）事柄を指す場合に用いられる。したがって、受けるものがない場合は不自然になる。ディスカッションの発話であるので、学習者は、不用意に、または口癖で「そんな」と言ってしまったのかもしれない。

| 誤形成 |

会話などでは11のように「そいう」と発音することもあるが、書く時には長母音を忘れずに記す必要がある。

| 混同 |

12, 13は、「そ」と「こ」の混同である。「そ」も「こ」も話し手自身が出した事柄を指す場合に用いることができるが、その事柄がまさに自分が提供した話題であるという気持ちを表す場合は「こ」が適切になってくる。12, 13とも話し手が提出し、次にそれについて言及するときも自分のこととしてとらえているので、「こ」（ここでは「これ」）がふさわしい。

14も「そ」と「こ」の混同、および、名詞にかかる形にできない誤用である。「そ」は客観的な述べ方で、その話題から距離を置いている感じを与えるが、「こ」を用いると、会社員の様子がありありとわかる。また、14の「それ」は「会社員」にかかっていくので、名詞にかかる形にする必要がある。

「それ」は基本的には具体的な物を指し示す。15は病気であるという状態・症状を指しているので、「そのような状態である」という「そう」を用いる必要がある。もし、病気の代わりに具体的な病名を用いれば、例えば、「友だちが肺気腫だと聞いたが、実はそれではなかった。」も可能になる。16も、具体的な物を指すという「それ」の特徴が関係していると思われる。「きのうコンピュータを買った。それはセールに出ていた旧型のものだ。」のように、コンピュータを物として扱う場合は「それ」が使えるが、16のように具体的な物そのものではない場合は「それ」では受けにくい。英語などでは、itやthatなどの代名詞が多用されるが、日本語ではその物が複数回出てきても、その物の名前を繰り返すことが多いという傾向がある。

17の学習者は、前文「いろいろな言葉を暗記して使う」ことと、後文「自然な外国語がしゃべれる」こととの意味的な関係がつかめていない。両者には条件と結果の関係があるので、単に事柄を受ける「それは」ではなく、「そうすれば」などの条件を表す表現を用いる必要がある。

学習者は、**18**のように、「もっと」を使うと、常に比較や選択の表現ができると思いがちである。日本語には比較・選択を表すいくつかの形があり、基本的なものが「〜のほうが」である。「それは」は単にその事柄を指しているだけなので、比較・選択を表す場合は「そのほうが」にする必要がある。**19**では「そ」と「こ」の混同が起こっている。「それら」も間違いではないが、「そ」は客観的な述べ方で、その話題から距離を置いている感じを与えるので、その事柄がまさに自分が提供した話題であるという気持ちを表す「これら」のほうがよい。ただし、「これら」は翻訳調の感じがし、かたい文章で用いられるので、**19**のような日常生活を説明するような文では「このような」のほうがよい。**20**は決まった言い方で、「名詞(句)＋それ自体」(例：企業それ自体、国家それ自体)の形をとる。

　21, 22の学習者は「その」を用いているが、「この」を使ったほうがよい。**21**は自分が所属している日本語コースのことを述べているので、話し手の領域にある事柄として「この」を使ったほうがよい。**22**は、ディスカッションの司会者が今まで出てきた事柄(意見)をまとめ、それを次の文で指し示している。このような場合は「この」を用いたほうがよい。**23**では「その店長」を用いているが、「どの店長?」と聞きたくなる。店は通常は場所として考えられるので、指示語を用いるのであれば、「その店の店長」または「そこの店長」とする必要がある。

　「その」は「この」と同じく、次の語を限定、指定する働きを持つ。**24**で用いられている「目的」は一つの事柄を限定、指定しているのではなく、政府機関や大学に就職してよい待遇を受けるという、複数の漠然としたものなので、内容や状態を表す「そういう」や「そのような」が適切である。**25**も基本的には**24**と同じように説明できる。学習者はよく「そのわけで」を使うが、日本語ではもっと漠然と「そういうわけで」「そんなわけで」「そのようなわけで」を用いる。原因・理由が、仮に一つであったとしても、「そのわけ」のような指定した言い方でなく、他の事情も絡むという含みを持たせて表現する。

　27はディスカッションの中で、インターネットでのやりとりについて語っているものである。チャットなどは匿名でやりとりができるので、仲間と女性のふりをしたようである。学習者たち自身がしたことについて説明しているのであるから、自分たちの行動を「その人の行動」と言うのはおかしい。

　28は風土について話し手自身の考えを述べ、最後に言い換えによってまとめている。「そのように」でも誤りではないが、「このように」を用いて、自分の領域の事柄としてとらえて表したほうがよい。また、「こ」には次の文で前文そのものを指したり、言い換えたりする働きもあるので、「このように」が適していると考えられる。

「そう」は「そう思う／そうする」などのように動詞にかかる場合と、**29**のように、「そう＋形容詞（＋名詞）＋否定」の形（例：そう高くはない。そういい話ではない。）でその程度がはなはだしくない状態を表す場合がある。しかし、「そう」の使い方は複雑で、否定部分に動詞が来ると、「そう」は動詞と結び付いて「（そういう）チャンスはめったにない」の意味になってしまう。（例：そういい話はころがっていない。そうきれいな人には出会えない。）学習者の言いたいことは、「入口にあった杉の木のような高い木は韓国にはあまりない」であるから、彼が作った文「そう高い木は見られない」とは別の意味になってしまう。「そう」と同じく、その程度がそれほどでない状態を表す「そんなに～ない」が適切である。

　30は、その事柄を自分の領域内の事柄ととらえ、次の文で前文そのものを指しているので「こ」（こういう）がふさわしい。「そういう」でも誤りではないが、距離を置いた他人事のようなニュアンスを感じさせる。**31**は、ＡＢ二人が車のそばに立っている会話であると思われる。したがって、ＡＢとも自分の近くにあるものとして「こ」を使う必要がある。「そ」（そんな）が成り立つためには、Ａは車の近くに、Ｂは離れていて二人が対話していることになる。そういう状況があれば、「そんな」も可能となる。

　35，**36**の学習者は「そんな＝such」ととらえているようで、非常に程度の高いことを表す場合にも「そんな」が使えると考えているようだ。**35**では「泣き出さんばかり」という程度の高さ、**36**では家族の大切さを強く言うために「そんな」を用いている。「そんな」が「そんな＋名詞」の形で用いられること、また、指示語として既に出てきた事柄を受けるものであることがよくわかっていないと思われる。

その他

　37は接続詞「そして」を用いて文をつなごうとしているが、事柄を並列する働きを持つ「そして」では不十分である。「契約して」その時「礼金、敷金のことがやっとわかった」のであるから、文の関係を適切に説明するためには「そのとき」を使ったほうがよい。ここでは「指示語＋とき」が接続詞のような働きを持って、文をつないでいると考えられる。

伝達上の誤用　★

●**26**のように「その子」を用いると、息子という意味合いは弱まって、「他の子供」という意味になる。この文を書いた学習者は、最初「一人の子供」が川に落ちるのを見、次に父親が飛び込むのを、そして父親が子供を助けるのを見たのであるが、「父親」という語を使った時点で、川に落ちた子は単なる一人の子ではなく、

し　指示語（こ・そ・あ）

息子／娘になってしまう。学習者は最後の文で「その子」を用いているが、「そ」は今出てきた（または、話し手自身が出した）事柄を指す場合に用いられるので、最初の文の「一人の子供」を指し、結果的には、息子／娘とではなくなっている。26が持つちぐはぐな感じはそのために起こっているのであろう。

- 「そんな」は本来、「そんな人」「そんなこと」のように名詞を修飾する指示語であるが、会話などでは32のように、副詞的に形容詞にかかる形で用いられることが多い。しかし、改まった場で用いる場合は「そんなに」とする必要がある。そうでないと、ぞんざいな印象を与えてしまう。

- 33, 34は「そんな」と「このような」「そのような／こういう」の混同である。33は自分の領域である自分の国のことを説明しているのであるから、「こ」を用いるべきである。「こんな」か「このような」かの選択では、「このような」のほうが書きことば的なので33の文体には適している。34も「そんな」より書きことば的である「そのような」がふさわしい。34では、「そういう」も可能である。「そんな」→「そういう」→「そのような」の順で改まり度が高くなるが、34の文体は33より改まり度が低いので、話しことばで使われることの多い「そういう」も可能となる。

> **指導のポイント**
>
> - 「そ」「こ」両方使える場合が多いが、「こ」を使うと自分のこととして臨場感を表せるのに対し、「そ」は距離を置いて、よく言えば客観的に、しかし、しばしば突き放したような言い方になる。実際の例文を使ってそのようなことにも言及しておきたい。
> - 前文に後文が続く時、接続詞（「そして／したがって／要するに」など）の次に来るべき「それは」「それを」が抜けやすい。後文が前文の何を受けているかを考え、抜けないように注意させる。
> - 学習者は「そんな＝such」ととらえていることがあり、非常に程度の高いことを表すのに「そんな」が使えると思ってしまう傾向がある。「そんな」は指示語として指示するものを必要とするので、suchとは異なる。このことについても時期を見て知らせておく必要がある。（ただし、「そんなに」は「そんなに～ない」の形（「そんなに難しくない」「そんなに高くない」）で、指示する物がなくて単に程度を表す場合にも用いられるので注意する。）
> - 学習者は「そのわけで」をよく使うが、日本語としては不自然である。「わけ」の前では、「そんな」「そういう」「そのような」を使うように注

意させ、できれば練習をさせたい。
- 「そんな／そういう／そのような」など、指示語の中にも話しことば的なもの、改まり度の高いもの（書きことば的なもの）があるので、だいたいの指標を示すとよい。「そんな／そういう／そのような」ではおおよそ次のようになる。

　　　話しことば的← 　そんな－そういう－そのような　→書きことば的

あ

誤用例文

混同

【あの→その】

1. 誤　2年前に鹿児島で半年ぐらい住んでた経験がありますが、**あの**とき、鹿児島県庁の職員、私のそのときの担当の方でしたが、彼はもう、どんな場合でも、「はい」とかそれだけ、それ以外の自分の気持ちとかを表すことあんまりないですね。〈中国〉

   正　2年前に鹿児島に半年ぐらい住んでいた経験がありますが、**その**とき、鹿児島県庁の職員、そのときの私の担当の方でしたが、彼はもう、どんな場合でも、「はい」と言うだけで、それ以外の自分の気持ちを表すことはあんまりなかったですね。

2. 誤　この「別人格」という言葉が、あんまり否定的な面を与えるんじゃないかと思うんで、普通の、普段の生活とネット上の生活を全部合わせて、合わせたら、**あの**人の生活を完全に把握できるんじゃないか。〈韓国〉

   正　この「別人格」という言葉は少し否定的な感じがすると思うので、普段の生活とネット上の生活を合わせたて考えたら、**その**人というものを完全に把握できるんじゃないでしょうか。

3. 誤　朝、学校へ来る途中、一人のサラリーマンと一緒に池袋の山手線のプランとホームで電車を待っていた。しかし、電車が余りこんでいたため、**あの**人はやはり電車の中へ掛け込むことをできなかった。〈中国〉

正　朝、学校へ来る途中、一人のサラリーマンと一緒に池袋の山手線のプラットホームで電車を待っていた。しかし、電車が余りに込んでいたため、**その人**はやはり電車に乗ることができなかった。

【あの人→親】

4．　誤　ここで二つの危険に合うかもしれない。一つは大学の生活によくなれることができないで、他の学生と遠くにいる親に頼りすぎて迷惑をかける。二つ目は独立して、我侭になってしまい、だれかに頼らなければないときに、つい**あの人**に迷惑をかける。〈アメリカ〉

　　　正　ここで二つの危険に遭うかもしれない。一つは大学の生活にあまり慣れることができないで、他の学生や遠くにいる親に頼りすぎて迷惑をかけること、二つ目は独立してわがままになってしまい、だれかに頼らなければならないときに、結局／やはり、**親**に迷惑をかけることだ。

【あのところ→そこ】

5．　＜インターネットの話をしていて＞
　　　誤　今Aさんの意見には全く賛成ですけれども、**あのところ**からたぶん別人格ということば、たぶん出てきたと思います。〈シンガポール〉
　　　正　今のAさんの意見に大賛成です。たぶん**そこ**から別人格ということばが出てきたのだと思います。

【あのところ→あそこ／そこ】

6．★誤　いろいろなことを見ました。要するに**あのところ**はほうとうにおもしろかった。〈中国〉
　　　正　いろいろなものを見ました。**あそこ／そこ**はほんとうにおもしろかったです。

【あそこ→そこ】

7．　誤　ニューヨークで生まれて18年間**あそこ**で生活しました。〈アメリカ〉
　　　正　ニューヨークで生まれて18年間**そこ**で生活しました。

8．　誤　11月1日私は友だちといっしょに博多へいきました。**あそこ**で博多祭があります。いろいろ物品を買いました。11月3日月曜日私は友だちといっしょに九州産業大学へいきました。**あそこ**で香椎祭があります。いろいろ食べ物があります。〈中国〉

正 11月1日に私は友だちといっしょに博多へ行きました。**そこで**博多祭を見ました。いろいろな物を買いました。11月3日月曜日には、友だちといっしょに九州産業大学へ行きました。**そこで**香椎祭を見ました。いろいろ食べ物がありました。

【あそこ→そこ／相撲の世界】

9. 誤 相撲のように伝統的なスポーツの世界では、「わし」だけじゃなく、いろいろ古い言葉や習慣が残っていますから、**あそこで**「わし」っていうのは私もあまり違和感がないと思います。　〈韓国〉

   正 相撲のように伝統的なスポーツの世界には「わし」だけじゃなく、いろいろな古い言葉や習慣が残っていますから、**そこ／相撲の世界**で「わし」を使うのはあまり違和感がないと思います。

【ああいう→そういう】

10. 誤 （日本人は）文化の交流でいつも受身の位置にあったので、ですから、外来のものは一所懸命吸収するんですけれども、自分の意見とかうまく表すことがあまり、ま、**ああゆう**機会が少ないというか、と思いますが、ないと思います。　〈中国〉

    正 （日本人は）文化の交流でいつも受身の位置にあったので、外来のものは一所懸命吸収するけれども、自分の意見をうまく表す、**そういう**機会が少なかったのだと思います。

11. ★誤 でもたまには、自分中国人だから中国人対してあまりいいイメージを持ってない日本人もいるじゃないですか。**ああいう**人は先入的に**ああいう**感覚持っているんで、**ああいう**場合は仕方ないですね。　〈中国〉

    正 でも、たまには中国人である自分に対して、あまりいいイメージを持ってない日本人もいるじゃないですか。**そういう**人は先入観として**そういう**感覚を持っているんで、（平等に交流することはできないですから、）**そういう**場合は仕方ないですね。

【あんなに→そんなに】

12. A：このアパートはいくらですか。
    B：1か月10万円です。

    誤 A：えっ、**あんなに**高いんですか。　〈中国〉

    正 A：えっ、**そんなに**高いんですか。

> 誤用の解説

「こ」「そ」に比べ、脱落や付加の誤用が見られないなど、誤用の種類が限られていた。一方で、「その」「そこ」など「そ」を使うべきところに「あの」「あそこ」のように「あ」を使ってしまう誤用が多く見られた。中国の学習者にその傾向が強かったが、韓国やアメリカの学習者にもその誤用は見られた。

> 混同

1は「あのとき」と「そのとき」の混同、2, 3は「あの人」と「その人」との混同である。学習者によく見られる誤用である。1, 2はいずれもディスカッションでの発話である。1の話題は話し手である学習者だけが知っていることであり、また、学習者は鹿児島での経験を客観的に話しているので、「あ」は不適切になっている。(1の学習者は「私のそのときの担当の方でしたが」の部分では、正確に「そのとき」が使えている。) 2では抽象的な人間の人格について話しており、話し手と聞き手が直接知っている特定の人を指しているのではない。討論のやりとりの中で、相手が言った内容を受けているので「そ」が適切になる。

3は文章の中で「あの人」を使っている。対話ではなく文章では、通常、「あ」は使われない。話し手に対する特定の聞き手(ここでは読み手)がいないので、対話のように聞き手がその事柄を直接知っているかどうかが想定できないためであろう。3がもし、会話などで話されたものであったとしても、「一人のサラリーマン」は話し手だけが知っている人なので、やはり「その人」が用いられる。

4でも「あの人」が使われている。前文で「親」を導入しているので、「あの人」を使わず「親」としたほうがよい。「あの人」を用いると、だれのことかわかりにくい。英語ではこのような場合、代名詞 he や they を使って表すことが多いが、日本語では名詞そのものを繰り返すほうが自然な場合が多い。

5〜9は場所に関する誤りである。5は相手であるAさんの意見の内容について言及しているので、「そ」が適切になる。学習者は that point や that place を訳して「あのところ」としがちだが、日本語ではそのようには表現しない。「あそこ」「そこ」を用いる必要がある。7, 8は「あそこ」を用いているが、話し手と聞き手が直接知っている場所ではないので、「あ」の「あそこ」は不適切である。仮に聞き手がニューヨークや博多を知っていたとしても、話し手・聞き手の直接かつ共通に体験した場所とは言えないので、「あ」は用いられない。話し手自身が今出した事柄を再度指す場の「そ」の「そこ」が適している。同じく9も「そこ」でよいが、特別の場所なので「相撲の世界」と具体的な言い方をしたほうがよいかもしれない。

10, 11は「ああいう」と「そういう」の混同である。「ああいう/そういう+名

詞」の形で、前の語や文を受けて「あのような／そのような」という意味を表す。「あのような／そのような」に比べて「ああいう／そういう」は話しことば的である。「あ」と「そ」の関係では、「あれ／それ」「あの／その」と同じく、話し手と聞き手が直接知っている事柄・事態に「ああいう」が、相手が言った内容を受けたり、話し手自身が今出した事柄・事態をすぐに指す場合は「そういう」が用いられる。10もディスカッションの中での発話であるが、討論のやりとりの中で、自分が言った内容を客観的に受けているので、「あ」より「そ」が適切になる。、実際の発音では、学習者が書いたように「ああゆう」になるが、表記する場合は「ああいう」を用いる必要がある。(10は「そういう」も省いて「自分の意見をうまく表す機会」とすることもできる。)

12は「あんなに」と「そんなに」の混同である。「あんなに」は副詞(句)として形容詞や動詞にかかっていく。物事の程度や状態があのようであるという、多くの場合程度の高い状態を表す。話しことばに用いられる。「あんなに」と「そんなに」の違いは、「あれ／それ」「あの／その」と同じく、話し手と聞き手が直接知っている事柄・事態に「あんなに」が、それ以外は「そんなに」が用いられる。12は相手Aの言った値段をBは知らなかったのであるから、「あんなに」は用いられない。

伝達上の誤用　★

● 6は話し手と聞き手両方が直接知っている事柄ではないので、基本的には「あ」は不適当である。ただし、話し手が特別の感慨を持って話す時には「あ」を用いることができる、という例外に当てはめることもできる。「ほんとうにおもしろかった」が話し手の感情を表している。ただし、5同様、日本語には「あのところ」という言い方はない。

● 11は話し手と聞き手が直接知っている事柄・事態ではないので、「そういう」が適切である。ただし、6同様、話し手が特別の感慨を持って、感情的に話しているのであれば、学習者が使ったような「ああいう」でも可能である。「ああいう」に限らず文脈指示で「あ」を使うと、臨場感のある言い方になるが、一方で、話し手の感情が表現されるために、場面や相手によっては失礼になる場合があるので注意が必要である。

指導のポイント

- 「あ」を使って間違う誤用が多いので、対話の場合と、書く場合に分けて、「あ」の使い方を集中して指導するとよい。主なポイントとしては、
  ① 「あ」は話し手と聞き手が直接知っている人や事柄について話す時に用いること。
  ② 書く時は、原則として「あ」は使用しないこと。
- 学習者は that point や that place を訳して「あのところ」としがちだが、日本語ではそのような表現はしない。「あそこ」「そこ」を用いるように繰り返し、練習する必要がある。
- 「ああいう」「あんなに」に限らず、文脈指示で「あ」を使うと、話し手の感情が入りやすい。場面や相手によっては失礼になる場合があるので注意が必要である。

したがって

➡ひき逃げは人道に反する行為である。**したがって**、その罪は重い。

前の文が理由となって、論理的に、こうなる、こうなるだろうということを表す。したがって、後文に働きかけの表現（命令、依頼など）は来にくい。論理的に結論に導くため、文の流れが順当であれば不要である場合も多い。

|関連項目| それで、だから、このようにして、こうして、しかし、それによって

|誤用例文|

|脱落|

1. 誤 国民年金の最大の問題点として就職年齢は遅くなり、退職の年齢は早くなっていることで国家の年金予算がかなり足りないということである。Φ今後国民年金の大変化が予想されている。〈韓国〉

   正 国民年金の最大の問題点は、就職年齢が遅くなり、退職の年齢は早くなっているために、国家の年金予算がかなり足りないということである。**したがって**、今後の国民年金の大変化が予想されている。

付加

2. 誤 経済が高度成長につれて、**したがって**国民の生活水準も高くなります。 〈中国〉
   正 経済が高度成長するにつれて、国民の生活水準も高くなります。
3. 誤 その中学校の学生は田舎の学生もいるし、町の学生もいっぱいいる。**したがって、**皆いい学校に入りたいから、遠くても、学校へ行ける。 〈インドネシア〉
   正 その中学校の生徒は田舎の子もいるし、町の子もいっぱいいる。皆いい学校に入りたいから、遠くても、学校へ来ている。

誤形成

4. 誤 後半の40分位、私のキャプテンが、ボールを真中へ送ってきました。ボールを、私の前でおとしましたから、私は、すぐ、他のチームのネットへボールを、送りました。**たしがって、**私が、チームのヒーローになりました。 〈インド〉
   正 後半の40分位のとき、私のキャプテンがボールを真ん中へ送ってきました。私はボールを前で落とし、すぐ他のチームのネットへ送りました。**それで、**私が、チームのヒーローになりました。

混同

【したがって→それで】

5. 誤 彼はよく研究した。**したがって**成果があがりました。 〈中国〉
   正 彼は深く研究した。**それで**成果が上がった。
6. 誤 おそくなっだ。**したがって**しかられた。 〈韓国〉
   正 遅くなった。**それで、**しかられた。
7. 誤 彼女は奨学金をもらうことができなかった。**したがって、**日本へ留学することをやめた。 〈インドネシア〉
   正 彼女は奨学金をもらうことができなかった。**それで、**日本へ留学することをやめた。

【したがって→それによって】

8. 誤 1978年以降、中国の改革開放政策を出した。**したがって、**経済が速く発展されてきた。 〈中国〉
   正 1978年以降、中国は改革開放政策を出した。**それによって**経済が速く発展した。

【したがって→だから】

9. ★ 誤 今年雪がたくさん降るそうだ。**従って**、特に今年は寒くなるだろう。　〈インドネシア〉

　　 正 今年は雪がたくさん降るそうだ。**だから**、今年は特に寒くなるだろう。

10. ★ 誤 こういう規則があります。**したがって**、皆がこの規則を守らなければならない。　〈韓国〉

　　 正 こういう規則があります。**だから**、皆さんはこの規則を守らなければなりません。

11. ★ 誤 田中は普段よく中国のことを記する本を読んでいる。**したがって**中国に付いて詳しい。　〈中国〉

　　 正 田中は普段よく中国のことを書いた本を読んでいる。**だから**、中国について詳しい。

【したがって→このようにして】

12. ★ 誤 さまざまな国の人はバンクーバーに移民して、同じ国から来た人と同じ地域に住む。**したがって**、同類と集めて、小さい国を作った。　〈カナダ（中国）〉

　　 正 さまざまな国の人がバンクーバーに移民して、同じ国から来た人と同じ地域に住む。**このようにして**、同国の人が集まって、小さい国を作っている。

【したがって→しかし】

13. 誤 ステージに上がった時、（中略）緊長していた。**したがって**、これは夢への初めの一歩だと思ったので、もしこのクラブの人込みの前でラップをする事が出来なかったら、未来に歌手になる事は無理だと思った。　〈アメリカ〉

　　 正 ステージに上がったとき、（中略）非常に緊張していた。**しかし**、これは夢への初めの一歩だと思ったので、もし、このクラブの人込みの前でラップをすることができなかったら、将来、歌手になることは無理だと思った。

> その他

【文末】

14. 誤 品質が**いい**ものだ。したがって値段も**高いだ**。〈中国〉
    正 品質**の**いいものだ。したがって、値段が**高いのは当然**だ。

【こうして→したがって】

15. ★誤 宗教の目的はもともと社会秩序を守るために生まれたのだと私は思います。（中略）いま日本は社会秩序を守る事では代表的な国であると思っています。**こうして**別に宗教がなくても大丈夫だと思います。〈台湾〉
    正 宗教はもともと、社会秩序を守るために生まれたのだと私は思います。（中略）今、日本は、社会秩序を守ることでは代表的な国です。**したがって**、別に宗教がなくても大丈夫だと思います。

> 誤用の解説

脱落

1 は前文を後文の論理的結論に結び付ける文の流れが不足しているため、「したがって」を補って結論に結び付かせる必要がある。

付加

2、3 は「したがって」が不要である。2 は「〜につれて」だけでよく、「したがって」は要らない。3 では、前文の「町と田舎の学生がたくさんいる」ことが、「いい学校に入りたい」ことの論理的な理由付けとはならない。学習者が「町と田舎の学生がたくさんいて、皆いい学校に入りたい。したがって、遠くてもこの学校に来ている。」と言いたかったとすれば、文をどう構成し、どこに「したがって」を置くかがわからなかったとも考えられる。しかし、ここでは論理的理由付けをするほどのことでもないので、「したがって」がなくてもよい。

誤形成

4 は「したがって」ではなく「それで」にすべき例であるが、ここではこのような誤形成があることを示した。

混同

5〜7 は前文が後文の原因・理由になっているが、論理的理由付け、論理的帰結というより、個別的な原因・理由によって個別的な事態が引き起こされている。このような場合は、「したがって」ではなく「それで」が適切である。8 は、論理的に引き出された結論というより、「改革開放政策」という方法によって「経済の

発展」がもたらされたのであるから、方法・手段を表す「それによって」が適切である。

12のように、そこまでの記述をまとめるような場合、「したがって」は使わない。13では、前文でステージで緊張していたこと、後文でステージへのデビューに対する自分の考え方が述べられている。その関係は、どちらかというと反対の関係にあるので、「したがって」ではなく「しかし」を用いたほうがよい。

■その他

14のように、話し手（書き手）が当然の帰結をより強調する場合、文末に「当然だ」のような表現も必要となる。

■伝達上の誤用 ★

- 9～11は多少の違和感はあるが、誤りとは言えない。話しことばに用いられる「だから」のほうが自然なのは、「したがって」がかたい表現や、説明調の記述に向いていて日常的な話題には不適切なこと、また、「だろう」「なければならない」などの話し手の気持ちを表す文末とは結び付きにくいということが言えよう。
- 12と15では「したがって」と「こうして／このようにして」の混同が起こっている。日本語レベルの高い学習者にしばしばこの混同が見られる。「したがって」は前の文が理由となって、論理的にこうなる、こうなるだろうという結論に導く。一方、「こうして／このようにして」は、前文の事柄を踏まえて後続の事柄に述べ進めていく意味を表す。その踏まえ方は「理由」というより、自然の成り行きとしてそのような結論に至ったことを表す。12は、「（移民してきた人は）同じ国から来た人と同じ地域に住む」→「集まって小さい国を作った」という流れになる。論理的帰結というより自然の成り行きの結果であるので、「こうして／このようにして」が適切である。一方、15は「宗教は社会秩序を守る。日本は秩序を守る国だ」→「宗教がなくても大丈夫だ」の流れを持つ。前文を理由として結論を導いているので、15では「したがって」が適切になる。「したがって」も「こうして／このようにして」も、結論に至る文の流れの中で用いられるために、学習者は混同するのであろう。しかし、「したがって」は理由に基づく論理的結論、「こうして／このようにして」は自然の成り行きによる結果という点で異なっている。

指導のポイント

- 「したがって」は書きことば的であるので、前文・後文の文体的なバランスにも気をつけさせる。
- 「したがって」は、論理的関係を順に追って、結論を導く過程を示す接続詞である。「だから」「それで」などの理由や結果を意識した語ではないことに注意させる。
- 「したがって」はまとめにも使えない。文章のまとめには「このようにして」「こうして」を使うように指導する。
- 「したがって」を使って、どのように結論に至るかの過程を意識させるために、多くの例文を示す必要がある。
- 意志表現はとれないなどの文末の制限に注意させる。
- 「したがって」の文の主語・主題が抜けやすい。前文・後文の主語・主題関係を明確にするように指導する。

実は

➡彼はこわそうだが、**実は**やさしい人だ。
➡A：どうしたんですか。
　B：**実は**、課長を怒らせちゃったんです。

話し手が直面する、または、直面した状況や事態に対して、「実は」で始まる文で本当の事情を打ち明ける。したがって、話し手自身に直接関係する事柄であることが多い。文の型としては、「前文。しかし／だが、実は、〜のだ／んだ。」をとることが多い。また、対話形式でも多く用いられる。

|関連項目| 実際に、本当は、しかし、でも、だが、実を言うと、なぜなら、のだ／んだ、からだ

|誤用例文|

|付加|

1.　　　先生：こんにちは、元気ですか。
　★誤 学生：先生、**実は**問題があります。　　　　　　　〈タイ〉
　　正 学生：先生、（ちょっと）質問があります。

203

2. 誤 去年日本に来た。**実は**日本に来た目的は旅行ではなく、勉強のためである。　〈インドネシア〉
   正 去年日本に来た。日本に来た目的は、旅行ではなく勉強のためである。

|混同|

【実は→実際は】

3. 誤 もちろん、広告は商品を知らせるために存在するけれどいまの広告はもう現代文化と芸術の代表になっている。ただ商品を知らせるだけではない、**実は**国際的、文化的、国の芸術水準、技術性の一体である。　〈中国〉
   正 もちろん、広告は商品を知らせるために存在するけれど、今の広告はすでに現代文化と芸術の代表になっている。ただ商品を知らせるだけではない、**実際は**、（広告は）国際的、文化的で、国の芸術水準、技術性の一体化したものである。

【実は→しかし／でも／だが、実際は】

4. 誤 彼はきびしいみたいね。**実は**やさしいですよ。　〈オーストラリア〉
   正 彼は厳しいように見えるかもしれないね。**しかし／でも／だが、実際は**、やさしいですよ。

5. 誤 今度の入試は、合格した。**実は**、実力まだ弱い。　〈中国〉
   正 今度の入試は、合格した。**しかし／でも／だが、実際は**、実力はまだ十分ではない。

【実は→実際に】

6. 誤 たばこを吸いすぎると、（中略）たくさんの社会問題が引かれるかもしれない。子供は両親を失うとか、たばこを吸う人は生殖できないとか、**実は**、たばこを吸うから引いた悲しい事件はもうたくさんだった。　〈中国〉
   正 たばこを吸いすぎると、（中略）たくさんの社会問題が起きるかもしれない。子供が両親を失うとか、たばこを吸う人は子供ができないとか、**実際に**、たばこを吸うことから悲しい事件はすでにたくさん起きている。

【実は→でも／だが、実を言うと】

7. 誤 彼女はその事をよくしっているようた。**実は**何もわからない。〈中国〉

正 彼女はその事をよく知っているかのようだ。**でも／だが、実を言うと何もわからない。**
8. 誤 彼は女とつきあう経験が豊かだそうです。**実は女とつきあっだら顔がすぐ赤くなる。** 〈中国〉
　　　正 彼は女とつきあった経験が豊かだそうだ。**でも／だが、実を言うと、女とつきあうと顔がすぐ赤くなる。**

【実は→なぜなら】
9. 誤 今日は学校へ行きたくない。**実は、宿題をしなかったためである。** 〈韓国〉
　　　正 今日は学校へ行きたくない。**なぜなら、宿題をしなかったからである。**

【実は→本当は】
10. 誤 うそです。**実は食べました。** 〈中国〉
　　　正 うそです。**本当は食べました。**

　その他

【逆接表現の欠落】
11. 誤 書を読んだ。**実はちょっと見た。** 〈中国〉
　　　正 本を読んだ。**といっても、実はちょっと見ただけだが。**
12. 誤 子供はサンタクロスを信じながら待っています。かれらはサンタクロスがくださると思います。**実は子供の親と他の人だちがくださるのです。** 〈韓国〉
　　　正 子供はサンタクロースを信じて待っています。彼らはサンタクロースがくださる／くれると思っています。**しかし、実は子供の親や他の人たちがくださる／くれるのです。**

【文末の「のだ／からだ」】
13. 誤 昨日授業を欠席した。実は、**朝寝坊だった。** 〈台湾〉
　　　正 昨日授業を欠席した。実は、**朝寝坊したのだ／からだ。**

【主語・主題の脱落】
14. 誤 彼女は大学で、第一外国語としてドイツ語をとっている。**実は、来年の春から一年間ドイツに留学するつもりだ。** 〈インドネシア〉
　　　正 彼女は大学で、第一外国語としてドイツ語を取っている。**実は、彼女は来年の春から一年間ドイツに留学するつもりなのだ。**

> 誤用の解説

付加

1，2は「実は」が持つ「秘密を開陳する様子を表す。ややマイナスよりのイメージの語」で、「しばしば重大で深刻な内容である」(飛田・浅田1994)という性質にそぐわないので、「実は」の使用は不適切になっている。学習者はそのようなことを考えずに「実は」を使っているのであろう。

混同

「実は」と「実際は」との混同が起きやすい。学習者が母語に置き換えて、同一のものと考えてしまうのかもしれない。「実は」は打ち明け話的に事情を述べる働きを持つため、3～5に見られる客観的な説明・判断の文には使われにくい。特に4，5は打ち明けるというより、話し手の判断に基づいた説明であるので、「実は」でなく客観的に事態を説明する「実際は」のほうが適切である。

「実は」は、あることについて述べたあと、「表面的にはこのとおりだが、実際は違う」という述べ方である。その場合、4，5、および、7，8に見られるように、「しかし」「だが」のような逆接の接続詞が文頭にないと、文の接続が落ち着かなく感じられる。7，8は第三者の事情を打ち明けている内容であるので、「実際は」より客観性が低く、「実は」より客観性の高い「実を言うと」がよいと考えられる。

6は打ち明け話的に事情を述べるというより、実際あった例を出しているのであるから、「実際に(こういうことがあった)」が適切である。9，10は実際のことを説明するつもりで「実は」を用いたと思われる。しかし、9では理由説明の表現「なぜなら」などを、また、10では「うそ」に対して「本当は」を使用したほうがよい。

その他

11，12は「逆接表現の欠落」として「その他」に分類したが、誤用の要因は4，5、および、7，8と同じである。11は「といっても」、12は「しかし」が、「実は」の前にほしい。13は文末に「朝寝坊だった」と言い切りの形をとっている。「実は」は、注釈や説明をあとから付け加えることが多く、「のだ／からだ」という文末をとりやすい。13(次の14も)にも文末に「のだ／からだ」がほしい。

「実は」は第三者のことについても使用可能であるが、話し手自身の事情を述べる時に使われることが多い。14では前文に「彼女は」とあるが、「実は」の後ろに主語・主題がないと話し手自身のことになってしまうので、主語・主題を明示する必要がある。

伝達上の誤用 ★

● 1は不必要なところに「実は」を付けている例である。学習者がときどきする誤りで、筆者も学習者から「実は…」と話しかけられて、どんな重大な事情を打ち明けられるのかとドキッとさせられたことがある。「問題」という語と「質問」という語の混同のためもあるが、「質問がある」程度のことなら、「ちょっと」を用いて、「実は」は付けないほうがよい。会話の流れとしては、挨拶のあとすぐに「実は」は使えない。もう少し話が進んでから、おもむろに打ち明けるというのが一般的である。

指導のポイント

- 「実は」に含まれる「重大で深刻な内容」というニュアンスについても説明すべきで、単なる「実を言うと」「実際は」などとは異なることに注意させる。
- 「実は」は話し手の事情を打ち明けるという意味合いが強いので、取り立てて報告すべきでない事柄について「実は」を用いないように説明する。
- 「実は」が使われやすい形は、「〜。しかし／でも／だが、実は〜は〜のだ。」である。
   例：彼女はとても落ち着いて見えた。しかし、実は日本語のスピーチははじめてだったのだ。

「実は」の文のみを練習するのではなく、前後文を組み合わせた形で文作りをさせるとよい。また、曖昧になりそうな時は、「実は」の後ろの「主語が／主題は」が抜けないように注意させる。

- 「実は」の文は「(実は)〜のだ／からだ」という終わり方になることが多いので、文末との関係をつかませながら文作りをさせる。
- 後文に逆接の関係を含む場合、「実は」の前に「しかし／でも／だが」などの接続詞が必要であることも言っておく。
   例：彼は知っていると言った。しかし、実は彼は何も知らなかったのだ。

自動詞

➡停電で電気が**消えた**。
➡この石はなかなか**割れない**。

本書では、「電気がつく」「電気をつける」の「つく」「つける」のように、対（ペア）になっている動詞において、前者を自動詞、後者を他動詞と呼ぶ。自動詞は、通常「目的語＋を」をとらない。

関連項目　他動詞、受身文、可能文、助詞（は、が）、主語・主題

誤用例文

誤形成

1. 誤　きのうころんで歯を2本**折われて**しまったんですよ。〈韓国〉
   正　きのう転んで歯が2本**折れて**しまったんですよ。
2. 誤　PKO問題をめぐって、日本で意見が二つに**分かっている**。〈台湾〉
   正　PKO問題をめぐって、日本で意見が二つに**分かれている**。

混同

【自動詞→他動詞】

3. 誤　親が離婚した場合、子供を父と母のどっちが**育つ**方がいい影響を与えると思いますか？〈韓国〉
   正　親が離婚した場合、子供を父と母のどちらが**育てた**方がいい影響を与えると思いますか。
4. 誤　また、丁重語では、漢語と和語もよく用いられ、漢語の前に「ご」を**付き**、和語の前に「お」を**付く**。例えば、「ご説明」「お留守」。〈オーストラリア〉
   正　また、丁重語では、漢語も和語もよく用いられ、漢語の前に「ご」を**付け**、和語の前に「お」を**付ける**。例えば、「ご説明」「お留守」など。
5. 誤　自殺者が出るという事態に至っても、会社側は何の対策も**立って**いない。〈台湾〉
   正　自殺者が出るという事態に至っても、会社側は何の対策も**立てて**いない。
6. 誤　あのはこに**入ってある**ものはすべて高級商品である。〈オーストラリア〉

	正	あの箱に**入れてある／入っている**物はすべて高級商品である。
7.	誤	自分の本棚に**並んである**作品はもう全部読んでしまったので、新しいものを買おうと思っている。〈ブラジル〉
	正	自分の本棚に**並べてある／並んでいる**作品はもう全部読んでしまったので、新しいものを買おうと思っている。
8.	誤	道に迷ってしまった子供は母の姿を**見つかって**、大声で呼びながら、急に泣き出した。〈中国〉
	正	道に迷ってしまった子供は母の姿を**見つける**と、大声で呼びながら、急に泣き出した。
9.	誤	地震は建物を倒壊するのみならず、火事を**起こる**おそれもある。〈台湾〉
	正	地震は建物を倒壊させるのみならず、火事を**起こす**おそれもある。
10.	誤	話をおもしろくするためだろうか、あの人は手や足を大げさに**動いている**きらいがある。〈中国・マカオ〉
	正	話をおもしろくするためだろうか、あの人は手や足を大げさに**動かす**きらいがある。
11.	誤	それで警察は強盗殺人未遂事件として捜査を**始まった**が、盗まれた物もない強盗事件ということが怪しいと思い、母親を追求した上、犯人が息子であることが明らかになったと言います。〈韓国〉
	正	それで、警察は強盗殺人未遂事件として捜査を**始めた**が、盗まれた物もない強盗事件ということを怪しいと思い、母親を追求した結果、犯人は息子であることが明らかになったそうだ。
12.	誤	大学時代の流行通りに私は、**髪が肩に垂れたり**あごひげを生やしたりしました。〈アメリカ〉
	正	大学時代の流行通りに、私も**髪を肩まで垂らしたり**、あごひげを生やしたりしました。
13.	誤	この間、**涙が流れながら**、「・・・」などの作品をよみました。〈中国〉
	正	この間、**涙を流しながら**「・・・」などの作品を読みました。
14.	誤	雨上がりのグラウンドで、みな泥まみれになって、**試合が続いている**。〈台湾〉
	正	雨上がりのグラウンドで、皆泥まみれになって、**試合を続けている**。

自動詞

15. 誤 たばこを吸うのは生れたときから持ってることではありませんので、**吸い始まっても**、またそれをやめることはできると私は思います。　　　　　　　　　　　　　　　　　　　　　　　〈中国〉
    正 たばこを吸うのは生まれたときからではありませんので、**吸い始めても**、またそれをやめることはできると私は思います。

16. ★誤 **交通事故が起った**責任があるだから、賠しょう費を支払らたくなくても、支払らないではすまない。　　　　　　　　　〈中国〉
    正 **交通事故を起こした**責任があるのだから、賠償金を支払いたくなくても、支払わないではすまない。

17. ★誤 お休みのところを**邪魔になって**申しわけありません。　〈台湾〉
    正 お休みのところを**お邪魔して**申し訳ありません。

【自動詞・受身→他動詞・受身】

18. 誤 二人は下流で楽しんでいるうちに、あっと洪水がやって来た。**流れられて**しまう前に河岸あたりへ逃げ上がった。　　〈台湾〉
    正 二人が下流で楽しんでいるうちに、あっという間に洪水がやって来た。**流されて**しまう前に河岸のほうへ急いで逃げた。

【自動詞→受身】

19. ★誤 本を読むというのは本に書いてある文字の中に**込っている**作家の思想を理解するということだ。　　　　　　　　　〈韓国〉
    正 本を読むというのは、文字の中に**込められている**作家の思想を理解するということだ。

【自動詞→可能】

20. 誤 香港に大学が４つある。でも、入学したい人がたくさんいるので、４分の１しか**入らない**。ですから、大学の入学試験非常に激しいだ。　　　　　　　　　　　　　　　　　　　　〈中国・香港〉
    正 香港に大学が４つある。でも、入学したい人がたくさんいるので、４分の１しか**入れない**。それで、大学の入学試験は非常に厳しい。

> 誤用の解説

> 誤形成

　1の学習者は他動詞の「折る」は知っていたかもしれないが、それに対する自動詞が正しく作れなかった。**2**は「わかる」と「分かれる」の語彙の混同から引

き起こされたとも考えられるが、1同様、他動詞（分ける）はわかっていて、「分ける」に対する自動詞が作れなかったのかもしれない。

混同

今回収集した自動詞の誤用は、ほとんどが「混同」で起こっている。圧倒的に多いのは、他動詞を使うべきなのに自動詞を使っている誤用（3～17）である。ほかに受身および可能との混同も、若干であるが見られた。

自動詞・他動詞による混同の誤りの主なものは次のとおりである。
　①対になっている自動詞と他動詞を混同したもので、音が似ているためなど、正確に覚えていないことから起こっているもの。（3～5）
　②結果の状態を表す「てある」と結び付く時は、基本的には「他動詞＋てある」（「自動詞＋ている」）になるが、「てある」の前の他動詞が正しく使えていないもの。（6，7）
　③文が入り組んでいて、動作・行為の主体がだれ／何かがとらえられず、対応する動詞の自他が曖昧になってしまうもの。（8～11）
　④特に複文構造で、従属節の制約によって動詞の自他が決まってくるのに、それがわかっていないもの。（13～15）

③の8～11では、学習者はすべて「を＋自動詞」を用いている。単に語彙として自他の区別が付かないだけかもしれないが、文中に主体がはっきり示されていないことや、すぐそばの語に影響されたことにより、自他の選択を誤ったり助詞を混同したりしたのではないかと思われる。

12，13は、自分の体の一部を目的語とする他動的表現「髪を肩まで垂らす」「涙を流す」をとる必要がある。「目を覚ます」もそうで、これは行為の及ぶ範囲が他者へと向かわない、自分自身を対象として行う行為の表現（再帰表現）と考えられる。13は、従属節の制約が自他の選択にかかわっていると考えられる。13の「～ながら」は同一主体の同時動作を表す。「歌いながら泣く」「笑いながら話す」のように両方とも意志動詞をとる。したがって「涙が流れながら」ではなく「涙を流しながら」となる。

14は「みな」が動作の主体であるから、「試合を続けている」と他動詞を使うのが正しい。学習者は「みな泥まみれになって」のように「て」を多用するが、従属節としての「て」の用法、特に、主体がだれ／何で、自動詞・他動詞のどちらを選ぶべきかがよくわかっていないことが多い。学習者は15のように「（し）始まる」としたがるが、そのような言い方はなく、前に来る動詞が自動詞でも他動詞でも、「（し）始める」になる。

18は他動詞「流す」の受身形を使うべきところを、自動詞「流れる」の受身形を使っている。受身文を作る前の構文「洪水が私を流す」という形がきちんと把握できていなかったためと思われる。20は「入らない」と「入れない」の違いの問題である。「入る」はいくつか意味を持ち、「このかばんはたくさん荷物が入る」のように「中におさまる」、「部屋に入る」のように「中に移る」、「大学に入る」「会社に入る」のように「移って特定の環境に身を置く、一員となる」などの意味がある。20は「一員となる」の意味なので、その場合は「できない」を表すためには「入れない」を使う。

伝達上の誤用 ★

- 16は事故の責任を問うているのであるから、仮に不可抗力で事故が起こったとしても、「起こした」を使う必要がある。
  (1) 事故が起こったのは私の責任です。申し訳ありません。
  (2) 事故を起こしたのは私の責任です。申し訳ありません。

(1)(2)は正しい文であるが、謝罪しているのであれば(2)が適切である。事故の発生を自分の責任として申し述べるほうが丁寧であり、日本人の気持ちに適っている。
- 17も意図的に「邪魔をする」わけではないが、自分のとった行為であるので、自分の責任として述べる他動詞を使うほうが適切であると思われる。
- 19では、まず、「込っている」が意味不明である。学習者が「込めている」としたかったとすると、「文字の中に込めている作家の思想を〜」となって、ややぎこちなさが残るが誤りとは言えない文になる。しかし、その場合日本語では、「作家が文字の中に込めている思想を〜」と作家に視点を置いた言い方をするであろう。19では、「作家の思想」が主体であると考えて、「込められている」と訂正した。19（6，7，16も同じ）のような名詞修飾節では構文的に主体が「だれ／何か」がわかりにくくなってしまうため、動詞の選択を誤ることが多い。

指導のポイント

- 「人が何かをする」という文では他動詞を、「ものがこうなる／こうなった」という文では自動詞を使う。発話者の意図が「（人が何かを）する」ことを言いたいのか、「（ものがそのように）なる／なった」ことを言いたいのかという文のあり方にかかわる。
- 学習者は動詞の自他の概念はわかっているが、実際に使う時に混同してしまうことが多い。他動詞・自動詞が正しく出てくるためには、対（ペ

ア）で教えるのではなく（自他のペアはよく似ていて混同しやすい）、状況・場面、会話の中で個々に文単位で覚える練習をしたほうがよい。例えば、「電球が切れた」「水が出ない」「エアコンがつかない」「トイレが流れない」など生活上のトラブルを申し出る練習から入るのも一つの方法である。

● 学習者は、「動く」は人や動物、虫などの生物、または、動くべきもの（車、機械、地球）が動くのであって、押した結果動いた場合に用いる「テーブルが動いた」は奇異に感じてしまう。人の力が加わって動いたとしても、「＜物＞が 動いた」という言い方をすることをよく説明し、練習する必要がある。

● 上と関連して、自動詞を定着させるために「自動ドアが開（あ）く」「風で火が消える」のような自然現象の例を示し過ぎないように注意する。学習者は「自動詞＝自然現象」と思ってしまいがちである。

自分で

➡ **自分で**やれることは**自分で**やりなさい。
➡ 彼は**自分で**仕事を見つけてきた。

「自分で考え、自分で解決する」のように、「自分の力で」を意味する。「一人で」とするべきところを「自分で」としている誤用が多く見られる。

[関連項目]　一人で、私一人で、私一人が、自分自身、私自身

[誤用例文]

[脱落]

1. [誤] 私は日本語を勉強したかった、いいコースで勉強した、とてもいい先生たちに教えていただきましたから、これからΦずつ日本語を勉強しつづけたいと思います。　　　　　　〈ブラジル〉
   [正] 私は日本語を勉強したかったし、いいコースで勉強したし、とてもいい先生たちに教えていただきましたから、これからも**自分で**ずっと日本語を勉強し続けたいと思います。

> 混同

【自分で→一人で】

2. 誤　日本では本当に安全です。よるにも**自分で**行くのはできる。
〈インドネシア〉
   正　日本は本当に安全です。夜も**一人で**外出することができます。

3. 誤　**自分で**住んでいるので、たいてい外で食べる。　〈アメリカ〉
   正　**一人で**暮らしているので、たいてい外で食べる。

4. 誤　店で買物や、**自ぶんで**、映画館で映画をみたり、新宿であそんだりことがいくどもできました。
〈中国〉
   正　店で買物したり、**一人で**映画館で映画を見たり、新宿で遊んだりすることが何度／幾度もできました。

【自分で→私一人が】

5. 誤　いえは三人に住んでいます。しかしほかのふたりひとは大分の時間がうちにいません。ですから屋の台所、冷蔵庫、洗濯機、などの用品は大分**自分で**使います。大変便利です。
〈インド〉
   正　家は三人で住んでいます。しかし、ほかの二人の人はほとんどの時間家にいません。ですから、家の台所、冷蔵庫、洗濯機などはほとんど**私一人が**使っています。大変便利です。

【自分は→自分から】

6. 誤　仕事が始まったばかりの時、お客さんが来ると、なにかほしいがわからない、いつも日本人の仲間に頼んでいた。大変ごまるだ。だんだんに、**自分は**すこしお客さんと話してみて、日本語の普通会話は前よりできるようになった。
〈マレーシア〉
   正　仕事が始まったばかりの時は、お客さんが来ると、何がほしいのかわからなかったので、いつも日本人の仲間に頼んでいた。その時は大変困った。だんだん**自分から**少しずつお客さんと話してみて、日本語の日常会話が前より少しできるようになった。

> 位置

7. 誤　**自分で**たばこが健康に悪いし、お金もかかると認しきするべきのほうががもっと大切だと思っている。　〈ベトナム〉
   正　たばこは体に悪いし、お金もかかると**自分で**認識することがもっと大切だと思う。

その他
【私自身→自分自身】

8. ★ 誤 私はずーと自分をかえようと努力してきた。（中略）ところが、続いていると自分でもなんだかへんなーとおもいはじめた。例えば毎日ボーとして、集中できない生活がごちゃごちゃになってしまった。これこそ私が生活、性格だろうか、**私自身**にうたがいはじめた。　　　　　　　　　　　　　　　　　　　　　　　〈中国〉

    正 私はずっと自分を変えようと努力してきた。（中略）ところが、続けていると、自分でもなんだか変だなと思い始めた。毎日ボーッとしたり、集中できなかったりして、生活がごちゃごちゃになってしまった。これこそが私が望んでいた生活、性格だろうかと**自分自身**を疑うようになってきた。

【自分の気持ち→自分】

9. 誤 国の新聞や雑誌などの中で、いつも日本を紹介された。そして、父や日本に留学した先輩たちと商量して、日本でいろいろなことが習いできるし、日本語も知っているしだと彼らは言った。また、**自分の気持ち**もそう思っていた。　　　　　〈マレーシア〉

    正 国の新聞や雑誌などの中で、いつも日本が紹介されていた。そして、父や、日本に留学した先輩たちに相談したら、日本ではいろいろなことが習えるし、日本語もわかるようになるしと彼らは言った。また、**自分**もそう思っていた。

誤用の解説

脱落

　1のように「自分で」がなくても問題はないが、先生に教えてもらったことに対するお礼に続く文なので、「これからも自分で勉強し続けたい」と明確に述べたほうがわかりやすい。

混同

　2～5は「一人で」とするべきところを「自分で」としている誤用である。日本語の「自分で」は、「だれの力も借りずに独力で／自分の力で」を表し、「一人で」は、基本的には、状態が一人きりであるととらえた表現である。「自分で食べる」と「一人で食べる」の違いは、前者が「自分の力で」となり、後者が人とい

っしょではなく「一人きりで」の意味になる。(ただし、「一人きりで」という意味から、「一人で」が「他人の助けを借りないで」(例：一人で片付けなさい。)というように使われる場合もある。)

多くの動詞（2「行く」、4「見る」、5「使う」など）は、「食べる」と同じように「自分で」と「一人で」の両方が使えるが、3の「住んでいる」のような状態を表す動詞では、「一人で住んでいる」は言えても、「自分で住んでいる」は不自然となる。ここでは自然な言い方として「一人で暮らしている」と訂正した。5は「一人で」でもよいが、他者とともにではないという意味で、「私一人が」とした。6は、客からでなく自分のほうから話しかけたという内容なので、「自分から」としたほうがよい。

位置

副詞は通常、動詞・形容詞の前に置かれることが多いが、何が言いたいかでその置く位置が決まる。7は「自分で→認識する」という関係なので、「自分で」は「認識する」の前に置いたほうが誤解が起きにくい。

その他

学習者は自分の意見を言う時、9のように、「自分の気持ち／考え／意見は～と思う」という言い方をしがちである。日本語では、「自分の気持ち／考え／意見は」で始まる場合は、文末は「～と思う」ではなく「～だ／である」となる。また、「自分／私は～と思う」という文の形をとることも多い。

伝達上の誤用 ★

● 8は「私自身」でもよいが、「自分自身」という言い方と比べると、「私」を取り立て強調している感じがする。強さの度合いは、自分＜自分自身＜私自身であろうか。特に強調しないのであれば、中立的表現の「自分自身」が適切である。

指導のポイント

- 学習者は、「行動をともにする人がいない」という意味の時に、「自分で」を使ってしまうようだ。
  例：日本では深夜｛×自分で／〇一人で｝外出しても大丈夫だ。
- 「自分で暮らす」という言い方は可能だが、「一人で暮らすのはやはりさびしい」のような文脈では「自分で」は使えない。「一人で」と「自分で」の使い分けは、短い文ではなく、一定の文脈の中で練習させる必要がある。

ずいぶん

➡ 駅前が**ずいぶん**にぎやかになりましたね。
➡ 人が**ずいぶん**出ていますね。

動詞や形容詞の前に付いて、次に続く事柄の程度が高いことを表す。「とても」「大変」「かなり」が程度の高さを絶対的に高いものとして述べるのに対し、「ずいぶん」は程度の高さが話し手の予想とややずれているという、意外感の意味合いを含んでいる。話しことばに用いられる。

関連項目　十分、かなり、とても、大変、形容詞、終助詞「ね」

誤用例文

付加

1. 誤　私の夏休みには、なつかしくの国へ帰ったことです。（中略）そのころ、家族のみんなからお金がもらいやすいので、**ずいぶん**よくデパートへ買物に行きました。〈マレーシア〉
   正　夏休みには、なつかしい国へ帰りました。（中略）一時帰国のときは、家族のみんながすぐお金をくれるので、よくデパートへ買物に行きました。

誤形成

2. 誤　その仕事をやっている時**ずうぶん**、新しい言葉が出てくるために、私は毎日辞書を持っていなければなりません。〈台湾〉
   正　その仕事をやっている時、新しい言葉が**ずいぶん**出てくるので、私は毎日辞書を持っていなければなりませんでした。

混同

【ずいぶん→かなり】

3. 誤　温泉に入るのは日本で始めるのでほんとうに気持ちいいです。**ずうぶん**長い時間の温泉に入るために疲れるようになって部屋にねていました。〈台湾〉
   正　温泉に入るのは日本ではじめてなので、本当に気持ちよかったです。**かなり**長い時間温泉に入ったために疲れてしまい、部屋で寝ていました。

4. 誤　漱石作品の思想的意義を深く考える方も**ずいぶん**います。漱石の小説と当時の社会状況と結びあわせて、日本の文明批評というこ

とを考え直す方も**ずいぶん**います。　　　　　〈中国・香港〉

正　漱石作品の思想的意義を深く考える人も**かなり**います。漱石の小説と当時の社会状況を結び合わせて、日本の文明批評ということを考え直す人も**かなり**います。

【ずいぶん→十分】

5.　誤　天気がだんだん寒くなって、かぜがひきやすいので、**ずいぶん**気をつけてください。　　　　　　　　　　　　　　　〈ベトナム〉

正　だんだん寒くなって、風邪を引きやすいので、**十分**気をつけてください。

6.　誤　この問題に関連ある資料は**ずいぶん**ではない。　　〈ロシア〉

正　この問題に関連ある資料が**十分**ではない。

【ずいぶん→とても】

7.★誤　これは私にとって**ずいぶん**難しいですよ。　　　　〈タイ〉

正　これは私にとって**とても**難しいですよ。

【ずいぶん→とてもよい】

8.　誤　私たちはさえ農民にいもを狩ってあげました。農民は親切に狩り方法を教えてくれました。あの旅は真に何ともいえない懐かしいことでした。だから、いつまでもあの時のことが私にとって**ずいぶん**思い出になっているのであります。　　　　　　　　　　〈中国〉

正　私たちは農家の人（のため）にいもを刈り取ってあげました。農家の人は親切に刈り取りの方法を教えてくれました。あの旅は、本当に何とも言えない懐かしい旅でした。いつまでもあの時のことが**とてもよい**思い出になっています。

|位置|

9.　誤　その仕事をやっている時**ずうぶん**、新しい言葉が出てくるために、私は毎日辞書を持っていなければなりません。　　〈台湾〉

正　その仕事をやっている時、新しい言葉が**ずいぶん**出てくるので、私は毎日辞書を持っていなければなりませんでした。

|その他|

【文末】

10.★誤　まだ15歳なのに、体がずいぶん大きく**なりました**。　〈中国〉

正　まだ15歳なのに、体がずいぶん大きく**なりましたね**。

11. ★ 誤 この数学の問題はずいぶん**むずかしいです**。 〈韓国〉
    正 この数学の問題はずいぶん**難しいですね**。

誤用の解説

付加
　話しことばとして、感慨を込めて「ずいぶん」を使っているのであれば、1は間違いとは言えない。しかし、「頻繁に」という意味の副詞「よく」があるので、「ずいぶん」は不要である。

誤形成
　2は音声上の間違いとも考えられるが、「じゅうぶん」を誤ってこのように表記したとも考えられる。

混同
　「ずいぶん」は、それを用いた話し手の意外感を表す。3, 4では「ずいぶん」を使っているが、文章にそのような意味合いは含まれていない。3は過去にあったことを思い返し、4は小説のことについて述べているという内容から考えて、もっと客観性の高い「かなり」を使ったほうがよい。5, 6に見られる「ずいぶん」と「じゅうぶん」の混同は、音が似通っていることから引き起こされたと考えられる。「じゅうぶん」は必要な程度や量に達している様子を表すので、5は風邪を引かないように「十分気をつける」、6では否定形を伴って必要量に達していない「十分ではない」になる。7, 8は「とても」に絡んだ誤用である。「ずいぶん」は意外な気持ちを含むので、単純に程度の高さを言うなら、7は「とても」を、8は「とてもよい（思い出）」を用いたほうがよい。

位置
　9のように「ずいぶん」が形容詞「新しい」の前にあると、「ずいぶん新しい」なのか「ずいぶん出てくる」のかとまどう。「ずいぶん」がかかる語の前に置くべきである。

伝達上の誤用 ★

● 「ずいぶん」は程度の高さが話し手の予想とずれているという、意外感を含んでいる。したがって、相手に属する事柄に対して「ずいぶん」を用いると、時に皮肉に、また、失礼に響く場合がある。
　(1) あなたの作った作品はずいぶんこってますね。
　(2) （遅れてきた人に）今日はずいぶんごゆっくりですね。

- **7**では、「難しい」のが相手の出した問題だとすれば、非難の意味合いが入る。この点からも「ずいぶん」は目上の人には使わないほうがよいと言える。
- 「ずいぶん」の文を相手に向かって用いる場合は、文末が言い切りの形ではなく、終助詞「ね」（**10, 11**）や「よ」（**7**）を添えることが多い。「ずいぶん」が主観的な表現だからであろう。

> **指導のポイント**
>
> - 「ずいぶん」を「じゅいぶん」と聞き、別の副詞「じゅうぶん」と混同する学習者がいるので、注意する。
> - 「ずいぶん」は話し手の意外感が入ることが多い。（例：今日はずいぶんきれいですね。）意外感を強調すると、非難や皮肉の感じが含まれるので、言い方や音調に気をつける。また、目上の人に対してはあまり使わないほうがよい。
> - 「ずいぶん」は意外感や感慨など、話し手の主観の入った副詞である。話しことばなので、客観的な事柄を述べる時は、「かなり」「大変」「非常に」などを使ったほうがよい。
> - 「ずいぶん」の文末には終助詞「ね」「よ」などが来やすいことにも触れておきたい。

ずっと

➡こっちのほうが**ずっと**おもしろい。
➡彼は**ずっと**同じ会社で働いている。

「ずっと」には大きく分けて二つの意味がある。
　①他と比べて違いが大きい。
　②ある状態が長く続く。
本書では①を「ずっと（a）」、②を「ずっと（b）」として考える。

関連項目
　ずっと（a）：もっと、～より～のほうが、どんどん、**形容詞**
　ずっと（b）：いつまでも、今まで、トキ節「てから、て以来」、ている・ていた、
　　　　　　　助詞「から、まで」

ずっと（a）

誤用例文

脱落

1. 誤　イラクのサッカーチームもえらかったけれど、日本のサッカーチームのほうがΦえらいです。〈韓国〉
   正　イラクのサッカーチームも強かったけれど、日本のサッカーチームのほうが**ずっと**強いです。

混同

【ずっと→もっと】

2. ★誤　ここに来たところがあるんですが、**ずっと**すばらしいところが日本には多いんです。〈韓国〉
   正　ここには来たことがあるんですが、**もっと**すばらしい所が日本にはたくさんあります。

【ずっと→どんどん】

3. 誤　いま、世界で毎年たばこによって死んだ人が**ずっと**増える。〈中国〉
   正　今、世界で毎年たばこによって死ぬ人が**どんどん**増えている。

その他

【もっと→ずっと】

4. 誤　タイ料理よりインド料理のほうが**もっと**辛いです。〈中国〉
   正　タイ料理よりインド料理のほうが**ずっと**辛いです。

5. 誤　日本のまつりは中国より多くて、**もっと**にぎやかだと感じました。〈中国〉
   正　日本の祭りは中国より多くて、**ずっと**にぎやかだと感じました。

誤用の解説

脱落

　1は「ほうが」があるので、「ずっと」がなくても誤りではない。ただ「イラクチームもえらかった」と言ったあとなので、比較をより明確にするためには「ずっと」があったほうが文として落ち着く。

混同

　学習者は2、および、その他の4，5に見られるように「ずっと」と「もっと」を混同しがちである。「もっと」はすでに一定の量・数・程度があり、「それ以上

に」と言う時に使う。

(1) ここもすばらしい。でも、{○もっと／?ずっと}すばらしいところがある。
(2) ここよりもあそこのほうが{?もっと／○ずっと}すばらしい。

(1)は、すばらしい「ここ」という場所があって、ここより程度の高いところがあるというのであるから、「もっと」がよい。(2)は単なる比較で、「ここ」より「あそこ」が格段によいというのであるから、「ずっと」が使われる。2は、「ここに来たことがある」という形で「ここ」が導入され、「そこよりも」という意味で使われているので、「もっと」が適している。3は「前年と比べて」のような語があれば「ずっと」も可能だが、この文はたばこによる「毎年の被害状況の増え方」を説明しているので、その増えるさまを表す「どんどん」がよい。

 その他

4、5は「タイ料理とインド料理」、「日本の祭りと中国の祭り」を単に比較しているだけなので、前述の混同2とは逆で、「もっと」は使えない。

 伝達上の誤用 ★

● 2は「ずっと」と「もっと」の混同としてとらえたが、もう一つのとらえ方ができる。学習者は「ずっと」を「非常に」「本当に」「すごく」という意味で使用することがあるので、2も「ここに以前来たことがあるが、他にも本当にすばらしいところがある」と言いたくて、「ずっと」を使ったのかもしれない。(もちろんその場合の「ずっと」は誤りである。)

 指導のポイント

- 授業で十分に教えられないためか、学習者は「ずっと」がなかなか使えない。二者比較で、対象とする人・もの・ことの程度がはなはだしい時は、「ずっと」を使うことを教えるとよい。
- 「ずっと」はやや主観的な表現なので、多用したり、強調し過ぎて言わないようにさせる。
- 「ずっと」と「もっと」の混同が見られる。「もっと」は文末に意志表現がとれるが、「ずっと」はとれない。
  例：{○もっと／×ずっと}ゆっくり話してください。
「もっと」と「ずっと」の混同は、意味が通じてしまうので、つい許容してしまう誤りでもある。両者の違いを多くの例できちんとつかませたい。
- 学習者は比較の意味合いを含む「ずっと」を、単に程度の高い「非常に」

「本当に」などととらえている場合があるので、注意させる。

ずっと(b)

誤用例文

脱落

1. 誤 勉強しているうちにふと日本に来てからΦアメリカにいるジェーンという友達に手紙を書かなかったことに気がついた。〈アメリカ〉
   正 勉強しているうちに、ふと、アメリカにいるジェーンという友達に、日本に来てから**ずっと**手紙を書いていなかったことに気がついた。

2. 誤 私のいえは角栄商店街のうしろがあります。川越市霞ヶ関北です。日本へ来てからΦ住んでいます。〈インド〉
   正 私の家は角栄商店街の裏にあります。川越市霞ヶ関北です。日本へ来てから**ずっと**住んでいます。

誤形成

3. ★誤 私は**ずー**と自分をかえようと努力してきた。〈中国〉
   正 私は**ずっと**自分を変えようと努力してきた。

4. 誤 ハイロン・キャイラというひとは目もみえないしみみもきこえないし、話もはきりではありません。しかし彼女のひとつが私の心にいつまでものこっています。「私はくつがないのためによくなきました、**ずうと**あしがない人をみた日まで。〈インド〉
   正 ハイロン・キャイラという人は、目も見えないし、耳も聞こえないし、話もはっきりできません。しかし、彼女の言ったことの一つが、私の心にいつまでも残っています。「私は靴がないのでよく泣きました。**ずっと**、足がない人を見る日まで。」

混同

【ずっと→いつまでも】

5. 誤 あなたさえそばにいれば、**ずっと**幸せなのよ！〈アメリカ〉
   正 あなたさえそばにいれば、**いつまでも**幸せなのよ！

位置

6. 誤 小さい時から**ずっと**私の住む所にはテレビがあったものだ。
　　　　　　　　　　　　　　　　　　　　　　　　　〈アメリカ〉
　 正 小さい時から私の住む所には**ずっと**テレビがあった。

7. 誤 でも私の中で**ずっと**タバコは人間の健康に悪いと思います。〈中国〉
　 正 でも私はタバコは人間の健康に悪いと**ずっと**思っています。

その他

【テンス・アスペクト】

8. 誤 でも私の中でずっとタバコは人間の健康に悪いと**思います**。〈中国〉
　 正 でも私はタバコは人間の健康に悪いとずっと**思っています**。

9. 誤 魔女だった新しいお后は白雪姫は自分よりきれいだから、ずっと白雪姫を殺したいと**思っでいる**。　　　〈アメリカ〉
　 正 魔女だった新しいお后は、白雪姫が自分よりきれいだから、ずっと白雪姫を殺したいと**思っていた**。

誤用の解説

脱落

　1，2では「ずっと」が使われていないが、「〜てから／て以来、〜ている」の形の文で、「ている」という状態・状況に焦点が置かれる場合は、「〜てから／て以来」の後ろに「ずっと」が入るほうが自然である。

誤形成

　4は「ずっと」の促音「っ」が認識できず、「う」で代用してしまった例と考えられる。

混同

　「ずっと」は、「最初から続けて」、あるいは、「ある時点から続けて」同じ状態が続くという意味を表す。5は次のbのように、開始時点をはっきりさせれば「ずっと」も可能になる。
　　a．?あなたさえそばにいれば、ずっと幸せなのよ！
　　b．　あなたさえそばにいれば、これからもずっと幸せなのよ！
開始時点を示さない場合は、「終わりなく」「永遠に」という意味で「いつまでも」が適当である。

位置

　副詞の位置は、基本的には、それがかかる動詞や形容詞の前である。それ以外

の場所に置きたい時は、意味的な混乱がないかどうかが問題になる。6は、「小さい時から」としたので、すぐあとに「ずっと」を置いたのかもしれないが、「ずっと」が「住む」にかかるのか「テレビがあった」にかかるのかがわかりにくい。また、7では「ずっと健康に悪い」のか「ずっと思っている」のかがわかりにくい。

その他

「ずっと」はある一定時間継続することを表すので、8は「思っている」、9「思っていた」とする必要がある。

伝達上の誤用 ★

● 3は、強調したい思いから「ずーと」となってしまったのだろう。まんがやアニメなどで使用される表記の影響があるのかもしれない。

指導のポイント

- 「てから」に「ある時点から続けて」の意味が含まれるため、「てから」を使うと、「ずっと」を省く学習者がいる。「てから＋ずっと＋いる／ている」の三つを合わせて表現すると日本語らしくなる（例：日本に来てからずっと東京にいる／住んでいる。）ので、その練習もさせたほうがよい。
- 「ずっと」が使えても、文末のテンス・アスペクトが正しくできない学習者も多い。現時点まで続いている時は「いる／ている」を、過去のある時点まで続いていた時は「いた／ていた」を使うような練習も必要である。
- 口頭では「ずっと」と言えていても、書く時になると正しく書けない学習者がいる。表記についても言及したほうがよい。
- 「ある時点から続けて」の意味の「ずっと」は、従属節の「〜てから／て以来」などとともに使われることが多い。時を表す従属節と組み合わせた練習を十分しておきたい。
- 「〜てから／て以来」以外にも、「それから」「その時から」というような、時の開始を表す表現ともいっしょに使えるようにさせたい。

すなわち

➡この三角形は2辺の長さが等しい。**すなわち、二等辺三角形である。**

「つまり」と同じく、「同等（イコール）」、または、「換言すれば」の意味となる。前の語句や文を受けて、同じ意味内容を持つ別の語句や文で言い換え、説明する。書きことば的である。「つまり」より言い換えを断定的に行う。

関連項目　いわば、いわゆる、助詞「の、は」、このように、つまり、だから、ゆえに、別のことばで言うと、主語・主題

誤用例文

付加

1. ★誤　ドアの前で立っていたのが**すなわち**私のパパです。〈韓国〉
   正　ドアの前に立っていたのが私のパパです。
2. 誤　国際交流の一番身近な道は留学生との交流です。**すなわち、**自分の国に来てくれている外国の人々と接して、お互いの文化などを知るのは一番簡単で収穫のできる方法です。〈中国〉
   正　国際交流の一番身近な方法は留学生との交流です。自分の国に来てくれている外国の人々と接して、お互いの文化などを知ることが一番簡単で有益な方法です。

混同

【すなわち→いわば】

3. 誤　この本は一流のために作ったのである。**すなわち**大学院生の参考書である。〈中国〉
   正　この本はトップレベルの人のために作ったものである。**いわば、**大学院生の参考書である。

【すなわち→いわゆる】

4. ★誤　あなたの専門によって言うなら、何だろうね。**すなわち**多重人格だ。〈中国〉
   正　あなたの専門で言うなら、何だろうね。**いわゆる**多重人格かね。
5. 誤　精神的な面でも要求はますます高まる。**すなわち**知的要求が強く一方です。〈中国〉
   正　精神的な面でも要求はますます強くなる。**いわゆる**知的要求は強

くなる一方である。

【すなわち→裏を返せば】
6. 誤 西洋人を高く評価する日本人が少なくない。**すなわち**、アジア人を軽べつする人が多い。　〈インドネシア〉
   正 西洋人を高く評価する日本人が少なくない。**裏を返せば**、アジア人を軽べつする人が多い。

【すなわち→だから】
7. 誤 私は3～5才の子供に関心があります。**すなわち**、幼児の研究をしたいのです。　〈韓国〉
   正 私は3～5才の子供に関心があります。**だから**、幼児(の)研究をしたいのです。

【すなわち→つまり】
8. 誤 彼は遠慮して下さいと言った。**すなわち**このことは駄目だった。　〈中国〉
   正 彼は遠慮してくださいと言った。**つまり**、このことは駄目だったのだろう。

【すなわち→助詞「の」】
9. ★誤 私は故国**すなわち**韓国へ帰りました。　〈韓国〉
   正 私は故郷**の**韓国へ帰りました。

【すなわち→助詞「は」】
10. ★誤 北京**すなわち**中国の首都、長い歴史を持っている。　〈中国〉
    正 北京**は**中国の首都で、長い歴史を持っている。

【すなわち→別のことばで言うと】
11. 誤 私の専門はバイオテクノロジの応用です。**すなわち**主に組織培養です。　〈中国〉
    正 私の専門はバイオテクノロジーの応用です。**別のことばで言うと**、組織培養が中心です。

【すなわち→ゆえに】
12. 誤 a+2a=6　**すなわち**　a=2　〈？〉
    正 a+2a=6　**ゆえに**　a=2

【すなわち→このように】
13. 誤 ハリラヤのお菓子と言えば、もしなかったら、ハリラヤはおもし

ろくなくなります。（中略）お菓子の似外もあります。例えば、ナシダガング、ナシヒムピトとかあります。**すなわち**、ハリラヤの時、すべて新しいものです。　　　　　　　　　〈マレーシア〉

正　ハリラヤではお菓子が大切で、もしお菓子がなければ、ハリラヤはおもしろくなくなります。（中略）特別なお菓子もあります。例えば、ナシダガング、ナシヒムピトなどです。**このように**、ハリラヤの時はすべて新しいものを使います。

その他

【主語・主題の脱落】

14.　誤　太郎はアフリカで十何年も住で、生活も全部原住民と同じやってきた。**すなわち**、原住化しでいた。　　　　　　　　　〈中国〉

正　太郎はアフリカに十何年も住んで、生活も全部土地の人と同じようにやってきた。**すなわち、彼は**土着化していた。

誤用の解説

付加

　1のような強調構文「〜のは〜だ」では、「すなわち」を付ける必要がない。また、2のように言い換え文が長くなると「すなわち」が不適切になる。

混同

　3〜5は「いわば」「いわゆる」との混同である。「いわば」「いわゆる」は「たとえて言うなら」の意味で、断定的言い換えを表す「すなわち」とは異なる。6では、「日本人は西洋人を高く評価する」ことを、「すなわち」を用いて、「それはイコール、アジア人を軽蔑する人が多い」と断定している。しかし前文と後文の関係はイコールではなくて、「別（裏）の面から見れば」というほどの意味なので、「すなわち」は不適当になる。

　7および12は因果関係を表すのに「すなわち」を使っている。8は話し手の想像が入っているので、断定的に言い換える「すなわち」より、より緩やかで話しことば的な「つまり」のほうがよい。11のように「すなわち」を用いると、「バイオテクノロジーの応用」＝「組織培養」となる。「組織培養」は「バイオテクノロジーの応用」の一つでしかないので、「すなわち」は不適当になる。「バイオテクノロジーの応用」を具体的に説明しているので、「別のことばで言うと」などがふさわしい。

　「すなわち」は言い換えには使えるが、13のように（自然の帰結としての）まと

めの表現には使えない。学習者は言い換えて、なおかつ、まとめる意味で使用したと思われる。

その他

「すなわち」は、話し手の、言い換えによる断定・判断（〜は〜だ、〜は〜ということだ）を表すため、「〜は」に当たる主題・主語を必要とする場合が多い。14は、「すなわち」の後ろの主題・主語が抜けている例である。

伝達上の誤用 ★

●「すなわち」は書きことばで、論説文や講演などかたい論調のものに現われる。1，4では、基本的には、本文と「すなわち」との文体的な違い、また、内容が日常的であるために、「すなわち」が不適切になっていると考えられる。9，10については「すなわち」を用いると仰々しく聞こえるので、もっと簡単に「故郷の韓国」「北京は中国の首都で」としたほうがよい。どうしても接続詞を使いたければ、より口語的な「つまり」を使うとよい。

指導のポイント

- ●「すなわち」は書きことばであるので、前文・後文の文体的なバランスにも気をつけさせる。
- ●「すなわち」は前の語句・表現をはっきりと、具体的、補足的に言い換える働きを持つ。学習者は具体的に補足的に、どのように言い換えるかというところで、文構成がうまくできないまま終わってしまうことが多い。
- ●「すなわち」の文は、「N１はN２だ」の形をとる名詞文（定義文）であることが多い。文末に意志表現は来にくい。文末との関係に注意させることが必要である。
- ●言い換えを断定的に行うので、後文は「つまり」を用いた文より断定的な言い方になる。
- ●「すなわち」を用いた文において、主語・主題が必要なのに抜ける誤用が多い。後文（「すなわち」の文）の主語・主題についての指導もしたほうがよい。
- ●中国語母語話者の母語干渉に注意させる。
- ●「すなわち」は言い換えの働きを持つが、まとめる働きはあまりない。文章のまとめには「このように」「こうして」を使うように指導する。

す **すなわち**

すると

➡ 駅の前に立っていた。**すると**、若い男が私に話しかけてきた。

前文で述べられた条件や状態のもとで、新たに別のことが起こる時に用いられる。また、前文は後文の、理由とまではいかないが、きっかけ・契機になることが多い。ある成り行きがあって、それを見ている話し手の傍観者的な描写に使われることが多い。

|関連項目| それで、だから、**結局**、**そうすると**、**そうすれば**、**そうしたら**、そして、それなのに、ところが、そのとき、(その)とたん、**主語・主題**

|誤用例文|

|付加|

1. 誤 私が行くと言ったら、**すると**ある子もついて来た。 〈韓国〉
   正 私が行くと言ったら、子供もついて来た。

|混同|

【すると→結局】

2. 誤 友達がとくに引っ越したのは知らずに、たずねて行った。**すると**、誰にもあわなかった。 〈中国〉
   正 友達がとっくに引っ越していたのも知らずに、訪ねて行った。**結局**、誰にも会えなかった。

【すると→そうしたら】

3. 誤 日本語の授業をさぼった。**すると**町で父親に会った。 〈中国〉
   正 日本語の授業をさぼった。**そうしたら**町で父親に会った。

【すると→そうすれば／そうすると】

4. 誤 お風呂を入らないときは必ず風呂ふたをかける。**すると**熱湯の温度が下がらない。 〈アメリカ〉
   正 お風呂に入らないときは必ず風呂のふたをする。**そうすれば／そうすると**、お湯の温度が下がらない。

5. 誤 動いてみよ。**すると**できるから。 〈中国〉
   正 動いてみよ。**そうすれば／そうすると**できるから。

【すると→そして】
6. 誤 時間だった。**すると**、授業が終わった。 〈韓国〉
   正 時間になった。**そして**、授業が終わった。

【すると→そのうちに】
7. ★誤 夜になると暗くなるので、みちはだんだん見えなくなってしまう。**すると**みちのはしのランプが自動的につく。 〈インドネシア〉
   正 夜になると暗くなるので、道がだんだん見えなくなってくる。**そのうちに**道の端のランプが自動的につく。

【すると→そのとき】
8. 誤 戸を閉めた。**すると**友だちが来た。 〈オーストラリア〉
   正 戸を閉めた。**そのとき**、友達が来た。

【すると→そのとたん】
9. 誤 ドアを開けてみました。**すると**部屋から猫がとび出して、びっくりしました。 〈インドネシア〉
   正 ドアを開けてみました。**そのとたん**、部屋から猫が飛び出してきて、びっくりしました。

【すると→とたんに】
10. 誤 会場を出た。**すると**、みんな、あくびをした。 〈中国〉
    正 会場を出た。**とたんに**、みんなあくびをした。

【すると→それで】
11. 誤 火事があっだ。**すると**保険金をもろった。 〈韓国〉
    正 火事にあった。**それで**、保険金をもらった。
12. 誤 手紙を書きたいです。**すると**友だちからワープロを貸します。 〈中国〉
    正 手紙を書きたいです。**それで**、友達からワープロを借ります。
13. 誤 日本語の授業をさぼりたい。**すると**先生に電話をした。 〈中国〉
    正 日本語の授業を休みたかった。**それで**、先生に電話をした。

【すると→だから】
14. 誤 明日は祝日です。**すると**、研究室に行かなくてもいいでしょうね。 〈中国〉
    正 明日は祝日です。**だから**、研究室に行かなくてもいいでしょうね。

【すると→それなのに／ところが】

15. ★ 誤　きっと姉が喜んでくれると思って、部屋を掃除しました。**すると**姉が余計なことをしなくていいと叱られ、怒られました。〈中国〉

　　　正　きっと姉が喜んでくれると思って、部屋を掃除しました。**それなのに／ところが**、姉に余計なことをしなくていいと叱られ、怒られました。

【すると→とすると】

16. 誤　経費の予算が不足だった。**すると**この化学の実験も継けないということだ。〈中国〉

　　　正　経費の予算が不足だった。**とすると**、この化学の実験も続けられないということだ。

その他
【文末表現】

17. ★ 誤　ジュースを飲んだ。すると、おなかが**いたくなってしまった**。〈マレーシア〉

　　　正　ジュースを飲んだ。すると、おなかが**痛くなってきた**。

【文体】

18. ★ 誤　町を出た、すると川に**さしかかりました**。〈中国〉

　　　正　町を出た。すると、川に**さしかかった**。

誤用の解説
付加

1のように条件を表す「たら」があると、「すると」は不要になる。

混同

「すると」は新たに別のことが起こる時に用いられる。2は何も起こらなかったのだから、「すると」は不適切になる。3〜5は「すると」と「そうしたら、そうすると、そうすれば」との混同である。「すると」は、前文での条件や状態のもとで次のことが起こるのであるから、3のように前文と後文につながりがないと不適切になる。偶然という意味で「そうしたら」がふさわしい。4，5は前文と後文が条件と結果の関係にあり、「すると」のように新たなことが起こるわけではない。「そうすると」でもよいが、助言として用いるなら「そうすれば」がよりふさわしい。

6の「時間になった→授業が終わった」のように、すでに決まっていることに

は「すると」は使えない。また、7のような単なる時間経過にも使えない。学習者は「すると」を、「引き続いて起こる」意味の「継起」の接続表現と理解しているとも考えられる。

　8～10において、きっかけということを表したいのであれば「すると」も使用可能である。その場合は新たなことが起こったという事態の変化に焦点が置かれる。単に、その時点に焦点を合わせ、その時何が起こったかを述べるのであれば、「そのとき」「そのとたん」などの時の表現を使ったほうがよい。

　「すると」は11～14のように原因・理由と結果の関係には使えない。中国語母語話者に多いが、「すると」に当たる中国語「于是」に因果関係が含まれるためかもしれない。16では「すると」と「とすると」の混同が見られる。「すると」が事態の変化を表すのに対し、「とすると」は前文での事柄を受けて、それに対しての話し手の判断・結論を表す。16は後文に判断・結論が来ているので「とすると」が適切である。

伝達上の誤用 ★

- 7のところで述べたように「すると」は単なる時間経過には使えない。しかし、7を時間経過ととらずに、傍観者的な描写（観察しながら気がついていく）としてとらえると、「すると」を用いた7も可能になってくる。
- 15は逆接的な関係に焦点を置くなら、「それなのに」や「ところが」を使ったほうがよいが、予測しなかった新たな事態の発生としてとらえるなら、「すると」も使えそうである。「すると」を使うと、傍観者的に事態の推移を述べていると受け取れるし、「それなのに」「ところが」を用いると、話し手の期待に反する残念な気持ちが表れる。
- 17はこのままで使用可能かもしれないが、「すると」が持つ新しい事態の発生という点を描写するなら、訂正例がふさわしいと思われる。「痛くなってしまった」は事態が完了していることを表すが、「ジュースを飲んですぐ」という意味では「痛くなってきた」が適切であろう。
- 18は文体の一致の問題である。「すると」だけの問題ではないが、接続詞の前後の文は、基本的には文体を一致させる必要がある。

> **指導のポイント**
>
> - 「すると」はある流れの中で、新たに別のことが起きた時に用いられる。
>   例：ドアを開けた。すると一人の老婆が立っていた。
>   学習者は辞書的意味（英和辞書には and, then と訳されている）にとらわれて誤用を作りやすい。
> - 単なる時を表す「そのとき」と、きっかけを伴う「すると」との違いを理解させる。また、「それで」「だから」などの理由表現との違いを理解させる。
> - 「すると」は叙述文（客観的に事実をとらえて述べる文）に用いられることを理解させる。自分のことについて述べるのなら、日記や記録のような文に限られることにも触れておきたい。
> - 「すると」は話し手自身の事柄でなく、他者のことを傍観者的に見て述べる時に用いられる。前文と後文の主語の関係にも注意させる。（「すると」は通常、前文と後文の主語が異なる。）
> - 「すると」は前文・後文とも意志表現は来にくいことに注意させる。

ぜひ

➡A：**ぜひ**おいでください。
　B：はい、**ぜひ**お訪ねします。

強く要望することを表す。「かならず」「きっと」と比べ、相手指向の意味合いが強い。「ぜひ〜てください／てほしい」の形で、相手に対する依頼・願望を表す。話しことばに用いられる。

|関連項目|　かならず、絶対に、きっと、たい、てほしい、てください

|誤用例文|

|誤形成|

1. 誤　「もし時間があれば、**ぜひ**、うちにいらっしゃって下さい」と友達はわたしにさそった。　　　　　　　　　　　　　〈中国〉
   正　「もし時間があれば、**ぜひ**家にいらっしゃってください。」と友達は私を誘った。

2. 誤 私ならもちろん**ぜっひ**あなたに来ていただいてほしいんだよ。あなたなら、私の願いをよく考えて、決めてください。　〈中国〉
   正 私は、もちろん、**ぜひ**あなたに来てほしいんですよ。（だから）あなたは、私の気持ちをよく考えて、決めてください。

混同
【ぜひ→かならず】
3. ★誤 明日**ぜひ**教科書を持って来て下さい。　〈マレーシア〉
   正 明日**かならず**教科書を持って来てください。
4. ★誤 テニスをした後は**ぜひ**、ボールの箱に散らされたボールを集めて下さい。　〈韓国〉
   正 テニスをした後は**かならず**、転がっているボールを箱に集めてください。
5. 誤 それで、一年のはじめの時、**ぜひ**餃子を食べます。　〈中国〉
   正 それで、一年のはじめの時、**かならず**餃子を食べます。
6. 誤 もし私が医者だったら、医療制度を改革するつもりだ。国民健康保険と国立病院を提案する。そうすれば、貧民がよく医療にいくのができる。そして、新しい医療方法を使う、看護婦の態度が**ぜひ**良く変える。　〈マレーシア〉
   正 もし私が医者だったら、医療制度を改革したいと思う。国民健康保険の創設と国立病院の設立を提案する。そうすれば、貧しい人々もたやすく医療にかかることができる。また、新しい医療方法を使えば、看護婦の態度も**かならず**良くなる。

【ぜひ→きっと】
7. 誤 今、アルバイトを一生懸命やっていると、お金をたくさん使って、**ぜひ**来年の夏休みに国へ帰ろうと思っています。　〈マレーシア〉
   正 今、アルバイトを一生懸命やって、お金をたくさんためて、来年の夏休みは**きっと**国へ帰ろうと思っています。

【ぜひ→絶対に】
8. 誤 またチャンスがあったら、**ぜひ**彼を勝つと呪うのが、また失敗を喫った。情けない。　〈中国〉
   正 またチャンスがあったら、**絶対に**彼に勝ちたいと思ったのだが、また負けてしまった。情けない。

9. 誤 たばこを本気でやめたら、**ぜひ**できると思います。 〈タイ〉
   正 たばこを本気でやめたいなら、（それは）**絶対**にできると思います。

位置

10. 誤 映画を**ぜひ**行きたい。 〈オーストラリア〉
    正 **ぜひ**映画に行きたい。

11. 誤 **ぜひ**これだけはあなたに見せてあげたい。 〈韓国〉
    正 これだけはあなたに**ぜひ**見せてあげたい／これだけは**ぜひ**あなたに見せてあげたい。

誤用の解説

誤形成

 1，2とも中国語話者の誤用である。「ぜひ」の清音・濁音、促音の有無などが認識できておらず、また、表記する時にもとまどうようである。2のような促音「っ」の挿入は、強調する時などに長く発音される音節を促音のようにとらえたとも考えられる。

混同

 「ぜひ」は相手に対する強い要望を表す語であるが、3，4のような命令を含んだ依頼には不適切である。学習者は、お願いしたいという強い気持ちから「ぜひ」を使ってしまったのだろうが、ここでは事態実現の確率度の高い「かならず」を使うのが適切である。
 「ぜひ」は話し手自身の意志・願望を表すこともできる。（例：ぜひ伺います。奥様にぜひお会いしたいです。）しかし、基本的に相手指向の副詞なので、5～9のような自分自身のみにかかわる意志や願望は表しにくい。したがって、「きっと」「かならず」「絶対に」といった話し手の意志・確信が強調される副詞を使ったほうがよい。

位置

 副詞は動詞・形容詞の前に置かれることが多いが、**10**では「映画に行く」の結び付きが強いので「ぜひ」をその前においたほうがよい。**11**はこのままでもいいようであるが、動詞「見る」との間に「これだけは」「あなたに」が入るので、意味関係がわかりにくくなっている。

伝達上の誤用 ★

● 3,4は、教師やコーチのように強制力のある人が言っていると考えられるので、「ぜひ」は不可としたが、そうでない場合もある。例えば4では、スポーツセンターの人が客である会員に丁寧に頼む場合は、「ぜひ」も可能となるだろう。

指導のポイント

- 「ぜひ」＝「かならず」と思っている学習者が多い。「ぜひ」は、相手に対して物事を勧めたり、誘ったりする場合に用いられることが多い。したがって、約束事やルールを強調するには「ぜひ」ではなく「かならず」を使う。
- 「ぜひ」は、主に「ぜひ〜てください」の形で用いられることが多い。まずは、誘いの練習をするとよい。
- 話し手の願望を表す「ぜひ〜（し）たいです」も可能であるが、相手に誘われて、その返答として肯定的に意志表明する時に用いられる。
- 学習者は「ぜひ」をあまり使わないためか、正確に書けない者がいる。表記への言及もしておいたほうがよい。

全部

➡ ここにあるもの**全部**が不良品だ。
➡ 子供がご飯を**全部**食べた。

ある枠の中の全体の量を表す。名詞として、また、副詞として用いられる。話しことばで用いられる。

関連項目　十分、すべての、全員、全部で、全然

誤用例文

付加

1. 誤　たばこが体によくないということはみんなが**ぜんぶ**知っている事実です。　　　　　　　　　　　　　　　　　　　　　〈韓国〉

正 たばこが体によくないということはみんなが知っている事実です。

「誤形成」

2. 誤 きのう1週間分の食料を買い込むのに、友達らはあそんできって**せんぶ**たべちゃった。〈中国〉
   正 きのう1週間分の食料を買い込んだのに、友達が遊びに来て**ぜんぶ**食べちゃった。

「混同」

【全部→全部で】

3. 誤 いろいろな規模園林**全部**200以上個所がある。〈中国〉
   正 いろいろな規模の庭園が**全部で**200か所以上ある。

【全部＋否定→全然＋否定】

4. 誤 わたしはかんじのいみがたいていわかりましたが、ひらがなとかたかなは**ぜんぶわかりませんでした**。〈中国〉
   正 私は漢字の意味はたいていわかりましたが、ひらがなとかたかなは**全然わかりませんでした**。

【全部→十分】

5. 誤 私は日本語を二年勉強したので、日本語が**ぜんぶ**話せるというところまでは行っていない。〈タイ〉
   正 私は日本語を二年勉強したが／まだ二年しか勉強していないので、日本語が**十分**話せるというところまではいっていない。

【全部→すべての】

6. 誤 この日は**全部**イスラム教人が楽しいものだ。〈マレーシア〉
   正 この日は**すべての**イスラム教徒にとって楽しい時だ。

7. 誤 東洋西洋問わず、タバコのコマーシャルが**全部**男らしい男と美女が主役としてとられた。〈中国〉
   正 東洋西洋を問わず、タバコの**すべての**コマーシャルは男らしい男と美女が主役として選ばれている。

【全部→全員】

8. 誤 再び家族が**ぜんぶ**集まって食事をする後、私の国固有の遊ぶことの「ユンノリ」をします。〈韓国〉

正 再び家族が**全員**集まって食事をした後、私の国特有の遊び「ユンノリ」をします。

9．誤 たとえ多数の人が来るんですが、**全部**の目標は一つだけです。
　　　　　　　　　　　　　　　　　　　　　　　　　〈マレーシア〉
　　　正 たとえ多数の人が来ても、**全員**の目標は一つだけです。

【全部の〜→〜全員】
10．誤 そこは結婚式の宴があって**全部の親戚**とか友達とか自分の勤めている会社の上司を誘ってきます。　　　　〈中国〉
　　　正 そこでは結婚式の宴があって**親戚全員**とか友達とか自分の勤めている会社の上司を招待します。

【全部の〜→〜は全部】
11．★誤 家で男ははたらくないので、**ぜんぶのしごと**を女がします。
　　　　　　　　　　　　　　　　　　　　　　　　　〈フィリピン〉
　　　正 家では男は働かないので、**仕事は全部**女がします。

【全部言いかえると→別の言い方をすれば】
12．誤 事実上、私は本当の弁護士になりたくない。大学院を卒業してから、会社に入りて、日米関係の結婚の法律をやりたいです。**全部言いかえると**弁護士だったら日米関係の法律をしたいと思います。
　　　　　　　　　　　　　　　　　　　　　　　　　〈アメリカ〉
　　　正 実際は、私は普通の弁護士になりたくないです。大学院を卒業してから、会社に入って、日米の結婚に関する法律をやりたいです。**別の言い方をすれば**、弁護士になるのだったら、日米関係の法律をやりたいと思います。

　その他
【全部で→全部】
13．誤 結婚する時に**ぜんぶで**女の人をじゅんびします。〈インドネシア〉
　　　正 結婚する時は**全部**女の人が準備します。

【全部で→すべてを】
14．誤 わたしたちはえんじょに**ぜんぶで**たよってはいけない。と言います。　　　　　　　　　　　　　　　　　　　〈カンボジア〉
　　　正 私たちは**すべてを**援助に頼ってはいけないと言います。

誤用の解説

付加

1で学習者は「みんな」と「ぜんぶ」を同時に使っている。「ぜんぶ」は「たばこの害についてよく知っている」の「よく」のつもりで使ったのかもしれない。

誤形成

2は中国語話者の誤用で、「ぜんぶ」が「せんぶ」となっている。日本語母語話者は一般的に濁音「ぜ」を破擦音で発音するが、中国語や韓国語では、破擦音（破裂音も同じ）は有声音と無声音の対立がないため混同しやすい。

混同

3は「全部で」とすべきところを、「全部」としか表せなかった例である。3のように「合計で」という意味の時は「全部で」を使う必要がある。4は「全部」と「全然～ない」の混同である。「全部」を程度表現に使っているが、「全部」は数・量を表し、程度の高低表現には使いにくい。数量について言いたい場合は「一つもわかりませんでした」となる。5も程度の高いことを表す「十分（じゅうぶん）」にしたいところである。

6、7は意味的には「全部」が次の名詞を修飾している。「全部」に「の」を付けて「全部の」としてもやはり漠然とした言い方になるので、客観的に述べる場合は「すべての」が適当である。8は「家族が全部集まって」も誤りではないが、少し舌足らずな感じがする。9、10とともに「人」を表すには「全員」を使いたい。12は慣用表現を用いて、「別の言い方をすれば」とすればよい。

その他

13、14は「全部で」を誤って使用している例である。買い物の場面で「全部でいくらですか」などを早い時期に習うせいか、「全部で食べました」「全部で買いました」と言ってしまう傾向がある。14では「すべてを～に頼る」という形を押さえておきたい。

伝達上の誤用 ★

●英語の all～ の影響もあるためか、学習者は11のように「全部の～」という言い方をしがちである。日本語の「全部」は名詞としても用いられるが、一般には副詞として用いられることが多い。「全部の親戚が集まった」「全部の本を返した」「全部の会社は不景気で困っている」などは、「全部の」を「全部」にして、述語（動詞・形容詞など）の前に持ってくる必要がある。（その時、名詞の種類によって「全員、みな」などに変える必要が出てくる。）

(1) 親戚が全員集まった。
(2) 本を全部返した。
(3) 会社はみな不景気で困っている。

意味が通じるので日本語母語話者も見逃してしまうが、このような述語の前で用いる「副詞的用法」ができれば、かなり自然な日本語になると言えよう。
●「全部」はやや漠然とした意味合いを持つので、表すものに応じて「全員」や「すべて」「全体」「全～」(例：全巻、全課) などの類義語を使い分ける必要がある。

指導のポイント

- 学習者は「全部」と「全部で」を混乱しがちである。(例：料理を {×全部で／○全部} 食べました。) 両者の使い方の違いに触れておく。
- 学習者は何にでも「全部」を使いがちだが、人には「全員」「すべての人」「みんな」などを使ったほうがよいことを指導する。
- 「全部」は「すべての数量」を表し、程度表現 (「じゅうぶん」「かなり」など) ではないことにも言及しておく。
- 否定の文において、「全部」と「全然」とを混同しがちであるので注意させる。

そうだ①

➡ この本はおもしろそうだ。
➡ 今晩にも台風が来そうだ。

様態「そうだ」は、観察対象の外観から受ける「感じ」を表す場合と、その事態が起こる「可能性」や「兆候」を表す場合がある。

関連項目 そうだ (伝聞)、だろう、ようだ、みたいだ、らしい、と思う

誤用例文

脱落

1. 誤 高校時代のような学生達や**丈夫な**男性や、だれでも席を上げませんでした。　　　〈ブラジル〉

正　高校生のような学生達も**丈夫そうな**男性も、だれも席を譲りませんでした。

2．誤　わたしのかおが**ねむく**なったとき、せんせいは「シェリルゆうべなにをしましたか。」とききました。　　　　　　　〈アメリカ〉
　　　正　私の顔が**眠そう**になったとき、先生は「シェリル、ゆうべ何をしましたか。」と聞きました。

3．誤　いつもいつも猫を見ると、そのネコは**うれしく**寝ていますから、同じようにひるねをしている人を見たら、"cat nap"と言います。
　　　　　　　　　　　　　　　　　　　　　　　　　　　　〈アメリカ〉
　　　正　いつ見ても、猫は**うれしそうに**寝ていますから、同じように昼寝をしている人を見たら、"cat nap"と言います。

4．誤　初めてJさんを見たとき、**冷たい人**だと思った。　　　〈中国〉
　　　正　初めてJさんを見たとき、**冷たそうな人**だと思った。

付加

5．誤　あの女の人は**きれいそう**ですね。　　　　　　　　　　〈タイ〉
　　　正　あの女の人は**きれい**ですね。

6．　　A：これ、とてもおいしよ。
★誤　B：そんな**おいしそうな**食べ物はぜひ食べたい。〈インドネシア〉
　　　正　B：そんなに**おいしい**食べ物ならぜひ食べたい。

7．誤　いろいろな人は休みの後、初めての日に**疲れそうな**顔をして仕事に行った。　　　　　　　　　　　　　　　　　　　〈中国〉
　　　正　多くの人は休みの次の日には**疲れた（ような）**顔をして仕事に行った。

8．誤　雲が多いので、雨が**ふりそう**だろう。　　　　　　　　〈中国〉
　　　正　雲が多いので、雨が**降る**だろう。

誤形成

9．誤　そのゲームが**むずかしそう**けど、やってみなかったらわからない。
　　　　　　　　　　　　　　　　　　　　　　　　　〈インドネシア〉
　　　正　そのゲームは**難しそう**だけど、やってみないとわからない。

10．誤　例えば、学校へ行く前や会社へ行く前など雨が**降るそう**かさを持っていくと雨がふられなくて、便利だ。　　　　　〈マレーシア〉
　　　正　例えば、学校へ行く前や会社へ行く前など、雨が**降りそうなとき**

に傘を持って行くと、雨にぬれなくて便利だ。

混同

【そうだ（様態）→そうだ（伝聞）】

11. 誤 ある留学生の話によると、二年間も大学で住んでいた間親に気を使わなくてもよかったので突然新しい権威に徒うべきだというのは非常に**難しそうだ**。　〈アメリカ〉

    正 ある留学生の話によると、大学の寮に住んでいた二年間は親に気を遣わなくてもよかったので、突然新しい権威に従わなければならないというのは、非常に**大変だそうだ**。

【そうだ→ようだ】

12. 誤 彼は技術の点で若い運動員に負けないが、体力について見る限り、全盛期は**過ごしそうだ**。　〈中国・香港〉

    正 彼は技術の点では若い運動員に負けないが、体力について見る限りは、全盛期は**過ぎたようだ**。

13. 誤 6〜70年前は、皆、子供の将来を守ろうとしたが、最近はだれも将来に関して**気にしていなさそうだ**。　〈アメリカ〉

    正 6〜70年前は、皆、子供の将来を守ろうとしたが、最近はだれも将来について**気にしていないようだ**。

【そうだ→だろう／と思う】

14. 誤 私達が話したり、飲物をのんだりしました。私のダンス姿はなんだか、しばらくおどらなかったか、なかなか**へたそうでした**。　〈マレーシア〉

    正 私達は話したり、飲み物を飲んだりしました。私のダンスは、しばらく踊らなかったせいか、かなり**下手だっただろう／下手だったと思います**。

15. 誤 その時、一番うれしい人はたぶん**子供たちそうです**。　〈ベトナム〉

    正 その時、一番うれしかったのはたぶん**子供たちだと思います／子供たちでしょう**。

16. 誤 ラジオを耳き、勉強することは**よさそうではない**。　〈韓国〉

    正 ラジオを聞きながら勉強することは**よくないだろう／よくないと思う**。

そ
そうだ①

【そうに→ように】

17. 誤 でも今は日本の生活と日本人にもっと慣れてきて、日本の社会と日本人の考え方を理解しはじめたので前の不思議なことがそんなに**不思議ではなそうになった。** 〈オーストラリア〉

　　正 でも、今は日本の生活や日本人にだんだん慣れてきて、日本の社会や日本人の考え方が理解できるようになってきたので、以前不思議に思ったことがそんなに**不思議ではないようになった。**

18. 誤 しかし全面的な改革が**話しそうに**簡単ではなく、実行は大変難しい。 〈イラク〉

　　正 しかし、全面的な改革は**話のように**簡単ではなく、実行は大変難しい。

|位置|

19. 誤 それからみなさんは**おいし引越しそばそうに**食べていました。 〈タイ〉

　　正 それから皆さんは**おいしそうに引越しそばを**食べていました。

|その他|

20. ★誤 彼女に知っているのが今まで半年ぐらいなかなか**良い人に見えます**ね。 〈タイ〉

　　正 彼女と知り合ってからまだ半年ぐらいですが、なかなか**良さそうな人**ですね。

【可能文】

21. 　　A：何時ごろ終りますか。
　　誤 B：もうすぐ**帰りそう**ですから待って下さい。 〈韓国〉
　　正 B：もうすぐ**帰れそう**ですから、待ってください。

|誤用の解説|

|脱落|

「そうだ」は形容詞に付くと、外観の印象からそのものの性質を推察して述べる意味になる。1は外見だけを見ていて、その男性が本当に丈夫かどうかはわからないのであるから、「丈夫そうな」とする必要がある。2～4のように感覚・感情を表す形容詞では、話し手はそれらの感覚・感情を客観的にとらえにくいので、「そうだ」が必要になる。

付加

5のように「きれいだ」「有名だ」「背が高い」など一見してわかる性質には「そうだ」は付きにくい。「そうだ」は動詞に付くと、動きや変化を起こす可能性や兆候を表す。そのため7のように、「疲れている」という外観を表す時は、「疲れそう」とは言わず、「疲れた（ような）〜」が適切になる。8は様態「そうだ」と推量「だろう」の二つが同時に用いられている。「雲が多いので」と客観的に理由・根拠を述べているので、直感的に推察する「そうだ」は不要である。

誤形成

9は「けど」の前で「だ」が抜けている誤り、10は「〜そう」を次の語に適切につなげていけない誤りである。授業では、「そうだ」の前に何が来るかは注意して指導されるが、文の一要素として、次にどうつなげていくかがあまり指導されていないと思われる。

混同

11は様態「そうだ」と伝聞「そうだ」の混同である。イ形容詞（おいしい）では、様態「そうだ」は語幹（おいし）のみ、伝聞「そうだ」は「語幹＋語尾」（おいしい）までが必要である。12, 13は様態「そうだ」と推量判断を表す「ようだ」の混同である。12, 13は客観的な判断を表しているので、直感的判断を表す「そうだ」より「ようだ」のほうが適切になる。

14〜16は様態「そうだ」と「だろう」、または「と思う」との混同による誤用である。いずれも外観からの推察ではないので、話し手の推量判断として「〜だろう／と思う」を用いたほうがよい。様態「そうだ」は名詞、または「名詞＋だ」とは結び付かないので、15は「子供たちそうです」ではなく、「子供たちだと思います」や「子供たちでしょう」「子供たちのようです」となる。16は「そうだ」の否定形を用いているが、やはり外観からの推察ではないので、「〜ないだろう／ないと思う」を用いたほうがよい。

17のように変化の過程を表す場合は「〜そうになる」ではなく、「〜ようになる」となる。18は、「そうだ」の連用修飾の形「そうに」と、「ように」の混同である。

位置

19は「おいしそうに」とすべきところを「おいしい引越しそば」の後ろに「そうに」を付けた誤りである。

その他

日本語では、自分自身の行為の推量判断には可能形を使って表すことが多い。
　　（彼は）もうすぐ行きそうだ。　→　（私は）もうすぐ行けそうだ。

21は自分自身のことを言っているので、可能形を使ったほうがよい。

> 伝達上の誤用 ★

- **6**は状況によっては可能な場合もあるかもしれないが、相手が実際においしいと言っているものに対して「おいしそう」と言うのは、基本的には不適切と考えられる。
- **20**で用いられている「〜に見えます」も「そのように思われる」「そう感じられる」という意味を表すが、「本当のところはわからない」という意味合いが含まれる時がある。したがって**20**では「良さそうな人だ」と言ったほうが適切であろう。

> 指導のポイント

- 様態「そうだ」では脱落と付加の誤用が見られる。このことは、学習者にとっていつ「そうだ」を使うべきかがわかりにくいということを示している。文中で、また、名詞にかかる場合に、「そうだ」を付けるべきか否かがわからないようだ。
- 様態「そうだ」の前の語の接続が、伝聞の「そうだ」の場合と混乱しないように、正しい形を理解させる。（例：雪が降りそうだ。雪が降るそうだ。）
- 名詞は直接、様態「そうだ」（例：×雨そうだ）にはつながらない。「名詞＋のようだ」（例：雨のようだ）、または「名詞＋だと思う」（例：雨だと思う）の形をとることを説明する。
- 様態「そうだ」は、動詞に付く（例：帰りそうだ）と、そのような動き・変化を起こす可能性や兆候を表し、形容詞に付く（例：おいしそうだ）と、ある対象の外観の印象から受ける「感じ」を表すので、その違いをしっかり理解させる。
- 「そうだ」の名詞修飾の形「そうな」、連用修飾の形「そうに」の使い方を整理して理解させる。
- 様子を見て、様態「そうだ」と伝聞「そうだ」、そして推量「ようだ」の意味用法の違いを整理して、まとめる必要も出てこよう。

そうだ②

➡ 九州で大きな地震があったそうだ。
➡ 彼は何も言わないそうだ。

伝聞「そうだ」は、話し手が聞いたり、本で読んだりしたことを聞き手（相手）に伝える時に用いられる。伝える時に話し手は、自分の（早く伝えたい、価値ある情報だなどの）気持ちを「そうだ」に含ませている。

関連項目　そうだ（様態）、ようだ、らしい、と言っている、という、とのこと、によると

誤用例文

脱落

1. 誤　彼は合格して**うれしい**。　　　　　　　　　　　　　〈タイ〉
   正　彼は合格して**うれしいそうだ**。
2. 誤　彼はその人に出会ってからというもの、人生観が明るく**なってきた**。
   　　　　　　　　　　　　　　　　　　　　　　　　　〈アメリカ〉
   正　彼はその人に出会ってからというもの、人生観が明るく**なってきたそうだ／という**。

付加

3. 誤　淑雅さんは風邪を**ひいたそうと聞き**、もう直しましたか。
   　　　　　　　　　　　　　　　　　　　　　　　　〈中国・香港〉
   正　淑雅さんが／は風邪を**引いていたと聞きましたが**、もう治りましたか。

誤形成

4. 誤　スミスさんは、まだ**どくしんそうです**。　　　　〈インドネシア〉
   正　スミスさんは、まだ**独身**だそうです。
5. 誤　スミスさんは、まだ**どくしんなそうです**。　　　　　〈タイ〉
   正　スミスさんは、まだ**独身**だそうです。
6. 誤　<人から聞いて>あのレストランは安くて**おいしそうです**。
   　　　　　　　　　　　　　　　　　　　　　　　　〈フィリピン〉
   正　あのレストランは安くて**おいしいそうです**。
7. 誤　そして、その時習ったことは**忘れにくいだそう**。　　〈中国〉
   正　そして、その時習ったことは**忘れにくいそうだ**。

そ
そうだ②

- 混同

【そうだ（伝聞）→そうだ（様態）】
8. 誤 例えば、学校へ行く前や会社へ行く前など雨が**降るそうか**さを持っていくと雨がふられなくて、便利だ。〈マレーシア〉
   正 例えば、学校へ行く前や会社へ行く前など、雨が**降りそうなとき**に傘を持って行くと、雨にぬれなくて便利だ。
9. 誤 これはけんきょうした有孔虫のしゃしんです。みなさん見て下さい。いろいろなかたちや大きさがあって、**おもしろいそうです**ね。〈フィリピン〉
   正 これが私の研究した有孔虫の写真です。皆さん見てください。いろいろな形や大きさがあって、**おもしろそうでしょう**。

【そうだ（伝聞）→とのこと／と言っていた】
10. ★ 誤 <会計のことで苦情を言う場面で>最初の店員によると、このメニューから何も頼んでも**いいそう**。〈アメリカ〉
    正 最初に聞いた店員の方によると、このメニューの中から何でも頼んで**いいとのこと**だったんですが。／最初に聞いた店員の方は、このメニューから何でも頼んで**いいと言っていた**んですが。

- その他

【そうだ（伝聞）→のを見る】
11. ★ 誤 東上線の沿線情報誌によるとある会社は男性が急募だ**そうでした**。〈マレーシア〉
    正 東上線の沿線情報誌で、ある会社が男性社員を急募している**のを見ました**。

【テンス・アスペクト】
12. 誤 待遇が時給七百五十円で交通費も支給だ**そうでした**。〈マレーシア〉
    正 待遇は時給七百五十円で、交通費も支給される**そうです**。
13. 誤 けれどもアパートは小さいですから、アパートの部屋にいると、とても**暑いそうでした**。〈中国〉
    正 けれどもアパートは小さかったので、アパートの部屋にいると、とても**暑かったそうです**。

【と思っている→そうだ（伝聞）】
14. 誤 Ｊさんにとって、一番恥ずかしいのは、かつて、授業に出る前に、

気にしないで階段を転ぶことだ。大勢の人に見られてなかなか恥ずかしかった**と思っている**。〈中国〉

正 Jさんにとって一番恥ずかしかった経験は、以前授業に出る前に、うっかり階段で転んだことだ。大勢の人に見られて、とても恥ずかしかった**そうだ**。

【情報源】

15. 誤 新聞**によって**、フィリピンでじしんがあったそうです。〈フィリピン〉
    正 新聞**によると**、フィリピンで地震があったそうです。

16. 誤 友達**による**とあしたけんがないそうです。〈台湾〉
    正 友達**の話では**、あしたは試験がないそうです。

誤用の解説

脱落

1, 2のように、人から聞いたことについては、自分自身が判断したような「言い切り・断定」を用いることはできず、伝聞情報であることを示す「そうだ」や「と聞いた」「という」などを用いる必要がある。(14の「と思っている」との混同も同様の理由である。)

付加

「そうだ」「と聞いた」「という」などの伝聞情報を示す表現は、そのうちの一つの表現を用いれば十分であり、3のように重ねて使用する必要はない。このような伝聞表現の重複がしばしば見られる。

誤形成

「そうだ」の前に来る語を正しく接続できないことが多い。特に4や5のような、名詞やナ形容詞の場合に間違えやすいようだ。6はイ形容詞「おいしい」の語幹「おいし」に「そうだ」が接続しているので、人から聞いた伝聞ではなく、外観から直感的に感じる様態の意味になっている。伝聞の「そうだ」の前には「おいしい」が来なくてはいけない。7は「忘れにくいそうだ」とすべきところを「忘れにくいだそう」のように、「だ」の位置を間違えた誤用である。

混同

様態「そうだ」との混同もしばしば起こる。6は接続の形を間違えたために、伝聞ではなく様態になってしまったが、逆に8, 9のように、様態とすべきところで伝聞の表現を用いてしまうことも多い。

その他

　12や13のように、学習者は過去の出来事について語る時、「そうだ」の部分を過去にしてしまいがちであるが、伝聞「そうだ」には「そうだった」という形はない。したがって12も、待遇の情報を得たのが過去であったとしても、「そうだった」とする必要はない。また、13のように、伝達する出来事（＝以前住んでいたアパートが暑かった）が過去のことである場合は、「そうだ」を過去にするのではなく、「そうだ」の前の部分を過去にすべきである。14はＪさんが恥ずかしいと思ったことを話し手が伝えているのであるから、文末に「そうだ（伝聞）」が必要である。

　情報源を従属節でどう表すかについても誤用が起こりやすい。15のような「によると」と「によって」の混同や、16のような、人に直接「によると」を付けてしまう誤用がしばしば見られる。

伝達上の誤用 ★

- 10は苦情を言おうとしている場面である。確かに「店員から聞いた話」ではあるが、ここで話し手が伝聞「そうだ」を使っても、苦情の意図は伝わらない。「そういう事実があった」ということをはっきり示す「～と聞いた」「～とのことだった」という過去形の表現にするか、「～と聞いたんですが、」という逆接表現を用いるか、または、店員の言動として「～と言っていた」を用いるべきである。
- 11は、どのように伝聞情報を表すかにかかわる誤用である。確かに「他から得た情報」ではあるが、単に情報を得たことだけを述べる場合は、「～のを見た」「～と聞いた」という事実を述べればよい。（ここでは、雑誌の広告なので「見た」となる。）

指導のポイント

- 伝聞情報には、伝聞を示す表現を用いるべきであることを意識させ、使わずに済まそうとする非用を防ぐ指導が必要である。
- 「そうだ」の前に付く語の形が正しく作れるように練習させる。
- 様態「そうだ」と接続の仕方を混同しないように注意させる。
- 伝聞「そうだ」は、現時点での話し手の、聞き手への伝達を表すので、過去「そうだった」、否定「そうじゃない」、疑問「そうですか」という形は使われないことを、時期を見て説明する。
- どこでだれから聞いたかなどの情報源の表し方をいくつか示し、前置き的な言い方「言っていた／見たんですけど」「聞いた／見たのですが」も

> 指導するとよい。

そこで

➡翌朝は晴天になった。**そこで**私は山頂に登る準備を始めた。

前文での事柄に対して、後文である行為がなされるという「状況から行為・行動への移行」を表す。原因・理由と絡んでくる場合も多く、「それで」との使い分けが難しくなる。両者の違いは焦点の当て方であり、状況から行為・行動への移行に重点が置かれる場合に「そこで」、行為への移行の原因・理由に重点が置かれる場合に「それで」が使われる。

関連項目　それで、だから、そうしたら、そして、そのとき、では

誤用例文

付加

1. 誤　道がわからなくて困ります。**そこで**、もう一度電話をかけて聞きましょうか。　　　　　　　　　　　　　　　〈中国〉
   正　道がわからなくて困っています。もう一度電話をかけて聞きましょうか。
2. 誤　また、人々は誕生日のお祝いに多くパーティをします。これはたぶん西方社会から習ったでしょう。**そこで**、ゆっくり、誕生日の時、パーティをすることは中国人の習慣になりました。　〈中国〉
   正　また、人々は誕生日のお祝いによくパーティーをします。これはたぶん西欧社会からの影響でしょう。誕生日にパーティーをすることがだんだん中国人の習慣になりました。

混同

【そこで→そうしたら】

3. 誤　みんなはいくらがんばってもその問題が解けなかった。**そこで**、彼が簡単にその問題を解決した。　　　〈インドネシア〉
   正　みんなはいくらがんばっても、その問題が解けなかった。**そうし**

たら、彼が簡単にその問題を解いた。

【そこで→そして】

4. 誤 ここから別れてまたみましょう。**そこで**あした九時まで休みましょう。 〈中国〉
   正 ここで別れてまた会いましょう。**そして**、あした九時まで休みましょう。

【そこで→そのとき】

5. 誤 けさ10年ぶりに山下さんに会った。**そこで**いろいろに話をしたりして、とても楽しかった。 〈インドネシア〉
   正 今朝10年ぶりに山下さんに会った。**そのとき**いろいろな話をしたりして、とても楽しかった。

【そこで→それで】

6. 誤 説明をしてくれた。**そこで**、おかった。 〈韓国〉
   正 説明をしてくれた。**それで**、わかった。

7. 誤 このセータは高くて、お金がない。**そこで**買わない。〈インドネシア〉
   正 このセーターは高くて、お金が足りない。**それで**、買わない。

8. 誤 銭がなくなりました。**そこで**友だちに貸して、本を買います。〈中国〉
   正 お金がなくなりました。**それで**友だちに借りて、本を買います。

9. 誤 彼はやっと事実を述べた。**そこで**、この事件をかいけつすることができた。 〈インドネシア〉
   正 彼はやっと事実を述べた。**それで**、この事件を解決することができた。

10. 誤 今朝は朝寝ほうをしてとても急いで学校に来た。**そこで**、つい宿題を持ち忘れてしまった。 〈韓国〉
    正 今朝は朝寝坊をしたので、とても急いで学校に来た。**それで**、つい宿題を持って来るのを忘れてしまった。

【そこで→だから】

11. 誤 また、子供が一人で親から指導してもらわないでテレビでたばこのコマーシャルを見ることが危険だと思う。**そこで**、たばこのコマーシャルがテレビで放送するのが禁じられた方がいいのではないだろうか。 〈タイ〉
    正 また、子供が一人で、親からの指導なしにテレビのたばこのコマ

ーシャルを見ることは危険だと思う。**だから**、たばこのコマーシャルをテレビで放送するのは禁じた方がいいのではないだろうか。

12. 誤 風邪がひいた方が多くなっている。**そこで**季節の変化の時、とくに自分の体を注意してください。　　　　　　　〈中国〉

　　正 風邪を引いている人が多くなっている。**だから**、季節の変わり目には、特に自分の体に注意してください。

【そこで→では】

13. 誤 この説明は大抵わかったと思う。**そこで**次のページに入りましょう。　　　　　　　　　　　　　　　　　　　〈中国〉

　　正 この説明はだいたいわかったと思います。**では**、次のページに入りましょう。

その他
【文末】

14. 誤 おおぜい人は困っていました，これからです。そこで、今、毎日テレビで放送して、レストランのかどに、公共の場所でみんなたばこを禁止する印が**おいてありました**。　　　　　　　　〈中国〉

　　正 大勢の人が困っていました。そこで、今は毎日テレビで放送して、レストランの隅やすべての公共の場所に、たばこを禁止する目印（標識）を**置くようになりました**。

誤用の解説

付加

　学習者は1，2において因果関係を強く示したかったのかもしれないが、前後文から文脈が読みとれるので、「そこで」は不要である。1では後文の文末に意志表現が来ているが、「そこで」は叙述表現で用いられるので、その点からも不適切になっている。

混同

　「そこで」はある状況に対して行為・行動を起こす時に用いられる。3は後文が結果を表しているので、「そうしたら」などがふさわしい。3の後文を、次のように行為・行動を起こす文にすると、「そこで」が適切になる。

　　3'　みんなはいくらがんばってもその問題が解けなかった。そこで、<u>彼がその問題と取り組み</u>、簡単にその問題を解決した。

　4は後文が添加を、5は時点を表すので「そこで」は不適切になる。6〜10は

253

「それで」との混同である。「そこで」と「それで」は意味も発音も類似しているために、混同が起きやすいと考えられる。「そこで」は単なる状況から行為への移行を示す場合に用いられるが、原因・理由と絡んでくる場合も多い。しかし、「それで」と比べて原因・理由の性格が弱く、成り行きの意味合いが強い。6〜10はいずれも前文と後文が明確な因果関係を示しているので、「そこで」より「それで」のほうが適切である。

11, 12の「だから」との混同についても同じことが言える。「だから」は「それで」に比べより話しことば的で、話し手の主張が強く感じられる表現である。そのため、「てください」「ましょう」などの働きかけの文では「そこで」は使えないが、「それで」より「だから」のほうが自然になる。13も後文が働きかけの文になっており、また、具体的な場面の転換を表しているので、「では」が適切である。

その他

14では「毎日テレビで放送して」までがなされた行為である。その行為の結果を述べる文の文末は「ようになりました」にしなければならない。

指導のポイント

- 「そこで」と「それで」の混同が非常に多い。基本的には、「それで」が理由、「そこで」が物事の推移ということが学習者にはわかりにくい。
- 「そこで」は状況があって、その状況が引き金となって行為・行動をするという形をとる。後続する文が行為・行動の文であることに気づかせる。
    例：相手がよろけた。そこで、チャンピオンはアッパーカットを一発食らわせた。
- 「そこで」は授業などであまり丁寧に教えられていないようだ。話し手自身について、また、他者について、事態の進展や経過を報告する時に使われることに言及しておきたい。
- 「そこで」の文末には意志表現が来ることもある（例：＜論文の序論などで＞そこで本研究では〇〇について考察したい。）が、一般的には「した」という過去の形が来ることが多い。

そして

➡ 兄は技術者です。**そして**、私も技術者です。
➡ 彼らは愛し合っていた。**そして**、結婚した。

いろいろな意味用法を表すが、基本的には、事柄を並列し、「全体でひとまとまりの意味をなす」（新屋・姫野・守屋1999）働きを持つ。

関連項目 それから、また、だから、それで、さらに、そのとき、そうすれば、そのため、その結果、要するに、並列助詞「と」

誤用例文

脱落

1. 誤 初めて新宿に行った時、町の両側に立ち並んでいる林みたい高層ビルに、Φ町の次から次への人々にびっくりさせられた。〈中国〉
   正 初めて新宿に行った時、町の両側に立ち並んでいる林みたいな高層ビルに、**そして**、次から次へと現れる町の人々にびっくりした。

2. 誤 しかし一番、重要なことがあります。なにかというとこころです。心を安定させるのがかぜにかからないようにする方法の中で一番いいと思います。Φなにもまして難しい方法だと思います。〈韓国〉
   正 しかし、一番重要なことがあります。何かというと心です。心を安定させるのが、風邪にかからない一番いい方法だと思います。**そして**、これは何にもまして難しい方法だと思います。

付加

3. 誤 日本の学校が5日間べんきょうして、インドネシアの学校は6日間べんきょうしますけど、まい日2時まで、**そして**ごごにクラブやアクティビティのために学校へ行きます。〈インドネシア〉
   正 日本の学校は5日間勉強します。インドネシアの学校は6日間勉強しますけど、毎日2時までで、午後はクラブやアクティビティのために学校へ行きます。

混同

【そして→そうすれば】

4. 誤 毎日天気予報を聞いたら、かさとか、レインーコトとか、ホーバとかの用意ができる。**そして**、仕事する時か出かける時か、何も心配しない。〈マレーシア〉

正　毎日天気予報を聞いたら、傘とか、レインコートとか、オーバーとかの用意ができる。**そうすれば**、仕事する時や出かける時、何も心配しなくていい。

【そして→そのあとずっと】

5．　誤　昨日、宿題が終わった。**そして**、さっかをやっていました。〈中国〉
　　　正　昨日、宿題が終わって、**そのあとずっと**サッカーをやっていました。

【そして→それからは】

6．　誤　(国の)国際空港につきました。(中略)出口を出た時、父が三つ日本で食べられない果物をくれると、ほんとに、私が心から感動しました。そのあと、いろいろ日本についての話を訴えてあげました。**そして**、毎日遊んで継ていました。　　〈マレーシア〉
　　　正　(国の)国際空港に着きました。(中略)出口を出た時、父が日本で食べられない果物を三つくれたので、私は心から感動しました。そのあと、いろいろ日本についての話をしました。**それからは**、毎日遊んで過ごしました。

【そして→そのとき】

7．　誤　最初日本に来て、住む所は解決しなければ、なりませんから、アパートを探しにいって不動産屋さんは探してくれましたが、いろいろ契約して、**そして**敷金、礼金ということはやっとわかりました。　　〈中国〉
　　　正　最初日本に来たとき、住む所を決めなければなりませんでしたから、アパートを探しに行きました。不動産屋さんは探してくれましたが、そこでいろいろ契約して、**そのとき**敷金、礼金というものをはじめて知りました。

【そして→そのため】

8．　誤　私の知り合いの何人かは、化粧するために、いつも朝早く起きなければなりません。**そして**、授業中は眠くて、授業の内容はよく吸収できません。　　〈中国〉
　　　正　私の知り合いの何人かは、化粧するために、いつも朝早く起きなければなりません。**そのため**、授業中は眠くて、授業の内容はよく吸収できないようです。

【そして→それで】
9. 誤 貯金カードをぬまれました。**そして**銀行へ行きます。　〈中国〉
　　正 キャッシュカードを盗まれました。**それで**銀行へ行きます。

【そして→だから】
10. 誤 二週間前に、その友達電話で話する時、「今日か明日、あるいはいつ来て下さっても歓迎しますよ。」と言っていました。**そして**、大丈夫だと思います。　〈マレーシア〉
　　正 二週間前に、その友達と電話で話した時、「今日でも明日でも、あるいはいつ来てくださっても歓迎しますよ。」と言っていました。**だから**、大丈夫だと思います。

【そして→その結果】
11. 誤 農家数も農民の数もへっているのですが、若い人や男が農業以外の仕事にでてしまうため、女と老人だけど農業をやらなければならない家がふえている。**そして**、農業就業人口の女性化とならんで、その老齢化もいちじるしい。　〈中国・香港〉
　　正 農家の数も農民の数も減り、若い人や男が農業以外の仕事に出てしまうため、女と老人だけで農業をやらなければならない家が増えている。**その結果**、農業就業人口の女性化と並んで、その老齢化も著しい。

【そして→また】
12. ★誤 日本語と日本文化の授業をとっている。**そして**国際関係の授業もとろうとしている。　〈アメリカ〉
　　正 日本語と日本文化の授業を取っている。**また**、国際関係の授業も取ろうとしている。

13. ★誤 マレーシアで、おおきな病院がしか新しい方法使わない、国立病院でも、治療代が高いだ。**そして**、いい看護婦もあまりいない。　〈マレーシア〉
　　正 マレーシアでは、大きな病院しか新しい方法を使わないので、国立病院でも治療代が高い。**また**、いい看護婦もあまりいない。

【そして→さらに】
14. 誤 たばこを吸うことが権利だという人はこれが個人の問題だと考えますが、実際に、これは全世界の社会問題だとおもいます。**そし**

　　　　て、子どもに対して、問題の重要性をもっとも強調しなければなりません。　　　　　　　　　　　　　　　〈中国〉
　　　正　たばこを吸うことが権利だという人は、それは個人の問題だと考えますが、実は、これは全世界の社会問題だと思います。**さらに、**子供に対する問題の重要性を特に強調しなければなりません。

【そして→要するに】

15.　誤　このごろ、人造衛星をつかって、それでは天気予報がよくできる。気象庁にある人の類推の結果も大切なんだ。**そして、**天気予報があるのは大切なんだ。　　　　　　　　　　　〈マレーシア〉
　　　正　このごろ、人工衛星を使って、天気予報も正確にできるようになった。これはまた、気象庁で働く人の予測（の）力のおかげによるところも大きい。**要するに、**天気予報があるということは大切なことである。

その他

【その時→そして】

16.　★誤　5歳時、私の家族と一緒に台北へ移されていった。**その時、**私は幼稚園にはいった。午前中毎日家の近くの幼稚園を通った。〈台湾〉
　　　正　5歳の時、家族と一緒に台北へ引っ越した。**そして、**私は幼稚園に入った。毎日、午前中は家の近くの幼稚園に通った。

誤用の解説

非常に誤用が多い。その理由としては、どの初級教科書でも最初のほうに導入され、学習者にとって使いやすい接続詞であるためと思われる。単に物事を付け加える添加や、引き続いて起こることを表す継起の接続詞として過剰に使用されがちである。

脱落

1のように、二つの語句「高層ビルに」「次から次へと現れる人々に」が述語にかかる場合は、「そして」があったほうが意味関係がはっきりする。2は前文「心を安定させるのが一番いい方法だ」という文に対して、そのことを「難しい」と言っている。「そして」がほしいが、意味的に考えると「しかし」でもよい。

付加

3では学習者は「です」の中止形の「で」が使えなくて、「そして」で代用している。学習者によく見られる傾向であるが、「毎日2時までで～」と助詞の後ろに「で」を添えてつなげていくことも習得させたいことである。

混同

学習者には、前文と後文との意味関係をあまり考えずに、また、把握できずに、「そして」を使ってしまう傾向がある。4では「天気予報を聞いて準備をする」ことと「何も心配はない」こととの間には、条件・結果の関係が存在する。単なる「そして」ではなく「そうすれば」などの条件表現がほしい。5は時間的経過を示す文であるが、前文で事態を示し、そのあとの文で継続的な事柄を示す時は、「そして」ではなく、「そのあとずっと」という表現が必要になる。

6は「そして」と「それから」(実際は「それからは」)の混同である。「そして」も「それから」も時間的な前後関係を表すが、「そして」が「全体でひとまとまりの意味をなす」場合に用いられ、「それから」は「出来事や発話の時間的な前後関係に沿ってそれぞれを独立的に結び付ける」場合に用いられる(新屋・姫野・守屋1999)。新屋・姫野・守屋(1999)は次のような例を挙げて、「そして」がどちらかと言えば同時的に、「それから」が動作の完結後になされることを説明している。

(1) ゆっくり手を上げてください。そして静かに息を吸ってください。

(2) ゆっくり手を上げてください。それから静かに息を吸ってください。

6は父に日本の話をし、そのあとは遊んでいたというのであるから、時間的前後関係のはっきりした「それから」を用いたほうがよい。「それからは」を用いると、今までとそのあとがより対比的になる。7は「そして」がなくてもよいが、今まで知らなかったことを知ったというところに焦点を当てて、「そのとき～をはじめて知った」としたほうが、事態の流れがつかみやすくなる。

8～10では「そして」を因果関係に用いているが、「そして」は因果関係を示す文では使えない。11では、前文で農家の事情を説明し、最後の文でそれがどうであるかを結論付けている。したがって、「そして」ではなく、結論付ける表現が必要となる。

「そして」と「また」との混同は多く見られた。12, 13は「そして」でも可能だが、その上にもう一つ加わるという意味では、添加を表す「また」のほうが適切である。14では、前文で喫煙の社会問題としての重要性を述べ、後文でもっと重要なこととして子供への影響を強調している。このように、同じ種類・性質の事柄が重なって程度が増すことを表すには、「さらに」が適切になる。15では「そし

て」をまとめとして使用しているが、「そして」にはその機能はないので、「要するに」が適切である。

> **伝達上の誤用** ★

- 12, 13は添加の意味合いで用いるなら「また」のほうが適切だが、話し手（書き手）の主観を強く表したい場合、「そして」も可能である。「そして」と「また」を比べた場合、「そして」はやや書きことば的で、強調的な意味合いが感じられる。
- 16のような「その時」の使用は学習者にときどき見られる。このような場合、日本語ではもっと曖昧に広くとらえ、時の流れとして「そして」を用いて表すことが多い。

> **指導のポイント**
>
> - 「そして」は日本語学習で一番最初に習う接続詞である。学習者に「そして」を使って2文接続の文を作らせると、ほとんど間違いが見られない。そのため、教師も学習者も「そして」は習熟した接続詞と考えてしまう。しかし、学習者がある一定の文章をまとめる時には、2文の、または、それ以上の文と文との関係がつかめないことが多く、したがって、自分がよく知っている（と思っている）「そして」を多用してしまう傾向がある。
> - 接続詞の指導では、接続詞同士を比較しながら、2文がどのような論理関係を持つかを、時間をかけて教える必要がある。
> - 「そして」は因果の意味を含まないことを説明する。また、付加として用いられると、やや書きことば的で、強調的な意味合いを含むことにも言及しておく。
>   例：a. 雨がやんで、青空が広がった。
>   　　b. 雨がやんで、そして、青空が広がった。
> - 名詞の並列には「と」が使われるが、「A, B, C, そしてD …」のように名詞の並列に「そして」を使うことも、どこかで教えておきたい。

そのうえ

→デジカメは簡便になってきている。**そのうえ**、値段も安くなっている。

前文の事柄・事態・状況に付け加えて、それについてさらに言及する時に用いられる。単なる追加ではなく、ダメ押し的にあえて付け加えるという強調的な意味合いが含まれる。

|関連項目| そして、さらに、それに、しかも、だから、また（接）、特に、助詞「も」

|誤用例文|

|付加|

1. 誤 気象預報によると、明日は大雨だけではなくて、**そのうえ**、風も強いそうだ。〈中国〉
   正 気象予報によると、明日は大雨だけではなくて、風も強いそうだ。
2. 誤 もちろん人には各自やりたい事を自由にする権利はあるのだが、**その上**、タバコと言うものは吸う人だけじゃなく近所にいる人にも被害顔あるから問題になるわけだ。〈韓国〉
   正 もちろん人には各自やりたいことを自由にやる権利はあるのだが、タバコというものは、吸う人だけじゃなく近くにいる人にも被害が及ぶから、問題になるわけだ。

|混同|

【そのうえ→さらに】

3. 誤 日本語と日本文化の授業をとっている。**そのうえ**国際関係の授業もとりたいと思っている。〈アメリカ〉
   正 日本語と日本文化の授業を取っている。**さらに**、国際関係の授業も取りたいと思っている。

【そのうえ→しかも】

4. 誤 スポーツは、優れた才能がなくても練習を重ね、**その上**、好んですることが大切なことだと思う。〈帰国子女（日本）〉
   正 スポーツは、優れた才能がなくても練習を重ね、**しかも**、興味を持ってすることが大切なことだと思う。

【そのうえ→そして】
5. ★ 誤 本が盗まれた。**そのうえ**本の中においた銭もなくなった。〈中国〉
   正 本が盗まれた。**そして**、本の中に入れておいたお金もなくなった。
6. 誤 タイは、静かな国です。**そのうえ**国民は、優しいです。
   〈インドネシア〉
   正 タイは、静かな国です。**そして**、国民も優しいです。
7. 誤 私は日本に来て日本語を勉強したいだ。**その上**、日本の文化や習慣なども学びたいのだ。〈マレーシア〉
   正 私は日本に来て日本語を勉強したい。**そして**、日本の文化や習慣なども学びたい。

【そのうえ→また】
8. 誤 最近の若者はミニスカートをよくはいている。**その上**アメリカのスタイルもどんどんはやっている。〈マレーシア〉
   正 最近の若者はよくミニスカートをはいている。**また**、アメリカのスタイルもどんどん取り入れている。

【そのうえ→だから】
9. 誤 来月から実験を始まります。**そのうえ**計画を早めに提出して下さい。〈中国〉
   正 来月から実験が始まります。**だから**計画を早めに提出してください。

【そのうえ→特に】
10. 誤 精密機械工学部の入試の問題見た事があります。漢字じは、本当に難しいそうです。**その上**、日本語と英語の翻訳は確かに簡単じゃありません。〈マレーシア〉
    正 精密機械工学部の入試の問題を見たことがあります。漢字は、本当に難しそうです。**特に**、日本語と英語の翻訳は確かに簡単じゃありません。
11. 誤 儀式が終りて、年夜飯が始ます。食物が沢山あります。**そのうえ**、食物の中に魚が必にちがいない。"年年有余"の意味です。〈中国〉
    正 儀式が終わって、年夜飯（除夜の御飯）が始まります。食べ物が沢山あります。**特に**、食べ物の中には必ず魚があります。これは「年年有余（毎年生活にゆとりがあるように）」という意味です。

その他

【そのうえに→そのうえ】

12. 誤 もちろん、ゆっくりねなければなりません。少しねるだったら、体がよわくなります。**その上に**、ばいきんは体に入るのが簡たんでなく、ばいきんが入るのが知りません。〈フィンランド〉

    正 もちろん、ゆっくり寝なければなりません。少ししか寝なかったら、体が弱くなります。**そのうえ**、ばいきんは簡単に体に入り、（私たちは）入ったことにも気づきません。

【助詞「も」】

13. 誤 地震が町を破壊しました。そのうえ一週間**ぐらい**大雨が降っていました。〈ロシア〉

    正 地震が町を破壊しました。そのうえ一週間**も**大雨が降っていました。

誤用の解説

付加

1，2のように、単なる添加というだけで「そのうえ」を使用するのは不適切である。学習者は「そのうえ」の持つ強調的な意味を理解しないまま使っていると思われる。

混同

3「さらに」、4「しかも」、また、5〜7の「そして」、8の「また」との混同が多く見られる。それらは「付け加えて」という点では同じだが、「そのうえ」の持つ「ダメ押し的にあえて付け加える」という意味合いを持たない。「そして」との混同が多いのは、並列関係ではすぐ「そして」を使ってしまうという学習者が多いためであろう。「そのうえ」は「そして」のような単なる並列では使えない。

9のように「そのうえ」は因果関係には使えない。発音の類似した「そのため」と混同したのだろうか。10, 11は「そのうえ」ではなく「特に」とすべき例である。「特に」は、同じような種類・性質のものや事柄から抜きん出ているものを取り出して言及する時に用いる。「そのうえ」は基本的には付け加えの働きを持つもので、「特に」とは異なる。

その他

12は「そのうえに」と「そのうえ」の混同である。「そのうえに」と「そのうえ」が同じであると思っている学習者も多く、何例か誤用があった。「そのうえに」は

接続詞としてではなく、「何かの上に」（例：棚の上に本を置いた。その上にハンカチをかぶせておいた。）という用いられ方をすることが多い。学習者は「そのうえ」と「それに」の「に」を合体させたか、または、「そのうえ」だけでは落ち着かず「に」を付加したと思われる。

13において、地震が町を破壊しただけでなく、「それに加えて、さらに」災害が重なることを表すために、単に時間の程度を表す「ぐらい」ではなく、時間の長さを強調する「も」を用いて「一週間も」としたほうがよい。

伝達上の誤用 ★

● 5は「そして」が適切だが、話し手（書き手）の主観によって変わってくる。もし、「なくなった」ことに対する感情的な意味合いを持たせたいなら「そのうえ」も可能となる。

指導のポイント

● 「そのうえ」は、前文の事態が後文の事柄によってさらに程度が高くなることを表す。そこに話し手の付け加えの気持ちが表される。単に付け加える「そして」とは異なることを説明する必要がある。
● 「そのうえ」はさらに程度が高くなるという話し手の気持ちを表すが、文末に意志表現はとらない。あくまでも事態・状況の描写報告であることに注意させる。
● 時期を見て、「それに」と「そのうえ」の比較をするとよい。「それに」は「そのうえ」より話しことば的で、文末に意志表現がとれることに注意させる。

それから

➡ コーヒーと、**それから**、水もください。
➡ 本を買った。**それから**、うちに帰った。

添加、および、時間的前後関係を示す。因果関係や言い換え、話題・行為の転換などには使えない。主に話しことばに用いられる。

|関連項目| そして、それでは、それで、だから・ですから、これから、そのあと、それ以来

誤用例文

|脱落|
1. |誤| いろいろ考えた結果、日本で就職し、Φアメリカに留学することにした。〈韓国〉
   |正| いろいろ考えた結果、日本で就職し、**それから**アメリカに留学することにした。

|付加|
2. |誤| 父はたばこを本当にたんと吸う人です。**それから**私はしきりに見ることができます。父の部屋が煙で覆われるのを。〈韓国〉
   |正| 父はたばこを本当にたくさん吸います。私はよく見ます、父の部屋が煙で覆われるのを。

|誤形成|
3. |誤| **それかれ**ブラジルのポプ音楽をよく聞いて、英語で歌ったロックも聞きます。外の好きなことはスポツです。〈アメリカ〉
   |正| **それから**ブラジルのポップ音楽をよく聞いて、英語で歌ったロックも聞きます。ほかに好きなことはスポーツです。

|混同|
【それから→でも、あれ以来】
4. |誤| 前はあなたのためかもしれない。**それから**あなたのことを漸漸忘れて、専門だけの趣味が残された。〈中国〉
   |正| 前はあなたのためだったかもしれない。**でも、あれ以来**あなたのことをだんだん忘れて、専門に対する関心だけが残った。

265

【それから→これから】

5. 誤 これは論文の要旨ですが、**それから**、具体的にご紹介してあげます。〈中国〉
   正 これは論文の要旨ですが、**これから**、具体的にご説明します。

【それから→それでは】

6. 誤 それ、終わりましたか。**それから**、これもやて下さい。〈韓国〉
   正 それ、終わりましたか。**それでは**、これもやってください。

7. 誤 冷蔵庫の左の方に、私とティアンさんの靴が並べてあります。**それから**、部屋の方について教えてあげるのです。台所と部屋が戸に分かれています。〈インド〉
   正 冷蔵庫の左の方に、私とティアンさんの靴が並べてあります。**それでは**、部屋の方を案内しましょう。台所と部屋が戸で分かれています。

【それから→そして】

8. ★誤 家へ帰りたい。**それから**、ラジオが聞きたい。〈中国〉
   正 家へ帰りたい。**そして**、ラジオが聞きたい。

9. ★誤 最近は、日本へ働きに来る人が増えてきて、現在で約20万人ブラジル来たから労働者がいます。**それから**、ブラジルと日本の商売はだんだん成長しています。〈ブラジル〉
   正 最近は、日本へ働きに来る人が増えてきて、現在ブラジルから来た労働者が約20万人います。**そして**、ブラジルと日本の商取引はだんだん増えています。

【それから→そのあと】

10. 誤 大学を卒業した。**それから**六年間に会社に勤めていた。〈中国〉
    正 大学を卒業した。**そのあと**六年間会社に勤めていた。

【それから→それ以来】

11. 誤 彼は病院に入院しました。**それから**会社を休んでいます。〈韓国〉
    正 彼は病院に入院しました。**それ以来**会社を休んでいます。

12. 誤 彼は先月イギリスへ留学した。**それから**便りが全然ない。〈中国〉
    正 彼は先月イギリスへ留学した。**それ以来**便りが全然ない。

13. 誤 タマは悪い怪物を退治して、村衆を救った。**それから**誰もタマのことをバカにしなくなる。〈アメリカ〉

正　タマは悪い怪物を退治して、村人を救った。**それ以来**誰もタマのことをバカにしなくなった。

【それから→それで】
14.　誤　毎日勉強をする。**それから**、成績が上がられる。　　〈中国〉
　　　正　毎日勉強をする。**それで**、成績が上がっている。

【それから→ですから】
15.　誤　いま、一番大切なのは日本語の練習です。**それから**、学校の方は自分でよくならって、ほかの時間は自分もよく勉強しようと思っています。　　〈中国〉
　　　正　今、一番大切なのは日本語の練習です。**ですから**、学校でもよく勉強し、ほかの時間も自分でよく勉強しようと思っています。

16.　誤　たとえば、バスや電車なら。こんな場所は子どもから成人まで、いろいろな人々が集まっていることです。**それから**、相互にいい印象をくれたりもらたりためには指定された場所で吸うことがいいじゃないでしょうかと考えます。　　〈韓国〉
　　　正　たとえば、バスや電車のような場所は、子どもから成人までいろいろな人々が集まっています。**ですから**、相互にいい印象を与え合うためには、指定された場所で吸うほうがいいんじゃないかと考えます。

誤用の解説

脱落

1のように、前文と後文の間に時間の流れ（経過）がある時は、「それから」が必要となる。

付加

2のように「それから」の多用による誤用が多く見られる。単に談話を進めようとする場合も、「それから」を頻繁に使用しがちである。

誤形成

3は発音上の誤りか表記上の誤りかわかりにくいが、前半の「それ」に引きずられたものであろう。

混同

「それから」は初期に導入され、やさしいと思われている接続詞であるが、他の接続詞との混同が多岐にわたっている。これは「そして」にも共通することで、

学習者は前後文の意味関係をあまり考えずに、自分がよく知っている「そして」や「それから」をすぐ使ってしまうためであろう。4は聞き手（あなた）も知っている時のことなので「それ(以来)」ではなく「あれ(以来)」を使う。「あれ以来」は「あれからずっと」でもよいが、単に「あれから」だけでは、その時点のみを指すのか、ずっと継続しているのかが区別しにくい。5は「それから」と「これから」の混同である。「今から」という意味では「これから」を使う。

「それから」には転換の機能はない。6，7は、学習者には「引き続いて」の意識があるので、「それから」にしたと考えられるが、後文には前文の切り替えを行った内容が来ているので、新たな話題や場面に切り換える「それでは」がふさわしい。10は「それから」ではなく、「そのあと」にすべきである。前文での事柄・事態発生時に焦点を置き、後文で「その時から」と言いたいのであるから、単なる時間の前後関係を示す「それから」では不十分である。

学習者は11～13のように、「ある時点から継続している」ことを示すのに「それから」を使いがちである。その時点に変化が起こり、結果の状態が現在まで、また、ある時点まで続いている場合は、漠然とした時間関係を示す「それから」よりその時点を明確にした「それ以来」がふさわしい。

14～16では因果関係に「それから」を使っている。「それから」は理由・結果の関係には使えない。「それから」に「から」が含まれるので、因果関係を表すと勘違いするのかもしれない。

伝達上の誤用 ★

●「そして」も「それから」も並列的、かつ時間的な関係を表すので、8，9のように両者の混同が起きやすい。8は時間的な、9は事柄の添加の関係を表そうとして、「それから」を用いて失敗している。8は、「家に帰ること」と「ラジオを聞くこと」をひとくくりにして話し手の願望として述べ、9も、「日本に多くのブラジル人労働者がいる」ことと「日本とブラジルの商取引が増えている」ことを一体的にとらえているので、「全体でひとまとまりの意味をなす」(新屋・姫野・守屋1999)「そして」がふさわしいと考えられる。

新屋・姫野・守屋（1999）は「そして」がひとまとまりの意味を表すのに対し、「それから」は「時間的な前後関係に沿って、それぞれを独立的に結び付ける場合に用いる」と述べ、次のような例を挙げている。

　(1)　窓を開けましょう。そして、新鮮な空気を入れましょう。
　(2)? 窓を開けましょう。それから、新鮮な空気を入れましょう。

(2)は結び付きが切り離された感じとなるため、不自然となると考えられる。

> **指導のポイント**
> - 日常「それから」をよく聞き、よく使うためか、学習者は文をつなぐ時、2文の意味関係を考えずに、「それから」でつないでしまいやすい。
> - 学習者は、「そして」、時を表す「それ以来」「そのあと」、理由の「それで」「ですから」などを使うべきところにも「それから」を使ってしまう。「それから」は話しことば的で、追加的に、漠然と述べていくという性格を持つ。「そして」はややかたい言い方で、前文と緊密な関係を保とうとする。したがって、まとまりとして提示したい時には「それから」でなく「そして」を、また、時間関係を明確に示す時には「それ以来」「そのあと」を用いたほうがよい。しかし、「それから」にも「そして」にも因果関係を表す働きはない。

それで

➡セールでたくさん買い物をした。**それで**、今お金がない。

基本的な意味は「前文の内容を原因・理由であると認めて、後文で判断する」である。その判断は「そのために」よりは包括的で漠然としており、「だから」のようには直接的、主観的でない。主に話しことばに用いられる。

[関連項目]　そして、それから、そこで、そのとき、したがって、それに、それじゃ、だから・ですから、このように

[誤用例文]

[脱落]

1. 誤　中国式で自転車を駅の近所に置きました。ところが夜、駅を出て自転車に乗ろうと思うと、自転車の姿はどうしても見つけられませんでした。途方にくれないところ、警察官を思いだしました。Φ交番に行ってみました。　　〈中国〉
   正　中国式に自転車を駅の近くに置きました。ところが夜、駅を出て自転車に乗ろうと思ったら、自転車がどうしても見つかりません

でした。途方にくれていたとき、警察官を思い出しました。**それで**、交番に行ってみました。

> [!付加]

2. 誤　日本にあるアパートのすべての壁が薄いとはいえない。**それで**、私は日本のアパートの壁の薄さは場所によって違いがあると思う。　　　　　　　　　　　　　　　　　　　　　　　〈韓国〉

　　正　日本にあるアパートのすべての壁が薄いとは言えない。私は日本のアパートの壁の薄さは場所によって違いがあると思う。

> [!混同]

【それで→このように】

3. 誤　漱石作品の思想的意義を深く考える方もずいぶんいます。漱石の小説と当時の社会状況と結びあわせて、日本の文明批評ということを考え直す方もずいぶんいます。（中略）**それて**漱石はとても才能のある。　　　　　　　　　　　　　　　　　〈中国・香港〉

　　正　漱石作品の思想的意義を深く考える人もかなりいます。漱石の小説と当時の社会状況とを結び付けて、日本の文明批評ということを考え直す人もかなりいます。（中略）**このように**漱石はとても才能があります。

【それで→そして】

4. 誤　家を出かけて近くのコンビニエンス・ストアにパンやジュースを買った。**それで**バスまで歩き、10分ほどバスを待っていた。　　　　　　　　　　　　　　　　　　　　　　　〈マレーシア〉

　　正　家を出て、近くのコンビニエンス・ストアでパンやジュースを買った。**そして**、バス停まで歩き、10分ほどバスを待っていた。

【それで→それから】

5. 誤　大学院を卒業して、会社に就職して、**それで**国へ帰ります。〈中国〉
　　正　大学院を卒業して、会社に就職して、**それから**国へ帰ります。

【それで→そのとき】

6. 誤　その時夜11時、私は一人であの公園の中に歩走りた。**それで**、白い服を着ている女の子を私に呼んだ。　　　　　　〈マレーシア〉

　　正　夜11時、私は一人である公園の中を歩いていた。**そのとき**、白い服を着ている女の子に（私は）呼ばれた。

270

【それで→そこで】

7. 誤 現在いじめ問題が深刻化している。日本の若者たちいじめられて、死を選ぶ。だから、自殺が増えている。この問題を解決するには、教育方法を改善する必要がある。**それで**、本レポートでは、いじめについて検討していきたい。　　　　　　　　　　〈中国〉

　　正 現在いじめ問題が深刻化している。日本の若者たちはいじめられて、死を選ぶ。だから、自殺が増えている。この問題を解決するには、教育方法を改善する必要がある。**そこで**、本レポートでは、いじめ問題について検討していきたい。

【それで→したがって】

8. 誤 人間は元気に生きられる権利を持っている。自分の意志とはかかわりなく身体に有害される事は権利を抑圧される事である。喫煙者個人のために、多数の自由を抑圧することは逆説的なのである。**それで**、個人の自由を規制することは不可避的な事である。〈韓国〉

　　正 人間は元気に生きる権利を持っている。自分の意志とはかかわりなく身体を害されることは、権利を抑圧されることである。喫煙者個人のために、大多数の人の自由を抑圧することは逆説的である。**したがって**、（喫煙者）個人の自由を規制することは不可避的なことである。

【それで→だから】

9. 誤 冬の時、あたたかいふくをきなければなりません。時々、気温がさむくなさそうと思います。しかし、急に「こうからし」が来ることが出来ます。**それで**、あたたかいふくをきった方がいいです。　　　　　　　　　　　　　　　　　　　　　〈フィンランド〉

　　正 冬は、暖かい服を着なければなりません。（時々、）寒くなさそうだと思うこともあります。しかし、急に「木枯らし」が来ることがあります。**だから**、暖かい服を着た方がいいです。

【それで→ですから】

10. 誤 韓国では学生にたばことおさけをうることができません。でもたばこをうす学生たちはういます。おさけをのむのがくせいたちはのみます。**それで**きそくはひつようないと思います。　　〈韓国〉

　　正 韓国では、学生にたばことお酒を売ることができません。でも、

たばこを吸う学生たちは吸います。お酒を飲む学生たちは飲みます。**ですから**、規則は必要ないと思います。

【それで→それに】

11. 誤 人々は全部タバコを吸うのはとても悪くて酷いだ。毎日タバコを買って、このことはそんなに多いではないのに、あいついで多いお金をかかるのだ。**それで**、タバコを吸った人の子供はほんとうにびょき生まれる。　　〈モンゴル〉

    正 人々は皆、タバコを吸うのはとても悪くて、ひどいことだと思っている。毎日のタバコ代はそんなに多くはなくても、毎日続けて買うと、多くのお金がかかる。**それに**、タバコを吸っている人の子供は、実際、病気を持って生まれる。

【それで→それじゃ】

12. ★誤 ききたくないのは当然だよ。いいよ、**それで**、なにを話してほしいの。　　〈中国〉

    正 聞きたくないのは分かったよ。いいよ、**それじゃ**、（ぼくに）何を話してほしいの。

その他

【そうして→それで】

13. 誤 女性の喫煙は胎児の健康に致命的です。そんなにたばこは人間に悪い点がたくさんあります。**そうして**私はたばこを吸うことをひどくきらいです。　　〈韓国〉

    正 女性の喫煙は胎児の健康に致命的です。それほど、たばこは人間にとって悪い点がたくさんあります。**それで**、私はたばこを吸うことが大嫌いです。

【そのわけで→それで】

14. 誤 健康は、何よりも大切だ。**そのわけで**、私は毎日ジョギングしている。　　〈台湾〉

    正 健康は、何よりも大切なものだ。**それで**、私は毎日ジョギングしている。

誤用の解説

脱落

 1は「それで」が脱落している。中国語の「所以」は日本語の「だから」「それで」「そこで」「したがって」に当たる。そのため中国人学習者は理由の接続表現の区別がつきにくい。また、中国語の場合、「所以」を省略することができるので、日本語でも「脱落」が起きるのではないかと考えられる。

付加

 初級から中級にかけての学習者は、文をつなげていく場合に、2のように「それで」を使いがちである。「それで」は時間的前後関係を示すだけでなく、原因・理由ともかかわる機能を合わせ持つため、必要のない部分にまで使ってしまうのであろう。

混同

 3は前文で夏目漱石の作品を称賛して、最後の文で「漱石はとても才能がある」とまとめようとしている。まとめるには「それで」ではなく「このように」がふさわしい。(3で学習者は「それで」ではなく、「それて」と記している。誤形成で取り上げなかったが、誤りは発音、あるいは、表記から来ていると考えられる。)
 4, 5は、「そして」「それから」とすべきところを「それで」としてしまった誤用である。「それで」にも前の話を受けて次の事柄へと移っていく意味合いがあるが、「それで」の基本的な働きは、「前文の内容を原因・理由であると認めて、後文で判断する」にある。前文にそのような意味合いがない場合は、「それで」を用いると不自然になる。6も「それで」が時間の経過を表すと思ったようだが、ここでは「公園を歩いているとき」という意味で、「そのとき」を用いる必要がある。

 7~10は、「そこで」「したがって」「だから・ですから」との混同である。「それで」は原因・理由とかかわるため、学習者はこれらの接続表現と混同しがちである。「そこで」「それで」はどちらも原因・結果の関係があるが、状況から行為への移行に重点が置かれるのが「そこで」で、行為への移行の原因・理由に重点が置かれるのが「それで」である。7は、「いじめ問題の現状→自殺の原因→解決のための必要条件→ある行為への移行」という流れなので、行為への移行に重点を置く「そこで」が適切である。

 8の前文には、話し手の意志とは無関係な客観性の高い理由が来ている。また、文体が説明調である。したがって、書きことばである「したがって」がふさわしい。9, 10の後文には、話し手の判断「~ほうがいいです」「~と思います」が来ている。前文も後文を導く客観性のある理由としては十分ではないので、前に来る接続詞は主観性の強い「だから」「ですから」がふさわしい。

11は添加の「それに」を使わず、原因・理由の「それで」を使っている誤用例である。学習者は文の流れ（前文を踏まえて後文で追加する）がつかめず、「それで」を使って文をつなげたものと思われる。12は前後の文脈がないため、原文の意味がわかりにくいが、話していることに相手が興味を持たないので、前のことを打ち切って新たな話題に切り換えるという意味で、「それじゃ（それでは）」がふさわしい。

その他

13では、前文「たばこには悪い点が多い」ということが理由で、「私はたばこが嫌いだ」と結論付けている。因果関係を表しているので、「そうして」ではなく「それで」が適している。14で学習者は、「そんなわけで」「そのようなわけで」のつもりで「そのわけで」としたものと思われる。「そんなわけで」「そのようなわけで」でもよいが、ここでは「それで」を使ってもっと端的に表すことができる。

伝達上の誤用 ★

●12に関連して、会話で用いられる「それで」について考える。「それで」は相手の話に対し、「それで？」「それでどうしたの？」と話の先を促す場合に用いられ、それに対する受け答えとして「それで〜なのだ。」と説明する。「それから」が単に会話の継続を求めているのに対して、「それで」では、話し手は聞き手とのやりとりで得た情報を基に、不足している情報を求めている。

●「それで」を疑問文で用いると、次の対話のように相手が提供した情報は不十分だったというマイナス評価を与えることがある。イントネーションも大きくかかわるが、話し方によっては、聞き手の感情を害するおそれもあるので、注意が必要である。

　　A：Cが君のことほめていたよ。
　　B：それで？
　　A：よくやっているって。
　　B：それで？
　　A：うん、それだけだけど。
　　B：……。

指導のポイント

●「それで」とすべきところに「そして」「だから」を用いている誤用が多い。「だから→それで→そして」と行くに従って、「原因・理由→理由・

成り行き→付け加え・時間的前後関係」という違いが出てくるので、理由を強く示したい時は「だから」、理由を示したいが、強い主張があるわけではない時は「それで」、単に文をつなげていく時は「そして」を使うことに注意させる。
- 「それで」も「したがって」も同じ成り行き・過程を示す。「それで」が話しことば的であるのに対し、「したがって」は説明調でかたい表現のため、日常的な話題には不向きである。
- 前文を後文でまとめるには、「それで」ではなく、「このように」「こうして」などが適している。
- 「それで」が使えると日本語が自然に聞こえるので、何回かにわたって導入し、練習する。
- 会話では「それで」の代わりに「で」が用いられることがある。

それでは

➡もう時間ですね。**それでは**、始めましょう。
➡**それでは**、私にどうしろと言うのですか。

「前文を受けて、新たな話題や意見を示す」「前のことを打ち切って、新たな話題や場面に切り換える」という働きを持つ。主に話しことばで用いられる。

|関連項目| それで、だから、そうすれば、そして、また（接）、これでは、目的節「ために（は）」

|誤用例文|

|付加|

1. 誤 いろいろお世話になりました。**それでは**、これからよろしくお願い申し上げます。 〈台湾〉
   正 いろいろお世話になりました。これからもよろしくお願い申し上げます。
2. 誤 私の部屋はどうですか。部屋代がやすいですから**それでは**、小さくてもいいと思います。 〈韓国〉
   正 私の部屋はどうですか。部屋代が安いですから、小さくてもいい

と思っています。

混同

【それでは→これでは】

3. 誤 雨が降っている。**それでは**外出は中止だ。　〈中国〉
   正 雨が降っている。**これでは**、外出は中止だ。

【それでは→そうすれば】

4. 誤 今の昼飯は食べないでくれ。**それでは**検査ができるから。〈韓国〉
   正 今日の昼飯は食べないでくれ。**そうすれば**、検査ができるから。

5. 誤 私は将来年が寄ったらしずかな田舎で住みたいです。**それでは**私の子女は田舎の古郷を持つことができるだろう。　〈韓国〉
   正 私は将来年をとったら、静かな田舎に住みたいです。**そうすれば**、私の子供は田舎に故郷を持つことができるでしょう。

【それでは→そして】

6. 誤 ひとつのそうぞうをおもいだします。もしわたしがしんりそうだんしゃだったら、できるだけ、うつぜんな人がたすけさせられます。まず、その人のせいかつをにんしきして、しごとのしゅるいをしつもんしていろいろなげんいんをまぜてぶんけいしてもんだいのこんげをはっけんするはずです。**それでは**わたしのけいけんによるとそうだんします。　〈台湾〉
   正 一つ想像をしてみましょう。もし私が心理カウンセラーだったら、できる限り多くのうつ状態の人を助けることができます。まず、その人の生活を知り、仕事のタイプについて質問して、いろいろな原因を考え合わせ、分析すれば、問題の根源が発見できるはずです。**そして**、私の経験に照らして話し合います。

【それでは→～ためには】

7. 誤 今周中は実験ができあがりません。**それでは**手伝い人が必要です。　〈中国〉
   正 今週中には実験は終わりません。**終えるためには**、手伝ってくれる人が必要です。

【それでは→それで】

8. ★誤 私は日本に１年住んでいます。**それでは**日本語がよくわかりますね。　〈韓国〉

正 私は日本に1年住んでいます。**それで**、日本語がよくわかります。

【それでは→だから】

9. 誤 （学生たちは）学校に反感を持っている時、宿題らのことは全然注意しないと、しだいに成績が退歩してしまったのである。ある時、いろいろな学科が同じ日にテストをするのも大変なのです。**それでは**、もし私が学校に権力がある人校長だったら、それらの不満なこと全部きれいになおしたいです。　〈マレーシア〉

   正 （学生たちは）学校に反感を持っていて、宿題など全然気にしなかったので、次第に成績が下がってしまったのです。また、同じ日にいろいろな学科のテストがあるのも大変だったのです。**だから**、もし私が学校の権力者、例えば校長だったら、これら不満を感じていることを全部きれいに改めたいです。

【それでは→また】

10. 誤 現在のわかものは何にかいけないことにいわれるのがそのことをしてみたがっています。これからは一番しんこくな問題ではありませんか。**それでは**大学生はおとなになったと思います。自分である点はいいか悪いか考えられるべきです。　〈マレーシア〉

    正 現在の若者は、何かしてはいけないと言われると、かえってそのことをしてみたがります。これらは一番深刻な問題ではないでしょうか。**また**、大学生はもう大人になっていると思います。ある点はいいか悪いか自分で考えられるはずです。

■その他■

【副詞の脱落】

11. ★誤 今日、あなたは用事がありますが、**それではまた**合いましょう。　〈中国〉

    正 今日は、あなたは用事があるようですから、**それでは、また今度**会いましょう。

【なるほど→それでは】

12. 誤 学校でトイレでそっこり隠れてたばこを吸っている学生を見つけることはとてもやすいです。女性喫煙者もだんだん増えています。**なるほど**たばこを吸えないよう規則を作ればたばこの問題が解決されしょうか。　〈韓国〉

正 学校のトイレでこっそり隠れてたばこを吸っている生徒を見つけることは、とても簡単です。女性喫煙者もだんだん増えています。**それでは**、たばこを吸えないよう規則を作れば、たばこの問題は解決されるのでしょうか。

【それは→それでは】

13. 誤 最近百年間の日本の文学の目標にしたものは三つである。一つは…（中略）ひとくちに文学と言いますけれども、明治以前のものと明治以降のものとは大きく違う。第二の目標というのは、こういうことでしょうか。日本前代の文学は、けっきょく、月、雪、花きわまると思います。**それは**第三はどういうことか？最近百年間は、いつも新しい文学でなければだめだというおたけびが身につく。〈中国・香港〉

正 これまでの百年間で日本の文学が目標にしたものは三つある。一つは…（中略）一口に文学と言うが、明治以前のものと明治以降のものとは大きく異なる。第二の目標というのは、このようなことであろうか。日本の前近代の文学は、結局、月、雪、花に極まるのではないか。**それでは**、第三の目標はどういうことか。これまでの百年間は、いつも新しい文学でなければだめだという主張があった。

誤用の解説

付加

　日本人の会話の中では「それでは（それじゃ）」がよく使われる。**1**では学習者は、よく耳にする表現を使ってしまったのだと思われる。**2**は原因を示す「それで」との混同だと考えられる。「それで」に「は」を付けて、「それでは」と書いてしまう例が少なくない。

混同

　前文を受けて新たな話題や意見を出す「それでは」は、次のように、相手に属する事柄を受けて用いられることが多い。

　　A：明日は用事があって来られません。
　　B：そうですか。それでは、あさって来てください。

3では、話し手自身が雨が降っているのを見ているのであるから、相手のこととしてではなく、自分のこととしてとらえる「これでは」にしたほうがよい。

「それでは」には「そうすれば」という仮定的な意味合いはないので、4，5は「そうすれば」にする必要がある。4のように「それでは」を使ってしまうと、話題転換の機能が働き、「昼ご飯を食べないように」という要求のあとでの新たな場面展開が予期されてしまう。この場合、後文が「それでは、検査をしよう」なら、文法的には誤用とはならない。しかし、検査前の絶食は検査のための必須条件であることを考えれば、条件節「そうすれば」がふさわしいということになる。

　6の前文はカウンセリングの方法を述べている。後文もその方法の一つを述べたものと考えれば、話題転換の「それでは」ではなく、「そして」がふさわしい。7は、「は」を削除して「それで」とすれば意味は通じるが、目的を強く示すためには「～ために(は)」が適切である。

　8は「それで」と混同した誤用である。「それでは」と「それで」は語形が似ているので、「それでは」を「それで」のつもりで用いたのかもしれない。9も8と同じく「それで」と混同したとも考えられるが、9では話し手の「学校の規則を改めたい」という強い気持ちを表すために、「それで」より主観性の強い「だから」が適当と考えられる。10のように学習者は、「それでは」の前文を受けて新たな話題を出すという機能と、「また」の、別のことを言うという機能を混同しがちである。「また」は、ある事柄がある上に、さらにもう一つ別のことを言う場合に用いる。

その他

　11は副詞「今度」が脱落しているため、いつ会うのかという情報が抜けてしまい、落ち着きの悪い文になっている。日本人は別れの際に「それでは、また」という簡略化した挨拶表現をよく使うため、学習者はそれを使ってしまったのではないかと思われる。

　12は、「それでは」を「なるほど」とした誤用である。「なるほど」は相手(自分と対立する立場から意見を述べる人)の意見を一旦受け止めておいて、「しかし」で反論するという論理構成で使われる副詞である。12で「なるほど」を使うには、後文の文末は「解決できるかもしれない」としなければならない。その場合、あとに「しかし、陰でこっそり喫煙する人たちまで取り締まることは不可能だ」のような文が続く。13の「それは」は、前の語句を受けて、それについて言及する役割を果たすが、ここでは話題が転換してしまっているので、「それでは」が適切になる。学習者は「それでは」の「で」を落として、「それは」としてしまったのかもしれない。

それでは

|伝達上の誤用| ★

● 8が対話の文なら、話し手が前文で「日本に1年住んでいる」と述べ、聞き手がそれを受け、「それでは日本語はよくわかりますね。」となり、誤用とはならない。しかし、この文は独話文で、「1年住んでいる→日本語がよくわかる」という原因・結果関係を示す文である。事の成り行き上、おのずと後文のような状態になることを示す「それで」がふさわしい。

● 話題転換の用法を導入する際、「それでは」を単独で教えるだけでは不十分である。11の「それではまた会いましょう」というのは、テレビ番組の司会者の場合なら可能である。テレビの場合、視聴者は不特定多数なので、視聴者がいつ番組を見るかまでは司会者にはわからない。そこでは具体的な時を示す副詞は用いないが、11のような聞き手を想定している対話文では、「今度」「いつか」のような副詞が必要である。

|指導のポイント|

- 「それで」と「それでは」は「は」があるかないかの違いだけだが、意味が全く異なる。この点について導入段階で説明が必要である。
- 話題転換の場合、後文の文末には、働きかけ（例：〜ましょう、〜しよう）の表現を伴うことが多い。文末表現と関係付けた導入、練習が必要である。
- 「それでは」は文末に願望「たい」はとれない。また、事実、事態を述べる叙述表現もとれないので、そのことを学習者に留意させる。
- 「それでは」は、「さて」や「ところで」と同じく、話題・状況を転換する働きを持つ。三者とも話しことばで用いられるが、時期を見て、これらの共通点、相違点にも触れておきたい。
- 会話では「それでは」の代わりに「それじゃ」「じゃ」「では」が用いられることがある。

それに

➡ この家は狭くて日当たりが悪い。**それに**、駅からも遠い。

意味用法が「また」「そして」に近く、添加の働きを持つ。「また」「そして」が前文と関係なく追加することができるのに対して、「それに」はあくまでも前文を踏まえて後文で追加するという意識がある。その点では「そのうえ」に似ているが、「そのうえ」は後文に来る文の添加の度合いが強くなり、添加の意味合いが強調される。「それに」はより話しことば的である。

[関連項目] しかも、そのうえ、そして、しかし、(それ)でも、それなのに、それで、だから、それでは、また（接）、助詞「も」

誤用例文

[脱落]

1. [誤] 洋式（トイレ）は、現代社会と似あいます。豪華の板を飾っていますと、すごくきれいです。でも、夏の時が暑いです。**φ**通気がわるいです。だから、日本の部屋は和式と様式があります。〈中国〉

   [正] 洋式（トイレ）は、現代社会に合っています。豪華な板で飾ると、すごくきれいです。でも、夏は暑いです。**それに**、通気が悪いです。ですから、日本の家には和式と洋式があります。

[付加]

2. [誤] 5歳時、私の家族と一緒に台北へ移されていった。その時、私は幼稚園にはいった。午前中毎日家の近くの幼稚園を通った。あるとき、ははが見えないで、涙が流れで、**それに**大きな声で泣いた。ほんとに恥かしかった。〈台湾〉

   [正] 5歳の時、家族と一緒に台北へ引っ越した。そして、私は幼稚園に入った。毎日、午前中は家の近くの幼稚園に通った。あるとき、母が見つからないので、涙が出て、大きな声で泣いた。本当に恥ずかしかった。

[混同]

【それに→しかし】

3. [誤] ある国ではびんぼうの人が大変くらしている。**それに**びんぼうなのに他の人にものをぬすまない人もたくさんいる。〈インドネシア〉

　　　　正 ある国では貧乏な人がたくさん暮らしている。**しかし**、貧乏でも、盗みをしない人もたくさんいる。

【それに→しかも】
４．★誤 いきなり64問も投げられた。**それに**前のように場合設定があるのではなく、自分で全部の場面を仮定しなければいけません。それはちょっとひどいと思いました。〈中国〉

　　　　正 いきなり64問も出されました。**しかも**、前のように場面設定があるのではなく、自分で全部の場面を想定しなければいけません。それはちょっとひどいと思いました。

【それに→そして】
５．★誤 十二月四日、色々な学校でお父さんの式を行う。その活動にはお父さんが来る。それから、子供はお父さんについて作文を読んで、スピーチをして、歌を歌って、最後子供達はお父さんに「プッタラックサー」という花をあげる。**それに**、十二月五日、大抵の人はお父さんの尊敬や恩恵を表わすために、お父さんの手に水をかけたり、花をあげたりする。〈タイ〉

　　　　正 十二月四日に色々な学校で父親のための行事を行う。その活動にはお父さんが参加する。子供たちはお父さんについての作文を読んで、スピーチをして、歌を歌って、最後にお父さんに「プッタラックサー」という花をあげる。**そして**、十二月五日に、大抵の人はお父さんへの尊敬や感謝の気持ちを表して、お父さんの手に水をかけたり、花をあげたりする。

【それに→そのうえ】
６．★誤 同じ、米を主食としている中国と日本はラーメンなどの食べ物でも作り方や味が似ていると言われている。**それに**、箸の使いも共通である。〈中国〉

　　　　正 同じように米を主食としている中国と日本は、ラーメンなどの食べ物についても作り方や味が似ていると言われている。**そのうえ**、箸の使い方も共通である。

【それに→それで】
７．　誤 銭がなくなりました。**それに**、本を買わないて帰りました。〈中国〉
　　　　正 お金がなくなりました。**それで**、本を買わないで帰りました。

【それに→だから】
8. 誤 健康は一番大事だ。**それに**気をつけて下さい。 〈中国〉
   正 健康が一番大事だ。**だから**、気をつけて下さい。

【それに→でも】
9. 誤 一週間の授業がいっぱいです。**それに**お祭りにも参加したいんです。 〈中国〉
   正 一週間授業でいっぱいです。**でも**、お祭りにも参加したいんです。

【それに→それでも】
10. 誤 あの学生はよるおそくまでアルバイトをしています。**それに**受業にちこくはしません。 〈韓国〉
    正 あの学生は夜遅くまでアルバイトをしています。**それでも**、授業には遅刻しません。

【それに→それでは】
11. 誤 水牛は人になれる。そのため人の仕事を手伝うようになった。例えば田をたがやすや物を運ぶなどだ。**それに**どうして水牛はタイにおいて、大切なものであるでしょうか。 〈タイ〉
    正 水牛は人に慣れる動物なので、人の仕事を手伝うようになった。例えば田を耕すことや物を運ぶことなどだ。**それでは**、どうして水牛はタイにおいて大切なものなのだろうか。

【それに→また】
12. 誤 近頃の女性達は家などを作るよりも、自分の仕事を重視するほうがいいと考えられる。**それに**、あと一因として、日本の物価が高まるために、両親にとって、子供を出産して育成するのは多大な金額がかかっている。 〈シンガポール〉
    正 近頃の女性たちは家庭を持つよりも、自分の仕事を重視するほうがいいと考えているようである。**また**、日本の物価が高くなったために、両親にとって、子供を出産して育てるには多くの金額がかかる。

■その他

【それに→それなのに】
13. 誤 彼はかぜにひきました。**それに**いまも仕事ばかりしてます。〈韓国〉
    正 彼は風邪を引きました。**それなのに**、今も仕事ばかりしています。

【もうひとつは→それに】

14. ★ 誤 たばこが体に悪いものだとだれでもわかります。肺癌。ニコチン中毒。**もうひとつは**、タバコを吸う人だけでなく、回りの人にも害になります。特別子供です。　〈ベトナム〉

    正 たばこが体に悪いものだということはだれもがわかっています。肺癌、ニコチン中毒、**それに**、タバコを吸う人だけでなく、周りの人にも害になります。特に子供に害になります。

【助詞「も」】

15. 誤 彼は頭がいいしそれにこころ**が**いい。　〈韓国〉

    正 彼は頭がいいし、それに性格／心**も**いい。

誤用の解説

脱落

中国語では文全体が短い場合、接続表現を使わなくても、前後関係から文の意味が理解できることが少なくない。中国語話者に限らず、学習者に「それに」の添加の意味が意識されないと、1のように脱落が起こると考えられる。

付加

2の「それに」は必要ない。中国語母語話者は、会話の中で添加の意味の接続詞「而且」をよく使う。「而且」の日本語訳は、「それに」「そのうえ」「さらに」「しかも」である。それで、不必要な箇所にまで「それに」を使いがちである。

混同

3は、前文に「大変」、後文に「たくさん」とあり、同様の意味の言葉が重なったことから、これを追加ととらえ、「それに」を使ったのだと思われる。ここでは逆接の意味を示す「しかし」がふさわしい。4は「しかも」との混同である。「それに」も「しかも」も、前文を踏まえて後文で追加するという意識がある。4は話し手の主観が強く出ている文章で、後文には前文の「大変さ」を助長する内容が述べられているので、より主観的な「しかも」のほうがふさわしいと思われる。

5は追加の意味ではなく、いくつかの話題を並列的に述べているので、「そして」がふさわしい。7，8は「それで」「だから」を「それに」としてしまった誤用である。「前文（原因・理由）→後文（結果）」という文の流れが理解できていなかったためだと思われる。9，10は「でも」「それでも」を「それに」としてしまった誤用である。原因は、前文と後文の逆接関係が理解できていなかったためだと考えられる。

11は、前文を受けて新たな話題を出す「それでは」と、添加の「それに」を混同した誤用である。学習者は前文と後文の流れが理解できていなかったか、あるいは、「それでは」と「それに」は前の二文字「それ」が同じことから、混同したとも考えられる。12は、「また」の代わりに添加の「それに」を使っている誤用である。このタイプの誤用は多い。「また」は「同様に」という意味で、同一の話題に関して、前文と並列的・追加的に後文を続けて言う時に使われる。12は、前文と後文とは結婚観という同一テーマの中で、「仕事重視の傾向」、「子育てにかかる経費」という異なった事柄を並列的・追加的に述べているので、「また」がふさわしい。

その他

13は風邪を引いて、なお仕事をしている彼への「意外感」を示している。逆接の意味に加えて、話し手（書き手）の気持ちが加わっているので、「それなのに」がふさわしい。14は、「それに」を「もうひとつは」とした誤用である。「もうひとつは」と書いたのであれば、「肺がん」「ニコチン中毒」と並ぶもの（ここでは病名）を立てる必要がある。「もうひとつ」の後ろにはたばこがよくない理由の説明が追加されているので、「それに」を用いて説明したほうがよい。15のように、「それに」は列挙を表す「し」とともに用いられることが多い。「頭がいい」ことに加えてという意味なので、「性格／心も」のように「も」を用いたほうが追加の意味が出やすくなる。

伝達上の誤用 ★

● 4は、話し手の主観が強く出ている文である。そのため、「それに」を「しかも」に変えたほうが、より話し手の伝えたいニュアンスを表せる。
●「それに」は、前文を踏まえて後文で付け加える添加を表す。添加の意味合いの程度を示すと以下のようになる。

　　　　「そして」　＜　「それに」　＜　「そのうえ」　＜　「さらに」
　　　　　　　　　　　　　　　　「しかも」

「そして→それに→そのうえ→さらに」と添加の意味合いが強くなる。「しかも」は「それに」と「そのうえ」の中間か、やや「そのうえ」寄りである。「しかも」は「そのうえ」と類似しているが、「そのうえ」より話し手の主観が強く、話し手の判断・評価が強く入る。「それに」「そのうえ」がある事柄に他の事柄が加わる意味であるのに対し、「そして」も添加の意味を持つが、5のように、いくつかの話題を一つのテーマでまとめ上げる時によく使われる。
● 6では、中国と日本のラーメンの作り方や味が似ている点に加えて、箸の使い

方が似ている点をも追加していることから、「それに」より添加の意味合いの強い「そのうえ」が適切である。「それに」は話しことば的であり、「そのうえ」より話し手の主観が強く表現される。一方、「そのうえ」は文章語で、改まり度が高い文章に用いられる。**6** の文体から考えても、「そのうえ」のほうが適切だと言える。

● **14**の「もうひとつは」は、数字を使っていくつかの物事を列挙する時に用いられる。通常、二つ以上の物事を列挙する時に使い、列挙する物事は短くまとめて書く。文末は原則として「名詞＋である」の形になる。

指導のポイント

- 学習者は「それに」を「しかし」「しかも」「そして」「そのうえ」など種々の接続詞と混同している。このことは「それに」の意味用法が正確にわかっていないことを示している。
- 「それに」は中国語の「而且」に当たる。「而且」を中日辞典で引くと、「それに」「そのうえ」「しかも」「さらに」が並べて書かれている。そのためか中国人学習者は、これらの用法に差があることに気づかず、混同しているケースが多い。混同している場合、これらの機能上の相違点について整理して提示する必要がある。
- 「それに」「それで」は語形が似ているため、間違えやすい。「に」と「で」の一字の違いでも、意味が全く異なってしまうことを示し、注意をさせる。
- 「それに」のあとで、助詞の「も」が抜けている誤用が多い。導入の際には、「それに」と「～も」をセットにした練習が必要である。
　　例：このレトルトカレーは味がよい。それに値段も安い。
- 「それに」は話しことば的である。話しことばであるために、話し手の主観が出てしまうことがある。押し付けがましく響くこともあるので、注意が必要である。

た

→ 先月九州に行った。
→ おなかがすいた。

過去および完了を表す。「おなかがすいた」のように状態を表したり、「知ったことではない」のように話し手の心的態度と結び付く用法も持つ。

関連項目　る、ている・ていない、ことがある、名詞修飾節、トキ節「とき」

誤用例文

【脱落】

1. 　　A：きのうのパーティーはどうだったんでしょうね。
   誤　B：イサさんからきいたんですが、**おもしろいらしいですよ**。
   〈メキシコ〉
   正　B：イサさんから聞いたんですが、**おもしろかったらしいですよ**。
2. 誤　日本に来った時には、日本語はあまり**話せません**。　〈ブラジル〉
   正　日本に来た時には、日本語はあまり**話せませんでした**。
3. 誤　あまりの驚きに心臓が止まったかと**思う**。　〈中国〉
   正　あまりの驚きに心臓が止まったかと**思った**。
4. 誤　大変派手なスーツを着ている。これであとロースロイーズの車を乗りでもすればまるで社長に**なる**ようです。　〈タイ〉
   正　大変派手なスーツを着ている。これであとロールスロイスに乗りでもすれば、まるで社長に**なった**ようです。
5. ★誤　かぜですから、病院へ**行く**ほうがいいですよ。　〈インドネシア〉
   正　風邪ですから、病院へ**行った**ほうがいいですよ。
6. ★誤　あのレストランの料理はまずくて**食べられる**ものではない。
   〈アメリカ〉
   正　あのレストランの料理はまずくて**食べられた**ものではない。

【従属節内の「た」の脱落】

7. 誤　日本語の中で漢字が**きらいです**が、だんだん、今好きです。〈タイ〉
   正　日本語の中で漢字は**きらいでした**が、だんだん好きになりました。
8. 誤　テレビが**こわれます**ので、買った店がなおしてもらいました。
   〈フィリピン〉
   正　テレビが**こわれた**ので、買った店で直してもらいました。

287

9. 誤 ことばの使い方を**まちがえる**ときは、あとで教えてください。〈中国〉
   正 ことばの使い方を**間違えた**ときは、あとで教えてください。
10. 誤 いもうとが風船を**渡すとする**時、突然、風船のいとをなくしてしまった。〈韓国〉
    正 妹が風船を**渡そうとした**時、突然、風船の糸がどこかへ行ってしまった。

【名詞節内の「た」の脱落】

11. 誤 私は日本に来て、まず、一番**困る**ことは日本語をぜんぜんわかりませんでした。〈ブラジル〉
    正 私が日本に来て、まず、一番**困った**ことは、日本語が全然わからなかったことです。

付加

12. 誤 言葉というものは、勉強すれば勉強するほどだんだん難しく**なってきた**。〈タイ〉
    正 言葉というものは、勉強すれば勉強するほどだんだん難しく**なってくる**。
13. 誤 このごろは、何でも聞いたそばから**忘れた**。〈韓国〉
    正 このごろは、何でも聞いたそばから**忘れる**。

【名詞修飾節内の「た」の付加】

14. 誤 **おもしろかった**テーマでした。〈ドイツ〉
    正 **おもしろい**テーマでした。

【従属節内の「た」の付加】

15. 誤 母はずっと高校を**卒業した**まで、家事を全部終わって学校へ行きます。〈台湾〉
    正 母は高校を**卒業する**までずっと、家事が全部終わってから学校へ行きました／行っていました。
16. 誤 高校を**卒業した**前日本語と台湾語しか話せませんでしたが、いま六つの言葉ぺらぺら話せます。〈台湾〉
    正 高校を**卒業する**前は日本語と台湾語しか話せませんでしたが、今は六つの言葉が自由に話せます。

誤形成

17. 誤 日本に**来**った時には、日本語はあまり話せません。　　〈ブラジル〉
    正 日本に**来た**時には、日本語はあまり話せませんでした。

18. 誤 私にとって有孔虫は興味のあるんですがみなさんは有孔虫はあまりおもしろくないと思います。それで、もと人気のある化石について**話して**ほうがいいかもしれません。　　〈フィリピン〉
    正 私は有孔虫に興味があるんですが、皆さんにはあまりおもしろくないと思います。ですから、もっと人気のある化石について**話した**ほうがいいかもしれません。

混同

【た→ている】

19. 誤 ブラジルではいろいろの国からみんなが**来た**ので、みんな、一人一人、いろいろな相違点があります。　　〈ブラジル〉
    正 ブラジルではいろいろな国から人々が**来ている**ので、みんな、一人一人、いろいろな相違点があります。

20. 誤 おじいさんの仕事は外務所と関係があったためにお父さんは外国に長い間**住んだ**ということだ。　　〈アメリカ〉
    正 おじいさんの仕事が外務省と関係があったので、お父さんは外国に長い間**住んでいた**ということだ。

【なかった→ていない】

21. 　　A：昼ご飯、食べましたか。
    誤 B：いいえ、まだ**食べませんでした**。　　〈イギリス〉
    正 B：いいえ、まだ**食べていません**。

22. 誤 大学を卒業して以来、同級の友達と**会わなかった**。〈インドネシア〉
    正 大学を卒業して以来、同級の友達と**会っていない**。

【でした→かった】

23. 誤 父母は**うれしいでした**。　　〈韓国〉
    正 父母は**うれしかった**ようです。

24. 誤 桜を見に行くことがしたくなくてはない、私はたいへん**いそがしんでした**。　　〈中国・香港〉
    正 桜を見に行きたくなかったのではなく、私は大変**忙しかったんです**。

【なかった→（た）ことがなかった】
25. 誤 ドイツでは決して**見ませんでした**から、私は魅惑しました。〈ドイツ〉
    正 ドイツでは**見たことがなかった**ので、私は魅惑されました。

その他

【(た)ことがある→た】
26. 誤 私はこの前浜松町のマンションに**住んでいたことがある**が、夜になってまち全体がしずかになってもとなりのおとなどは全然聞こえなかった。〈韓国〉
    正 私は以前浜松町のマンションに**住んでいた**が、夜になって町全体が静かになっても、隣の音などは全然聞こえなかった。

誤用の解説

脱落

　「た」の脱落は、1～6のように主節の中で起こっている場合と、7～11のように従属節の中で起こっている場合とに分けた。前者において、1～3は過去形にするのを忘れた単純なミスとも考えられるが、一部の学習者（特に、過去であることが明らかな場合、過去形をとらなくてもよい母語を持つ学習者）は、過去にすることを忘れてしまうことが多いようである。4は比喩的な言い方で、実際には起こっていない事柄である。この場合、日本語では「た」を必要とする。5，6の「た」の脱落は、話し手の気持ちが強く入る時、例えば、助言の気持ち（5）や、吐き捨てるような言い方をする時（6）には「た」が用いられる。

　従属節の中での「た」については、節内の述語が動作性か状態性かによって異なるが、基本的には、主節の述語が表している時点で、従属節内の事柄が完了（実現）していれば「た」を、まだ完了していない（未実現の）場合は「る」を用いる。7は、現在は好きになったのであり、きらいなのはそれ以前のことであるから、「きらいでした」とすべきである。

　8についても、現在はテレビは直っているので、それ以前の事柄は「こわれた」で表す必要がある。9では、教えてほしいのは、「まちがえる」ことが起こった（生起した）時であるから、「間違えたとき」に、10は、風船の糸がどこかへ行ってしまう前に、風船を渡す動作はすでに始まっていたので、「渡そうとしたとき」となる。

　11において困ったのはすでに過去のことであるので、「困る」ではなく「困った」とすべきである。

付加

「た」の付加では、学習者は、12, 13のように習慣的、恒常的な事柄を述べる時に、「た」をつけてしまうことが多い。「(言葉)というものは」「このごろは」などの表現が過去のことではなく、一般的な事柄を表しているということが、上級の学習者でもわかりにくいようだ。14は主節が「テーマでした」と過去になっているので、「おもしろかった」としたのであろう。（形容詞が名詞修飾に用いられる場合については、名詞修飾節を参照されたい。）

15, 16は「卒業した」のが過去のことなので、それに引きずられて「卒業したまで」「卒業した前」としたのであろう。従属節のテンス・アスペクトは、過去の事態であるか否かにかかわらず、その事柄（卒業すること）が、主節の述語が表している時点で完了しているか否かが問題になるので、「まで／前」は未完了を表す「卒業する」を必要とする。

誤形成

17, 18の誤形成はタ形が正確に作れないという誤りである。

混同

「た」と他の語との混同は大きく3種類に分かれる。「動詞＋ている」とすべきなのに単なる過去「た」を用いている場合、形容詞の過去形ができないもの、そして、「た」と「ことがある」との使い分けである。まず、「ている」との混同であるが、19の「来た」は来たか来なかったかという単なる過去を表す。ここでは、皆がいろいろな国の出身であることを言いたいのであるから、状態を表す「ている」にすべきである。20は、長い期間滞在していたので、「ていた」を使ったほうがよい。

21, 22は過去否定「〜なかった」を「〜ていない」にできない誤りで、学習者に多く見られる。21が「昼ご飯を食べたか食べなかったか」という事実のみを聞いているのであれば、「食べませんでした」でもよいが、ここでは、現時点までにその事態・動作が完了（実現）しているか否かを問うているので、未完了（未実現）を表す「ていない」とするべきである。22についても同様で、単なる事実・出来事を客観的に述べる過去の「た」ではなく、現時点と結び付く「ている」とすべきである。

23, 24はイ形容詞の過去を「〜でした」で表しているが、「〜かった(です)」を使うのが正しい。

「た」と「ことがある」は多くの場合、置き換えが可能である。しかし、25では、経験がないために「魅惑された」と考えられるので、経験を表す「ことがある」を使ったほうがよい。

その他

26は「この前」という過去の時点を表す語が来ているので、経験を表す「ことがある」が共存できなくなっている。

伝達上の誤用 ★

● **5**において、話し手が相手を心配し、心を込めて助言する時は、「〜たほうがいい」のように「た」になることが多い。「行くほうがいいですよ」は文法的に誤りではないが、一般論を述べている感じを与え、時に突き放したような言い方になる。**6**では、「食べられるものではない」と「る」を使うと、客観的な言い方になり、「もの」も単なる「物」の要素を帯びる。「〜たものではない」は吐き捨てたような言い方で、話し手の直接的な気持ちを表している。

指導のポイント

- 学習者の母語によっては、過去形を用いないで過去を表すこともあるので、日本語ではそうではないことを徹底させる。従属節の中（例：<u>おもしろいので、いたずらを何度もやった。</u>）や、過去の事柄を生き生きと説明するために非過去を用いることもあるが、過去表現には「た」を用いるという、基本的なことは徹底させておく。
- 動詞のタ形が正確に作れない学習者が多いので、何度も繰り返し練習し、小テストや宿題をこまめに課して、習熟させる必要がある。
- 「た」と「ている」の混同が多い。言い換えれば「ている」が適切な状況で使えないということである。特に、動作の結果の状態を表す「ている」（例：こわれている、止まっている）は時間をかけて学ばせる必要がある。
- 「ていない」がなかなか使えない。「た／なかった」はその事実があったかなかったかを問うだけであり、現在の状況と関係する場合は「ている／ていない」を使う必要がある。これも時間をかけて理解と習得をさせる必要がある。
- 従属節内で「ル形」をとるか「タ形」をとるかは、従属節内の動作・行為が、主節の述語が表している時点で完了しているか否かにかかわる。「イタリアへ行くとき、帽子を買った」と「イタリアへ行ったとき、帽子を買った」は、「買った」時点で、「イタリアへ行く」行為・事態が完了している時は「タ形」を、完了していない時は「ル形」を用いる。

たい

➡来年には結婚し**たい**。
➡沖縄に旅行し**たい**と思っている。

「話したい」「帰りたい」のように、動詞マス形の語幹に付いて、話し手の願望や希望を表す。

|関連項目| ほしい、つもりだ、なければならない、と思う、たがる、助詞「が、を」

|誤用例文|

|脱落|

1. 誤 そして、農業の研究所が必要で、たくさんの研究所を**設立する**と考かえています。　　　　　　　　　　　　　　〈マレーシア〉
   正 そして、農業の研究所が必要で、たくさんの研究所を**設立したい**と考えています。
2. 誤 最近来の親たちは多数の子女を産むより一人だけ産んで不足しなくて立派な人になるように**育てる**と思っている。　〈韓国〉
   正 最近の親は子供を多く産むより、一人だけ産んで、十分に手をかけて立派な人になるように**育てたい**と思っている。

|誤形成|

3. 誤 そして、ほかにいろいろな方面も**改革たい**つもりです。〈マレーシア〉
   正 そして、ほかにいろいろな方面も**改革したい**と思います。
4. 誤 そして、将来は、国へ帰って日本語を**教えることがしたい**と思っています。　　　　　　　　　　　　　　　　〈中国〉
   正 そして、将来は、国へ帰って日本語を**教えたい**と思っています。
5. 誤 交通事故が起った責任があるだから、賠しょう費を**支払らたくなく**ても、支払らないではすまない。　　　　　　〈中国〉
   正 交通事故を起こした責任があるのだから、賠償金を**支払いたくなく**ても、支払わないではすまない。

|混同|

【たい→ほしい】

6. 誤 はやく子供が**できたい**です。　　　　　　　〈バングラデシュ〉
   正 早く子供が**ほしい**です。

【たい→なければならない】

7. ★誤 ＜約束を断る理由として＞明日、国の友達が日本に来るので、私が空港に迎えに**行きたい**です。　〈中国〉
   正 明日、国の友達が日本に来るので、私が／は空港に迎えに**行かなければならない**んです。

【たいですか→ましょうか】

8. ★誤 ＜パーティーで＞先生は何が**食べたい**ですか。　〈イラン〉
   正 先生、何か**お取りしましょうか／召し上がりますか**。

【くれたい→くれませんか】

9. 誤 作り方を教えて**くれたい**です。　〈中国〉
   正 作り方を教えて**くれませんか**。

 その他

【「と思う」の脱落】

10. ★誤 わかりました。あなたの頼みとあれば、どんな大変でも早く**実現したい**。　〈ベトナム〉
    正 わかりました。あなたの頼みとあれば、どんなに大変でも早く**実現させたいと思います**。

【〜ば〜ほど】

11. 誤 実際は何か**忘れたければ忘れたいほど**なかなか忘れにくくなりますからたばこを吸うことはまことに何も解決してくれません。　〈ベトナム〉
    正 実際は何かを**忘れたいと思えば思うほど**忘れられないものですから、たばこを吸うことは本当は何も解決してくれません。

【「ようだ、らしい、そうだ、と言っている」「たがっている」などの脱落】

12. 誤 李さんは東京へ**行きたい**です。　〈台湾〉
    正 李さんは東京へ**行きたいようです／らしいです／そうです／と言っています**。

13. 誤 私の友達は宇宙飛行士に**なりたい**。　〈ノルウェー〉
    正 私の友達は宇宙飛行士に**なりたがっている**。

【たがる→たい】

14. 誤 父には母と結婚する前に、**結婚したがった**人がいた。　〈中国〉
    正 父には母と結婚する前に、**結婚したかった**人がいた。

15. 誤 あなたが前に**読みたがった**本はどれですか。 〈台湾〉
    正 あなたが前に**読みたかった**／**読みたがっていた**本はどれですか。

【助詞「が」→助詞「を」】
16. 誤 公園**が**散歩したいです。 〈タイ〉
    正 公園**を**散歩したいです。
17. 誤 先生に友だち**が**紹介したい。 〈台湾〉
    正 先生に友達**を**紹介したい。

【テンス・アスペクト】
18. 誤 夏休みになると国へ**帰りたい**ですが、試験準備をしなければならないですから、あきらめました。 〈韓国〉
    正 夏休みになると国へ**帰りたくなります**が、試験準備をしなければならないので、あきらめました。
19. 誤 テレビを**買いたいでした**が、お金が足りなくて、やめました。 〈中国・香港〉
    正 テレビを**買いたかった**ですが、お金が足りなくてやめました。

誤用の解説

脱落

1は話し手自身の、2は第三者の意志や願望・望みを述べている。日本語では意志や願望の表出は「辞書形＋と思う／考える」では表すことはできず、「〜たい／（よ）う＋と思う／考える」にしなければならない。

誤形成

学習者は「たい」の前の動詞の接続の形が正しく作れないことが多い。マス形の語幹に正しく接続できないほかに、3のように「改革たい」などの「し」が抜ける誤りや、4のように「教えることがしたい」とする誤りが多い。また、5のように否定形の「たくない」、過去形の「たかった」、過去否定の「たくなかった」が正しく作れない学習者も多い。

混同

「たい」と「ほしい」の混同も見られる。単に混同しただけではなく、6のように「子供ができたい」などは、日本語では「ほしい」を使ったほうが自然だが、学習者には難しいようだ。6では、「たい」は話し手の意志的な願望を表すため、「できる」のような無意志動詞には付きにくいことも誤用の一因になっている。

9のように、やりもらいの「くれる」には願望の「たい」は付かない。9はお

願いする表現として「(教えて)くれませんか」に訂正したが、「(教えて)ほしいです」とすることもできる。

[その他]

11は「〜ば〜ほど」(例:考えれば考えるほど)が適切に使えない誤りである。「忘れたい」だけでは思いは募らないので、「忘れたいと思う」の「思う」を「〜ば〜ほど」に付けて、「(忘れたいと)思えば思うほど」としなければならない。

12, 13のように、第三者の願望を表す場合は、「ようだ、らしい、そうだ、と言っている」などを使う(12)か、動詞に「がっている」を付ける(13)必要がある。14, 15は単に「たい」の過去「たかった」を濁音化してしまった誤りなのか、「ほしいという態度を見せる」という意味を持つ「たがる」に関する誤りなのか、判定しかねるところである。後者の場合だとすると、「たがる」はそういう状態にあるという意味で、「〜たがっている」という形をとることが多く、15は「読みたがっていた」とする必要がある。しかし、「〜がる/がっている」は「ほしいという態度を見せる」というやや即物的な表現であるため、敬意を示すべき人の動作・行為に用いると失礼になる。特に15のように相手に向かって使う時は、親しい間柄に限ったほうがよい。

「たい」の対象語の助詞は「を」「が」の両方をとるものと、16, 17のように「を」のみをとるものがある。多くの場合は「を」「が」の置き換えが可能であるが、16のように通過点を表す「を」は「が」にならない。また、17では、「友だちが」にすると、友達が主語となってしまう。18は、夏休みという条件のもとに「帰りたい気持ちになる」という意味で、「帰りたくなる」にする必要がある。「(帰り)たい」のみでは、現時点の直接的な感情の表出になってしまう。19は過去の事態なので過去にする必要がある。

[伝達上の誤用] ★

● 7のように、約束を断る状況の理由として「迎えに行きたいので」とは、(仮に事実であったとしても)あまり言わない。このような場合は義務であるかのように「迎えに行かなければならないので」と言うほうが丁寧になる。

● 8の「先生は何が食べたいですか」のような相手に願望を尋ねる質問は、英語話者に多く見られる誤用である。日本語では相手に直接欲求を尋ねるということは、特に相手が目上の人の場合は失礼になるので、「何か召し上がりますか」や「お取りしましょうか」にしたほうがよい。

● 10において、相手に自分の願望を伝えるためには、「たい」を言い切りでは用いず、「と思います」を付けたほうがよい。「〜たい」「〜たいです」では独り言のよ

うな、単なる願望の表出のみにとどまり、「と思う」を付けることによって、相手に願望を伝えることができる。

> **指導のポイント**
>
> - 「たい」に接続する動詞の形が正しく作れない学習者が多い。導入の時はマス形の語幹につなげていても、しばらくすると、「帰ることがほしい」「帰ることがしたい」などと言い始めるので、「～たい」の形を何度も練習する必要がある。
> - 「たい」の非過去の否定形、過去の肯定形・否定形を正しく理解し、身に付けさせる。
> - 「たい」は許可願いとして用いられることが多いので、練習にも「～たいんですが／けど」の形を取り入れるとよい。
>   　例：すみません。今日ちょっと早く帰りたいんですが／帰らせていただきたいんですが。
> - 第三者の願望を表す際は「ようだ、らしい、そうだ、と言っている」を付けるようにさせる。「私は行きたいです。彼も行きたいそうです。」のような主語を変えた連続文を作らせる練習をさせるとよい。
> - 「(あなたは)～たいですか」の形の使い方に注意させる。特に目上の人には失礼になるので、他の言い方をするように指導する。

だいたい

➡レポートはだいたいできた。
➡参加者はだいたい500人くらいだ。

「ほとんど全体に及んでいる」「主要な部分はそうである」という意味を表す。また、ほぼその程度・量であるという意味も表す。

|関連項目|　だいたいは／の、たいてい、大部分(の)、一般の、ほとんど、ぐらい・くらい、ばかり

> 誤用例文

> 混同

【だいたい→が多かった】
1. 誤 外国への生活を思ったとおり**だいたい苦労**だったそうだ。〈韓国〉
   正 外国での生活は思ったとおり、**苦労が多かった**そうだ。

【だいたい→だいたいが】
2. 誤 おばあさんちに遊びに行った人たちは**だいたい**お婆さんの手料理を見込んで来た人だった。〈アメリカ〉
   正 お婆さんの家に遊びに来た人たちは、**だいたいが**お婆さんの手料理をあてにして来た人だった。
3. 誤 日本人は**だいたい**やさしくて、親切です。〈韓国〉
   正 日本人は**だいたいが**やさしくて、親切です。

【だいたい→たいてい】
4. ★誤 朝は**だいたい**コーヒを飲みます。〈アメリカ〉
   正 朝は**たいてい**コーヒーを飲みます。
5. 誤 この儀式は赤ちゃんが1才ごろ行われる。**だいたい**自分の家で行われる。〈タイ〉
   正 この儀式は赤ちゃんが1才のころ行われる。**たいてい**自分の家で行う。

【だいたい→たいてい／ほとんど】
6. 誤 そして公共の場所ではできるだけ吸わないでほしけど**だいたい**守ってくれません。〈韓国〉
   正 そして公共の場所ではできるだけ吸わないでほしいけれど、**たいてい／ほとんど**守ってくれません。

【だいたい→大部分／ほとんど】
7. 誤 円高のために、休みの一週間前に、アルバイトをさがしていた。おかげさまで、やっと学校の近くの栗林ガソリンスタンドに入れた。それで、私の夏休みは**だいたい**このガソリンスタンドで通ったばかりだった。〈マレーシア〉
   正 円高のために、休みの一週間前はアルバイトを探した。おかげさまで、やっと学校の近くの栗林ガソリンスタンドに入ることがで

きた。それで、私の夏休みは**大部分／ほとんど**このガソリンスタンドに通うことで過ぎてしまった。

【だいたい→ほとんど】

8. 誤 小さい時の習った日本語を今**だいたい**わすれました。 〈カナダ〉
   正 小さい時に習った日本語は、今は**ほとんど**忘れました。

【だいたいの→一般の／大部分の】

9. 誤 さて、どのようにして**だいたいの**マレーシアのマレー人がハリラヤを祝うのだろうか。 〈マレーシア〉
   正 さて、どのようにして**一般の／大部分の**マレーシアのマレー人はハリラヤを祝うのだろうか。

10. 誤 **だいたいの**日本人は毎日白米を食べる。 〈オーストラリア〉
    正 **一般の／大部分の**日本人は毎日白米を食べる。

位置

11. 誤 沢山しゃべって。**だいたい**こちらの願いが分かってくれるだろう。 〈中国〉
    正 沢山しゃべって。そうすれば、こちらの願いを**だいたい**分かってくれるだろう。

その他

【だいたい〜→〜ぐらい】

12. 誤 この学校の学生の中に**だいたい10パセント**はまじめです。〈中国〉
    正 この学校の学生の中で（だいたい）**10パーセントぐらい**の人はまじめです。

誤用の解説

混同

1のように、「だいたい」が頻度の意味で用いられる場合は、「だいたい」の代わりに「〜(すること)が多い／多かった」という言い方が自然である。「だいたい」は漠然とした言い方で、時として意味が通じないことがあるので、学習者には「〜(すること)が多い／多かった」という言い方を習得させたい。2，3では、「だいたい」が次に続く述語を説明しているのか、主語を説明しているのかがわかりにくい。主語について説明している場合は、「Nはだいたいが〜」という「が」を持った形（名詞的用法）を使って、程度や分量を表すほうが自然である。

学習者の誤用では、「だいたい」と「たいてい」の混同が多く見られる。4の「朝はだいたいコーヒーを飲む」は意味的に曖昧なので、はっきりと頻度を表したいなら、「たいてい」か「普通は」を用いたほうがよい。5も同様である。6～10は、「だいたい」を「大部分」（または、「ほとんど」）にすると、数量を表していることが明確になる。9，10においては、より自然な言い方としては「一般の」がふさわしい。

位置

副詞の文中での位置は、基本的には、その副詞で強めたい事柄の前に来るのが普通である。11のままでも意味は通じるが、動詞の前に置くとより明確になる。

その他

「だいたい」が approximately であると習うと、学習者は「だいたい3時間かかる」や「だいたい5キロです」のような言い方をする。12は間違いではないが、日本語では数量表現には「だいたい」を単独で使うより「～ぐらい／くらい」を付けて、「だいたい10パーセントぐらい／くらい」とするか、「だいたい」を省いて「10パーセントぐらい／くらい」とするほうが自然である。

伝達上の誤用 ★

●学習者は4や「日曜日はだいたい洗濯をします」のような文を作る。日本語母語話者ならたぶんよく使う言い方であるが、学習者が使うと違和感が残る。日本語母語話者が「だいたい」を使う時は、「だいたい」の用法を、頻度・傾向を表す「たいてい」にまで拡張し、それを承知で、あえて曖昧に漠然と使っている場合が多い。一方、学習者は「だいたい」＝「たいてい」と理解しているので、「たいてい」の代わりに無差別に「だいたい」を使うため、不自然に感じられるのであろう。

指導のポイント

●学習者が「だいたい」を頻度に使うと、不適切なことが多い。
　例：土曜日は｛？だいたい／○たいてい｝アルバイトに行きます。
頻度を表すには「たいてい」を使うように指導したほうがよい。
●学習者は数量表現にも「だいたい」を使いがち（例：だいたい飲んだ。）であるが、曖昧にしたくないときは、「大部分」や「ほとんど」を使わせる。
●学習者は「だいたいの人（は）」という言い方を好むようだが、「たいていの／大部分の」、時には「一般の人は」というように、意味を明確にする表現を使わせたい。

● 学習者は「だいたい1時間」と言う言い方をしがちだが、「だいたい〜ぐらい／くらい」のように「ぐらい／くらい」を使う練習も十分しておいたほうがよい。

たいてい

➡日曜日は**たいてい**寝ている。
➡**たいてい**の人はそのことを知っている。

その頻度・傾向が高く、習慣的になることに多く用いられる。また、「たいていの人・場合」のように名詞的に使われることもある。

関連項目　たいていは／の、だいたい、たぶん、ほとんど

誤用例文

付加
1. 誤 子供を連れて遊びに行くとき、**たいてい**子供の品を忘れちゃうものがどきどきあるものだ。〈韓国〉
   正 子供を連れて遊びに行くとき、子供の物を忘れちゃうことがときどきある（ものだ）。

誤形成
2. 誤 今ごろは**たいて**到着しただろう。〈韓国〉
   正 （彼／彼女は）今ごろは**たいてい**到着している。

混同
【たいてい→だいたい】
3. 誤 上級のクラスの学生数は**たいてい**80人です。〈韓国〉
   正 上級のクラスの学生数は**だいたい**80人です。
4. 誤 この説明は**大抵**わかったと思う。そこで次のページに入りましょう。〈中国〉
   正 この説明は**だいたい**わかったと思います。では、次のページに入りましょう。
5. 誤 私が説明したのは**たいてい**わかりましたか。〈韓国〉

　　　　正　私が説明したことは**だいたい**わかりましたか。

6．＜「どのくらいかかるか」と聞かれて＞
　　　　誤　そうですよね。**たいてい**約1時間40分ぐらいか。　　〈中国〉
　　　　正　そうですね。**だいたい**約1時間40分ぐらいでしょうか。

【たいてい→たぶん】

7．　　誤　今日彼は**たいてい**五時に来るでしょう。　　　　　　〈中国〉
　　　　正　今日彼は**たぶん**五時に来るでしょう。

8．　　誤　今ごろは**たいて**到着しただろう。　　　　　　　　　〈韓国〉
　　　　正　（彼／彼女は）今ごろは**たぶん**到着しているだろう。

【たいてい→ほとんど】

9．★誤　私は子供のとき**たいてい**都会で過しました。　　　　〈中国〉
　　　　正　私は子供のとき、**ほとんど**都会で過ごしました。

10．★誤　センターの授業に出ているみんなは**たいてい**外国人です。〈台湾〉
　　　　正　センターの授業に出ているのは、**ほとんど**外国人です。

【たいてい→たいていの場合】

11．　　誤　雨が降れば、**たいてい**温度が低くなる。　　　　　　〈タイ〉
　　　　正　雨が降れば、**たいていの場合**温度が低くなる。

【たいてい→たいていの人が】

12．　　誤　日本人は**たいてい**おふろに入るのが好きです。　　　〈中国〉
　　　　正　日本人は**たいていの人が**おふろに入るのが好きです。

位置

13．　　誤　翌々日は先生と友達の日です。**たいてい**友達が集まるための場所は古い学校です。　　　　　　　　　　　　　　〈ベトナム〉
　　　　正　翌々日は先生と友達の日です。友達が集まるための場所は**たいてい**古い学校です。

その他

【助詞「は」】

14．　　誤　日曜日たいていうちにいる。　　　　　　　　　　　〈中国〉
　　　　正　日曜日**は**たいてい家にいる。

誤用の解説

付加
1は「たいてい」と「ときどき」が併存している。どちらかを削除すればよい。

誤形成
2は語末の長母音の把握が難しく、学習者は「たいて」ととらえるのであろう。しかし、表記する時は「たいてい」のように「い」が必要である。

混同
「たいてい」は多くの場合「だいたい」と置き換えることができるが、置き換えが不可能な時に3～6のような混同をしてしまう。3は数量に対して「たいてい」を用いている。この誤用は多く見られるが、数量には「たいてい」ではなく「だいたい」が用いられるべきである。4、5には動詞「わかる」が使われている。一般に「たいてい」が「わかる」や可能動詞とともに使われる時は、「この表の漢字はたいていわかる／書ける」のように、数量的に解釈されることが多い。他の動詞の場合は、「日曜日はたいてい寝ている」のように頻度を表すことが多い。4、5は、説明の内容がおおよそわかるという理解の程度を問題にしているので、「だいたい」が、6はおおよその時間の量を言っているので、こちらも「だいたい」がふさわしい。

「たいてい」は頻度だけでなく、「あした、（私は）たいてい行けると思う」のように可能性の度合いを表す場合もある。ここから7、8のような「たぶん」との混同が起こってくる。「たいてい」は「たぶん」に比べ可能性の度合いが高い。また、7、8では「たいてい」と「だろう」を同時に使っているが、「たいてい」は習慣的なことを表すので、推量を表す「だろう」は使えない。

11、12は、「温度が低くなる」「おふろが好きだ」に「たいてい」がかかっているが、曖昧な言い方になっている。「たいていの場合」「たいていの人が」のように表して、何が「たいてい」なのかを明確にする必要がある。この場合の「たいていの～」は「通常の場合」「一般の人」という意味で、数量的な多さ・割合には直接的には言及していない。

位置
13では「たいてい友達が集まる」のではなく、「その場所はたいてい古い学校」であるという関係になる。したがって、「たいてい」を「古い学校」の前に持って来るとよい。

その他
14では、「ほかの日と違ってその日はたいてい～」と「日曜日」を取り立てているので、対比を表す「は」が必要である。

|伝達上の誤用| ★

● 9，10はどちらも誤りとは言えない。「たいてい」は基本的には、習慣的な（何度も繰り返される行為や状態の多くの割合が一定の傾向になる）ことを表す。一方、「ほとんど」は単に数量的な割合に重点が置かれているだけである。10について考えてみると、

(1) 授業に出ているのは、たいてい外国人だ。
(2) 授業に出ているのは、ほとんど外国人だ。

(1)は「多くの場合授業に出ているのは外国人だ」の意味になり、(2)は授業という限定された範囲の中で、数量的にとらえて大部分が外国人という意味になる。

指導のポイント

- 学習者は「たいてい」と「だいたい」を混同しやすい。「だいたいわかる」のように漠然とした程度を表すときは「たいてい」は使えないことに注意させる。
- 習慣的なことや頻度・傾向については「たいてい」を使うように指導する。頻度に「だいたい」を使うと、不適切なことが多い。
- 述語が「わかる」や「できる」のような可能動詞の時は、「たいてい」でなく「だいたい」を使うように指導する。
- 「たいてい」と「たぶん」の混同も見られる。「たいてい」を和英辞書で引くと probably という訳語もあり、両者は似通っている面を持つ。しかし、「たいてい」は頻度・傾向を表し、習慣になっていることに用いられる。「たぶん」はあくまでも話し手の推量を表す。

たいへん（大変）

→彼女は**大変**尊敬されている。
→**大変**お世話になりました。

「大変」には「大変な人出だ」「それは大変だ」などの形容詞的用法があるが、ここでは動詞や形容詞を修飾する「大変」を取り上げる。「非常に」「とても」と同じく、程度がはなはだしいことを示す。

|関連項目| かなり、ずいぶん、非常に、たくさん、とても、あまり＋否定形、形容詞

|誤用例文|

|付加|

1. 誤 私は大学の三年になったときからジョーンとよくおどったり飲んだりして、だんだん仲が**大変**よくなってきた。〈アメリカ〉
   正 私は大学の三年になったときからジョーンとよく踊ったり飲んだりして、だんだん仲がよくなってきた。

|誤形成|

2. 誤 わたしはかんじのいみがたいていわかりましたが、ひらがなとかたかなはぜんぶわかりませんでした。そのとき、**たいてん**しんぱいしました。〈中国〉
   正 私は漢字の意味はたいていわかりましたが、ひらがなとかたかなは全然わかりませんでした。そのときは、**大変**心配しました。

|混同|

【大変→たくさん】

3. 誤 ある国ではびんぼうの人が**大変**くらしている。それにびんぼうなのに他の人にものをぬすまない人もたくさんいる。〈インドネシア〉
   正 ある国では貧乏な人が**たくさん**暮らしている。しかし、貧乏でも、盗みをしない人もたくさんいる。

【大変→かなり】

4. 誤 仕事は簡単でしたが、一日中にいつも立って足が非常に疲れました。特に、土曜日と日曜日はお客さんが多くて商品は**大変**雑乱でした。〈台湾〉
   正 仕事は簡単でしたが、一日中ずっと立っていたので、足が非常に

疲れました。特に、土曜日と日曜日はお客さんが多くて、商品が**かなり**乱雑になりました。

【大変→とても】

5. ★誤 **たいへん**おいしいです。　　　　　　　　　　　　　〈タイ〉
    正 **とても**おいしいです。
6. ★誤 私はいま**たいへん**ひまです。　　　　　　　　　　　〈韓国〉
    正 私は今**とても**ひまです。
7. ★誤 入口に**たいへん**高い「すぎ」というの木がありました。韓国にはそう高い木はとてもみえませんです。　　　　　　　　　　〈韓国〉
    正 入口に**とても**高い「杉」という木がありました。韓国ではそんなに高い木はあまり見られません。

誤用の解説

付加

「大変」はそのものの程度を強調する副詞で、1のように変化しつつある状態に用いると不自然になる。

誤形成

2の学習者は「たいへん」を「たいてん」ととらえた可能性も否定できないが、「へ」と「て」の文字上の類似性から書き間違えた可能性が高い。

混同

3は「大変」と「たくさん」の混同である。数量を表す「たくさんの人」という意味では「大変」は使えない。また、「大変」は程度を表す状態表現と結び付き、動詞「暮らしている」とは結び付かない。4は「商品が大変乱雑になった」でも誤りではない。しかし、「大変」にはやや誇張された響きがあるので、程度・様子を客観的に表す「かなり」が適切である。

伝達上の誤用 ★

● 5〜7のように「大変」と「とても」の混同が見られる。学習者は「大変」を習うと、「大変＝very」と思って、「大変いいです」「大変おいしいです」「大変かわいいです」のように、何にでも「大変」を使ってしまう。しかし、「大変」は本来「驚くほどはなはだしい様子」を表すため、形容詞を修飾する時には注意が必要である。5では「おいしい」に「大変」を用いているが、話し手が感情を込めて（誇張ではなく素直に）表現したい場合は「大変」は不自然になる。「おいしい、

おかしい、痛い、悪い」のような感情や感覚を表す形容詞では、「大変」より「とても」のほうが自然に感じられることが多い。

6，7の「大変ひまだ」「あの木は大変高い」も落ち着きが悪い。「ひまだ」「高い」はそのものの性質、状態を表す形容詞で、客観的表現であるため、その程度を誇張的に表す「大変」はそぐわないのであろう。ここでは誇張の含みのない「とても」のほうがよい。7では、書きことば的であるが「非常に」を用いてもよい。「大変」は初級のかなり早い段階で形容詞とともに導入されることが多い。文法的には誤りではないが、「大変＋形容詞」を指導する時には注意が必要であろう。

> **指導のポイント**
>
> - 「大変」と「たくさん」を混同する学習者がいるので、「大変」は程度を、「たくさん」は量を表すことを徹底させる。
> - 否定的表現（not very＋adjective）で、学習者は「大変～ない」を使いたがるが、否定では「あまり～ない」を使うことを徹底する。
> - 日常の会話で「大変おいしいです」「大変ひまです」などと言うと、かなり誇張的に聞こえる。「大変」の代わりに、より話しことば的である「とても」を使わせるとよい。ただし、「とても」は女性っぽく聞こえることもあるので、使い過ぎないように注意する。
> - より客観的な表現として、「大変」の代わりに「かなり」「非常に」も使えるように指導したい。
> - 「大変」は副詞以外に、「大変な事件」「忙しくて大変だ」「大変ですね」などのナ形容詞の用法もある。混乱を起こさないように、どこかで整理したほうがよい。

だが

➡あの学生は一生懸命勉強に取り組んでいる。**だが**、どうしても長続きしない。

前文には事実を描写する文（叙述表現）が来て、後文には前文と相反する叙述表現や判断表現が来る。判断が入ると、「しかし／でも」に取って代わられることが多い。

|関連項目| しかし、でも、ですが、一方、もっとも（接）

|誤用例文|

|脱落|

1. 誤 彼はきびしいみたいね。φ実はやさしいですよ。〈オーストラリア〉
   正 彼は厳しいように見えるかもしれないね。**だが**、実際はやさしいですよ。
2. 誤 今度の入試は、合格した。φ実は、実力まだ弱い。〈中国〉
   正 今度の入試は、合格した。**だが**、実際は、実力はまだ十分ではない。

|付加|

3. 誤 けさから寒くなりました。**だが**私はTシャツを1まいだてきて学校に来ましたのでとても寒いです。〈韓国〉
   正 今朝から寒くなりました。私はTシャツ1枚だけで学校に来たので、とても寒いです。

|混同|

【だが→しかし／でも】

4. ★誤 知らないふりしている。**だが**、知っていると思う。〈ロシア〉
   正 知らないふりしている。**しかし／でも**、知っていると思う。
5. ★誤 もう寒くなってきました。**だが**、彼はまだ半袖を着ています。〈中国〉
   正 もう寒くなってきました。**しかし／でも**、彼はまだ半袖を着ています。
6. ★誤 先生に話したいです。**だが**先生は時間がありません。〈韓国〉
   正 先生に／と話したいです。**しかし／でも**、先生は時間がありません。
7. ★誤 私は背が低いです。**だが**、妹は高いです。〈韓国〉
   正 私は背が低いです。**しかし／でも**、妹は高いです。

8. ★ 誤 田中さんは思った以上にいい成績を取りました。**だが**、どうしても喜んではいません。 〈台湾〉

   正 田中さんは思った以上にいい成績を取りました。**しかし／でも**、なぜかうれしそうではありません。

【だが→ですが】

9. ★ 誤 世の中、人の一言で自分の行動を左右され、何をしようか分らなくなる人は少なくありません。**だが**、何をしても、自分の意見や考え方をしっかり持ったほうがいいかもしれません。 〈中国〉

   正 世の中、他人の一言で自分の行動を左右され、何をしたらいいのかが分らなくなる人が少なくありません。**ですが**、何をするにしても、自分の意見や考え方をしっかり持ったほうがいいと思います。

【だが→一方】

10. 誤 お祭りは日本全国どこでも同じやり方でするわけではなく、県によって違う。**だが**、シンガポールでは皆で同じように慶祝して、節句を重視する人数もぐんと上がる。 〈シンガポール〉

    正 お祭りは、日本全国どこでも同じやり方でするわけではなく、県によって違う。**一方**、シンガポールでは皆同じようなやり方で祝う。端午の節句を重視する人の数もかなり多い。

【だが→もっとも】

11. 誤 たばこのコマーシャルも悪い影響を与えるから、テレビで広告できないようにするべきだの意見にも賛成です。**だが**、たばこのコマーシャルを見た子どもにどんな悪い影響が与えられるのか、それに疑問があります。 〈韓国〉

    正 たばこのコマーシャルも悪い影響を与えるから、テレビで宣伝できないようにするべきだ、という意見にも賛成です。**もっとも**、たばこのコマーシャルを見た子供にどんな悪い影響を与えるのか、それは分かりません。

■その他

【文体の一致】

12. ★ 誤 一週間ぐらい**準備しました**。**だが**発表しなかった。〈インドネシア〉

    正 一週間ぐらい**準備した**。**だが**、発表しなかった。

> 誤用の解説

脱落

1，2の「実は」は、「前文。だが／しかし、実は、〜のだ。」の文型をとることが多く、後文で、前文で示していない真相・真実を述べる時に使われる。学習者は「実は」に「だが／しかし」の意味合いが含まれていると考えるためか、逆接の接続詞を省略してしまうことが多い。1，2の文には、話し手の本当の事情や秘密を打ち明けるニュアンスはないと考え、「実は」は「実際は」に修正した。「だが」は主に書きことばで用いられるが、男性が話しことばで使う場合もある。1は男性の発話ととらえ訂正を加えた。

付加

「だが」は普通体の文章に使われることが多く、3のような丁寧体の文には不適切となる。また、3の場合、「だが」を付けると逆接的な意味が強調されてしまい、文の流れが前文でストップしてしまうので、「だが」は省略したほうがよい。

混同

4〜8は、「だが」と「しかし／でも」との混同である。辞書で調べると、「だが」の項には「しかし」「でも」が、「しかし」の項には「でも」「だが」が書かれていたりする。そのためもあって、学習者はそれぞれの用法の差を理解できていないことが多い。「だが」は、前文に事実を描写する文が来て、後文には叙述表現か判断表現が来るが、判断表現が来る場合は、「しかし」に取って代わられることが多い。5〜8は、前文で述べていることを認めながら、後文には新しい意見や事実を加えていること、また、丁寧体の文であるので、「しかし／でも」にしたほうが適切である。

10は、「一方」とすべきところを「だが」と書いてしまった誤用である。学習者は、逆接の接続詞「だが」「しかし」「でも」は同じグループで、「一方」は少し異なるということはわかっていても、どのように使うのかはわからないようだ。10の前文は「日本の祭り」について、後文は「シンガポールの祭り」について書かれた文なので、比較対照を表す「一方」を使うべきである。11は、「もっとも」と「だが」の混同である。「もっとも」は学習者にとって難しい接続詞で、誤用が多い。11の学習者も、前文の事柄に対して後文で但し書きを付け加えるという、「もっとも」の意味を理解していないため、安易に逆接の「だが」を使ってしまったものと思われる。

|伝達上の誤用| ★

- **4**はこのままでも誤りではない。ただし、「だが」は前文・後文に事実を描写する文（叙述表現）が来ることが多く、4のように後文に判断表現（「と思う」）が来ていると、話し手の判断と結び付く「しかし」や「でも」のほうがふさわしくなる。
  - (1) 少し熱があった。｛だが／しかし｝、約束があったので、外出した。
  - (2) 少し熱がある。｛？だが／○しかし｝、約束があるので、出かけようと思っている。
- **5〜8**まですべて丁寧体で書かれているので、文体の一致という点から考えても、書きことば的な「だが」ではなく、話しことば的な「でも」のほうがふさわしいと考えられる。接続詞の選択において、どの語を選択するかは使用者の文体意識にかかわってくるので、前後の文の流れをよく吟味した上で、ふさわしいものを決めていく必要がある。異なった接続詞を使用しても、誤用と決めつけられない場合も多く、訂正の際には流れの自然さという観点から考える必要がある。
- **9**は、「だが」と「ですが」との混同である。学習者は文体の一致という点を考えて文を書いていないと思われる。この文は、語りかけるような調子で書かれていて、しかも丁寧体なので、「ですが」のほうが適切である。
- **12**では前文と後文で文体が一致していない。中級レベルの場合、学習者に、何が丁寧体で、何が普通体なのかという区別が十分にできておらず、丁寧体で書き始めたら最後まで丁寧体で、同様に普通体で書き始めたら最後まで普通体で書くというルールが理解できていない。そのため、丁寧体と普通体の文章が混在している場合が多い。

|指導のポイント|

- 話しことばと書きことばでは、使用する接続詞が異なる。話しことばでは、主に「でも／だけど」などが使われているのに対し、書きことばでは、「しかし／だが」などが主に使われる。
- 「だが」は普通体で使われることが多い。前後文の文体の一致に注意させる。
- 「だが」は文末に叙述表現、判断表現が来やすく、意志表現は来にくい。文末と関係付けて、「だが」の指導を行う必要がある。
- 上級レベルになっても、論文やレポートで「でも／けれど（も）／だけど（も）／けど／ですけど」を使っているケースが多く見受けられるので、

> 少なくとも中級レベルまでに、話しことばと書きことばの違いについて指導する必要がある。

だから

→このバッグは高価なものだ。**だから**、大切に扱ってくれ。

前文の内容が、後文で起こる結果の原因・理由になることを表す。話しことばであるが、丁寧に言いたい時は「ですから」を使う。

関連項目 ですから、それで、したがって、このように、しかし

誤用例文

脱落

1. 誤 あの人は二年間も日本語を勉強してきた。Φ日本語をもっと喋べられるべきだ。 〈インドネシア〉
   正 あの人は二年間も日本語を勉強してきた。**だから**、日本語がもっとしゃべれるはずだ。
2. 誤 日本の文化を理解するために必ずしもホームステイをするというわけではない。日本人の家に遊びに行って日本人と友達をつくった方がいいと思っている。Φ今私にとってホームステイをしたくない。 〈中国〉
   正 日本の文化を理解するために、必ずしもホームステイをするのがいいというわけではない。むしろ日本人の家に遊びに行って、日本人の友達を作った方がいいと思っている。**だから**、今私はホームステイはしたくない。

付加

3. 誤 このチェックには、問題がたくさん出ていて、**だから**困まりますね。 〈中国〉
   正 このチェックには問題がたくさん出ていて、困りますね。
4. 誤 昔には女性は家事だけする人が多いが、今は女性も男性のような

職業をもって社会生活をしている。**だから**女性にも仕事があるから子供がいっても育つ時間もないし、子供なので仕事もできないので子供をほしい夫婦が減少していると思われる。　　　〈韓国〉

正　昔は女性は家事だけをする人が多かったが、今は女性も男性のように職業を持って社会生活をしている。女性にも仕事があるから、子供がいても育てる時間もないし、子供がいると仕事もできないので、子供がほしい夫婦が減少していると思われる。

| 混同 |

【だから→このように】

5. 誤　学校実験の前に先生はいつも私のうちに英語や数学やマレー語などをおしえてくれて来ました。ときときゴ先生は書局で新しい本をかって私にくれました。**だから**ゴ先生は私にいろいろせわや親切にくれた、いつも私の心に残っています。　　　〈インド〉

正　学校の試験の前に、先生はいつも私の家に英語や数学やマレー語などを教えに来てくれました。ときどきゴ先生は、本屋で新しい本を買って私にくれました。**このように**ゴ先生はいろいろと世話をしてくれたり、親切にしてくれたので、いつまでも私の心に残っています。

【だから→そのようなわけで】

6. 誤　中国では一人っ子制度を実施した20年以来、人口の大幅増加をおさえたが、少子化問題も出てきた。**だから**、新しい制度では一人っ子と一人っ子結婚したら、二人まで子どもを産むことができる。
〈中国〉

正　中国では、一人っ子政策を実施して以来20年間、人口の大幅な増加を抑えることができたが、少子化問題も出てきた。**そのようなわけで**、新しい政策では一人っ子と一人っ子が結婚するときは、二人まで子どもを産むことができるようになった。

【だから→したがって】

7. ★誤　中国の会社には、重要な仕事をやったり重要なポスト持つたりしている女性も珍しくない。男性と同じな仕事をやれば給料も必ず同じである。**だから**、中国の女性は結婚するために、あるいは子供を産むために仕事をやめるのは要らない。　　　〈中国〉

正 中国の会社には、重要な仕事をやったり、重要なポストに就いたりしている女性も珍しくない。男性と同じ仕事をやれば、給料も必ず同じである。**したがって**、中国の女性は結婚するために、あるいは子供を産むために、仕事を辞める必要はない。

【だから→それで】

8. ★誤 彼は普段ぜんぜん勉強しないんです。**だから**、試験の前、いつも夜中まで勉強する。〈中国〉

   正 彼は普段全然勉強しないんです。**それで**、試験の前は、いつも夜中まで勉強しています。

9. ★誤 国では、日本製品が欧米製品より、人気があります。**だから**、日本の会社はだんだん建ってきました。〈インド〉

   正 国では、日本製品が欧米製品より人気があります。**それで**、日本の会社がだんだん増えてきました。

【だから→しかし】

10. 誤 たばこを吸うのは世界に文化になったから、やめにくいと考えられます。**だから**、たばこを作らなかったら、たばこを吸う人もありません。でも、そうできません。たばこを作るのは政府です。〈タイ〉

    正 たばこを吸うことは世界の文化になっているので、やめさせることは難しいと考えられます。**しかし**、たばこを作らなければ、たばこを吸う人もいなくなります。でも、それはありえないことでしょう。たばこを作るのが政府だからです。

■その他

【それゆえ→だから】

11. ★誤 私にとって、このような方法は有利な点もあるし、不利な点もあると思っています。これからは有利な点です。たばこを一服すう人が嫌いな人もいれば、たばこの煙を嗅ぐと、病気になる人もいるからです。**それゆえ**、公共の場所ではたばこを吸えないよう規則を作ることは、たばこが嫌いな人にとって有利な点です。〈タイ〉

    正 私は、このような方法にはいい点もあるし、悪い点もあると思います。まず、いい点について書きます。たばこを吸うのが嫌いな人もいれば、たばこの煙を嗅いだだけで、病気になる人もいます。

だから、公共の場所でたばこを吸えないように規則を作ることは、たばこが嫌いな人にとっていいことです。

【文体の一致】

12. ★誤　彼はよく**勉強した**。だから**及第しました**。　　　〈中国〉
    正　彼はよく勉強した。だから、**及第した**。／
    　　彼はよく**勉強しました**。だから、及第しました。

誤用の解説

脱落

1，2は理由付けを表す「だから」が抜けている。前文と後文の原因・結果の関係が学習者に把握できていないことが要因だと思われる。2に関しては文が長くなったことで「結論」や「終わり」という意識が薄らぎ、「だから」が忘れられたと考えられる。

付加

中国語では、接続詞を使わなくても、次々に文をつなげていくことが可能である。そのため接続詞に対する意識が薄く、使う必要のない部分にまで過剰に使ってしまう3，4のような誤用も多くなる。3は理由を表す「て」のあとに理由を示す接続詞「だから」を、4は理由節「から」に理由を示す接続詞「だから」を加えて冗長になっている。3、4とも「だから」を削除したほうが文の流れが自然になる。

混同

混同の誤用では、「そのようなわけで」「したがって」「それで」との混同が多い。5は「このように」、6は「そのようなわけで」が使えずに、「だから」を使っている。6は「現在の中国の一人っ子政策が確立するまでの経緯」を示しているだけで、話し手の主観を示しているわけではない。原因・結果の関係と同時に、結果に至るプロセスをも示す「そのようなわけで」が適している。

「したがって」は理由に基づく論理的帰結を表す。7では、前文の理由は客観性があり、論理的、かつ説明調の記述なので、主観性の強い「だから」より「したがって」のほうがふさわしい。8，9は「それで」との混同である。原因や理由を積極的に示し、前文が後文のはっきりとした原因となっている場合は、「だから」が使われるが、前文で示された事柄が成り行きで、また結果として後文の状況となってしまう場合は、「それで」が使われる。10では、逆接の意味合いがあるのに、「だから」を使っている。

|伝達上の誤用| ★

- 「だから」は話し手の感情や主張を強く表すため、主観的、直接的、断定的ニュアンスを伝える。「だから」を使うと、話し手の感情が強く出るとともに、文の改まり度が低くなる。7の後文は、話し手の意志とは無関係で、前文から見た後文の事柄は論理的に導かれる結論であることから、「したがって」のほうがふさわしい。また、7は改まり度が高い文章である。「だから」は主観的表現なので、文体の一致という点から考えても、改まり度が高く、客観的表現の「したがって」のほうが望ましい。

- 8，9は、原因・理由を全面的に押し出して主張している文ではない。前文の成り行き上、後文になったというだけである。「だから」を使った場合、前文の原因を必要以上に強調することになり、不自然である。また、「したがって」を使うと、改まり度の低い文体にそぐわないので、「それで」がふさわしいということになる。

- 11は、「だから」を使うべきところで「それゆえ」を使った例である。「それゆえ」も原因を示すが、書きことばで改まり度が非常に高く、やや文語調の接続詞であるため、丁寧体の文章には合わない。

- 12は、前文が普通体、後文が丁寧体で「だから」が使われているが、文体の一致という観点から2通りに修正した。「だから」は訂正文に示したように普通体にも丁寧体にも使える。ただし、「だから」が丁寧体の中で使われると、丁寧度が落ちる。丁寧に話したい時は、「ですから」とする必要がある。

|指導のポイント|

- 導入の段階で、次のような「だから」のポイントを整理して提示するとよい。
    - ①話しことば的
    - ②話し手の感情や主張を強く表す主観的表現
    - ③直接的表現
    - ④断定的表現
    - ⑤前文と後文の因果関係がはっきりしている
    - ⑥後文には判断や意志表現が来やすい

- 学習者は「だから」を使い過ぎる傾向がある。「だから」は話しことば的であり、話し手の感情や主張を強く表すので、使い方に注意させる。

- 「だから」は普通体で使われやすい。丁寧体の文で使うと丁寧度が落ちるため、使い方に注意させる。

● 学習者は、前述したことをまとめる表現(「このように」「そのようなわけで」)をなかなか使えるようにならない。代わりに「だから」「それで」「したがって」などを使ってしまう。適切な学習時期に、このような指示詞を使った表現を整理して説明し、使えるように指導すべきである。

たくさん

➡ **たくさん**召し上がってください。
➡ 本を読む時間が**たくさん**ある。

数量が多いことを表す。話しことばである。また、「たくさんの人」「たくさんの仕事」のように名詞的に使われることもある。

関連項目 かなり、十分、よく、あまり＋否定形、いろいろな、多くの

誤用例文

付加

1. 誤 **たくさん**日本語の実力の高くなるには、大勢の人々と語り合うことが役立ちになります。 〈韓国〉
   正 日本語の実力を高めるのに、多くの人々と語り合うことが役に立ちます。

2. ★ 誤 最初は漢字を全然書けなかったが、**たくさん**勉強して、練習してだんだん少し書けるようになった。 〈アメリカ〉
   正 最初は漢字が全然書けなかったが、勉強したり練習したりして、だんだん少しずつ書けるようになった。

誤形成

3. 誤 私の小学の時、あり、いい学生じゃなかった。いつも**たくさ**悪いことをした。 〈インド〉
   正 私は小学生の時、あまりいい生徒ではなかった。いつも**たくさん**悪いことをした。

> 混同

【たくさん＋否定→あまり＋否定】

4. 誤 にほんごのことばは**たくさんわからない**から、いまいっしょけんめいにべんきょうしています。 〈中国〉
   正 日本語のことばが**あまりわからない**から、今一生懸命勉強しています。

5. 誤 いま、わたしのにほんごは**たくさんしりません**から、ともたちはしんせつにおしえます。 〈中国〉
   正 今、私は日本語を**あまり知りません**から、友だちが親切に教えてくれます。

【たくさん→かなり】

6. ★誤 日本の学生は**たくさん**ひまがあると思います。 〈アメリカ〉
   正 日本の学生は**かなり**ひまだと思います。

7. 誤 今からんどんさむくなります。だからみんな注意した方がいいです。冬なので、**たくさん**でんせん病が広がっています。 〈フィンランド〉
   正 これからどんどん寒くなります。だから、みんな注意した方がいいです。冬なので伝染病が**かなり**広がっています。

【たくさん→十分／よく】

8. ★誤 香港では、学校の規則がきびしくて勉強宿題もたくさんある。よい学校と大学を入学するために、**たくさん**勉強しなくてならない。 〈中国・香港〉
   正 香港では、学校の規則が厳しくて勉強も宿題もたくさんある。よい学校や大学に入学するために、**十分／よく**勉強しなくてはならない。

【たくさん→よく】

9. 誤 最近**たくさん**ニューミュージックを聞きます。 〈アメリカ〉
   正 最近**よく**ニューミュージックを聞きます。

【たくさんの→多くの】

10. 誤 この本は子供のための本です。けれども、**たくさんの**大人もすきです。 〈中国〉
    正 この本は子供のための本です。けれども、**多くの**大人も好きです。

【たくさん→たくさんの／多くの】
11. 誤 帰ったの次日は、私の誕生日なので、**たくさん**友だちと一緒にディスコへ行きました。　　　　　　　　　　　　〈マレーシア〉
　　 正 帰った次の日は私の誕生日だったので、**たくさんの／多くの**友だちと一緒にディスコへ行きました。

【たくさん→いろいろな】
12. 誤 **たくさん**所で喫煙を実施して、たばこが体にわるいことを人に強調していますが、たばこを吸う人はもっと増えています。〈韓国〉
　　 正 **いろいろな**所で禁煙を実施して、たばこが体に悪いことを人に強調していますが、たばこを吸う人は増えています。

位置
13. 誤 **たくさん**昔サンパウロにあった工場はいなかへ引っ越されました。　　　　　　　　　　　　　　　　　　　　〈ブラジル〉
　　 正 昔サンパウロに**たくさん**あった工場はいなかへ引っ越しました。

その他
【助詞「が」】
14. 誤 たばこの販売店がたくさん**が**ある。　　　　　　〈中国〉
　　 正 たばこの販売店がたくさんある。

誤用の解説

付加
　1，2で学習者は程度を強調したかったのであろうが、むしろ「たくさん」がないほうが客観的に述べることができる。

誤形成
　「ん」は後続音によって音声が変化し、後続音が母音（ア行）、ヤ行、ワ行のような場合、「ん」が軽い鼻母音になることも多いため、学習者は3のように、「ん」の存在を無視してしまうケースが少なくないと考えられる。

混同
　「たくさん」の誤用の一つは、4，5に見られるような否定とのかかわりである。日本語では「たくさん」を否定にする場合は、「たくさん～ない」ではなく、「あまり～ない」を使うのが普通である。「たくさん」は数量の多さを表し、4，5のように程度の高さは表さない。7，8のように程度を表すためには、「たくさん」の代わりに「かなり」や「十分」を、9のように頻度を表すためには「よく」を

使う必要がある。

　「たくさん」は具体的な形で数量が多いことを示す副詞である。したがって、名詞を修飾する「たくさんの～」も具体的に目に見えるような形で数量が多いことを示す場合が多い。

　(1) たくさんの友達が空港に見送りに来た。
　(2) 彼の家にはたくさんの骨董品がある。

10で学習者は「たくさんの大人も（子供の本が好きだ）」と言っているが、「大人」という語がやや抽象的な語であること、また、数量が多いことを具体的に目に見えるような形で述べている状況ではないので、より抽象的な表現の「多くの」を用いたほうがよいと思われる。11, 12は、「たくさん」が動詞・形容詞にかかるか、名詞にかかるかという問題である。学習者は「たくさん」がそのまま名詞を修飾できると思って「の」を忘れてしまったようだ。11は「多くの」にするか、また、具体的に目に見えるような形で友人の多さを述べるなら、「たくさんの」にする必要がある。12は、単に数の多さだけでなく「種々のところ」という意味で、「いろいろな」がよいであろう。

|位置|

　「たくさん」は、「たくさん食べる」「たくさんある」のように動詞に直接かかる副詞なので、13のように文頭に置くと、文の意味が不明確になる。

|その他|

　14のように、「たくさん」が数量を表す副詞として用いられる場合は、「店がたくさんある」「人がたくさんいる」のように、「たくさん」の後ろの「が」は不要である。

|伝達上の誤用| ★

● 2や8に見られるように、「たくさん勉強する」は適切な日本語だろうか。日本語教師はしばしば学習者（特に初級レベルの）に「たくさん勉強してください」などと言うが、言ってから、子供っぽい日本語を話しているようで居心地が悪くなる。「たくさん」は基本的には数量的な多さを問題にする語で、勉強は量だけでなく質にもかかわるものであるため、違和感があるのかもしれない。

● 同様に、6のように「たくさんひまがある」とはあまり言わない。「たくさん」という語は何にでも使えて便利そうであるが、話しことばであり、書いたものに使うと幼稚な印象を与えるので注意が必要である。

指導のポイント

- 「たくさん」は数量の多さを表す。学習者は「たくさん」を多用しがちだが、肯定の程度表現には「よく」「かなり」、否定には「あまり」などを使うように指導する。
    例１：｛？たくさん／○よく｝勉強する。
    例２：インフルエンザが｛？たくさん／○かなり｝流行っている。
    例３：私は漢字は｛×たくさん／○あまり｝知らない。
- 「たくさん」は幼稚に聞こえることがあるので、「多くの」「多数の」「おおぜいの」なども使えるように指導し、練習させる。
- 「たくさん」が述語にかかる場合、助詞を付与しないことを徹底させる。
    例：×子供はたくさんがいる。
- 「たくさん」の文中での位置にも注意させる。迷う時は、述語の前に置くようにさせる。

だけ

➡休みは日曜日**だけ**です。
➡見る**だけ**です。買いません。

いろいろな語に付いて、もの・ことの限度、範囲を表す。

|関連項目| しか、ばかり、さえ、ちょうど、なら、**数量表現**

誤用例文

|付加|

1. ★ 誤 車を買ったといっても、中古**だけ**だ。 〈台湾〉
    正 車を買ったといっても、中古だ。
2. 誤 女性はその自分**だけ**の体ばかりではなく、子どもを妊娠する重要な人間だと思います。 〈韓国〉
    正 女性の体は、その人にとってばかりではなく、子供を妊娠するうえでも大切なものだと思います。

321

3. 誤 けさから寒くなりました。だが私はTシャツを1まいだてきて学校に来ましたのでとても寒いです。 〈韓国〉
   正 今朝から寒くなりました。私はTシャツ1枚**だけ**で学校に来たので、とても寒いです。

混同

【だけ→（ちょうど）になる】

4. ★誤 日本は戦争したから四十年の時間**だけ**ある。 〈マレーシア〉
   正 日本は戦争をしてから、（**ちょうど**）四十年**になる**。

【だけ→ばかり】

5. 誤 この大通りに大切な会社の建物があってモダンな建物**だけ**あります。 〈ブラジル〉
   正 この大通りには主要な会社の建物があって、モダンな建物**ばかり**です。

【だけ→しか】

6. 誤 それで私はふるさとの覚えがすこし**だけ**ありません。 〈韓国〉
   正 それで、私はふるさとの記憶が少し**しか**ありません。

【だけ→しか＋否定】

7.   A：ご両親はお元気ですか。
   ★誤 B：私は母**だけ**います。 〈フィリピン〉
   正 B：私は母**しかいません**。

8. ★誤 すみません、今100円**だけあります**。 〈中国〉
   正 すみません、今100円**しかありません**。

9. ★誤 日本語の新聞は、じしょがなければ、ひらがなとカタカナ**だけ読める**。 〈アメリカ〉
   正 日本語の新聞は、辞書がなければ、ひらがなとカタカナ**しか読めない**。

10. ★誤 夕べ、一時間**だけ**寝た。彼が元気じゃないのはそのためである。 〈オーストラリア〉
    正 ゆうべ、一時間**しか**寝**なかった**。彼が元気じゃないのはそのためである。

11. ★誤 全土にクリスチャンは一パーセント**だけいる**と言っても絶望的な

　　　　ことではない。　　　　　　　　　　　　　〈アメリカ〉

　　　正　全土にクリスチャンは1パーセント**しかいない**と言っても、絶望的なことではない。

12. ★誤　最初は小さな会社**だけ作れる**と思う。大きな会社と一緒にベンチャー企業をする。時間によって、私の会社だんだん大きくなると思う。　　　　　　　　　　　　　〈マレーシア〉

　　　正　最初は小さな会社**しか作れない**と思う。大きな会社で働きながら、同時にベンチャー事業をする。時間が経つにつれて、私のベンチャー企業もだんだん大きくなると思う。

【だけ→でしかない】

13. 誤　なぜこんなせまい心が出るのか。日本にも韓国にもそれははずかしい歴史**だけ**だ。　　　　　　　　　　　　　　〈韓国〉

　　　正　なぜこんなに心が狭いのか。日本にとっても韓国にとっても、それは恥ずかしい歴史**でしかない**。

14. 誤　日本に神社とお寺がたくさんあるのに、そんなところは結婚式や葬式のための施設**だけ**らしいだと思う。　　　〈アメリカ〉

　　　正　日本には神社やお寺がたくさんあるのに、そのようなところは結婚式や葬式のための施設**でしかない**らしい。

【だけ→なら】

15. 　　　A：飲めますか。

　　　誤　B：あのくらいお酒**だけ**、大丈夫でしょう。　　〈中国〉

　　　正　B：そのくらいのお酒**なら**、大丈夫でしょう。

16. 　　　A：できますか。

　　　誤　B：このぐらい**だけ**できる。　　　　　　　　〈ペルー〉

　　　正　B：このぐらい**なら**できる。

【だけ→ただの／単なる】

17. 誤　カレッジというのは修道院のような下宿屋**だけ**として始またものだ。　　　　　　　　　　　　　　〈イギリス〉

　　　正　カレッジというのは修道院のような、**ただの／単なる**下宿屋として始まったものだ。

【だけ→さえ】

18. ★誤　規則がなくても人を取り計らう心**だけ**あれば、世の中はもっとう

つくしく、住みよい社会になると思います。 〈韓国〉

正 規則がなくても人を思いやる心**さえ**あれば、世の中はもっと美しく、住みよい社会になると思います。

位置

19. 誤 お金**だけ**持っている人が出世しているとは言えない。 〈韓国〉
    正 お金を持っている人**だけ**が出世しているとは言えない。
20. 誤 それで子供**ではだけ**なく大人もクリスマスを待っています。〈韓国〉
    正 それで、子供**だけではなく**大人もクリスマスを待っています。
21. 誤 日本語がよく分かりませんので、書棚には7冊の本があります**だけ**。 〈？〉
    正 日本語がよく分からないので、書棚には7冊の本がある**だけ**です。
22. 誤 でもこれは私の考え**だけ**です。 〈モンゴル〉
    正 でも、これは私**だけ**の考えです。

その他

【さえ→だけが】

23. 誤 あなた**さえ**私の心の頼りだ。 〈韓国〉
    正 あなた**だけが**私の心の頼りだ。

【ばかり→だけ】

24. 誤 有名な大学を出て**ばかり**で、必ずしも出世しない。 〈中国・香港〉
    正 有名な大学を出た**だけ**では、必ずしも出世しない。

誤用の解説

付加

2では限定表現が「だけ」「ばかり」と二つ使われている。どちらかを削除する必要があるが、ここでは付加の誤用として「だけ」を削除した。

誤形成

3の学習者には「だけ」が「だて」と聞こえたのか、書く時に表記を誤ったのかは不明である。

混同

5のように「○○だけある」と言えば、暗に「○○以外はない」ということが想像される。5は「ほとんどすべてがモダンな建物だ」と、モダンな建物が目立つ様子をとらえているので、限定の強い「だけ」ではなく、「(ほとんど) すべて

（そうである）」の意味を持つ「ばかり」がふさわしい。6は「しか＋ない」とすべきところを「だけ＋ない」と混同したため、意味がわかりにくくなっている。13, 14とも「NはNだ」（「それは恥ずかしい歴史だ」「そんなところは○○の施設だ」）の文末に「だけだ」を用いているが、学習者はそれらを否定的に評価したいのであるから、「Nでしかない」という形が必要である。「Nでしかない」を知らないために「だけだ」で代用していると思われる。

　15, 16では、条件節を「だけ」のみで提示しようとしている。わずかな量や、容易にできることなどに「だけ」を添えて表現しようとしている点はよいが、述語につなげる接続形式がないと、その句全体が後続とどのような関係にあるのかわからない。15, 16では仮定を述べる意図があるため、「なら」を用いたほうがよい。17では「ただの／単なる下宿屋」とすべきところを「下宿屋だけ」としている。「Nだけ」を「ただの／単なるN」とすべき誤用である。

位置

　19で言おうとしているのは、「お金を持っている人」とそれ以外の人との対比であるため、「だけ」の位置を「お金を持っている人」の後ろに変える必要がある。20は「子供ではない」と「だけ」をどう組み合わせてよいかがわからなかったようである。「子供だけだ」の否定の形なので、「子供だけ」はそのままにして「だ」を否定にすればよい。21の「ありますだけ。」という形は文法的にあり得ない。22で限定されるものは「私の考え」ではなく「私」である。したがって「私だけの〜」とする必要がある。

その他

　23「あなたさえ頼りだ」は、他の人はもちろんだが、いつもは頼りに思っていない「あなたまでも」という非常に失礼な言い方になる。

　「ばかり」も限定を表すという点では「だけ」と似ている。（例：彼は肉ばかり／だけ食べる。）24の学習者は「大学を出ただけでは」のつもりで「大学を出てばかりで」としたのであろうが、「大学を出たばかり」は「大学を出た直後」という意味になるので、意味が異なってしまう。

伝達上の誤用 ★

●1は、このままでも間違いとは言えない。新車と中古車がある中、買ったのは中古のほうだけだという意味で使うならば誤用というわけではない。しかし「ただのN」と言うべきところで「Nだけ」の形を使用している場合、意図しない意味を伝えてしまい、誤りとなっている。「ただの」「つまらない」などのニュアンスを添える適切な表現に乏しく、「だけ」を広く使用し過ぎているようである。

●学習者は「だけ」を英語の just ととらえ、「ちょうど〜」に「だけ」を使いがちである。4 はその例であるが、他にも「東京から大阪まで新幹線で3時間だけかかるそうだ〈台湾〉」という誤用もあった。学習者に確認したところ、just three hours と言いたかったという。

● 7 〜12は、「わずかに〜」「期待に満たない」「残念ながら」というような意味が添えられる環境なので、「しか＋否定」を使うべきである。それが「だけ＋肯定」と混同されているため、本来のニュアンスが出せず違和感を与えている。しかし論理的な内容は合っており、文法的に誤用とまでは断定しにくい。このような誤用の要因は、何かが少量ある（肯定可能な）状況を表すのに、「だけ＋肯定」ばかりが定着していて、「しか＋否定」を使うことに慣れていないためだと思われる。「ある」ものを「ない」と表現することに心理的に抵抗感があるのだろう。

●18は誤りではない。例えば「屋根だけあれば生活できる」は「壁」「浴室」などを不要とし「屋根」のみに限定する。一方、「屋根さえあれば生活できる」は他のものもあったほうがよいが、生活できるためには最低限「屋根」がほしいという意味になる。つまり「〜だけ〜ば」は必要条件を述べるという意味で文法的に間違いではないが、「〜さえ〜ば」としたほうが後件（主節）で述べられる事柄の「望ましい事柄の実現のために」という意味合いが入り、より適切な文になる。18も「美しく住みよい社会の実現」を願っているのであるから、単に限定を表す「だけ」でなく「さえ」を使用したい。

指導のポイント

- 「しか＋否定」を使うべきところに「だけ＋肯定」を使う誤用が非常に多い。「ある」ものを「ない」と表現する心理的抵抗をなくさせるように、「しか＋否定」を使う練習時間を「だけ」よりも多くとる必要がある。
- 「お金を持っている人だけ」と「お金だけ持っている人」のように、「だけ」の位置によって、限定される対象や対比される対象が変わることに注意させ、適切な位置を確認する。
- 「だけ」と似た意味を持つ限定の表現（「ちょうど」「ばかり」「さえ」「でしかない」「ただの」など）を積極的に紹介し、「だけ」では表現できない異なる意味があることに注目させる。そして、その使い分けを意識させて、語彙を増やす必要がある。
- 「学生なのは彼だけだ」と言いたい時、「彼は学生だけだ」と言ってしまう誤用が見られる。強調構文「〜のは〜だけだ」も練習させたい。

だけしか

➡貯金は少しだけしかありません。
➡そのことは彼にだけしか話していない。

取り立て助詞「だけ」と「しか」が組み合わさって、「だけしか」という使われ方をする。意味的には「しか」と同じだが、より強い限定を表す。「だけしか」も否定「ない」と結び付く。

|関連項目| だけ、しか、否定形、助詞「が、を」

誤用例文

混同

【だけしか→だけ】
1. 誤 ほとんどの人が帰ったが、彼だけしかが教室に残っている。〈中国〉
   正 ほとんどの人が帰ったが、彼だけが教室に残っている。

【だけしか→だけが】
2. 誤 慶應には日本人の学生だけしかいない。〈台湾〉
   正 慶應には日本人の学生だけがいるのではない。

【だけしか→だけ／しか】
3. ★誤 あのケーキは子供だけしか好きではありません。〈韓国〉
   正 あのケーキは子供だけが好きです／しか食べません。

【だけしか＋肯定→だけしか＋否定】
4. 誤 田中さんはこの試験は難しくて、最初の問題だけしかできるっと言いました。〈カナダ〉
   正 田中さんは、この試験は難しくて、最初の問題だけしかできなかったと言いました。

【だけしか＋否定→だけ＋肯定】
5. 誤 日本の大学院に入るために、面接だけしかうけない。〈中国〉
   正 日本の大学院に入るためには、面接だけを受ければいい。

誤用の解説

混同

「だけしか」の誤りは、今回の収集分（5例）に限れば、すべて混同の誤用であった。1は「だけ＋肯定」で述べるべきところに余分な「しか」が挿入されて

「だけしか＋肯定」となっており、文法的に明らかな誤りである。「だけしか」の場合、「だけ」のほうでなく後続の「しか」に合わせて「だけしか＋否定」とすることを知らなかったようである。2では「(〜だけがいる)のではない」と言いたいのに「だけしか＋否定」を使ってしまったために、本来の意味とは全く異なった文になっている。4も、「だけしか＋否定」で述べるべきところを、「だけしか＋肯定」を使用しているため、文法的に誤りとなっている。学習者は「だけ＋肯定」から連想して肯定形を使用したのかもしれない。5の「だけしか＋否定」は文法的には正しい。しかし「だけしか」を使用すると、「不当に少なすぎる」というニュアンスになり、試験が少ないことをよい意味で表現しているはずなのに、非難しているかのような意味合いが出ている。マイナスのニュアンスがあることを学習者は知らなかったようである。

|伝達上の誤用| ★

● 3の「だけしか＋否定」の文は文法的に正しい。しかし「だけしか」を使用すると、「子供」に強く限定し過ぎるため、「子供以外、皆あのケーキが大嫌いだ」のように感じられてしまう。そこまで言う意図がなければ「だけしか」は強すぎるだろう。

　　指導のポイント

- 「だけしか」は「しか」と同類であり、「だけしか＋否定」のみ使用することを確認する。「だけしか＋肯定」は、「しか＋肯定」同様、文法的にあり得ないことも確認する。
- 「だけしか＋否定」には、不当に少ない、少なすぎるというニュアンスがあるため、どのような意図で述べたいのかを確認する。少ないことをプラス評価として述べたい場合には使えない。

たしか

➡たしかここに置いたはずだが。
➡彼はたしか1980年生まれだ。

「記憶は正確ではないが、その記憶が正しいとすればその事柄は間違いなく成立するはずだ」という含みを持つ。「たしか」の対象は、話し手自身がかつて承知していた事実や記憶など、既知の事柄である。話しことばに用いられる。

[関連項目] きっと、確かに、たぶん、もしかしたら、と思う、た、はずだ

[誤用例文]

[混同]
【たしか→きっと】
1.　誤　彼はいつも時間を守る人ですね。**確か**何かあるに違いない。〈タイ〉
　　　正　彼はいつも時間を守る人だ。**きっと**何かあるに違いない。

【たしか→確かに】
2.★誤　私が閉めました。**確か**私です。　　　　　　　　　〈韓国〉
　　　正　私が閉めました。**確かに**私です。
3.　誤　**たしか**ニコチンはまやくみたい魅力があるかもしれませんね。
　　　　　　　　　　　　　　　　　　　　　　　　　　　〈ベトナム〉
　　　正　**確かに**ニコチンには麻薬みたいな魅力があるかもしれませんね。

【たしか→確実に】
4.　誤　私たちが毎日見たのテレビ、新聞、雑誌と毎日通った商店街、駅、デパードなど**確か**広告というものが入り込んでいる。〈マレーシア〉
　　　正　私たちが毎日見るテレビ、新聞、雑誌、また／そして毎日通う商店街、駅、デパードなどには**確実に**広告というものが入り込んでいる。

【たしか→もしかしたら】
5.　誤　**確か**そうだったかも知れないが、私には分りません。　〈台湾〉
　　　正　**もしかしたら**そうだったかもしれませんが、私には分かりません。

[その他]
【文末】
6.　誤　あれ、だれもいないな。確か今日授業**ある**けど…。〈アメリカ〉
　　　正　あれ、だれもいないな。たしか今日授業が**あるはず**だけど…。

7. 誤 彼は、確か昨日**行ってない**。　　　　　　　　　　〈中国〉
　　正 彼は、たしか昨日**は行っていないはずだ**。
8. 誤 あの映画はおもしろかったです。確か、中国の映画**でしょうね**。
　　　　　　　　　　　　　　　　　　　　　　　　　　　　　〈中国〉
　　正 あの映画はおもしろかったです。たしか、中国の映画**でしたね**。
9. 誤 関西料理の味は薄いがおいしい。確かだしがいっぱい使っているからいい味が**出ている**。　　　　　　　　　　　〈アメリカ〉
　　正 関西料理の味は薄いがおいしい。たしかだしをいっぱい使っているから、いい味が**出ているのだと思う**。

誤用の解説

混同

1は話し手自身の記憶に基づくものでなく、単なる予想・想像にすぎないため「たしか」ではなく「きっと」が適切である。2、3に見られるように、「たしか」は「確かに」とよく混同される。語形が似ているので、やむを得ないことであろう。「たしか」が「はっきりとは言い切れない」のに対し、「確かに」は「はっきり間違いないと言い切れる」ものである。2は自分が閉めたのであるから「確かに」であるし、3のように「たしか」で文を始めるなら、文末は「と聞いている」「ようだ」など記憶の根拠を示す表現が来る。3は相手の考えをひとまず受け入れ、文末で「そうであろう」と推量的に述べる「確かに～かもしれない」が適している。やわらかく推量的ではあるが断言する「かもしれない」には「確かに」が適している。

「確かに」は話し手の確信的な判断を表し、その判断はあくまでも主観的なものである。4は「確かに」でもよいが、事態の推移を事実として客観的にとらえるためには、主観性の低い「確実に」が適している。5では、「たしか」と「かもしれない」が同時に使われている。「たしか」は「かもしれない」より確実性が高いので、両者は併用できない。(「たしか」を用いた文では「～だった」「～はずだ」が文末に来やすい。)「かもしれない」を用いるなら、話し手の主観性の高い「もしかしたら」が適している。

その他

「たしか」は話し手の「不確かな判断」を表すため、6～8のように文末に「～はずだ」「～だった」が来やすい。9は、「たしか」が従属節「だしをいっぱい使っているから」を越えて、主節にかかっていくかどうかという「たしか」のスコ

ープの問題の例として取り上げたものである。9では「たしか」は、従属節内はもちろん、主節にまで「たしか」と呼応する「のだ」や「と思う」を要求していると考えられる。

伝達上の誤用 ★

● 2は誤用として「確かに」にしたほうがよいと述べたが、話し手がはっきり覚えていない場合、また話し手があえて曖昧に言っている場合は誤りではなくなる。日本語母語話者は自分が確かにそうした、そうだと思っていても、明言を避け、「たしかそうでした」と言うことがある。したがって、2も「確かに私が閉めた」と主張するのがはばかられる場合、また、婉曲表現を好む場合は「たしか」でもよくなる。

指導のポイント

- 学習者は「たしか」と「確かに」を混同しやすいので、その違いをよくつかませる。元筑波大学留学生センター教授の小林典子氏は「たしか」と「確かに」を次のように指導すると言う。

    Q：信号を赤で渡り、警官に呼び止められた時、あなたは次のどちらを言いますか。
    A：a．たしか青でした。
    　　b．確かに青でした。

    もし、Aaのように「たしか」を使ったら、あなたの記憶が誤っているかもしれないから、あなたは罰金を払わなくてはならない。一方、bの「確かに」を使えば、あなたは確信を持っているわけだから、警官を説得することができるかもしれない。

    小林氏によると、この例で学習者は両者の違いがすっとわかったそうだ。

- 「たしか」の文末には「～はずだ」「～だった」などの判断表現が来ることが多い。文末との関係もつかませながら練習する必要がある。
- 「たしか」と「きっと」の混同も見られる。両者の想像の根拠や、どのような文末表現と結び付きやすいかなどにも注意させる。

確かに

➡お金は**確か**にいただきました。
➡東京の物価は**確か**に高い。

具体的な事柄を根拠として、確信を持って事柄が成立するという話し手の判断を表す。しかし、その判断はあくまでも主観的なものである。

関連項目　たしか、きっと、確実に、正確に（は）、はっきり（と）、本当に、むしろ

誤用例文

付加

1. 誤　次の例を聞いたら**確かに**私の意見に同意するかも知れません。〈韓国〉
   正　次の例をお聞きになったら、皆さんは私の意見に同意してくださるかもしれません。
2. 誤　ゆうべよくねむれなかった。**確かに**誰か体の上にのせていると感じた。〈アメリカ〉
   正　ゆうべはよく眠れなかった。誰かが体の上に乗っているように感じた。

混同

【確かに→きっと】

3. 誤　来ると彼は言った。**確かに**来ると思うよ。〈タイ〉
   正　来ると彼は言った。**きっと**来ると思うよ。

【確かに→正確に】

4. 誤　問題を読んで**確かに**そのもんだいの要求するところを探さなければいけません。〈韓国〉
   正　問題を読んで、**正確に**その問題の要求するところを探さなければいけません。

【確かに→正確には】

5. 誤　遺伝分析とも言えますが、**確かに**アイソザイム連鎖分析と言います。〈？〉
   正　遺伝分析とも言えますが、**正確には**アイソザイム連鎖分析と言います。

【確かに→確実に】

6. 誤 もう一度連絡して下さい。**確かに**連絡したほうがいいです。〈中国〉
   正 もう一度連絡してください。**確実に**連絡したほうがいいです。

【確かに→たしか】

7. 誤 天気がさむくなりましたね。**確かに**北海道では雪がふったそうです。〈韓国〉
   正 寒くなりましたね。**たしか**北海道では雪が降ったそうですね。

8. ★誤 **確かに**そこにあったと思ったのに、ない、おかしい。〈台湾〉
   正 **たしか**そこにあったと思ったのに、ない。おかしい。

【確かに→はっきりと】

9. 誤 私、そしてこの文章を読んでいるあなたも**確か**にはわからないけれど、いつかは死にます。〈韓国〉
   正 私、そしてこの文章を読んでいるあなたも**はっきりと**はわからないけれど、いつかは死にます。

【確かに→本当に】

10. 誤 今日の会議は、**確かに**長くなっちゃった。〈中国〉
    正 今日の会議は、**本当に**長くなっちゃった。

11. 誤 私はじょうだんでしない。**確かに**きみに会いたかったんだ。〈中国〉
    正 私は冗談で物事をしない。**本当に**君に会いたかったんだ。

【確かに→むしろ】

12. 誤 しかし、ホッストファマリと留学生の交わりは単なる個人的な問題ではなくて**確かに**国際社会に関係があることだと私は思う。

    〈アメリカ〉

    正 しかし、ホストファミリーと留学生の交流は単に個人的な問題ではなくて、**むしろ**国際社会に関係があることだと私は思う。

位置

13. 誤 昨日、姉からの手紙を読みました。**確かに**、読んだあと、手紙をテーブルの上に置きました。〈中国〉
    正 昨日、姉からの手紙を読みました。読んだあと、**確かに**手紙をテーブルの上に置きました。

その他
【表現不足】
14. ★ 誤 彼は研究室にいつもよるおそくまでいた。確かにがんばった。〈韓国〉
    正 彼は研究室にいつも夜遅くまでいた。確かに頑張った。**それなのに、成果が出せなかったのは残念**だ。

【文末】
15. ★ 誤 彼は仕事を終えたと言って帰りました。確かに自分の仕事は**終えた**が、同僚の仕事を手伝ったらよかったでしょう。〈ロシア〉
    正 彼は仕事を終えたと言って帰りました。確かに自分の仕事は**終えたかもしれない**が、同僚の仕事を手伝ったらよかったでしょう。

誤用の解説
付加
「確かに」は証明済みの事柄を根拠として、確信を持って事柄の成立を断言する時に用いられる。1 はまだ確定していない仮定の話であり、2 は夢の中の錯覚かもしれない。いずれも「確かに」は不適切となる。ただし 2 で、話し手の確信の度合いが強く、「乗っていたのは事実だ」と主張する場合は、「確かに乗っていた」と言うことができる。

混同
3 は「と思う」という話し手の不確かな気持ちを表す表現があるので、主観的な推量を表す「きっと」のほうがふさわしい。学習者は、彼が確実に来るだろうという気持ちで「確かに」を使ってしまったのであろう。4〜6 は「正確に」または「確実に」とすべき例である。「確実に」はそのやり方を問題にするが、「正確に」は内容の間違いのなさを問題にする。4 は「その問題の要求するところ」の、5 は「分析名」の正確さを問題にしている。6 では「確かに」を用いているが、「確かに」は文末に助言を表す「〜(た)ほうがいい」をとることができない。連絡の仕方やその徹底度を高めるという方法の正確さを問題にするために、「確実に」を用いて、「確実に〜したほうがいい」としたほうがよい。

7,8 は「確かに」と「たしか」の混同である。「たしか」は自身がかつて承知していた事実や記憶に基づくため、記憶違いの可能性をはらむが、「確かに」にはそうした曖昧さはない。7 は伝聞「そうだ」を用いているので確実性のやや落ちる「たしか」が適している。

9 で学習者は「確かにはわからないが」と言っている。しかし、「確かに」と

「わかる」は結び付きにくい。「わかる」を用いるなら理解の度合いを示す「はっきりと」「よく」などが必要である。10, 11は「本当に」との混同である。「長くなってしまった」「会いたかった」のように話し手の主観的な気持ちを表すモダリティ表現と、「確かに」は相容れない。12は、前件の「個人的な問題」と後件の「国際社会」が相対する表現であるため、「むしろ」を用いたほうがよい。

|位置|

13では「確かに」が、「読んだ」にかかるのか、「置いた」にかかるのかが曖昧になってしまう。「置いたのが確かである」という関係を明確にするためには、「読んだあと」の後ろに「確かに」を置く必要がある。

|伝達上の誤用| ★

● 8はこのままでも誤りではない。ただし、「確かに」と確信を持って判断していながら、「と思った」が来ているので、文として少し違和感が残る。「確かにそこにあったのに、ない、おかしい。」という不審・疑問などを伝えたかったのであるから、「と思った」の代わりに、客観的な事実に基づく判断表現の「はずだ」を用いれば適切になる。

●14の「(彼は)確かにがんばった。」も、それを通して何が言いたいかがわからなければ、文として落ち着かない。「確かに頑張った。だから、成功したのだ。」とも「確かに頑張った。でも、結局だめだった。」とも続けられる。14で学習者は言いっぱなしにしているが、その判断の結末が知りたいものである。

●15は慣用的な言い方で、「確かに〜かもしれないが、」と、前件で納得しておいて、後件（主節）で「事実に対する確認・反省」を表すという言い方をしたほうがよい。

|指導のポイント|

● 学習者は「たしか」と「確かに」を混同するので、両者の意味、および用法の違いを、例を使ってよくつかませる。
● 客観的、具体的表現である「正確に」「確実に」を使うべき時に「確かに」を用いる学習者が多い。「確かに」は根拠に基づいた話し手の判断であるが、あくまでも主観的である。客観的に述べる時は、「正確に」「確実に」を使ったほうがよい。
● 「確かに」で言い切る場合は、「〜だ／である」「のだ／んだ」などの断定表現が来ることが多い。文末との関係もつかませながら練習させるとよい。

- よく使われる表現として、「確かに〜かもしれないが、〜」のような表現も学習者のレベルを見ながら覚えさせたい。

(し)出す

➡今まで笑っていた子供が急に泣き**出した**。
➡うちの子は2歳になって歩き**出した**。

意志動詞や無意志動詞に付いて、動作・行為が突然開始したり、その事態が突然起こることを表す。

関連項目　(し)始める、た、ている、自動詞、他動詞、副詞「突然、急に」

誤用例文

付加

1. 誤 その手紙を読むと、彼女はとつぜん**倒れ出した**。　　　〈中国〉
   正 その手紙を読むと、彼女は突然**倒れた**。
2. 誤 じゃ、そろそろ**行き出しましょう**。　　　〈中国〉
   正 じゃ、そろそろ**行きましょう**。
3. 誤 作文は冒頭を**書き出す**のが難しい。　　　〈韓国〉
   正 作文は冒頭を**書く**のが難しい。
4. 誤 日本の学生たちは自分の意見を**言い出す**ことはあまり好きじゃないようだ。　　　〈オーストラリア〉
   正 日本の学生たちは自分の意見を**言う**ことはあまり好きじゃないようだ。
5. 誤 父が**つくり出した**この道具はすごく丈夫なものである。　　　〈オーストラリア〉
   正 父が**作った**この道具はすごく丈夫なものである。

混同

【(し)出す→(し)始める】

6. ★誤 では、本を**読み出して**ください。　　　〈中国〉
   正 では、本を**読み始めて**ください。

7. ★誤 来週から論文を**書き出し**たいと思います。 〈中国〉
   正 来週から論文を**書き始め**たいと思います。
8. 誤 とてもきんちょうして、スピーチを**言い出す**ことが本当にたいへんだった。 〈韓国〉
   正 とても緊張して、スピーチのとき、**話し始める**ことが本当に大変だった。

【(し)出している→(し)出した】
9. 誤 <外を見て>あ、雪が**降り出している**。 〈韓国〉
   正 あ、雪が**降り出した**。

 その他

【(し)始まる→(し)出す】
10. 誤 関東地方では朝から雪が**降り始まった**。 〈韓国〉
    正 関東地方では朝から雪が**降り出した**。

【他動詞→自動詞】
11. 誤 その車はとつぜん**売り出した**。 〈中国〉
    正 その車は突然**売れ出した**。

【語彙的な誤り】
12. 誤 口から**言い出した**言葉は人をきずつけることもある。 〈ブラジル〉
    正 口から**出た**言葉は人を傷つけることもある。
13. 誤 昔の事があまり記憶がないのに、昔からの写真を見た後、片思いを急に**覚え出した**。 〈カナダ〉
    正 昔の事はあまり記憶がないのに、昔の写真を見た後で、片思いをしたことを急に**思い出した**。

 誤用の解説

 付加

「(し)始める」に比べて「(し)出す」では、付加による誤用が多い。一つの理由は「始める」がほとんどの動詞に付き得るのに対して、「出す」は接続する動詞に制限があるからであろう。1の「倒れる」に「出す」が付くと、「人々／ビルが次々と倒れ出した」のように複数の人や物の動きになる。2の「出す」は不要である。「行き出す」とは言わず、言うとすれば、「行きかける」(「行き始める」も可能)になる。

3～5は「書き出す」「言い出す」「作り出す」についての誤用である。一般に「書き出すのが遅い」とは言うが、「書き出すのが難しい」とは言わない。3については、「出す」を削る必要がある。4の「言い出す」は「言うことを開始する」ではなく、「突然言う」「一番先に言う」「人に憚らず言う」というような意味になる。5では「つくり出す」は「創出する」という意味になってしまうので、単に「作る」だけでよい。

混同

混同の誤用では、「(し)始める」との混同が多く見られる。「(し)出す」は突然という意味を持つので、6，7はその動作を意識的に始めるという意味で、「読み始める」「書き始める」を使ったほうがよい。

「言い出す」は4で触れたように、「一番先に言う」「人に憚らず言う」のような特別の意味を持ってしまうので、8では使わないほうがよい。スピーチなので「言う」ではなく「話す」を使ったほうがよい。

9は「(し)出す」に「ている」を付けて、「(し)出している」とした誤用である。「書き出している」「読み出している」などのように、「(し)出している」はすでにその現象が始まっていることを表す。開始の瞬間を述べる時は「(し)出している」ではなく、「(し)出した」を用いたほうがよい。

その他

10で学習者は「降り始まる」としているが、複合動詞として「(し)始まる」は誤りである。10は「降り始めた」でもよいが、ここでは自然現象の開始ということで「(し)出す」に訂正した。11は「出す」の前に来る動詞の自他の問題で、「その車」が主題になっているので、自動詞「売れる＋出す」がよい。12，13は語彙的な問題である。12のような「口から言い出す」、また、13のような「覚え出す」という言い方は使われない。

伝達上の誤用 ★

● 「(し)出す」は、突然始まる事柄や現象、事態に用いられる。他動詞や意志動詞に用いられることもあるが、その場合は、通常、第三者の行為の描写となり、話し手自身の行為について用いられると、自分を客観的に眺めている感じがする。

(1) 彼はついに論文を書き出した。
(2) 私もきのうから論文を書き出した。

したがって、7のように、自分の意志を表す場合は「(し)出す」は使われにくい。また、6のように相手に依頼したり命令したりする時もあまり使われない。

> **指導のポイント**
>
> - 「(し)出す」は突然始まることを表す。「(し)始める」との違いを理解させるために、無意志的な動詞や自然現象的な動作で導入するとよい。(例：突然泣き出す。)しかし、「(し)出す」はほとんどの場合「(し)始める」で表せるので、使い分けをあまり厳格にさせる必要はないだろう。
> - 「(し)出す」を使い過ぎる誤用が多く見られる。「(し)出す」は「(し)始める」と異なり、すべての動詞に付くのではないので、練習の時も動詞を選ぶことが必要である。
> - 「倒れる」や「こわれる」などの瞬間動詞では、「(し)出す」が付くと、その現象が複数起こり始めることを表す。
>   例：家電製品は10年経つと、いっせいにこわれ出す。
> - 「言う」「作る」「呼ぶ」などの動詞に「(し)出す」が付くと、一語化して別の意味を表すことが多いので、注意が必要である。
>   例１：マスコミは自分たちでニュースを作り出す傾向がある。
>   例２：すみません、うちの人を呼び出してください。

他動詞

➡電気を**つけて**ください。
➡ハンマーで石を**割る**。

本書では、「電気をつける」「電気がつく」の「つける」「つく」のように、対（ペア）になっている動詞において、前者を他動詞、後者を自動詞と呼ぶ。他動詞は、通常「目的語＋を」をとる。

|関連項目| 自動詞、受身文、使役文、助詞「は、が、を」、主語・主題

誤用例文

誤形成

1. 誤 その工事現場は安全設備が不十分なのですぐ**取り締め**なければならない。　〈中国〉
   正 その工事現場は安全設備が不十分なので、すぐ**取り締まら**なければならない。

▐ 混同

【他動詞→自動詞】

2. 誤 11月はコースが**はじめました**。　　　　　　　〈ブラジル〉
   正 11月にコースが**始まりました**。

3. 誤 ついに車道を**わたした**とはいえ、罰金をはらわないですまない。　　　　　　　　　　　　　　　　　　　〈韓国〉
   正 つい／うっかり車道を**渡った**とはいえ、罰金を払わないではすまないだろう。

4. 誤 クレープを作りましょう。すぐ**焼く**から気をつけなきゃ。〈フランス〉
   正 クレープを作りましょう。すぐ**焼ける**から気をつけなきゃ。

5. 　　A：きのうころんで歯を2本折ってしまったんですよ。
   誤 B：ええっ、歯が2本も**折って**しまったんですか。　　〈台湾〉
   正 B：ええっ、歯が2本も**折れて**しまったんですか。

6. 誤 PKO問題をめぐって日本では意見が二つに**分けている**。〈韓国〉
   正 PKO問題をめぐって日本では意見が二つに**分かれている**。

7. 誤 このごろは、晴れたかと思うと、すぐ降り出し、**かえやすい**天気ですね。　　　　　　　　　　　　　　　　　　〈韓国〉
   正 このごろは、晴れたかと思うと、すぐ降り出し、**変わりやすい**天気ですね。

8. 誤 かれがやっとしけんに**受けて**、進みました。　　　〈トルコ〉
   正 彼はやっと試験に**受かって**、進級しました。

9. 誤 テレビなどはたかだか道具にすぎない。それらの影響は良いか悪いかは我々のテレビの使い方に**決める**ことだ。　〈アメリカ〉
   正 テレビなどはたかだか道具にすぎない。それらの影響が良いか悪いかは、我々のテレビの使い方で**決まる**ことだ。

10. 誤 なぜなら、ほとんどのオーストラリアの学生にとって大学の勉強は一番大切なので、大学でもらった成績によって、**いい仕事を見つける**かどうか決まっているからである。　〈オーストラリア〉
    正 なぜなら、ほとんどのオーストラリアの学生にとっては大学の勉強が一番大切なことで、大学でもらった成績によって、**いい仕事が見つかる**かどうか決まるからである。

11. 誤 この親の支配で**育てた**子供達は、幼い頃から向でも甘やかされて

自分の意志でものを決めることなどに弱くなり、親の言う通りに動くようになります。つまり「よい子」になるのです。〈韓国〉

正　親の支配のもとで**育った**子供たちは、幼い頃から何でも甘やかされて、自分の意志でものを決めることができなくなり、親の言う通りに動くようになります。つまり「よい子」になるのです。

12. 誤　2つの文章が**続けている**復文の場合、文章全体の意味を表す主節には「は」を使って、この主節を修飾する従属節には「が」を使うというわけだ。〈韓国〉

正　2つの文章が**続いている**複文の場合、文章全体の意味を表す主節には「は」を使って、この主節を修飾する従属節には「が」を使うというわけだ。

13. ★誤　このビンのふたは固くて、なかなか**開（あ）けない**。〈タイ〉

正　このビンのふたは固くて、なかなか**開（あ）かない**。

14. ★誤　電車のドアが**閉めてない**うちに、急いで電車に乗ろう。〈アメリカ〉

正　電車のドアが**閉まらない**うちに、急いで電車に乗ろう。

15. ★誤　そんなに悲しんだところで、死んだ人は**生き返せない**。〈シンガポール〉

正　そんなに悲しんだところで、死んだ人は**生き返らない**。

16. 誤　私は手紙を書くとき、**なみだをだします**。〈フランス〉

正　私は手紙を書くとき、**涙が出ます／涙を流します**。

【他動詞→受身】

17. 誤　交通事故の多発に対して交通安全の宣伝計画が**実施している**。〈中国〉

正　交通事故の多発に対して、交通安全キャンペーンが**実施されている**。

18. 誤　そして、有名な**刺身が代表した**日本の食生活は健康にいいと言われます。〈中国〉

正　そして、有名な**刺身に代表される**日本の食生活は健康にいいと言われます。

19. 誤　ドイツでは決して見ませんでしたから、私は**魅惑しました**。〈ドイツ〉

正　ドイツでは決して見られなかった／見たことがなかったので、私は**魅惑されました**。

20. 誤　今いろいろな議論がよく**行っています**。日本の競輪、競馬、さらに

341

パチンコ、宝くじなどギャンブルの大きな規模もその一つの証拠で、日本人は貯金が大好きじゃなくてもともとギャンブラーじゃないか新しく思われています。　　　　　　　　　　　〈韓国〉

正　今いろいろな議論がよく**行われています**。日本の競輪、競馬、さらにパチンコ、宝くじなど、ギャンブルの規模の大きさもその一つの証拠で、日本人は貯金が大好きというより、むしろ本性はギャンブラーなのではないかと思われ始めています。

その他

【ことにする→ことになる】

21. ★ 誤　来月海外へ出張する**ことにしました**。　　　　　〈中国〉

　　正　来月海外へ出張する**ことになりました**。

誤用の解説

誤形成

1の「取り締める」という他動詞はないが、学習者は「取り締まる」をその語形から自動詞と勘違いし、それに対応する他動詞と考えたのであろう。

混同

今回収集した他動詞の誤用は、ほとんどが「混同」で起こっている。圧倒的に多いのは、自動詞を使うべきなのに他動詞を使っている誤用（2〜16）である。

他動詞・自動詞による混同の誤りの主なものは次のとおりである。

①対になっている他動詞と自動詞を混同したもので、音が似ているためなど、正確に覚えていないことから起こっているもの。（2〜8）

②文が入り組んでいて、動作・行為の主体がだれ／何かがとらえられず、対応する動詞の自他が曖昧になってしまうもの。（9〜12）

③日本語では「閉まらない」「開かない」「動かない」などと、「自動詞＋ない」で不可能を表すことが多いが、そのことがわかっていないもの。（13〜15）

②は、文中での主体が変わる場合と変わらない場合があるが、学習者は自分自身、または、自分が想定した主体が動作すると考え、他動詞を使ってしまいがちである。文構造をつかみ、主節、従属節それぞれの主体をしっかり把握すれば、自他の区別もできてくると思われる。③については「伝達上の誤用」のところで考える。

16は別の他動詞表現として「涙を流す」があるので、「涙を出す」も可能だと思ったのかもしれない。

他の混同の誤用としては、受身にするべきところに他動詞を使ってしまうものが見られる。17〜20のそれぞれの動詞には対応する自動詞がないため、本来なら受身を使うところをそのまま他動詞を使っている。助詞「が」を使っているところをみると、自動詞的用法で表現しようとしていることはうかがえるが、受身で表すということはできなかったようだ。

伝達上の誤用 ★

- 13〜15は自動詞に「ない」が付いて、「できない」の意味を表す例である。例えば13の場合、学習者は自分が開けているのだから「（自分が）開（あ）けない」でよいと思ってしまう。また、可能の意味が入るのなら可能形の「（自分が）開（あ）けられない」ではだめかと聞いてくる。「開けられない」でも文法的には正しいが、その場合は、あくまでも開ける人（主体）に視点が置かれる。日本語では、動作の主体ではなく、対象に視点を置いて、ものの変化や結果を表すのがより自然な場合が多い。15も可能表現として「生き返せない」としたと思われる。「生き返らせられない」とすることもできるが、自動詞「生き返る」の否定の形で表したほうが日本語としては自然である。
- 21では、学習者は他動詞を使っているが、他動詞を使うと、自分が出張することを決めて、自分が行くという意味合いになる。目上の人に伝える時はやや威張ったような感じを与えるので、自動詞表現を使って「出張することになった」と言ったほうが丁寧になる。

指導のポイント

- 「人が何かをする」という文では他動詞を、「ものがこうなる／こうなった」という文では自動詞を使う。発話者の意図が「（人が何かを）する／した」ことを言いたいのか、「（ものがそのように）なる／なった」ことを言いたいのかという文のあり方にかかわる。「人が何か（目的・対象）を〜」で始めたい時は、他動詞を使うことを徹底させる。
- 文中の目的語（名詞＋を）、主体（名詞＋が）を正確に把握させる。（省略されている場合も多いので、その場合もきちんと把握させる。）同時に「を」「が」の助詞の使い方も正確に使えるように指導する。
- 「自動詞的表現を使いたいが、他動詞しか存在しない」という場合の、受身形、受身文の使い方を、学習者のレベルに合わせて指導する必要も出てくるだろう。

たぶん

➡彼女は**たぶん**来ないと思う。
➡彼は死んだ。**たぶん**がんだったのだろう。

可能性が高いことを推量する様子を表す。話し手の主観に基づく。また、「たぶん」は「だろう」「と思う」と結び付きやすい。

関連項目　だろう、と思う、たいてい、たしか、ひょっとしたら、もしかしたら、大部分

誤用例文

付加

1. 誤　もしかすると、**たぶん**来るかもしれない。　　　〈中国〉
   正　もしかすると、来るかもしれない。
2. 誤　私がそうすると、**たぶん**その人は腹に立たせるかもしれないと思います。　　　〈ベトナム〉
   正　私がそうすると、その人を怒らせるかもしれない。

誤形成

3. 誤　私の母はとても強いですが、気がやさしいです。それは**多分**と彼の女の育ってた環境の関係があると思います。　　　〈台湾〉
   正　私の母はとても強いですが、心がやさしいです。それは**多分**、母の育った環境と関係があると思います。

混同

【たぶん→たいてい】

4. ★誤　いつも**たぶん**14日と15日正月になります。　　〈カンボジア〉
   正　毎年**たいてい**14日と15日が正月になります。

【たぶん→ひょっとしたら／もしかしたら】

5. 誤　あの病気は**たぶん**ガンかもしれない。　　　〈韓国〉
   正　あの病気は**ひょっとしたら／もしかしたら**ガンかもしれない。
6. 誤　田中さんが今日**たぶん**来ないかもしれない。　　〈タイ〉
   正　田中さんは今日**ひょっとしたら／もしかしたら**来ないかもしれない。
7. 誤　今度の試験の出題者をよく知らないけど**たぶん**○○先生かもしれない。　　　〈韓国〉

正　今度の試験の出題者はよく知らないけど、**ひょっとしたら／もし
　　　　　かしたら**○○先生かもしれない。

位置
8.　誤　あしたは雨が**たぶん**降るでしょう。　　　　　　　　　〈中国〉
　　正　あしたは**たぶん**雨が降るでしょう。
9.　誤　彼はこの店の仕事を**たぶん**やめました。　　　　　　　〈中国〉
　　正　彼は**たぶん**この店の仕事をやめたのでしょう。

その他
【大部分→たぶん】
10.　誤　あの人は学生証を家に忘れたと言ったという事は彼は**大部分**どこ
　　　　かの学校で勉強をしている証拠だ。　　　　　　　　　　〈台湾〉
　　正　あの人が学生証を家に忘れたと言ったということは、彼が**たぶん**
　　　　どこかの学校で勉強をしているという証拠だ。

【文末】
11.　誤　その時、一番うれしい人はたぶん子供たち**そうです**。〈ベトナム〉
　　正　その時、一番うれしかったのはたぶん子供たち**でしょう／だと思
　　　　います**。

誤用の解説

付加
　「たぶん」は可能性が高いので、1の「もしかすると」「かもしれない」、2の
「かもしれない」のような可能性のあまりないことを表す語とは結び付きにくい。

誤形成
　3において、学習者は「多分に」（例：多分に疑わしい点がある。）と言いたか
った可能性もあるが、ここでは「たぶん」の誤用として扱った。

混同
　4で学習者は、「はっきり決まっていないが」「大まかに言えば」の意味で、「た
ぶん」を使ったのかもしれない。その場合は、「大体の傾向」という意味を表す
「たいてい」がふさわしい。5～7はいずれも文末に「かもしれない」という可能
性の程度の低い語を用いている。「かもしれない」は「ひょっとしたら」「もしか
したら」と結び付きやすい。「たぶん」はそれらより可能性の程度が高く、文末に
「来るでしょう」「来るだろう」「来るだろうと思う」、または「来ます」のような
言い切りの形が来る。ここでは文末の「かもしれない」を生かすように訂正した。

位置

「たしか」「確かに」「ぜひ」「きっと」「やはり」のような話し手の心的態度（モダリティ）を表す副詞に共通して見られるのが、それらの副詞を文中のどの位置に持ってくればよいかという学習者の迷いである。副詞の位置は、原則的には動詞・形容詞の前が一番無難であるが、名詞句（名詞＋助詞）と動詞・形容詞との結び付きの度合いによって位置が変わる。8，9は動詞の直前に「たぶん」が来ている（話しことばでは大丈夫であろう）が、「雨が降る」「仕事をやめる」は名詞と動詞の結び付きが強いので、基本的には名詞の前に持って来たほうがよい。

その他

10の「大部分」は、「半分より多くの部分」「大半」「おおかた」という数量を表す語である。ここでは推測をしているのであるから、「たぶん」がふさわしい。10の学習者は、「だいぶぶん（大部分）」と「たぶん」を、音が似ているので同一のものと思ったのかもしれない。11の学習者は、「そうです」を推量の「だろう」と取り違えたと思われる。「たぶん」は「ようだ」「らしい」「そうだ（伝聞、様態）」とは結び付きにくく、推量を表す「だろう」と結び付くことが多い。

伝達上の誤用 ★

- 「たぶん」は可能性の高い推量に、「たいてい」はその頻度・傾向が高く、習慣的であることに多く用いられる。可能性が高いことは起こりやすいことに通じ、「たぶん」と「たいてい」はよく似た部分を持つ。4も「いつも」がなければ「たぶん」で誤りではない。
- 学習者は何かを質問された時、「たぶん。」とだけ答えることがよくある。便利な語ではあるが、しばしば丁寧さを欠く。「たぶん行きます」のように述語を添えるように指導したい。また、「たぶん。」で言い切ることに慣れてしまうと、完全な文にした時、文末がどうなるかが曖昧になるので、注意する必要がある。

指導のポイント

- 「たぶん」と「ひょっとしたら」「もしかしたら」との混同が多い。初歩の段階では、「たぶん～だろう」「ひょっとしたら／もしかしたら～かもしれない」のように呼応しやすい副詞と文末表現とを結び付けて教えるとよい。
- 学習者は「もしかすると、たぶん～」のように推量を表す表現を重ねる傾向がある。どちらか一つでよいこと、また「だろう」には「たぶん」、

- 「かもしれない」には「ひょっとしたら／もしかしたら」の意味合いが含まれていることを言っておいてもよい。
- 文の中で「たぶん」がどの位置に来るか、十分練習する。
- 「たぶん」の文は、「〜だから／だったら／なら、たぶん〜だろう」のように、前件に推測の根拠・条件を示す理由節、条件節などが必要となることが多い。従属節を伴った練習も十分しておきたい。

たまに

➡和食が好きだが、**たまに**中華料理が食べたくなることもある。

物事がまれに起こる、頻度が非常に低い様子を表す。

関連項目　たまには、たまにしか、ときどき、めったに、こと／ときもある

誤用例文

誤形成

1.　誤　教師は仕事とはいえ、**たまにも**危険である。　〈アメリカ〉
　　　正　教師は仕事とはいえ、**たまに**危険なこともある。

混同

【たまに→たまにしか＋否定】

2.　誤　日本人の男は、**たまに**家事を**やりますね**。　〈？〉
　　　正　日本人の男は、**たまにしか**家事を**やりませんね**。

3.　誤　中央図書館はいつも行きましたが、芸術の図書館は**たまに行きました**。　〈中国〉
　　　正　中央図書館はいつも行きましたが、芸術の図書館は**たまにしか行きませんでした**。

【たまに→たまには】

4.　★誤　**たまに**学校へ行かなくてもいいじゃない。　〈中国〉
　　　正　**たまには**学校へ行かなくてもいいじゃない。

5.　★誤　いつも働いてばかりいないで、**たまに**そとに出て、運動でもしたらどうですか。　〈台湾〉

正 いつも働いてばかりいないで、**たまには外に出て**、運動でもしたらどうですか。
6．★誤 ロボットじゃあるまいし、**たまに休め**！ 〈ノルウェー〉
　　　正 ロボットじゃあるまいし、**たまには休め**！

位置

7．　誤 **たまに**お肉を食べますが、できるだけ食べるのを避けます。〈ロシア〉
　　　正 お肉は**たまに**食べますが、できるだけ食べるのを避けています。

その他

【対比文の欠落】

8．★誤 たまに、映画を見に行きます。 〈中国〉
　　　正 **たいていは家で過ごします**が、たまに、映画を見に行きます。
9．★誤 私は、たまにＳＥＩＢＵへ買い物に行きます。 〈韓国〉
　　　正 私は**いつもは家にいます**が、たまに西武へ買い物に行きます。

【「たまに」と対比文】

10．★誤 食事は、**大体自分で作るから**、たまにはレストランに行く。〈中国〉
　　　正 食事は、**大体自分で作るが**、たまにはレストランに行く。
11．★誤 父はいつも仕事を残業し、**夜遅くまで家に帰って**、たまに早く帰ったこともある。 〈中国〉
　　　正 父はいつも残業し、**夜遅く家に帰るが**、たまに早く帰ることもある。

【文末】

12．　誤 張さんはいつも遊びに行きますがたまに実験室**へ行きます**。〈中国〉
　　　正 張さんはいつも遊びに行きますが、たまに実験室**へ行くこともあります**。

【従属節として使用】

13．　誤 私が**おうかがいする**たまに先生はいつもいらっしゃいません。
 〈韓国〉
　　　正 私が**たまにお伺いしても**先生はいつもいらっしゃいません。

誤用の解説

誤形成

　1は「たまに」に「も」を付加して間違っている。「も」を付けて強調しようとしたのかもしれない。

混同

2, 3で学習者が言いたいことは、それぞれ「あまり家事をやらない」「芸術の図書館には行かない」ということである。「たまに」を生かした表現を用いると、「たまにしか家事をやらない」「芸術の図書館にはたまにしか行かない」となる。「たまに＋肯定」も「たまにしか＋否定」も頻度が低い、まれであることを表すが、前者の場合はまれであることを肯定的にとらえ、後者では否定的にとらえるという違いがある。(1)は前者の、(2)は後者の例である。

(1) 　A：家事は手伝いますか。
　　　　B：ええ、たまに手伝いますよ。茶碗洗いとか…。
(2) 　A：家事は手伝いますか。
　　　　B：いやあ、たまにしかできません。時間がなくて…。

4～6は取り立て助詞「は」を付けて、「たまには」としたほうがよい例である。「たまには」を用いると、4の「毎日学校へ行くこと」、5, 6の「働き過ぎていること」に対して、「学校を休むこと」「外に出て運動でもすること」「休息をとること」との対比を感じさせることができる。

位置

7では肉を食べるか食べないかの頻度を比べているので、「たまに」は「食べる」の直前に置くのがよい。何について頻度を問題にしたいのかが曖昧にならないように「たまに」を置く位置に気をつけたい。

その他

頻度が低いこととそうでないことを、対比させて言いたい場合は、文末に注意が必要である。12では「ことがある」がほしい。13は「たまの休みなのだから」のような使い方もあるため、「たま」を名詞と思って使ってしまったのだろうか。学習者は「たまに」の意味用法を十分に把握していなかったと考えられる。

伝達上の誤用 ★

● 頻度が非常に低い様子を表すところから、「たまに(は)」には、頻度が低いと感じている対象を大切に思う、貴重だと思う気持ちが入る場合がある。(例：たまには何もしないでのんびりしたい。たまにはステーキでも食いたい。) 4では「学校を休むこと」、5では「外に出て運動でもすること」、6は「休息をとること」を大切に思っていると考えられる。

● 学習者に「たまに」を使って文を作るように指示すると、8, 9のように「たまに映画を見ます」「たまに買い物に行きます」のような文を作る。文としては正しいのだが、唐突な感じがして、何を言おうとしているのか、どうして「たまに」

を使ったのかが極めて曖昧である。文意を明確にするには、訂正文に示したように、対比となる要素を加える必要があろう。
●10, 11は、「たまに」に対する対比の文は頭の中でできているようだが、適切に表現できない例である。10では「大体は自分で作るから」、また、11では「いつもは夜遅く家に帰って」と理由表現で表そうとしているが、日本語では「～が／けれども」などの逆接表現を用いて表すのが普通である。

> **指導のポイント**
>
> ●「たまに」は文末に「ことが／もある」が来ることが多いので、両者を結び付けて練習させるとよい。
>   例：たまに父親から電話がかかってくることが／もある。
>
> ●「たまに」は「いつもはそうではないが」という意味合いを含むので、「いつもは～ないが／けれども、たまに(は)～こともある」という形で練習をさせるとよい。
>   例：ステーキはいつもは食べないが、お金があるとたまには食べることもある。
>
> ●「たまに」の否定は「たまに～ない」ではなく、「たまにしか～ない」の形（例：たまにしか行かない。）にしなければならない。否定的な気持ちを出したいのに「たまにしか～ない」の形ができない学習者が多い。

ため(に)①

➡水道管が破裂した**ために**、長時間断水した。
➡不況の**ために**、多くの人が職を失った。

動詞のタ形、「名詞＋の」、形容詞などに付いて、前件が原因となり、後件（主節）の結果が生じることを示す。

関連項目　理由節「ので、から、で」、目的節「ため(に)」、る・た、主語・主題

誤用例文

誤形成

1.　**誤**　学生宿舎から新しいアパートに**引っ越したの**ために宮本さんに連

　　　　絡しなかった。　　　　　　　　　　　　　　　　〈韓国〉
　　　正　学生宿舎から新しいアパートに**引っ越した**ために、宮本さんに連
　　　　絡できなかった。
2．　誤　集中し勉強に**取り組む**ために、試験がよくできた。　〈タイ〉
　　　正　集中して勉強に**取り組んだ**ために、試験がよくできた。

〔混同〕

【ため→ので】

3．★誤　宿題をやる時、グラフなど使かようと思ったが、**めんどくさいため**、やめました。　　　　　　　　　　　　　　　　〈中国〉
　　　正　宿題をやる時、グラフなどを使おうと思ったが、**めんどくさいので**やめました。

4．★誤　日本で就職できないとあれば、お金が**ないため**国に帰えるほかはない。　　　　　　　　　　　　　　　　　　　　　〈アメリカ〉
　　　正　日本で就職できないとあれば、お金が**ないので**、国に帰るほかはない。

【ために→ので】

5．★誤　自動車が**故障したために**、あの修理店へ行きました。　〈中国〉
　　　正　自動車が**故障したので**、あの修理店へ行きました。

6．★誤　おじいさんの仕事は外務所と関係が**あったために**お父さんは外国に長い間住んだということだ。　　　　　　　　〈アメリカ〉
　　　正　おじいさんの仕事が外務省と関係が**あったので**、お父さんは外国に長い間住んでいたということだ。

7．★誤　日本のマンガを**読みたかったために**日本語の勉強を始めました。〈アメリカ〉
　　　正　日本のマンガが**読みたかったので**、日本語の勉強を始めました。

8．★誤　一番**よい成績のために**、みんなにほめられました。　〈中国〉
　　　正　一番よい成績を取ったので／**成績がよかったため**、みんなにほめられました。

【ために→で】

9．　誤　**故障のために**機械がとまった。　　　　　　　　　　〈中国〉
　　　正　**故障で**機械が止まった。

10．　誤　病気のために、学校を休んだ。　　　　　　　　　　　〈タイ〉

正 **病気で**学校を休んだ。

【ために→と言って】

11. ★誤 ゆうべ寝ようとしているところへ、急な用事が**できたために**、社長が電話した。 〈タイ〉

正 ゆうべ寝ようとしているところへ、社長が急な用事が**できたと言っ**て、電話してきた。

【ため→から】

12. ★誤 今日は学校へ行きたくない。実は、宿題を**しなかったため**である。 〈韓国〉

正 今日は学校へ行きたくない。なぜなら、宿題を**しなかったから**である。

■その他

【上で→ために】

13. 誤 このグループとの意見が**衝突した上で**、彼はリーダーの位置を譲っていく。 〈台湾〉

正 このグループと意見が**衝突したために**、彼はリーダーの地位を譲ってしまった。

【文末】

14. 誤 昨日、試験があったために、あの映画を**見に行かなかった**。〈中国〉

正 昨日は試験があったために、あの映画を**見に行けなかった**。

【主語・主題】

15. ★誤 **子供は**風邪をひいたために、学校を一日休んだ。 〈中国〉

正 **子供が**風邪を引いたために／ので、**私は**学校を一日休んだ。

■誤用の解説

■誤形成

 1は動詞を「ために」に接続するのに「の」を挿入している誤りである。また、2に見られるように、夕形は原因を、辞書形は目的を表すというように、接続の形が意味にかかわることがあるので注意が必要である。

■混同

 「ため(に)」は、「ある事態が原因となって、他の事態が引き起こされる」というのが基本的な意味である。3〜8のように前件と後件の関係が、「原因→結果」

352

とは言えない場合、「ため／ために」よりも理由節「ので」のほうが落ち着きがよい。

「ため」と「ために」は共通して用いられるが、「ために」のほうが事態間における原因を主張する意図が強く感じられる。後件に対し、理由としてかかわりの深い名詞の場合は、9，10のように単に「で」を用いるほうが一般的である。

その他

13では「〜(た)上で」を使っているが、「〜(た)上で」は原因を表すのではなく、前件の結果に基づいて次の行為・行動をとることを表す。

従属節が「ため(に)」の時は、主節も事態の説明でなければならない。したがって、14のような場合、「話し手の意志により決定した」という言い方より、「そういう事態が起こった」という言い方（この場合は可能形）にしたほうが、「ために」を受ける主節の文末としてふさわしい。

伝達上の誤用 ★

● 8のような「名詞＋の＋ために」は、十分に事態が説明されている時にのみ使用される。学習者はしばしば「名詞＋の＋ために」で済ませようとするが、情報量として十分でない場合は、「の」ではなく、「よい成績のために→成績がよかったため」などと述語を加えて「事態性」を持たせたほうがよい。

● 11では行為者（社長）が最後に表れているが、「急な用事ができた」のはだれかとらえにくい。行為の主体（主語）が省略される場合は、通常、話し手自身の行為に解釈されやすいので、第三者の場合は、先に主体（主語）を出しておく必要がある。

●「ため(に)」は基本的に、書きことば、または、改まった場面での話しことばとして用いられるので、「ため(に)」の適切さには話題の質や場面がかかわる。12のような話題では、「ため(に)」は座りが悪い。（3〜8の誤用にも、この点の影響が見られる。）

● 15は行為の主体がだれかという問題であるが、「子供は」とすると、後件（主節）の行為にまで及ぶ。もし、風邪を引いたのが子供で、学校を休んだのが話し手自身であれば、「子供が」とする必要がある。

●「〜ため(に)〜」では後件（主節）はよくない事態が述べられることが多い。次の例は主節によいことが来ているために、文が不自然になっている。

　　例：？彼女が来たために、雰囲気は明るくなった。

指導のポイント

- 原因「ため（に）」は書きことばに用いられることが多い。話しことばでは「ため（に）」の代わりに「から」「ので」を用いるように指導するとよい。
- 名詞を使って原因を表したい時、話しことばでは「名詞＋の＋ために」（例：病気のために、故障のために）ではなく、「で」（例：病気で、故障で）を用いるように指導する。
- 原因「ため（に）」と目的「ため（に）」は混乱しやすいので、注意を促す。動詞では、前者はタ形、後者は辞書形に接続することが多い。
- 「ために」を用いた文では、後件（主節）には無意志の表現が用いられ、話し手の意志や依頼などは表すことができない。後件（主節）に叙述表現をとり、意志表現をとらないという制約についても説明し、文作りをさせる。
- 「よい成績のために、ほめられた。」のように、「名詞＋の＋ために」だけでは意味が不十分な場合も多いので、多用しがちな学習者には、述語（動詞・形容詞など）を補わせる必要がある。

ため（に）②

➡生きる**ために**働かなければならない。
➡医学を勉強する**ために**、来日した。

動詞の辞書形、「名詞＋の」などに付いて、目的を表す。

関連項目 **目的節**「ように、のに、ためには」、**理由節**「ため（に）、ので」、**条件節**「なら」、**意志動詞・無意志動詞**

誤用例文

脱落

1. 誤 今までときどき日本政府に**抗議するに**日本大使館の前に示威運動をします。 〈中国・香港〉
   正 今までに、日本政府に**抗議するために**、日本大使館の前で示威運動をしたことがあります。

誤形成

2. 誤 子供の誕生日の**パーティ**ために、仕事を休みました。 〈韓国〉
   正 子供の誕生日の**パーティー**のために、仕事を休みました。

3. 誤 家族・先生・友達などにプレゼントを**あげるのために**百貨店はとても忙しいです。 〈韓国〉
   正 家族や先生や友達などにプレゼントを**あげたい人たち**で百貨店はとても忙しいです。

4. 誤 残高証明書**の**ために、銀行に行って来ました。 〈中国〉
   正 残高証明書**をもらう**ために、銀行に行って来ました。

混同

【無意志動詞→意志動詞】

5. 誤 おぼんの行事のなかに一番たくさん見える風習はよるになるまえ月を**見える**ために人々がうみとか山に行くことです。 〈韓国〉
   正 お盆の行事の中で一番たくさん見られる風習は、夜になる前、月を**見る**ために人々が海や山に行くことです。

【ために→ように】

6. ★誤 **卒業する**ために、一生懸命勉強している。 〈中国〉
   正 **卒業できる**ように、一生懸命勉強している。

7. ★誤 順調に**留学する**ために今一生懸命日本語を勉強している。 〈中国〉
   正 順調に**留学できる**ように、今一生懸命日本語を勉強している。

8. ★誤 今、**環境汚染をしない**ために政府から禁止されている。 〈中国〉
   正 今、**環境を汚染しない**ように政府は命じている。

9. ★誤 他人に**影響しない**ために規則を守っています。 〈中国〉
   正 他人に**迷惑をかけない**ように規則を守っています。

【ために→のに】

10. 誤 この辞書は漢字を**調べるために**便利です。 〈中国〉
    正 この辞書は漢字を**調べるのに**便利です。

11. 誤 ナイフは肉を**切るために**使います。 〈フィリピン〉
    正 ナイフは肉を**切るのに**使います。

【ために→ので】

12. 誤 今夜はひさしぶりにご馳走が**食べるために**、朝からずっと食べなかった。 〈アメリカ〉

正　今夜は久しぶりにご馳走を**食べるので**、朝からずっと食べていない。

【ために→ためには】

13. 誤　日本語が上手に**なるために**、日本人といっしょに生活するほうがいいよ。　〈韓国〉
　　 正　日本語が上手に**なるためには**、日本人といっしょに生活するほうがいいよ。

14. 誤　カンボジア人が**生きているために**いろいろな国から援助が必要です。　〈カンボジア〉
　　 正　カンボジア人が**生きていくためには**いろいろな国からの援助が必要です。

【ために→ための／にとって】

15. 誤　さいごのひおていらですなのさかをさかりながってかみさまにみずをさしあげます。せんぞとりょうしんにもみずをさしあげます。おとこのひととおんなのひとはみんかんのあそびをたのしいあそびます。ですからしんねんは**カンボジアじんのために**たいせつなぎょうじです。　〈カンボジア〉
　　 正　最後の日、お寺で神様に水をさしあげます。先祖と両親にも水をあげます。男の人と女の人は民間の遊びを楽しみます。このように、新年は**カンボジア人のための／にとって**大切な行事です。

【ために→なら】

16. 誤　日本へ**留学するために**、前もって日本語を勉強したほうがいいです。　〈中国〉
　　 正　日本へ**留学するなら**、前もって日本語を勉強したほうがいいです。

　その他
【文末】

17. 誤　旅行のお金をためるために、私はアルバイトを三つにも**増えました**。　〈台湾〉
　　 正　旅行のお金を貯めるために、私はアルバイトを三つ（に）**増やしました**。

> 誤用の解説

> 脱落

1は「に」だけで目的を表せると考えたのかもしれない。

> 誤形成

名詞と接続する時は、2のように「の」が脱落しやすく、動詞との接続の時は、3のように「の」が付加しやすい。4は動詞で表現する必要があるのに「の」で済ませてしまう誤用である。これらは、特に中国人学習者にその傾向が見られる。

> 混同

5は、目的を表す「ために」の前に無意志動詞を使っている誤りである。目的「ために」が動詞と結び付く時は、意志動詞（行く、読む、勉強する、など）が必要となる。6〜9のように「ために」と「ように」の混同が多く見られる。また、それと関連して、前接する動詞の意志性が問題になる。目的を表す場合、基本的には「意志動詞＋ために」「無意志動詞（可能動詞、自動詞、など）＋ように」になる。

「ように」には「そのことを願って」という意味合いが入り、6では「卒業できる」ことを願って、また7では「留学できる」ことを願って、という意味になる。「卒業する」「留学する」が話し手の意志だけでは果たせない目的であるため、「ために」より「ように」を必要とすると考えられる。

「ように」の前には状態性の動詞、例えば、可能形や自動詞が来やすい。動詞のナイ形もそれに含まれることが多い。8，9は「ために」より「ように」のほうが自然に感じられる。

10，11は目的を表す「のに」との混同である。10，11のように目的節が直接「便利だ」(10) や「使う」(11) にかかる時は、目的性を特に強調しない限りは「ために」より「のに」が使われる。

12では、「ご馳走を食べる」ことが目的で、そのために朝から絶食しているというのであれば、「ご馳走を食べるために」と「ために」を使うことができる。しかし、12では「今夜」や「久しぶりに」という事情説明の語が入っているので、「ので」を使って理由を説明する文にしたほうがよいと思われる。

13，14では後件（主節）が目的に対する判断文になっている。判断文に対応するためには、「ために」に取り立て助詞「は」を付けたほうがよい。15は動詞にかかるか名詞にかかるかという問題である。前者であれば「ために」、後者であれば「ための」となる。15では述語に「（大切な）行事（だ）」とあるので、名詞修飾の形をとらなければならない。15は「ため（に）」を用いず、「にとって」とすることもできる。「にとって」の場合は述語に「大切だ」「大切な行事だ」の両方をとるこ

とができる。**16**も**13**, **14**と同様、後件に判断表現が来ているので、「ためには」でもよいが、相手に「留学する」という前提があり、それを受けた文としてとらえるならば、「なら」のほうが落ち着く。

[その他]

前件が「意志動詞＋ために」で表された時は、前件の意志性が後件にまで及ぶため、後件も意志表現を持つ文にする必要がある。**17**は後件に自動詞を用いているため、前件と後件に一貫性がない。

[伝達上の誤用] ★

● **6～9**については「ために」より「ように」のほうが自然であると述べたが、**6**, **7**は「ために」の前の動詞が意志動詞であるため、積極的な目的を表しているのなら「ために」でもよい。**8**, **9**の「動詞ナイ形＋ために」のような言い方も最近聞かれるようになった。目的性をはっきり前面に出すためであろう。可能動詞や自動詞に「ために」を使って、「子供の心がわかるために、もっと努力しよう」「病気が治るために薬を飲んでいる」というような言い方も、かなりの違和感があるが、使われているようだ。

[指導のポイント]

- 今回誤用は見られなかったが、目的の「ため（に）」（例：外資系企業に就職するために、英語を勉強する。）と原因の「ため（に）」（例：外資系企業に就職したために、英語を勉強しなければならなかった。）は形の上からも混乱しやすいので、注意させる。前者は動詞の辞書形、後者はタ形につながることを十分説明しておく。名詞との接続については、両者とも「名詞＋の」（例：家族のために、病気のために）をとる。
- 目的「ため（に）」は主節末に意志表現をとることができる。（例：自分のために生きろ。）
- 「ために」と「ように」の混乱が多く見られる。目的「ために」の前に来る動詞は意志動詞である。目的「ように」との混乱を避けるために、最初は「ために」は意志動詞で、「ように」は無意志動詞（可能動詞、自動詞など）で練習をしたほうがよい。
- 「ために」と「ためには」の違い（前者は動作・行為が、後者は判断が後件（主節）に来る）も学習者のレベルを見ながら説明するとよい。

たら

➡ 雨が降ったら、車にしよう。
➡ 仕事が終わったら、電話します。

「宝くじが当たったら」のような仮定性の強いものから、「授業が終わったら来てください。」のような確定性の強いものまで、意味用法の幅が広い。話しことばに用いられる。

|関連項目| 条件節「と、ば、なら、としたら」、トキ節「とき、てから」、並列（継起）節「て」、理由節「ので、から」、逆接節「ても」、主語・主題

|誤用例文|

|脱落|

1. 誤 もし男の人は**長男**、二人はりょうしんといっしょに住まなければなりません。〈インドネシア〉
   正 もし男の人が**長男だったら／なら**、二人は両親といっしょに住まなければなりません。
2. 誤 李さんはこれを**見た**きっと持ちたいだろうにちがいない。〈韓国〉
   正 李さんがこれを**見たら**きっとほしがるに違いない。
3. 誤 私はこの映画見る後で、もし世界の中で戦争は**ない**、いいわねと思いました。〈インド〉
   正 私はこの映画を見た後で、もし世界に戦争が**なかったら**いい（のに）と思いました。

|誤形成|

4. 誤 鈴木さんが今日中に**帰たら**、この手紙をつたえてください。〈韓国〉
   正 鈴木さんが今日中に**帰ったら**、この手紙のことを伝えてください。
5. 誤 テレビを**みったら**、おふろにはいります。〈アフガニスタン〉
   正 テレビを**見たら**、おふろにはいります。
6. 誤 もちろんたばこを**吸えないたら**いいですが、愛煙家たちにはそれが習慣になって、たばこを切ることがとてもむずかしいだといいます。〈韓国〉
   正 もちろんたばこを**吸えなかったら**いいのですが、愛煙家にはそれが習慣になってしまい、たばこをやめることがとても難しいと言います。

▎混同

【たら→ときは】
7. 誤 東京へ**行ったら**、ホテルにとまりました。 〈インドネシア〉
   正 東京へ**行ったときは**、ホテルに泊まりました。
8. 誤 中国では一人っ子制度を実施した20年以来、人口の大幅増加をおさえたが、少子化問題も出てきた。だから、新しい制度では一人っ子と一人っ子**結婚したら**、二人まで子どもを産むことができる。 〈中国〉
   正 中国では、一人っ子政策を実施して以来20年間、人口の大幅な増加を抑えることができたが、少子化問題も出てきた。そのようなわけで、新しい政策では一人っ子と一人っ子が**結婚するときは**、二人まで子供を産むことができるようになった。

【たら→と】
9. 誤 作家や漫画家や作曲家などの話によると、たばこを**吸ったら**、想像をつきやすいそうです。 〈タイ〉
   正 作家や漫画家や作曲家などの話によると、たばこを**吸うと**、想像力がわくのだそうです。
10. 誤 そのゲームがむずかしそうけど、**やってみなかったら**わからない。 〈インドネシア〉
    正 そのゲームは難しそうだけど、**やってみないと**わからない。

【たら→ば】
11. ★誤 <人に勧める>この本を**読んだら**分かりますよ。 〈中国〉
    正 この本を**読めば**分かりますよ。
12. 誤 このような解決策がよく**進行するんだったら**、勤労意欲が高い若者が社会の発展にもっと大きい力になっていくと思う。 〈韓国〉
    正 このような解決策が**進行すれば**、勤労意欲が高い若者が社会の発展にもっと大きい力になっていくと思う。

【たら→(の)なら】
13. 誤 北海道に**行ったら**、いっしょに行きましょう。 〈タイ〉
    正 北海道に**行くなら**、いっしょに行きましょう。
14. 誤 お金を**持っていかなかったら**、アルバイトをしたほうがいいんじゃない。 〈インドネシア〉

正 お金を**持っていないのなら**、アルバイトをしたほうがいいんじゃない。

【たら→ても】

15. ★誤 ドイツでは、外でも家の中でも一日中靴を**履いていたら**問題がありません。　〈ドイツ〉

    正 ドイツでは、外でも家の中でも一日中靴を**履いていても**問題がありません。

16. ★誤 逆に彼女はもし何か心配事が**あったら**いつも子供達に心配させません。私の母がすばらしいと私が思います。　〈台湾〉

    正 逆に彼女は、もし何か心配事が**あっても**、決して子供たちを心配させません。私の母はすばらしいと思います。

17. ★誤 ＜来日直後日本語が全く分からなかったときの苦労話をしたあとで＞今**思い出したら**、もうなつかしいなぁ。　〈アメリカ〉

    正 今**思い出しても**なつかしいなぁ。

【たら→から】

18. 誤 雨がふったら行きませんでした。　〈フィリピン〉

    正 雨が**降ったから**行きませんでした。

【たら→ので】

19. 誤 事務室の人は「サインもいい」と**言ったら**、シャルマさんはサインをした。　〈中国〉

    正 事務室の人が「サインでもいい」と**言ったので**、シャルマさんはサインをした。

20. 誤 日本には愛煙家が多いが禁煙運動が**たくさんあったら**着実に減ってきているはずだ。　〈タイ〉

    正 日本には愛煙家が多いが、禁煙運動が**盛んだったので**、着実に減ってきているはずだ。

【たら→て】

21. 誤 テレビのニュースを**聞いたら**、びっくりしました。　〈中国〉

    正 テレビのニュースを**聞いて**、びっくりしました。

22. 誤 上機嫌だった彼女はある新聞記事を**読んだら**、急に泣き出した。　〈台湾〉

    正 上機嫌だった彼女が、ある新聞記事を**読んで**、急に泣き出した。

【たら→てから】
23. 誤 駅を**で**ったら、友達の加藤さんに電話をかけました。　〈中国〉
　　 正 駅を**出て**から、友達の加藤さんに電話をかけました。

【たら→たほうが】
24. 誤 最近、私はよく料理をする。実は、夏休みに国へ帰るつもりので、家に**食べたら**、もっと安いと思う。　〈マレーシア〉
　　 正 最近、私はよく料理を作る。実は、夏休みに国へ帰るつもりなので、家で**食べたほうが**もっと安いと思うからだ。

【たら→では】
25. 誤 今日**になったら**、だんだん意義を失ってたただ一つの娯楽としてみんなに覚えられています。　〈中国〉
　　 正 今日**では**、だんだん意義を失って、単なる一つの娯楽としてみんなに考えられています。

【といったら→というのは】
26. 誤 中国伝統的な式**といったら**、私自分自身もよく知らないが、知っていることをすこし紹介する。　〈中国〉
　　 正 中国の伝統的な式**というのは**、私自身もよく知らないが、知っていることを少し紹介する。

【(た)としたら→たら】
27. ★誤 林さん、もし債権者に**会ったとしたら**、どうするんですか。〈タイ〉
　　 正 林さん、もし債権者に**会ったら**、どうするんですか。
28. ★誤 戦争という事が**消えてしまったとしたら**、何よりだと思っています。　〈アメリカ〉
　　 正 戦争ということが**消えてしまったら**、何よりだと思っています。

　その他

【助詞「は」→助詞「が」】
29. 誤 アンさん**は**帰ったら、出かけましょう。　〈アメリカ〉
　　 正 アンさん**が**帰ったら、出かけましょう。

【反事実過去「ている」】
30. 誤 ゆうべ遅くまで**勉強しなかったら**、遅刻しないと思う。　〈中国〉
　　 正 ゆうべ遅くまで**勉強していなかったら**、遅刻しなかったと思う。

【文末（帰結性）】

31. ★誤 たばこを一服すったらすぐ**悩みを軽くします**。　〈中国〉
    正 たばこを一服吸ったら**悩みが軽くなります**。

32. ＜日本人Aは「わからない時は」の意味で質問＞
    A：日本語がわからなかったら、どうしますか。
    ★誤 B：**いっしょうけんめい勉強します**。　〈中国〉
    正 B：**日本人の友達に聞きます**。

誤用の解説

脱落
 1は、「もし」を付けたので、もう仮定表現になったと思い、タラ形を作るのを忘れてしまったのであろう。2，3は言い切りの形を置いているだけで、タラ形ができていない。

誤形成
 4～6のように、タラ形が不正確になりやすい。学習者は日常「たら」をよく使用するので、逆に形の正確さには注意を払わないのかもしれない。1グループ動詞では「っ」が抜け、2グループ動詞では「っ」を付加してしまう誤用が多く見られる。

混同
 「たら」は汎用性が広いので、「と」「ば」「なら」はもちろん、他の従属節「とき」「ても」「から」「ので」などとの混同が多い。7，8は「とき」との混同である。7，8は前件・後件（主節）に特に依存関係がないので、行為・事態の起こる「時点」を表す「とき（は）」を使ったほうがよい。
 9～12は「と」「ば」との混同である。「たら」が個別的な出来事を示すのに対し、「と」「ば」は一般化できる現象、必然的な現象を表すのに使用される。9～10, 12は一般的、必然的に起こる事柄なので、「たら」は不適切になる。
 13, 14は「なら」との混同である。「たら」は前件と後件（主節）に時間的前後関係を必要とするが、「なら」は前件で述べられた事柄に対し、後件で話し手の判断や働きかけを示すことが多く、特に時間的な軸を問題としない。13, 14には「北海道に行く（その時いっしょに行く）」「お金を持っていない（その時アルバイトをする）」のように前件と後件が同時に行われるので、「たら」は不適切となる。
 18～20のように「たら」と理由節「から」「ので」との混同も見られる。18では、

「た」と結び付いた「(た)から」と「たら」とが混同しており、理由としては形や音が似ているためと考えられる。

条件節も理由節も因果関係を表す（「雨が降ったら行きません。」「雨が降るから行きません。」は意味的に似ている。）が、条件節は基本的には「きっかけ→結果」を、理由節は「原因・理由→結果」を表すので、19, 20では前件と後件の因果関係をはっきり表すためには、「ので」にする必要がある。19, 20のような叙述的な文には主観性の強い「から」より「ので」のほうが適している。

21, 22では、前件と後件が、「それによって、引き続き次のことが起こった」という継起的な関係を表しているので、「て」でつなぐほうがよい。「たら」は前件・後件の動作主体（主語）が異なる場合が多く、同一主語の継起的な「きっかけ→結果」は「て」で表されることが多い。23は、時間的前後関係が明確で、かつ引き続き行う動作なので、「たら」ではなく、「あとで」を表す「てから」がふさわしい。24はこのままでも間違いではないが、後件に「もっと安い」という比較表現が来ているので、選択や助言の意味合いを持つ「(た)ほうが〜」のほうがよい。

「たら」には主題化（例：図書館？　図書館だったら（＝は）、今日は休みだよ。）の機能があるため、25, 26のように「では」「というのは」との混同が起きることがあるようである。しかし、ここで「たら」を使う必要はない。26の「といったら」は、「うちの人といったら、飲んでばかりで役に立たない」のような極端であることを強調する意味合いになる。

その他

従属節の主語は、基本的には「が」をとる。条件節も同じだが、学習者は29のように「は」を使ってしまう傾向がある。複文での「は」と「が」の関係は次のようである。

　　　従属節（＜主語＞ が〜）、主節（＜主語＞ は／が〜）

主節は1文レベルと同じで、基本的には、判断文には「は」、現象描写文には「が」が来やすい。30のような反事実過去を表す条件文では、テンス・アスペクトの問題が絡んできて「ている」が必要な場合が多い。「もっと早く起きていたら、間に合ったのに。」「相談してくれていたら、よかったのに。」のように「ていたら」としたほうが自然な文になる。

伝達上の誤用　★

● 11は「たら」で誤りではないが、突き放した感じがする。「ば」は助言に用いられることが多く、次のような場合も、bの「たら」やcの「と」と比べて、aの

「ば」のほうが、助言として、より丁寧で適切に感じられる。
　　A：道がわからないんですけど…。
　　B：a．ああ、この道をまっすぐ行けばいいですよ。
　　　　b．ああ、この道をまっすぐ行ったらいいですよ。
　　　　c．ああ、この道をまっすぐ行くといいですよ。
● 15～17は、「たら」と逆接「ても」を混同した誤りである。英語の If it rains, I will go. は「雨が降ったら／降っても行く」の両方で表すことができるので、英語話者をはじめ母語にそのような区別を持たない学習者は、順接と逆接の条件文を混同しやすいと思われる。また、日本語でも話し手の受け取り方や心理によって、「たら」と「ても」が言い換えられる時がある。
　　娘：お母さん、2時に起きたいの。もし寝ていたら、起こしてね。
　　母：はい、わかりました。もし寝ていても、起こすね。
これは、昼寝をしようとしている娘と母親の会話であるが、娘が「寝ていたら」と「たら」を使っているのに対し、母親は「寝ていても」と「ても」を使っている。娘は単純に2時に起こしてもらうお願いをしているが、母親には、娘が寝入っていることを想定し、「それにもかかわらず起こす」という（強い）逆接の気持ちが含まれていると思われる。
● 27, 28では「としたら」を使っているが、文法的に間違いではない。しかし、「としたら」は、純粋な推論を表し、実現化を問題としない。27が現実の問題でなく仮定の話のみであれば、「としたら」でよいが、現実の差し迫った問題であれば「たら」となる。28も同様であるが、後件に「何よりだ」という現実的な判断表現が来ているので、「たら」がふさわしい。
● 「たら」の前件と後件の間には「きっかけ→結果」という関係がある。31は前件と後件の主語関係がわかりにくく、だれがたばこを吸い、だれが悩みを軽くするのかがわからない。「きっかけ→結果」を表す「たら」の文では、訂正文のように前件と後件の主語を変えて、後件を結果（帰結）表現にすると、自然な文になることが多い。
● 32で日本人は「何かわからないことばが出てきた時どうするか」と具体的な方法を聞いているのに、学習者は抽象的な仮定のことと思って、「一生懸命勉強する」と答えている。この場合、日本語母語話者は、「たら」を確定性の高いもの（確定条件）として用い、学習者は仮定性の高いものとしてとらえている。文脈に大きくかかわってくるが、学習者は一般に「たら」を仮定ととらえ、確定条件の用法はなかなか身に付かないようだ。

指導のポイント

- 動詞・形容詞・「名詞＋だ」のタ形に「ら」が付くタラ形が正確に作れない学習者が多い。タ形・テ形の復習が必要である。1グループ動詞では「っ」が抜け、2グループ動詞では「っ」を付加してしまいがちである。
- タラ形は肯定形だけでなく、否定形も十分練習させる。
- 学習者は「たら」を使い過ぎる傾向がある。「たら」は話しことばで用いられるので、論文やレポートなどでは使用しないことを徹底する。
- 「たら」「ば」「と」の主な違いを指導する時は、例文を使って整理し、学習者のレベルを見ながらまとめるとよい。「たら」は話しことば的で、主節末に意志、無意志どちらの表現もとることができる。また、1回きりの個別的な事態を表す。
- 「たら」の基本的な意味は「きっかけ→結果」であるので、その時点を問題にする「とき」や、原因・理由を表す「から・ので」と異なることに注意させる。
- 「たら」節内の主語は、他の従属節と同じく「が」をとる。

たり

➡休日は本を読んだり手紙を書いたりする。
➡このごろは寒かったり暑かったりだ。

「～たり～たりする」「～たり～たりだ」の形で動作や状態などの例示を表す。「たり」が一つの場合もある。また、交互に繰り返される様子を表すこともある。

 関連項目 並列（継起）節「し、て」、名詞節「こと」、トキ節「てから」、自動詞、他動詞、副詞「ときどき」、または

 誤用例文

 脱落

【「たりする」の脱落】

1. ★誤 日曜日は日本語を勉強したり、手がみを**書きました**。　　〈台湾〉
   正 日曜日は日本語を勉強したり、手紙を**書いたりしました**。

2. ★ 誤 私はさびしい時音楽を**き**たり手紙を**かき**ます。　〈フィンランド〉
　　 正 私はさびしい時、音楽を聞いたり、手紙を**書い**たりします。

付加

3. 誤 その時からグレグさんがクレジットが使えないそうだ。いくら文句を**言ったりしても**コンピュータに入れたばかりにすぐ直せないということだ。〈アメリカ〉
　　 正 その時からグレッグさんはクレジットカードが使えないそうだ。いくら文句を**言っても**、コンピュータに入れたばかりで、すぐ直せないということだ。

4. 誤 毎日、デパートへ**行ったり来たり**します。　〈ペルー〉
　　 正 毎日、デパートへ**通っています**。

5. 誤 ＜喫煙について＞それから、相互にいい印象を**くれたりもらたり**ためには指定された場所で吸うことがいいじゃないでしょうかと考えます。〈韓国〉
　　 正 ですから、相互にいい印象を**与え合う**ためには、指定された場所で吸うほうがいいんじゃないかと考えます。

誤形成

6. 誤 お話を**聞き**たり、ご作品を拝見したりしました。　〈中国〉
　　 正 お話を**お聞きし**たり、作品を拝見したりしました。

7. 誤 このごろは**暑かたり**、**涼しかたり**です。　〈中国〉
　　 正 このごろは**暑かったり**、**涼しかったり**です。

8. 誤 このごろは**暑いかったり**、**涼しいかったり**です。　〈中国〉
　　 正 このごろは**暑かったり**、**涼しかったり**です。

9. 誤 天気は**晴ったり**くもったりしてどうしようか。　〈中国〉
　　 正 天気は**晴れたり**曇ったりしているけど／が、どうしようか。

混同

【たり→て／てから】

10. ★ 誤 きのうは朝**起き**たり、せんたくをしたり、日本語を勉強したりしました。〈バングラデシュ〉
　　 正 きのうは、朝**起きて／起きてから**、洗濯をしたり、日本語を勉強したりしました。

■ その他

【ことや→たり】

11. ★ 誤　その上、日本の会社や銀行やデパートが香港で支店を**開くことや**不動産や株がよく**投資しています。**　　　　　　　　〈中国・香港〉

　　　正　その上、日本の会社や銀行やデパートは、香港で支店を**開いたり**、不動産や株に積極的に**投資したりしています。**

12. ★ 誤　例ば、子どもの時に木に**登ることや**おもちゃで**遊ぶことが**好きであった。しかし、いまビールを**飲みに行くことや**美術館へ**行くこと**の方が好きである。　　　　　　　　　　　　〈オーストラリア〉

　　　正　例えば、子供の時には、木に**登ったり**、おもちゃで**遊んだり**することが好きであった。しかし、今は、ビールを**飲みに行ったり**、美術館へ**行ったり**する（ことの）方が好きである。

【ことも→たり】

13. ★ 誤　日本にきてから**遊んだ事も観光した事も**あまりない。〈アメリカ〉
　　　正　日本に来てから**遊んだり観光したり**したことがあまりない。

【または→たり】

14. ★ 誤　運転手はほとんど道を渡る人を見ると、**さけるまたは止まる**ことが多いんです。　　　　　　　　　　　　　　　　　　　〈中国〉

　　　正　ほとんどの運転手は、道を渡る人を見ると、**避けたり止まったり**することが多いんです。

【ことができる】

15. 　誤　日本語を**話すことができたり**、**聞くことができたりする。**〈韓国〉
　　　正　日本語を**話したり**、**聞いたり**することができる。

【並列の不釣り合い】

16. ★ 誤　きのうはかおを**洗ったり**、本を読んだり、**コーヒーを飲んだり**しました。　　　　　　　　　　　　　　　　　　　　　　　〈？〉

　　　正　きのうは本を読んだり、**手紙を書いたり**しました。

【て→たり（するのは）】

17. ★ 誤　外国人にあったり、特別の景色と建物と着物を見たり、外の生活と社会と文化を**考えてみて**おもしろいだろうと思っています。

〈中国・香港〉

正 外国人に会ったり、異国の景色や建物や着物を見たり、外の生活や社会や文化のことを**考えてみたりするのは**、おもしろいだろうと思っています。

【ときどき→たり】

18. 誤 友達が来ると**お菓子ときどき食事**をします。　〈マレーシア〉
    正 友達が来ると、**お菓子を食べたり食事をしたり**します。
19. 誤 ＜行事の説明＞神がくるのじかんは**ときどきひる、ときどきよる**です。　〈カンボジア〉
    正 神が来る時間は、**昼だったり夜だったり**します。

【動詞の自他】

20. 誤 大学時代の流行通りに私は、髪が肩に**垂れたり**あごひげを生やしたりしました。　〈アメリカ〉
    正 大学時代の流行通りに、私も髪を肩まで**垂らしたり**、あごひげを生やしたりしました。

誤用の解説

付加

「たり」は次のように、一つの動作だけを取り上げて例として示すことができる。
　A：きのうの会はどうだった？
　B：みんなで歌ったりしておもしろかったよ。

3は一つの動詞に「たり」を付けているが、ここでは「文句を言う」以外の行為を暗示する意図は特になく、「たり」を用いる必要はない。4，5は別の動詞で表すべき例である。4の「行ったり来たり」は目的地（デパート）へ行くことではなく、頻繁に往復する行動に焦点を当てる表現であり、5の「くれたりもらったり」（正しくは「あげたりもらったり」）は物の恩恵的なやりとりを指すので、どちらもここでは不適切になる。

誤形成

6〜9のように、動詞・形容詞のタリ形が作れないということは、動詞・形容詞のタ形ができないということであり、基本的にはそれらのテ形が不正確であるということである。特にイ形容詞が、表記の問題もあるが、不正確である。

その他

15は、「ことができる」が、「話したり、聞いたり」の両方にかかり得るか否かというスコープの問題を含んでいる。学習者は「ことができる」を2回使ってい

るが、「することができる」を1回使うだけで「〜たりできる、〜たりできる」を
ひとまとめにすることができる。

　学習者は18, 19のような場合に、「ときどき」を使って表そうとすることが多い。
動詞や形容詞を使っての並列表現が苦手なので、よく馴染んでいる「ときどき」
を使うのであろう。20では「髪が肩に垂れる」と「あごひげを生やす」が「たり」
で並べられている。「垂れる」は自動詞、「生やす」は他動詞なので、並列的に述
べるためには「垂れる」を他動詞「垂らす」にしたほうがよい。

伝達上の誤用　★

● 1, 2、そして17は「〜たり〜たりする」の最後の「〜たりする」を落としてし
まう誤りである。（17は名詞化ができずに「て」を使っている誤りでもある。）し
かし、日本語母語話者でも話しことばでは、「子供が悪いことをしたら、注意した
り、言い聞かせたり、時には殴ります。」のように最後の「たりする」が抜けるこ
とが多い。「たり」がゆるやかに後ろにつながっていくため、最後の表現に自由度
があると言える。しかし、その自由度の量り方は学習者には難しいので、初級の
段階では、「〜たり〜たりする」と最後まで言うように指導したほうがよいだろう。

●「きのう何をしたか」と問うと、学習者の中には10や、「その他」の16のように
答える者がいる。「たり」はいくつかの動作・状態を例示的に並べる時に用いられ
るが、基本的には同じグループ（ここではきのう行ったこと）の中から取り上げ
るべき内容が並び、その内容の軽重のレベルが揃っている必要がある。10の「朝
起きること」、16の「顔を洗うこと」はだれでも当然やることで取り上げるべき内
容から外れる。また、16の「コーヒーを飲んだり」は「本を読んだり」とは少し
バランスがとれない。（訂正文では「手紙を書いたり」を補った。）10は「朝起き
たり」ではなく「てから」を用いて、朝起きてから何をしたかという言い方にす
ればよい。

● 11〜13のように「〜こと」を使っても文法的に間違いではないが、回りくどく、
翻訳調に聞こえる。動詞を名詞化して、助詞「や」や「も」でつないで並列を表
そうとするのは学習者に多く見られる傾向であるが、日本語らしさから言えば
「たり」を使いたいところである。14のような、接続詞「または」の使用について
も同様で、「たり」で表したほうがよい。

● 学習者の日本語が自然になるか否かのポイントはいくつかあるが、11〜14のよ
うな場合に「〜たり〜たりする」が使えることはその一つである。（故大坪一夫先
生は、筑波大学教授の時、日本語講師たちとの私的な会話で、「〜たり〜たりする」
ができるかどうかが中級レベルになったかどうかの基準になると言われていた。）

指導のポイント

- 「～たり～たりする」は例示として、何を取り上げるか、いつ使用するかが難しいために、使いこなすまでに時間のかかる項目である。
- 「たり」の形は動詞・形容詞などのタ形に「り」を付ければよいが、タ形・テ形が不正確な学習者が多いので、十分練習させる必要がある。
- 「～たり～たりする」の形にすべきところを、最後の「～たりする」を落としてしまう学習者が多いので注意させる。
- 「～たり～たりする」が使えず、「名詞節（こと）＋並列助詞（と、や）」を使って表す誤用が多いので、その場合は「たり」を使うことを指導する。
  例：飲みに行くことや遊ぶことが好きだ。
  →飲みに行ったり遊んだりすることが好きだ。
- 通常は「～たり～たりする」のように「たり」が複数で用いられることが多いが、「たり」が一つの場合もある。また、選択項目が一つしかなくても、曖昧に表現するために「たり」を用いることもある。
- 「～たり～たりする」が使えると、日本語が自然に感じられる。時間をかけてぜひ身に付けさせたい項目である。

だろう

➡その会には多くの人が集まる**だろう**。
➡彼女も参加する**だろう**と思う。

話し手の主観的な推量を表す。「ようだ」「らしい」が何らかの根拠や状況に基づいての推量判断であるのに対し、「だろう」はより話し手の主観を表す。

|関連項目| ようだ、らしい、にちがいない、のだ／んだ、（ではない）だろうか、でしょう、副詞「かならず、きっと、たぶん」

|誤用例文|

|脱落|

1. 誤 行きたい。ところが、彼女も**行く**か。　〈中国〉
   正 行きたい。でも、彼女も**行くだろう**か。

たろう

2. 誤 異国的べきでも異国的じゃないので出る反感。したしくなるのはだめだの莫然の感じ。これが**被害意識**だか。 〈韓国〉
   正 異国的であるはずなのに異国的じゃないことから起こる反感、親しくなってはだめだという漠然とした感じ、これは**被害妄想**だろうか。
3. A：リーさんの発表はすばらしかったね。
   誤 B：まじめな彼のことだから、毎日がんばって**勉強していたんです**。 〈中国・香港〉
   正 B：まじめな彼のことだから、毎日頑張って**勉強していたんでしょう**。
4. 誤 けがをしてしまったので、入院せずにも**すまない**。 〈ベトナム〉
   正 けがをしてしまったので、入院せずには**すまないだろう**。

付加

5. 誤 李さんはこれを見たきっと**持ちたいだろう**にちがいない。 〈韓国〉
   正 李さんがこれを見たらきっと**ほしがる**に違いない。
6. 誤 その絵には一番面白いところはストーブの王様がズボンをはかないことだ。**どうしてだろうか分からない**。 〈ベトナム〉
   正 その絵で一番面白いところは、ストーブの王様がズボンをはいていないことだ。**どうしてか**分からない。
7. 誤 皆さん、日本人は貯金が大好きな国だと思いますか。皆さん一度は聞いたことがあると思いますが、これは、地震とか戦争の経験でこんな危険に準備する国民性からくるもの**だろうと思いますか**？ 〈韓国〉
   正 皆さん、日本人は貯金が大好きな国民だと思いますか。皆さんも一度は聞いたことがあると思いますが、これは、地震とか戦争の経験からこのような危険に対する準備をするようになった、そういう国民性から来るもの**ではないでしょうか**。

誤形成

8. 誤 あしたは**雨だろ**と思います。 〈インドネシア〉
   正 あしたは**雨だろう**と思います。
9. 誤 あしたは**雨でしょう**と思います。 〈アルバニア〉
   正 あしたは**雨だろう**と思います。

混同

【だろう→ようだ】

10. 誤　女の子とお母さんは毎日お父さんの写真を見て**やっぱり**お父さんがいなくて**さびしいでしょう**。　〈アメリカ〉

    正　女の子とお母さんは毎日お父さんの写真を見ています。やっぱりお父さんがいなくて**さびしいようです**。

【だろう→ようだ／らしい】

11. 誤　金さんはこのごろいっしょげんめい**するだろう**。　〈韓国〉

    正　金さんはこのごろ一生懸命**やっているようだ／らしい**。

【だろう→にちがいない】

12. 誤　おおげさな化粧は時間かかって、とくに、学生は必ず勉強に影響を**及ぼすだろう**。　〈中国〉

    正　大げさな化粧は時間がかかるので、特に学生は勉強に影響を**及ぼすにちがいない**。

【だろう→ですから】

13. 誤　私は人はネットでは別人格になると思います。むしろ当本の自分に変身できていいことだと思います。特に日本の社会では公の場所では猫を被る人が**多いだろう**。　〈アメリカ（日本）〉

    正　私は人はネットでは別人格になると思います。むしろ本当の自分に変身できていいことだと思います。特に、日本の社会では公の場所では猫を被る人が**多いですから**。

【だろうか→ではないだろうか】

14. ★誤　たぶん、これは日本人にとって宗教が大切じゃないようの理由だ**ろか**。　〈アメリカ（日本）〉

    正　たぶん、これは日本人には宗教が大切じゃないから**ではないだろうか**。

【(ない)だろうか→(ないの)ではないだろうか】

15. ★誤　今の21才の私がどんなに親に迷惑をかけたか分かって来たが今は口で謝るより仕方がない。親に非常に迷惑をかけたと思っている人は私だけでは**ないでしょうか**。　〈アメリカ〉

    正　今の21才の私は、どんなに親に迷惑をかけたか分かって来たが、今は口で謝るより仕方がない。親に非常に迷惑をかけたと思って

いるのは私だけでは**ないのではないだろうか**。

【でしょうね→でしたね】

16. 誤　あの映画はおもしろかったです。確か、中国の**映画でしょうね**。
〈中国〉

　　正　あの映画はおもしろかったです。たしか、中国の**映画でしたね**。

【だろう→でしょう】

17. ★誤　私は将来年が寄ったらしずかな田舎で住みたいです。それでは私の子女は田舎の古郷を持つことが**できるだろう**。　　〈韓国〉

　　正　私は将来年をとったら、静かな田舎に住みたいです。そうすれば、私の子供は田舎に故郷を持つことが**できるでしょう**。

[誤用の解説]

[脱落]

1〜4は話し手の想像に基づく判断であるため、「だろう」があったほうが自然な文になる。1のような言い方をする学習者がいるが、ややぞんざいに聞こえるので注意が必要である。

[付加]

5には、話し手の推量を表す「だろう」と同じ意味の、「にちがいない」が併存している。学習者は一つでは不安になるのか、同じ種類の語を重ねる傾向がある。6は理由がわからないという意味で、「どうしてかわからない」とすればよい。その際「だろう」は不要である。7は「〜と思いますか」という疑問文に「だろう」を用いている。言わないこともないかもしれないが、通常は、相手の考えを尋ねているのであるから、推量を表す「だろう」は不要と考えられる。

[誤形成]

8は「だろう」の長母音が聞けていないか、または表記上「う」が抜けてしまった例である。9のように「と思う」に前接する時に、「でしょうと思う」と言う学習者が多い。「だろう」が「でしょう」の普通形であることが定着していないと思われる。

[混同]

10, 11のように、「だろう」と「ようだ」「らしい」「みたいだ」「と思う」などはよく似た表現であるため、その使い分けが学習者には難しい。日本語では「だろうと思う」の形はよく使われるが、「だろう」と「ようだ、そうだ、らしい、みたいだ」は同時には使えない。12は単なる推量判断ではなく、話し手の確信が含ま

れているので「にちがいない」にしたほうがよい。13では、「特に〜猫を被る人が多いだろう」の文と前文との因果関係が表せていない。後文に理由を表す「〜ですから」が必要である。16は、文が「確か（たしか）」で始まっているので、再確認を表す「でした」を使う必要がある。

 伝達上の誤用 　★

● 14, 15は否定の「ない」が欠けている文である。日本語では話し手がある事柄について相手に同意を求める時、否定の形「ではないだろうか」で言うことが多い。「〜だろうか」は反語表現のため、例えば「本当だろうか」と言った場合、実際は「本当ではない」の意味になり、「本当ではないだろうか」という否定形が実際は「本当だ」の意味になる。14の場合、「理由だろうか」では話し手の意図が反対になってしまうので、「理由ではないだろうか」とするほうが適切である。15は「ではないだろうか」で受けるものが「私だけではない」と否定になっているが、考え方は14と同じである。ただし、「私だけではない」→「私だけではないのだ」→「私だけではないのではないだろうか」となり、「ではないだろうか」の前に「の」が必要となる。
● 17は文体の問題であるが、前文が丁寧体なので、後文も一致させる必要がある。

 指導のポイント

● 「だろう」では、脱落と同時に付加の誤用が多い。このことは学習者は「だろう」をいつ使うべきかがわかっていないことを示している。
● 第三者の動作・行為を推量する「だろう」が使えない。また、学習者は「だろうにちがいない」のように推量表現を重ねてしまう傾向がある。
● 「でしょう」は「だろう」の丁寧形である。従属節や引用節の中では「だろう」となることを言っておく必要がある。
● 「だろう、ようだ、らしい、みたいだ、と思う」、そして「だろうと思う」などがどんな状況で使われるか、その違いや共通性を適当な時に整理、確認する必要がある。いろいろな推量表現を引き出せる練習を工夫したい。
● 学習者の日本語レベルが上がるにつれて、「〜だろうか」という疑問提示の形、また、「だろうか」と「ではないだろうか」の意味用法の違いを整理し、理解させる。
● 「どうしてだろうかわからない」「来るだろうと思いますか」という「だ

ろう」の付加の誤りは、なかなか難しい問題である。「どうしてだろうか。」「来るだろうと思います。」のような形では使えるのに、疑問引用節に入れ込んだり、疑問文にすると「だろう」が不要になる。これらについても、上のレベルになると、言及する必要が出てこよう。

つい

➡甘いものを見ると**つい**手が出る。
➡彼女は**つい**電話番号を教えてしまった。

話し手自身の「しようという意識がないまましてしまう」様子を表す。反省、後悔の気持ちが入ることが多い。話しことばに用いられる。

関連項目　うっかり、知らず知らず(のうちに)、思わず、ついに、すぐ、**結局**、やはり、てしまう

誤用例文

誤形成

1.　誤　ちゅい、わすれてしまいました。　　　　　　　　　　〈韓国〉
　　正　つい、忘れてしまいました。

混同

【つい→うっかり】
2.　★誤　朝おそく起きました。学校のしだくでいそがしかった。**つい**財布をいえにおいて出ましたから、いえにもとらなければなりませんでした。　　　　　　　　　　　　　　　　　　　　　〈韓国〉
　　正　朝遅く起きました。学校のしたくで忙しかったです。**うっかり**財布を家に置いて出ましたから、家に戻らなければなりませんでした。

【つい→知らず知らずのうちに】
3.　誤　私はたばこを吸う人達に公共の場所でたばこを吸ったら、吸わない人にじゃまをさせると思わせたいです。**つい**他の人にカンを起させるから、私は公共の場所でたばこを吸わない方がいいと思います。　　　　　　　　　　　　　　　　　　　　　　　〈タイ〉

正　私はたばこを吸う人達に、公共の場所でたばこを吸うと、吸わない人に迷惑になることに気がついてほしいです。**知らず知らずのうちに**他の人にがんを引き起こさせることもあるから、公共の場所でたばこを吸わない方がいいと思います。

【つい→すぐ】
4.　誤　かえってきたら、**つい**電話ください。　　　　　　〈韓国〉
　　正　帰って来たら、**すぐ**電話をください。

【つい→結局／やはり】
5.　誤　ここで二つの危険に合うかもしれない。一つは大学の生活によくなれることができないで、他の学生と遠くにいる親に頼りすぎて迷惑をかける。二つ目は独立して、我侭になってしまい、だれかに頼らなければないときに、**つい**あの人に迷惑をかける。〈アメリカ〉
　　正　ここで二つの危険に遭うかもしれない。一つは大学の生活にあまり慣れることができなくて、他の学生や遠くにいる親に頼りすぎて迷惑をかけること、二つ目は独立して、わがままになってしまい、だれかに頼らなければならないときに、**結局／やはり**、親に迷惑をかけることだ。

【つい→ついに】
6.　誤　何回も約束を守らなかったものだから**つい**誘いが来なくなりました。　　　　　　　　　　　　　　　　　　　　〈台湾〉
　　正　何回も約束を守らなかったものだから、**ついに**誘いが来なくなりました。
7.　誤　アイツがいつも僕の悪口を言っていました。もうがまん出来なくて、**つい**、あいつをなぐりました。　　　　　　〈カナダ〉
　　正　あいつはいつも僕の悪口を言っていました。もう我慢できなくて、**ついに**あいつを殴ってしまいました。
8.　誤　彼は**つい**このようにいった。　　　　　　　　　　〈韓国〉
　　正　彼は**ついに**このように言った。
9.　誤　他は**つい**困境から抜け出して、自分の力で新しい会社を経営している。　　　　　　　　　　　　　　　　　　　〈中国〉
　　正　彼は**ついに**苦境から抜け出して、現在は自分の力で新しい会社を経営している。

その他

【ついに→つい】

10. ★ 誤 話があまりにつまらないものだから、**ついに**居眠りしちゃった。
〈中国〉

   正 話があまりにつまらないものだから、**つい**居眠りしちゃった。

11. 誤 **ついに**車道をわたしたとはいえ、罰金をはらわないですまない。
〈韓国〉

   正 **つい**車道を渡ったとはいえ、罰金を払わないではすまないだろう。

【名詞修飾節】

12. 誤 あの人はついウソを**言ってしまう**人だ。　〈オーストラリア〉

    正 あの人はついウソを**言ってしまう**(らしい／ようだ)。

【文末】

13. 誤 彼はついこのように**いった**。
〈韓国〉

    正 彼はついこのように**言ってしまったようだ**。

誤用の解説

誤形成

　1は発音から来た誤りであろう。特に韓国語話者にとっては「つ」は大変難しいようで「ちゅ」との混同がしばしば見られる。

混同

　2は「うっかり」との混同である。「つい」が本能的、習慣的な行動を表すのに対し、「うっかり」は、「うっかりバスを乗り違えた」のように、不注意で引き起こされる行動を表す。「つい」は、通常、話し手自身の行為に用いられる。3は(不本意な)結果をもたらしているのは話し手自身ではないので「つい」は使えない。もっと客観的な表現の「知らず知らず」「無意識に」が適切である。「つい」と似ている「うっかり」「知らず知らず」などの特徴は次のようである。

　　うっかり：注意力が不足し、ぼんやりしている様子を表す。
　　知らず知らず：当人の自覚はなく、その行動よりその結果に焦点が当たる。
　　思わず：本能的、衝動的に行う様子を表す。

　4は「つい」と「すぐ(に)」との混同である。「つい」には「ついきのうのことのようだ」のように、時間や距離が近いことを示す用法もある。学習者は時間が短いことを表すために「つい」を使ったのかもしれない。「つい」は4のように働きかけの文では使えない。

5は、場面・状況に依存して無意識にするというより、「結果としてそうなる」という意味なので、「つい」ではなく「結局」か「やはり」がよい。6～9は、「ついに」とすべきところを「つい」とした誤りである。「ついに」は、長い時間かけて、また、様々な過程を経て最終地点に達する様子を表す。6～9では最後にどうなったかを述べているので「ついに」になる。

その他

10, 11は「つい」とすべきところを、「ついに」とした誤りである。11は「いけないと思いつつ、軽い気持ちで渡った」と考えられるので「つい」がよい。12は間違いとは言えないが、「言ってしまう人だ」のように名詞修飾の形をとらないほうが自然である。「つい」は話し手の反省や後悔の気持ちを文末にまで影響させることが多い。したがって、名詞にかかっていく形はとりにくく、「てしまう／てしまった」で言い切る形にしたほうがよい。

「つい」は話し手自身のことを表すので、13のように第三者のことを表す時は、客観性を持たせる「ようだ」「そうだ」「ところがある」などが必要となる。また、「つい」には反省や後悔などマイナスの気持ちが含まれるので、13では文末に「てしまう／てしまった」などがあったほうがよい。

伝達上の誤用 ★

● 2では、「つい」の前に「いつもは出かける時、財布を入れるのだが、」というような習慣を表す説明句があれば、「つい」でも可能である。
● 10で「ついに」を用いると、「つまらない話をさんざん聞かされて、一生懸命聞いていたが、最後には寝てしまった」の意味になる。寝ないようにしようと思っていたが、その抑制が効かなかったという場合は「つい」になる。

指導のポイント

● 「つい」と「ついに」の混同が多く見られる。音が似ているからであろうが、両者を混同させないように注意する必要がある。
● 「つい」と「うっかり」を混同しやすい。「ついうっかり」という言い方もあるように、両者は置き換えが可能な場合が多い。指導する時は、「つい」は習慣的にそうしてしまう（例：子供にはつい怒鳴ってしまう。）、「うっかり」は単発的に不注意でそうしてしまう（例：バスの中に傘をうっかり忘れてきた。）のように、両者の違いが見えるわかりやすい例から説明を始めたほうがよい。

- 「つい」には、してはいけないと思っていたり、自分でしないようにしているという気持ちがある。そのために、文末に「〜てしまう／しまった」「〜し過ぎる／過ぎた」などの表現が来ることが多い。練習も文末表現と合わせてさせたほうがよい。

つまり

➡あの子は私の姉の子供だから、**つまり**私の甥になる。

「すなわち」と同じく、語句や前文を同じ意味内容を持つ別の語句や表現で言い換えて、結論付ける。聞き手（読み手）の理解を深めるのに用いられるとともに、その事柄に関しては、そこで言及が終わるのが普通である。話しことば的である。

|関連項目| 結局、要するに、すなわち、ゆえに、だから、やはり（やっぱり）、〜という〜、からだ、のだ／んだ、ということだ、主語・主題

|誤用例文|

|脱落|

1. 誤 その旅行でもっとも楽しかったのは静岡で見物するに限る。（中略）町の様子は驚くほど東京と違い。東京は国際大都市なので、うるさくて、ひどく乱れている感じがある。静岡は朝から夜までいつも静かで、きれいである。Φ私が想像する日本に似ている。

〈中国〉

   正 その旅行で最も楽しかったことは静岡を見物したことである。（中略）町の様子は驚くほど東京と違っていた。東京は国際的な大都市なので、うるさくて、ひどくごちゃごちゃしている感じがある。静岡は朝から晩までいつも静かで、きれいである。**つまり**、静岡は想像していた日本に似ている。

|付加|

2. 誤 夜おそくまでおきてはいけない。**つまり**、はやく寝て下さい。

〈インドネシア〉

正　夜遅くまで起きていてはいけない。早く寝てください。
3．誤　私は、家族と一緒にそのところに初めてきました。**つまり**、大変うれしかったです。　　　〈中国〉
　　　正　私は、家族と一緒にそこに初めて行きました。大変うれしかったです。

混同

【つまり→結局】

4．誤　日本のと違う、日本では、国民保険がついている、約八十パーセントの治療代を返す。**つまり**、安いだ。　　　〈マレーシア〉
　　　正　私の国とは違って、日本では国民保険が付いているので、約八十パーセントの治療代を返してくれる。**結局**、安くなる。

【つまり→そして】

5．誤　日本は二次大戦後経済が飛躍的に発展してきた。**つまり**、経済大国になります。　　　〈中国〉
　　　正　日本は第二次大戦後、経済が飛躍的に発展した。**そして**、経済大国になった。

【つまり→それは】

6．★誤　両親は厳しい。**つまり**、私のためだ。　　　〈中国〉
　　　正　両親は厳しい。**それは**、私のためだ。

【つまり→だから】

7．誤　日本人も日本人の話しの本当の意思がわかりにくい。**つまり**、外国人にとっては全然わからない。　　　〈中国〉
　　　正　日本人にも日本人の話の本当の意味はわかりにくい。**だから**、外国人にとっては全然わからない。

【つまり→やはり（やっぱり）】

8．誤　迷惑をかけないようにするのが最高だろうが、迷惑した場合、もう一度考え直おして見たほうが**つまり**良いではないかと私は思う。　　　〈アメリカ〉
　　　正　迷惑をかけないようにするのが最高だろうが、迷惑をかけた場合は、もう一度考え直してみたほうが、**やはり**良いのではないかと私は思う。

【つまり→ゆえに】

9. 誤 a+b=3　b+c=4　**つまり**　a−c=−1 〈中国〉
   正 a+b=3　b+c=4　**ゆえに**　a−c=−1

【つまり→このようなわけで】

10. 誤 六年生の時、もう1回ワクチンを受けた。生徒は先生に一人ずつ呼ばれた。怖くてが注射をするよりは仕方ない。今も病気の時は注射が何よりも怖い。病気の時は薬を飲むに越したことはない。**つまり**、なるべく病気の時は注射をしない方がいいと思う。
   〈インドネシア〉
    正 六年生の時、もう1回ワクチンを受けた。生徒は先生に一人ずつ呼ばれた。怖いが注射を受けるほかなかった。今も病気の時は注射が何よりも怖い。病気の時は薬を飲むにこしたことはない。**このようなわけで**、なるべく注射はしない方がいいと思う。

【つまり→という】

11. 誤 フィアット、**つまり**自動車製造会社、イタリアの代表的な車の会社だった。 〈イタリア〉
    正 フィアット**という**自動車製造会社は、イタリアの代表的な車の会社だった。

【つまり→〜から】

12. 誤 買おうと思う。**つまり安いですね**。 〈オーストラリア〉
    正 買おうと思う。**安いですからね**。

■その他

【主語・主題の脱落】

13. 誤 マリヤさんは今日変人にプレゼントとして、きれいな車と大きな家を買ってあけた。**つまり**、好きなので何でもする。〈インドネシア〉
    正 マリヤさんは今日恋人にプレゼントとして、きれいな車と大きな家を買ってあげた。**つまり、彼女は**彼が好きなので、何でもするのだ。

【文末】

14. 誤 アフリカ原住民の平均3.0視力でも見えない。つまり**遠すぎる**。
    〈アメリカ〉
    正 アフリカ原住民は、平均3.0の視力なのに見えない。つまり、**遠す**

ぎるからだ／のだ。

15. 誤 王さんはもう国へ帰った。つまり、今週の試験を**受けません**。〈中国〉
    正 王さんはもう国へ帰った。つまり、今週の試験を**受けられないということだ**。

誤用の解説

脱落

1 は、様々な説明を経て、最後に結論を述べるという流れが学習者に意識されていなかったと思われる。あるいは、文章が長いため、書き続けているうちに、まとめ意識が欠落してしまったのかもしれない。

付加

2 は後文に依頼表現を用いている。「つまり」は事柄を一言で結論付け、その事柄に関してはそこで話を終わらせるという性質を持つ。そのため、文末には相手に対する働きかけの表現（「〜てください」）は来にくい。また、3 は話し手の気持ちを表しているのであって、結論付けているのではない。

混同

4 は「結局」との混同である。「結局」は、ある事態について、紆余曲折があって、最後に終結することを表す。4 は結果としてどうなるのかを示しているので、「結局」がふさわしい。5 は、「日本」が結果としてどうなったかを示そうとして、「つまり」を使ったと考えられる。5 は前文で述べた事柄を後文で言い換えているのではなく、前文から後文への流れは時間の推移を表しているので、「そして」がふさわしい。

6 で学習者が言いたいことを中国語にすると、「 总之，这是为了我 （つまり、(これは) 私のためだ)」となり、「 总之 （つまり)」が出てくる文が自然である。それで「つまり」としたのだろう。しかし、日本語では「つまり」を使うと、結論付けとなる。ここでは子供自身が親の厳しさを説明、解釈するという形で、「つまり」を省き「それは」を用いたほうがよい。

7 は、前文から後文を結論付けるには飛躍がある。原因・結果関係がはっきりしていることから、理由を示す「だから」が適切である。8 は、副詞「やはり」とすべきところを「つまり」としてしまった誤用である。「やはり」には、「いろいろ考えてみても結局は〜」というニュアンスがあるので、様々なことを述べたあとで結論付ける「つまり」と混同してしまったようだ。

論理式（例：A＝B, B＝C, C＝A）では「ゆえに」が使われる。9 の学習者は「ゆえに」の使い方を知らなかったのであろう。そのため、後文は前文の言い換え

だと考え、「つまり」を使ったと思われる。10は、「つまり」より前の文は注射が嫌いになった理由の説明であり、後文には考え、意見を表す「～と思う」が来ている。このような場合は、「前述した理由から～と思う」という意味の「このようなわけで」がふさわしい。

11の「自動車製造会社」は、結論付けとしては不適当である。聞き手（読み手）が知らないと思われる語を説明する「～という～」を使えば適切な文となる。12では、前文と後文は理由付けの関係にある。「つまり」を使わずに、後文の文末を「～から（ね）。」とすると自然な文となる。

その他

13の学習者は「つまり」を用いて、前文で述べたことを後文で一言で言い換え、結論付けている。しかしそのためには、「だれがどうする、何が何だ」という「だれが」「何が」（主語・主題）という部分を明確にする必要がある。14, 15は、文末を補うと完全な文となる。「つまり」の後文には話し手の判断・評価が来て、文末には断定表現（「～のだ」「～ということだ」など）が来やすい。14は、文末に「～からだ／のだ」を、15は「～ということだ」を補うことで完全な文となる。

伝達上の誤用 ★

● 「つまり」の持つ意味機能は「言い換えて、結論付ける」である。それは、言い換えることによって話し手（書き手）の解釈を加え、相手の理解・認識をより深めさせ、結論を与えるということである。

● 6は話し手自身の発話であるが、自分のことを第三者的に客観視して述べるのであれば、6の文も可能になると言えよう。

指導のポイント

- 「つまり」はやや話しことば的であるが、説明調のニュアンスを持つ。
- 「つまり」に導かれた後文は「NはNだ」の形をとる名詞文（定義文）であることが多い。文末に意志表現は来にくいので、文末との関係についても注意させること。
- 「つまり」に導かれた後文には主語・主題が必要なのに、抜けてしまう誤用が見られる（特に名詞文（定義文））。後文の主語・主題についての指導も必要である。
- 「つまり」は、「すなわち」などと同じく、前文を言い換えたり、言い直したりする時に使われる。指導する側は、これらの接続詞の共通点・相

違点を整理し、説明できるようにしておきたい。

つもりだ

➡大学院の試験を受ける**つもり**だ。
➡連休中はどこへも行かない**つもり**だ。

話し手の意志・意向を表すが、多くの場合は、前もって決意し、意志が固まっている場合に用いられる。

|関連項目| たい(と思う)、(よ)う(と思う)、つもりだった

|誤用例文|

|付加|

1. ★ 誤 あしたパーティへ**行く**つもりですか。 〈フランス〉
   正 あしたパーティーへ**行きます／いらっしゃいますか**。
2. 誤 本人はいつも正しく答えると**思っているつもり**らしい。〈ブラジル〉
   正 本人はいつも正しく答えていると**思っている**らしい。

|誤形成|

3. 誤 日本で就職できないので、外国で職業をさがす**つまり**だ。 〈韓国〉
   正 日本で就職できないので、外国で仕事を探す**つもり**だ。
4. 誤 日曜日日本語を勉強する**つもります**。 〈タイ〉
   正 日曜日に日本語を勉強する**つもりです**。
5. 誤 筑波大学でおんせいしょりについて**研究し**つもりです。 〈ドイツ〉
   正 筑波大学で音声処理について**研究する**つもりです。
6. 誤 新しくたてたビルに**追っ越し**つもりだ。 〈中国〉
   正 新しく建てたビルに**引っ越す**つもりだ。
7. 　　A：空港へ行くつもりですか。
   誤 B：はい、**つもりです**。 〈フランス〉
   正 B：はい、**そのつもりです**。

【 混同 】

【つもりだ→（よ）うと思う】

8. ★誤　今から買い物に**行くつもりです**が、いっしょに行きませんか。〈中国〉
　　　正　今から買い物に**行こうと思います**が、いっしょに行きませんか。

【（たい）つもりだ→（たい）と思う】

9. 誤　そして、ほかにいろいろな方面も**改革たいつもりです**。〈マレーシア〉
　　正　そして、ほかにいろいろな方面も**改革したいと思います**。

10. 誤　私はこれらの複雑な経営学を**学びたいつもりです**。　〈インド〉
　　　正　私はこれらの複雑な経営学を**学びたいと思います**。

【つもりだ→たいと思う】

11. 誤　もし私が医者だったら、医療制度を**改革するつもりだ**。〈マレーシア〉
　　　正　もし私が医者だったら、医療制度を**改革したいと思う**。

【つもりになる→ことになる】

12. 誤　5時になったら10時間**勉強するつもりになる**。　　　〈中国〉
　　　正　5時になったら、10時間**勉強したことになる**。

【つもりだ→しかない】

13. 誤　日本で就職できないとあれば、外国で仕事を**探すつもりだ**。
　　　　　　　　　　　　　　　　　　　　　　　　　　　　　〈ベトナム〉
　　　正　日本で就職できないとあれば、外国で仕事を**探すしかない**。

【 その他 】

【「ようだ、らしい」などの脱落】

14. 誤　リーさんはカメラを**買うつもりです**。　　　　〈フランス〉
　　　正　リーさんはカメラを**買うつもりのようです／買うつもりらしいです**。

【副詞「ぜひ」】

15. 誤　今年は**ぜひ**海外旅行をするつもりだ。　　　　〈韓国〉
　　　正　今年は**絶対に**海外旅行をするつもりだ。

【従属節（理由節）】

16. 誤　やると**言ったから**、最後までやるつもりだ。　　〈タイ〉
　　　正　やると**言ったからには／以上（は）**、最後までやるつもりだ。

【テンス・アスペクト】

17. 誤　きのうは皆といっしょに**行ったつもりです**が、忙しくて…。〈ドイツ〉

18. 　正　きのうはみんなといっしょに**行くつもりでした**が、忙しくて…。
　　　誤　図書館へ行ったつもりです。しかし、郵便局に行きました。〈中国〉
　　　正　図書館へ**行くつもりでした**。しかし、間違って郵便局に行きました。
19. 　誤　私は、ちちとははあいたいですから、夏休みに、**帰るつもりです**。残念ながら、お金ないので帰らずでした。　〈マレーシア〉
　　　正　私は、父と母に会いたいので、夏休みに**帰るつもりでした**。でも、残念ながら、お金がないので帰らずに終わりました。

誤用の解説

付加
　2では「つもり」を削除するか、または、「と思っている」を削除する。通常、「つもりだ」に「と思う」はつながらない。

誤形成
　3，4は「つもりだ」自体の、5，6は「つもりだ」の前の動詞が正しい形にできない誤用である。4のように、動詞のマス形に慣れてきた学習者は、「つもり」も動詞のように活用すると思うようだ。7は「行くつもりだ」の「行く」を省略しようとしたようだが、「つもりだ」だけでは不十分で、相手のことばを受けて「その」が必要となる。

混同
　8～10は、「つもりだ」と「(よ)うと思う」「たいと思う」など、意味用法の違いが理解されていないことから来る誤用である。9，10にはまた、「たい」と「つもり」の重複による誤用も見られる。「つもりだ」と「(よ)うと思う」「たいと思う」の特徴は次のようである。
　　つもりだ：事前に決意し、固まっている意志を表す。物事に対する直前の意
　　　　　　志は表せない。
　　(よ)うと思う：現時点での話し手の意志を表す。
　　たいと思う：話し手の願望を表す。
11は「医者だったら」という仮定の話をしている。「つもりだ」は事前に決意し、意志が固まっている時に用いられるので、仮定の場合には不自然になる。12は話し手自身の意向を超えて、客観的にそうなるのであるから、「つもりだ」ではなく「ことになる」がふさわしい。
　13は誤りかどうか微妙なところである。「～とあれば、～」は、「～という(特

別の）事情なら」と前件で述べて、後件（主節）でその事情に基づく話し手の判断や、とるべき行動を述べる。その判断は、「そういう事情があるなら仕方がない」という意味合いを含むので、後件には「～しかない」「～せざるを得ない」などのやや消極的な表現が来やすい。「つもりだ」は話し手の決意という積極的な意志を表すために、13にやや不自然さが感じられると思われる。

その他

「つもりだ」は話し手の意志しか表さないので、14のように第三者のことを話す場合は、「つもりだ」に「ようだ」「らしい」などを付ける必要がある。15, 16は、「つもりだ」と結び付きにくい副詞や従属節（理由節）を用いている例である。15は、強く要望することを表す副詞「ぜひ」を使っているが、事前に決意し固まっている意志を表す「つもりだ」とは結び付きにくい。「ぜひ」を用いるなら「たい／（よ）うと思う」が適当である。「つもりだ」を生かすためには、意志の強いことを示す「絶対に」が適当である。16は「つもりだ」を用いて話し手の強い決意を表している。前件の理由節は単なる「から」ではなく、強い決意・覚悟の理由・根拠を示す「からには」がふさわしい。

17～19は「つもりだ」とテンス・アスペクトの関係で誤用が起こっている。17, 18は「行ったつもりだ」を「行くつもりだった」に、19は「帰るつもりだ」を「帰るつもりだった」にすべきである。17～19はすべて、「行く／帰る予定だったのに、行けなかった／帰れなかった」と言いたいのであるから、心づもりを表す「つもりだ」そのものを過去にする必要がある。

伝達上の誤用 ★

● 1のように、相手の予定を聞く時に「行くつもりですか」と聞くと、非難めいて聞こえることがある。「行きますか」、または、目上の人には「いらっしゃいますか」というのが適切であろう。

● 8は誤りとは言えないかもしれないが、行動に移る直前の行動の場合は、「つもりだ」ではなく「～（よ）うと思う」のほうが適切である。

指導のポイント

- 「つもりだ」の前に来る動詞の形を正しく作らせる。意志・意向を表す場合は、辞書形とナイ形（例：帰る／帰らないつもりだ。）が来ることを徹底させる。
- 第三者の意志を表す場合には、「ようだ、らしい」などの語が必要なことを指導する。ただし、「ようだ」の場合は「つもりのようだ」、「らしい」の場合は「つもりらしい」となる。（例：彼は仕事をやめるつもりのようだ／つもりらしい。）
- 「つもりだ」と「（よ）うと思っている」の意味用法の違いをよく理解させる。次の会話のように、その場で決めたことに対しては「つもりだ」は不適切になることが多い。
  　　A：今から出かけるんだけど、君も行く？
  　　B：　a．ええ、私も行こうと思います。
  　　　？b．ええ、私も行くつもりです。
- 相手の予定を聞く時に「〜つもりですか」と聞くのは失礼になる場合が多いので注意させる。

て①

➡バスが来なくて困った。
➡おなかが痛くて、眠れなかった。

動詞・形容詞などが「て」の形をとって、理由を表す。「て」はもともと 2 文をつなぐ機能しかなく、2 文の関係や文脈によって、理由・原因を表すことになる。

関連項目　理由節「ので、から、の／んだから、ため(に)」、前置き・逆接「が・けど」、条件「と」、形容詞、名詞＋だ、並列(継起)節「て」、否定形

誤用例文

混同

【くて→から】

1.　誤　さむくて、ヒーターをつけよう。　　　　　　　　　〈タイ〉
　　　正　寒いから、ヒーターをつけよう。

【くて→から／ので】
2. 誤 そのカメラはとても**たかくて**、買わないほうがいい。 〈ペルー〉
   正 そのカメラはとても**高いから／ので**、買わないほうがいい。

【くて→ので】
3. 誤 漢字を読むことが**難しくて**、ちょっと読んでほしい。 〈韓国〉
   正 漢字を読むのが**難しいので**、ちょっと読んでほしい。
4. 誤 頭が**痛くて**病院へ行きたいです。 〈インドネシア〉
   正 頭が**痛いので**、病院へ行きたいです。

【で→から】
5. 誤 彼は高い物しか買わない**人で**、大金持でしょう。 〈中国〉
   正 彼は高い物しか買わない**人だから**、きっと大金持ちなのでしょう。

【で→の／んだから】
6. 誤 学生が学習が**本業で**、一生けんめいに勉強することだ。 〈中国〉
   正 学生は学問が**本業なの／んだから**、一生懸命、勉強す／するべきだ。

【て→から】
7. 誤 ずっと**待たせて**、彼は怒ったわけだ。 〈アメリカ〉
   正 ずっと**待たせたから**、彼は怒ったわけだ。

【て→から／ので】
8. 誤 そらが急にくらく**なって**、雨がふるかもしれない。 〈韓国〉
   正 空が急に**暗くなってきたから／ので**、雨が降るかもしれない。
9. 誤 ふゆのときはあめがたくさん**ふって**、いつもかさをもっていなきゃだめです。 〈アメリカ〉
   正 冬は雨がたくさん**降るから／ので**、いつも傘を持っていなければなりません。

【て→ので】
10. 誤 もう**暗くなって**、家に帰るしかない。 〈韓国〉
    正 もう**暗くなったので**、家に帰るしかない。
11. 誤 おおげさな化粧は時間**かかって**、とくに、学生は必ず勉強に影響を及ぼすだろう。 〈中国〉
    正 大げさな化粧は時間が**かかるので**、特に学生は勉強に影響を及ぼすにちがいない。

12. ★ 誤 ドアを開けた時、ある猫が**飛び出して**、驚かれた。　〈シンガポール〉
    正 ドアを開けた時、猫が**飛び出してきたので**驚いた。

【て→のは】

13. 誤 シャイな友達でも公の場所で言えないような事をネットで言った
    り**できて**いいことだと思います。　〈アメリカ（日本）〉
    正 シャイな友達でも、公の場所で言えないようなことをネットで
    言ったり**できるのは**、いいことだと思います。

【て→けど／が】

14. 誤 天気は晴ったりくもったり**してどうしようか。　〈韓国〉
    正 天気は晴れたり曇ったり**しているけど／が**、どうしようか。

【(なく)て→(ない)から】

15. 誤 バスが**来なくて**歩いて行こうか。　〈中国〉
    正 バスが**来ないから**、歩いて行こうか。

【(なく)て→(ない)ので】

16. 誤 手紙が**来なくて**電話をかけました。　〈インドネシア〉
    正 手紙が**来ないので**、電話をかけました。

誤用の解説

混同

原因・理由を表す「から／ので」にすべきところを「て」を用いている誤用が多く見られる。1～4は、前件（理由節）が形容詞、5，6は「名詞＋だ」、7～12は動詞の場合である。

理由を表す「て」では、後件（主節）の述語には形容詞や無意志性の動詞などが用いられる。1～4では、「つけよう」「ほうがいい」「てほしい」「たい」のような意志を表す表現が来ているので、「て」ではなく、理由を明確に示す「から／ので」が適している。3，4では「から」を用いると直接的な感情が出てしまうので、「ので」がふさわしいと思われる。

5は、「でしょう」という推量表現が来ている。ここでも推量の根拠を表すために、「て」ではなく「から」を使って明確に示す必要がある。6は、後件（主節）が忠告・助言の表現なので、「て」では理由を表せない。「当然そうである／そうすべきである」という意味を表すには「～の／んだから」が必要となる。

7～12も前件と後件（主節）の因果関係を示すためには、「て」では不十分で理由節「から／ので」が必要である。7の「怒る」は感情を表す動詞である。した

がって「彼はそれを聞いて怒った」のように「て」で怒りの根拠・理由を表すことができる。しかし、「待たせた」のは話し手（他の人の場合も考えられる）で、「怒った」のは彼というように、前件と後件の人の関係を明らかにするには、「て」では不十分である。主節の文末に話し手の判断を示す「わけだ」が来ているので、「から」がふさわしいだろう。8，9は「から／ので」のどちらでもよいが、10～12では前件が客観的な事実を述べているので、「ので」がふさわしい。

13の「いいことだ」は判断を表すので、判断の対象を「～のは」で明示したほうがよい。14も「どうしようか」と判断を問うている。しかし、ここでは、天候が定まらないことを前提として「どうするか」と言っているので、前提・前置きを表す「が／けど」がふさわしい。

否定の理由を表す「なくて」においても、後件（主節）には無意志的な表現が用いられる。

(1) バスが来なくて、｛○困ります／×歩いて帰ろう｝。

(2) お金がなくて、｛○家賃が払えない／×奨学金がほしい｝。

15は後件に「歩いて行こうか」という意志表現が来ているので、不自然になっている。15は「なくて」ではなく、意志表現と結び付いて理由を表すことのできる「から」を用いると、適切になる。16は過去の事柄であるが、「なくて」の後件に「電話をかける」という意志的な表現を用いているために不自然になっている。次のように無意志的な表現を用いると適切になってくる。

(3) 手紙が来なくて、｛泣いてしまった／悲しかった｝。

16では、因果関係を論理的に述べる「ので」を用いて訂正した。

伝達上の誤用 ★

●12は「猫が飛び出してきて驚いた／びっくりした」とすれば、「て」でも可能である。「驚く、びっくりする、興奮する、喜ぶ」などの感情を表す動詞では、感情を引き起こす対象・事態は「て」で表すことができる。ただし、「飛び出してきて」の「てきて」のように、その事態が話し手（または、感情を抱く主体）とかかわる表現がないと、不自然に感じられる。

> **指導のポイント**
>
> - 「て」自体は、本来、2文を結ぶだけで、理由を表すか否かは文脈に依存する。したがって、はっきり理由を述べたい時は、「から」「ので」を使うように指導する。
> - 理由を表す「て」には形容詞が来やすい。動詞の場合は、並列（例：歌って踊る）や継起（例：うちに帰って、寝る）と区別がつかない時があるので、「て」の表し得る意味について注意が必要である。
> - 後件（主節）の意志性に特に注意する。「て」が理由を表すためには、主節は無意志表現をとることに注意させる。
> - 「驚く、喜ぶ」などの感情を表す動詞では、原因・理由となる出来事・事態は、「から」「ので」ではなく、「て」で表されることが多い。
>   例：そのニュースを｛○聞いて／?聞いたので｝びっくりした。

て②

→新鮮な食材を買って、自分で料理する。
→私がピアノを弾いて、子供たちが歌う。

ここでは動詞「て」の並列的な意味用法について考えるが、継起的な部分（引き続いて起こる動作）と区別できない場合が多いので、「並列（継起）」として表す。「て」はすべての動作・状態を並べ挙げる働きを持つ。また、「めがねをかけて運転する」のような付帯状況を表す場合もある。

|関連項目| 並列（継起）節「なくて、ないで、ずに、たり、し、連用中止（形）」、条件節「と、たら、ば」、理由節「から、ので」、逆接節「が・けれども」

|誤用例文|

|付加|

1. 誤 きのうは東京へ**行って**、デパートへ**行って**、映画へ**行って**、ばんごはんを食べて、つくばへ帰りました。　　　　　　　〈インド〉
   正 きのうは東京へ**行きました**。デパートへ**行ったり**、映画を**見たり**してから、晩ご飯を食べて筑波に帰りました。

393

誤形成

2. 誤 本屋へ行って、じしょを**買いて**千円はらいました。 〈中国〉
   正 本屋へ行って、辞書を**買って**、千円払いました。

3. 誤 この日はタイ人はだいたい家で**いって**家族と一緒にパーティーをする日である。 〈シンガポール〉
   正 この日は、タイ人はたいてい家に**いて**、家族と一緒にパーティーをする。

混同

【て→たり】

4. 誤 **おどりをして音楽を聞いて**が大好きです。 〈？〉
   正 **踊ったり、音楽を聞いたりすること**が大好きです。

5. 誤 いろいろのことについてべんきょうしていて、先生に**聞いて**、本を**よんで**、日本のことをわかるようになりました。〈インドネシア〉
   正 いろいろなことを勉強し、先生に**聞いたり**本を**読んだりして**、日本のことがわかるようになりました。

6. 誤 そして、グループで学生達は問題を**論じて**、一緒に**見学して**充実していたと思います。 〈中国・香港〉
   正 そして、学生たちはグループで問題を**論じたり**、一緒に**見学したりして**、充実していたと思います。

7. 誤 人々は友達やありがたい人にカドを**あげてもらいます**。 〈韓国〉
   正 人々は友達や感謝したい相手にカードを**あげたりもらったりします**。

【て→し】

8. ★誤 金が**なくて**、同志も**なくて**、いずれにせよ、いま旅行しようはだめだ。 〈中国・香港〉
   正 お金が**ないし**、友達も**いないし**、いずれにせよ、今旅行はできない。

9. ★誤 私は、今、日本人との話すことが**できて**、手紙で交流することもできます。要するに、先生のおかげで、日本語が上手になったと思います。 〈中国〉
   正 私は、今、日本人と話すことが**できるし**、手紙のやりとりをすることもできます。先生のおかげで、日本語が上手になったと思います。

【て→連用中止（形）】

10. 誤 また一方では、外国人の友達をできて、他の考え方を**知って**、本当におもしろかっただと思います。　〈中国・香港〉
    正 また、一方では、外国人の友達ができて、他の考え方を**知り**、本当におもしろかったと思います。

11. 誤 母は五年生から毎朝五時半に起って豚に食べ物をやってから**洗濯をして**全部終ってから学校へ行きます。　〈台湾〉
    正 母は五年生のときから毎朝五時半に起きて、豚にえさをやってから**洗濯をし**、全部終わってから学校へ行きました。

【て→と】

12. 誤 江南の秋は落葉を楽しむ季節です。庭に静に**座って**、落ち葉がさっさと落ちる音も聞こえます。　〈中国〉
    正 江南の秋は落葉を楽しむ季節です。庭に静かに**座ると**、落ち葉が落ちる音も聞こえます。

【て→たら】

13. 誤 父さんが仕事が**終わって**ビルを飲むから、ビルをひやしておこう。　〈中国〉
    正 父は仕事が**終わったら**ビールを飲むから、ビールを冷やしておこう。

14. 誤 もしみんは事仕が**あって**自分の生活がよくできます。〈カンボジア〉
    正 もし、人々に仕事が**あったら**、生活がよくなります。

【て→ば】

15. 誤 今、息子は二歳で、これからは教育を受けるじきで、来年**帰国して**、多分遅れないかもしれない。　〈中国〉
    正 今、息子は二歳で、これから教育を受ける時期だが、来年**帰国すれば**、多分間に合うだろう。

【て→ので】

16. 誤 おおげさな化粧は時間**かかって**、とくに、学生は必ず勉強に影響を及ぼすだろう。　〈中国〉
    正 大げさな化粧は時間が**かかるので**、特に学生は勉強に影響を及ぼすにちがいない。

【て→が】

17. 誤 父はいつも仕事を残業し、夜遅くまで家に**帰って**、たまに早く帰ったこともある。　　　　　　　　　　　　　　〈中国〉

    正 父はいつも残業し、夜遅く家に**帰るが**、たまに早く帰ることもある。

【なくて→ないで】

18. 誤 今がチャンスとばかりに、挑戦者は**あきらめなくて**、試合に頑張っている。　　　　　　　　　　　　　　　　　〈タイ〉

    正 今がチャンスとばかりに、挑戦者は**あきらめないで**、試合に頑張っている。

19. 誤 多くの若者がなにも**しなくて**失業者になっている。　〈韓国〉

    正 多くの若者が、何も**しないで**、失業者になっている。

【なくて→ずに】

20. 誤 彼女は部屋に入ってだれにも**あいさつしなくて**座りました。
    　　　　　　　　　　　　　　　　　　　　　　　　〈ペルー〉

    正 彼女は部屋に入って、だれにも**あいさつせずに**座りました。

【じゃなくて→というより】

21. 誤 日本の競輪、競馬、さらにパチンコ、宝くじなどギャンブルの大きな規模もその一つの証拠で、日本人は貯金が**大好きじゃなくて**もともとギャンブラーじゃないか新しく思われています。〈韓国〉

    正 日本の競輪、競馬、さらにパチンコ、宝くじなど、ギャンブルの規模の大きさもその一つの証拠で、日本人は貯金が**大好きというより**、むしろ本性はギャンブラーなのではないかと思われ始めています。

その他

【並列の不釣り合い】

22. 誤 きのうは**おきて、日本語をべんきょうして、食べて、**ねました。〈？〉

    正 きのうは**起きてから、日本語を勉強しました。**

誤用の解説

付加

　「て」でつなぐことができることを習うと、1のようにいくつも「て」で羅列してしまう学習者がいる。実際の日本語では「て」で際限なくつなぐことはない。

2文にする、「連用中止(形)」を用いる、「たり」「てから」を使うなど、いくつかを組み合わせるのが普通である。

誤形成

　テ形が不正確である。2のように、1グループ動詞の「買う、会う、使う」類は定着が悪く、「買いて、会いて、使いて」となってしまう。3は2グループ動詞の「いる」のテ形が「いって」と促音化している。「見る→見って」「寝る→寝って」のように、動詞の語幹が1音のものに「っ」が入りやすい。

混同

　学習者はテ形を万能と考えてしまうのか、何にでも「て」を使ってしまう。特に中国系の学習者にそれが多い。4～7では「て」の持つ「すべての並べ挙げ」という意味用法を考えずに、「て」を用いたと考えられる。ここでは例示的、選択的な動作・行為を表す「たり」が必要である。4のように、最後の「て」をうまく文末につなげられない学習者も多く見られる。

　「て」と「連用中止(形)」の使い分けは判断が微妙な場合が多い。書かれたものでは通常、両者が入り混じっている。両者の基本的な違いは、「て」には次へ続く意識が強いのに対し、連用中止(形)はそこで少し切れる。10では、「友達ができて他の人の考え方を知る」をひとまとまりとしてとらえ、そこで切って「おもしろい」と続けたほうがよい。また、11では「起きて豚にえさをやって洗濯する」がひとくくりと考えられる。

　12～15は条件表現で表すべきなのに「て」を用いている誤用である。「と」は必ず起きる、また、引き続いて起こる動作に、「ば」は一般的、恒常的な因果関係に、「たら」は個別的、偶然的な関係や確定している事柄に用いられるが、「と」「ば」「たら」すべてに共通することは、前件に「きっかけ・要因・条件」があって、後件（主節）でその結果について述べるということである。学習者はその意味的な関係を十分に理解せず、何にでも「て」を使ってしまう。16は原因・結果関係に、17は逆接関係に「て」を使っている。

　18～20は「て」の否定形の問題である。動詞「て」の否定形は「ないで」と「なくて」に分かれる。それぞれの主な意味用法は次のとおりである。

① 「ないで」
　　(1) 朝ご飯を食べないで会社に行った。（付帯状況）
　　(2) 本人が来ないで、代理人が現れた。（交替・代替）
　　(3) 客が集まらないで苦労している。（原因・理由）

② 「なくて」
　　(4) 客が集まらなくて苦労している。（原因・理由）

(5) 本人が来なくて、代理人が現れた。(交替・代替)

18～20は付帯状況(ここでは「その動作・行為をしないで」の意味)を表しているので、「ないで／ずに」にすべきである。動詞が「なくて」になると、多くの場合、原因・理由を表す。21の「好きじゃなくて」は全面否定を表すので、そういう傾向になっているという意味で、「というより」にしたほうがよい。

その他

「きのう何をしたか」と問うと、学習者は22のように「て」を使って、すべての事柄を網羅的に述べようとする。「朝起きる」「食べる」「寝る」は、だれでも行う当然のことなので、言及する必要がない。

伝達上の誤用 ★

● 8，9はこのままでも間違いとは言えない。8は「お金がない」「友達がいない」と例を挙げながら、それが「旅行できない」理由となっているので、列挙と「ゆるやかな理由付け」を表す「し」でつないだほうがよい。また、9は「先生のおかげで日本語が上手になったこと」の「ゆるやかな理由付け」として「し」を用いると、前件と後件のつながりが自然になる。いずれにしろ、「し」を用いることで、「て」による単なる並列ではなく、8ではマイナスの、9ではプラスの話し手の気持ちを含めることができる。

指導のポイント

- 初級レベルではテ形が不確かになるので、動詞のグループ分けを確認しながら、テ形の定着をはかる。特に1グループ動詞「買う、会う、使う」類に誤りが見られるので注意する。
- 学習者はテ形を万能と考えてしまうのか、何にでも「て」を使ってしまう。特に中国語母語話者にそれが多い。前件・後件の関係を考え、それぞれに合った接続形式を用いるように、時間をかけて指導する必要がある。
- 何でも「て」でつなごうとすると、意味内容が不明確になる。「て」の多用からの脱却は、初級から中級へうまく移行できるための重要ポイントでもある。
- 動詞や形容詞を「て」で並べ挙げる場合、「～て～て～て」と羅列すればよいと思ってしまう学習者がいる。日本語では一度には一つか二つしか用いないので、注意する。
- 「きのう何をしましたか」と問われて、「朝起きて～」や「ご飯を食べて

～」などと答える学習者がいるが、情報として意味のあることを述べることを説明し、練習させる。

で

➡この部屋で話し合いましょう。
➡スプーンでヨーグルトを食べる。

名詞に付いて、動作・作用の場所、手段・方法・道具・材料、範囲（例：日本では温泉が人気だ。）、限度・期限（例：1時間で書く。）など多くの意味を表す。
|関連項目| に、は、には、では、を、によって、から

|誤用例文|

|脱落|
1. 誤 「揺青」はざるを持って軽く揺れる。このプロセスΦは、40％程度まで発酵させる。　〈台湾〉
   正 「揺青」はザルを持って軽く揺することである。この段階では、40％程度まで発酵させる。
2. 誤 その上、取り外すドアや窓や壁のおかげΦ、夏の時を涼しく清潔にできた。　〈ドイツ〉
   正 その上、取り外せるドアや窓や壁のおかげで、夏を涼しく清潔に過ごすことができた。
3. 誤 伝統的な式が見たかったら、ある地方Φだけ見られます。〈タイ〉
   正 伝統的な式が見たかったら、一部の地方でだけ見られます。

|付加|
4. 誤 スミスさんはコルフは別としてほかのスポーツではあまり好きじゃありません。　〈タイ〉
   正 スミスさんはゴルフは別として、スポーツはあまり好きじゃありません。
5. 誤 3歳でピアノを始めてからというもの、毎週三回で練習しつづけている。　〈台湾〉

正 3歳でピアノを始めてからというもの、毎週三回練習を続けている。

6. 誤 その結果で、たくさんの学術書が発行され、ヨーロッパ人はアーヘンの温泉について知ることが出きた。 〈ドイツ〉

正 その結果、たくさんの学術書が発行され、ヨーロッパ人はアーヘンの温泉について知ることができた。

混同

で

【で→は】

7. 誤 祖母は祖父の三番目の奥さんでした。その時の社会で女に対してとても大変でした。 〈台湾〉

正 祖母は祖父の三番目の奥さんでした。その時の社会は女性にとって、とても大変でした。

【で→には】

8. 誤 ウィンブルドンのテニスコート内で伝統的な庭園のパーティーのような雰囲気がある。 〈イギリス〉

正 ウィンブルドンのテニスコート内には伝統的な庭園のパーティーのような雰囲気がある。

9. 誤 だから、半年後で、日本語がよくできるようになりたい。 〈オーストラリア〉

正 だから、半年後には、日本語がよくできるようになりたい。

【で→が】

10. 誤 どんな材料で一番のいいか単純に決められないだ。 〈アメリカ〉

正 どんな材料が一番いいか単純に決められない。

【で→を】

11. 誤 Cさんが中国に帰るから、レストランでよやくしたんだ。 〈オーストラリア〉

正 Cさんが中国に帰るから、レストランを予約したんだ。

12. 誤 とつぜん、私はこわれているじどうドアをかたでぶつけた。 〈アメリカ〉

正 突然、私はこわれている自動ドアに肩をぶつけた。

13. 誤 そして、山の小道で歩いて帰ると、樹齢が二千七百以上の神木を見えたり、春の時に桜の花も観賞したりして、こんな景色は人々に楽しませる。 〈台湾〉

正 そして、山の小道**を**歩いて帰ると、樹齢が二千七百年以上の神木が見えたり、春に桜の花も観賞できたりして、このような景色は人々を楽しませる。

【で→に】

14. 誤 だれのものかわからないから、デブル**で**そのままおいておいてください。　　　　　　　　　　　　　　　　〈カナダ〉
    正 だれの物かわからないから、テーブル**に**そのまま置いておいてください。

15. 誤 日本の文化をわかるように、日本**で**何年もすまなければなりません。　　　　　　　　　　　　　　　　〈ブラジル〉
    正 日本の文化がわかるためには／には、日本**に**何年も住まなければなりません。

16. 誤 わたしは大学三年生の時、かんこく**で**留学した。　〈アメリカ〉
    正 私は大学三年生の時、韓国**に**留学した。

【で→に／へ】

17. 誤 あしたひまなら、私の家**で**あそびにきてください。〈アルバニア〉
    正 あしたひまなら、私の家**に／へ**遊びに来てください。

【で→と】

18. 誤 ご飯を食べる時間がない。タイ**で**同様の食事はできない。〈タイ〉
    正 ご飯を食べる時間がない。タイ**と**同様の食事はできない。

【で→から】

19. 誤 国家の経済的な面**で**考えても貯金は大事なことであるが、個人的な面だけを考えてもある程度の貯金は必要なものである。〈韓国〉
    正 国家の経済的な面**から**考えても、貯金は大事なことであるが、個人的な面から考えても、ある程度の貯金は必要なものである。

【で→として】

20. 誤 現在はそのような昔の金物と比べると、もっとかるくてけんごなステンレススティールやアルミニウムなどが箸の材料**で**利用されている。　　　　　　　　　　　　　　　　〈韓国〉
    正 現在はそのような昔の金物と比べると、もっと軽くて堅固なステンレススティールやアルミニウムなどが箸の材料**として**利用されている。

【で→について】

21. 誤 日本で良く聞いていたのは日本の華道と茶道などが有名なことです。　〈中国〉
    正 日本についてよく聞いていたことは、日本では華道や茶道などが有名なことです。

【で→によって／のおかげで】

22. 誤 このしゅうかんで、皆が集まって共同体意識をもって、人と人のいい関係を作られるだろうと思います。　〈ジャマイカ〉
    正 この習慣によって／のおかげで、皆が集まって共同体意識を持って、人と人のいい関係を作れるだろうと思います。

その他

【〜中→で】

23. 誤 手伝っていただいたおかげで、荷造りは一日中できました。　〈中国・香港〉
    正 手伝っていただいたおかげで、荷造りは一日でできました。

【〜の中で→〜(的)には】

24. 誤 現実の中で、そいう夢はむずかしいです。　〈台湾〉
    正 現実(的)には、そのような夢の実現は難しいです。

誤用の解説

脱落

1では、事態の進展を区切り限定するために「で」の使用が自然である（「ここで、調味料を入れる」「この段階で、〜する」のように）。2の「〜のおかげで」の「で」は落とせない。「で」を落とした「〜のおかげ」は「〜のおかげだ」という言い切りになる。3の「ある地方だけ見られる」は「ある地方」が「見られる」の対象になる。場所を表すには「ある地方でだけ」または「ある地方だけで」にする必要がある。

付加

4では「好き」の対象に「で」を使っている。「スポーツ(の中)では〜が好きだ」という文型の「スポーツでは」を連想したのかもしれない。5の「三回練習する」のように数量表現（三回）が動詞にかかる場合は格助詞は不要である。「三回で終わりにする」のような限定の「で」が頭にあって、「数量表現＋で」という連想で使用したものかもしれない。6の「〜結果、」という従属節は助詞が不要であるが、

学習者には不安定な感じがして「で」を付けたと思われる。しばしば同様の誤りが見られる。

混同

「で」は「場所」「道具」「材料」「限定」「原因・理由」など多くの意味用法を持つため、それぞれの用法に関して混同が起きている。場所名詞と見れば「で」という発想（述語、主に動詞を見ずに場所名詞だけで判断する）で「で」を使用して文を作ったために誤用となったものが多い。同様に、材料なら「で」という発想で「で」を使用したものも見られた。7は「社会で」とすると動作・行為を表す場所となってしまうが、ここでは「社会」は、「大変でした」の主題になるので「社会は」にすべきである。8は本来、「＜場所＞には ～が ある」という文型（存在文）を使用すべきところで、「場所」に「で」を使用した誤用である。また「テニスコート内」は主題であるため、「には」とするのが適切である。9では、「遅くともこの時期までに」という完了の「時点」を示すために、「には」を使用すべきである。「半年（間）で上達したい」のように「期間＋で」を用いる言い方と混同してしまったようである。

10は比較表現の「（～の中）で一番いい」の「で」と混同してしまったとも、材料なら「で」と考えて「で」を使用したとも考えられる。11では「レストランで（何かを）予約する」と、「レストランを予約する」という二つの文を学習者は混同している。12は「ドア＜場所＞に 肩＜対象＞を ぶつけた」にするべきであるが、母語との構文の違いや、「ぶつかる／ぶつける」の動詞の自他の混同などが誤用に影響しているかもしれない。13の「歩く」は、「道を歩く」のように「通過する場所＋を」と結び付く動詞であるため、「＜場所＞で 歩く」は誤りである。14の「置く」は、「＜もの＞を ＜場所＞に ～」という形をとる。15, 16「住む」「留学する」は「場所＋に」と結び付き、「場所＋で」とともに使えない。16の「留学する」には「海外で留学する」という言い方もあるが、具体的な国名や大学名を述べる場合には「場所＋に」が適切と思われる。

17では、述語の動詞「来る」（（遊びに）来る）に合わせて、「場所＋に／へ」（私の家に／へ）を用いなければならない。学習者はすぐそばの動詞「（～で）遊ぶ」にひきずられて「で」を使ってしまいがちである。18は「～と同じ／同様」となる。19の「経済的な面で」は間違いではないが、「経済的な面から」が自然である。「経済的な面から～を考える」という構造であるためであろう。20は材料なら「で」と考えた誤りであるが、ここでは「＜素材＞を ＜材料＞として 利用する」という構造が基本になっている。21で「日本で」とすると、聞いていた場所が日本ということになる。22は「彼の力で」「皆の努力で」であれば「いい関係が

作れる」と結び付くが、「この習慣」はどのような習慣か不明であるとともに、「この習慣で」は「いい関係が作れる」とは結び付かない。「によって」「のおかげで」を用いて、「この習慣」と述語の関係を明確にする必要がある。

その他

23では、「一日で」と限定する「で」を使用すべきところ、「中」を使用している。「一日以内で」「一日の中で」と言いたかったようであるが、「一日中」にはその意味がない。24の「現実の中で」は何を指すのか不明瞭で、ことばが足りない印象を与える。「現実の苦しい生活の中で」「現実の資金難の中で」など、具体化する必要がある。漠然と実現不可能という内容にするならば「現実的に、無理だ」とする。

指導のポイント

「で」は、「場所」「手段」「材料」「限定」「原因・理由」など多くの意味用法を持つため、様々な助詞との混同が問題となる。以下、誤りやすい「で」を取り上げる。

● 動作が行われる場所を表す「で」
　場所を表す語を見れば、何でも「で」を付けて、動詞を見ようとしない学習者がいる。動詞を確認して助詞を選択する習慣を付けるように指導する。
　①混同しやすい動詞
　　　～に住む、～に／で暮らす、～で生活する、～に留学する、～に～を置く
　②「で」とは結び付かない動詞・形容詞
　　　存在する場所＋｛×で／○に｝～がある
　　　通過する場所＋｛×で／○を｝歩く／散歩する／渡る
　③「で」と結び付く「ある」、形容詞など
　　　場所＋で～がある
　　　　例：来週メキシコ｛○で／×に｝会議がある。
　　　　　　きのう九州で｛○で／×に｝地震があった。
　　　場所＋で人気だ／有名だ／盛んだ
　　　　例：彼は外国｛○で／×に｝人気だ／有名だ。
● 限度を表す「で」に関する誤用
　　例：｛○3回／×3回で｝練習する
　　　　｛×3回／○3回で｝終わる。

てある

➡ 冷蔵庫にジュースが冷やし**てある**。
➡ ホテルはもう予約し**てある**。

人の意志的な行為の結果の状態や、ある目的のために事前になされている状況を表す。

関連項目 ている、ておく、自動詞、他動詞、助詞「が、を」

誤用例文

誤形成

1. 誤 この商品には直段が**書いてあらない**から、店員に聞いた。〈韓国〉
   正 この商品には値段が**書いていない**から、店員に聞いた。

混同

【てある→ている】

2. 誤 あっ、お金が**落ちてあります**よ。 〈インドネシア〉
   正 あっ、お金が**落ちています**よ。
3. 誤 私もこたつが**持ってあります**。 〈イギリス〉
   正 私もこたつを**持っています**。
4. 誤 それで何か月たってまた〇ドラ〇セントの請求書を送ってきたが、今度は払わないとクレジットが使えなくなるという注意が請求書に**付けられてあった**。 〈アメリカ〉
   正 それで、何か月か経ってまた〇ドル〇セントの請求書を送ってきたが、今度は、払わないとクレジットが使えなくなるという注意が請求書に**付けられていた**。
5. 誤 この付近にはこんな店が**立ててある**。 〈台湾〉
   正 この付近にはこんな店が**建っている**。
6. 誤 窓が**開(あ)いてある**。 〈韓国〉
   正 窓が**開(あ)いている**／**開(あ)けてある**。
7. 誤 韓国はまだマイカが全体人口の30％ぐらい**持ってあります**。〈韓国〉
   正 韓国はまだマイカーを人口全体の30％ぐらいしか**持っていません**。
8. 誤 自分の本棚に**並んである**作品はもう全部読んでしまったので、新しいものを買おうと思っている。 〈ブラジル〉
   正 自分の本棚に**並んでいる**／**並べてある**作品はもう全部読んでしま

405

ったので、新しいものを買おうと思っている。

9. 誤 あのはこに**入ってある**ものはすべて高級商品である。
〈オーストラリア〉
正 あの箱に**入っている／入れてある**ものはすべて高級商品である。

10. 誤 現代にも、その精神が**続いて来いてある**。 〈韓国〉
正 現代でも、その精神が**続いている**。

11. 誤 「〜させていただけませんか。」という文形は国語にはないんですね。たぶん日本語にだけある文形で、日本の文化や日本人の性格が非常に**込めてあり**、とてもていねいな言い方です。 〈韓国〉
正 「〜させていただけませんか。」という文型は国語／韓国語にはないんですね。たぶん日本語にしかない文型で、日本の文化や日本人の性格が強く**込められていて**、とてもていねいな言い方です。

【てある→ておく】

12.　A：寒いのでまどをしめましょうか。
誤 B：いいえ、**あけてあってください**。 〈台湾〉
正 B：いいえ、**開(あ)けておいてください**。

13. 誤 週末友人を招代したから、今そうじを**してあった**。 〈韓国〉
正 週末友人を招待したから、さっき掃除を**しておいた**。

【てある→（し)始める】

14. 誤 最近、このような店が**立ててあるから**、このへんはにぎやかになった。 〈台湾〉
正 最近、このような店が**建ち始めて**、この辺はにぎやかになった。

【てある→ことができる／可能形】

15. 誤 料理は用意したうえで、客も揃ってくるから、パーティーは**始めてあります**。 〈台湾〉
正 料理は用意できているし、客も揃っているから、パーティーは**始めることができます／始められます**。

　その他

16. 誤 掲示板に**付けてある**ポスタを見てください。 〈アメリカ〉
正 掲示板に**張ってある**ポスターを見てください。

17. 誤 このコンテナの中にこれから外国に運ばらるライオンは**閉じ込んである**。 〈オーストラリア〉

正 このコンテナの中にこれから外国に運ばれるライオンが**閉じ込めてある**。

【文末】
18.　　A：今晩お邪魔します。
　★誤　B：どうぞ、食べ物はいろいろ**買ってあります**。　　〈中国〉
　　正　B：どうぞ、食べ物もいろいろ**ありますので**。

誤用の解説

誤形成

　1は「てある」の否定形の誤りである。「乗る」「とる」が「乗らない」「とらない」になるのだから、「てある」も同じように「てあらない」となると考えてしまうのであろう。

混同

　混同では圧倒的に「ている」との混同が多い。そのうち2, 5, 6, 8～11は自動詞・他動詞との絡みにおける誤りである。状態を表す場合、通常は、「自動詞＋ている」「他動詞＋てある」をとるが、2, 6, 8, 9, 10は「自動詞＋てある」を用いている。一方、5, 11は「他動詞＋てある」の形をとっていながら、「他動詞＋てある」では表せないという例である。5の「立ててある（→建ててある）」は、特別の意図を持って「建てた」場合以外は用いられない。通常は「店が建っている」であろう。11では、「日本人の性格」が主語となっているので、「込める」を用いるなら、「受身＋ている」（込められている）にしなければならない。

　3, 7の「持ってある」は不適切で、「持っている」にする必要がある。「持つ」が状態性の、つまり、自動詞的な性質を持つ動詞だからと考えられる。4は書きことばとして、物語的に「てあった」としたのであれば、誤りとは言えないかもしれないが、冗長な感じがする。一般の用法としては「受身＋ている」（付けられている）となる。

　「てある」と「ておく」の使い分けも学習者には難しい。基本的な違いは、「てある」は動作・行為の結果の状態に視点が置かれ、「ておく」は話し手の動作・行為の意図に視点が置かれている。12のように、「てある」は依頼やお願いを表す「ください」とは結び付きにくい。13では、「友人を招待したから」という話し手の意図を表す理由付けの文なので、「てある」ではなく「ておく」を用いたほうがよい。

　14では理由節「から」の中に現われている。文脈から判断すると、「～（し）始める」とすべき誤りであろう。15はもう準備ができているということを「てある」

で表そうとしたと思われるが、「てある」自体は可能の意味は表せないので、「ことができる」か可能形を用いる必要がある。

　その他

　16は「てある」の誤用というより、「付ける」と「張る」の使い分けの問題である。17の「閉じ込む」という言い方はなく、通常は「閉じ込める」である。他動詞なので「てある」と結び付く。

　伝達上の誤用　★

● 18は文法的には正しい文である。また、日常の会話でもよく使われる言い方である。「てある」は動作・行為の結果の状態に視点が置かれるが、「ある」が示すように、その結果の事柄の存在を（わざわざ）見せるというニュアンスを含むことがある。言い方によっては、自慢げに、押し付けがましく響くことがある。18は客に対して「買ってある」という言い方をしているが、より控え目に丁寧に言いたい時は、訂正文のように、「動詞＋てある」は使わない、または、文末を言い切りの形にしないなどの工夫をしたほうがよい。

　　指導のポイント

　●「てある」に脱落、および、付加の誤用が見られなかったのは、学習者に「てある」の非用（使わないで済ます）傾向があるのと同時に、学習者が「てある」を多用するほどには使いこなせていないからと考えられる。
　●「てある」は、自動詞・他動詞の使い方と大きくかかわるので、自動詞・他動詞と関係付けて練習する必要がある。
　●「ている」と「てある」はどちらも結果の状態を表す。初歩の段階では、自然現象や自動的に起こった状態には「ている」が、目的・理由があって行われた状態には「てある」が用いられるところから導入してもよい。
　●「てある」と「ておく」は意味的に似ている部分があるので混同しやすい。「てある」は結果の状態に、「ておく」は話し手の動作・行為の意図に視点が置かれることを、必要に応じ、例を挙げて説明するとよい。
　●「食べ物が買ってある」「食べ物を買ってある」に見られる「が」と「を」の違いは、状態に視点が行く（食べ物がある）か、動作・行為に視点が行く（食べ物を買う）かによることが多い。状態描写には「が」が、ある目的のために事前にするという意味の時は「を」が用いられやすい。

ていく

➡ コンビニで弁当を買っ**ていく**。
➡ 少子化で子供の数が減っ**ていく**。

物理的に、また、心理的に、物事・状況などが話の中心点（話し手・聞き手）から遠ざかるという意味合いを表す。意志動詞に付くと、「ある動作をして、それから話し手・聞き手から遠ざかる」という「順次的動作」や、今後の「動作の継続」を表す。一方、無意志動詞に付くと、「状態変化の進展」（例：これからも世の中は変わっていくだろう。）を表す。

関連項目 ている、てくる、てしまう、（し）に行く、**副詞**「だんだん」

誤用例文

脱落

1. 誤 彼はバスを降りると、すぐ学校の方へ**走って**しまいました。
   〈中国・香港〉
   正 彼はバスを降りると、すぐ学校の方へ**走っていって**しまいました。
2. 誤 ところが男の子がもらえようとするじゅん間、風船は空に**どんでしまっちゃた**。 〈韓国〉
   正 ところが、男の子がもらおうとした瞬間、風船は空に**飛んでいってしまった**。
3. 誤 子供を病院に**つれた**時、泣き出して本当に大変だった。 〈韓国〉
   正 子供を病院に**連れて行った**時、泣き出して本当に大変だった。
4. 誤 東京までじてんしゃに**のっては**無理です。 〈インドネシア〉
   正 東京まで自転車に**乗って行く**のは無理です。

付加

5. ★誤 ずっといっしょに生活してきた友人が**帰っていってしまって**、私の心は寂しさのみが残った。 〈韓国〉
   正 ずっといっしょに生活してきた友人が**帰ってしまって**、私の心には寂しさのみが残った。
6. ★誤 途上国の医療がだんだん発展していって、これから多くの人が**すくわれていく**だろう。 〈アメリカ（日本）〉
   正 途上国の医療がだんだん発展していくと、これからは多くの人が**救われる**だろう。

> 混同

【ていく→てくる】

7.　　A：川村さん、いらっしゃいますか。
　　誤 B：今、となりの部屋なので**呼んでいきます**。　　〈インドネシア〉
　　正 B：今、隣の部屋なので**呼んできます**。

【ていく→ている】

8.　誤 いま太風は韓国の東海の方面に**むかっていく**。　　〈韓国〉
　　正 今台風は韓国の東海岸方面に**向かっている**。
9.　誤 今日本は子供より老人のわりあいが**ふえていく**。　　〈韓国〉
　　正 今日本は子供より老人の割合が**増えている**。
10.　誤 建物の新築工事はよく**進んでいく**。　　〈韓国〉
　　正 建物の新築工事はうまく**進んでいる**。

【ていく→に行く】

11.　誤 それからあきはばらでテープレコーダーを**買って行った**。
　　　　　　　　　　　　　　　　　　　　　　　　〈中国・香港〉
　　正 それから、秋葉原へテープレコーダーを**買いに行った**。

【ていく→てみる】

12.　　A：いらっしゃいませ。
　　　　B：どちらのコンピュータにしようかな。
　　誤 A：どうぞ**つかっていって**ください。　　〈フィリピン〉
　　正 A：どうぞ**使ってみて**ください。

【ていく→てしまう】

13.　誤 このグループとの意見が衝突した上で、彼はリーダーの位置を**譲っていく**。　　〈中国〉
　　正 このグループと意見が衝突したために、彼はリーダーの地位を**譲ってしまった**。
14.　誤 この仕事は大変難しいであるので、途中**あきらめていく**人が少くない。　　〈カナダ〉
　　正 この仕事は大変難しいので、途中で**あきらめてしまう**人が少なくない。

誤用の解説

脱落

1〜4の「走る」「飛ぶ」「連れる」「乗る」などの動詞は、動作そのものしか表さないので、どちらの方向を向いて行われるかを示すためには、「ていく」（あるいは「てくる」）が必要となる。

混同

「ている」との混同が多く見られる。7は自分が行くから「呼んでいく」と考えたのであろう。呼びに行って、また、戻ってくるという考え方が学習者には難しい。8、9とも、「今」という語があり、現在の状況を述べている。したがって、「ていく」ではなく、現状を表す「ている」にする必要がある。10には時の副詞はないが、工事の進捗がどうであるかという現在の状況を述べているので、「ている」がふさわしい。

11は次のうち、bとdの混乱である。

　　a．買ってきた。
　　b．買っていった。
　　c．買いに来た。
　　d．買いに行った。

「買っていった」は買ってからどこかへ行くこと、「買いに行った」は買うために行くことで、両者の違いがわかりにくいことから混乱が起きている。

12で「使っていく」を用いると、「使用してから行く／去る」の意味になる。その場で使うのであるから「使ってみる」がふさわしい。13、14では「譲っていく」「あきらめていく」が用いられているが、意味が不明確になるので、動作・物事の完了や「完了に伴う残念な気持ち」を表す「てしまう」が適切である。

伝達上の誤用 ★

- 5は「てしまう」が表す「完了に伴う残念な気持ち」と、話し手から（物理的にも心理的にも）遠ざかっていくことを表す「ていく」の両方を合わせて、「帰っていってしまって」を使っており、冗長な感じがする。ここでは「帰っていく」か「帰ってくる」かという方向ではなく「帰る」という行為自体を問題にしているために、「ていく」が不要と考えられる。
- 6は今後のことであるから「発展していって、救われていく」でもよいが、「救われる」がそれ自体に「状態変化の進展」を含んでいるので「救われていく」には少し違和感が残る。また、「これから」という表現があるので、「ていく」を付

ける必要がないと思われる。

指導のポイント

- 「てくる」と同様、学習者は「ていく」をいつ使えばよいかがわかりにくいので、どんな時に「ていく」を使うかを数多くの例で示し、感覚をつかませる。
- 「ていく」がなくても文法的に正しい場合があるが、学習者がより自然な日本語が習得できるように、豊富な例文を準備して丁寧に指導する。
- 「ていく」の意味用法の指導は、「遠ざかっていく様子」から導入し、「状態変化の進展」へ移るとよい。学習者はこの時点で「てくる」を学んでいると思われるので、「てくる」と対比させて説明、練習するとよい。
    例：a．子供が帰ってくる→ボールが浮いてくる→人口が増えてくる
        b．友達が帰っていく→ボールが沈んでいく→人口が減っていく
- 「ていく」が変化を表す時、いっしょに用いる副詞（だんだん、どんどん、少しずつ、など）の使い方にも注意をさせる。また、変化の理由や条件を表す従属節と組み合わせて練習させるとよい。
- 「ていく」と目的を表す「に行く」は形も似ているので、混乱しやすい。学習者の様子を見ながら違いを少しずつ説明するとよい。
    例：a．（マラソンで）ランナーがドリンクを取っていく。
        b．（マラソンで）ランナーがドリンクを取りに行く。

ている

➡子どもはテレビを見ている。
➡車が止まっている。

「動作の進行」「動作の結果の残存（状態）」「事態の実現・完了」（例：昼ご飯はもう食べている。）「経歴」（例：中東には3回行っている。）など多くの意味用法を持つ。また、「ていない」の形で「事態の未実現・未完了」（例：昼ご飯はまだ食べていない。）を表す。

関連項目　る・た・ていない、てある、てくる、ていく、自動詞、他動詞

誤用例文

脱落

1. A：昼ご飯、食べましたか。
   ★誤 B：いいえ、まだ**食べません**。 〈インドネシア〉
   正 B：いいえ、まだ**食べていません**。
2. 誤 動かないで、そのまま**立って**ください。 〈韓国〉
   正 動かないで、そのまま**立っていて**ください。
3. 誤 ダーウェンという川を広がっているし西側にある町の中心の後ろにウェリントン川が**そびえる**。 〈オーストラリア〉
   正 ダーウェンという川が広がっているし、西側にある町の中心の後ろにウェリントン山が**そびえている**。
4. 誤 筑波大学に通うには自転車を**持った**ほうがいいですよ。 〈中国〉
   正 筑波大学に通うには、自転車を**持っていた**ほうがいいですよ。
5. 誤 おじいさんとおばあさんはおすもうがよく**しります**から、いろいろな話すっています。 〈タイ〉
   正 おじいさんとおばあさんはおすもうをよく**知っています**から、いろいろ話しています。
6. 誤 私は手紙を**書く**とき、友だちが来ました。 〈ミャンマー〉
   正 私が手紙を**書いている**とき、友達が来ました。
7. 誤 昨夜もう少し早く**寝れば**、朝寝坊をしなかったにちがいない。 〈インドネシア〉
   正 昨夜もう少し早く**寝ていれば**、朝寝坊をしなかったに違いない。
8. 誤 もう少し早くお互いに**話し合ったら**、誤解ができなかったに違いない。 〈台湾〉
   正 もう少し早くお互いに**話し合っていたら**、誤解が起こらなかったに違いない。

付加

9. A：木村さんはいますか。
   誤 B：かばんがあるから、まだ**いている**はずですよ。 〈ドイツ〉
   正 B：かばんがあるから、まだ**いる**はずですよ。

10. 誤 私の出身は台湾です。そして台湾で一番好きな所**紹介しています**。
 〈台湾〉
 正 私の出身は台湾です。それで台湾で一番好きな所を**紹介します**。
11. 　　　A：李さんは？
 誤 B：**来ています**。 〈アメリカ〉
 正 B：もうすぐ**来ます**。
12. 誤 すぐそばに高いビルが建ったせいで、日が**あたっていない**。〈中国〉
 正 すぐそばに高いビルが建ったせいで、日が**当たらない**。
13. 誤 シンガポール人は「は」と「が」の違いをよく**混乱している**。英語にも中国語にもそういう言葉は**存在していない**。 〈シンガポール〉
 正 シンガポール人は「は」と「が」をよく**混乱する**。英語にも中国語にもそういうものは**存在しない**。
14. 誤 自殺者が出るという事態に至っても、会社側は何も**しようとしていない**。 〈アメリカ〉
 正 自殺者が出るという事態に至っても、会社側は何も**しようとしない**。
15. ★誤 そうすると将来、なにができるか、そうぞうできないことだと（私は）**思っている**。 〈中国〉
 正 その場合は、将来何ができるか、想像できないと（私は）**思う**。

 |誤形成|

16. 誤 **走していたら**、ある車が急に飛び出して、びっくりしてしまった。
 〈カナダ〉
 正 **走っていたら**、車が急に飛び出してきて、びっくりしてしまった。
17. 誤 おじいさんとおばあさんはおすもがよく**しります**から、いろいろな**話すっています**。 〈タイ〉
 正 おじいさんとおばあさんはおすもうをよく**知っています**から、いろいろ**話しています**。

 |混同|

【ている→た】

18. 誤 私たちは三年前に**けっこんしています**が、こどもがまだありません。
 〈アメリカ〉
 正 私たちは三年前に**結婚しました**が、子供はまだありません。
19. 誤 あまりの驚きに心臓が止まったかと**思っている**。 〈インドネシア〉

正 あまりの驚きに心臓が止まったかと思った。

【ている→てある】

20. 誤 すみません。これ、何て書いているんですか。　〈メキシコ〉
    正 すみません。これ、何て書いてあるんですか。
21. 誤 まどが開(あ)けています。　〈タイ〉
    正 窓が開(あ)けてあります／開(あ)いています。
22. 誤 風を通すために、窓が開(あ)いている。　〈中国〉
    正 風を通すために、窓が開(あ)けてある。

【ている→てくる／ていく】

23. 誤 秋になると、木の葉の色がだんだん緑から黄に変わっている。〈中国〉
    正 秋になると、木の葉の色がだんだん緑から黄に変わってくる／変わっていく。
24. 誤 皆さんのように私の趣味は時がたつにつれて変わっていた。
    　　　　　　　　　　　　　　　　　　　　　　〈オーストラリア〉
    正 皆さんと同じように私の趣味は時が経つにつれて変わってきた／変わっていった。

【ている→ていく】

25. 誤 カンボジア人が生きているためにいろいろな国から援助が必要です。
    　　　　　　　　　　　　　　　　　　　　　　〈カンボジア〉
    正 カンボジア人が生きていくためにはいろいろな国からの援助が必要です。
26. 誤 家族は同じ家に住んでいる夫と妻と子どもと親類でした。みんな家族に育てれて働いて最後に死んでいます。　〈バングラデシュ〉
    正 家族は同じ家に住んでいる夫と妻と子供と親類でした。みんな家族に育てられて働いて、最後に死んでいきます。

【ている→てしまう】

27. 誤 たとえ御主人は悪い態度をしても、マリアは仁義慈悲に対した。ある日、家は火事があって、火事現場からもっとも幼いこどもを救って来たのに自分自身は不幸に焼かれていた。　〈韓国〉
    正 たとえ御主人がよくない態度をとっても、マリアはやさしく対応した。ある日、家に火事が起こり、マリアは火事現場から一番幼い子供を救ったのに、自分自身は不幸にも焼かれてしまった。

【ている→（し）始める／（し）出す】

28. 誤 このごろは、晴れたかと思うと、すぐに雨が**降っている**。〈韓国〉
    正 このごろは、晴れたかと思うと、すぐに雨が**降り始める／降り出す**。

その他

【（し）続いている→ている】

29. 誤 スピーチをしなければならないので、今朝からずっと**きんちょうしつついている**。〈カナダ〉
    正 スピーチをしなければならないので、今朝からずっと**緊張している**。

30.   A：奥さん、いま、何をしていますか。
    ★誤 B：いま、**たぶん**、**洗濯をしている**と思います。〈フィリピン〉
    正 B：**特に何もしていません。／家にいます**。

31.   上司：頼んだ仕事、まだですか。
    ★誤 部下：今、**やっていますから**、もう少し待ってください。〈中国〉
    正 部下：**もうすぐ終わります**。

誤用の解説

　脱落、付加、混同など多岐にわたって、多くの誤用が見られる。「ている」は頻繁に使用する項目でありながら、学習者にはうまく使えない表現だと言える。

脱落

　脱落の誤用が多い。日本語では現在とのかかわりを持つ場合（1）、また、状態を表す時（2～5）は「ている」が必要である。学習者の母語の中には、特に「ている」に当たる語を用いなくても文脈でわかる場合があるようで、日本語の使用においてもしばしば「ている」が落ちると考えられる。6については、「友達が来た」のは、「手紙を書いている」、ちょうどその「とき」であるので、「書く」ではなく「書いている」とすべきである。

　7，8は、実際には起こっていない反事実の表現で、「ている」が抜けている例である。7は「ている」がなくても間違いとは言えないが、あったほうが文として落ち着く。8は7以上に「ている」が必要な例で、「誤解が起こる」前に「話し合っている」「話し合いが終わっている」という時間的な関係を必要とするために、「ている」が必要となる。このように、一般に、反事実を表す条件節の動詞は「ている」をとることが多い。

付加

9のように「いる」には「ている」が付かない。10は今から紹介するという状況なので、「ている」は不要である。11については、He/She is coming. に影響され、英語の未来表現を「ている」を用いて表そうとした誤りであると考えられる。

12, 13では「当たらない」「存在しない」にするべきである。「当たっていない」「存在していない」は、その状態が引き続き起こっていないこと（事態の未完了（未実現））を表す。しかし、12, 13は未完了（未実現）について述べているのではなく、日が当たるか当たらないか、そういう言葉が存在するかしないかを問うているので、「ている」にする必要はない。また13の「混乱している」は、頻度を表す「よく」があること、現時点の状態ではなく、そういう傾向、特徴であることを言っているので、「シンガポール人は〜をよく混乱する」としたほうがよい。14の「何もしようとしていない」という言い方も不自然で、「何もしようとしない」にするべきである。会社側の意志を表すのであれば「何もしようとしない」に、会社側の単なる現在の状態を表すのであれば「何もしていない」になる。

誤形成

16, 17は促音「っ」の問題である。16では「っ」が抜け、17では逆に「っ」が付加されている。「す」で終わる1グループ動詞（例：話す）のテ形「〜して」は、「し」の部分で母音が全く発音されず長い子音（例：hanashte）（長子音）になるため、17のように促音と聞くケースがあるようである。また、16は、走るhashiruがiruで終わる動詞のため、2グループ動詞と混同した可能性もある。

混同

18は多くの学習者がおかす誤りである。「三年前」という過去の時点に言及しているので、状態を表す「結婚している」ではなく、過去の事実を表す「結婚した」を用いるべきである。19は、心臓が止まったかと思ったのは一瞬のことなので、一定の幅を表す「ている」でなく、ある時点を表す「た」を用いたほうがよい。

20〜22は「ている」と「てある」の混同である。20は「これ」と言って相手に見せているので、「書いて、そして、そこにある」という意味の「てある」にする。21は、他動詞「開(あ)ける」と自動詞「開(あ)く」に、「ている」が付くか「てある」が付くかの問題である。基本的には「他動詞＋てある（開けてある）」「自動詞＋ている（開いている）」になる。21が「窓を」であれば動作の進行・継続を表す「開けている」のままでも正解である。しかし、ここでは「窓が開けて」と主語が「窓」で、かつ、続けて他動詞が使われているので「てある」としたほうがよい。22は「ために」という目的・意図を表す表現があるので、結果の状態を表す「ている」ではなく、話し手の意図的動作を表す「てある」が適切である。

23, 24は「てくる」「ていく」との混同である。学習者は、「変わっている」が変化の状態を表しているので、「てくる」「ていく」を使う必要がないと思ったのかもしれない。しかし、「ている」は、動作の継続を表すにしろ、結果の状態を表すにしろ、現時点の動作・状態を示すものなので、「状態変化の進展」を表すためには、「てくる」「ていく」が必要になる。25, 26では「生きている」「死んでいる」を使っているが、それらは現時点での動作・状態を示すだけである。今後どうであるかという「動作の継続」や「状態変化の進展」を表すためには「生きていく」「死んでいく」にする必要がある。

27は「すでにそうなっていた」という意味で「焼かれていた」でも間違いではない。しかし、「救ってきたのに」という残念な気持ちが述べられているので、「てしまった」としたほうがよい。28は、今また雨が降っているのを見ての発話であれば、使えないことはない。しかし、「このごろは」「晴れたかと思うと（雨が降る）」のような繰り返しの表現があるので、訂正文のように、文全体を一般的、習慣的な表現にしたほうがよい。

 その他

29の学習者は、「緊張する」に「続いている」を付けて、「緊張し続いている」としたかったと思われる。そして、「続く」の「つづく」が「つつく」になっている。「続く」を生かすなら「緊張が続いている」となり、「緊張する」という動詞を用いるなら、「(し)続く」は不要で、「緊張する＋ている」で緊張状態が継続していることを表すことができる。訂正では「緊張している」を採用した。

 伝達上の誤用 ★

● 1において「食べましたか」と聞かれて、「まだ食べません」という答えも可能である。この場合は、「食べていない」という意味にも、話し手の「食べない」という意志の表明にも解釈できる。
● 15の「思っている」はそれ自体間違いではない。ただし、話し手が自分の考えを述べる時、「思っている」を使うと、長期間「思っている」という意味合い以外に、話し手の主張が強くなり、押し付けが感じられるので注意が必要である。
● 30のような日本語の「何をしているか」という質問は、現時点の動作を問題にしている場合もあれば、もっと広い意味で現在の状況や仕事を問うていることもある。初級レベルでは、現在進行の動作を中心に教えられるため、30のような質問と答えに齟齬が起きてしまうことがある。
●「ている」には自分の状況を説明するという働きがあり、それが、場合によっては、弁解や言い訳のように聞こえることがある。31のように、目上の人に向かっ

て使うと失礼に聞こえることがあるので、注意が必要である。

> **指導のポイント**
>
> - 「ている」の習得には時間がかかる。「ている」がうまく使えず、「た」で済ましてしまう学習者が多い。
> - 「ている」がうまく使えないために、逆に不適切なところで「ている」を使い過ぎる傾向がある。
> - 「自動詞＋ている」を用いた「動作の結果の状態」の概念が学習者には難しい。「自動詞＋ている」を使う状態を写真や絵を見せて感じ取らせる必要がある。
> - 「自動詞＋ている」をスムーズに定着させるためには、「ている」を導入する前に、自動詞に慣れさせておく必要がある。「ている」と結び付きやすい自動詞（開く、閉まる、つく、消える、止まる、など）を事前に導入し、十分練習させておくとよい。
> - 「持っている」「知っている」「結婚している」など「ている」とともに使われることが多いものは、そのまま覚えさせる。
> - 未完了を表す「ていない」が使えないので、副詞「まだ」と結び付けて、実現していないことには「ていない」を使うことを徹底させる。
> - 学習者はその事柄が個別的（一時的）なことか、一般的（習慣的）なことかがなかなかわからない。学習レベルが上がるにつれて、その文の表すところはどうかを考えさせる。「ている」を使うと一般的な表現が取りにくくなる場合が多い。
>   例１：年をとると、覚えてもすぐ｛○忘れる／？忘れている｝。
>   例２：このごろの若い女性は電車の中で化粧まで｛○する／？している｝。

ておく

➡ 行く前に相手先に電話して**おく**。
➡ そのままにして**おいて**ください。

あとに起こる事柄を予想して、前もって何かをすることを表す。「そのままにする」（放置）も表すが、それは「あとのことを考えて」なされるという意味合いを含む。

|関連項目| てある、ていく、てくる、てから

|誤用例文|

|脱落|

1. 誤　先生のおたくに行く前に、電話を**かけましょう**。〈タイ〉
   正　先生のお宅に行く前に、電話を**かけておきましょう**。
2. 誤　食べたくなければそのまま**おいて**下さい。〈中国〉
   正　食べたくなければそのまま**置いておいて**ください
3. 　　上司：明日客が来るから、資料を準備してください。
   ★誤　部下：はい、**準備します**。〈タイ〉
   正　部下：はい、**準備しておきます**。
4. 誤　もっとまえ、十分に**勉強したら**、今のように「もっとがんばって**勉強したほうがいい**」と感じる悔いはなかっただろう。〈韓国〉
   正　もっと前に十分に**勉強しておいたら**、今のように「もっと頑張って**勉強しておけばよかった**」という後悔はなかっただろう。

|付加|

5. 　　A：日本語をもっと勉強してください。
   ★誤　B：はい。もっと**勉強しておきます**。〈バングラデシュ〉
   正　B：はい。もっと**勉強します**。
6. 誤　人にやさしく他人の事を先に**考えとく**のは大切なのだと思っている。〈台湾〉
   正　人にやさしく他人の事を先に**考える**のは、大切なことだと思う。
7. 　　＜来ない場合は事前に連絡がほしいということを言いたくて＞
   誤　あした来られないようなら、**電話しておいて**下さい。〈アメリカ〉
   正　あした来られないようなら、前もって**電話して**ください。
8. 　　A：だれが掃除しますか。
   ★誤　B：チョイさんが**掃除しておきます**。〈ベトナム〉

正 B：チョイさんが**掃除します**。

誤形成

9. 誤 リーさんが食べたいらしい食べものは**用意しておいます**。〈中国〉
   正 リーさんが食べたそうな物は**用意しておきます**。
10. 誤 中国へ行くなら中国語を**習っておきた**方がいい。〈中国〉
    正 中国へ行くなら中国語を**習っておいた**方がいい。
11. 誤 行ったことのないところに行ってみない限り、勝手なコメントを**控えおいた**方がいい。〈オーストラリア〉
    正 その場所に行っていない限りは、勝手なコメントは**控えておいた**方がいい。

混同

【ておく→てある】

12. 誤 A：すみません。これ、何て**書いておく**んですか。〈ミャンマー〉
    B：ええと、「事務室に来てください」ですよ。
    正 A：すみません。これ、何て**書いてある**んですか
13. 誤 今日欠席した田中に明日試験の範囲もう**言っておいた**ので、再び電話するのは必要ではない。〈アメリカ〉
    正 今日欠席した田中には明日の試験の範囲を**言ってある**ので、もう電話する必要はない。

【ておく→ていく】

14. 誤 もう遅いですから、私のうちでどうぞごはんを**たべておいて**ください。〈インドネシア〉
    正 もう遅いですから、どうぞ私の家でご飯を**食べていって**ください。

【ておく→てくる】

15. A：川村さん、まだですか。
    誤 B：今となりの部屋なので**よんでおいて**ください。〈台湾〉
    正 B：今隣の部屋なので**呼んできて**ください。

【ておく→てから】

16. 誤 先生に**相談しておいて**、論文のテーマを決めてください。〈インドネシア〉
    正 先生に**相談してから**、論文のテーマを決めてください。

誤用の解説

脱落

1，3は、「ておく」がなくても間違いではないが、1のように「(する)前に」とともに用いられる時は、「ておく」があるほうが自然である。2は、放置の意味で用いられている。放置の時は「ておく」は削除することはできない。4は、すでに終わったことに対する後悔を表している。「事前にやっておく」ことが重要なポイントになっているので、「ておく」は削除できない。脱落の1～4を見ただけでも、「ておく」には、「ておく」が不可欠な場合と、「ておく」があったほうがどちらかと言えば自然な場合があることがわかる。

付加

「ておく」は、「あとに起こる事柄に備えて行為をする」という意味を表す。そのような含みがないと、5～8のように少し変な文になる。6で「考えとく＝考えておく」と言うと、「他人のことを前もって考えておく」という意味になる。ここでは単に「考える」だけでよい。7の学習者は、「ておく＝前もって」と思っていたのであろう。しかし、ここでは「電話する」という行為だけが問題で、「あとに起こる事柄に備えて」という意味合いがないために、「ておく」は不要になる。

誤形成

9は「おきます」とすべきところを「おいます」としている。「おきます」の「き」は無声化されるため聞き取りにくく、学習者は「き」を「い」と聞いていると思われる。

「ておく」は、「(た)ほうがいい」「てください」などにつながって使われることが多い。10は「ておく」をうまく活用させてつなげられなかった例、11は動詞のテ形が正しく作れなかった例である。

混同

混同では「てある」との混同が多く見られた。12は明らかな「てある」との取り違えである。「ておく」を用いると、これから書くことになる。13は「ておく」でもよいように思われるが、前件と後件（主節）の関係が「試験の範囲を言っておいた」→「だから、彼は知っている」→「だから、電話する必要がない」というステップを踏むため、「範囲を言っておいた」という行為を理由とするだけでは不十分である。「彼が知っている」というステップを踏むためには、「範囲を言ってある」と結果表現で理由付けする必要がある。

14，15は「ていく」「てくる」との混同であるが、「ていく」「てくる」の使い方をよく理解していないために起こったと考えられる。16は「ておく」が「あることのために前もってする」という意味を持つとの理解から、「それをしてから」とい

う意味で用いたのであろう。「てから」を用いて時間関係を明確にする必要がある。

伝達上の誤用 ★

- 3は上司が準備するように頼んだことに対して、「準備します」と答えている。前もってやっておくという意味から「ておく」が必要とも考えられるが、「ておく」には相手に対する丁寧さを含むという性質があり、上の人に対しては、「ておく（ておきます）」を用いたほうがよいと考えられる。
- 5でAは、「今勉強しろ」と言っている。Bのように「ておく」を使うと、丁寧ではあるが、「（今ではなく）あとでやっておく」の意味合いが入って、かえって慇懃無礼な感じを与えてしまう。5のように「今すぐに」やらねばならない場合は「ておく」は不適切になる。
- 8は、掃除するのが話し手（私）であれば、「私が掃除しておきます」も可能である。

　　A：だれが掃除しますか。
　　B：a．　私が掃除しておきます。
　　　　b．？チョイさんが掃除しておきます。

「ておく」は、基本的には、第三者の動作・行為に対しては使われにくいと言えよう。

指導のポイント

- 学習者は「てある」と「ておく」を混同しがちである。「てある」は動作の結果の状態に、「ておく」は動作・行為の意図に焦点が置かれる。次のような場合はほぼ同じ意味合いになるが、違いは何に重きを置いているかである。

　　A：準備は？
　　B：a．もう準備してあります。
　　　　b．もう準備しておきました。

- 学習者は「ておく」を具体的な事柄の準備ととらえがちなので、もっと漠然と「何かに対して事前にやっておく」程度の意味であることを理解させる必要がある。そうでないと、「若い時に、いろいろなことをしておきたい。」などの「ておく」が理解しにくくなる。
- 「ておく」は、話し手の動作・行為に使われることが多く、「～ておきます」（例：やっておきます、準備しておきます）は、相手に対する丁寧さを含むことも、どこかで言っておきたい。

てから

➡宿題を**してから**、テレビを見なさい。
➡日本へ来**てから**、日本語の勉強を始めた。

ある事柄・行為が起こったのちに、別の事柄・行為が起こることを表す。「あとで」が単なる時間の前後関係を表すのに対し、「てから」は、前件の事柄・行為が起こってからはじめて、後件（主節）の事柄・行為が起こることを表すことが多い。

関連項目 トキ節「あと（で）、とき」、並列（継起）節「て」、理由節「から」、条件節「と、たら」、逆接節「ても」、主語・主題

誤用例文

脱落

1. 誤 あと**六か月**東京芸術大学に入ります。〈アメリカ〉
   正 **六か月してから／したら**、東京芸術大学に入ります。
2. 誤 私は日本語の**勉強は**もう二年になった。〈中国〉
   正 私が日本語の**勉強を始めてから**、もう二年になった。

誤形成

3. 誤 お茶を**のんて**から、テレビをみる。〈中国〉
   正 お茶を**飲ん**で、テレビを見る。
4. 誤 私は大学を**はいて**からにほんごの勉強を始めた。〈中国〉
   正 私は大学に**入って**から日本語の勉強を始めた。
5. 誤 日本に**来た**から、1年なります。〈タイ〉
   正 日本に**来て**（から）、1年になります。
6. 誤 日本は**戦争した**から四十年の時間だけある。〈マレーシア〉
   正 日本は**戦争して**から、（ちょうど）四十年になる。

混同

【てから→（理由）から】

7. 誤 目撃者はびんのそこみたいなめがねを**して**から、犯人の背格好しか見えない。〈アメリカ〉
   正 目撃者はびんの底みたいなめがねを**かけていた**から、犯人の背格好しか見えなかった。

【てから→て】

8. ★誤 ニューヨークで**生まれてから**住んでいました。〈アメリカ〉

正 ニューヨークで**生まれて**、ずっとそこに住んでいました。／**生まれた時から**ニューヨークに住んでいました。

9. ★誤 パーティーが**終えてから**彼女も帰りました。　　　　〈中国〉
　　正 パーティーが**終わって**、彼女も帰りました。

10. ★誤 また、夜更つりに行きました。そして、とれた魚などを煮るとか**焼いてから**食べました。　　　　〈マレーシア〉
　　正 また、夜、さらに釣りにも行きました。そして、とれた魚などを煮たり**焼いたり**して食べました。

11. ★誤 村山さんに**お目にかかってから**本当の非凡な人であることにすぐ気がつきました。　　　　〈アメリカ〉
　　正 村山さんに**お目にかかって**、本当に非凡な人であることにすぐ気がつきました。

【てから→と】

12. ★誤 いつもじゅぎょうが**おわってから**、せんせいは私にしゅくだいをあげました。　　　　〈中国〉
　　正 いつも授業が**終わると**、先生は私に宿題をくださいました。

13. ★誤 彼女はテストが**おわってから**、何も言わず、教室を出た。　〈インドネシア〉
　　正 彼女はテストが**終わると**、何も言わず、教室を出た。

【てから→たら】

14. ★誤 ご飯を**食べてから**、自分で片付けてください。　　　　〈中国〉
　　正 ご飯を**食べたら**、自分で片付けてください。

15. 誤 学習者が日本語の動詞の語根を**識別できるようになってから**、テ形の作り方が簡単だと思う。　　　　〈キューバ〉
　　正 学習者が日本語の動詞の語幹を**識別できるようになったら**、テ形の作り方が簡単になると思う。

【てから→ても】

16. ★誤 けれども大学を**そつぎょうしてから**、なかなか仕事を持っていません。　　　　〈カンボジア〉
　　正 けれども大学を**卒業しても**、なかなか仕事を持つことができません。

その他

【以後→てから】

17. ★ 誤　今までの都市建設は、建物を**立てた以後**、具体的な計画を立てるので、都市の構造がめちゃくちゃにたってきました。〈韓国〉

　　正　今までの都市建設は、建物を**建ててから**具体的な計画を立てるので、都市の構造は無秩序になってきました。

誤用の解説

脱落

1は学習者がよくする言い方である。six months later＝「あと6か月」と理解しているようだが、日本語では「(あと)6か月してから／したら」という言い方をする。「あとで」を用いるなら、「6か月あとで」となるが、「してから／したら」のほうが自然である。2は誤りではないが、ぎこちない日本語である。「勉強を始めてから」のような開始点を表す表現がほしい。

誤形成

誤形成が多く見られる。テ形が正しく作れることが、「てから」文が作れる前提となる (3, 4)。また、5, 6に見られるように、「〜たから」としてしまう誤用がしばしば見られる。

混同

7のような理由を表す「から」との混同に注意が必要である。単に「から」の前に来る動詞の活用を間違えたのか、理由の「から」と「てから」とを混同したのかは判断できないが、同じ音を持つ「から」が混同の引き金となっていると言える。

8〜11に見られるように、継起「て」との混同が多い。「て」と「てから」の違いは次のようである。

　　て：一つの動作・行為が終わって、また終わらないうちに、引き続いて次の動作・行為が起こる時に使う。

　　てから：二つの動作・行為間にはっきりとした前後関係が存在し、その関係をはっきり示したい時に使う。

12〜15のように「と」「たら」との混同が多い。特に「たら」とは形が似ているうえに、次のように「たら」にも「あとで」の意味を含む用法があるために、混同が起こりやすいと考えられる。

　(1) 授業が終わったら、事務所へ来てください。
　(2) 授業が終わってから、事務所へ来てください。

|伝達上の誤用| ★

- 「てから」は、後件（主節）の事柄・行為は、前件の事柄・行為が完了した「あと」であり、「それ以前ではない」ことを特に表したい時に用いられる。例えば「日本へ来てから日本語の勉強を始めた。」で伝えたいことは、「日本へ来たこと」と「日本語の勉強を始めた」ことの時間的前後関係とともに、「日本語の勉強を始めたのは、日本へ来る前ではない、日本へ来てはじめて日本語の勉強を始めた」ことを伝えようとしている。8, 10, 11は、一般的には前件の出来事の前に後件が起きること（ニューヨークに住んでいたのは生まれる前かあとか、魚を食べたのは煮たり焼いたりする前かあとか、など）は想定しにくい文であるので、単に連続して起こる出来事を表現する「て」を用いれば十分である。また、9で、あえて「てから」を使うと、「前件の事柄・行為が終わってからだ」ということを、ことさらに強調しているように伝わる。9は、「彼女が帰ったのはパーティーが終わる前かあとか」ということに着目するような文脈がない限り、不自然となる。
- 12, 13も、「前かあとか」に着目する文脈ではなく、前件が引き金となって、どのようなことが起こったかに着目する文脈なので、「と」が使用される。特に、12のように、「いつも」繰り返される出来事については、「と」がふさわしい。
- 14もまた、「片付けをするのは、食事が終わる前かあとか」ということを述べたいのではなく、その事態（食事が終わること）を条件として、何をすべきかということなので、「たら」が用いられる。
- 話し手の意図を表現するためには、16のように、文脈によっては「ても」がふさわしくなることもある。意味的には「大学卒業後、仕事がない」ということであるが、「大学を卒業した→普通は仕事があるものだ→しかし、実際は見つからない」という流れがあって、そこに話し手の逆接的な気持ちが含まれると、「ても」や「のに」の使用が必要になってくる。
- 17は、「計画を立てるのは、建物を建てる前であるべきなのに、実際は建てたあとだ」という順序に焦点を当てているので、こうした場合には、「建てる前には何もしない」という意味合いを強める「てから」がふさわしくなる。

|指導のポイント|

- 「てから」の形が正しく作れない学習者が多い。「てから」を正しく作るためにはテ形が正しく作れることが前提となる。
- 「てから」は発音が似ているため、理由の「から」と混同されやすい。「（た）から」とならないように注意する。

- 「てから」は、「前件の事柄・行為が起こってからはじめて、後件（主節）の事柄・行為が起こるのであり、それ以前ではない」ことを表す。「てから」の使用動機に着目させる文脈を設定して、指導すること。

    練習例：「てから」を使って次の質問に答えなさい。
    1．日本人：日本語が上手ですね。お国でも勉強していたのですか。
      →留学生：いえ、（　　　　　　てから、　　　　　　　　）
    2．子供：（食事前に）アイスクリームが食べたいよ。
      →母親：だめよ。（　　　　　　てから、　　　　　　　　）
    3．子供：プール、入っていい？
      →父親：（　　　　　　てから、　　　　　　　　　）

- 「てから」と、「て」（動作・行為が続いて起こる）、「たら」「と」（きっかけ・条件が含まれる）などとの混同をさせないようにする。そのためには、どのような意図を表現したいのかという表現意図を意識させる。

- 事態間の前後を表す言い方には、「（6か月）後」「てから」「たあとで」「以後」「て」「たら」など、いろいろなものがある。様々な「事態間の前後を表す表現」の違いを理解させ、使えるようにする必要がある。特に、学習者は、すぐ「あとで」と言いたがる傾向があるので、「てから」の使い方をきちんと教えたい。

てくる

➡ちょっと事務の人に聞い**てきます**。
➡働く女性がどんどん増え**てきた**。

物理的に、また、心理的に、物事・状況などが話の中心点（話し手・聞き手）のほうに近づくという意味合いを表す。意志動詞に付くと、「ある動作をして、また、話し手・聞き手のところに戻る」という「順次的動作」や、発話時までの「動作の継続」を表す。一方、無意志動詞に付くと、発話時までの「状態変化の出現」（例：世の中が変わってきた。）を表す。

|関連項目|　ていく、ている、ようになる、（し）始める、（し）に来る、**副詞**「**突然、どんどん、だんだん**」

誤用例文

脱落

1. 誤 ゆうべ寝ようとしているところへ、急な仕事ができたので、社長が**電話した**。〈タイ〉
   正 ゆうべ寝ようとしているところへ、社長が急な用事ができたと言って、**電話してきた**。

2. 誤 ＜論語＞遠くから友達が**たずねてくれて**うれしいんじゃないか。〈韓国〉
   正 遠くから友達が**訪ねてきてくれれば**、うれしいと思う。

3. 誤 老年人口の問題に関して、最近は日本社会問題に**なった**。〈台湾〉
   正 老年人口増加の問題が、最近は日本の社会問題に**なってきている**。

4. 誤 彼は家に帰るなり自分の部屋に入って**出ない**。〈中国〉
   正 彼は家に帰るなり、自分の部屋に入って**出てこない**。

5. 誤 ドアを開けた時、ある猫が**飛び出して**、驚かれた。〈シンガポール〉
   正 ドアを開けた時、猫が**飛び出してきたので**驚いた。

6. 誤 誰もいない夜道には、突然ナイフを持った人が**駆け出して**、彼は命が失うほど驚いた。〈台湾〉
   正 誰もいない夜道に、突然ナイフを持った人が**駆け出してきたので**、彼は死ぬほど驚いた。

7. A：あ、元気そうですね。
   ★誤 B：ええ、先週立山に**のぼりました**。〈中国〉
   正 B：ええ、先週立山に**登ってきました**。

付加

8. 誤 手伝っていただいたおかげで仕事がどんどん**進んできた**。〈ベトナム〉
   正 手伝っていただいたおかげで、仕事がどんどん**進んだ**。

9. ★誤 ゆうべ寝ようとしているところへ、電話が**なってきた**。〈中国〉
   正 ゆうべ寝ようとしているところへ、電話が**鳴った**。

混同

【てくる→ていく】

10. 誤 A：もう遅いですから、私のうちでどうぞごはんを**たべてきて**ください。〈タイ〉

　　　　　Ｂ：ありがとうございます。
　　　正　Ａ：もう遅いですから、私のうちでどうぞご飯を**食べていってく**
　　　　　　ださい。
11.　　Ａ：帰りませんか。
　　　誤　Ｂ：もう少しここで**勉強してくる**から、先に帰ってください。
　　　　　　　　　　　　　　　　　　　　　　　　　　　　　〈中国〉
　　　正　Ｂ：もう少しここで**勉強していく**から、先に帰ってください。

【てくる→に来る】
12.　　誤　きのう１週間分の食料を買い込むのに、友達らは**あそんできって**
　　　　　せんぶたべちゃった。　　　　　　　　　　　　　　〈中国〉
　　　正　きのう１週間分の食料を買い込んだのに、友達が**遊びに来て**全部
　　　　　食べちゃった。

【てくる→ようになる／(し)始める】
13.　　誤　国では吸わなかったが、日本来てからタバコを**吸ってきた**。〈韓国〉
　　　正　国では吸わなかったが、日本へ来てからタバコを**吸うようになっ**
　　　　　た／吸い始めた。

【てくる→(し)始める／(し)出す】
14.　　誤　スイッチを入れたとたん、扇風機が**まわってきました**。　〈中国〉
　　　正　スイッチを入れたとたん、扇風機が**回り始めた／回り出した**。

【てくる→ようになる】
15.　　誤　日本に来た時はテレビがわからなかったが、だんだん**分かってきた**。
　　　　　　　　　　　　　　　　　　　　　　　　　　　　　〈中国〉
　　　正　日本に来た時はテレビが分からなかったが、だんだん**分かるよう**
　　　　　になった。

【てくる→ている】
16.　　誤　株式ブームである。今まで株に興味のなかった人ですら、**買い始**
　　　　　めてきた。　　　　　　　　　　　　　　　　　　〈アメリカ〉
　　　正　株式ブームである。今まで株に興味のなかった人ですら、**買い始**
　　　　　めている。

[位置]

17. 誤　私は仏教を信じる人々が多い社会で**成長して来て**、いろいろ仏教と関係ある迷信の事を**見て聞きました**。　　〈台湾〉

　　正　私は仏教を信じる人々が多い社会で**成長して**、いろいろ仏教と関係ある迷信を**見たり聞いたりしてきました**。

[その他]

【行ってV→Vてくる】

18. 　　A：田中さんは。
　　誤　B：となりの部屋にいますから、**行って呼びます**。　　〈タイ〉
　　正　B：隣の部屋にいますから、**呼んできます**。

【に行く→てくる】

19. 　　A：田中さんは。
　　誤　B：となりの部屋にいますから、**呼びに行きます**。　　〈タイ〉
　　正　B：隣の部屋にいますから、**呼んできます**。

[誤用の解説]

[脱落]

「てくる」の脱落が多い。日本語は、1, 2のように「電話する」「たずねる」だけでは、単にその行為を行ったという事実を伝えるだけになる。自分（話し手）に対してなされる時には、日本語では「てくる」が必要になる。3は「最近は」と最近の状況を取り立てているので、そのような状態だということを表現するために、「なって＋きて＋いる」の形をとったほうがよい。

4～6は出現を表す「てくる」で、「出てくる」「飛び出してくる」「駆け出してくる」にするべきである。7は「てくる」がなくても文としては正しい。ただ、山に登ったことを話題として持ち出す時には、「てくる」があったほうがより自然になる。

[付加]

8で用いられている「進む」はそれ自体に進行を含む。実際の動作を表す「鼓笛隊がこちらに向かって進んでくる」や程度が増す「病状が進んできた」は可能だが、「仕事がはかどる」という意味では「仕事が進む」だけでよい。9で「電話がかかってきた」はよいが、音が鳴ること自体には「てくる」は結び付かない。

[混同]

「ていく」との混同で、10は「私のうち」つまり「ここで」食べるように言った

のであるから、「てくる」を用いる必要はない。「ここで食べて」どこかへ行くという意味で「食べていく」にすべきである。学習者が混同する可能性としては、次のような文の形が考えられる。

　　a．食べてくる。
　　b．食べていく。
　　c．食べに来る。
　　d．食べに行く。

「食べてくる」「食べていく」は「食べてから来る／行く」の意味になる。**11**も「ここで勉強して」であるから、「てくる」は結び付かず、「ていく」にするべきである。**12**は上記 a「てくる」と c「に来る」の混同で、友達は「遊ぶために」来るのであって「遊んでから」来るのではない。

　13〜15は「状態変化の出現」を表すために「てくる」を用いたが、うまくできていない例である。「てくる」は無意志動詞と結び付いて「状態変化の出現」を表す。**13**の「吸う」は意志動詞なので「吸ってきた」は「今まで続けてきた」という動作の継続を表してしまう。**14**の「回る」（「回転する」の意味）は無意志動詞であるが、「てくる」とは結び付きにくい。**15**は前件と後件が対比的な文である。前件の「以前は分からない状態だった」に対して、「今は分かる状態になっている」のであるから、「分かるようになった」がふさわしい。「分かってきた」は状態変化の出現に焦点が当たり、対比の意味合いが弱い。

　動詞によっては、「てくる」よりも他の表現のほうが適切と考えられる。次の表は、左側に「状態変化の出現」を表す表現を、上に**13〜15**の動詞を並べておいた。（○は使用可能、×は不可、△は使用状況によって使えない場合もあるものである。）

	吸う	回る （回転する）	わかる
てくる	×	×	△
ようになる	○	△	○
（し）始める	○	○	○
（し）出す	○	○	△

　16は、「買い始める」という表現で、すでに変化が表れているので、「てくる」を付ける必要はない。

位置

　17は「てくる」の位置の問題であるが、成長しながら、見聞きしてきたのであ

るから、「てくる」は両方にかかっている。日本語では、両方に使われる場合、通常、後ろの動詞に付ければよい。

その他

18, 19は、10で述べたa～dの混乱である。18, 19とも呼んでから戻ってくるという意味で、「呼んでくる」を使う必要がある。

伝達上の誤用 ★

● 7は「登りました」だけでも誤りではない。しかし、日本語では、自分のこととして、話題を提供するという気持ちを表すには「てくる」（ここでは「てきた」）を使う必要がある。「登りました」だけでは「ああ、そう。」と聞き流されてしまう。相手の注意を引くためにも「登ってきました」を使ったほうがよい。

● 学習者は9の「電話が鳴る」を「電話がかかる」の意味で用いたようだが、日本語では、単に電話のベルが鳴るという意味であり、「電話がなってきた」のように「てくる」とは結び付かない。

指導のポイント

● 学習者は「てくる」の意味がなかなかわからないので、導入、練習は段階的にすることが大切である。まず、a．「動作をして、また、話し手のところに戻る」から入り、それが十分にわかってから、次にb．「状態変化の出現」に移るとよい。二つの練習の間に、沈めたボールが浮かんでくるというような具体的な例cを出し、状況を紹介する。

　a．アイスを買ってくる／宿題を取ってくる／だれか来たようだから見てくる

　　　　　　　　　　　↓

　c．ほら、ボールが浮かんでくる／きたよ。

　　　　　　　　　　　↓

　b．寒くなってきた／人口が増えてきた／日本語が楽しくなってきた

● 「飛び出す」「電話がかかる」「戻る」などのような動詞は「てくる」がないと方向を表すことができないので、「てくる」を付けて覚えさせるとよい。

● 「てくる」が変化を表す時、いっしょに用いる副詞（だんだん、どんどん、少しずつ、など）の使い方にも注意をさせる。

● 「てくる」と理由や条件を表す従属節を組み合わせて練習させるとよい。

例：部屋にあるから、取ってきてください。
このボタンを押すと、ジュースが出てくる。
- 「食べてくる」と目的を表す「食べに来る」は、形が似ているので混乱しやすい。学習者の様子を見ながら、違いを少しずつ説明するとよい。

てしまう

➡ 2週間で論文を書き上げ**てしまった**。
➡ 愛犬エルが死ん**でしまった**。

動作・物事の完了を表すが、多くの場合、後悔や残念（遺憾）の気持ちを含むことが多い。

|関連項目| る・た、(し)出す、(し)終わる・(し)終える、ものだ

誤用例文

脱落

1. 誤 この仕事は忙しくて、食べる時間を**忘れた**。　　　〈タイ〉
   正 この仕事は忙しくて、食べる時間を**忘れてしまった**。
2. 誤 私が遅刻したばかりに、皆さんに大変ご**迷惑しました**。〈中国〉
   正 私が遅刻したばかりに、皆さんに大変ご**迷惑をかけてしまいました**。
3. 誤 うれしさのあまり、つい大きい声を出して、他の人に**びっくりさせた**。　　　〈タイ〉
   正 うれしさのあまり、つい大きい声を出して、他の人を**びっくりさせてしまった**。
4. 誤 少し批判的な意見を言ったばかりに、すぐ**おこらせた**。〈中国〉
   正 少し批判的な意見を言ったばかりに、（彼／彼女を）**怒らせてしまった**。
5. 誤 あなたが先生にそんなことを言ったせいで、先生は学生に対する情熱が**なくなった**。　　　〈韓国〉
   正 あなたが先生にそんなことを言ったせいで、先生は学生に対する情熱を**なくしてしまった**。

6. 誤 このごろは、何でも聞いたそばから真実だと**思った**。　　〈台湾〉
   正 このごろは、何でも聞いたそばから真実だと**思ってしまう**。

【付加】
7. 　A：宿題やりましたか。
   誤 B：はい、**やってしまいました**。　　〈インドネシア〉
   正 B：はい、**やりました**。
8. 誤 ところが男の子がもらえようとするじゅん間、風船は空に**どんでしまっちゃた**。　　〈韓国〉
   正 ところが、男の子がもらおうとした瞬間、風船は空に**飛んでいってしまった**。

【誤形成】
9. 　A：どうしたんですか。
   誤 B：友だちのカメラを**こわししまったんです**。　　〈パキスタン〉
   正 B：友達のカメラを**こわしてしまったんです**。
10. 誤 ぢっと彼は水を飲まないで、病気に**なってしまた**。　　〈中国〉
    正 ずっと彼は水を飲まなかったので、病気に**なってしまった**。
11. 誤 でも、夜食をすれば、腹一杯で**寝れなくなじゃう**。　　〈アメリカ〉
    正 でも、夜食を取れば、腹一杯で**寝られなくなっちゃう**。
12. 誤 兄弟にお母さんが風船を一つだけあげまして、兄弟は互に自分がもらうようにするのでげんかに**なっちゃた**。　　〈韓国〉
    正 お母さんが風船を一つしかあげなかったので、兄弟は互いに自分のものにしようとして、けんかに**なっちゃった／なってしまった**。

【混同】

【てしまう→（し)終える／（し)終わる】
13. 誤 きのう徹夜して今朝の5時にやっと宿題を**やってしまった**。　　〈スリランカ〉
    正 きのう徹夜して、今朝の5時にやっと宿題を**やり終えた／やり終わった**。

【てしまう→（し)出す】
14. 誤 子供は私のかおを見るなりいつも**わらってしまいます**。　　〈ペルー〉
    正 子供は私の顔を見るなりいつも**笑い出します**。
15. 誤 彼女は私の顔をみるなり、**わらってしまった**。　　〈韓国〉

正 彼女は私の顔を見るなり、**笑い出した**。

【てしまう→ものだ】

16. 誤 子供ときは、よくバカなこと**をやってしまった**。　〈タイ〉
    正 子供のときは、よくバカなこと**をやったものだ**。

【てしまう→てくれる】

17. ★ 誤 先生と李さんは今度中国へ旅行に行く時、是非江南へお越しください。見逃せない江南の景色はきっと旅の疲れを**忘れさせてしまう**だろうと思います。　〈中国〉
    正 先生と李さんが今度中国へ旅行にいらっしゃる時は、ぜひ江南へお越しください。見逃せない江南の景色はきっと旅の疲れを**忘れさせてくれる**だろうと思います。

【てしまった→てしまう】

18. 誤 年を取ると、本を読んだそばから、人物の名前を**忘れてしまった**。　〈カナダ〉
    正 年を取ると、本を読んだそばから、人物の名前を**忘れてしまう**。

その他

【名詞修飾→連用修飾】

19. ★ 誤 あの人はついウソを**言ってしまう**人だ。　〈オーストラリア〉
    正 あの人はついウソを**言ってしまう**(らしい／ようだ)。

【つつある→てしまう】

20. 誤 手術後、完全に回復したかと思いきや、また体の調子が**悪くなりつつあった**。　〈台湾〉
    正 手術後、完全に回復したかと思いきや、また体の調子が**悪くなってしまった**。

誤用の解説

脱落

「てしまう」の誤用で多いのは脱落と誤形成である。脱落(使わずに済ませようとする非用)が多いのは、「てしまう」がなくても意味が通じてしまうため、また、「てしまう」の正しい使い方がわからないためと考えられる。

1～6は「てしまう」がないために落ち着かない文になっている。1～5に共通するものは、しかるべき理由があり、その理由のためにある事態が起こり、そ

れに対して話し手が残念に思っていることである。話し手の残念な気持ちを表すためには「てしまう」を入れたほうが落ち着く。6には直接的な理由を表す表現はないが、「聞いたそばから（＝聞くといつも）」が因果関係を表しており、「てしまう」があったほうが自然である。

付加

付加の誤用はあまり多くないが、7は「やったかどうか」という事実のみを聞いているので、「やりました」でよい。（宿題の完了を強く問うような「宿題はやってしまったか」という質問では、「（もう）やってしまった」という答えもあり得る。）8は、「てしまった」の縮約形「ちゃった」を「てしまう」に付加している誤りである。

誤形成

9～12は、「てしまう」「てしまった」、その縮約形「ちゃった」「ちゃう」を正確に認識できない（同時に、正しく表記できない）ために起こった誤りである。特に12の「なっちゃた」のように、促音「っ」が近接して出現する場合に認識できにくいようである。

混同

「てしまう」は動作・事態の完了を表す。13では「（し）終える／（し）終わる」と同じ意味で「やってしまう」を使ったと考えられる。しかし、「てしまう」が動作・事態の完了を表すためには、「5時間で／5時前に（終わる／終わった）」というような完了が見える「時」の表現がほしい。そうでないと、「てしまう」は多くの場合、完了よりも後悔や残念な気持ちを表すことになる。

14, 15での「なり」は「～とすぐ」の意味である。学習者は、「子供／彼女が私の顔を見る」ということが引き金になって、自然に「笑い」が引き起こされるので、「てしまう」を使ったのであろう。しかし、「私の顔を見る」は不適切で、次の(2)のように、「私」の代わりに第三者を用いると適切な文になる。

　　(1)？子供／彼女は私の顔を見るなり、笑ってしまった。
　　(2)　子供／彼女はピエロの顔を見るなり、笑ってしまった。

「動詞＋てしまう」は、主語になる人や物事の「完了した動作・事態」から、「話し手（私）が残念な気持ちを抱く」という形をとる。(1)のように、第三者が「私の顔」を見て笑ってしまったと、私が客観的に観察し、私が残念に感じることはできにくいと考えられる。

16は、子供時代という過去にあったことを述べているだけなので、「てしまった」は不要である。「てしまった」は現在も後悔しているという気持ちを表すので、回想を表す「ものだ」を使ったほうがよい。18は、「年を取ると～」という一般的な

事柄を述べているのに、個別的な事態を表す過去を用いている。学習者にはどんな場合が一般的で、どんな場合が個別的かがわかりにくいので、どういう表現や内容が一般的なことなのかを指導する必要がある。

その他

19は正しいようにも思われるが、「つい」という副詞、また、「てしまう」という話し手の気持ちを表すものが、名詞修飾節の中にはおさまりにくく感じられる。特に「NはNだ」のような名詞文では、おさまりにくさが強くなると思われる。

20は誤用かどうか微妙なところだが、「～と思いきや」の後件として「つつある」は違和感がある。「～と思いきや」は、次のように、前件で「一つの事態、状態、動作」を予想し、後件（主節）で「意外にもそれに反する結果」が現れたことを示す。

(3) セーフと思いきや、審判はアウトと宣告した。

「つつある」は動作・事態がある方向、多くは完成・終了に向かって進んでいることを表す。20の不自然さは、「と思いきや」が後件に「意外にもそれに反する結果」を必要とするのに対し、「悪くなりつつある」と進行状況表現が来ているためであろう。

伝達上の誤用 ★

- 17は「てくれる」との混同である。「江南の景色」が「忘れさせてしまう」という関係は正しいが、「てしまう」を使うと完了（この場合「疲れがなくなること」）のみを強調してしまう。「恩恵を受ける」という気持ちも含まれているので、「てくれる」にしたほうがよい。
- 19は誤用としたが、人によっては誤用ではないと思う人も多いであろう。「てしまう」が名詞修飾節の中でいつも使えないのではなく、「ついやってしまう間違い」などと言うこともある。

指導のポイント

- 脱落、非用の誤用が多い。完了を表すといっても、いつ「た」ではなく「てしまう」を使うべきなのかが、学習者にわかりにくい。どんな時に日本人は「てしまう」を使うかを多くの例で示す必要がある。
- 「てしまう」は完了を表す以上に、驚きや残念な気持ちを表すことが多く、それは文脈・状況で判断される。日本人が「てしまう」を用いて、そのような気持ちをどう表現するのかを、やはり多くの例で示す必要がある。

- 誤形成が多い。「てしまう」自体の活用変化（例：てしまった／てしまいました）、および、前に来るテ形を正しく覚えさせる必要がある。
- 導入の段階では「てしまった」を中心に練習するが、段階的に普通形・非過去の「てしまう」の使い方も説明したほうがよい。（例：急がないと、授業に遅れてしまうよ。）
- 動詞によって「てしまう」が付きやすいものがあるので、目安として紹介するのもよい。（例：困る、忘れる、落とす、終わる、受身形）

てほしい

➡明日8時に事務所に来**てほしい**んですが。
➡この辺に店ができ**てほしい**。

「動詞＋てほしい」の形で、話し手による、相手や第三者への願望を表す。

|関連項目|　たい、てもらう、使役、使役やりもらい、助詞「が、に」

|誤用例文|

|誤形成|

1. 誤　小さな子供ではあるまいし、そんなに**泣くのはいない**でほしい。
〈アメリカ〉
   正　小さな子供ではあるまいし、そんなに**泣かない**でほしい。

|混同|

【てほしい→たい】

2. ★誤　カメラを**買いますほしい**です。　　　　　　　　　　〈中国〉
   正　カメラを**買いたい**です。
3. ★誤　そのうちには時間があったら、も一回先生たちに**あいてほしい**んです。
〈フランス〉
   正　そのうち時間があったら、もう一回先生たちに**会いたい**んです。
4. ★誤　私なら、もちろんぜっひあなたに**来ていただいてほしい**んだよ。
〈中国〉

正 私なら、もちろんぜひあなたに**来ていただきたい**んですよ。
5．★誤 この本を**貸りてほしい**。　　　　　　　　　　　〈中国〉
　　　正 この本を**借りたい／貸してほしい**。
6．★誤 車を**買ってほしい**が高すぎてじてんしゃをかった。〈韓国〉
　　　正 車を**買いたかった**が、高すぎるので、自転車を買った。
7．★誤 日本の有名な山はどこでも**行ってほしい**。　　　〈韓国〉
　　　正 日本の有名な山はどこへ／にでも**行きたい**。

【ほしい→たい】

8．★誤 **ハイキンッグほしい**人はとてもいいところである。〈韓国〉
　　　正 **ハイキングをしたい**人にはとてもいい所である。

【てほしい→てもらう】

9．★誤 学習者が正しく答えられたら、学習者自身から適当な文を**作ってほしい**。その二つのことができたら、この問題における「が」と「は」の違いは充分理解できるといっていいだろう。〈シンガポール〉
　　　正 学習者が正しく答えられたら、学習者自身から適当な文を**作ってもらう**。その二つのことができたら、この問題における「が」と「は」の違いは十分理解できたといっていいだろう。

【てほしい→（さ）せてほしい】

10．★誤 用事があるので、あした**休んでほしい**んですが。　〈中国〉
　　　正 用事があるので、あした**休ませてほしい**んですが。

▮その他

【(の／こと)がほしい→てもらいたい／てほしい】

11．　誤 実は、あなたは、去年、私からかしてもらった本と資料は今、試験と論文を書くために、私にとって急用ですから、はやく**かえしてもらうのが欲しい**です。〈台湾〉
　　　正 実は、去年、私が貸した本と資料なんですが、今、試験と論文を書くのに必要ですから、早く**返してもらいたい／返してほしい**です。

【(の／こと)がほしい→たい】

12．　誤 もし、私は来年の入学試験をパースしたら日本の生活習慣とクラス方式を実地に**見学することがほしい**です。〈台湾〉
　　　正 もし、私は、来年の入学試験にパスしたら、日本の生活習慣と授業の方法を実際に**見学したい**です。

【「ようだ、らしい、そうだ、と言っている」などの脱落】
13. 誤 田中さんは森さんに**手伝ってほしい**。 〈台湾〉
    正 田中さんは森さんに**手伝ってほしいようだ／らしい／そうだ／と言っている**。
14. 誤 アメリカ政治家は日本が軍隊を作てほしいけど、日本が世界の政治に**案内してほしくありません**。 〈アメリカ〉
    正 アメリカの政治家は日本に、軍隊は作ってほしいが、世界の政治を**リードするようなことはしてほしくないようです／らしいです／そうです／と言っています**。

【助詞「が」→助詞「に」】
15. 誤 おかさんは彼女**が**医者になってほしいと言うが本人は先生になりたいと言って困ってしまった。 〈韓国〉
    正 母親は彼女**に**医者になってほしいと言ったが、本人は先生になりたいと言うので困ってしまった。

誤用の解説

誤形成
1の学習者は「泣いている」のを止めたくて、「泣いていないでほしい」と言いたかったのかもしれない。「泣いている」のを止めるということは「泣く」ことそのものを止めるということなので、「泣かないでほしい」となる。

混同
2～8にあるように、「たい」を使うべきところに「(て)ほしい」を使ってしまう誤用が多く見られる。2は単に「たい」が使えなかっただけでなく、「マス形の語幹＋たい」という形もできていない。4は「来ていただく」ができているのに、「たい」が使えていない。「来ていただいて」を使ったがために混乱したのかもしれない。5は「借」「貸」の混同である。中国語では「借」を用いて「借りる」「貸す」を表すことができるため、混同が起きたと思われる。

10は「使役＋てほしい」の表現ができず、使役形が抜けている。学習者はこのような誤りをしがちであるが、「休んでほしい」は「相手が休む」ことを要求していることになるので、注意が必要である。

その他
学習者は、11, 12の「返してもらうのがほしい」「見学することがほしい」のように「～の／こと」にして間違えることが多い。13, 14のように第三者が主語の場

合、「たい」と同様、「ほしい」のあとに「ようだ、らしい、そうだ、と言っている」などを付ける必要がある。15のように、助詞の使い方においても学習者は誤用をおかしやすい。「てほしい」は基本的に次の形をとる。

　　私は ＜人＞に 〜てほしい

＜人＞が相手（聞き手「あなた」）の場合は省略されることが多い。第三者への願望は、通常、＜人＞がだれかを明示する必要がある。

|伝達上の誤用| ★

● 「てほしい」は多くの場合、依頼や指示を表すが、時には命令的に聞こえることがある。しかし、9のように、段取りを説明している時は「てほしい」ではなく、指示の用法を持つ「してもらう」としたほうがよい。「てほしい」を使うと願望にとどまり、具体的な指示説明にまでならない場合がある。

● 2〜8、10などは、状況から考えて「たい」との混同によるものと思われるが、例えば7などは文法的には問題がないので、相手に「行ってほしい」と言っていると解釈されてしまいかねない。10は、自分が休みたい時は、「休みたい」と言ってもよいが、使役を使ってより丁寧に「休ませてほしい」という言い方を用いたほうがよい。

|指導のポイント|

● 「たい」を使うべきところに「てほしい」を使っている誤用が非常に多い。「（行き）たい」と「（行っ）てほしい」の違いを徹底的に理解させる必要がある。

● 学習者は「ほしい＝want」と考え、「買いたい」「会いたい」の代わりに、安易に「買ってほしい」「会ってほしい」と言いがちである。「てほしい」は人に（多くは相手に）、動作・行為をすることを望むということを、練習を通してきちんとつかませたい。次のような練習をして、動作主がだれかをつかませるとよい。

　　練習例：「どうぞ」または、「えっ、私がですか。」で答える。
　　　1．上　司：ちょっと出かけたいんだが。
　　　　 学習者：はい、どうぞ。
　　　2．上　司：ここを掃除してほしいんだが。
　　　　 学習者：えっ、私がですが。

● 「てほしい」はお願いというより指示や命令になりやすいので、「〜てほ

しいんですが／けど」の言い方で練習させるとよい。（例：ちょっと手伝ってほしいんですが。）
- 「たい」同様、主語が第三者の時は「ようだ、らしい、そうだ」や「と言っている」を付けることを指導する。

てみる

➡これ、食べて**みて**くれる？
➡やれるだけのことはやって**みよ**う。

意志動詞のテ形と結び付いて、「何かをやって、それができるかどうか、いいか悪いかなどを探る」という意味を表す。

関連項目　たい、ている、ていく、（よ）うとする、疑問引用節「か、かどうか」

誤用例文

脱落

1. 誤　「何のにおいだろう？」と自問自答し、よく**嗅いで**、「あ、わかった。」ワイシャツに硫黄のにおいがしみついていたのだ。〈中国〉
   正　「何のにおいだろう？」と自問自答し、よく**嗅いでみる**と、「あ、わかった。」ワイシャツに硫黄のにおいがしみついていたのだ。

付加

2. 　　A：がんばってくださいね。
   ★誤　B：はい、**がんばってみます**。〈フランス〉
   正　B：はい、**がんばります**。
3. 誤　テニスがスキなので、できるように**なってみたい**。〈オーストラリア〉
   正　テニスが好きなので、できるように**なりたい**。
4. ★誤　中学生なのにあの子は高校の数学問題に**挑戦してみた**。〈韓国〉
   正　中学生なのに、あの子は高校の数学問題に**挑戦した**。
5. 誤　この機械を使ったことはなかったが、**やって見させて**いただきたいのです。〈中国〉
   正　この機械を使ったことはありませんが、**やらせて**いただきたいのです。

誤形成

6. 誤 あの仕事が可能かどうか、ためしに**やて見**って下さい。 〈中国〉
   正 あの仕事が可能かどうか、ためしに**やってみて**ください。

7. 誤 これは私が自創した新しい味のケーキですので、是非**食ってみっ**てください。 〈カナダ〉
   正 これは私が作った新しい味のケーキですので、ぜひ**食べてみて**ください。

混同

【てみる→ていく】

8. 誤 A：もう遅いですから、私のうちでどうぞごはんを**食べてみて**ください。 〈インドネシア〉
   B：ありがとうございます。
   正 A：もう遅いですから、私のうちでどうぞご飯を**食べていって**ください。

【てみる→てくる】

9. A：川村さん、いらっしゃいますか。
   誤 B：今、となりの部屋なので**よんでみます**。 〈メキシコ〉
   正 B：今、隣の部屋なので**呼んできます**。

【てみる→(た)ことがない】

10. 誤 大学を卒業して以来、一度も大学に**行ってみなかった**。 〈韓国〉
    正 大学を卒業して以来、一度も大学に**行ったことがない**。

【てみる→(よ)うとする】

11. 誤 降る人の迷惑も構わずに多ぜいの人々は込んでいる車の中に押し込める。乗ろうとする方は力いっぱい押しながらどんどん中の方まで進んでいす**捜してみる**。 〈アメリカ〉
    正 降りる人の迷惑も構わずに大勢の人々が、込んでいる車の中に押し入ろうとする。乗ろうとする人は力いっぱい押しながら、どんどん中の方まで進んでいす**探そうとする**。

【てみる→ている】

12. 誤 行ったことのないところに**行ってみない**限り、勝手なコメントを控えおいた方がいい。 〈オーストラリア〉

正　その場所に**行っていない**限りは、勝手なコメントは控えておいた方がいい。

13.　誤　今日の授業の内容はとても難しいですが、そうやって1回だけでも**見てみる**うちにだんだんわかるようになると思います。〈韓国〉

　　　正　今日の授業の内容はとても難しいですが、そうやって1回だけでも**見ている**うちに、だんだんわかるようになると思います。

その他

14.　誤　一応、今日中に終えるかどうか**してみよう**。〈韓国〉

　　　正　一応、今日中に終わるかどうか**やってみよう**。

【従属節・理由】

15.　誤　あの店が**おいしそうで**、一度食べてみる。〈台湾〉

　　　正　あの店が**おいしそうだから**、一度食べてみたい。

誤用の解説

脱落

1は「(においを)嗅いで」その結果「わかった」という関係なので、「てみる」があったほうが自然になる。

付加

「てみる」では付加の誤用が多い。その理由は、学習者が「てみる」を英語のtry(試みる、頑張る)という意味にとらえているからだと考えられる。「てみる」は「使ってみる」「着てみる」のように、「何かを(ちょっと)やって、そして、その結果を見る」という意味なので、tryの意味で使った2～5の「てみる」は不必要になる。

誤形成

6，7とも「てみて」が「てみって」になっている。6では「て見て」と漢字を使っているが、補助動詞の「てみる」はひらがなを使ったほうがよい。7は学習者が「食う」を用いたとも、「食べる」のテ形の送りがなを間違ったとも解される。前者の場合は、前件が丁寧体であるので、「食う」はそぐわない。

混同

8～11の混同の誤用も、tryととらえたことによる誤りと考えられる。8～11の「てみる」は訂正文に示したように、日本語ではそれぞれ別の言い方で表す必要がある。

12は、「行ってみる→行ってみない」と考えたようだが、「動詞+てみる」は通

常、否定形では用いられない。(ただし、誘いの疑問の形で、「動詞+てみない？」は用いられる。(例：あした浅草へ行ってみない？))13では、「動詞+てみる」が「うちに」と結び付いているが、「うちに」はある一定時間を要するので、瞬間的・短時間的な動作を表す「てみる」ではなく、「ている」が適切である。

その他

14は、「してみる」より「やってみる」のほうが決意の気持ちが明らかになる。「てみる」は「何かをやって結果を見る」という意志的なものなので、15の場合も「～で」ではなく「ので／から」などを使って明確に理由を表す必要がある。

伝達上の誤用 ★

● 2の「がんばってみます」の誤りについては、「てみる」を try（試みる、頑張る）と思って使用したということはすでに述べた。ここでは、単に自分の決意・意志を伝えるのだから、「頑張ります」で十分である。「頑張ってみる」は「何かを（ちょっと）やって、そして、その結果を見る」という意味を持つ。「頑張ってみます」と言うと、冗長な感じを与えるだけでなく、場合によっては、「ちょっとだけやる→ちょっとしかやらない」というニュアンスを含むこともある。そうなると、励ましてくれた相手に失礼な感じを与えかねない。

● 4の学習者は、「挑戦を試みる」のつもりで「てみる」を使用したようだが、日本語の動詞「挑戦する」には「試みる」の意味合いが含まれているので、「てみる」は不要である。

指導のポイント

● 多くの学習者は、「てみる」を英語の try と理解し、「試みる」「頑張る」の意味で使うことが多い。

　　例　A：　頑張ってください。
　　　　B：？はい、頑張ってみます。

「てみる」は「使ってみる」「食べてみる」「行ってみる」のように、「何かを（ちょっと）やって結果を見る」というほどの意味なので、練習もそのような状況を準備する必要がある。

● 「てみる」は「てみない」「てみなかった」のように、通常、否定と結び付かない。(ただし、誘いの「行ってみない？」「やってみないか」、また、「～てみないとわからない」(例：やってみないとわからない。) という形は使用される。)

ても

➡雨が降って**も**やり続ける。
➡いくら覚え**ても**すぐ忘れる。

前件から予想される結果と逆のことが、後件（主節）に現れること（逆接）を表す。「疑問詞＋〜ても」の形をとることも多い。

|関連項目| 逆接節「のに、が・けれども、ながらも」、接続詞「でも」、並列（継起）節「て」、助詞「も」、主語・主題

|誤用例文|

|脱落|

1. 誤 クリスマスはキリストの誕生日のまつりだ。家族の皆は**どこでもくらしている**郷里に帰って一緒に食事をしておくりものを交換する。〈アメリカ〉
   正 クリスマスはキリストの誕生日の祭りだ。家族は皆どこで**暮らしていても**、郷里に帰って一緒に食事をして、贈り物を交換する。

|誤形成|

2. 誤 いくら**忙しくて**受け入れるものだ。〈中国〉
   正 いくら**忙しくても**受け入れるものだ。
3.   A：高かったら買いませんか。
   誤 B：いいえ、**高かっても**、買います。〈メキシコ〉
   正 B：いいえ、**高くても**、買います。
4. 誤 **さびいしいでも**、がんばります。〈中国〉
   正 **さびしくても**、頑張ります。
5.   A：きのう、田中さんと電話で連絡できましたか。
   誤 B：いいえ、何度**電話したっても**、いませんでした。〈タイ〉
   正 B：いいえ、何度**電話しても**、いませんでした。
6. 誤 民族の将来から**見るとも**、たばこのコマーシャルを止めるようになるべきです。〈中国〉
   正 民族の将来から**見ても**、たばこのコマーシャルをやめるべきです。
7. 誤 ながら族になっても、**なくても**、仕事や勉強の能率が上がれば良いのです。〈タイ〉
   正 ながら族になっても**ならなくても**、仕事や勉強の能率が上がれば

いいのです。

混同

【ても→のに】

8. 誤 **上手でも**、どうして日本語を使わないんですか。〈インドネシア〉
   正 **上手なのに**、どうして日本語を使わないんですか。
9. 誤 私はたくさん**食べても**、おなかがもうすいている。〈オーストラリア〉
   正 私はたくさん**食べたのに**、おなかがもうすいている。
10. ★誤 すごい雨が**降り続けても**、みんな一生懸命がんばている。〈アメリカ〉
    正 すごい雨が**降り続いているのに**、みんな一生懸命頑張っている。
11. 誤 この車はもう20年**立っても**よく走って、みごとなものだ。〈ペルー〉
    正 この車はもう20年**経っているのに**、よく走って、みごとなものだ。

【ても→て】

12. 誤 私は本当にブンバンファイ祭りに**出たことがなくても**、テレビで見ましたが、その祭りは楽しそうです。〈タイ〉
    正 私は実際(に)ブンバンファイ祭りに**出たことがなくて**テレビで見ただけですが、その祭りは楽しそうです／でした。

【ても→が】

13. 誤 中国はとても広い**国でも**、最近は中国と日本で割り箸の売り上げが高くなりましたので、中国の森が速くなくなっていっています。〈アメリカ〉
    正 中国はとても広い**国ですが**、最近は中国と日本で割り箸の売り上げが増え、中国の森が速くなくなっていっています。
14. 誤 会議が**行われても**、実は中身のない会議だったそうだ。〈韓国〉
    正 会議が**行われたが**、実は中身のない会議だったそうだ。

【ても→けれども】

15. 誤 あまりきょうみが**なくても**、いっしょに行くことにしました。〈ブラジル〉
    正 あまり興味が**なかったけれど**、いっしょに行くことにしました。

その他

【助詞「は」→助詞「が」】

16. 誤 彼**は**どんなにあやまっても、許せない。〈中国〉
    正 彼**が**どんなに謝っても、許せない。

【助詞「も」】
17.　誤　何回**も**さそっても、来なかったです。　　　　　〈中国〉
　　　正　何回誘っても、来なかったです。

【て、でも→ても】
18. ★誤　さんかい、暗証番号を**いれて**、**でも**同じ状態でした。　〈ロシア〉
　　　正　三回、暗証番号を**入れても**、同じ状態でした。

【何にも→何でも】
19.　誤　わかりました。あなたの頼みとあれば、**何にも**助けてあげる。〈台湾〉
　　　正　わかりました。あなたの頼みとあれば、**何でも**助けてあげます。

【ながらも→ても／のに】
20.　誤　本を**見ていながらも**、内容が分からない。　　　　　〈韓国〉
　　　正　本を**見ていても／見ているのに**、内容が分からない。

【いくつ→いくら】
21.　誤　いつもお世話になった先生だから、**いくついそかしいても**、先生のお葬式に出席しないではすまない。　　〈アメリカ〉
　　　正　いつもお世話になっていた先生だから、**いくら忙しくても**、先生のお葬式に出席しないではすまない(だろう)。

【としても→ても】
22.　誤　げつようびにしけんがあるんだから、**しゅうまつだとしても**、べんきょうをしないではすまない。　　　　〈韓国〉
　　　正　月曜日に試験がある(んだ)から、**週末でも**勉強をしなければならない。

[誤用の解説]

[脱落]

　1の学習者は、「どこでも」に「でも」を使ったので、逆接条件の「ても」ができていると思ったのかもしれない。

[誤形成]

　2～7の形の誤りを見ると、テ形に「も」を付ければよいだけなのに、様々な間違いをしているのがわかる。テ形が不正確というだけでなく、動詞や形容詞を「ても」にどうつなげるかを曖昧にしか覚えていないためだと思われる。特にイ形容詞との接続に誤用が多く見られる。

混同

8〜11は「のに」との混同である。「のに」と「ても」の違いは、話し手の気持ちを含むか否か、述べられている事柄が「既定」か否か（過去または現在すでに行われている事柄か否か）という点である。話し手の気持ちという点では、「ても」が中立的であるのに対して、「のに」には予想外であるという話し手の気持ちが表れる。予想外というのは、社会的な常識に照らしての判断を指すことが多い。8〜11では、後件（主節）で、「それにもかかわらず」という意外感を表している。「既定」か否かの問題については、「のに」は既定を表し、「ても」は（既定も表すが）、どちらかと言えば未定の（仮定的な）事柄を表す。8〜11は予想外という点で、また、「ても」を使うと仮定の意味合いが出てしまう文なので、「既定」を表す「のに」のほうがふさわしい。

12の、「祭りに出たことがない」と「テレビで見た」は、並列の関係として、「祭りに出たことがなくてテレビで見た」で表すことができる。学習者は両者の関係に逆接を想定し、「祭りに出たことはないが」の意味で「ても」を使ったのかもしれない。しかし、次に「テレビで見ましたが」と「が」が来ているので、単純に並列「て」で表したほうがよい。

13〜15で「ても」を使うと、仮定の意味合いが出てしまい、13「割り箸の売り上げが高くなりました」、14「中身のない会議だった」、15「いっしょに行くことにしました」という過去の形と合わない。しかし、話し手のエモーショナルな（気持ちの表出の）度合いは低いので、「のに」ではなく「が」や「けれども」がふさわしいと考えられる。

その他

16において、「ても」節内の主語については、基本的には「が」をとる。対比的な意味合いがもっと強くなると、「は」も可能になる。（例：彼は謝っても、私は許さない。）17において、「疑問詞＋〜ても」の時、多くの学習者は疑問詞の後ろに「も」を付けて、「疑問詞＋も＋〜ても」と「も」を重複させてしまう傾向があるが、文法的に誤りである。

19の「何でも」と「何にも」の混同もよく見られる。通常は、前者は肯定文で、後者は否定文で用いられる。（例：彼は何でも知っている。私は何にも知らない。）

「ながらも」は書きことばなので、20で使われると文体の違いを感じさせ、また、大げさに聞こえる。21は「いくつ」を用いているが、程度を表すので「いくら」「どんなに」にする必要がある。22では「としても」を使っている。「としても」は「ても」と比べて仮定性が強くなる。この文では「週末であること」を仮定性の強さに結び付ける必要がないので、単に「ても」でよい。

|伝達上の誤用| ★

●10のところで、後件（主節）に意外感が含まれていたり、また、既定の事柄の場合には「のに」を使うと説明した。
　(1)　雨が降り続いていても、みんな頑張っている。
　(2)　雨が降り続いているのに、みんな頑張っている。

　(1)と(2)の違いは何であろうか。(1)は状況を客観的に描写し、話し手の思い入れは少ない。一方、(2)は「頑張ってるなあ。」「大変だなあ。」「えらいなあ。」などの気持ちが入る。既定か否かという点では、(1)(2)はほとんど差がない。「続いているのに」は「ている」というテンス・アスペクトが全部表れているが、「続いていても」は「ている」の末尾が「ても」の中に隠れてしまっている。したがって、「ているのに」のほうが言い切りの度合いが強いのに対して、「ていても」にはそれがあまり感じられないと言える。

●18は誤りではない。「ても」が、もともとは、テ形に取り立て助詞「も」を付加して逆接の意味を表したと考えれば、「〜て、でも」と変わりないと言える。しかし、日本人母語話者が「〜て、でも」を使う場合は、事実を伝えるだけでなく、残念な気持ちをより強く添えていると考えられる。

指導のポイント

- 「ても」の形が正確に作れない学習者が多い。特にイ形容詞・ナ形容詞・「名詞＋だ」のテ形、および、それぞれの否定形についても練習させる。
- 「ても」と「のに」の混同が起きやすい。「のに」は既定の事柄に使われるということ、「ても」の後件（主節）には意志表現がとれるが、「のに」は主に叙述表現をとるということを、例を挙げて説明し、練習する。
- 「疑問詞＋〜ても」（何を食べても）の時、多くの学習者は疑問詞の後ろに「も」を付けて、「疑問詞＋も＋〜ても」（例：何回もやっても、どこへも行っても）としがちなので注意を要する。
- 「ても」節内の主語は、他の従属節と同じく「が」をとる。

でも

➡新幹線のぞみ号は速い。**でも**、どこか味気ない。

「しかし」「けれども」と同じく逆接を表す。「しかし」よりくだけた表現で、会話的であり、書きことばとしては使わない。言い訳や弁解をしたり、感想や疑問を述べる場合に使われることが多い。論理的な逆接関係を示すというより、情的な展開を示す。

関連項目 しかし、それが、ただし、ところが、それにもかかわらず、また(接)、一方

誤用例文

脱落

1. 誤 日本語を勉強するには時間がかかりそうだ。Φやはり勉強しなければならない。〈中国〉
   正 日本語を勉強するのは時間がかかりそうだ。**でも**、やはり勉強しなければならない。

2. 誤 私は、ちちとははあいたいですから、夏休みに、帰るつもりです。Φ残念ながら、お金ないので帰らずでした。〈マレーシア〉
   正 私は、父と母に会いたいので、夏休みに帰るつもりでした。**でも**、残念ながら、お金がないので帰らずに終わりました。

3. 誤 将来日本語が生かせる仕事をしたいです。たぶん貿易会社とかに入ります。Φまだそのことについて考えています。〈アメリカ〉
   正 将来日本語が生かせる仕事がしたいです。たぶん貿易会社に入ると思います。**でも**、今はまだそのことについて考えているところです。

4. 誤 彼はきびしいみたいね。Φ実はやさしいですよ。〈オーストラリア〉
   正 彼は厳しいように見えるかもしれないね。**でも**、実際はやさしいですよ。

混同

【でも→しかし】

5. ★誤 昔には子供が多いことが一般的であった。**でも**、現代社会には子供が少なくなって、「少子化」という問題が発生した。〈韓国〉

正 昔は子供が多いことが一般的であった。**しかし**、現代社会では子供が少なくなって、「少子化」という問題が発生した。

6．★ 誤 フランスの教育制度は日本の同じように中学校の卒業までぎむ教育である。**でも**フランスは小学校が5年で中学校が4年である。
〈フランス〉

　　　正 フランスの教育制度は、日本と同じように中学校卒業まで義務教育である。**しかし**、フランスは小学校が5年で、中学校が4年である。

【でも→また】

7．　誤 朝、モスクへ行って、おいのりをして、それから友達の家を訪ねます。その時子供たちは大人からお金をもらいました。**でも**、ある人は、その日に墓へ行きます。だれかが死んだ家族の墓をきれいにして、神様にその人がいい様子になると願いします。
〈マレーシア〉

　　　正 朝、モスクへ行って、お祈りをして、それから友達の家を訪ねます。その時子供たちは大人からお金をもらいます。**また**、その日にお墓へ行く人もいます。亡くなった家族のお墓をきれいにして、神様に、亡くなった人が安らかに眠れるようにお願いする人もいます。

【でも→一方】

8．　誤 おれの母国は中国。人口は世界第二となっている。都市の少子化現在日本と同じくらい。**でも**、農村でその現象はそうでもない。
〈中国〉

　　　正 わが母国は中国である。人口は世界第一位となっている。都市の少子化は現在日本と同じくらい進んでいる。**一方**、農村ではその現象は日本ほどではない。

■ その他

【それが→でも／しかし、それで】

9．　誤 読んでいらっしゃる先生が知っているように今頃の一番よくしているスポーツは卓球である。**それが**卓球は一番好きだとは言えません。
〈アメリカ〉

　　　正 これを読んでいらっしゃる先生もご存じのように、私がこのごろ

一番やるスポーツは卓球です。**でも／しかし、それで**卓球が一番好きだとは言えません。

【それにもかかわらず→でも】

10. 誤 もしお金があったらイスラエルへ帰りますが、切符がとても高い。ですから行けません。**それにもかかわらず**、夏休みに楽しくなると願っています。　　　　　　　　　　　　　〈イスラエル〉

    正 もし、お金があったら、イスラエルへ帰りますが、切符がとても高いです。だから帰れません。**でも**、夏休みは楽しくなるようにと願っています。

【ただし→でも】

11. 誤 私はタバコを吸ったことがないし、吸って見たくもないです。家族の中でお父さんは吸ったことがありますが、五年前ぐらい止めました。**ただし**、お母さんはまだよく吸っているので皆は心配します。　　　　　　　　　　　　　　　　　　　　〈フランス〉

    正 私はタバコを吸ったことがないし、吸ってみたくもないです。家族の中で父は吸っていたことがありますが、五年ぐらい前にやめました。**でも**、母はまだ吸っているので、皆心配しています。

【逆接表現の重複】

12. 誤 ロッジの部屋は、ミにキチャンもおふろもついていますし、近にはコンビにイエンショップや駅もあり、便利なところなので、住み安くてたのしいです。**でも、物価が高いときいていましたが**、本当に高いと思います。　　　　　　　　　　　　　〈中国〉

    正 ロッジの部屋は、ミニキッチンもおふろも付いていますし、近くにはコンビニエンスストアや駅もあり、便利な所なので、住みやすくて楽しいです。**でも、聞いていたとおり**、物価は本当に高いと思います。

【「でも」のスコープ】

13. 誤 この店で食べた魚のおいしさは今でもよく覚えています。**でも、「白洋淀」の隣に、工場があります**。観光客は、ゴミを湖に投げ込みます。　　　　　　　　　　　　　　　　　　　　〈中国〉

    正 この店で食べた魚のおいしさは今でもよく覚えています。**でも、その店「白洋淀」の隣には工場があるし、観光客はゴミを湖に投**

げ捨てます。

誤用の解説
脱落
「でも」は、前文で述べたことに追加的、補足的なものを後文で続ける接続詞である。学習者は、後文に、1では「やはり」、2では「残念ながら」を入れたこともあって、「でも」がなくとも意味が通じると考え、「でも」を使わずに済ませてしまったようだ。逆接関係にある場合、日本語では、聞き手にわかりやすくするために、逆接の接続詞で後文を誘導することが多い。3,4についても意味関係を明確にするために「でも」が必要だと考えられる。

混同
7は逆接ではなく異なった事柄を並列的に述べているので、添加を表す「また」を使うべきである。8は都市と農村を対比的に説明しており、また、文体から考えて「一方」がふさわしい。

その他
9において、学習者は、逆接や言い訳を表す接続詞として「それが」を用いたのかもしれない。しかし9には、事情説明を遠慮した形で言う「それが」(例:今日お返しするつもりでした。それが、予定していたお金が入らなくなり…。)の意味合いはないので、単純に「でも／しかし、それで」でつないだほうがよい。10の「それにもかかわらず」は客観性の高い表現なので、話し手の意志を示す「～と願っています」とともには使われない。

「ただし」は前文を肯定しながら、条件を付け加える働きを持つ。11で「家族全員が非喫煙者である」と言いたいとすれば、「ただし」で母親を例外扱いにすることも可能だが、ここでは単に家族それぞれのことを述べているので、「でも」が適当だと思われる。12では後文で「でも」を使いながら、「～と聞いていましたが」と「が」を用いている。この「～が」は前置き的な用法ではあるが、「でも」と「～が」の重なりは不自然に感じられる。13は「でも」のスコープの誤用である。「でも」が、工場だけでなく観光客の態度にもかかっていくように、この2文を1文にする必要がある。

伝達上の誤用 ★

● 5,6は「しかし」とすべき誤用である。このタイプの誤用は非常に多く見られる。前文と後文の関係が逆接である場合、学習者は前後関係の意味をよく吟味す

ることなく、「でも」を乱用する傾向がある。また、「でも」と「しかし」の改まり度のレベル差にも気づいていない。ここでは、文が普通体なので、文体の一致という観点からも、「でも」ではなく、「しかし」を使うべきである。
- 「でも」は論理的逆接を表すというより、話し手の情的な面を添える語である。話し手の反対の気持ちが直接的に出やすいので、多用は避けたほうがよい。また、男女共通して使えるが、どちらかと言えば女ことばである。特に男性による多用は女っぽく響く場合があるので、使う際に注意が必要になる。

指導のポイント

- 「でも」は、「しかし」「だが」と同様、逆接を表す接続詞であるが、論理的逆接を表すというより、弁解や言い訳、感想表現、疑問提示などの情的な意味を示すことに留意させる。
- 「でも」は話しことば的で、論文、レポートには使わないということをはっきり理解させておく。一般的に手紙文や感想文のようなタイプの文章の場合は「でも」を、論文、レポート、ビジネス文書のような場合は、「しかし」が使われるということを説明しておく。
- 「でも」は、話し手が何かに反対する気持ちが直接的に出やすいので、多用は避けたほうがよい。

と

➡人を感知すると、電気がつく。
➡お金がないと、困るよ。

一般的、客観的な条件と結果の関係を表す。「押すと出る」のように、必ず起こる、引き続いて起こることを表す。現在の習慣・反復も表すが、「～ないと」の形で困難・警告を表すこともある。

|関連項目| 条件節「たら、ば、なら」、トキ節「とき」、並列(継起)節「て」、理由節「ので、から」、名詞節「の(は)」、副詞「すぐ、かならず」、主語・主題

> 誤用例文

> 誤形成

1. 誤 その女は彼を泣いているのを**見たと**、どうして泣いていますかと聞きました。 〈インドネシア〉
   正 その女は彼が泣いているのを**見ると**、どうして泣いています／いるかと聞きました。
2. 誤 玩具を**取ったと**すぐに赤ん坊が泣き出した。 〈アメリカ〉
   正 玩具を**取ると**、すぐに赤ん坊が泣き出した。
3. 誤 教科書を**持ち来なと**授業中にいろいろ困ることがたくさんあります。 〈韓国〉
   正 教科書を**持って来ないと**、授業中にいろいろ困ることがたくさんあります。

> 混同

【と→とき】

4. 誤 本を**読むと**めがねをかけます。 〈フィリピン〉
   正 本を**読むとき**、めがねをかけます。

【と→たら】

5. 誤 100万円**あると**どこへ行きたいですか。 〈中国〉
   正 100万円**あったら**、どこへ行きたいですか。
6. 誤 明日雨が**降ると**来なくでもいいです。 〈韓国〉
   正 明日雨が**降ったら**、来なくてもいいです。
7. 誤 本を**読むと**わかりました。 〈マレーシア〉
   正 本を**読んだら**わかりました。

【と→ば】

8. 誤 私があの人に手紙を**書くと**きっと返事をしてくれるだろう。〈韓国〉
   正 私があの人に手紙を**書けば**、きっと返事をしてくれるだろう。
9. 誤 そうですよ。**来ると**、よく話し合えるだろう**来ないと**話があっても仕方がないだろう。 〈中国〉
   正 そうですよ。**来れば**よく話し合えるだろうが、**来なければ**話があっても仕方がないだろう。

【と→て】

10. ★ 誤 今のような日本を建てた事実を**見ると**、不思議なことだと思いますか。　〈中国〉
    正 今のような日本を作った事実を**見て**、不思議なことだと思いませんか。

11. ★ 誤 その笑い芸人の演芸を**見ると**、思わず噴き出した。　〈中国〉
    正 そのお笑い芸人の演芸を**見て**、思わず噴き出した。

【と→ても】

12. 誤 い形容は名詞を**修飾すると**、形が変わらない。例えば、高い→高い車　〈韓国〉
    正 い形容詞は名詞を**修飾しても**、形が変わらない。例えば、高い→高い車。

13. 誤 その現象はあなたが**分らないと**おかしくない。しかも彼にも分らないようだった。それもおかしくない。　〈中国〉
    正 その現象はあなたが**分からなくても**おかしくない。また、彼にも分らないようだった。そして、それもおかしくない。

14. 誤 私は日本語が少ししかわからないので、このサインを読めなかった。ボタンを**押すと**何も変わらない。私はせんぱいに相談した。　〈ロシア〉
    正 私は日本語が少ししかわからないので、このサインを読めなかった。ボタンを**押しても**何も変わらない。私は先輩に相談した。

【と→が】

15. 誤 毎晩遅まで栄で遊んで来て、時々次の日に**帰ったりすると**、学生はこれは迷惑だと知ってやめるべきだ。　〈アメリカ〉
    正 毎晩遅くまで栄で遊んで、時々次の日に**帰ったりするが**、学生はこれは迷惑だと知って、やめるべきだ。

【と→ので】

16. 誤 八月十一日の夜九時ごろ、クアラルンプールの国際空港につきました。必要な手続をおわって、出口を出た時、父が日本で食べられない果物を**くれると**、ほんとに、私が心から感動しました。　〈マレーシア〉
    正 八月十一日の夜九時ごろ、クアラルンプールの国際空港に着きま

した。必要な手続が終わって、出口を出た時、父が日本で食べられない果物を**くれたので**、私は本当に心から感動しました。

【と→ので／から】
17. 誤 それは学生たちは自分の時間がないから、学校に反感を持っている時、宿題らのことは全然**注意しない**と、しだいに成績が退歩してしまったのである。　〈マレーシア〉
    正 そして、学生たちは自分の時間がない上に、学校に反感を持っている時、宿題などに全然**注意しなかったので／から**、しだいに成績が下がってしまったのです。

【と→のは】
18. ★誤 ロボットじゃあるまいし、夜も**働くと**身体に悪い。　〈台湾〉
    正 ロボットじゃあるまいし、夜も**働くのは**身体に悪い。

■その他
【を見ると→助詞「に」】
19. ★誤 次ぎの一覧表**を見ると**、その変化が書いてある。く→いて　書く→書いて　ぐ→いで　泳ぐ→泳いで…　〈イギリス〉
    正 次の一覧表**に**その変化が書かれている。く→いて　書く→書いて　ぐ→いで　泳ぐ→泳いで…。

【文末】
20. 誤 ひとりの乗客はタバコを吸うと、みんな一緒に吸う**ことになりました**。　〈中国〉
    正 一人の乗客がタバコを吸うと、ほかの客も一緒に吸う**ようになりました**。

【しないでは→しないと】
21. 誤 テニスを余り**練習をしないでは**上手に出来ませんから、よく練習してください。　〈台湾〉
    正 テニスをあまり**練習しないと**、上手に出来ませんから、よく練習してください。

■誤用の解説
■誤形成
　1，2は「と」の前にタ形が使用されている。過去の事柄であるために、過去に

したのかもしれない。3で学習者は「持って来ない」の意味で「持ち来な」を使っている。会話などでいい加減に聞いたり言ったりして通じていたものが、いざ書いてみると正確に書けないということが多く見られる。

混同

「と」は汎用性が広いので、他の従属節との混同が多い。4は「とき」との混同である。4は、前件・後件に特に依存関係がなく、その「時点」を表せばいいので、「とき」を使ったほうがよい。5～7は「たら」との混同である。「と」の後件(主節)には、意志を表す表現は来ない。5には「たい」、6には「てもいい」が来ているので、意志表現のとれる「たら」にしたほうがよい。

7は「と」が過去で使われている。過去で用いられる場合、「たら」と「と」には次のような原則がある。(庵・高梨・中西・山田 2001)

①後件が前件の動作・出来事の結果生じる無意志的な出来事の場合

「～と」も「～たら」も使える。

(1) 雨が{降ると／降ったら}涼しくなった。

②前件の動作の結果、後件が起こった場合

「～たら」は使えるが「～と」は使いにくい。

(2) 指導教官に仲人をお願い{○したら／?すると}快く引き受けてくださった。

7の「読むとわかった」は、「読む」という前件の動作の結果、後件が起こった場合なので、「と」ではなく「たら」が適切になる。

8、9は「ば」との混同である。8、9はどちらも後件(主節)に「だろう」が来ている。主節において、話し手の推論や判断(「だろう」などで表される)を述べる場合は、「ば」のほうが適切になる。

12～14は逆接「ても」との混同である。後件(主節)が前件に対して、予想・期待と逆の結果になっているので、日本語では「ても」を使うが、できていない。学習者は、「と」にも逆接「ても」の意味が含まれていると思っているようだ。学習者の母語で、条件を表す表現に順接と逆接の区別がない場合は、その干渉を受けているのかもしれない。

15は「と」ではなく、前置きの「～が」を使うべき誤用である。「次の日帰ったりすると、迷惑だ」と考えたのかもしれないが、直接的な条件・結果表現で表さないで、次の日に帰ることを導入的に(前置き的に)表すほうが、日本語らしくなる。16, 17では、前件と後件(主節)は理由・結果の関係にあることが明白なので、「ので」または「から」がふさわしい。

その他

20では後件（主節）に「ことになる」が来ているが、「ことになる」は決定や合意によってそうなることを表す。ここでは「一人の客がたばこを吸った」結果として自然にそうなったのであるから、「ようになる」がふさわしい。**21**で学習者は「練習をしなくては」としたかったのだろうか。「～ないでは」は「謝罪しないでは許されない／すまない」「復讐しないではおかない」のように後ろに「許されない」「すまない」「おかない」などが来て、慣用的な言い方になる。警告の意味として「～ないと」を使ったほうが適切である。

伝達上の誤用 ★

- **10, 11**は誤用とは言えないが、「見る」という動作があって、そのあと引き続き後件のことが起こる／するという関係になっているので、継起を表す「て」のほうがよい。特に**10**「不思議なことだと思う」、**11**「噴き出す」、また、「驚く」「びっくりする」のように、自然に起こる感情表現などでは、それらを引き起こす「源」は「て」で表されることが多い。
- **18**は「と」で導かれた後件（主節）についての問題である。「と」を「のは」に訂正したが、主節を次のようにすれば「と」でも可能になる。

　　18'　ロボットじゃあるまいし、夜まで働くと身体をこわす(よ)。

18'のように、前件できっかけを表す「と」を用いるなら、後件（主節）では帰結を表す述語や文末が必要だと考えられる。

- **19**は、学習者が動詞の活用を説明する文章の中の1文である。「次の一覧表に動詞の変化が示されている」として、1グループ動詞の作り方が紹介されている。学習者は「一覧表を見ると」としているが、単に「一覧表に」でよい。読み手を想定して、「あなたが見ると」と考えたのであろう。英語の発想（When you see the table ととらえること）から来ているのかもしれない。

指導のポイント

- 「と」の前に来る語の形が正しく作れない学習者が多い。特に、後件（主節）が過去になっていると「タ形＋と」としたがるようだ。否定形に接続する場合も含めてよく練習する必要がある。
- 「と」「ば」「たら」の主な違いを指導する時は、学習者のレベルを見ながら整理を行う。「と」は前件と後件に強い依存関係（因果関係）（すぐに・必ず）が存在し、主節末に無意志表現が来る。

- 「と」の後件（主節）には副詞（すぐ、かならず）が来やすい。
- 「と」には物事（後件）の生起・実現（例：ドアを開けると、変な男が立っていた。）や、継起（例：バスを降りると、すぐ歩き出した。）を表す用法もあり、前者は「たら」と後者は「て」と似通っている。
- 「と」節内の主語については「たら」「ば」と同じく、「が」が用いられる。

と言う

➡先生が「来週テストをします。」**と言った**。
➡先生が来週テストをすると**言った**。

人の言ったこと、思ったことなどを文に取り込むことを引用と言い、取り込まれた部分を引用節と言う。ここでは引用節のうち、「と言う」について取り上げる。「と言う」は、人が言った「発言内容」をそのまま伝える直接話法と、聞いた内容を話し手(のことば)を経て伝える間接話法がある。

|関連項目| と言っている、と言っていた、ように言う、って、主語・主題

|誤用例文|

|脱落|

1. 誤 先生に相談したところが、**忙しくて**ことわれてしまった。〈中国〉
   正 先生に相談したところが、**忙しいと言って**断られてしまった。

|誤形成|

【「と」の脱落】

2. 誤 あの先生はあれをやってみなさい、これをやってみなさい**ばかり**言っている。〈中国〉
   正 あの先生は、あれをやってみなさい、これをやってみなさい**とばかり**言っている。

【引用節内】

3. 誤 先生はこれは**大切**と言いました。〈タイ〉
   正 先生はこれは**大切**だと言いました。

4. 誤 田中さんはあきはばらは**安いだ**と言いました。〈韓国〉

正 田中さんは秋葉原は**安い**と言いました。

[混同]
【と言った→と言っている】
5．　誤 ＜相手に向かって＞先生が来てください**と言いました**。　〈タイ〉
　　　正 先生が来てください**と言っています**。
【と言った→と言っていた】
6．　誤 ＜相手に向かって＞山田さんがどうぞよろしく**と言いました**。
　　　　　　　　　　　　　　　　　　　　　　　　　　　〈フィリピン〉
　　　正 山田さんがどうぞよろしく**と言っていました**。
【ように(言う)→と(言う)】
7．　誤 病気になる場合、授業を休みたい**ように言って**ください。〈中国〉
　　　正 病気になった場合は、授業を休みたい**と言って**ください。
【って(言う)→と(言う)】
8．★誤 「一体誰かが結婚するなのかわからない」**って言う**と名古屋の伯母に「それは将来徳金は子供がいるとわかるようになるよ」**って言われた**。　〈台湾〉
　　　正 「一体誰が結婚するのかわからない」**と言う**と、名古屋の伯母に「それは将来、徳金に子供ができたら、わかるようになるよ」**と言われた**。
【って→と言って】
9．★誤 先生に相談したところが、忙しい**だって**断られた。　〈韓国〉
　　　正 先生に相談したところが、忙しい**と言って**断られた。
【って→と言われた】
10．★誤 指導教官と相談した結果、あの試験をうけたほうがいい**って**。〈中国〉
　　　正 指導教官と相談した結果、あの試験を受けたほうがいい**と言われました**。

[その他]
【そうだ（伝聞）→と言っている】
11．　誤 しかし、多いの人々が（獅子舞は）千年前に中国の南地域**始まったそうです**。　〈オランダ（中国）〉
　　　正 しかし、多くの人々が、（獅子舞は）千年前に中国の南の地域で**始まったと言っています**。

> 誤用の解説

> 脱落

「と言う」そのものが抜けている誤用として1を取り上げた。学習者は「て」を多用する傾向があるが、「て」を使って引用形式まで代用したと思われる。

> 誤形成

誤形成の誤用は2種類に分かれ、一つは引用格助詞「と」が抜けるもの（2）、もう一つは引用節内の述語が正しく普通形になっていないもの（3，4）である。2は取り立て助詞「ばかり」の存在で「と」が抜けたと思われるが、正しくは「～とばかり言う」となる。助詞の並び方は基本的には「格助詞（と）＋取り立て助詞（ばかり）」となる。3はナ形容詞の普通形の「だ」が抜けている。一方、4はイ形容詞の普通形に「だ」を付けている。これは文法的に誤りである。

> 混同

「混同」の誤用は大きく二つの部分で起こっている。一つは「言う」と「言っている」の使い分け（5，6）、もう一つは、引用格助詞「と」と「って」「ように」の使い分け（7～10）である。「言った」「言っている」「言っていた」の使い分けは難しいが、徐々に使い分けられる方向へ学習者を導いていきたい。

(1)　林さんがおなかが痛いと言った。
(2)　林さんがおなかが痛いと言っている。
(3)　林さんがおなかが痛いと言っていた。

(1)の「言った」は単にそのことを言ったというだけだが、(2)の「言っている」は、現在そう言っているか否かは別にして、「言っている」を使うことによって現在と結び付けて相手に伝えようとしている。(2)であれば、「林さんがおなかが痛いと言っている。だから、すぐ来てください。」とか、「病院に連れて行ったほうがいいんじゃないか」ということを示唆する。(3)は(2)と基本的には同じだが「言っている」のが今ではなく過去のある時点であり、相手への訴えかけは(2)より弱くなる。5は先生が今「来てください」と言っているのを伝えているので、「言っている」のほうが適切である。一方、6では、山田さんは現時点より前に「よろしく」と言っており、それを伝えたいという話し手の意図があるので、「言っていた」が適切となる。

7の「ように言う」は命令や依頼表現を受ける時に用いられる。「頑張る／休まない／すぐ来る＋ように言う／言ってください」は、「頑張れ／休むな／すぐ来い＋と言う／言ってください」と同義になる。「ように言う」の前には7のような「たい」は来ない。

その他

11は「と言っている」と伝聞「そうだ」との混同である。「と言っている」はだれが言っているかを問題にし、基本的には情報内容をその人が言った通りに伝える。一方、伝聞「そうだ」は、だれが言っているかは問題にせず、情報内容に話し手の（早く伝えたいとか、価値がある情報だという）気持ちを含ませることができる。**11**は「多くの人々が」で始まっているため、「そうだ」ではなく「と言っている」が必要になるが、「多くの人々が」がなければ「始まったそうだ」でも可能になる。

伝達上の誤用 ★

● **8〜10**では引用格助詞「と」の代わりに「って」を使っている。「って」には次のようにいろいろな用法がある。

　① 「〜というのは」　　例：ALSって何ですか。
　② 「〜と言って」　　　例：林さんをカラオケに誘おうとしたら、忙しいって断られた。
　③ 「〜と言っている／言っていた」　例：李さん、来年結婚するって。
　④ 「〜という〜」　　　例：小田さんって人から電話がありました。

「って」は話しことばであり、**8〜10**のような書きことばで用いると、不適切になる。**8**の「って」は「と」に、**9**は「と言って」に、**10**は「と言われた」となる。学習者は教室の外で「って」をよく聞くようで、授業でも使いたがるが、作文、レポート、論文など、書きことばでは使用しないように注意させる必要がある。

指導のポイント

- 直接話法は、発言内容をそのまま繰り返すことによってその場を再現する働きを持つが、使い方によっては幼稚に聞こえる。学習者には間接話法を十分習得させることが必要である。
- 引用部分（「と言う」の前の部分）を普通形にすることに注意させる。普通形が正しく作れない学習者が多いので、十分練習させる。
- 「と言った」「と言っている」「と言っていた」の使い分けを、学習者のレベルに合わせて指導する。
- 引用格助詞の「と」が脱落しないよう、形をきちんと指導する。
- 学習者は「と」の代わりに「って」を使いたがるが、書きことばでは使用しないことを徹底する。（「って」を多用しがちな学習者には、話しこ

とばでもあまり使い過ぎないようにさせたほうがよい。）

〜という〜

➡原さんという人から電話があった。
➡教師という仕事は神聖なものだ。

「XというY」は、XとYの関係によって、名前を表したり、一般化してそれについての判断・説明・評価などを述べたりする。また、Yに「話、連絡、命令、こと、の、事件」などの名詞が来て、説明された内容を受け、まとめる（例：明日の会議は延期だという連絡が来た。）という役割を果たす。

関連項目　名詞節「こと、の」、というのは、ということだ、とのことだ、〜のような

誤用例文

脱落

【「という」の脱落】

1. ★ 誤 弟はかいけいがかりで**エメルソン電気がいしゃ**につとめています。　　　　　　　　　　　　　　　　　　　　〈アメリカ〉
   正 弟は会計係で、**エマーソンという電気会社**に勤めています。

2. ★ 誤 コンピュータが間違えた場合にはいくら人間が訂正させようと努力してもコンピュータが人間の気持ちをわかってくれない。たとえば私の兄の友達にコンピュータに負けた**グレグさん**がいる。
   　　　　　　　　　　　　　　　　　　　　　　　　　〈アメリカ〉
   正 コンピュータが間違えた場合には、いくら人間が訂正させようと努力しても、コンピュータは人間の気持ちをわかってくれない。たとえば、私の兄の友達に、コンピュータに負けた**グレグさんという人**がいる。

3. 誤 タイは民主主義に政治体制を変える前に、タイの昔の政府が白象で描かれた国旗を使用したが、1930年にさかさまに旗を掲げ、白象の足は**空を向けた事件**があった。　　　　　　　〈タイ〉

　　　　正　タイは民主主義に政治体制を変える前に、(タイの昔の政府が)白象で描かれた国旗を使用していたが、1930年にさかさまに旗を掲げ、白象の足を**空に向けたという事件**があった。

4．誤　ベルギーに来いた人々がフランス語を聞いて、フランスにいると**思いたと話**もがある。　　　　　　　　　　　　　　　〈ベルギー〉
　　正　ベルギーに来た人々がフランス語を聞いて、フランスにいるように**思ったという話**もある。

5．誤　そのときから、日本へ行って、化学の専攻を勉強し、日本語も**勉強する希望**がありました。　　　　　　　　　　　　　　〈中国〉
　　正　そのときから、日本へ行って化学を専攻し、日本語も**勉強するという希望**を持ち始めました。

6．誤　バスの切符を値上げすると客がすくなくなる。乗客がすくなくなったら又**値上げのは**どういうわけだろう。　　　　　　　　　〈台湾〉
　　正　バスの切符を値上げすると客が少なくなる。乗客が少なくなったら、また**値上げというのは**どういうわけ／ことだろう。

7．誤　私たちのチームは負けたが、**全滅ほどではない**。　　　〈アメリカ〉
　　正　私たちのチームは負けたが、**完敗というほどではない**。

【「ということだ」の脱落】

8．誤　駅での踊りの悪い点はフロアーがかたければかたいほど**痛い**。
　　　　　　　　　　　　　　　　　　　　　　　　　　　〈アメリカ〉
　　正　駅での踊りの悪い点は、フロアーが硬ければ硬いほど**痛いということである**。

9．誤　「灯がついた」では、灯が結果としてついたということになる。「灯をつけた」では、「灯」がだれか、あるいは何かによって**付かれた**。　　　　　　　　　　　　　　　　　　　　　〈オーストラリア〉
　　正　「灯がついた」では、灯が結果としてついたということになる。「灯をつけた」では、「灯」がだれか、あるいは何かによって**つけられたということだ**。

付加

10．★誤　私は**トヨタという会社**ではたらいています。　　　〈インド〉
　　正　私は**トヨタ**で働いています。

11．誤　おなかが空くとき、**食べたいという食欲**がある。　　　〈中国〉

正 おなかが空くと、**食欲**が出てくる。

12. 誤 日本の経営管理は世界で**一番という**発達しています。　〈インド〉
    正 日本の経営管理は世界で**一番**発達しています。

13. 誤 私の希望の仕事はタイの外務省の日本語の**翻訳者・通訳者という**ことです。　〈タイ〉
    正 私の希望の仕事は、タイの外務省の日本語の**翻訳・通訳**です。

【誤形成】

14. 誤 ジラシクパーク**というの**えいがに基づいて、こはくにほぞされた蚊からきょうりゅうのDNAを抽出しました。　〈フィリピン〉
    正 ジュラシックパーク**という**映画では、こはくに封じ込められた蚊から恐竜のDNAを抽出したそうです。

【位置】

15. 誤 お寺には、六人が住んでいました。村山さんをはじめ、山田さん**という**年を取った体が弱い坊、**おじいさんという山田さんの親戚**、料理を作ってくれたおばあさん、弟子として修行をしていた若者が二人いました。　〈アメリカ〉
    正 お寺には、六人住んでいました。村山さんをはじめ、山田さんという年をとった体が弱いお坊さん、**山田さんの親戚というおじいさん**、料理を作ってくれたおばあさん、弟子として修行をしていた若者が二人いました。

【その他】

【との→という】

16. 誤 しかし、わたしに一番強い印象を与えてくれたのは日本人がお互いよく譲り合う**との**ことです。　〈中国〉
    正 しかし、わたしに一番強い印象を与えたことは、日本人がお互いよく譲り合う**という**ことです。

【のような→という】

17. 誤 子供の頃から私が弁護士になる**のような**目的がありました。　〈アメリカ〉
    正 子供の頃から私には弁護士になる**という**目的がありました。

誤用の解説

脱落

「という」の脱落（1〜7）が多く、それに続いて「ということだ」の脱落（8，9）が見られる。3〜5は「XというY」のYに「事件、話、希望」が来ている。これらの語には「という」が必要である。6はYに「の」が来ている。「値上げ」という名詞を受けているが、「値上げ」を主題として取り上げているので、「値上げというのは」とする必要がある。7は「全滅（完敗）」が直接「ほど」に接続している。学習者には、「ほど」に「という」が付くという注意が行きわたらないので、「〜というほどではない」をひとくくりの言い方として指導したほうがよいと思われる。

8，9の「Nは〜ということだ」という形では、「ということだ」が脱落しやすい。「ということだ」を付けることによって、Nについて定義や説明をしたり、まとめたりする。学習者は「Nは」で始めても文末をどうまとめるかがわからず、形容詞や動詞で言いっぱなしにしてしまいがちである。

付加

11は「食べたいという」で「食欲」を説明しようとしたようだが、「食べる／食べたい」と「食（欲）」では重複する。12は「一番というように」「一番というぐらい」と言いたかったのかもしれないが、「という」は不要である。13は定義したりまとめたりするのではなく、「希望の仕事＝翻訳（者）／通訳（者）」という関係なので「という」は不要である。

誤形成

14のように、「〜という」の後ろに「の」を付加する誤りは中国語母語話者に多いように思われるが、それ以外の学習者にも見られる。名詞を修飾する場合に「の」が必要だと思うためであろう。中国語の「的」、英語の関係代名詞のようなつもりで使用するためと考えられる。

位置

15はXとYを逆にしてしまったために起こっている。レベルの高い学生だと想像できるので、並列関係の続く長い文の中でうっかり間違ってしまったのであろう。語順という構文にかかわることは、レベルが上がっても母語の干渉が出てしまうことがあるようである。

その他

16は「との」と「という」の混同である。「との」は多くの場合「という」に置き換えられるが、次のように、他の人の発言や考えを伝える場合に用いられる。

　例：山田さんが（あなたに）よろしく｛○との／？という｝ことでした。

17は「というような」も可能だが、曖昧な言い方になるので、「という」が適切であろう。

| 伝達上の誤用 | ★

- 「XというY」は、Yのことを聞き手が知らないだろうと話し手が考える場合に用いられる。1で学習者は、会社名を示したのであるが、聞き手にとって知らない会社であれば、「という」が必要になってくる。
- 2も突然「グレグさん」が話の中に登場している。2は小説などのように、人物の登場を印象付ける手法としてはあり得るだろうが、聞き手（読み手）が知らない人には「という」を使ったほうがよい。
- 逆に10は「トヨタという会社」という言い方をしているが、トヨタをよく知っている日本人を聞き手（読み手）として想定している場合は、「という」は不適切になる。

| 指導のポイント

- 「XというY」は、聞き手がXについてどの程度の知識を持っているかにより、用いるかどうかが決まる。そして、それは話し手の判断による。学習者にはそのことがわかりにくいので、必要、かつ、具体的な状況をたくさん作って説明し、練習をする。
- 社会的に見てかなり知られている事柄の場合（例えば日本人にとっての「トヨタ」「ソニー」「ホンダ」など）は「XというY」は使いにくい。
- 学習者は内容を表す「という」が正しく使えなくて、「の」「こと」「と」などと混同してしまうので、注意が必要である。
- 内容を表す「XというY」では「という」を付けるか付けないかに一定のきまりがある。次は、庵・高梨・中西・山田（2000）の説明をまとめたものである。
  ① 「意見、うわさ、考え、訴え、命令」など発話や思考を表す名詞の内容を名詞修飾節が表す場合には「という」が必要である。
  ② 「仕事、経験、事件、事故、特徴、性格」などの名詞が被修飾名詞になる場合は「という」が省略できる。
  ③ 「音、味、におい、痛み、写真、絵」など感覚や知覚の内容を名詞修飾節が表す場合には「という」は使えない。

これらを学習者に説明するのは難しいが、例を挙げるなどして触れる必要

- がある。学習者のレベルがある程度上がってから導入したほうがよいと思われる。
- 「XというY」は次に助詞を伴って、主語・目的語などとして文の構成要素になっていく。学習者は「XというY」に助詞を付けて、どう文を続ければよいかがわからない場合が多いので、いろいろな助詞を付けて文作りをさせる必要がある。

というのは

➡ちょうど午後5時だった。**というのは**学校の下校チャイムが鳴っていたからだ。

「なぜなら」と同様、前文の事柄の原因・理由を説明する時に用いられる。「なぜなら」が原因・理由を論理的に述べるのに対し、「というのは」は話し手の判断や気持ちに沿って、付加的に原因・理由を添えることが多い。「なぜなら」は書きことば、「というのは」は話しことば的である。

関連項目 実は、なぜなら、からだ、ためだ、のだ／んだ

誤用例文

付加

1. ★ 誤 国の経済の発展尽くするために日本へきって経済学を学ぶつもりです。**というのは**、マレーシアは農工業国である。農産品が主要な輸出品でいつも農産品の価格が上げたり下げたりしている。それで国の経済成長対して大き影響が当えてしまう。〈マレーシア〉
   正 国の経済の発展に尽くすために、日本で経済学を学ぶつもりだ。マレーシアは農工業国である。農産物が主要な輸出品で、常に農産物の価格が上がったり下がったりする。それが国の経済成長に対して大きな影響を与えている。

と

というのは

｜混同｜

【というのは→なぜなら（～からだ）】

2．★ 誤 私は工学部の電気を学ぶために日本へやって来ました。**というのは**、私の国には外国から輸入した電気設備とか家用電気というものが多いいです。 〈中国〉

　　 正 私は工学部で電気を学ぶために、日本へやって来ました。**なぜなら**、私の国には、外国から輸入した電気設備とか家電製品とかが多い**からです**。

3．★ 誤 「コマーシャル」とか「放送」とか、全然禁止できない。**というのは**、たばこは商品として、合法的だ。 〈中国〉

　　 正 「コマーシャル」とか「放送」とかは、絶対に禁止できない。**なぜなら**、たばこは商品として合法的だ**からだ**。

｜その他｜

【なぜなら→というのは（～からだ）】

4．★ 誤 日本語は「は」と「が」がむずかしいです。**なぜなら**、私の国には「は」と「が」はありません。 〈タイ〉

　　 正 日本語は、「は」と「が」が難しいです。**というのは**、私の国のことばには「は」と「が」がない**からです**。

【文末「からだ」】

5．　 誤 私は経営学の人事管理制度を学ぶために日本へやってきました。というのは、私の国にまだ注目されなくてほとんどアメリカから**伝えられきました**。 〈インド〉

　　 正 私は経営学の人事管理制度を学ぶために、日本へやってきました。というのは、私の国では人事管理制度はまだ注目されていなくて、ほとんどがアメリカから**伝わってきたものだからです**。

6．　 誤 始めて日本に来た私は生活上の全てが慣れなくて、気持ちもすごく緊張していた。というのは、その時、日本語が全くできない**状態であった**。 〈台湾〉

　　 正 私ははじめて日本に来たので、生活上の出来事全てに慣れなくて、すごく緊張していた。というのは、その時、日本語が全くできない**状態であったからだ**。

7. 誤 私はもっと専問的な都市計画という学問を学ぶために日本へやって来ました。というのは、私が国にはそのついて、まだ発展されないし、大学でもそんな科目の時間が**少くなかったんです**。〈韓国〉
   正 私はより専門的な都市計画という学問を学ぶために、日本へやって来ました。というのは、私の国では、そうした学問はまだ発展していないし、大学でもそのような科目の時間は**少なかったから**です。

誤用の解説
その他

5～7は、「というのは」は正しく書けているが、後文の文末「からだ」が抜けてしまっている誤用である。「というのは」は、後文で前文の理由付けをすることから、後文の文末は「からだ」となることが多い。この文末が抜けてしまう誤用が非常に多く見られる。7は「んです」を使っている。「のだ／んだ」には理由を説明する働きがあるが、明確な説明をするには「～からだ」がふさわしい。特に「というのは」と呼応する形では「のだ／んだ」は適切ではない。

伝達上の誤用 ★

● 「というのは」は、前文で述べた事柄の原因・理由を追加的に説明するものである。論理的な原因・結果関係を示すものではないので、1のように、「というのは」を付けなくても意味が通る場合は、省略する場合が少なくない。
● 「というのは」は話しことばでよく使われる。論文、レポートのような改まり度が高い文章で使うと、文体と一致しないので、「なぜなら～からだ」に変えるよう指導する必要がある。
● 2, 3は文としての印象はかたい。学習者は文体の一致という点に気づかず、「というのは」を使ったものと思われる。ここでは文体に合わせて、書きことば的な「なぜなら」がふさわしい。ただし、「なぜなら」は翻訳調に聞こえるので、使い過ぎないほうがよい。特に、話しことばでの使用は不自然な印象を与える。
● 「というのは」「なぜなら」は文末に「からだ」をとりやすい。しかし、理由付けが強くなって説明がましく聞こえることもある。4のように感想を述べている文（特に話しことば）では、「からだ」がないほうがやわらかく聞こえる場合もある。

> **指導のポイント**
> - 文末の「からだ」が抜けてしまう誤用が非常に多いので、導入段階で「というのは～からだ」をセットにした文作りをさせるとよい。
> - 中国語では「是因为（というのは／なぜなら）」という形で、原因・理由を表す。しかし、「是因为」は文の前方にあって、それと呼応する文末表現がないため、中国語母語話者は「からだ」を忘れがちである。英語も中国語と同様に、「because」は文の前方に来て、文末には「からだ」に当たる表現が来ない。そのため、英語母語話者も「からだ」を落としがちである。

どうしても

→ **どうしても**医者になりたい。
→ **どうしても**財布が見つからない。

「どうしても」は次の二つの意味に分けられる。
① 「どんな困難が予想されてもそうする／したい」という強い意志や希望などを表す。
② 否定表現を伴って、「どのような努力・手段を使っても、目的を達成できない」ことを表す。

関連項目　絶対に、どうにかして・何とかして、なぜか、どうも、可能形、否定形

誤用例文

付加

1. 誤　**どうしても**彼女はきっと来ると思う。　　　〈マレーシア〉
   正　彼女はきっと来ると思う。

誤形成

2. 誤　三井さんはいつもわたしに「いいね、うらやましいね。」と言います。わたしも「それなら、一緒にかえろう。」と答えます。でもあの人は**どしても**帰えられません。　　〈中国〉

474

正 三井さんはいつも私に「いいね、うらやましいね。」と言います。私も「それなら、一緒に帰ろう。」と答えます。でも、三井さんはどうしても帰れません。

■混同

【どうしても→絶対に】

3. ★誤 すると、警察官にきびしい質問されました。「名前は」、「国籍」、「保証人」、「住所」、「勤務先」、「その電話番号」、「身元証明書」など、いろいろ言いつめられました。(中略) こんなきびしさは中国でどうしても理解できないに違いありません。　　〈中国〉

   正 そうしたら、警察官に厳しく質問されました。「名前は」、「国籍は」、「保証人は」、「住所は」、「勤務先は」、「そこの電話番号は」、「身分証明書は」などと、いろいろ問いつめられました。(中略) こんな厳しさは中国では**絶対に**理解されないでしょう。

4. 誤 しかしある女の人は女性の日のわけにして、**どうしても**何もしようとしないで、男性に仕事や家事などをさせたり、プレゼントを買ってあげさせたりします。　　〈ベトナム〉

   正 しかし女の人の中には、女性の日を理由に、**絶対に**何もしようとしないで、男性に仕事や家事などをさせたり、プレゼントを買わせたりする人がいます。

【どうしても→どうにかして／何とかして】

5. 誤 これから数年がたって古い伝統がどうになるでしょうかな。**どうしても**次の若い世代の人々が価値がある伝統に関して分かるように皆さんと一緒にそれを大切にした方がいいだろうと思います。
　　〈タイ〉

   正 これから数年たって古い伝統はどうなるでしょうか。**どうにかして／何とかして**次の若い世代の人々が価値のある伝統を理解していけるように、皆さんと一緒に伝統を大切にしていきたいと思います。

【どうしても→どんなことがあっても】

6. 誤 どうしても彼女はきっと来ると思う。　　〈マレーシア〉

   正 **どんなことがあっても**、彼女は絶対に来ると思う。

【どうしても→なぜか／どうも】

7. 誤 田中さんは思った以上にいい成績を取りました。だが、**どうしても**喜んではいません。　　　　　　　　　　　〈台湾〉

   正 田中さんは思った以上にいい成績を取りました。しかし、**なぜか／どうも**うれしそうではありません。

その他

【どうしようも→どうしても】

8. 誤 家族の者にそう言い切った手前、**どうしようも**せいざるをえなかった。　　　　　　　　　　　　　　　　　〈韓国〉

   正 家族の者にそう言い切った手前、**どうしても**せざるをえなかった。

【どうも→どうしても】

9. 誤 何度も実験したけど、**どうも**結果が出なかった。　〈ベトナム〉

   正 何度も実験したけど、**どうしても**結果が出なかった。

【文末】

10. ★誤 最近はじめて彼がタバコを吸っているのを見てびっくりした。なぜかというと私はタバコやタバコを吸う人がどうしても**きらい**からだ。　　　　　　　　　　　　　　　　　　　　〈モンゴル〉

    正 最近はじめて、彼がタバコを吸っているのを見てびっくりした。なぜかというと、私はタバコやタバコを吸う人がどうしても**好きになれない**からだ。

誤用の解説

付加

1は強い意志を表す「どうしても」と、推測を表す「きっと」が併存している。ここでは「どうしても」を不要として削除した。

誤形成

2は、日本人が長母音を十分伸ばさずに発音している場合があるのを聞いて、「どしても」だと思ったのであろう。また、母語の干渉で短母音・長母音の聞き分けが困難であるためとも考えられる。表記する時は、「どうしても」にする必要がある。

混同

3には、「自身でやってみた、努力してみたのに」という気持ちは特にないため、「どうしても」は不適当である。「理解できない」程度を表す「絶対に」が適している。4も、「何もしない」意志の強さの程度を表しているので、「絶対に」がふさわしい。5は「あらゆる手段を尽くして実現したい」様子を表しているので、手段や方法に重点が置かれる「どうにかして／何とかして」を使ったほうがよい。

6は、彼女自身が「万難を排して、来る努力をする」という意味で、「どんなことがあっても（来る）」がよいと思われる。7は「なぜか」が適しているが、「どうも」も可能である。「どうも」は「変だ」「おかしい」や「わからない」などの否定表現を伴って、現状や自分の気持ちについてなぜそのようになるのかよくわからないという気持ちを表す。

その他

8は「どうしようもない」と「せざるをえない」を合体して使ったために、不自然な文になっている。9は「どうも」でも文意は通じるが、「何度も実験した」と努力したことを示しているので、「どうしても」を使いたいところである。

伝達上の誤用 ★

● 3では「どうしても」を「絶対に」に訂正した。「どうしても～できない」は、あらゆる手段を使っても目的を達成できない（ここでは、理解できない）ことを表す。したがって、「いろいろ考えてみたけれど、あなたの気持ちはどうしても理解できない」のように、「いろいろやってみた」という前提が必要である。3は「あらゆる手段を使っても」という意味ではなく、中国では100％理解されないという程度を問題にしているので、強調的な意味合いを持つ「絶対に」が適している。

● 10の「どうしてもきらいだ」で、「どんなに努力しても（好きになることは）無理だ／できない」を表せそうだが、不自然になっている。否定表現を伴う「どうしても」が「どのような努力をしても目的を達成できない」ことを表すため、現在の状態を表す「きらいだ」ではなく、「（好きになるという目標を）達成できない」という意味の「好きになれない」がふさわしくなると考えられる。

指導のポイント

- 日常会話では「どしても」を耳にするかもしれないが、発音する時は「どうしても」と母音を伸ばすこと、また、表記にも気をつけさせる。
- 「どうしても」は、「どうしても行きたい」のように、「たい」と結び付いて話し手の強い願望を表す。また、「どうしてもできない／わからない」のように、文末に否定を伴って、「あらゆる手段を使っても目的を達成できないこと」、また、「できない気持ち」を表す。「どうしても」はいろいろな状況で使われるが、まずは「どうしても～たい」「どうしても～ない」の使い方をしっかり理解させて十分練習するとよい。
- 「どうも」との混同に気をつけさせる。「どうも」は否定形や「変だ」「おかしい」などと結び付いて、話し手の曖昧な気持ちを表す。「どうしても」とは意味が異なるが、音が似ているので学習者は混同してしまうのかもしれない。まずは、両者の音の違いをはっきり理解させる必要がある。

どうも

➡どうも変だ。
➡どうもわからない。

「現状や自分の気持ちについて、なぜそのようになるのかよくわからない」という気持ちを表す。文末には「らしい」「ようだ」「みたいだ」「かもしれない」や、「不思議だ」「おかしい」「変だ」などの形容詞が表れやすい。話しことばに用いられる。

関連項目　どうしても、何か、なんだか、否定形、らしい、ようだ、みたいだ

誤用例文

脱落

1. 誤　あの人はいつもちがう車をうんてんしているので、Φ金持ちらしい。 〈インドネシア〉
   正　あの人はいつも違う車を運転している。**どうも**金持ちらしい。

付加

2. 誤　私はとってとてもいい友達です。しかし、ある日、彼女は学へ行く途中で**どうも**交通事故にあった。彼女は重態で入院急救中なくなりました。　　　　　　　　　　　　　　　　　〈マレーシア〉
   正　私にとってとてもいい友達でした。しかし、ある日、彼女は学校へ行く途中で交通事故にあってしまいました。彼女は重態で、入院中に亡くなりました。

3. 誤　漢字の読み方は**どうも**難しいなので、こまりますね。　〈韓国〉
   正　漢字の読み方が難しいので、困りますね。

混同

【どうも→どうしても】

4. ★誤　何度も実験したけど、**どうも**結果が出なかった。　〈ベトナム〉
   正　何度も実験したけど、**どうしても**結果が出なかった。

5. ★誤　いろいろな薬を飲んでみたが、**どうも**病気は治らない。　〈中国〉
   正　いろいろな薬を飲んでみたが、**どうしても**病気は治らない。

【どうも→何か／何かしら】

6. 誤　夏は毎日授業がおわってから友達といっしょに水泳をした。**どうも**いそがしいこととか、べつにことがあっても水泳をしなかった時はめったになかった。　　　　　　　　　　　　　　　　〈韓国〉
   正　夏は毎日授業が終わってから友達といっしょに水泳をした。**何か／何かしら**忙しいとか、用事があったりしても、水泳をしなかった時はめったになかった。

その他

【どうしても→どうも】

7. 誤　田中さんは思った以上にいい成績を取りました。だが、**どうしても**喜んではいません。　　　　　　　　　　　　　　　〈台湾〉
   正　田中さんは思った以上にいい成績を取りました。しかし、**どうも**うれしそうではありません。

【「どうも」と「思う」】

8. ★誤　日本人なのに日本の社会、日本の政治にぜんぜん無関心なのは、どうも**不思議だと思います**。　　　　　　　　　　　　　　〈中国〉
   正　日本人なのに日本の社会、日本の政治に全然無関心なのは、どう

と
どうも

も不思議です。

【表現不足】

9. ★ 誤 何度も起動してみたが、どうも故障したみたい。 〈韓国〉
   正 何度も起動してみたが、動かない。どうも故障したみたいだ。

誤用の解説

脱落

「いつもちがう車を運転する」からといって、必ずしも「金持ち」とは言えない。1はあくまでも話し手の推測でしかないので、後文の文頭に「どうも」を入れたほうがよい。

付加

2で、彼女が交通事故に遭ったかどうかよくわからない場合は、「どうも」も使ってよい。ただし、「どうも」は基本的には文末のモダリティと関係するので、「どうも事故にあったようだ／らしい」とする必要がある。3は「どうも」が理由節「ので」の中におさまり切れない例である。

　(1) ？どうも難しいので、困りますね。

この場合(2)のように「て」を用いるか、(3)のように2文にする必要がある。

　(2) どうも難しくて困りますね。
　(3) どうも難しい。困りますね。

混同

6は、「どうも」が「何かしらはっきりしない」気持ちを表すところから、「はっきりした理由があるわけではないが、忙しかったり用事があったりする」様子に「どうも」を使ったと考えられる。

その他

「どうしても」は、否定形を伴って「どのような努力をしても目的を達成できない」という意味を表すので、7のように「喜んでいない」とは結び付かない。当然喜ぶだろうと思われる成績だったのに、田中さんの様子は少し違うという状況なので、話し手の推測を表す「どうも」を使って「どうもうれしそうではない」と表すのが適切だろう。

伝達上の誤用 ★

● 4, 5は、単に話し手のはっきりと断定できない推量的気分を表しているのであれば、学習者の作文のままでよい。しかし、「どのような努力をしても目的を達成

できない」の意味であれば、「どうしても」にする必要がある。
● 「どうも」は「どうもわからない」「どうも変だ」「どうも困ったものだ」のように、「理由はわからないが、そう感じられる」という自発的な気分と結び付きやすい。したがって、8のように、思考を表す「思う」とは結び付きにくいと言える。しかし、「〜だと思う」ではなく、「どうも不思議に思えます」のように、「〜（よう）に思える」にすると、自然になる。
● 9は、話しことばでは、イントネーションやポーズの置き方などで問題は起こらないかもしれないが、書いたものとしては説明の語句が不足している。

> 指導のポイント
>
> ● 「どうも」は話し手の不確かな気持ちを表し、文末に否定形や「らしい／ようだ」「変だ」「おかしい」などの表現が来やすい。文末と結び付けて、指導し、練習をする必要がある。
> ● 「どうも」と「どうしても」の混同が見られる。「どうも」は話し手の断定しかねる気持ちを表し、「どうしても」は話し手の強い決意、判断を表す。両者の音が似ているため混同しやすいかもしれないので、両者の音、表記、意味用法をきちんとつかませる。
> ● 「どうも」は従属節「〜が／けれども」と結び付きやすい。
>   例：調べたが、どうもはっきりしない。
> 「〜が／けれども」を用いて「どうも」の練習をさせるとよい。

と思う

➡旅行に行きたい／行こうと思う。
➡日本語はやさしいと思う。

引用節のうち、ここでは「と思う」について取り上げる。「と思う」には、話し手の意志や願望を表す場合と、話し手の判断・断定（意見・考え）を述べる場合がある。

関連項目　と思っている、だろう、だろうと思う、たい／(よ)うと思う、ようだ、そうだ（様態）、主語・主題

[誤用例文]

[脱落]

1. ★誤 わかりました。あなたの頼みとあれば、どんな大変でも早く**実現したい**。　〈ベトナム〉
   正 わかりました。あなたの頼みとあれば、どんなに大変でも早く**実現させたいと思います**。

2. ★誤 今日の私のテーマは貯蓄です。ただ日本人の貯蓄だけではなく他の国の皆さんの貯蓄そして投資について認識を**聞きたいです**。〈韓国〉
   正 今日の私のテーマは貯蓄についてです。日本人の貯蓄についてだけではなく、他の国の皆さんの貯蓄、そして投資についてもお考えを**聞きたいと思います**。

3. ★誤 私はたばこを吸うことけいけんがあります。しかし一どしか吸ってもう**吸うまい**。　〈マレーシア〉
   正 私はたばこを吸ったことがあります。しかし一度だけ吸って、もう**吸うまいと思いました**。

[付加]

4. 誤 本人はいつも正しく**答えると思っている**つもりらしい。〈ブラジル〉
   正 本人はいつも正しく**答えている**つもりらしい。

[誤形成]

5. 誤 日本ごはむずかしいと**おもいです**。　〈フィリピン〉
   正 日本語は難しいと**思います**。

【引用節内】

6. 誤 あしたは**雨でしょう**と思います。　〈アルバニア〉
   正 あしたは**雨だろう**と思います。

7. 誤 私はだんだん日本語が話せるようになりましたけど、まだ日本人の友だちがいませんでした。**どうしてでしょうか**と思いました。〈ブラジル〉
   正 私はだんだん日本語が話せるようになりましたけど、まだ日本人の友達がいません。**どうしてだろう(か)**と思っています。

8. ★誤 たくさん人は、中国がとてもきびしくて、自由のない**国と思って**いるようですが、実は全く間違った。　〈中国〉

正　多くの人は、中国はとても厳しくて自由のない**国**だと思っているようですが、実は全く間違っています。

9．誤　私はこの映画見る後で、もし世界の中で戦争はない、**いいわね**と思いました。　　　　　　　　　　　　　　　　　〈インド〉

　　　正　私はこの映画を見た後で、もし、世界に戦争がなかったら**いい（のに）**と思いました。

【「と」の脱落】

10．誤　あそびの空間が不足な韓国とか日本の清少年だちにはストレス解消とか新しい友だちを付き合うことができる場所じゃないか**思います**。　　　　　　　　　　　　　　　　　　　　　　　〈韓国〉

　　　正　遊びの空間が不足している韓国とか日本の青少年たちには、ストレス解消をしたり、新しい友達と付き合うことができる場所じゃないか**と思います**。

▎混同

【と思う→と思っている】

11．誤　あの人はいつも自分がほかの人よりえらい**と思う**。　〈中国〉

　　　正　あの人はいつも自分がほかの人よりえらい**と思っている**。

【と思っている→と思う】

12．　　A：韓国の部屋と、日本の部屋と比べて何か違うところってありますか。

　★誤　B：韓国の部屋はオンドルだから、日本の部屋より暖かい**と思っています**。　　　　　　　　　　　　　　　　　　〈韓国〉

　　　正　B：韓国の部屋はオンドルだから、日本の部屋より暖かい**と思います**。

13．★誤　T先生の家庭生活を聞いたら、やっぱり日本人らしくない**と思っています**。　　　　　　　　　　　　　　　　　　　〈中国〉

　　　正　T先生の家庭生活について聞いたけど、やっぱり日本人らしくない**と思います**。

【と思わない→ないと思う】

14．　　A：日本語はどうですか。やさしいですか。

　★誤　B：ええ、日本ごは**むずかしいと思いません**。　〈フランス〉

　　　正　B：ええ、日本語は**難しくないと思います**。

【と思うか→だろうか】

15. 誤 同じの教育制度下にいる香港の学生と日本の学生の学生生活は似ている**と思うか**。いろいろなことが似ているが、違うことがあると思う。〈中国・香港〉

    正 同じ教育制度下にいる香港の学生と日本の学生の学生生活は、似ている**だろうか**。いろいろなところが似ているが、違うところもあると思う。

【と思いますか→と思いませんか】

16. 誤 今のような日本を建てた事実を見ると、不思議なことだ**と思いますか**。〈中国〉

    正 今のような日本を作った事実を見て、不思議なことだ**と思いませんか**。

【と思う→ことがある】

17. 誤 三番目、十分なえいようを補充します。しかし、よるおそくたべることはたいぶ体をあらす**と思います**からすなわちやしょくはたべないほうがいいと思います。〈韓国〉

    正 三番目は、十分な栄養を補給することです。しかし、夜遅く食べると、体をこわす**ことがあります**から、夜食は食べないほうがいいと思います。

▪ その他

【私の意見では→私は】

18. 誤 **私の意見では**、日本人は歴史の勉強をしないと思います。〈ブラジル〉

    正 **私は**、日本人は歴史の勉強をしていないと思います。

【という考えを持つ→と思う】

19. 誤 私の意見によると、日本は中東へ軍隊を送るはずではない**という考えを持っている**。〈インドネシア〉

    正 私は、日本は中東へ軍隊を送るべきではない**と思う**。

【そうだ（様態）→と思う／だろう】

20. 誤 その時、一番うれしい人はたぶん**子供たちそうです**。〈ベトナム〉

    正 その時、一番うれしかったのはたぶん**子供たちだと思います／子供たちでしょう**。

誤用の解説

付加
4は「つもり」か「思っている」のどちらかがあればよい。

誤形成
5はごく初歩レベルの学習者の誤りであるが、形容詞の「重いです」に引きずられたのであろう。誤形成は、6〜8のように「と思う」の前を正しく普通形にできないものが非常に多い。6，7は「でしょう」を「だろう」にできない比較的多く見られる誤りである。9では「わね」と終助詞が入っているが、「と思う」の引用部分には、通常終助詞は使われない。10は引用部分を受ける格助詞「と」の脱落である。

混同
11は他人の思考内容を「と思う」で表している。

(1) 彼は失敗すると思う。
(2) 彼は失敗すると思っている。

(1)で「思う」のは話し手であり、(2)で「思っている」のは、「彼」自身の場合と話し手の場合がある。このように、「と思う」を用いると、「思う」主体は常に話し手自身となる。

15のように「と思うか」を文末に持って来る学習者が、特に中国語母語話者に多いが、非常に不躾な感じがする。「と思うか」の代わりに「だろうか」を使わせたい。16は「思いませんか」としたほうがよい。「思いませんか」は相手への確認として使われ、相手に疑問を投げかける「思いますか」とは異なる。

(3) 環境汚染が進んでいると思いませんか。
(4) 環境汚染が進んでいると思いますか。

(3)は話し手が「汚染が進んでいる」と思っていて、相手に確認しており、(4)は単に相手の考えを聞いている。したがって、次のように、疑問詞を伴って単に相手の考えを聞く場合は、「思いませんか」は不適切になる。

(5) 環境汚染についてどう{○思いますか／×思いませんか}。

17は「体をこわすんじゃないかと思います」としてもよいが、「こわすと思う」と直接的に言わずに、「そういうこともある」という婉曲な言い方がふさわしいと思われる。

その他
18, 19は、発話のはじめに「私の意見では」「私の意見によると」が来ているが、日本語ではそのような言い方はせず、「私は〜と思います」を使うか、「私は」を省略して単に「〜と思います」を使って意見を述べることが多い。20の「そうだ

（様態）」は、外観の印象からそれについての性質や可能性（兆候）を推察して述べる意味になる。形容詞の語幹か、動詞のマス形の語幹に接続する。20では名詞「子供たち」に「そうだ」が付いているので、文法的に誤りである。判断（推測）を述べる言い方として「でしょう」「と思います」を使ったほうがよい。

伝達上の誤用 ★

● 相手に自分の願望を伝えるためには、「たい＋と思う」という形が用いられる。1，2において「〜たい」「〜たいです」で言い切ると、独り言のような、単なる願望の表出のみにとどまってしまう。「と思う」を付けることによって相手に伝えることになる。

● 3の「まい」は強い否定の意志と否定の推量を表すが、これも言い切りの形では独り言にとどまる。「と思う」を付けることによって相手に伝える形になる。また、「と思います」を用いると、会話での丁寧さを維持することができる。

● 8の誤用、「Nと思う」の言い方は最近、一部の日本人も使うようである。名詞の後ろの「だ」の欠落は、一概に誤用とは言えない可能性もある。

● 12, 13は文法的な誤りではないが、「と思っている」を使うと、一定期間継続的に思考を維持しているという意味合いと同時に、話し手の主張・こだわりが強く感じられる。「と思う」と「と思っている」の用法の違いは次のようになる。

①意志・願望

	（よ）う／たい＋と思う	（よ）う／たい＋と思っている
私	○	○
第三者	×	○

②判断・断定

	意見・考え＋と思う	意見・考え＋と思っている
私	○	△（主張・こだわり）
第三者	×	○（一定期間思考を継続、客観的描写）

表の①は意志・願望を表出する言い方で、「思う」主体が「私」の場合は、「と思う」「と思っている」どちらも可能で、意味的な違いはほとんどない。一方、②の「人生は楽しいと思う」のような意見・考えを述べる判断・断定の表現では、「思う」主体が「私」の場合は、「と思う」「と思っている」どちらも使えるが、「と思っている」では、文に「私」の主張・こだわりが感じられるようになる。12, 13は意見・考えの文に「思っている」を使っているため、話し手の主張が感じられ、

それが強すぎると、押しつけるような印象を与えてしまう。(**11**のように、「思う」主体が「第三者」の場合は、意志・願望、判断・断定、いずれの場合も「と思う」は使えない。)

- **14**は「やさしい／難しくないと思います」は可能だが、「難しいと思いません」はこの質問の答えとして不自然である。「～と(は)思わない」は次のように、相手がそう思っているであろうと考えて質問した時に、答えとして使われることが多い。

(6)　A：日本語はどうですか。
　　　B：そんなに難しくないと思います。

(7)　A：日本語はどうですか。難しいでしょう。大丈夫ですか。
　　　B：いいえ、日本語は、あなたが言われるように難しいとは思いません。
　　　　むしろやさしいですよ。

(6)は中立的な質問であり、それに対してBはどのようにも考えを伝えることができる。一方、(7)Bは、相手が「日本語は難しいはずだ」と思っていることを否定するので、「～と(は)思いません」を使ったほうが自然になると考えられる。益岡（1993）は否定表現を二つのタイプに区別し、一つを「事態の否定」、もう一つを「判断の否定」としている。

これに従えば、「日本語は難しくないと思う」は「日本語が難しい」という事態（ここでは「事実」）を否定し、「日本語は難しいと思わない」は、「日本語は難しいと思う」という判断は事実とは合わない、ということを意味する「判断の否定」になる。

指導のポイント

- 「と思う」は、さまざまな話し手の気持ち（モダリティ）を表すことができ、初級学習者にとって便利な表現である。しかし、その分、誤用も多い。
- 「と思う」に接続する語の普通形が正確に作れない学習者が多い。十分な練習が必要である。
- 学習者は「～でしょうと思います」と言いがちなので、「でしょう」も普通形にすることを徹底する。
- 意志・願望を表す「(よ)う／たい＋と思う」、判断・断定（意見・考え）を表す「意見・考え＋と思う」両方の意味用法や使い分けを理解させる必要がある。前者の場合は、「と思う」は単に話し手の気持ちを添える意味合いを持つことにも言及する。
- 「と思っている」「と思う」の使い分けをきちんと教える必要がある。「と思う」では思考主体は専ら話し手であることを説明しておく。

- したがって、話し手が「と思う」と言う時は、通常「私は」が省かれる。学習者は「私の意見(で)は〜」と言いたがるが、あまり使わないようにさせる。
- 話し手自身の考えを述べる場合、「と思っている」を用いると、主張が強く感じられることがある。注意して用いるほうがよい。
- 「〜と思う」の否定は「〜ないと思う」と「〜とは思わない」の2通りあるが、前者は事態・事実の否定を、後者は否定の判断を表す。「〜と思う」の否定としては、通常は、前者を使うように指導する。

とき

➡日本へ来た**とき**、雪が降っていた。
➡彼に電話しようとした**とき**、彼が現れた。

一つの事柄・行為の時間と、もう一つの事柄・行為の時間の関連を表す。前件と後件（主節）には因果関係はなく、その時点に何が起こる／起こったかを示す。

[関連項目] ときは・ときに、場合、条件節「と、たら」、逆接節「ても」、並列（継起）節「て」、る・た、主語・主題

誤用例文

[脱落]

1. 誤 **小さい**から、日本の文化や事に興味がある。　〈マレーシア〉
   正 **小さいとき／ころ**から、日本の文化や物事に興味がある。

[付加]

2. 誤 **週末の時**、そちらが込んでいます。　〈中国〉
   正 **週末**、そこは込んでいます。
3. 誤 **ふゆのとき**はあめがたくさんふって、いつもかさをもっていなきゃだめです。　〈アメリカ〉
   正 **冬**は雨がたくさん降るから／ので、いつも傘を持っていなければなりません。

[誤形成]

4. 誤 **病気**ときいなか人はむずかしいです。　〈タイ〉

- 正 **病気の**とき、いなかの人は大変です。
5. 誤 日本に**きたばかり**とき、日本語は全然できなかった。　　〈中国〉
   - 正 日本に**来たばかりの**とき、日本語は全然できなかった。
6. 誤 **ひま**ときは、本を読みます。　　〈フランス〉
   - 正 **暇な**ときは、本を読みます。
7. 誤 **暇の**時、彼はバスケットボールをしたり、音楽を聞いたりしている。　　〈中国〉
   - 正 **暇な**時、彼はバスケットボールをしたり、音楽を聞いたりしている。
8. 誤 音楽や英語などの能力は、**小さいの**時から練習すれば、自然に習えて上手になれるそうです。　　〈タイ〉
   - 正 音楽や英語などの能力は、**小さい**時から練習すれば、自然に習えて上手になれるそうです。

▎混同

【とき→たら】

9. 誤 バスがセンターに**着くとき**、ぼくが出迎えに行こう。　　〈中国〉
   - 正 バスがセンターに**着いたら**、ぼくが出迎えに行こう。
10. 誤 あなたのお国へ**お帰りになったとき**、必ずお手紙おねがいします。　　〈韓国〉
    - 正 お国へ**お帰りになったら**、必ずお手紙をください／お願いします。
11. 誤 自分の子供が**いるとき**、子供は何でもしたいことをさせます。　　〈アメリカ〉
    - 正 もし自分に子供が**いたら**、子供には何でもしたいことをさせます。

【とき→と】

12. 誤 ビールを**飲むとき**、かおが赤くなります。　　〈メキシコ〉
    - 正 ビールを**飲むと**、顔が赤くなります。
13. 誤 おなかが**空くとき**、食べたいという食欲がある。　　〈中国〉
    - 正 おなかが**空くと**、食欲が出てくる。

【とき→ても】

14. 誤 なぜ日本語の勉強を始めたかと**聞かされた時**、実は私も分らない。　　〈中国〉
    - 正 なぜ日本語の勉強を始めたかと**聞かれても**、実は私も分からない。

15. 誤 びんぼうのこどもはがっこうへ**行たいとき**、べんきょうしません。 〈カンボジア〉
    正 貧乏な子供は、学校へ**行きたくても**勉強できません。

【とき→て】
16. 誤 手紙を**書いたとき**、郵便局で出します。 〈フランス〉
    正 手紙を**書いて**、郵便局で出します。

【とき→とき(に)は】
17. ★誤 **話すとき**、ていねいなことばを使って下さい。 〈中国〉
    正 **話すとき(に)は**、丁寧なことばを使ってください。
18. ★誤 先生と李さんは今度中国へ旅行に**行く時**、是非江南へお越しください。 〈中国〉
    正 先生と李さんが今度中国へ旅行に**いらっしゃる時(に)は**、ぜひ江南へお越しください。

【ときに→ときは】
19. ★誤 **パーティのときに**、楽しかったです。 〈タイ〉
    正 **パーティーのときは**、楽しかったです。

【とき→場合】
20. ★誤 授業を**でるとき**科目登録所を事務室にあげる。 〈中国〉
    正 授業に**出る場合**、科目登録書を事務室に出す。

位置
21. 誤 チョウさんを始めた見た**とき**は、寮の食堂で会った。 〈アメリカ〉
    正 チョウさんを初めて見たのは、寮の食堂で会った**とき**だ。

その他
【に際して→ときには】
22. 誤 ところで**ハリラヤに際して**ムスリムは特別な服を着ったものです。 〈マレーシア〉
    正 ところで、**ハリラヤのときには**、ムスリムは特別な服を着ます。

【主語・主題】
23. 誤 在学証明書を**わたすとき**、学生証を見せないともらえません。 〈中国〉
    正 在学証明書を**もらうときは**、学生証を見せないともらえません。

【テンス・アスペクト】

24. 誤 将来、私が年を**とる**時、理解出来ないあたらしいわかい人達の「…族」が出来るかもしれない。 〈韓国〉
    正 将来、私が年を**とった**時、理解出来ない新しい若い人たちの「…族」が現れるかもしれない。
25. 誤 **疲れる**ときは、私の車の中で休憩してもいいし…。 〈中国〉
    正 **疲れた**ときは、私の車の中で休憩してもいいし…。
26. 誤 家に**帰ろうとする**とき、また残業があるのを気づいた。 〈中国〉
    正 家に**帰ろうとした**とき、まだ仕事が残っているのに気づいた。

誤用の解説

脱落
1は「小さいときから」と言いたかったのだが、日本語では「小さい」だけではその時期のことを指して「から」へと続けることはできず、「とき」や「ころ」などを加える必要がある。

付加
1とは逆に、時を表す名詞では、「とき」を付加する必要はないにもかかわらず、2、3のように、「とき」とともに用いる誤りがしばしば見られる。「冬」や「週末」だけでは時を表せていないと思うのかもしれない。

誤形成
4～8のように、「とき」に正しく接続できない誤用が多い。「名詞＋の」の「の」が抜ける（4、5）、「ナ形容詞＋な」がうまく作れない（6、7）、イ形容詞や動詞の時に「の」を加えてしまう（8）などが見られる。

混同
「たら」「と」との混同が多い。「とき」がその時点を時間としてしか問題にしないのに対し、「たら」「と」は、前件の事柄と後件の事柄の関係を表す表現である。
 とき：「その時点で」という、時間軸上のあるポイントしか表さない。
 たら：①仮定条件（11）②確定条件（9、10）として、その場合に、どのような行為・事態がもたらされるかを表す。
 と ：前件がきっかけとなって、後件の行為・事態が引き起こされるという関係が示される。（12、13）

「とき」は、「その時点で」という一つのポイントしか表さないため、「とき」だけでは十分に意図を示せない場合が出てくる。10では、「とき」を用いると、単に

「国に到着したその時点」での手紙ということになってしまい、帰国後の長い時間を対象にすることはできない。

14, 15のように、前件と後件に逆接的関係がある場合には、「ても」としたほうがよい。15では「行きたいと思った」その時点の話をしているのではないので、「とき」では不適切になる。16のような場合は、わざわざ「その時点」を取り上げる必要がないので、動作が次に続く、継起を表す「て」にする必要がある。

位置

21は、「チョウさんを初めて見たとき」に何が起こったか、どう思ったか、ということを述べたいのではなく、「それがいつだったか」を述べようとしているので、「～ときは～」という構文ではなく、強調構文「AのはBだ」を使用するとよい。強調したいのは「寮の食堂で会ったとき」なので、それをBに持って来る必要がある。

その他

時を表す表現には、ほかに「場合」「に際して」などもある。ただし、文体的な条件やテーマとの釣り合いが必要で、例えば22の場合、「際して」という書きことば的な表現が全体と不釣り合いに感じられ、不適切になっている。

「とき」は、前件と後件に異主語をとることができるが、23のように、話し手の視点の一致という点から、同一主語としたほうが落ち着く場合がある。

「とき」と接続する際のテンス・アスペクトも問題となる。動詞の場合は次のような原則がある。

タ形：従属節で述べられる事柄の完了が、主節の事柄の時点より前である。
ル形（非過去）：従属節で述べられる事柄の完了が、主節の事柄の時点と同時か、それ以降である。

24～26では、従属節の事柄「年をとる」「疲れる」「帰ろうとする」が、それぞれ主節の「現れる」「休憩する」「気づく」よりも前に成立する事柄であるから、タ形にしなければならない。学習者は、「とき」の前のテンスを、現在よりも前かどうかを基準に考えがちなので、注意が必要である。

伝達上の誤用 ★

●「とき」は名詞なので、「は」や「に」といった助詞を伴う場合がある。「ときに」と「ときは」の違いは次のようである。

　　ときに：ある時の一点に強く焦点を当て、「いつ」後件の行為・事態が起こるのかを述べる。
　　ときは：「その事態の生じるとき」を主題として取り立てる（**17, 18**）か、そ

の時点についての話し手の判断を述べる（**19**）。前者は「ときには」にすることもでき、「それ以外のとき」との対比を感じさせる。

● **20**はこのまま「授業に出るとき」でも誤りではない。「とき」はその時点を指すので、その場合は「授業に出るとき、いつも科目登録書を事務室に出す」という意味になる。しかし、**20**では「登録するなら」の意味を表そうとしているため、「場合」が適切となる。

指導のポイント

- 正しく「とき」に接続できない学習者が多い。「とき」の前に来る動詞・形容詞などの接続の形を十分指導し、練習させる。
- 「とき」の前に来る動詞のテンス・アスペクトは、主節で述べられる事柄との相対的な関係で決まる点を十分に理解させること。
- 「とき」と混同しやすい「たら」「と」との違いを、前件と後件（主節）の事態間の関係に注目し、理解させること。「とき」はあくまでその時点に焦点を当て、「たら」や「と」が持つきっかけや条件的な意味合いは含まない。
- 主節と従属節の主語が同一か異なるか、その場合、主語を示す助詞は「は」となるか「が」となるか、なども丁寧に説明しておく。異なる場合、従属節の主語は「が」となる。
- 「とき」の後ろに「に」（ときに）や「は」（ときは）など、助詞を伴う場合の意味用法の違いを把握しておく。
- 「ときに」「ときは」だけでなく、「ときから」「ときまで」など、「とき」に他の助詞が付き得ることも、学習者のレベルに合わせて触れていきたい。

ときどき（時々）

➡ ふだんは自炊だが、**ときどき**外食する。
➡ **ときどき**彼からメールが来る。

あることが、いつもではないが、時間をあけて起こったり行われたりする様子を表す。頻度を表す副詞で、「たびたび」「しばしば」「よく」より頻度が低く、「たまに」「めったに」より頻度が高い。

関連項目 こと／ときもある、ところどころ、並列節「たり」、助詞「から」、並列助詞「とか、や」

誤用例文

付加

1. 誤 **ときどき**小学校の時、風邪引った時、時々おばあさんが寺へ行って「神」を書いてある紙を一枚焼いて持って帰えりました。それで水と併せて彼女に飲みさせられました。〈台湾〉
   正 小学生の時、風邪を引くと、おばあさんは時々寺へ行って「神」と書いてある紙を一枚焼いて持って帰ってきてくれました。そしてそれを水といっしょに飲まされました。

誤形成

2. 誤 学校実験の前に先生はいつも私のうちに英語や数学やマレー語などをおしえてくれて来ました。**ととき**ゴ先生は書局で新しい本をかって私にくれました。〈マレーシア〉
   正 学校の試験の前に、先生はいつも私の家に英語や数学やマレー語などを教えに来てくれました。**ときどき**ゴ先生は本屋で新しい本を買って私にくれました。

混同

【ときどき→（ときどき）〜こと／ときもある】

3. ★誤 時間がありませんから、**ときどき**予習できません。〈オーストラリア〉
   正 時間がありませんから、（ときどき）予習できないこと／ときもあります。

4. ★誤 冬の時、あたたかいふくをきなければなりません。**時々**、気温がさむくなさそうと**思います**。しかし、急に「こうからし」が来ることが出来ます。〈フィンランド〉

正 冬は、暖かい服を着なければなりません。(時々)寒くなさそうだと**思うこと／とき**もあります。しかし、急に「木枯らし」が来ることがあります。

【ときどき→ところどころ】

5. 誤 夜、晩飯をたべたあとで外へ散歩しに行きました。道の両方には**時々**ネオンでかざられた夜景は美しいです。　　　　〈台湾〉
   正 夜、晩ご飯を食べたあとで外へ散歩に行きました。道の両側が**ところどころ**ネオンで飾られた夜景は美しかったです。

【ときどき→〜から〜／数字、数字】

6. 誤 マレーシアにはハリラヤがとても大切のに地の所はあまりおいわいしません。ここでハリラヤの**一週ときどき2週**前いろいろな準備をします。　　　　〈マレーシア〉
   正 マレーシアではハリラヤがとても大切なのに、他の所ではあまりお祝いしません。ここではハリラヤの**1週間から2週間／1、2週間**前からいろいろな準備をします。

【ときどき→とか／や】

7. 誤 みんなが**ときどき**ともだちと**ときどき**かぞくといしょうにきれいなところへさんぽうします。　　　　〈カンボジア〉
   正 人々は友だち**とか／や**家族といっしょにきれいなところを散歩します。

【ときどき→〜たり〜たりする】

8. 誤 <行事の説明>神がくるのじかんは**ときどきひる、ときどきよる**です。　　　　〈カンボジア〉
   正 神が来る時間は、**昼だったり夜だったり**します。

9. 誤 友達が来ると**お菓子ときどき食事を**します。　　　　〈マレーシア〉
   正 友達が来ると、**お菓子を食べたり食事をしたり**します。

【ときどき〜か〜→〜とか、〜とか】

10. 誤 ところが、たばこをすいやめたかっていない人がたくさんいます。なぜなら、**ときどき**その人はたばこをすう事はすてきなこと**か**仕事の緊張を経られることだろうとを思っていると思います。〈タイ〉
    正 ところが、たばこを吸うのをやめたくない人がたくさんいます。なぜなら、その人たちはたばこを吸うことはすてきなことだ**とか**、

ときどき（時々）

仕事の緊張を和らげるだろう**とか**思っているからだと思います。

|誤用の解説|

|付加|

1では文頭と文中に「ときどき」が使われているが、文頭の「ときどき」は不要である。

|誤形成|

2には「ときとき」の例が出ているが、「どきどき」と言ったりする学習者もいる。「ときどきします」と「どきどきします」では全く異なる意味になってしまう。

|混同|

3，4は「(ときどき)～こともある」にしなくても誤りではないが、「～こともある」にしたほうがより自然な文になる。3，4では、「ときどき」の前に「時間がない」「暖かい服を着る」という全般の様子を表す文が来ているので、対照を明確にするために「～こともある」にしたほうがよい。

「ときどき」は時間に関係する表現である。5では場所ととらえ「ところどころ」としたほうがよい。6～10は「ときどき」を用いることで「～の時もあるし、～の時もある」を表そうとしたのだが、うまく表せていない。6は、「1週間から／か2週間」と言うこともできるし、また、「1、2週間」と言うこともできる。「2、3日」、「5、6分」のような言い方はあまり教えられないので学習者は苦手であるが、ぜひ覚えさせたい表現である。7は名詞の結び付きなので「とか」や「や」を使う。

8，9は「とか」や「や」でも表せるが、「～たり～たり」で表すとより自然になる。10は「ときどき～か～(思う)」の形を使っている。「思う」の思考内容を「～とか～とか(思う)」でつなぐと、まとまりのある文になる。

|伝達上の誤用| ★

● 3，4に関連して、学習者が「日本語は難しいですか。」と聞かれて、「ときどき難しいです。」と答えることがあるが、「難しいこともある」「難しいときもある」と「～こと／ときもある」を用いたほうが自然になる場合が多い。

|指導のポイント|

● 「ときどき」は学習者がよく使う表現である。何にでも「ときどき」を使って表そうする傾向があるが、動作や行為を述べる時には「～たり～

たりする」を使ったほうがよい場合が多いことを指導し、十分練習させたい。
- 「ときどき＋動詞」（例：ときどき行きます。）だけでなく、「（ときどき）〜すること／ときもある」（例：（ときどき）行くこと／ときもある。）も使えるようにしたい。また、否定の「（ときどき）〜しないこと／ときもある」（例：（ときどき）行かないこと／ときもある。）も練習させたい。
- 1、2週間、2、3か月のような言い方を練習させたい。学習者は「2か月ときどき3か月」のような言い方をすることがある。
- 「ときどき」は単独でも使えるので、学習者は質問されると「ときどき。」とのみ答えることが多い。しかしそのような場合、文末まで言えないことが多いので、完全文を言わせる必要がある。

ところが

➡兄は全快したはずだった。**ところが**、また病気が再発して入院した。

前文の事態・状態に対して、予想・期待に反する事態・状態が発生、存在する時に用いられる。単なる叙述であれば、「しかし」「けれども」が用いられる。

|関連項目|　けれども、（それ）でも、だが、しかし、ただし、ところで、また（接）、逆接節「のに」

|誤用例文|

|脱落|

1. 誤 40年の前に医者はたばこを吸っているのが健康に良いと言いました。Φ今、医者はたばこが健康に悪いと言っています。〈アメリカ〉
   正 40年前、医者はたばこを吸うのは健康に良いと言いました。**ところが**今、医者はたばこが健康に悪いと言っています。

|付加|

2. 誤 ずっと前からじゃない。**ところが**、あなたに会ってから、その趣味が強まってきた。〈中国〉
   正 ずっと前からじゃない。あなたに会ってから、それに対する関心

が強くなってきたのだ。

▎混同

【ところが→けれども】
3. 誤 行きたかった。**ところが**非常に忙しかったのです。〈オーストラリア〉
   正 行きたかった。**けれども**、非常に忙しかったのです。

【ところが→しかし】
4. 誤 文章は正しい。**ところが**、テーマはよくないと思う。　〈中国〉
   正 文章は正しい。**しかし**、テーマはよくないと思う。
5. 誤 私の家族は5人です。**ところが**、今は私が日本にきて、ソウルには4人が住んでいます。　〈韓国〉
   正 私の家族は5人です。**しかし**、今は私が日本に来ているので、ソウルに住んでいるのは4人です。
6. ★誤 台湾では大多数の人は宝籤などのギャンブルが好きだと認められている。**ところが**、実情はどうなのか。　〈台湾〉
   正 台湾では、大多数の人はとばくなどのギャンブルが好きだと思われている。**しかし**、実情はどうなのだろうか。

【ところが→ただし】
7. 誤 この部屋にあるパソコンは9時から5時まで使えます。**ところが**、土曜日だけ9時から12時までしか使えません。　〈ロシア〉
   正 この部屋にあるパソコンは9時から5時まで使えます。**ただし**、土曜日だけは9時から12時までしか使えません。

【ところが→でも】
8. 誤 行きたい。**ところが**、彼女も行くか。　〈中国〉
   正 行きたい。**でも**、彼女も行くだろうか。
9. 誤 今私は日本に住んでいますから、今年の母の日に母に会いません。**ところが**、その日が着いたらプレゼントをさがして送ろうと思っています。　〈タイ〉
   正 今私は日本に住んでいますから、今年の母の日には母に会えません。**でも**、その日が来たら、プレゼントを探して送ろうと思っています。

【ところが→それでも】
10. 誤 タバコを吸っている人が初めに吸ってみたいだけだろう。しかし、

やめる時は大変な事になるかもしれない。**ところが**もしタバコがまだ売れたら、ぜったいにタバコを吸っている人がいる。〈タイ〉

正 タバコを吸っている人は、初めは吸ってみたいだけだったのだろう。しかし、やめる時は大変なようである。**それでも**、タバコを売り続けたら、絶対にタバコを吸う人がいるだろう。

【ところが→ところで】

11. 誤 授業をはじめましょう。**ところが**どうして学生がこんなに少ないですか。〈韓国〉

　　正 授業を始めましょう。**ところで**、どうして学生がこんなに少ないんですか。

【ところが→また】

12. 誤 あしめに友達と一緒に中国へ旅行をする予定がありましたですが、今月彼のお姉さんが来ますのでその予定ができません。**ところが**、他のアジアの国へも旅行したいですが、飛行機の切符をまだ買いませんでした。〈イスラエル〉

　　正 はじめ友達と一緒に中国へ旅行をする予定でしたが、今月彼のお姉さんが来るので、それができなくなりました。**また**、他のアジアの国へも旅行したいんですが、飛行機の切符をまだ買っていません。

【ところが→〜のに】

13. 誤 せっかく日光へ**行きました**。**ところが**雨が降っていました。〈中国〉

　　正 せっかく日光へ**行ったの**に、雨が降っていました。

その他

【文体の一致】

14. ★誤 二人は幸福な日々を**送っています**。ところが、ある日、突然事件が**起きた**。〈韓国〉

　　正 二人は幸福な日々を**送っていた**。ところが、ある日、突然事件が起きた。／二人は幸福な日々を送っていました。ところが、ある日突然、事件が**起きました**。

誤用の解説

脱落

1の、前文「たばこは健康にいいという、40年前の健康観」から、後文「たばこは健康に悪いという、現在の健康観」への変化は、予想に反する大きな変化である。したがって、「ところが」が必要である。

付加

2は、前文で「ずっと前からじゃない」と言って、次に、何か新しいことが起きたことを予想させる。そうした流れに「ところが」があると、流れがストップしてしまい、意味がわかりにくくなる。

混同

3は「けれども」、4～6は「しかし」との混同である。

次の(1)では「ところが」「でも」「けれども」「しかし」「だが」のすべてが使える。

 (1) 傘を持っていった。｛ところが／でも／けれども／しかし／だが｝、雨は降らなかった。

「ところが」は、前文の内容から予想や期待に反する事柄が後文に来る場合に用いる接続詞である。次の(2)のように全くの予想外の状況を示す場合、「ところが」以外の接続詞は入れ換えができにくくなる。

 (2) 王さんのアパートに電話をかけてみた。｛ところが／？でも／？けれども／？しかし／？だが｝若い女性が電話に出た。

こうした入れ換えができにくい場合に、学習者は「けれども（3）」「しかし（4～6）」「でも（8，9）」などを使ってしまう。

7は「ただし」にすべき誤用である。学習者は、「平日vs土曜日」、「使えるvs使えない」のように、前文と後文は対立関係にあるものと考えたようだ。そして、「平日は使えるのに、土曜日は使えない」というのは期待に反すると考え、「ところが」を選んだと思われる。7の後文は、前文の内容を受け、パソコンは使えることは使えるが、限定的な使用時間内という条件を加えている。ここでは前文を受けて、条件や補足、例外を付け加える「ただし」が適切である。

8，9は「でも」との混同である。8の後文には疑問文が来ている。「ところが」に続く後文は基本的に、既定（すでに起きた、または、すでに起きている）の事実を表す文であるため、疑問文は来にくくなる。「ところが」に続く後文にはモダリティの高い意志表現は来にくく、9のように「～（よ）うと思う」が来る場合は、「でも」のほうがふさわしい。10は「でも」も可能だが、「そういう状態においてさえ」「そうであるにもかかわらず」という意味の「それでも」が適当である。

11で教師は、「授業を始めましょう」と言ったあとで、学生の人数が少ないことに気づいたという設定なので、話題転換の「ところで」がふさわしい。「ところが」と「ところで」両者の語形が似ているために取り違えたのかもしれない。**12**は、前文に対し後文が並列的に添加する関係なので、「また」がふさわしい。**13**の前文の副詞「せっかく」は、「せっかく～のに」の形で用いられることが多いので、「のに」を用いたほうがよい。

| 伝達上の誤用 | ★

● **6** は、前文の内容（台湾の人はギャンブルが好きだ）について、「実情はどうなのか」という反語的な文を用いて、「実情はそうではない」ということを言っているので、わざわざ反予想・反期待の意味合いを持つ「ところが」を用いる必要がないと考えられる。しかし、「実情はそうではない」という程度が非常に大きく、予想・期待に反することであると話し手がとらえれば、「ところが」も可能になってくる。このように「ところが」は、話し手の物事に対するとらえ方、心情と大きく関係する。

●「ところが」は普通体の中で用いられることが多いが、**14**のように丁寧体でも使われる。ただし、前文と後文の文体が一致する必要がある。

> | 指導のポイント |
>
> ●学習者は、「ところが」と、他の逆接の接続詞「しかし」「けれども」「でも」との使い分けが難しい。「ところが」が反予測（話し手の期待に反した時）に使われること、また、話し手の驚きの気持ちが入ることを説明しておく。
> ●学習者は、反予測の気持ちが含まれていない部分で「ところが」を使ってしまう傾向がある。単なる逆接の文や相反することを述べる文では「ところが」を使わないことにも言及しておく。
> ●「ところが」に続く後文には、既定の文が来る。意志性の高い文末は来にくいことに注意させる。
> ●「ところが」では、前文は主語・主題に制限はないが、後文は、主語・主題が話し手ではなく他者になることに言及したほうがよい。

ところで

➡ いい天気だね。**ところで**、洋子、夏休みはどうするつもり？

「さて」や「それでは」と同じく、話題を転換する接続詞である。今までの話から他の話を新しく導入する働きをする。会話の中で用いられる。「〜。ところで、〜ですか。」と質問の形が続くことが多い。

関連項目　さあ、しかし、ところが、それから、では、また（接）、一方、話は変わるが、このように、主語・主題

誤用例文

付加

1. 誤　私は帰った方がいいと思います。**ところで**あなたはどうしますか。〈韓国〉
   正　私は帰った方がいいと思います。あなたはどうしますか。

2. 誤　今まで日本に2年間感じたのは、思ったより日本人は付き合いやすいと思う。これからも日中関係がうまく行けたらいいと望んでいる。**ところで**、私は今大学に通っている。今年2年生になったばかりで、いろいろ大変な1年になりそうだ。〈中国〉
   正　今まで2年間日本にいて感じたことは、思ったより日本人は付き合いやすいということだ。これからも日中関係がうまく行ってほしい。私は今大学に通っている。今年2年生になったばかりである。今年もいろいろ大変な1年になりそうだ。

混同

【ところで→それから】

3. 誤　もしじっけんのことが早く終わったら、日本では旅行しろうと思います。たとえば、京都とか、ながのとか、ほっかいどうとおい所へ行きたいです。じつは、私その所へ行ったことがありますが、ほんとうにおもいいろくて、きれいでしたから、も一度行きたいです。今度ほっかいどう行けば、温泉に入います。**ところで**、今度の週末に私はちばけんに住んでいる友達と会いに行くつもりです。〈ラオス〉
   正　もし実験が早く終わったら、日本で旅行しようと思います。たと

えば、京都とか、長野とか、北海道などの遠い所へ行きたいです。実は、私はそこへ行ったことがあります。本当におもしろくて、きれいでしたから、もう一度行きたいです。今度北海道へ行ったら、温泉に入ります。**それから**、今度の週末には千葉県に住んでいる友達に会いに行くつもりです。

【ところで→さあ】

4. 誤 たくさん食べました。**ところで**、そろそろかえりましょう。〈中国〉
   正 たくさん食べました。**さあ**、そろそろ帰りましょう。

【ところで→ところが】

5. 誤 先先月友達にバラを9ぱんあげた。ベトナム人は九が大好である。**ところで**日本人は九があまり好ではない。それで友達にすみませんと言った。〈ベトナム〉
   正 先々月（日本人の）友達にバラを9本あげた。ベトナム人は九が大好きだからだ。**ところが**、日本人は九があまり好きではない。それで、友達にすみませんと言った。

【ところで→しかし】

6. 誤 留学生と言うと簡単に言えば、外国へ行って勉強することであろう。**ところで**決して自分の専門のみについて勉強するのではなくて、自分の興味を持つことと、あの国の特有のことを勉強するわけだと思っています。〈台湾〉
   正 留学というのは簡単に言えば、外国へ行って勉強することであろう。**しかし**、決して自分の専門のみを勉強するのではなく、自分の興味があることや、その国／留学先の国特有のことを勉強することだと思う。

【ところで→一方】

7. 誤 日本の住宅の玄関ドアが外開きである理由は三つある。（中略）**ところで**、外開きのドアの欠点として二つのことが挙げられる。一つは防犯の面でうち開きドアに劣る。〈モンゴル〉
   正 日本の住宅の玄関のドアが外開きである理由は三つある。（中略）**一方**、外開きのドアの欠点として二つのことが挙げられる。一つは、防犯の面で、内開きドアに劣ることである。

【ところで→では】

8. 誤　子どもが減っていくことは将来の働く人が減るということだ。働ける人が減ると、国は労働力不足の局面に直面し、従って経済発展もゆるやかになるのである。**ところで**、何故子どもの数は減っていくばかりなのか。〈韓国〉

　　正　子供が減っていくことは、将来働く人が減るということだ。働ける人が減ると、国は労働力不足の局面に直面し、したがって経済発展もゆるやかになるのである。**では**、なぜ子供の数は減っていくばかりなのか。

【ところで→話は変わるが】

9. ★誤　八月九日より九月八日までは私達の夏休みです。この間には国へ帰らずに、ずっと日本にいました。その間に、毎日たまらないほどの暑さが続いていました。ある時、気温が36度のところもありました。熱帯の天候のマレーシアもこんなに暑いことがあまりありません。これはマレシアがみどりがたくさんでしょう。**ところで**、夏休み中に、暇な時間がたくさんありましたから。アルバイトしたいと思っていました。〈マレーシア〉

　　正　八月九日より九月八日までは私達の夏休みでした。夏休みの間は国へ帰らずに、ずっと日本にいました。その間、毎日たまらないほどの暑さが続いていました。気温が36度のときもありました。熱帯の天候のマレーシアでもそんなに暑いことはあまりありませんでした。これはマレーシアには緑がたくさんあるからでしょう。**話は変わりますが**、夏休みは、時間が十分ありましたから、アルバイトしたいと思っていました。

【ところで→また】

10. ★誤　日本の漫画の方がアメリカのコミックスよりもっとはば広いテーマがあります。やはり、もしもっと広いな読者があれば、もっと広いテーマもある可のうせいが多いです。**ところで**、漫画のテーマは、スーパー・ヒーローとかファンターシだけではなく、ゴルフ、歴史、会社の生活などについて漫画もあります。〈アメリカ〉

　　正　日本の漫画の方が、アメリカのコミックスよりテーマの幅が広いです。もし、もっと多くの読者がいれば、もっと幅広いテーマが

出てくる可能性が高いです。**また**、漫画のテーマは、スーパー・ヒーローとかファンタジーだけではなく、ゴルフ、歴史、社会生活などについてのものもあります。

【ところで→このように】

11. 誤 異国にいる私にとって日本と中国の文化の愛暖さを深く感じるようになった。**ところで**、日本と中国の近いところには相異な所もある。 〈中国〉

    正 異国にいて、私は日本と中国の文化の暖かさを深く感じるようになった。**このように**、日本と中国には近いところもあるが、相違点もある。

その他

【主語・主題の脱落】

12. 誤 朝夕寒くなってきました。**ところで**、この間、北海道へ行ってきました。 〈中国〉

    正 朝夕寒くなってきましたね。**ところで**、**私は**この間、北海道へ行ってきました。

誤用の解説

付加

1のように、聞き手がいて、まだ話題が続いていると思われる時に、学習者は「ところで」を使ってしまいがちである。ある話題について自分の意見を述べたあとで聞き手の意見を求める場合、話し手がいきなり話題転換の意味で「ところで」を使うことは不適切である。その場合は、接続詞を使わずに済ますほうがよい。2も1と同様で、来日以来の出来事について述べているので、話題は継続している。わざわざ「ところで」を使って話題を転換する必要はない。

混同

3は「ところで」と「それから」、4は「ところで」と「さあ」との混同である。学習者は少しでも話題に変化が生じたと感じると、好んで「ところで」を使う傾向がある。3は、全文を通して旅行というテーマで書かれ、いくつかの旅行（先）の話が出てきている。千葉行きはそれらに付け加える形で述べられているので、「それから」がふさわしい。4は相手への誘いかけの文なので、「さあ」がよい。

「ところで」は話題転換の接続詞で、「ところが」は予想通りにならない結果が後文に来る逆接の接続詞である。どちらも前文と後文では場面が切り替わるよう

な感じがあるので、学習者は間違えやすい。また、両者は語形も似ているため、学習者は混同しやすい。5でも「ところで」を、「ところが」と混同している。

6では「しかし」とすべきところで「ところで」を用いているが、「ところで」を「ところが」と混同し、加えて「ところが」と「しかし」の用法の違いを熟知していなかったために起きた誤用だと考えられる。

7では、学習者は、中略の部分で日本の玄関ドアが外開きである理由を三つ挙げ、話題が次に移った時点で「ところで」を用いていた。学習者は、話題が変わったことで「ところで」を使ったのだろうが、前文と後文は「外開き」という点でつながっている。対照的な対立と考え、「一方」に換えた。

8は、「では」を「ところで」とした誤用である。学習者は「では」と「ところで」の違いが理解できていない場合が多い。8は、前文を受けて、後文で新たな話題を示す文である。「ところで」を使ってしまうと、前文の話題を一旦打ち切り、後文では前文と関連のない話題に移ってしまう。前文も後文も子どもの減少についての話題で、話題は続いていることから、同一話題内での転換ができる「では」がふさわしい。

9では、話題が変わるので「ところで」を使ったようだが、「ところで」を使うと、聞き手を巻き込んだ大きな転換となり、文章全体の流れを乱してしまう。話し手だけにかかわる話題の転換には、「話は変わるが」のほうが適当だと思われる。10は、前文の内容を受け、それに対する添加を示す「また」に換えることで自然な文となる。11では文の流れが変わるので、学習者は「ところで」を用いたようだ。しかし、11の後文は、前文の流れを受けて、このような結論に至ったことを表しているので、「このように」がふさわしい。

その他

「ところで」は話題転換の働きを持つので、前文と後文では主語・主題が変わることもある。12のように話題が変わった場合、主語・主題が抜けていることがわかりにくくなるので、主語・主題を補ったほうがよい。

伝達上の誤用 ★

● 「ところで」は話題転換の接続詞であるが、「ところで」を使うと、今まで続いていた話題を完全に終わらせ、新しい話題を持ち出すことになる。話題を大きく、全く関係のないものに変えてしまうことになるのである。学習者はそのことに気づいていないことが多く、単に話題を少し変える程度にしか考えていないので、乱用してしまいがちである。したがって、単に話題を少し変える程度であれば、9,10のように「話は変わるが」「また」などを使う必要がある。

> **指導のポイント**
>
> - 「ところで」は話しことばであるが、ややかたい、フォーマルな表現である。
> - 話題転換という意味では、「ところで」「では」「それでは」「さて」「さあ」「話は変わるが」は似たような機能を担っている。
>   - では／それでは：前文を受けて、それについての、また、新たな話題を示す時に用いる。
>   - さあ：行為の開始の掛け声を示す（感動詞）。
>   - さて：それまでの事柄を一段落させて、次の話題へと移る場合に用いる。
>   - ところで：前文の話題とは関係のない事柄に突然移る時に使い、聞き手を巻き込む接続詞である。
> - 語形が似ていることから、「ところで」と「ところが」、「では」と「ところで」の混同が多い。「では」「ところで」「ところが」が複雑に影響しあって誤用を招いているので、導入の際に、要注意項目として相違点を明確に示しておいたほうがよい。

として

→彼女は日本の代表**として**会議に参加した。
→彼は人間**として**失格だ。

名詞に付いて、「その立場・観点から、また資格として、何をする／したか」という行為や意志を表す。「一般的な観点から見て」という視点が入る。

関連項目　は、で、と、には、にとって、としては

誤用例文

誤形成

1. 誤　3歳でピアノを始めてからというものよく学校の代表**にとして**演奏会に参加している。　〈台湾〉
   正　3歳でピアノを始めてからというもの、学校の代表**として**よく演奏会に参加している。

507

> 混同

【として→は】
2. 誤 学生として、勉強しなくてはいけない。　　　　　〈中国〉
   正 学生は、勉強しなくてはいけない。
3. 誤 男性として自分の家庭に責任を持つべきだ。　　〈マレーシア〉
   正 男性は自分の家庭に責任を持つべきだ。
4. 誤 日本語はたくさんの漢字が難しいので、タイ人としてほとんど覚えられない。　　　　　　　　　　　　　　　　　　　　〈タイ〉
   正 日本語は難しい漢字が多いので、タイ人はほとんど覚えられない。

【として→と】
5. 誤 「道具」という発想を強調する方法は、ブラジル人の学習者にとって分かりやすいと思われる。「場所」の場合でも、その所が動作が行われるための舞台のようなものになり、ある意味で「道具」として思われてもよい。　　　　　　　　　　　　　〈ブラジル〉
   正 「道具」という発想を強調する方法は、ブラジル人の学習者にとって分かりやすいと思われる。「場所」の場合でも、そこが動作が行われるための舞台のようなものになり、ある意味で「道具」と考えることができる。

【として→でも】
6. 誤 一軍プレーヤとしてエラーすることも避けられない。
   　　　　　　　　　　　　　　　　　　　　　　　　〈インドネシア〉
   正 一軍プレーヤーでもエラーは避けられない。

【として→なのに】
7. 誤 彼は学生として、学校へ行かず、遊んでばかりいる。　〈？〉
   正 彼は学生なのに、学校へ行かず、遊んでばかりいる。

【として→ので】
8. 誤 私は外交官になりたいとして、外国語を勉強した方がいい。
   　　　　　　　　　　　　　　　　　　　　　　　〈オーストラリア〉
   正 私は外交官になりたいので、外国語を勉強した方がいい。

【として→の中で】
9. 誤 さしみは日本料理として一番おいしいものである。　〈台湾〉
   正 さしみは日本料理の中で一番おいしいものである。

【として→にとって】

10. 誤 先生**として**、教えること以外の役割はどんなことだろう。〈タイ〉
    正 先生**にとって**、教えること以外の役割とは何だろう。

11. 誤 アメリカ人**として**、日本語の外来語は、漢字よりずいぶん覚えやすい。〈中国〉
    正 アメリカ人**にとって**、日本語の外来語は、漢字よりずいぶん覚えやすい。

12. 誤 留学生**として**くるしいのは食べ物だと思う。〈韓国〉
    正 留学生**にとって**大変なのは、食文化が違うことだと思う。

【としての→には】

13. 誤 ロマンチックがあるし、値段が安いし、デート**としての**いいレストランだ。〈台湾〉
    正 ロマンチックだし、値段が安いし、デート**には**いいレストランだ。

その他

【述語の欠落】

14. ★誤 兄は有名な技術者として、お金持ちになった。〈カナダ〉
    正 兄は有名な技術者として**成功し**、お金持ちになった。

【私の意見として→私は】

15. ★誤 **私の意見として**、○○放題はあまりよくないと思います。〈キューバ〉
    正 **私は**○○放題はあまりよくないと思います。

誤用の解説

誤形成

1は「に」を付けて「にとして」とした誤用であるが、「代表になる／選ばれる」などに用いられる「に」に引きずられて「に」を付加したと思われる。

混同

「(私たちは) 学生として勉強しなくてはいけない。」「(彼は) 男性として責任を持つべきだ。」のように別に主語があるなら、2, 3は文法的に誤りとは言いにくい。しかし2, 3の学習者は「Nとして」＝「Nは」、つまり、「として＝主題提示形式の一種」と理解してしまったようである。4の「(私は) タイ人として覚えられない」は文としておかしい。ここでも「として＝は」ととらえていると考えられる。

5は、日本語の助詞「で」を統一的に説明する方法として、場所も道具の一つとする考え方を説明している。「思う」「考える」には、「として」ではなく引用の格助詞「と」が必要である。6では「一軍プレーヤーの立場でも／資格があっても」と言いたかったようである。誤用の要因は「〜として」が、「〜ても（逆接）」の意味を表すことができると考えたためと思われる。7も6と同じく、逆接を表すのに「として」を用いている。7では後件（主節）に非難の表現があるので、「のに」がふさわしい。

　8の学習者は「外交官を目指す者として」と表現したかったようである。それを単純に「外交官になりたい」に「として」を結び付けてしまったのが誤用の要因だと思われる。9は、属性形容詞「おいしい」と結び付けてしまったためにやや不自然な文となっている。属性形容詞でも立場・資格・観点と結び付く場合は、「として」が成り立つ（例：てんぷらは日本料理として有名だ／好評だ）が、そうでない属性形容詞は不適切となる。（例：？てんぷらは日本料理としておいしい／多い。）

　10〜12の「（人）として」は、述語に「その立場にふさわしい」「その立場にふさわしい振る舞いをする」という動詞や形容詞が来ることが多い。主語にとってどうであるか、よいか悪いかなどの判断・評価を表すには「（人）にとって、〜は〜」の形にする必要がある。

　13は「デートをするのにふさわしい＋レストラン」と言いたかったようであるが、「として」は立場や資格を表すので不適切である。ふさわしいことを示す「〜に（は）いい」とする必要がある。

伝達上の誤用 ★

● 14の「技術者としてお金持ちになった」という表現は間違いとは言えないが、「として」の次に「何をする／したか」という行為・意志を表す表現がほしい。「技術者として成功し」、その結果「お金持ちになった」としたほうが自然な文になる。

● 学習者は自分の意見を述べようとする時、15のような言い方をしがちである。日本語では「私の意見として」はもちろん、「私の考えでは〜」などという言い方もあまりしない。意見を述べる自然な言い方は「（私は）〜と思います」であろう。

指導のポイント

「として」の使い方では、次の点に注意が必要である。
- 学習者は「として＝主題提示形式の一種」と思ってしまいやすい。
  例：学生｛×として／○は｝勉強しなくてはいけない。
- 「として」と結び付かない動詞や形容詞を使ってしまう。
  ① （資格・立場）として＋○働く／○勤務する／○成功する／
  　　　　　　　　　　　？金持ちになる
  　例：サラリーマンとして｛○働く／？金持ちになる｝。
  ②×〜として／○〜の中で＋一番おいしい
  　例：さしみは日本料理｛×として／○の中で｝一番おいしい。
- 「として」を逆接の意味で使用可能だと思っている。
  例：一軍選手｛×として／○でも｝エラーする。
  　　学生｛×として／○なのに／○のくせに｝勉強しない。
- 「として」と「にとって」を混同しやすい。
  例：留学生｛×として／○にとって｝大変なのは食べ物だ。

とても

→このごろとても忙しい。
→彼女はとても熱心に働いた。

程度がはなはだしい様子を表す。似たような言い方に「大変」「非常に」「大いに」「ずっと」などがある。「大変」「非常に」に比べて、口語的でやわらかい。

関連項目　一番、かなり、大変、非常に、あまり／絶対に＋否定形、そんなに、形容詞

誤用例文

付加

1. 誤　そんなようすを見ると**とても**あきれ返って物も言えません。〈韓国〉
   正　そんな様子を見ると、あきれ返って物も言えません。

2. 誤 夜の時、はなびで、爆竹で遊んでいます。**とても**面白ろくてたまらない。その後で、大家庭の家族と一緒に御飯を食べるはずです。〈マレーシア〉
   正 夜、花火や爆竹で遊びます。面白くてたまりません。その後で、大家族のみんなと一緒に御飯を食べることになります／食べるのが一般的です。
3. 誤 今朝は朝寝ぼうをして**とても**急いで学校に来た。そこで、つい宿題を持ち忘れてしまった。〈韓国〉
   正 今朝は朝寝坊をしたので、急いで学校に来た。それで、つい宿題を持って来るのを忘れてしまった。

|混同|

【とても→かなり】

4. ★誤 台湾の野球はどうですか。チームも少ないし、観衆も日本より少ないです。しかし、最近は成人の野球は**とても**おおいし観衆もおおくになりました。〈台湾〉
   正 台湾の野球はどうでしょうか。チームも少ないし、観客も日本より少ないです。しかし、最近は成人の野球が**かなり**多くなり、観客も多くなりました。
5. ★誤 この論文の作者のメリーさんは**とても**我慢して一種懸命に尺八を勉強しました。〈アメリカ〉
   正 この論文を書いたメリーさんは、**かなり**我慢して一生懸命に尺八を勉強しました。

【とても→大変】

6. ★誤 今子供までたばこを吸うことが**とても**深刻な問題になりつつあります。〈マレーシア〉
   正 今／現在、子供までたばこを吸っていることが**大変**深刻な問題になりつつあります。

【とても→大きく／大きな】

7. 誤 この世界の中には生物は死ぬのはあたりまえことだ。毎日動物も人間を死んでいる。しかし、動物の死ぬと人間の亡くなるのは**とても**違う。〈マレーシア〉

正 この世界の中で、生物が死ぬのは当たり前のことだ。毎日動物も人間も死んでいる。しかし、動物が死ぬのと人間の亡くなるのでは**大きく違う／大きな違いがある。**

【とても＋否定→きっと＋否定】

8. 誤 今年の３月29日にはじめてスピーチを30人の前に日本語でしました。**とても忘れられない**思い出になると思います。　〈アメリカ〉

　　正 今年の３月29日にはじめて30人の前で日本語でスピーチをしました。**きっと忘れられない**思い出になると思います。

【とても＋否定→あまり＋否定】

9. 誤 入口にたいへん高い「すぎ」という木がありました。韓国にはそう高い木は**とてもみえません**です。　〈韓国〉

　　正 入口にとても高い「杉」という木がありました。韓国ではそんなに高い木は**あまり見られません。**

【とても＋否定→あまり／絶対に＋否定】

10. 誤 それにたばこは体には**とてもよくなくて**、毒物が多くて、いろいろな病気の起因ですが、役に立つ所も少しあります。　〈中国〉

　　正 それにたばこは体には**あまり／絶対によくないし**、毒物が多くていろいろな病気の原因になりますが、役に立つところも少しあります。

【とてもきらい→大きらい】

11. 誤 私はたばこをすまないからほかの人がたばこをすむことを見れば気分がすぐれない。特に共共場所でたばこをすむ人は**とてもきらいだ。**　〈韓国〉

　　正 私はたばこを吸わないから、ほかの人がたばこを吸うのを見ると、嫌な気分になる。特に公共の場所でたばこを吸う人は**大きらいだ。**

その他

【そんなに→とても】

12. 誤 あの人が**そんなに**えらい人だったけどたかだか人間にすぎないですよ。　〈韓国〉

　　正 あの人は**とても**偉い人だったけど、たかだか一人の人間にすぎないですよ。

【よほど→とても】

13. 誤 その十年にわたって開発した製品は生活に**よほど**便利だから、使う人は絶対にふえていくわけだ。　　　　　　　　〈アメリカ〉

　　正 その十年にわたって開発した製品は、生活に**とても**便利だから、使う人は絶対に増えていくはずだ／にちがいない。

誤用の解説

付加

1, 2は「あきれかえる」「面白くてたまらない」に、それぞれすでに「とても」の意味が入っているので「とても」は不要である。3では「とても」を「急ぐ」という動作性の表現とともに用いている。「とても」は、通常、形容詞や副詞に付いて程度がはなはだしいことを表す。「とても」が結び付く動詞は限られ、「驚く」「感動する」「興奮する」「やせる」「太る」「疲れる」「困る」(例：とても驚いた。とても感動した。それはとても困る。)のように程度を表すものが多い。「急ぐ」は基本的に動作を表す動詞なので、「とても」とは結び付きにくいと考えられる。

混同

7は「程度」というより「違い」の大きさについて述べているので、「大きく違う」や「大きな違いがある」などがよい。8〜10(意味的には11も)は「とても」が否定形と結び付いている例である。「とても覚えきれない」のように、「とても＋否定」は可能性が全くないことを表す。「とても＋否定」は、多くの場合マイナスの意味合いとして用いられるので、8のプラス評価の「忘れられない思い出」では不適切になっている。

9は「あまり」との混同である。英語の not very〜 の very を「大変、とても」と解し否定の中で使ったのであるが、「とても＋否定」は全く可能性のないことを表すので、ここでは「あまり＋否定」が適当であろう。10は、「あまり＋否定」でよいと思われるが、内容から考えると学習者は「絶対に」と言いたかったのかもしれない。学習者の意図したものが、程度がはなはだしいということであれば、「あまり＋否定」(あまりよくない)ではなく、「絶対に＋否定」(絶対によくない)、または、「絶対に＋肯定」(絶対に悪い)になる。11の「とてもきらいだ」という言い方は不自然で、「絶対にきらいだ」とするか、訂正文のように「大きらいだ」とすべきである。

その他

12, 13で学習者は、「そんなに」「よほど」も程度がはなはだしいことを表すと考え、使用したと思われる。12の「そんなに」は、肯定形と使われると程度がはな

はだしいことが強調され、かつ、話し手のやや感情的な気持ち（驚きなど）が入る場合が多い。「そんなに」を使うのであれば、「そんなにえらい人だったのか。そうだったとしても〜」というような言い方にする必要がある。**13**の「よほど」は、「〜のほうがよほど〜だ」（例：独身のほうがよほど気が楽だ。）、または「よほど〜らしい／にちがいない」（例：よほど悲しいにちがいない。）のように話し手の推量のニュアンスが入るので、**13**には不適切になる。

| 伝達上の誤用 | ★

- **4，5**は「とても」を用いているが、「とても」は話しことばなので、より客観的な「かなり」のほうが適している。「とても」は口語的でやわらかい響きを持つが、多用すると感情過多な表現になることもあるので、注意が必要である。
- **6**も誤りではないが、「とても」はやわらかい話しことばであるので、「深刻な問題」にふさわしい「大変」が適している。「大変」も程度がはなはだしいことを表す。

| 指導のポイント |

- 学習者は「とても」を多用しがちなので、何でもかんでも「とても」を使うのではなく、状況、内容に応じて「大変」「非常に」「かなり」「ずっと」なども使えるようにさせる。特に書きことばには「かなり」「非常に」を使わせたい。
- not very のつもりで「とても〜ない」を使う学習者がいるが、否定の場合は「あまり〜ない」となることをしっかり身につけさせる。
- 「とても」は話しことばなので、論文などの論理的な文章には使わないことを伝えておく。
- 「とても」は使い過ぎると女性的に聞こえるので、あまり使い過ぎないように注意させたい。

なかなか

➡この子の描いた絵は**なかなか**うまい。
➡バスが**なかなか**来ない。

「なかなか」は話しことばに用いられ、大きく二つの意味に分かれる。
　①程度が普通以上、平均を上回っている様子を表す。
　②物事がスムーズにいかない様子、目標達成や問題の解決などに労力や時間が必要な様子を表す。否定表現と結び付くことが多い。

[関連項目]　かなり、とても、全然／あまり／まだまだ＋否定形、可能形、形容詞

[誤用例文]

[付加]

1. 誤　寒くなってきたとはいえ、かなり**なかなか**暑かった。　　〈台湾〉
　 正　寒くなってきたとはいえ、かなり暑かった。
2. 誤　実際は何か忘れたければ忘れたいほど**なかなか**忘れにくくなりますからたばこを吸うことはまことに何も解決してくれません。
　　　　　　　　　　　　　　　　　　　　　　　　　　　　　〈ベトナム〉
　 正　実際は（何か忘れたくても、）忘れたいと思えば思うほど忘れられないものですから、たばこを吸うことは本当は何も解決してくれません。

[混同]

【なかなか＋否定→全然＋否定】

3. 誤　先生に相談したところが、けられただけだから、**なかなかために**ならなかった。　　〈アメリカ〉
　 正　先生に相談したところが、断られただけだから、**全然役に立たな**かった。

【なかなか→かなり】

4. ★誤　最初の三つのスポーツは自分では**なかなか**上手にできる楽しいスポーツですが他のスポーツがきらいでできないわけでないし、見るだけにしているわけでもない。　　〈アメリカ〉
　 正　最初の三つのスポーツは**かなり**上手にできる楽しいスポーツですが、他のスポーツがきらいでできないわけでもないし、見るだけにしているわけでもありません。

5. 誤 私達が話したり、飲物をのんだりしました。私のダンス姿はなんだか、しばらくおどらなかったか、**なかなか**へたそうでした。
〈マレーシア〉
　　正 私達は話したり、飲物を飲んだりしました。私のダンスは、しばらく踊らなかったせいか、**かなり**下手だったと思います。
6. 誤 <行事の説明>感謝を表すため、灯籠の中にお金を入れる人も**なかなか**いるそうだ。　〈タイ〉
　　正 感謝を表すために、灯籠の中にお金を入れる人も**かなり**いるそうだ。

【なかなか→とても】

7. ★誤 Jさんにとって、一番恥ずかしいのは、かつて、授業に出る前に、気にしないで階段を転ぶことだ。大勢の人に見られて**なかなか**恥ずかしかったと思っている。　〈中国〉
　　正 Jさんにとって一番恥ずかしかった経験は、以前授業に出る前に、うっかり階段で転んだことだ。大勢の人に見られて、**とても**恥ずかしかったそうだ。

【なかなか→まだまだ／全然】

8. 誤 ふねがたくさんならんでいますが**なかなか**たりませんでした。ふねにのっている人もいれば、うみにのこっている人もいます。
〈ベトナム〉
　　正 船がたくさん並んでいますが、**まだまだ／全然**足りませんでした。船に乗っている人もいれば、海に残っている人もいます。

その他

【「なかなか」と可能形】

9. 誤 こんな仕事はあの会社ではなかなか**しなかった**。　〈韓国〉
　　正 こんな仕事はあの会社ではなかなか**できなかった**。
10. 誤 このころ高校をそつぎょうしてから、大学に入っている人が多くなります。けれども大学をそつぎょうしてから、なかなか**仕事を持っていません**。カンボジアには会社がまた少ないですから。
〈カンボジア〉
　　正 このごろは、高校を卒業して大学に入る人が多くなりました。けれども大学を卒業してから、なかなか**仕事を持つことができませ**

ん／仕事が見つかりません。カンボジアには会社がまだ少ないですから。

誤用の解説

付加
　肯定文で用いられる「なかなか」はプラス評価を表す副詞である。1, 2の、「暑い」「忘れにくい」はどちらかと言うとマイナスイメージの語なので「なかなか」は適当ではない。

混同
　「なかなか～ない」は「物事がスムーズにいかない」ことを表す。3では断られたのであるから、「ためになった（役に立った）」程度はゼロということで、「全然～ない」がよい。5では「へた」と、プラスイメージを持つ「なかなか」が合わないため不自然になっている。
　6において「かなりいる」「結構いる」「相当いる」は可能だが、「なかなかいる」は不自然である。「なかなかいける」「なかなかやりますね」の「いける」「やる」ように、プラス評価の動作・行為を表す動詞、または、形容詞が必要である。8では「なかなか足りない」と言っているが、量的に十分でないという意味なので「まだまだ」または「全然」が適している。

その他
　9は「やりたくてもいろいろな事情でできなかった」という文意なので、可能形を用いるのがよい。10も就職が難しい様子を述べているので、可能「できる」の否定形か、自動詞「見つかる」の否定形「見つからない」がよい。

伝達上の誤用 ★

●「なかなか」は、基本的には他者についての評価を表し、自分のことには使えない。「なかなか」が自分についてのコメントに使われると、冗談を言っているように（7）、また、うぬぼれているように（4）聞こえる。
●「なかなか」はプラス評価の意味合いを持つ語であるが、直接相手に使うと失礼になることがある。例えば目上の人に対して「(あなたは)なかなかいい人ですね。」と言ったり、部下が社長に直接、「社長の提案はなかなかおもしろいですね。」と言うと、相手は不快に感じるかもしれない。これは「なかなか」がプラス評価であっても、目上から目下への（または、対等な者への）評価を表すためと考えられる。

指導のポイント

- 「なかなか」を導入する時は、「なかなかおもしろい」のような肯定と結び付いたものと、「バスがなかなか来ない」のように否定と結び付いたものとに分けて教えたほうがよい。どちらの用法でも、話しことばで用いられることを学習者に言っておく必要がある。
- 「なかなか＋肯定」はほめるなどのプラス評価を述べる時に用いられ、単なる叙述表現では不適切になる。その場合は「かなり」が適切になる。
- 「なかなか」は、話し手自身のことには使えない。(例：？私はなかなか達筆だ。) また、目上の人に使うと失礼になることにも言及しておきたい。(例：？先生はなかなかお上手です。)
- 「なかなか＋否定」は簡単にはそのような状態には達しない、時間がかかるということを表すので、可能動詞と結び付くことが多い。(例：なかなかできない。) 動詞を選んで練習させるとよい。

なければならない

→ 毎月健康診断を受け**なければならない**。
→ 人間はいつか死な**なければならない**。

動詞、形容詞などのナイ形の語幹に付いて、義務、当為、必要などを表す。

関連項目 たい(と思う)、なければいけない、べきだ、(せ)ざるをえない、ないではすまない

誤用例文

誤形成

1. A：いっしょに飲みに行こうよ。
   誤 B：いや、ちょっと。ゼミで発表するので、**準備してなければならない**んです。〈インドネシア〉
   正 B：いや、ちょっと…。ゼミで発表するので、**準備しなければならない**んです。

2. **誤** 日本人の友だち**を作り**なければなりません。〈ブラジル〉
   正 日本人の友だち**を作ら**なければなりません。

3. 誤 貿易の面から見ると日本の経営管理は一番と**呼ばらけれ**ばなりません。　　〈インド〉
   正 貿易の面から見ると、日本の経営管理は一番と**言わなければ**なりません。
4. 誤 交通事故の多発に対して**考えければ**ならない。　〈中国〉
   正 交通事故の多発について**考えなければ**ならない。

混同

【なければならない→たいと思う】
5. ★誤 この博物館はすばらしいです。もう一度ここへ**来なければなりません**。　〈アメリカ〉
   正 この博物館はすばらしいです。もう一度ここへ**来たいと思います**。
6. ★誤 私は日本の文化はいろいろなことをまだわからないけど、わかるように日本人の友だちを**作りなければなりません**。　〈ブラジル〉
   正 私は日本の文化のいろいろなことがまだわからないので、わかるように日本人の友だちを**作っていきたいと思います**。

【なければならない→ことになる】
7. ★誤 しかし、すぐ事務員の退屈な仕事にあきあきして、一カ月からやめた。そして大学に**行かなければならなかった**。〈オーストラリア〉
   正 しかし、すぐ事務員の退屈な仕事にあきあきして、一か月で辞めた。そして大学に**行くことになった**。

【なければならない→（せ）ざるをえない】
8. ★誤 仕事を捜すために本土に**行かなければならない**人がたくさんいる。　〈オーストラリア〉
   正 仕事を探すために本土に**行かざるをえない**人がたくさんいる。
9. ★誤 私が何も食べられなく、他の部屋に行き、**横にさせなければならなかった**。　〈オーストラリア〉
   正 私は何も食べられなくて、他の部屋へ行き、**横にならざるをえなかった**。

【なければならない→べきだ】
10. ★誤 夏が訪れると、杭州の西湖は**行かなければならない**場所だと思います。　〈中国〉
    正 夏にどこかへ行くなら、杭州の西湖は**行ってみるべき**場所だと思

います。

その他

【なければいけない→なければならない】

11. ★ 誤 私たちはみんな**死な**なければいけない。　　〈アメリカ〉
    正 私たちはみんな**死な**なければならない。

【ないではすまない→なければならない】

12. 誤 ゼミの新人だから、自分の考えが正しいと思っても、まず先輩たちの意見を**賛成しないではすまない**。　　〈中国〉
    正 ゼミでは新人だから、自分の考えが正しいと思っても、まず先輩たちの意見に**賛成しなければならない**。

13. 誤 あしたは期末試験の日だから、かぜをひいても、**勉強しないではすまない**。　　〈台湾〉
    正 あしたは期末試験の日だから、風邪を引いても、**勉強しなければならない**。

14. 誤 げつようびにしけんがあるんだから、しゅうまつだとしても、べんきょうを**しないではすまない**。　　〈韓国〉
    正 月曜日に試験がある（んだ）から、週末でも勉強を**しなければならない**。

誤用の解説

誤形成

1～4のように、「なければならない」に接続する動詞の正しい形が作れない誤用が多く見られる。まずナイ形を作り、その「ない」を「なければ」にするという2段階の作業が必要だが、学習者の誤用では、最初の段階のナイ形が作れていないものが多い。

混同

5～10に見られるように、英語話者は「なければならない」を must と同義に考える傾向があるようである。英語では must で表せても、日本語では5, 6のように「たいと思う」、8, 9のように「(せ)ざるをえない」、10のように「べきだ」など他の表現を使う必要がある。「なければならない」が、自分自身、または、聞き手(相手)の行為・事柄に対する義務や必要性を表すのに対し、「(せ)ざるをえない」は、「そうするよりほかに選択肢がない」という消極的意味を表す。また、「べきだ」は忠告だけでなく、助言を行うこともできる。

その他

12～14は「ないではすまない」との混同である。「ないではすまない」は動詞の否定形に付いて、「その行為をしないでそのままにしておくことはできない、相手(世間)に対してそれは許されない」という意味を表す。(例：友人の大切なワイングラスを割ってしまった。新しいのを買って返さないではすまないだろう。)

伝達上の誤用 ★

● 5～10では「なければならない」を使っているが、「なければならない」は義務や「必ず必要である」ことを表すので、相手に勧める時や、自分がその行為を望む時に使うと、強く響き過ぎる時があるので注意が必要である。

●「なければならない」と「なければいけない」は共通して用いられることが多いが、いくつか異なる点がある。11は両者の違いが把握できていないことによる誤用である。「なければいけない」は「なければならない」より話しことば的である。また、両者の違いには、一般的な事柄か個別的な事柄かが関係する。次の(1)は一般的な、(2)は個別的な事柄の例である。

(1) a． 人はみな平等でなければならない。

b． ? 人はみな平等でなければいけない。

＜道路にごみを捨てようとしている人に対して＞

(2) a． ? ごみ箱に捨てなければなりませんよ。

b． ごみ箱に捨てなければいけませんよ。

(1)からは「なければならない」が一般的なことに、(2)からは「なければいけない」が個別的なことに用いられやすいことがわかる。また、必然的な帰結としてとらえられる事柄に対しては「なければならない」が使われる。

(3) a． 人はいつか死ななければならない。

b． ? 人はいつか死ななければいけない。

指導のポイント

● 学習者は「なければならない」そのものが正確に言えない。また、前に接続する動詞の形も不正確になるので、十分練習する必要がある。

●「なければならない」は動詞のみでなく、形容詞・名詞に付くことにも触れておく。(例：美しく／慎重で／成人でなければならない。)

● 学習者は「なければならない」を英語の must だと思ってしまいがちで、「行くにちがいない」「行くべきだ」「(ぜひ)行きたい」を使うべき時に、

「行かなければならない」と言ってしまう。
- 「なければならない」と「なければいけない」（学習者のレベルによっては「(せ)ざるをえない」も）の意味用法の違いを、学習者のレベルを見ながら整理するとよい。

なら

➡あなたが行く**なら**、私も行く。
➡A：これ、捨てようと思ってるの。
　B：えっ、捨てるの**なら**、私にください。

「それが真実なら」という意味を持つ。主題として、また、仮定条件として用いられる。相手のことば・情報を受けて用いられることも多い。

関連項目　条件節「と、ば、たら」、トキ節「とき」、逆接節「ても」、主語・主題

誤用例文

脱落

1.　誤　もし男の人は**長男**、二人はりょうしんといっしょに住まなければなりません。　　　　　　　　　　　　　　　　〈インドネシア〉
　　正　もし男の人が**長男なら**／だったら、二人は両親といっしょに住まなければなりません。

2.　誤　**むかし日本で**その看板は必要だと思いますけど、今、洋トイレはどこにでもあるから、どして今もその「使い方看板」がありますか。　　　　　　　　　　　　　　　　　　　　　　　　　〈アメリカ〉
　　正　**昔の日本でなら**その表示は必要だと思いますが、今、洋式トイレはどこにでもあるのに、どうして今もその「使い方表示」があるのでしょうか。

誤形成

3.　誤　あした**ひまな**なら、私の家であそびに来てください。〈フランス〉
　　正　あした**暇**なら、私の家に遊びに来てください。

4. 誤 あした**ひまのなら**、私のいえにあそびに来てください。
〈インドネシア〉
   正 あした**暇なら**、私の家に遊びに来てください。
5. 誤 彼と**結婚し**なら、死んだほうがいい。　　　〈中国〉
   正 彼と**結婚するのなら**、死んだほうがいい。

■混同

【なら→とき(は)】

6. 誤 怒っている時たばこは仲間になります。**悲しいなら**たばこを吸います。
〈モンゴル〉
   正 怒っている時たばこは仲間になります。（また、）**悲しいとき**もたばこを吸います。

【なら→とき(は)／たら】

7. 誤 つくばへ**来るなら**、遊びに来て下さい。　　〈タイ〉
   正 筑波へ**来たとき(は)／来たら**、遊びに来てください。

【なら→たら】

8. 誤 それで次の書くことが**ちがいなら**、申しわけありません。〈タイ〉
   正 それで、次に書くことが**間違っていたら**、申し訳ありません。

【なら→たら／ば／と】

9. 誤 本屋へ**行くなら**、きっとこの本が買える。　〈中国〉
   正 本屋へ**行ったら／行けば／行くと**、きっとこの本が買える。

【なら→ば／と】

10. 誤 大人は子供の前にたばこを**吸うなら**、子供はたばこを吸うことを学ぶかもしれない。つまり、子供は大人になったら、たばこを吸うことができるかもしれない。　　〈中国〉
    正 大人が子供の前でたばこを**吸えば／吸うと**、子供はたばこを吸うことを覚えるにちがいない。そして、子供が大人になったら、たばこを吸うことになるかもしれない。
11. 誤 一日三回**たべなら**、健康になります。　　〈韓国〉
    正 一日三回**食べれば／食べると**、健康になります。

【なら→と】

12. 誤 たばこを**吸うなら**、がんを起こりがちだそうだ。〈中国〉
    正 たばこを**吸うと**、がんになりやすいそうだ。

13. 誤 密閉された電車とか部屋のなかでたばこを**吸うなら**その煙がそのなかにいっぱになる。　〈韓国〉
    正 密閉された電車とか部屋の中でたばこを**吸うと**、その中はその煙でいっぱいになる。

【なら→は】
14. 誤 漢字の勉強**なら**、まずみんな自分で勉強しなければならないけど、毎日、先生に教えていただいたほうがいいと私は思います。　〈ブラジル〉
    正 漢字の勉強**は**、まず自分でしなければならないけど、毎日、先生に教えていただいたほうがいいと私は思います。

15. 誤 私**なら**もちろんぜっぴあなたに来ていただいてほしいんだよ。あなた**なら**、私の願いをよく考えて、決めてください。　〈中国〉
    正 私**は**、もちろん、ぜひあなたに来てほしいんですよ。（だから）あなた**は**、私の気持ちをよく考えて、決めてください。

▎その他

【ならば→ても】
16. ★誤 子供のころの病気について、私の経験を**聞くならば**、病気になったことが本当に少なかったのではっきり思い出せないと答えなければならない。　〈アメリカ〉
    正 子供のころの病気についての経験を**聞かれても**、病気になったことが本当に少なかったので、はっきりとは思い出せないと答えなければならない／答えざるをえない。

【助詞「は」→助詞「が」】
17. 誤 あなた**は**食べるんなら、私は先に行きます。　〈アメリカ〉
    正 あなた**が**食べるんなら、私は先に行きます。

18. 誤 交通**は**便利なら、地域の経済が高速成長することができる。〈中国〉
    正 交通**が**便利なら、地域の経済は高速成長することができる。

【文末】
19. ★誤 今日のお天気なら、野原へ遊びに**行くとよいところである**。〈韓国〉
    正 今日のお天気なら、野原へ遊びに**行くのにちょうどいい**。

誤用の解説

脱落

1は、「もし」だけで仮定の意味を表せたと思って、「〜なら」（ナラ形）を作るのを忘れてしまったようだ。2は「なら」でなく「は」でもよい。このような取り立ての意味で用いられる「なら」は、学習者が使いこなすのは難しいのかもしれない。

誤形成

3，4はナ形容詞、5は動詞と「なら」の結び付きで起こっている。

混同

6，7は「とき（は）」との混同である。「とき（は）」は事象が実現した具体的な時点を示すが、「なら」は「それが真実であれば」という仮定的な事象を表す。「悲しい」のも「つくばへ来る」のも具体的に起こる事柄なので、「とき（は）」（または、確定条件を表す「たら」）を用いる必要がある。

8は「たら」との混同だが、「間違う→謝る（申し訳ありません）」という時間的前後関係が存在することと、仮定的というより事実的な条件・結果関係なので、確定性の強い条件を表す「たら」（例：会議が終わったら、部屋へ来てください。）がふさわしい。また、8は「なら」「たら」だけの問題ではなく、学習者が「ちがい」を、動詞「違う」ととらえているのか、名詞「違い」ととらえているかにもかかわっている。おそらく学習者は区別ができないまま、「ちがいなら」としたと考えられる。

9〜13は「たら」「ば」「と」との混同である。これらは具体的な状況（条件と結果）を示している文なので、仮定的な事象を表す「なら」は不適切になる。「たら」「ば」「と」は9のように言い換えが可能な場合が多いが、「たら」が個別的で一回きりの事柄を表すのに対し、「ば」「と」は一般的、恒常的（習慣的）、必然的な事柄を表す。9は「この本」という個別的なことについて述べているので「たら」も可能だが、10，11は一般的、恒常的な事柄なので「ば」「と」が適切になる。また、12，13は、より必然的な事柄なので「と」がふさわしくなる。

14，15は取り立て助詞「は」との混同である。「は」も「なら」も取り立て機能があるが、「は」が単なる主題としての機能を持つのに対し、「なら」は前提条件としての機能を持つ。（「私は行かない」は単に自分がどうするかについて述べているが、「私なら行かない」は「もし、それが私だったら」「もし、あなたが私の場合を聞くのなら」というような前提条件が付く。）14，15は単に「漢字の勉強」「私」「あなた」について述べているので「なら」にする必要はない。

> その他

17，18では、従属節の主語は基本的には「が」をとるので、「は」ではなく「が」にする必要がある。

> 伝達上の誤用　★

- **16**で「私の経験を聞くなら（ば）」を使っているが、日本語ではこのような言い方はしない。学習者は母語の英語を翻訳したと思われる。もし、日本語で表すなら、否定的に「ても」を使いたいところである。
- **19**は「今日のお天気なら」と「今日の天気」を取り立てて、文を始めている。取り立てを表す「なら」は前提条件を表すので、「今日はこんな（いい）天気なんだから」という意味合いになる。したがって、それに呼応する形で、「～するのがいい」や「～するのにちょうどいい」で文を終わるほうがよい。

> 指導のポイント

- 「なら」の前に来る語の形が正確に作れない学習者が多い。動詞・形容詞などが正確に接続できるように十分練習させる。また、否定形に接続する場合もよく練習する。
- 「なら」が十分指導されていないためか、どう使ってよいかわからない学習者が多い。種々の従属節と混同していることがそれを示している。
- 「なら」と「と」「ば」「たら」は大きく異なる。「なら」は基本として「それが真実であれば」という仮定を表す。主節末には意志・無意志どちらの表現もとることができる。
- 「なら」のもう一つの用法は、相手のことば・情報を受けて、「そうであるなら」（例：行くの？　行くのなら買ってきて。）の意味で用いる方法である。この場合は「のなら」になることが多い。
- 「なら」節内の主語については「たら」「ば」「と」の場合と同じく「が」をとる。

なる・ようになる

→子供が大きくなった。
→練習すれば、やれるようになりますよ。

「イ形容詞＋くなる」「ナ形容詞／名詞＋になる」「動詞＋ようになる」の形をとる。自動詞表現であり、その状態・動作が変化して、ある状態・動作に達成する「変化の過程」を表す。

関連項目 ことになる、（し）始める、てくる、イ形容詞、ナ形容詞、可能形

誤用例文

脱落

1. 誤 日本語の中で漢字がきらいですが、だんだん、今**好きです**。〈タイ〉
   正 日本語の中で漢字はきらいでしたが、だんだん**好きになりました**。
2. 誤 おじいさんとおばあさんはおすもうがよくしりますから、いろいろな話すっています。それで、よくわかったら**大好きです**。〈タイ〉
   正 おじいさんとおばあさんはおすもうをよく知っていますから、いろいろ話しています。それで、少しわかってきたら**大好きになりました**。
3. 誤 一人がさわぎだすと、みんなが**おちつかない**。〈韓国〉
   正 一人が騒ぎだすと、みんなが**落ち着かなくなってくる**。
4. 誤 車が増えたために交通事故が**多発した**。〈中国〉
   正 車が増えたために、交通事故が**多発するようになった**。
5. 誤 私が遅刻したばかりに、出発が**遅いで**こまりました。〈韓国〉
   正 私が遅刻したばかりに、出発が**遅くなって**困りました。
6. 誤 自殺者が出るという事態に至っても、会社側は何の対策を出さないので深刻な**問題だ**と思う。〈韓国〉
   正 自殺者が出るという事態に至っても、会社側は何の対策も出さないので、深刻な**問題になっている**（と思う）。

付加

7. 誤 韓国と日本との友情がある関係が**つづくようになる**のを祈ります。〈韓国〉
   正 韓国と日本との友好関係が**続く**ことを祈ります。
8. 誤 薬を飲んだら、すぐ**治るようになりました**。〈中国・香港〉

正 薬を飲んだら、すぐ**治りました**。

9. 誤 民族の将来から見るとも、たばこのコマーシャルを**止めるように
なるべきです**。 〈中国〉
正 民族の将来から見ても、たばこのコマーシャルを**やめるべきです**。

10. 誤 限りもないいっぱいの緑が目に入るとき、自然の生命力を強く**感
じるようになりました**。 〈中国〉
正 限りなく広がる緑を目にするとき、自然の生命力を強く**感じます**。

誤形成

11. 誤 日本語が**むずかしくに**なりました。 〈メキシコ〉
正 日本語が**難しく**なりました。

12. 誤 交通が**便利く**になりました。 〈中国〉
正 交通が**便利**になりました。

13. 誤 さいしょう日本語をぜんぜん分からなかったですが、いま**話せる**
になりました。 〈タイ〉
正 最初日本語は全然分からなかったのですが、今は**話せるようにな**
りました。

混同

【になる→できる】

14. 誤 ところが、天気予報があると、農民と漁民も、**安心になります**。 〈マレーシア〉
正 ところが、天気予報があると、農民も漁民も **安心できます**。

【になる→する】

15. 誤 みんなの前でスピーチしなければならないとあって、**緊張になる**。 〈中国・香港〉
正 みんなの前でスピーチしなければならないとあって、**緊張する**。

16. 誤 手術後、完全に回復したかと思いきや、**悪化になって**また入院した。 〈台湾〉
正 手術後、完全に回復したかと思いきや、**悪化して**また入院した。

【になる→ことになる】

17. 誤 昨日、自転車の事故で、また**入院しになった**。 〈韓国〉
正 昨日、自転車の事故で、また**入院することになった**。

【ようになる→ことになる】

18. 誤 彼は交通事故で命にかかわる重大な手術を**うけるようになった**。
〈韓国〉

    正 彼は交通事故で、命にかかわる重大な手術を**受けることになった**。

【になってくる→（し）始める】

19. 誤 一人がさわぎだすと、他の人もすぐ**さわぎになってくる**。
〈インドネシア〉

    正 一人が騒ぎだすと、他の人もすぐ**騒ぎ始める**。

【ようになる→可能形／ことができる】

20. 誤 日本へ**行くようになる**のチャンスを探して、日本大使館へ行って、文部省の奨学金を**見つけるようになりました**。 〈中国〉

    正 日本へ**行ける**チャンスを探すために、日本大使館へ行ったら、文部省の奨学金を**見つけることができました**。

【ようになってくる→てくる／（し）始める】

21. 誤 日本に来てから、どんどんふとるようになって来たので、それに悩んでいる。 〈イギリス〉

    正 日本に来てから、どんどん**太ってきた／太り始めた**ので、それに悩んでいる。

【ないようになる→なくなる】

22. 誤 1週間も会社を休んだもので、もう会社に**行きたくないようになって**しまった。 〈韓国〉

    正 1週間も会社を休んだもので、もう会社に**行きたくなくなって**しまった。

23. ★誤 日本のすもう界は外国人力士を受け入れて、すもうの活性化を図るべきだと思う。というのは、まず、日本の若者たちがすもうに興味を**持たないようになった**ので、このままだとすもうがなくなりかねないからである。すもうを通して日本の伝統文化を外国に知らせられるからである。 〈韓国〉

    正 日本のすもう界は外国人力士を受け入れて、すもうの活性化を図るべきだと思う。というのは、まず、日本の若者たちがすもうに興味を**持たなくなった**ので、このままだとすもうがなくなりかねないからである。また、すもうを通して、日本の伝統文化を外国

に知らせることができるからである。

その他

【となる→になる】

24. 誤 彼はその人に出会ってからというもの、まるで違う人と**なった**みたいだ。　〈中国〉

　　 正 彼はその人に出会ってからというもの、まるで別人に**なった**みたいだ。

【となる→ようになる】

25. 誤 日本は戦後、短く時間で快速に発展し、世界に冠たる経済力を**持つとなった**。　〈イギリス〉

　　 正 日本は戦後、短い時間で急速に発展し、世界に冠たる経済力を**持つようになった**。

【可能形】

26. ★ 誤 （私は）きらいななっとうはいま**食べる**ようになった。　〈タイ〉

　　 正 （私は）納豆が嫌いだったが、今は**食べられる**ようになった。

27. ★ 誤 （私は）何回も繰り返して練習して、上手に**話す**ようになりました。　〈中国〉

　　 正 （私は）何回も繰り返して練習して、上手に**話せる**ようになりました。

【ことになる→ようになる】

28. 誤 （私は）中国では日本について本を読みましたで、日本の文化や習慣などと中国のはにているところがあるし、違うところもあります。だから、日本に興味を**持ちことになりました**。　〈中国〉

　　 正 中国では日本についての本を読みましたが、日本の文化や習慣などと中国のは似ているところもあるし、違うところもあります。それで、日本に興味を**持つようになりました**。

誤用の解説

脱落

　脱落による誤用が多い。1ではきらいなものが好きなものへと変化したことを表し、2～6では何らかの理由・きっかけがあって、それに続く（主節に述べられている）事柄に変化が起きているのであるから、「なる・ようになる」が必要で

ある。3, 6は「になる」がなくても誤りには感じられないが、「変化過程」を表現したほうが自然になる。

付加

脱落に次いで、付加の誤りも多い。付加を起こす要因の一つは動詞との結び付きである。7, 8の「続く」「治る」は、その中に「なる・ようになる」という可能性・変化の意味合いを含んでいるので、「ようになる」を付ける必要がない。9は「止めるようにするべきだ」も可能であるが、少し冗長に感じられる。

「動詞＋ようになる」は短時間にそうなったのではなく、（長い）時間をかけてそういう結果・事態になった／なっていることを表すことが多い。10は「緑が目に入るとき」という短い時をとらえているので、「ようになる」は不要である。

誤形成

11, 12の誤形成では、イ形容詞の「くなる」とナ形容詞の「になる」を混同して「くになる」としている。動詞への結び付きも難しいようで、13では「ようになる」の「よう」が抜けている。

混同

14については、日本語では「安心になる」という言い方はせず、「安心する」「安心できる」で変化の意味合いを表すことができる。15, 16は「する」と「なる」の混同で、日本語では「緊張する」「悪化する」と言う。

17, 18は「ことになる」と「（よう）になる」の混同である。「ことになる」は、その事柄・事態が「決まった／決められた」という結果のみに焦点が当たり、一方、「（よう）になる」は、時間をかけて「そういう結果・事態・習慣になった／なっている」という、過程も含めた結果に焦点が当たる。17の入院は昨日のことなので、結果のみを表す「ことになる」が適切である。19は「さわぎ」という語を使っているが、「騒ぎになる」は「首相の一言が騒ぎになった」のように、「問題になる」という意味を含むので、ここでは事態の発生というとらえ方をして、「（し）始める」を使ったほうが自然である。

意志動詞に「ようになる」が付くと、意志的な行為が習慣化されることを表す。（例：子供がミルクを飲むようになった。）したがって、20の「行くようになる」では日本へ行くことが、「奨学金を見つけるようになる」では奨学金を見つけることが、習慣化されるような感じを受ける。前者は「日本へ行ける」とし、後者は「奨学金が見つかる」ことを言いたいだけなので、自動詞「見つかる」を使えばよい。他動詞「見つける」を使うなら、「見つけることができる」と可能の形にする必要がある。（訂正文では「見つけることができる」を採用した。）

21の「太る」は体重が増える意味で、「太るようになる」とは言わない。

22, 23は「ないようになる」と「なくなる」の使い分けである。「ないようになる」は長期間かかって客観的に変化していく過程を表し、他者の行為や事態の変化を婉曲に述べる場合に使われることが多い。22は長期間ではなく、また、話し手自身の気持ちを表しているので「行きたくなくなる」のほうがよい。

[その他]

24は「となる」と「になる」の使い分けの例である。「になる」と同じく、「となる」も名詞を受けて「ある状態に至る」ことを表す。「となる」のほうが書きことば的である。「小川が集まって大河と／になる」のような変化の状態を表す場合は両方可能であるが、「医者になりたい」のような意志表現には「となる」は用いられにくい。「となる」は主に「帰結」（したがって、言い切りの形）で用いられることが多い。24も言い切りの形にすると「となる」も可能になる（例：彼はまるで別人となった／になった。）が、24は変化した結果を比喩的に述べているので、「になる」がふさわしいと考えられる。

25は「となる」の前に「こと」などを付ければ正しい文になる。しかし、時間をかけた変化の過程を表すために、訂正文のように「になる」を用いたほうがよいだろう。26, 27は他人事のような言い方なので、自分のことを述べるには、訂正文に示したように可能形にしたほうがよい。

28は「ことになる」と「ようになる」の混同である。「ことになる」は何らかの決定によってある結果になることを、「ようになる」は状態・動作が変化して、ある状態・動作に達することを表す。28は、決定による変化ではなく、自然な変化過程を表しているので、「ようになる」が適している。

[伝達上の誤用] ★

● 23は誤りとは言えないが、この文章は若者の相撲離れの過程を述べるというより、現在の(結果)状況を表しているので、もっと直接的に「持たなくなった」としたほうがよい。
● 26, 27は、「食べるようになった」と「食べられるようになった」、「話すようになった」と「話せるようになった」の違いである。主語が第三者の場合は、どちらも可能である。

　(1)　娘は納豆を｛食べる／食べられる｝ようになった。
　(2)　娘は上手に｛話す／話せる｝ようになった。

一方、主語が話し手（私）になると、可能形のほうが自然になる。

　(3)　私は納豆を｛食べられる／？食べる｝ようになった。
　(4)　私は上手に｛話せる／？話す｝ようになった。

「食べるようになった」は「食べなかった」のが「食べる状態・習慣になった」、「食べられるようになった」は「食べられなかった」のが可能になったことを表す。できなかったことが可能になったことは伝えやすいが、「食べなかった」のが「食べるようになった」のような自分の行為の習慣の変化を、話し手自身がわざわざ人には伝えにくいためと考えられる。

指導のポイント

- イ形容詞は「〜くなる」、ナ形容詞は「〜になる」になるが、学習者は両者を混同しやすいので、注意が必要である。
- 「動詞＋ようになる」の形が作りにくく、「よう」が抜けることが多い。
- 動詞によっては「ようになる」より「てくる」を用いることが多いものもあるので、注意させる。（例：変わる、太る、やせる、治る→変わってくる、太ってくる、やせてくる、治ってくる）
- 「ようになる」は、自然に、時間をかけて変化することを表すことが多い。「〜ないようになる」も同じで、「〜なくなる」と比べると、前者のほうが進度がゆっくりである。
   例：さっきまでわかっていたのに、急に｛？わからないように／○わからなく｝なってしまった。
- 「ようになる」の前に可能動詞が来ると、できなかったことが可能になったという意味を表し、辞書形が来ると、習慣化されるようになったことを表しやすい。
   例　a．若い時は飲めなかったが、最近飲めるようになった。
   　　b．若い時は飲まなかったが、最近飲むようになった。

に

➡引き出しの中にハサミがある。
➡夜8時に友人に会う。

名詞に付いて、存在・所有の場所・位置、時点、動作・作用の対象・相手、移動の到着点（例：空港に着く。）、動作・作用の源（例：先生に辞書を借りる。）、比較・頻度・割合などの基準（例：3日に1回部屋を掃除する。）など、様々な意味用法を表す。

| 関連項目 | で、を、は、へ、にとって、に対して、**存在文**、**やりもらい文**、**使役文** |

誤用例文

脱落

1. 誤 中国の北京Φ行くなら、「全聚徳」の北京ダックを食べたほうがいい。〈中国〉
   正 中国の北京に／へ行くなら、「全聚徳」の北京ダックを食べるといい。

2. 誤 もっとまえΦ、十分に勉強したら、今のように「もっとがんばって勉強したほうがいい」と感じる悔いはなかっただろう。〈韓国〉
   正 もっと前に十分に勉強しておいたら、今のように「もっと頑張って勉強しておけばよかった」という後悔はなかっただろう。

3. 誤 一週間Φ一度ぐらい映画を見ないでは、勉強の能率が上がらない。〈韓国〉
   正 一週間に一度ぐらいは映画を見ないと、勉強の能率が上がらない。

4. 誤 韓国では満十八歳以上の成人Φだけたばこを販売しています。〈韓国〉
   正 韓国では満十八歳以上の成人にだけたばこを販売しています。

付加

5. 誤 今日に友達が来るので、花で部屋をかざってあります。〈中国〉
   正 今日友達が来るので、部屋に花を飾ってあります。

6. 誤 子どもにとっては、長い時間にすわっているのはむずかしいそうである。〈台湾〉
   正 子どもにとっては、長い時間座っているのは難しいそうである。

7. 誤 形容詞を学習者を覚ぼえさせるように、ある程度に暗気させるために努力しないといけない。　〈韓国〉
   正 形容詞を学習者に覚えさせるためには、ある程度暗記させる努力をしないといけない。

   混同

【に→が】

8. 誤 バスが来なくて、バス停に混乱になった。　〈中国〉
   正 バスが来なくて、バス停が混乱した。

【に→を】

9. 誤 全国の四分の一の土地に耕し、こめをはじめ、いも、柑橘類、砂糖きび、パイナップル、お茶、大図などの産地である。　〈台湾〉
   正 全国の四分の一の土地を耕し、米をはじめ、芋、柑橘類、砂糖きび、パイナップル、お茶、大豆などの産地とした。

10. 誤 A：公園に散歩しよう。　〈韓国〉
    　　B：いいね。
    正 A：公園を散歩しよう。

11. 誤 自動車が左に走るのにまだ慣れていな？ので、驚くことが多い。　〈ドイツ〉
    正 自動車が左側を走るのにまだ慣れていないので、驚くことが多い。

【に→で】

12. 誤 飲み会はどこに行われていますか。　〈スイス〉
    正 飲み会はどこで行われていますか。

13. 誤 このごろの若い娘ときたら、電車で人の前にメークを使うことでも平気だ。　〈イギリス〉
    正 このごろの若い娘ときたら、電車に乗って人前でメークをすることも平気だ。

14. 誤 イギリスから来たパンク音楽や文化はデュッセルドルフにとても人気である。　〈ドイツ〉
    正 イギリスから来たパンク・ミュージックや文化はデュッセルドルフでとても人気がある。

15. 誤 どんなに働いても二年間に金持ちになることが無理だ。　〈インドネシア〉

正　どんなに働いても二年間で金持ちになるのは無理だ。

【に→では】

16.　誤　ブラジルに皆がサッカーをやります。　　　　　〈ブラジル〉
　　　正　ブラジルでは皆がサッカーをやります。

【には→では】

17.　誤　しかし、現在には、外国の影響を受けて、ヨーロッパやアメリカの料理も人気があるようになった。　　　　　〈ドイツ〉
　　　正　しかし、現在では外国の影響を受けて、ヨーロッパやアメリカの料理も人気が出てきた。

【に→から】

18.　誤　<母親から電話がかかってきたという状況で>あなたが帰ってからあなたのお母さんに電話があったよ。　　　　　〈中国〉
　　　正　あなたが帰ったあと、あなたのお母さんから電話があったよ。

19.　★誤　途中でやめるくらいなら、はじめにやらなかったほうがましだ。　　　　　〈中国〉
　　　正　途中でやめるくらいなら、はじめからやらないほうがましだ。

20.　★誤　みんなの前でスピーチしなければならないとあって、彼は一週間前にスピーチの準備を始めた。　　　　　〈台湾〉
　　　正　みんなの前でスピーチしなければならないとあって、彼は一週間前からスピーチの準備を始めた。

【に→によって】

21.　誤　モナリザはダビンチにかかれた。　　　　　〈？〉
　　　正　モナリザはダビンチによってかかれた。

【に→まで】

22.　誤　バスが来なくて、学校に歩いて行った。　　　　　〈ベトナム〉
　　　正　バスが来なくて、学校まで歩いて行った。

【に→と】

23.　誤　私は留学を決める前に、両親に話し合った。　　　　　〈タイ〉
　　　正　私は留学を決める前に、両親と話し合った。

【に→として】

24.　誤　日本でその公害の材料がいっぱいすぐる使われて、ゴミに捨てられている。　　　　　〈ドイツ〉

正 日本ではその害のある材料が大量に使われて、ゴミ**として**捨てられている。

【の・に→に・の】

25. 誤 それぞれ形は、アメリカ**の**関係**に**あるいろいろな意味を持っている。〈アメリカ〉

正 それぞれの形は、アメリカ**に**関係**の**あるいろいろな意味を持っている。

【に→にとって】

26. 誤 なぜこんなせまい心が出るのか。日本**にも**韓国**にも**それははずかしい歴史だけだ。〈韓国〉

正 なぜこんなに心が狭いのか。日本**にとっても**韓国**にとっても**、それは恥ずかしい歴史でしかない。

【には→で】

27. 誤 今までの人生**には**一番迷惑をかけたのは私の親である。〈アメリカ〉

正 今までの人生**で**一番私が迷惑をかけた人は私の親である。

位置

28. 誤 彼女は部屋に入って**だれも**にあいさつしなくて座りました。〈ペルー〉

正 彼女は部屋に入って、**だれにも**あいさつせずに座りました。

その他

【〜中→に】

29. 誤 つくば大学の日本語コースは有名ですけど、私は暗示をしたいんです。その暗示は、漢字の覚える方法の暗示です。**一日中**五字だけを覚えさせてもらうほうがいいです。〈ブラジル〉

正 筑波大学の日本語コースは有名ですけど、私は提案をしたいんです。その提案というのは、漢字を覚える方法について（の提案）です。**一日に**五字だけにしていただけませんか。

誤用の解説

脱落

「に」は話しことばでは落ちることもあるが、書きことばでは不自然になる。1の誤用は、学習者の母語の中国語では、「〜に／へ行く」と言う時に介詞（助詞に

当たるもの）を使わないために起こったと考えられる。2では「もっと前」が動詞にかかっているので、「に」が必要である。日常会話では「もっと前」と単独で使われることが多いためか、時の提示においても「に」を付けなかったようだ。3の「に」は基準を表す「に」で必須であるが、学習者は落としがちである。「1回百円で金魚すくいができる」「1人1回3分間、望遠鏡が使える」のような言い方もあり、「に」が不要だと判断したのかもしれない。4では、「に」の脱落により成人が動作主になってしまうため、誤りとなる。「に」が「だけ」と接続する時は、「〜にだけ」または「〜だけに」が使用される。

付加

5, 6の「今日」「長い時間」には「に」が付かない。時刻、日にち、曜日、月、年など、時計や暦の中で客観的に指定しやすいものには「に」が付けられるが、「今日」「きのう」「明日」「おとといっ」「長い時間」などの漠然とした時については、「に」が付けられない。これは学習者にとって難しい点である。7では、「ある程度」という副詞に不要な「に」が添えられている。動詞「暗記する」にかかるために付けたと思われる。

混同

「に」の意味用法が「対象」「相手」「場所」「時点」など多岐にわたっているため、誤用も多岐にわたっているのが特徴的である。8は「バス停＝場所」としての意識が先行し、場所を表す「に」を使ってしまったようである。「バス停で混乱があった」としたかったのかもしれない。場所が主語になった「バス停が混乱した」という言い方は学習者にとって難しい。9も「土地」が場所であることに影響され、「に」としたようである。10, 11において、「散歩する」「走る」などの動詞と結び付く「場所」は「通過点」であり、「を」を使わなければならない。

12, 13は、動作の場所を表す「で」と、存在の場所を表す「に」との混同である。12は、「行われている」という状態表現をとっているために、「に」としたのかもしれない。13は「人の前」という位置を示す表現から「前に〜がある」という存在文の文型を連想して「に」を選択したと思われる。

14のような「人気だ」「人気がある」「有名だ」などの属性を述べる文では、「場所」はその地域一帯を広く包括的にとらえて提示する必要があるので、「に」が示す場所の意味（到着点、存在地点など、直接接触する場を一点に限定）とは内容が合わない。したがって「で」を使用すべきであるが、学習者は「人気だ」「有名だ」は動作ではないと考え、「で」が使えないようだ。これは学習者全般に見られる誤用の傾向である。

15の期間の限定には、「一週間でやせる」「一時間で終わらせる」のように「で」

を使用するべきである。ただし、「二年以内に」「二年のうちに」という表現もあり、「以内」「うち」などの限定を言い添えた上で、その範囲内の一点を指す場合には「に」も使用できる。16の「サッカーをやる」は動作を表すので、「で」が使用される。ここでは動作を言っているのではなく、ブラジルでの状況を説明しているので、「では」を用いる必要がある。

17では時の表現である「現在」に「に」を使っている。「3日に」「1週間後に」「夕方に」と同じと考え、「現在に（は）」としたようである。しかし、「現在に」「現在で」という言い方はできない。「現在は」「現在では」が用いられる。

18は「に」を使っているために、他の人からお母さんに電話がかかってきたという意味になる。お母さんがかけてきたのであれば、「（お母さん）から」とする必要がある。日本語には「友達にもらった／借りた」のように「に」が「から」の意味を持つ用法があるので、学習者は混乱したと考えることもできる。受身文では、動作主は通常「に」をとる（例：犬が猫に追いかけられる。）が、21のように作品や建造物などが作り出される場合は、「によって」が用いられる。

22は文法的には誤りとは言えない。ただし「まで」を使うことで、その場所に着くまでの過程に焦点が当たり、「歩いて行く」という動作説明に結び付きやすくなる。また、いつもはバスで行くような遠いところを提示する場合、普通に「に」とするより、範囲の最も端に位置する地点というニュアンスを添える「まで」のほうが自然な印象を与える。23の「話し合う」など双方が向き合うことで成立する動作は、相手に「と」を使用する。「話す」は「＜相手＞と／に 話す」の両方が使えるが、「話し合う」は「＜相手＞と 話す」しか使えない。学習者は複合動詞「〜（し）合う」と助詞の関係がよく理解できていなかったようだ。24の「ゴミに捨てられる」は意味が不明で、「ゴミとして」とする必要がある。25「アメリカの関係にある」の「アメリカの」という誤用は、次の名詞「関係」を修飾すると考えて「の」を使用したのだろう。このように複数の助詞を必要とする場合は誤用が起きやすいので、セットフレーズとして覚えさせる必要がある。

感情形容詞は「私は〜がうれしい／悲しい／恥ずかしい」の形をとり、感情を抱く主体は、通常話し手自身になる。26の場合、感情を抱く主体が日本・韓国という他者になっているので、明確にするために「〜に恥ずかしい」ではなく「〜にとって恥ずかしい」とする必要がある。27では、「人生」は「迷惑をかける」という動作・行為の場と考えられるので、「に」ではなく「で」が使われる。また、「人生には」は「〜のは」という名詞節（強調構文の一部）の中におさまっており、「は」はとれない。（訂正文では、わかりやすくするために、「〜のは」の「の」を「人」にした。）

> 位置

28「だれもにあいさつする」のように「だれもに＋肯定」ならば可能であるが、「だれもに＋否定」という形は文法的に不適切である。

> その他

29は、「に」とすべきところに「中」が使用された誤りである。

> 伝達上の誤用 ★

●**19, 20**は「に」ではなく「から」がふさわしい例である。**19, 20**とも文法的には「に」でもよさそうであるが、「に」は一つの時点しか表さないので、「やる」「準備をする」ことがその時点から継続的に続くという意味合いを込めるためには「から」が必要である。**19**の「はじめからやらないほうがましだ」というのは、慣用表現的な言い方でやや感情的な側面を有していると言えるだろう。

> 指導のポイント

「に」は、「場所・位置」「時点」「相手」などいくつかの意味用法を持つために、様々な助詞との混同が問題となる。したがって、それぞれの用法について整理していく必要がある。以下に「に」の主な用法と指導法についてまとめる。

●「場所・位置」を表す「に」について

場所に当たる語を見れば、何でも「に」を付けてしまう学習者がいる。動詞を確認し、その場所は「存在の場所」か「動作の場所」かなどによって助詞を選択する習慣をつける。

①存在場所、到達地点（「に」をとる）

　いる、ある、座る、着く、乗る、入る、置く、入れる、など

②動作・行為の行われる場所（「で」をとる）

　〜する、行う、遊ぶ、食べる、飲む、買う、会う、など

●時を表す「に」について

①「１週間に１度」「３日に１回」など、基準を表す場合、「に」が必要である。

②〜時（〜分）、〜曜日、〜年〜月〜日のように数字で明確化できる場合は後ろに「に」が付くが、「きょう」「あした」「きのう」「おととい」「長い時間」「現在」「最近」のように、漠然とした時を表す語に「に」は付きにくい。

③期間の限定には「1週間でやせる」「1時間で終わらせる」のように「で」を使用する。
- 「相手」を表す「に」について
「会う」「話す」「相談する」などの動詞は「相手」に「に」をとるが、双方向的な意味合いを持つ時は「と」も使われる。(例:自分の悩みについて先生に話す。授業の進め方について先生と話す。) 一方、「話し合う」のように、常に双方が向き合うことで成立する動作では「と」を使用する。(例:文化祭の出し物について先生と話し合う。)

(し)に

➡図書館に本を借りに行く。
➡忘れ物を取りに帰る。

ここでは移動の目的を表す「動詞マス形の語幹＋に＋行く／来る／帰る」を取り上げる。「に」は目的を表す格助詞である。

関連項目　目的節「ため(に)・ためには」、並列(継起)節「て」、ていく、てくる、助詞「を、の、で」

誤用例文

付加

1. 誤　アメリカへ留学しに行った。　　　　　　　〈中国・香港〉
   正　アメリカへ留学した。
2. 誤　アメリカへ留学に行った。　　　　　　　　〈中国・香港〉
   正　アメリカへ留学した。

誤形成

3. 誤　学校実験の前に先生はいつも私のうちに英語や数学やマレー語などをおしえてくれて来ました。ときときゴ先生は書局で新しい本をかって私にくれました。　　　　　　　　　　　　　〈インド〉
   正　学校の試験の前に、先生はいつも私の家に英語や数学やマレー語などを教えに来てくれました。ときどきゴ先生は本屋で新しい本を買って私にくれました。

■混同

【しに→に】

4. 誤 デパートへ買い物しに行く。　　　　　　　　　　〈?〉
   正 デパートへ買い物に行く。
5. ★誤 公園へ散歩しに行く。　　　　　　　　　　　〈フィリピン〉
   正 公園へ散歩に行く。
6. 誤 高等学校を卒業してから、私インドへ旅行しに行った。〈アメリカ〉
   正 高等学校を卒業してから、私はインドへ旅行に行った。

【に→ために】

7. 誤 卒業しに国に帰ります。　　　　　　　　　　　〈ポーランド〉
   正 卒業するために国に帰ります。
8. 誤 でも、仲間に覚醒剤を使いに呼ばれる時には、たまに逃げにくい
     こともありました。　　　　　　　　　　　　　〈アメリカ〉
   正 でも、仲間に覚醒剤を使うために呼ばれるときには、逃(のが)
     れ／断りにくいこともありました。

【に行く→てくる】

9. 　A：田中さんは。
   誤 B：となりの部屋にいますから、呼びに行きます。　　〈台湾〉
   正 B：隣の部屋にいますから、呼んできます。

■位置

10. 誤 旅行しに京都へ行きます。　　　　　　　　　　〈イギリス〉
    正 京都へ旅行に行きます。

■その他

【助詞「で」→助詞「へ」】

11. 誤 食堂でご飯を食べに行きます。　　　　　　　　〈タイ〉
    正 食堂へご飯を食べに行きます。

【助詞「を」→助詞「の」】

12. 誤 日本へ日本語をべんきょうに来ました。　　　　〈タイ〉
    正 日本へ日本語の勉強に来ました。

【助詞「へ」→助詞「を」】

13. 誤 あした休みだから映画へ見に行くつもりだ。　　〈ペルー〉
    正 あした休みだから映画を見に行くつもりだ。

543

【ていく→に行く】

14. 誤 銀行にお金を**おろして**行きます。　　　　　　　　〈タイ〉
    正 銀行にお金を**下ろしに**行きます。

【てくる→に来る】

15. 誤 きのう１週間分の食料を買い込むのに、友達らは**あそんできって**せんぶたべちゃった。　　　　　　　　〈中国〉
    正 きのう１週間分の食料を買い込んだのに、友達が**遊びに来て**全部食べちゃった。

16. 誤 学校実験の前に先生はいつも私のうちに英語や数学やマレー語などを**おしえてくれて来ました**。　　　　　　　　〈インド〉
    正 学校の試験の前に、先生はいつも私の家に英語や数学やマレー語などを**教えに来てくれました**。

〔誤用の解説〕

【付加】

動詞の１，２グループでは「動詞マス形の語幹＋に」という規則が当てはまるが、３グループの動詞は次の４タイプに分かれる。

① 「し」があってもなくてもよい。
　　(1) 日本へ勉強(し)に来た。
② 「し」が不要
　　(2) ?デパートへ買い物しに行く。　→　買い物に行く。
　　(3) ?北海道へ旅行しに行く。　　　→　旅行に行く。
③ 「し」が必要
　　(4) 電話しに行く。　　　　　　　→　?電話に行く。
④ 「(し)に行く」という形をとらない。
　　(5) ?アメリカへ留学しに行った。　→　留学する。
　　(6) ?(国へ) 卒業しに帰る。　　　→　?卒業に帰る。

「付加」の１，２は上の規則の④の(5)に当たる。

【誤形成】

３はやりもらいを表す「てくれる」に引きずられて「～(し)に」の形が作れなかったと考えられる。「教えに来る」でひとくくりとし、それ全体に「てくれる」がかかる関係になる。

混同

　4～6は上の規則の②に当たる。7は規則④の(6)に当たるが、目的を表すために「卒業するために」と「ために」を明記する必要がある。意味合いは異なるが、式に出るのなら、「卒業式のために」と言うこともできる。8のように、後件の動詞が「行く／来る／帰る」（「戻る」も可能）でない場合は「に」は使えず、明確な目的を表す「ために」にする必要がある。9は「呼んでくる」と「呼びに行く」を混同している例である。「呼んでくる」は話し手が目的（この場合は「田中さんを呼ぶ」こと）を果たしたあとは、聞き手のところに戻ることを示唆している。一方、「呼びに行く」は聞き手のところに戻ることとは関係なく、単に移動の目的として述べている。9は会話の最中であり、Bは戻ってくることが示唆されるので「呼んでくる」が適切となる。

位置

　10は「旅行しに」を「旅行に」とすれば、「旅行に京都へ行きます」となって違和感はなくなる。ただ、より自然な語順としては「京都へ」が「旅行に」より先に来る。

その他

　11～13の助詞の誤りは学習者がよくおかすものである。目的「(し)に」は構文として、「＜場所＞へ 〜を 〜(し)に行く／来る／帰る」という形をとる。11は、ご飯を食べる場所が食堂なので「食堂で」としてしまったと思われる。

　「日本語を勉強しに（来た）」の場合は「勉強する」の目的語として「日本語を」となるが、12では「し」が省略されて「名詞＋に」（勉強に来た）の形になっている。したがって、漢語名詞「勉強」にかかる「の」が必要になる。13は「映画へ行く」と考えたのであろうか。構文としては「＜場所（渋谷）＞へ 映画を 見に行く」という形になる。

　14～16では、「下ろしに行く」「遊びに来る」「教えに来てくれる」のように、目的「に」で表すべきところを「ていく」「てくる」と混同している。

伝達上の誤用 ★

●5の「公園へ散歩しに行く」という文は、公園があり、その公園へ行って、公園の中を散歩するという意味では間違いではない。ただ、公園まで散歩しながら出かけるという意味では、「公園へ散歩に行く」が使われる。

> **指導のポイント**
>
> - 「に」+「行く/来る/帰る」には、動詞のマス形の語幹が前接する。マス形作りは簡単なようで難しく不正確になってしまうので、よく練習させる必要がある。
> - 「<場所>へ/に〜(し)に行く/来る/帰る」としたい時、場所の後ろに来る「へ」(または「に」)を「で」と混同しやすいので注意させる。
> - 3グループ動詞の「名詞+する」動詞では「します」の「し」が必要なものと必要でないものがあるので、学習者のレベルに合わせて言及するとよい。
> - 「〜(し)に行く/来る」とテンス・アスペクトを表す「てくる」「ていく」を混同しがちなので注意する。

に関して

➡この問題**に関して**質問はありませんか。
➡事件**に関する**情報をお寄せください。

名詞に付いて、その事柄や人を題材・主題として取り上げ、それにかかわることを述べたり、質問したりする時に使われる。「について」が内容そのものを取り上げるのに対し、「に関して」はそれと関係する周辺のことまで含めることが多い。「について」と比べて、「に関して」のほうがややかたく、改まった言い方になる。

|関連項目| について、は、が、に、で、を、に関係する〜

|誤用例文|

|誤形成|

【関して→に関して】

1. 誤 日本の人口老化問題**関して**、いろいろな意見が出された。
〈中国・香港〉

   正 日本の少子高齢化問題**に関して**、いろいろな意見が出された。

【の関する→に関する】

2. 誤 今後、日本**の関する**仕事をしたい。 〈スロベニア〉

正 今後、日本に関する仕事をしたい。

|混同|

【に関して→は】
3. 誤 マンガに関して、子供にどのようなえいきょうを与えるか。〈タイ〉
   正 マンガは子供にどのような影響を与えるか。
4. 誤 日本の四季の変化ははっきりきわだっているので、自然のながめに関して、台湾より日本のほうが豊かです。〈台湾〉
   正 日本は四季の変化が際立っているので、自然の眺めは台湾より日本のほうが豊かです。

【に関して→が】
5. 誤 老年人口の問題に関して、最近は日本社会問題になった。〈台湾〉
   正 老年人口増加の問題が、最近は日本の社会問題になってきている。

【に関して→を】
6. 誤 新発売の商品に関して、展示する。〈タイ〉
   正 新発売の商品を展示する。

【に関して→のことを】
7. 誤 北ちょう鮮の原子爆弾に関して、諸国は心配している。〈アメリカ〉
   正 北朝鮮の原子爆弾のことを諸国は心配している。

【に関して→に】
8. 誤 Aさんのはなしに関してはんたいです。〈カナダ〉
   正 Aさんの意見に反対です。

【に関して→で】
9. 誤 勉強する時間に関して、せいせきがだいたいわかる。〈アメリカ〉
   正 勉強する時間で、成績がだいたいわかる。

【に関して→から】
10. 誤 かれのかおに関して、ほんとうの考えかたがわかった。〈アメリカ〉
    正 彼の表情から彼の本当の気持ちがわかった。

【に関して→について】
11. 誤 いまから日本に関して話して下さい。〈韓国〉
    正 今から日本について話してください。
12. 誤 彼は私に会うといつも、食べ物に関して話します。〈韓国〉

正 彼は私に会うと、いつも食べ物について話します。
13. 誤 10年ごの中国の未来に関して、全く予そうができない。〈アメリカ〉
    正 10年後の中国の未来について全く予想ができない。
14. 誤 祭りに何をした方がいいことに関して考えようとしたから、色々な意見が出された。〈カナダ〉
    正 祭りに何をしたらいいかについて考えた結果、いろいろな意見が出された。

【に関して→に対して】
15. 誤 水不足に関して水用界限が導入された。〈ブルガリア〉
    正 水不足に対して節水制限が導入された。

【に関して→に関する】
16. 誤 今、卒業論文のため、日本の歴史に関して本を探している。〈アメリカ〉
    正 今、卒業論文のため、日本の歴史に関する本を探している。

【に関しての→に関する】
17. ★誤 これは生死に関しての問題である。〈台湾〉
    正 これは生死に関する問題である。

【に関しての→に関係する】
18. 誤 この事件に関しての人はほとんど外国へ逃げだした。〈マレーシア〉
    正 この事件に関係する人はほとんど外国へ逃げ出した。

 位置
19. 誤 学園祭に関して、どんな活動を行うだろうか、いろいろな意見が出された。〈アメリカ〉
    正 学園祭でどんな活動を行うかに関していろいろな意見が出された。

 その他
【に関した→に関する】
20. ★誤 第二次世界大戦に関した映画から、いろいろな意見が出された。〈アメリカ〉
    正 第二次世界大戦に関する映画について／を見て、いろいろな意見が出された。

【に関した→に関係する】
21. ★誤 私の専攻に関した本をぜんぶよむつもりだ。〈韓国〉

[正] 私の専攻に**関係する**本を全部読むつもりだ。

誤用の解説
誤形成
1は「に」が抜け、2では「に」の代わりに「の」を使っている。

混同
3～5は「に関して」を主題提示形式（例えば「は」）と誤解しているために起こった誤用である。5は変化を表す文なので、「～が」の形で「なる」の主語として提示できる。6～8は、「に関して」と結び付かない動詞を選択したことが誤用の要因である。6は直接目的語を「に関して」で提示している。7は「心配する」を用いているが、「に関して」は言語活動や認識活動の内容を述べるものの、「心配する、悩む、喜ぶ、楽しみにする」のような主観的、感情的な内容を提示することはできない。8の「反対する」は、対象を「に」または「に対して」で提示する。（例：高層ビルの建設に／に対して反対する。）

9，10では、判断の根拠・拠り所を提示するのに「に関して」を使用しているため、誤用となっている。「に関して」は「発表する、報告する、意見を述べる」などと結び付く。11，12の「話す」はそのような動詞に類似しているが、「発表する、報告する」よりも日常的な内容を連想させる。「に関して」は論説文等かたい内容の文章で使用されることが多いため、違和感が強いと思われる。13，14の「予想する」「考える」は、基本的には対象を「を」「について」で示し、「に関して」とは結び付かない。「想像する、予測する、類推する」などの認識・推量にかかわる動詞にも同じことが言える。15は「水不足に対応して」という意味を表現しようとしているのであるから、「正面からそれに取り組み、対応して」という意味で「に対して」が適切である。16では「に関して」が「探す」とつながらない。この文を成立させるためには、「に関する」を用いて「本」を修飾する形にするべきである。18は「その事件にかかわった、関係した」という意味なので「に関しての」は不適切である。

位置
19で学習者が言いたいのは「学園祭でどんな活動を行うか」ということである。19の誤用の要因は、「～か」という疑問引用節に「に関して」を接続することができないためだと考えられる。

|伝達上の誤用| ★

- 17は誤用とは言い難い。「生死」というのは深刻な内容であるため、「に関して＋の＋N」より「に関する＋N」のような、直接的な結び付きの強い表現のほうが適切になる。もっと深刻な状況を表すには、「生死に直接かかわる問題」という言い方もあり、そちらのほうが早急な対応を促す意味が出る。
- 20と21は「関する」と「関した」の使い分けである。「に関する」は関係性が強く、「映画に関する本」が映画自体の内容に踏み込むのに対し、「に関した」は関係性が弱く、それを用いた「映画に関した本」は、部分的に映画と何らかの関係性があると述べるにとどまる。20は第二次世界大戦の内容についての映画であるので、「に関する」を用いる必要がある。一方、21は一見正しいように見えるが、「専攻に関した本」ではややことば足らずで、専攻の内容そのものにかかわる本であるなら「専攻に関する本」とすべきである。ここでは専攻に関するだけでなく、専攻と関連する本も研究には必要だと考え、「に関係する」と訂正した。

|指導のポイント|

- 「に関して」を主題提示形式の一種「は」と混同している学習者が多い。主題として用いる時は「は」、または、「に関しては」「に関して言えば」などを使用する。
- 「に関して」は「報告する、考察する、調査する」などの言語・認識活動を表す動詞と結び付き、書きことばや改まった場で用いられる。どんな動詞とも自由に結び付くわけではないので、結び付く動詞について確認する必要がある。
- 似ているように見える動詞でも、「に関して」と結び付かないものと結び付くものとがある。間違えそうなものについては注意を促す。
  例：○に関して＋報告する／考察する／調査する
  　　×に関して＋話す／考える／探す／心配する／気にする
- 「に関して」と「について」は用法がよく似ているが、「に関して」はやや大きく、「について」は密着して細かくとらえるという違いがある。
- 「に関して」と「に関連して」「に関係して」の違いにも注意させる。

に対して

➡あの奥さんは旦那さん**に対して**いつも文句を言っている。

名詞に付いて、「それを対象にし、それと向き合って、それと相対して」という意味を表す。文末には何らかの働きかけを示す動詞・形容詞などが来る。

|関連項目| に・には、を、は、について、に対しては、にとっては

誤用例文

|脱落|

1. 誤 災害時の救援はただ物質的なもののみならず、被害者にΦ精神的な救援も必要だ。〈台湾〉
   正 災害時の救援は、ただ物質的なもののみならず、被害者**に対する／に対して**精神的な救援も必要だ。

|誤形成|

2. 誤 そうです。これが親の心、親の子供対する愛なのです。〈韓国〉
   正 そうです。これが親の心、親の子供**に対する**愛なのです。

|混同|

【に対して→は】

3. 誤 子供の世話する**に対して**、私は苦手です。〈台湾〉
   正 子供の世話**は**、私は苦手です。

【に対して→では／においては】

4. 誤 日本**に対して**、びんぼうな人はかんたんに自分の家を買えない。〈アメリカ〉
   正 日本**では／においては**、貧乏な人は簡単に自分の家が買えない。

【に対して→を】

5. 誤 勉強しない学生**に対して**、除名しましょう。〈中国〉
   正 勉強しない学生**を**、除籍しましょう。

6. 誤 お年寄り**に対して**尊敬すべきである。〈台湾〉
   正 お年寄り**を**尊敬すべきである。

7. 誤 この問題**に対して**どうやってうまく決解できるのはだれでもわからない。〈台湾〉

正 この問題をどうやったらうまく解決できるのかはだれにもわからない。

【に対して→に】
8.　誤 彼に対して、くわしく説明してあげました。　　〈中国〉
　　正 彼に詳しく説明してあげました。

【に対しては→には】
9.　誤 （コンピュータは）人間に対しては勝てないだろう。　〈ブラジル〉
　　正 （コンピュータは）人間には勝てないだろう。

【に対して→について】
10.　誤 その問題に対して説明してください。　　〈韓国〉
　　正 その問題について説明してください。
11.　誤 これに対して言いたいことはない。　　〈ブルガリア〉
　　正 これについて言いたいことはない。

【に対しては→にとっては】
12.　誤 外国人力士と日本人力士を分けて別々で相撲競技を行うほうが日本の相撲発展に対してはもっといいと思います。　　〈韓国〉
　　正 外国人力士と日本人力士を分けて、別々に相撲を行うほうが、日本の相撲の発展にとってはいいと思います。
13.　誤 昔の文人墨客はこの雰囲気でたくさんの美女と詩を作るようになりました。秋の落葉は知識人に対しては絶好な風景だと思われます。　〈中国〉
　　正 昔の文人墨客はこの雰囲気で多くの美女を描き、詩を作ってきました。秋の落葉は知識人にとっては絶好の題材だと思われます。

【に対して→にとっては／は】
14.　誤 子供に対して、学校の教育を受けるだけでは不十分で、家での母親の教育も大切だ。　　〈台湾〉
　　正 子供にとっては／は、学校の教育を受けるだけでは不十分で、家での母親による教育も大切だ。

【に対して→にとっては／には】
15.　誤 親に対して子供が一番大切なものだ。　　〈タイ〉
　　正 親にとっては／には子供は一番大切なものだ。
16.　誤 この本はあの人に対してすごく簡単でしょう。　〈マレーシア〉

正 この本はあの人にとっては／にはすごく簡単でしょう。

【に対して→に対しては／には】

17. ★誤 先生に対して敬語を使ったほうがいい。　〈台湾〉
　　　正 先生に対しては／には敬語を使ったほうがいい。

【に対しての→との】

18. 誤 彼に対しての関係はとても悪いです。　〈ペルー〉
　　　正 彼との関係はとても悪いです。

【に対しての→向けの】

19. 誤 日本には子供に対しての店が多いです。　〈マレーシア〉
　　　正 日本には子供向けの店が多いです。

【に対する→に関連した】

20. 誤 クエーカーは平和主義は常に正しいと信じるので、軍隊に対する服を着てはいけない。　〈アメリカ〉
　　　正 クエーカーは、平和主義は常に正しいと信じるので、軍隊に関連した服を着てはいけない。

【に対する→を】

21. 誤 地球の環境に対する守る方法は、国の発展程度によって違う。〈台湾〉
　　　正 地球の環境を守る方法は、国の発展の段階によって違う。

【に対する→に対して】

22. 誤 敬語のポイントはまず自分が一番居心地よいのを選ぶこと。無理に使うことや過剰に使うこともかえって相手に気をつかわれてしまうので、まず自分と相手も一番気を遣わない話し方をえらぶことこそが相手に対する礼儀正しいことであろう。　〈オーストラリア〉
　　　正 敬語のポイントはまず自分が一番心地よいものを選ぶこと。無理な使用や過剰な使用はかえって相手に気を遣わせてしまうので、一番気を遣わない話し方を選ぶこと。そのことこそが相手に対して礼儀正しいということであろう。

誤用の解説

脱落

1は、「被害者に」だけでは意味が不明になるので、「に対する／に対して」を使い、後続の語とどういう関係になるのかを明確に示す必要がある。

誤形成

2では「Nに対する」の「に」が落ちている。「N向けの」「N寄りの」「N宛ての」のように動詞由来の文法形式の中には助詞を伴わないものもあるため、その連想で落としたのだろうか。あるいは単純なミスかもしれない。

混同

3は、「に対して」を主題提示の形式と勘違いしたために生じた誤用だと思われる。中国語「対于（に対して）」は、文頭に置いて主題提示をする用法があるため、類推から「に対して」にも同様の用法を求めたのかもしれない。4も同じであるが、日本という国について述べているので、「では」「においては」が適切となる。

5～7では、直接目的語を提示するのに「に対して」を使用している。「に対して」は「反論する」「請求する」などの動詞と結び付き、「働きかける方向」を示す。「×りんごに対して食べる」のように直接目的語「を」の代わりには使えない。

8, 9の「説明する」「勝つ」も「に対して」と結び付かない。9は「に対する」の「対」の字から戦う相手を示すことができると思ったのかもしれない。

10, 11の「説明する」「言う」は「＜相手＞に／に対して ＜対象＞について 言う／説明する」という形をとる。学習者にはこの形が理解されていないのか、また母語の影響もあるためか、「に対して」と「について」の混同が多く見られる。特に韓国、中国の学習者に多い。

12～16は評価的な述語の文で「に対して」を使っている。「いい・悪い」「大切だ」「簡単だ」などの評価的な判断を述べる時は、価値観・立場の持ち主は「に対して」ではなく、「にとって」または「には」で提示するほうがよい。中国語では「対＋他＋来说（彼に言わせれば）」のように、「対」という語を用いて立場を示す表現がある。この「対」の用法が誤用を誘ってしまったのだろうか。

18～22は、「に対する」「に対しての」という名詞修飾の形をとった表現の誤用である。18の「に対しての」は、「～に対しての関係」と言えないように「関係」とは結び付かない。日本語では「に対して」は、基本的に「それと対抗して」という「反～」の意味合いを持つ。18～20のように「反～」の意味を持たない場合は、日本語では別の言い方をする。19では「子供向けの店」、20では「軍隊に関連した」としたほうがよいだろう。21では「守る」という動詞に「に対して」を用いている。「に対して」は「それと相対して」という意味を持つので、「守る」には使えない。22は「礼儀正しいこと」という名詞句があるため、「に対する」を使用したと思われるが、「相手に対する（正しい）礼儀」とは言えても、「礼儀正しいこと」を修飾することはできない。

|伝達上の誤用| ★

- **17**はこのままでも文法的に誤りとは言い難いが、先生一般に対する模範的態度とは何かを述べているため、「は」を用いて「〜に対しては」（または「〜には」）としたほうが落ち着く。「先生に対してそんな言い方をするな」のような文（具体的な先生への働きかけを述べる文）では、「は」は不要である。「は」の有無の選択は非常に難しく、あまり教えられないので、学習者は深く考えずに文を作ったのであろう。

|指導のポイント|

- 「に対して＝主題提示形式の一種」という誤解が生じないよう、「は」「では／においては」などと区別させる。
    例：子供の世話｛×に対して／○は｝私は苦手だ。
- 本来「を」で提示すべき目的語に「に対して」を使う学習者が多い。
    例：お年寄り｛×に対して／○を｝尊敬する。
  「に対して」がどのような動詞と結び付くかをよく確認する。
    結び付きやすい動詞：反対する、反論する、請求する、発言する、抗議する、など
- 述語に評価的な形容詞が来る時は「に対して」でなく、「にとって」が使われることが多い。
    例：コンビニは若者｛×に対して／○にとって｝大切だ／必要だ／便利だ。
  中国語母語話者の中には「対」を用いた表現（例：対（〜）来说（〜に言わせれば））などの類推から、「に対して」の使用を拡大する学習者が多い。

にちがいない

➡ 変な男がいる。放火犯**にちがいない**。
➡ 彼はもう目的地に着いた**にちがいない**。

経験などに基づく直感的な確信を表す。自分の思案していること、推量を自分自身に確かめるような、独り言的に使われることが多い。

関連項目 だろう、のではないか、ほうがいい、と思う、**名詞節**「の、こと」

誤用例文

誤形成

1. 誤 東京に物価が**高いということ**にちがいない。 〈インドネシア〉
   正 東京は物価が**高い**にちがいない。
2. 誤 日常よく練習するこそ良い成績が**出るの**に違いない。 〈中国〉
   正 日常よく練習するからこそ良い成績が**出る**にちがいない。
3. 誤 この人のやることだから、よく**できること**にちがいない。
   〈中国・香港〉
   正 この人のやることだから、よく**できる**にちがいない。
4. 誤 それほど国内的・国際的にしんこくな状況**ちがいません**。〈韓国〉
   正 それほど国内的・国際的に深刻な状況に**ちがいありません**。
5. 誤 規則たとえばたばこについて公共の所と広告が禁止したのは重要な事が**あったちがいないだ**。 〈マレーシア〉
   正 たとえば、公共の場所でのたばこを禁止する規則を発表したのは、重要なことで**あったにちがいない**。

混同

【にちがいない→だろう】

6. 誤 日本の色々な工業は自分の国より発達している**にちがいない**と思っていますが、なかにはまだ発展していない物もあると思います。
   〈中国〉
   正 日本の色々な工業は自分の国より発達している**だろう**と思いますが、中にはまだ発展していない物もあると思います。
7. 誤 早めに並びに行かないと、一本の電車に遅れたら、会社に遅刻する**にちがいない**。 〈中国〉
   正 早めに並びに行かないと、電車に一本遅れたら、会社に遅刻する

だろう。

【にちがいない→のではないか】

8. ★ 誤 その人はこのちかくにのろのろして、何の悪事を**する**にちがいない。 〈韓国〉
   正 その人はこの辺りでうろうろしているが、何か悪事を**働くのではないか**。

【にちがいない→ほうがいい】

9. 誤 大学に入ても勉強しないなら入らない**にちがいない**。 〈韓国〉
   正 大学に入っても勉強しないなら、入らない**ほうがいい**。

その他

【「と思う」の付加】

10. ★ 誤 今度のイラクの問題はクウェート人だけでなくて全世界の人々にとっては困ること**にちがいないと思う**。 〈台湾〉
    正 今度のイラクの問題はクウェート人だけでなく、全世界の人々にとっても大問題である**にちがいない**。

【テンス・アスペクト】

11. 誤 かばんがないからもう家に**帰る**にちがいない。 〈タイ〉
    正 かばんがないから、もう家に**帰った**にちがいない。

誤用の解説

誤形成

　1～3のように、「にちがいない」の前に来る語に「こと、の」を使って名詞化する誤用が多く見られる。4のように、「ちがいない」を動詞の「違う」の否定形と考えて、「ちがいません」としてしまう誤用もある。5は「に」が抜けている。

混同

　「にちがいない」は直感的な、強い確信を表すので、6，7のように断定を避ける意図で使う場合は「だろう」のほうが適切である。9では「ほうがいい」に訂正したが、学習者は「（大学に）入らないのと同じだ」と言いたくて、強い確信を表す「にちがいない」を使ったのかもしれない。しかし、「ほうがいい」を用いることで、大学に入るか入らないかの選択をはっきりさせることができる。

その他

　11は、「帰った」という過去のことを問題にしているので、「帰る」は「帰った」

にしなければならない。「にちがいない」の前には非過去だけでなく、過去形も来ることが定着していない場合が多い。

伝達上の誤用 ★

- 「にちがいない」は、直感的な確信を独り言として言い切る場合に多く用いられ、かなり強い断言の印象を与える表現である。8のように「悪事をするにちがいない」と言うと、特に否定的な内容なので、意図以上に強く伝わる恐れがある。
- 10のように、「にちがいない」に「と思う」が付いて、「にちがいないと思う」が誤りか否かは微妙なところである。「かもしれない」と同じように、会話などでは「～にちがいない」と推量判断をしておいて、しかし、断定をしかねて、「と思う」を付けることは日本語母語話者にも見られるようである。しかし、基本的には、「にちがいない」を用いれば「と思う」は不要である。

指導のポイント

- 「にちがいない」は強い言い切りの意味合いを含むので、会話などでの使い方に注意をさせる。
- 「にちがいない」の前には動詞、形容詞の普通形が来るが、学習者は「行くこと／のにちがいない」「高いということにちがいない」などのように動詞、形容詞を名詞化して用いてしまうので、注意させる。
- 「ちがいません」などの誤用をしないよう注意する。
- 「にちがいない」は疑問形が作りにくいこと、「と思う」が続きにくいことも言及しておく。
- 「にちがいない」は、副詞の「たぶん」「おそらく」「きっと」などといっしょに用いられることが多いことにも言及するとよい。

について

➡私の国について説明します。
➡このことについて何かご存じですか。

名詞に付いて、その事柄や人を題材、主題として取り上げ、そのものにかかわることを述べたり、質問したりする時に使われる。類義語の「に関して」と比べ、「について」は内容そのものを取り上げる意味合いが強い。

関連項目　を、は、については、に関して、に対して

誤用例文

脱落

1. 誤　今日の私のテーマは貯蓄Φです。ただ日本人の貯蓄Φだけではなく他の国の皆さんの貯蓄そして投資について認識を聞きたいです。〈韓国〉
   正　今日の私のテーマは貯蓄についてです。日本人の貯蓄についてだけではなく、他の国の皆さんの貯蓄、そして投資についてもお考えを聞きたいと思います。

2. 誤　私が今国際関係の受業で勉強していることにΦ少しお話したいと思います。〈カナダ（日本）〉
   正　私が今国際関係の授業で勉強していることについて少しお話したいと思います。

混同

【について→を】

3. 誤　彼はその人に出会ってからというもの、頭が変になったほどその人のことについていつも考えている。〈アメリカ〉
   正　彼はその人に出会ってからというもの、頭が変になるほどその人のことをいつも考えている。

4. 誤　婦人は私のことについて、日本人だと思ったから、道を私に聞いた。〈イタリア〉
   正　婦人は私のことを日本人だと思ったから、私に道を聞いた。

【について→にとって】

5. 誤　ジューン・ジェイコブスという都市学者のように、都市の健康について人にいろいろな種類は大切ということだ。〈アメリカ〉

正 ジューン・ジェイコブスという都市学者によると、健全な都市にとっていろいろな人が住んでいることは大切だということだ。

【について→に関する】

6. 誤 A：今度のレポートなんですが、私の課題について資料が全然みつからなくて… 〈アメリカ〉
B：こういうのはどうでしょう。
A：ありがとうございます。
正 A：今度のレポートなんですが、私の課題に関する資料が全然見つからなくて…

7. 誤 将来に、アジアで商業について仕事をしたい。 〈オーストラリア〉
正 将来、アジアで貿易に関する仕事をしたい。

【について→に対して】

8. 誤 若者の選挙に対する無関心について、どのような対策ができるのでしょうか。 〈イギリス〉
正 若者の選挙への無関心に対して、どのような対策が取れるのでしょうか。

9. 誤 大きく見ると自然はいつも変化しながらいろいろな模様を現すが人間はその変化についてあまり利己的なのようである。 〈韓国〉
正 大きく見ると、自然はいつも変化しながらいろいろな様相を呈するが、人間はその変化に対してあまりに利己的なようである。

その他

【について→は／と言えば】

10. 誤 台湾について、やはりナイトマーケットだと思われている。〈台湾〉
正 台湾は／と言えば、やはりナイトマーケットだと思われる。

誤用の解説

脱落

1は誤用とは言えない。学習者は「(ただ日本人の貯蓄だけではなく、皆さんの貯蓄そして、投資)について」というように（　）内を一つのまとまりとして、一度だけ「について」を用いれば足りると考えたのだろう。しかし「について」があることで、これからの話のテーマが明確になるので、それ以前の「貯蓄」にも「について」を付けたほうがよい。2では「に」があるが、「ついて」が抜けている。

混同

「について」と結び付かない動詞（形容詞も１例あり）と結び付けようとしたために生じた誤用が多い。述語の動詞によって「を」「について」「にとって」「に関して」「に対して」など、適切な表現を選択しなければならないが、その使い分けができていない。**3，4**は「を」と「について」の違いを理解できていないための誤用である。「を」と「について」には次のような違いがある。

(1) 漢字を書く。（具体的に「漢字」をいくつか書く。）
(2) 漢字について書く。（漢字の歴史、漢字の現状などについて書く。）

3の「その人のことについて考える」という形自体は文法的誤りとは言えないが、冗長な感じがする。「〜について」または「〜ことを」のどちらかにすべきである。「頭が変になるほど」特定の人物に思考を集中させるというのであるから、より直接的な「（こと）を」を用いたほうがよいだろう。**4**も眼前の「私」自体を日本人だと思ったのであるから、「を」が適切である。**5**は「について」ではなく、「にとって」にすべき誤用である。「〜について」は動詞「書く、考える、調べる、発表する」などと結び付くが、「〜にとって」は形容詞「大切だ、やさしい、難しい」などと結び付く。ここでは「大切だ」を使っているので「にとって」が適切である。**6，7**は「課題についての資料」「商業についての仕事」としてもやはり違和感がある。「について」は「関係がある」という意味までは表せないからである。「〜に関係がある」という意味を表すならば「課題に関する資料」「商業に関する仕事」が適切である。**8，9**の「について」は、「対策をとる」のような動詞や「利己的だ」のような形容詞とは結び付かず、不適切となる。ここでは「対象に向き合って対策をとる／利己的な態度をとる」という意味から、「に対して」が適切だと思われる。

その他

「台湾は（〜だ）」のような主題の提示には「は」が必要で、**10**のように「について」そのものには主題提示の機能がないため不適切となる。

指導のポイント

- どんな動詞が「を」「について」「にとって」「に関して」「に対して」などと結び付きやすいのか、その組み合わせを習得する必要がある。
    例：について＋動詞（書く、考える、調べる、発表する、など）
　　　にとって＋形容詞（大切だ、やさしい、難しい、など）

- 動詞によっては、「彼について調べる」「彼を調べる」のように、複数、選択可能なものもある。意味的にどのような違いがあるのかを知り、必

要に応じて使い分けができるよう習得する必要がある。違いが明確に出るペアの例文を紹介するとわかりやすい。また、違いだけを強調するのでなく、違いがあまり出ない場合があれば、それについても同様に補足する必要がある。

＊違いが明確な例
① a．漢字を書く。（具体的に「漢字」をいくつか書く。）
　 b．漢字について書く。（漢字の歴史、漢字の現状などについて書く。）
② a．彼を調べる。（目前の「彼」の身体検査、事情聴取をする。）
　 b．彼について調べる。（目前には「彼」は不在。「彼」の住所、職業などを調べる。）

● 学習者は「について＝主題提示形式の一種」と思ってしまう。
　例：台湾{×について／〇は}、やはりナイトマーケットだと思われる。
「は」を付けて「については」とすれば主題提示できるが、「〜について」は、文頭に置いても、「〜は」のような主題を表す機能はないことを理解させる。

にとって

➡ 親にとって子供は宝物である。
➡ 人間にとって生きることは何だろうか。

名詞に付いて「その立場、立場の者に対してこうである」という話し手の評価、価値判断を表す。文末には無意志表現（特に形容詞）が来ることが多い。

|関連項目| は、には、では、にとっては、として、によって、**目的節**「のに」

|誤用例文|

|混同|

【にとって→は】

1. 誤　私にとってそのいろはあまり好きではない。　〈インドネシア〉
   正　私はその色はあまり好きではない。
2. 誤　いま、私にとって勉強の方をもっとがんばらなければならない。
   〈帰国子女（日本）〉

正 今、私は勉強の方をもっと頑張らなければならない。

【にとって→には】

3. ★ 誤 この問題は彼にとって簡単である。　　　　〈マレーシア〉
　　　正 この問題は彼には簡単である。
4. ★ 誤 私にとって英語より日本語のほうが難しい。　〈インドネシア〉
　　　正 私には英語より日本語のほうが難しい。

【にとって→では】

5. 誤 それに、日本の教育にとって知識の量は理解より大切です。
　　　　　　　　　　　　　　　　　　　　　　　　〈ブラジル〉
　　　正 それに、日本の教育では知識の量は理解より大切です。

【にとって→と】

6. 誤 彼にとって私の考え方は違うだ。　　　　　　〈インドネシア〉
　　　正 彼と私の考え方は違う。

【にとって→なら】

7. 誤 現代女性にとって、結婚するまで、一度外国旅行へ出たいと思うのではないだろうか。　　　　　　　　　　　　　〈アメリカ〉
　　　正 現代女性なら、結婚するまでに一度外国旅行へ出たいと思うのではないだろうか。

【にとって→によって】

8. 誤 この問題はやさしいと考える人もいるし難しいと考えている人もいる。なぜかというと人の考え方にとって違うから。〈インドネシア〉
　　　正 この問題はやさしいと考える人もいるし、難しいと考える人もいる。なぜかというと人の考え方によって違うからである。

【にとって→によると】

9. 誤 天気予報にとって、今日の天気がいい。ところが雨が降っている。　　　　　　　　　　　　　　　　　　　　　〈ドイツ〉
　　　正 天気予報によると、今日は天気がいいということだった。ところが雨が降っている。

【にとって→（になる）ためには】

10. 誤 専門家にとって、大学時代は主要だと思います。　〈ブラジル〉
　　　正 専門家になるためには、大学時代は重要だと思います。

【にとって→として】

11. 誤 戦前、デュッセルドルフや近くの街は重工業の地方**にとって**有名だったが、戦後、この都市も、ベルリンほどではない、テレビやメディアや現在の文化などの中心になった。〈ドイツ〉

    正 戦前、デュッセルドルフや近くの街は重工業の発展した地域**として**有名だったが、戦後、この都市も、ベルリンほどではないが、テレビやメディアや現在の文化などの中心になった。

【にとって→にとっては】

12. 誤 ドイツ語には助詞というものがないからドイツの日本語学習者**にとって**どのような助詞の使い方でも難しい。〈ドイツ（日本）〉

    正 ドイツ語には助詞というものがないから、ドイツの日本語学習者**にとっては**どのような助詞も使い方が難しい。

【にとっては→にとって】

13. 誤 ブラジル人の学習者**にとっては**、最も難しいと言われるのは「助詞」というものである。〈ブラジル〉

    正 ブラジル人の学習者**にとって**最も難しいと言われるのは「助詞」というものである。

【にとっては→には】

14. ★誤 この試験は私**にとっては**難しいです。〈台湾〉

    正 この試験は私**には**難しいです。

【ことにとって→のに】

15. 誤 地図は面白い店を捜し歩く**ことにとって**非常に重要である。〈中国〉

    正 地図は面白い店を捜し歩く**のに**非常に重要である。

■その他

【にしても→にとっても】

16. ★誤 先、飲み放題や乗り放題は客が楽しむためのものだから、客が楽しめたら誰**にしても**得になるのではないかとおっしゃったんですが、○○放題の問題はそんなに単純なものではないと思います。〈韓国〉

    正 先ほど飲み放題や乗り放題は客が楽しむためのものだから、客が楽しめたら誰**にとっても**得になるのではないかとおっしゃったんですが、○○放題の問題はそんなに単純なものではないと思います。

誤用の解説

混同

1，2は「にとって」を主題提示形式（例えば「は」）と誤解し、また、「にとって」がどのような述語と結び付くのかを考慮していないために誤用となっている。「にとって」は「重要だ、簡単だ、大切な存在だ、有害なものだ」といった評価を述べる語と結び付きやすい。「好きだ、嫌いだ、つまらない、うれしい、さびしい」（主観的な意味の述語）や、「私」の意志（「しよう」）や義務（「しなければならない」など）とは結び付きにくい。また、「にとって」は立場を提示するため、人か、あるいは組織（会社、学校、社会、国など）と組み合わさることが自然だと思われる。

5の「教育」は抽象的なものであり、それ自体に立場を設定しにくい。6の「違う」という述語に対して「にとって」を使用することはできない。「彼にとって彼女は異質な存在だ」のように、ある立場や視点からとらえた価値判断という内容であれば「にとって」を使うことができるだろう。7の「～たいと思う」は願望を表出する表現であり、「にとって」と結び付かない。

8は「によって」、9は「によると」を使うべきところで「にとって」を使っており、意味用法の全く違うものと混同したと思われる。学習者は初級後半から中級にかけて、様々な複合形式を学ぶために、混同が起こりやすいと思われる。10は曖昧で、内容のつかみにくい文である。「専門家」と「大学時代」との関係を具体的な言い方できちんと説明する必要がある。

11の学習者は「重工業の発展した地域として有名だ」と述べたかったようであるが、「として」の代わりに「にとって」を使ったようだ。「にとって」は「有名だ」と結び付きにくい。12は文法的には正しいが、ドイツの日本語学習者を取り立てているので、「にとっては」と「は」を付ける必要がある。

13の「ブラジル人の学習者にとっては」は名詞節「～のは」の中に存在している。名詞節など従属節内では、対比の意図がなければ「は」は不要で、「にとって」とすべきある。15は「Vことにとって」（歩くことにとって）を用いているが、不自然な表現である。述語に「重要である」という語が来ているので、もっと簡潔に、目的を表す「Vのに」（歩くのに）を用いたほうがよい。

伝達上の誤用 ★

● 3の「彼にとって（簡単だ）」や、4, 14の「私にとって」「私にとっては」は文法的には問題はないが、「彼」「私」という個人の立場を述べているため、若干大げさに感じられる。「日本人」「受験生」など、特定の立場の人々を広く含むので

あれば自然であるが、たった一人の人間の立場を取り立てて述べていることで、ことさら強調されたニュアンスが出ている。そのような文脈や意図があればよいが、そうでなければ大仰な印象を与え、違和感のあるものとなるだろう。

- 16は文法的には間違いではない。「（だれ）にしても」と「（だれ）にとっても」の違いは「にしても」が事態を消極的、否定的にとらえて、「それはそうだろうが、しかし（それでも）」というニュアンスを含むのに対して、「にとって」は中立的な価値判断を予想させる。16は述語に「得になる」というプラス評価の語が来ているので「にしても」が不適切に感じられる。

指導のポイント

- 学習者は「にとって」を主題提示形式の一つである「は」と混同しやすい。「は」の代わりに使えない例を挙げて、違いをつかませる。
  例：私｛×にとって／○は｝この仕事は好きではない。
- 「にとって」はその立場にある人や組織を提示して「＜人・組織＞にとって＋大切だ／簡単なことだ」など、価値観や評価を述べる語と結び付く。誤用として見られた「にとって」と結び付かない述語には、次のようなものがあった。
  ①主観的な認識：「好き・嫌い」「興味がある」「〜たいと思う」「幸せ」など
  ②話し手の態度：「しなければならない」など
  ③属性：「違う」「有名だ」など
- 「Vすること」は「にとって」とは結び付かない（例：×歩くことにとって）。「こと」を用いて名詞化してしまう学習者もいるので、注意が必要である。
- 対比的な意味で提示する場合は、「にとっては」を使用する。また、「〜にとっても」など、類似の表現についても学習者の理解度を見ながら説明するとよい。
- 「によって」「によると」「として」のような意味内容の異なる複合形式との混同も見られる。それぞれの典型例とともに意味用法、結び付きやすい述語（動詞・形容詞など）の違いを確認する。

には

➡改革を進める**には**、思い切った決断と工夫が必要だ。

前件で目的を表し、後件でその目的を達成するために「どうであるか/どうすべきか」という判断を示す。判断は個別的ではなく一般的なものであることが多い。「ために(は)」と共通性があり、また、後件で手段・方法を示すことができるという点では「のに」とも共通する。

|関連項目| 目的節「ため(に)・ためには、のに」、条件節「(の)なら」、名詞節「のは」、理由節「ので」

|誤用例文|

|混同|

【には→ために】

1. 誤 中国の教育改革をもっと**進めるには**、政府が新しい政策を出した。 〈中国〉
   正 中国の教育改革をもっと**進めるために**、政府が新しい政策を出した。
2. 誤 日本語の**勉強には**頑張ります。 〈中国〉
   正 日本語の**勉強のために**頑張ります。
3. 誤 早く専門の研究を**はいるには**、日本語の学習をやめました。〈中国〉
   正 早く専門の研究に**入るために**、日本語の学習をやめました。

【には→ためには】

4. 誤 2週間も黙って家を**あけるには**家族の理解が必要だ。 〈韓国〉
   正 2週間も黙って家を**空けるためには**家族の理解が必要だ。

【には→のに】

5. 誤 ぼくが漢字を覚える**には**電子辞書が役に立ちました。〈フランス〉
   正 ぼくが漢字を覚える**のに**電子辞書が役に立ちました。

【には→(の)なら】

6. ★ 英語を**勉強するには**、この教科書がわりといいです。 〈中国〉
   正 英語を**勉強する(の)なら**、この教科書がわりといいです。
7. 誤 2週間も黙って家を**あけるには**となりの人に家を見てもらったほうがいいんじゃないの? 〈タイ〉

　　　　正　2週間も黙って家を**空ける**(の)なら、隣の人に家を見てもらった
　　　　　　ほうがいいんじゃないの？

【には→のは】
8．　誤　2週間も黙って家を**あける**にはわがままなことだろう。
　　　　　　　　　　　　　　　　　　　　　　　　　　　　〈中国・香港〉
　　　　正　2週間も黙って家を**空けるのは**、わがままなことだろう。

9．　誤　日本語を**勉強する**には時間がかかりそうだ。やはり勉強しなけれ
　　　　　ばならない。　　　　　　　　　　　　　　　　　　　〈中国〉
　　　　正　日本語を**勉強するのは**時間がかかりそうだ。でも、やはり勉強し
　　　　　なければならない。

【には→ので】
10．　誤　決勝戦を**入りたい**には、皆が集中練習を行う。　　　〈中国〉
　　　　正　決勝戦に**残りたいので**、（選手は）皆集中練習を行う。

11．　誤　2週間も黙って家を**あける**にはおやを心配させた。　〈中国〉
　　　　正　2週間も黙って家を**空けたので**、親を心配させた。

　誤用の解説

　混同

　1～3は「ために」にすべき誤用である。「には」は、後件（主節）には判断文（例：仕事を見つけるには資格を持っているほうがいい。）が来ることが多く、1～3のように、後件に動作・行為、事態描写などが来る場合は使えない。
　4は「には」でもよいようだが、「家をあける」ことが目的となるためには「には」では不十分で、目的を明確にする「ためには」を用いたほうがよいと思われる。5は過去にあった個別の事柄であり、また、後件に「役に立つ」という表現が来ているので、それと結び付く「のに」にしたほうがよい。
　「には」は目的に対して一般的なことを述べる文法形式であるが、後件（主節）には断定的な判断表現が来ることが多い。
　　(1)　ピアノをマスターするには、毎日3時間練習しなければならない。
　　(2)　結婚するには、ある程度の金が必要だ。
　7は後件（主節）で、「ほうがいいんじゃないの」というゆるやかな助言表現を用いている。このような場合は「には」ではなく、相手のことばを受ける「なら」を用いたほうがよい。8，9は「には」と「のは」を混同している。前件が後件の目的というより、両者がイコールの関係になっているので、「のは」がふさわしい。

10, 11は前件・後件の関係から理由「ので」を用いたほうが自然な文になる。

伝達上の誤用 ★

● **6**が英語の勉強についての一般論を述べるのなら、このままで誤りではない。しかし、次のような状況がある場合は、「なら」が適切となってくる。

(3) A：英語の勉強をしたいと思っているんですが、いいテキストがありますか。
B：英語の勉強を始めるのですか。そうですね、英語の勉強をするのなら、この教科書がわりといいですよ。

これは「なら」の、「相手のことば・情報を受け取って」という意味用法を用い、「(の)なら」で受けた事柄を主題として、後件（主節）で帰結を述べるものである。

指導のポイント

● 目的を表す「には」は、その前に動詞の辞書形のみをとるので、そのことを徹底させる。
● 「には」の主節末には判断表現（例：便利だ、必要だ、〜なければならない、〜たらいい、など）が来やすいので、それを説明し、そのような文型を用いた練習をさせるとよい。
● 目的「ため(に)」とすべき時に「には」を用いる誤りが多く見られる。
　例：改革を進める｛×には／○ために｝、政府が対策を打ち出した。
「ため(に)」は判断文でも叙述文でも幅広く用いることができる。また、「には」は「ためには」の簡略化された形とも言えるので、「には」か「ため(に)」かを迷う時は「ため(に)」（ただし、叙述文では「ために」、判断文では「ためには」）を使うように指導するとよい。
● 「には」は、同じく目的を表す「のに」と混同しやすい。両者は同じように使える場合が多いが、基本的には「には」が一般的な事柄について、「のに」は具体的な既定の事柄に使われる。次のaは「には」、bは「のに」がよりふさわしい例である。
　例：a．日本語力を高める｛○には／？のに｝多くの人と話をすることが役に立つ。
　　　b．母へのプレゼントを買う｛？には／○のに｝3時間もかかってしまった。

によって

➡ 戦争によって多くの人が命を失った。
➡ 貿易によって利益を得る。

名詞に付いて、原因・理由・根拠・由来・手段、受身文の動作主（例：この家は有名な建築家によって建てられた。）、場合（例：試験期間は学校によって違う。）などを表す。書きことばとして用いられる。

関連項目　が、で、に、から、によると、にとって、のために、**受身文、理由節**

誤用例文

混同

【によって→が】

1. ★誤　父によって作られた料理は、母がいない時でなければ、食べられない。　　　　　　　　　　　　　　　　　　　　　〈台湾〉
　　　正　父が作ってくれる料理は、母がいない時でなければ食べられない。

【によって→で】

2. ★誤　ふだん、バジューケバヤを着る時、ブローチによって留める。
　　　　　　　　　　　　　　　　　　　　　　　　　　　〈マレーシア〉
　　　正　ふだん、バジューケバヤを着る時、ブローチで留める。

3. ★誤　私にとってはアメリカの中ではいろいろな理由によってシアトルが一番良く、住みやすい街だと思う。　　　　　　〈アメリカ〉
　　　正　私にとってはアメリカの中ではいろいろな理由でシアトルが一番良く、住みやすい街だと思う。

【によって→に】

4. 誤　上のプリントを通じて、順番によって進んで説明する。よく例文を使って学生がもっとわかるように文を作成させる。〈シンガポール〉
　　　正　上のプリントを用いて順番に説明する。例文を十分使ってわかりやすく説明し、学生に文を作成させる。

【によって→に／から】

5. 誤　したがって今では、アーミッシュはペンシルバニア州に住む人々によってランカスターの「上手な木彫技術」といわれている。
　　　　　　　　　　　　　　　　　　　　　　　　　　　〈アメリカ〉
　　　正　したがって今では、ペンシルバニア州に住む人々に／から、アー

ミッシュはランカスターの「上手な木彫技術」を持っている人々だと言われている。

【によって→から】

6. 誤 それは人の気分が天気に影響されて、雨の日はさびしく感じたり、晴れの日はうれしく感じたりすること**によって**、このことわざが作られた。〈フランス〉
   正 人の気分が天気に影響されて、雨の日はさびしく感じたり、晴れの日はうれしく感じたりすること**から**、このことわざが作られた。

【によって→によると】

7. 誤 新聞**によって**、フィリピンでじしんがあったそうです。〈フィリピン〉
   正 新聞**によると**、フィリピンで地震があったそうです。

8. 誤 調査の結果**によって**ネット上で別人格を表す人が確実にいる。その是非はどのような人格が現れるのかということ次第だ。〈ブラジル〉
   正 調査の結果**によると**、ネット上で別人格になる人が確実にいるらしい。別人格になることの是非は、ネット上にどのような人格が現れるのかによる。

【によって→にとって】

9. 誤 「盆菜」は、香港人**によって**団結を象徴する料理なのであって、香港の代表的な料理だろう。〈中国・香港〉
   正 「盆菜」は香港人**にとって**団結を象徴する料理で、香港の代表的な料理と言えるだろう。

【によって→として】

10. 誤 更に、「小さいマリア」についての有名な民謡が千九百三十五年にミラノの歌**によって**書かれた。〈イタリア〉
    正 更に、「小さいマリア」を題材とした有名な民謡が1935年にミラノの歌**として**書かれた。

【によって→のために】

11. 誤 日本は喫煙者が住みやすいところだと思います。たばこを吸っても周りに顔をしかめる人はいない。そういうかんきょう**によって**日本ではたばこを吸う人が多い。〈アメリカ（日本）〉
    正 日本は喫煙者が住みやすい所だと思います。たばこを吸っても周

りに顔をしかめる人はいません。そのような環境**のために**日本ではたばこを吸う人が多くいます。

【ことによって→ので】

12. 誤 今年、私の大学で医学部ができた**ことによって**、来年入る可能性がある。 〈中国〉
    正 今年、私の大学に医学部ができた**ので**、来年入れるかもしれない。

【によって→とおり】

13. 誤 父と母の要求**によって**、卒業証明を受けることは一番大切なことだ。 〈アメリカ〉
    正 父と母の希望**どおり**、卒業証書を得ることは一番大切なことだ。

【による→によって】

14. 誤 離婚死別、未婚**による**片親家庭には違いがあると思いますか？その理由は？ 〈韓国〉
    正 離婚か死別か未婚か**によって**片親家庭には違いがあると思いますか。その理由は？

 その他

【を理由に→によって】

15. ★誤 ビーバーの皮が豊富に手に入るカナダは、その資源を開発すること**を理由に**、発展されたというわけである。 〈カナダ〉
    正 ビーバーの革が豊富に手に入るカナダは、その資源を開発すること**によって**発展したというわけである。

 誤用の解説

 混同

　4で学習者は、「順番通りに」「順番に沿って」という意味を「順番によって」で表せると誤解したと思われる。5は「によって＋受身形」を用いたために、かたく、回りくどい言い方になっている。動詞が「言われている」なので、「によって」でなく「に／から（言われている）」が適切になる。6の学習者は、「によって」を用いて「根拠・由来」を示したかったと思われるが、述語に受身形「作られた」を用いたために、文の意味関係がわかりにくくなっている。受身表現でも「動作主＋によって」という形をとるので、ここでは「根拠・由来」を明示するために「から」で表したほうがよい。

7，8は「情報の出所」の「によると」に「によって」を使った、よく見られる誤用である。形が類似しており、違いを十分に教えられていないため混乱してしまうようだ。「情報の出所」の「によると」があると、文末は言い切りの形では落ち着かないので、8は文末に伝聞「そうだ」や「らしい」を入れたほうがよい。9の学習者は、「香港人によって団結が象徴される」と考えたのかもしれない。10で「～によって書かれた」とする場合は、「によって」の前に人の名前など作者が来なければならない。

11は「Nによって」、12は「～ことによって」を用いて、原因・理由を表そうとした例である。原因・理由を表す「～によって」は、後件に結果を表す動詞が来る。

　(1)　戦争によって多くの町が破壊された。
　(2)　地球の温暖化によって、生物の生態系が変わる。
　(3)　子供を虐待することによって、親は何を得るのだろう。

(1)～(3)の「破壊される」「変わる」「得る」は、いずれも「～によって」もたらされた結果を表している。結果を表す動詞や語には、自動詞「生じる、起こる、（ように）なる」、受身動詞「もたらされる、引き起こされる」、「てくる」などが考えられる。

11は、後件に「たばこを吸う人が多い」という状態表現を用いているために、不適切になっている。次のように結果表現にすると、適切さの程度が増す。

　11'　そのような環境によって、日本ではタバコを吸う人が<u>多くなった</u>。

「によって」の前に動作・行為の表現を置くと、11'はさらに適切になる。

　11"　そのような<u>環境の放置</u>によって、日本ではタバコを吸う人が多くなった。

12は、後件の「可能性がある」が状態性の表現であるため、不適切になっている。次のように「てくる」を用いて結果の表現にすると、適切になる。

　12'　今年、私の大学に医学部ができたことによって、来年入れる可能性が出てきた。

11，12では、因果関係をより明確に表すために「のために」「ので」を用いて訂正した。

13で、学習者は「要求によって」を用いているが、「要求によって」の後ろには「何かがなされた」というような文が続かなければならない。しかし13の述語は「～は大切なことだ」となっているので、それと合わせるために「要求によって」を「希望どおり」と訂正した。14は並列表現が正しくないこともあって、わかりにくくなっている。学習者の言いたかったことは、片親家庭の原因が離婚であるか死別であるか、または未婚であるかによって、家庭そのものにも違いがあるかということである。「によって」を用いて動詞にかかっていく形にしたほうがわか

りやすい。

|伝達上の誤用| ★

● 1の「によって＋受身形」、2の「道具＋によって」、3の「理由＋によって」はいずれも、日常的な内容について用いられているため、「〜によって」の部分が大仰な物言いになっている。「によって」は書きことばであるが、学習者には文体というものが具体的にわかっておらず、授業でもあまり教えられていない。1〜3はそのために引き起こされた誤用であると考えられる。

● 15は一見正しい文のように見える。しかし、資源の開発が発展の原動力になったということを言いたければ、「〜によって」や「〜をきっかけに」がふさわしい。文体としても「によって」が適していると思われる。

|指導のポイント|

「によって」の意味用法は多岐にわたるが、「原因・理由」「受身」で誤りが多く見られる。

● 「＜人＞によって＋受身」（例：空海によって作られた）は、作品や建物が作り出された時に用いられる。特に、芸術作品や偉業などを行った人を提示する。日常的な話題については使用できないことに注意させ、また、「＜人＞に＋受身」との違いについて整理する。

● 「原因・理由」を表す「によって」の指導上注意すべき点は次のとおりである。
① 「〜によって」の後件には結果を表す動詞（自動詞「生じる、起こる、（ように）なる」、受身動詞「行われる、もたらされる、引き起こされる、誘導される、促進される」）や「てくる」などが来る。
　　例：経済の低迷によって倒産や解雇などの問題が起こってくる。
② 「（こと）によって」の前には動作・行為や変化を表す表現が来ることが多い。（上記の例文の「低迷」のように、動きを表さない語が来る場合もある。）
　　例1：核融合によって発熱する。／テロによって、多くの死者が出た。
　　例2：親会社が倒産したことによって、子会社も倒産してしまった。
③ 「V＋ことによって」が理由・原因を表すことを習った学習者は、前件・後件に来る語のことをあまり考えずに、不自然な文を作ってしまうことが多い。また、「によって」は手段・方法、根拠・由来など意味用法が多岐にわたるため、「〜ことによって」が手段を表すのか理由を

表すのかなど、判断がつけにくいということも起こる。原因・理由を明確に表したい時は、「ことによって」より、「ために」「ので」などを使用するように指導したほうがよいと思われる。
④「によって」は書きことば的であるため、日常的な内容や会話で使用する場合、大仰な物言いになることがある。この点についても触れておいたほうがよい。

- 「によると」「によって」「にとって」などは、意味用法は全く異なっているのに、発音が似ているためか、混同がしばしば見られる。学習者の習得状況に合わせて、整理し、再確認する必要がある。

の①

➡ぼくの恋人の美代ちゃんは市の保育園で働いている。

「名詞1＋の＋名詞2」の形で、いろいろな意味を表す。主なものは次のとおりである。
　①私の犬（所有）　　　　　②大学の学生（所属）
　③バッハの音楽（作り手）　④京都のお菓子、いちごのケーキ（属性）
　⑤恋人の美代ちゃん（同格）

関連項目　が、を、に、〜という〜、名詞修飾節

誤用例文

【脱落】

1. 誤　勉強Φし方を変えずに今度の試験にも失敗する。　　〈アメリカ〉
   正　勉強のし方を変えないと、今度の試験にも失敗する。
2. 誤　老年人口の問題に関して、最近は日本Φ社会問題になった。〈台湾〉
   正　老年人口増加の問題が、最近は日本の社会問題になってきている。
3. 誤　五十個Φ星は、アメリカを占めている五十個Φ州をかどることであり、また、十三個Φ縞はアメリカが始めて国になった時の最初な十三個Φ植民地を意味しているということた。　〈アメリカ〉
   正　五十個の星は、アメリカを構成する五十の州をかたどっており、また、十三本の縞はアメリカが初めて国になった時の最初の十三の植民地を意味しているということだ。

4. 誤 図書館で**の**勉強のいい点は、とてもしずかなことだが、よくない点は、あまり空気を流通しないことである。　　　　　　　　〈台湾〉
   正 図書館で**の**勉強のいい点はとても静かなことだが、よくない点はあまり空気を換気できないことである。

付加

5. 誤 一生けんめい勉強した**の**おかげで、有名な人になった。〈ドイツ〉
   正 一生懸命勉強したおかげで、有名な人になった。
6. 誤 ジラシクパークという**の**えいがに基づいて、こはくにほぞされた蚊からきょうりゅうのDNAを抽出しました。　　　　　〈フィリピン〉
   正 ジュラシックパークという映画では、こはくに封じ込められた蚊から恐竜のDNAを抽出したそうです。

混同

【～の～は／が→～は～が】

7. ★誤 あの恋人同士**の**興味**は**、ぜんぜん違う。そのわけで、二人はわかれた。　　　　　　　　　　　　　　　　　　　　　　〈中国〉
   正 あの恋人同士**は**興味を持つ対象**が**全然違う。それで、二人は別れた。
8. ★誤 ハワイ**の**物価**が**高いが、日本ほどではない。　　　　〈アメリカ〉
   正 ハワイ**は**物価**が**高いが、日本ほどではない。

【の→が】

9. 誤 私にとって有孔虫は興味**の**あるんですがみなさんは有孔虫はあまりおもしろくないと思います。　　　　　　　　　　　〈フィリピン〉
   正 私は有孔虫に興味**が**あるんですが、皆さんにはあまりおもしろくないと思います。

【の→を】

10. 誤 電車**の**利用することは大都市に住んでいる人の生活になくてはならないことである。　　　　　　　　　　　　　　　　　〈台湾〉
    正 電車**を**利用することは大都市に住んでいる人の生活にとってなくてはならないことである。
11. 誤 日本語**の**勉強し終わったら、おそらく日本きぎょうに働くだろう。〈タイ〉
    正 日本語**を**勉強し終わったら／し終えたら、おそらく日本企業で働くだろう。

【の→に】
12. 誤 小さい時の習った日本語を今だいたいわすれました。　〈?〉
    正 小さい時に習った日本語は、今はほとんど忘れました。
13. 誤 私は、一度もふじさんののぼったことがありません。〈メキシコ〉
    正 私は一度も富士山に登ったことがありません。

【の→と】
14. 誤 私の母はとても強いですが、気がやさしいです。それは多分と彼の女の育ってた環境の関係があると思います。　〈台湾〉
    正 私の母はとても強いですが、心がやさしいです。それは多分、母の育った環境と関係があると思います。

【の→では】
15. ★誤 日本の結婚式の前に、男の人女の人はいろいろな物を買わなければなりません。　〈インドネシア〉
    正 日本では結婚式の前に、男の人と女の人はいろいろな物を買わなければなりません。

【の→という】
16. 誤 あの子犬は「来い」の命令がまだわからないので、他の命令もわかるまい。　〈?〉
    正 あの子犬は「来い」という命令がまだわからないので、他の命令もわかるまい。

【の→ということ】
17. 誤 私は、日本に来た理由は、勉強だけでなく、友達を作ることも、色々旅行に行くことも、自分で、生活が出来るかどうかのを分かるために来た。　〈中国〉
    正 私が日本に来た理由は、勉強するためだけでなく、友達を作ったり、いろいろ旅行に行ったり、自分で生活ができるかどうかということを試すためだ。

【の→V】
18. 誤 相手は、クリスタルが名字というよりは、私が覚醒剤をよく使うからのニックネイムだと思っていました。　〈アメリカ〉
    正 相手は、クリスタルは名字ではなく、私が覚醒剤をよく使うから付いたニックネームだと思っていました。

19. 誤 病気が早く治るように栄養の食物をたっぷり食べさせたい。〈中国〉
    正 病気が早く治るように、栄養のある食物をたっぷり食べさせたい。
20. 誤 次から次への台風のために今年の農産物の収穫は影響されるにちがいない。〈台湾〉
    正 次から次へと来た台風のために、今年の農産物の収穫は影響を受けるにちがいない。

位置

21. 誤 これは大学のフィリピンにあります。〈フィリピン〉
    正 そういうことはフィリピンの大学にもあります／見られます。
22. 誤 友人の3カ月借りっぱなしになっていた本を、やっと返すことができた。〈イギリス〉
    正 3か月借りっぱなしになっていた友人の本を、やっと返すことができた。

誤用の解説

脱落

1では「勉強する」を一語と解し、「歩き方」「使い方」のように「の」を省略したと思われる。日本語では「日本社会」「日本経済」のように「の」を省いて漢語熟語を作ることが多い。いつ「の」を省略するのかは学習者の悩みの一つである。2では「日本社会＋問題」とも「日本＋社会問題」とも解釈できるため、「の」を用いて区別する必要がある。

数量表現が動詞にかかる場合、「星が50個輝いている」のように助詞を付けずに提示できる。しかし3では、名詞を修飾するために、数量表現のあとに「の」が必要である。4では、「図書館で」を後続の名詞と結び付けるために、「の」が必要である。「Nでの／への／とのN」などの用法は学習者には難しいようで、定着しにくい。

付加

5は、「おかげで」の接続について理解が不足していたために引き起こされた誤用である。「彼のおかげで」のように、名詞への接続では「の」が必要になり、「勉強したおかげで」のように、動詞への接続では「の」が不要になる。6は、修飾される名詞の前に「の」を入れてしまう学習者共通の誤りと思われるが、「～というのは」という言い方に引きずられて「の」を挿入したのかもしれない。

混同

9で学習者は、「興味のある問題／こと」と言おうとして「興味のあるんです」としてしまった。「ん」に形式名詞としての機能があると考えたのであろうか。10, 11では「漢語名詞＋する」（例：利用する、勉強する）の漢語名詞に引きずられて「NのN」としながら、「する」をそのまま残している。「漢語名詞＋する」を名詞として扱うのか、動詞として扱うのかが学習者にはわかりにくいと思われる。12では「小さい時の日本語」とも考えられるが、「小さい時」が次に続く動詞「習った」を修飾する関係にあるため、「の」が不適切になっている。13は「登る」が助詞「に」と結び付くことがわかっていない。14は「関係がある」をまとまりでとらえて、「〜と＋関係がある」とするべきである。

16において、「の」は命令文「来い」や質問文「〜しますか」など、引用部分をそのまま受けることができないので、「という」を使わなければならない。

(1) 私は「読め」｛×の／○という｝命令に従った。
(2) 私は「行きますか」｛×の／○という｝質問に答えなかった。

疑問引用節「〜か（どうか）」を受けて、「〜か（どうか）の問題」「〜か（どうか）について」「〜か（どうか）ということ」とすることは可能だが、17のように「の」だけで受け、次へつなぐことはできない。18〜20は、動詞で表現すべきところを「の」だけで済ましている誤用である。「の」では意味がわかりにくいので、動詞などを用いて表現すべき例である。18では「から付いた」、19では「栄養のある／栄養豊富な」、20では「次から次へと来た」とすべきである。

位置

21は「修飾する語＋修飾される語」という日本語の語順とは逆になっている。語順が日本語と逆の言語もあり、学習者の母語の影響があると思われる。22は文法的には誤りとは言えないが、修飾する語が離れているため、意味が曖昧になっている。修飾関係にある語を隣接させるほうがよい。

伝達上の誤用 ★

● 「〜は〜が」文を用いて表現するべきところに、学習者の多くが、7, 8のように「の」を用いたがる。7は「恋人同士の」とすると、「の」には主題提示の機能がないため、「（恋人同士の）興味は」が主題となってしまう。後続の文で「二人は（＝恋人同士は）別れた」と、先に出てきた主題を受けているため、前文での主題として「恋人同士は」とするべきである。8は「ハワイ」と「日本」を対比しているので、「は」を用いて「ハワイは」とする必要がある。「ハワイの物価」とすると、「ハワイ」が「物価」の単なる修飾語となるため、「物価」と「日本」

を対比する文となる。文法的な誤りではないが、本来の意図と異なる対比になり、学習者の意図と合わなくなっている。

●15は基本的には8と同じである。多くの学習者は「日本は／では（結婚式の前に）」のように、まず主題を「は」で提供し、次にそれについて述べる形ができない。意味的には「日本の結婚式」であるので、どうしても「の」を使ってしまい、主題について何かを述べる形式が使えない傾向がある。

> **指導のポイント**
>
> ●学習者の母語によっては、修飾する語句と修飾される語句の語順が日本語と逆になる場合があるので注意する。
> 　　例：×大学のフィリピン→○フィリピンの大学
> ●「が」「を」「に」などの格助詞と「の」の混同が見られる。後続の名詞に引きずられて「の」を使用してしまいがちである。
> 　　例：電車｛×の／○を｝利用すること
> 　　　　小さいとき｛×の／○に｝習った日本語
> ●「の」に動詞の意味が含まれると誤解している例がしばしば見られる。
> 　　例：よく使うから｛×の／○付いた｝名前
> 　　　　栄養｛×の／○がある｝食べ物
> ●日本語では「〜は〜が」文で表すほうが自然な場合でも、学習者は「〜は」を「〜の」としてしまう。
> 　　例：あの恋人同士｛×の／○は｝興味が違う。
> ●「という」と「の」の混同が見られる。「の」は命令文や質問文などの引用部分をそのまま受けることができない。
> 　　例：「来い」｛×の／○という｝命令
> 　　　　「行きますか」｛×の／○という｝質問に答えなかった。
> ●「友だちからのメール」「図書館での勉強」のような、「からの」「での」「への」「との」などの用法が定着していない学習者が多いので、よく練習する。
> ●名詞修飾節の主語に「の」を用いて意味が不明になることがあるので注意する。（主語と修飾される名詞の間に複数の要素が入ると、「の」が使えなくなる。）
> 　　例：私｛×の／○が｝先週デパートで買った帽子は南アフリカ製だ。

の②

➡飛行機が飛び立つ**の**を見ていた。
➡私が怒る**の**はあなたのためだ。

ここでは文を名詞化する（名詞節にする）「の」を取り上げる。「こと」と共通して用いられることが多いが、「こと」に比べ「の」のほうが話しことば的である。

|関連項目| 名詞節「こと」、のは・のが、並列（継起）節「て」、条件節「なら、たら、と」

|誤用例文|

|脱落|

1. 誤 しごとは大せつですが、一番**大せつ**は、かぞくです。〈ブラジル〉
   正 仕事は大切ですが、もっと**大切なの**は家族です。
2. 誤 これまで、**述べた**なぜ自分が柔道は特別なのかということだったが、さまざま格闘技に対して同じような特徴について調べることができるであろう。〈イギリス〉
   正 これまで**述べたのは**、なぜ自分にとって柔道は特別なのかということだったが、同様にさまざまな格闘技の、同じような特徴について調べることができるであろう。

|付加|

3. 誤 あの夫婦はいつも喧嘩しているところを見ると、**結婚するのは**したくなくなってしまった。〈台湾〉
   正 あの夫婦がしょっちゅう喧嘩しているところを見て、**結婚**したくなくなってしまった。
4. 誤 実は、あなたは、去年、私からかしてもらった本と資料は今、試験と論文を書くために、私にとって急用ですから、はやく**かえしてもらうのが欲しいです**。〈台湾〉
   正 実は、去年、私が貸した本と資料なんですが、今、試験と論文を書くのに必要ですから、早く**返してほしいです**。

|混同|

【の→こと】

5. 誤 子どもの頃から競争のためにいっしょうけんめい勉強する**の**は必要である。〈ブラジル〉

正　子供の頃から、競争のために一生懸命勉強する**こと**は必要である。
6.　誤　背の高い人が羨ましい。しかし、背が高ければ高いなりに頭をぶつける**の**は多い。　〈スイス（日本）〉
　　　正　背の高い人が羨ましい。しかし、背が高ければ高いなりに頭をぶつける**こと**も多い。
7.　誤　先生と相談した上で、修論のテーマを変える**の**に決めた。〈タイ〉
　　　正　先生と相談した上で、修論のテーマを変える**こと**に決めた。
8.　誤　たとえばサラリーマンの場合には、仕事をしながらけさ奥さんとけんかした事をかんがえることもあるし、学生の場合には、宿題をしているうちにふと入学試験を受ける**の**を思うこともある。
〈アメリカ〉
　　　正　たとえばサラリーマンの場合には、仕事をしながら、今朝奥さんとけんかしたことを考えることもあるし、学生の場合には、宿題をしているうちにふと入学試験を受ける**こと**を考えることもある。
9.　★誤　人間という生きている理性のあるものは自分がどうしても終わりは死ぬという**の**を分かっているからこの死ぬと終わることを否定したい。　〈アメリカ〉
　　　正　人間という生きている理性のあるものは、自分はどうしても最後は死ぬという**こと**が分かっているから、この、死ぬと終わるということを否定したいに違いない。
10.　誤　徹夜して企画書を作ったところで、明日まで終わる**の**はできないだろう。　〈中国・香港〉
　　　正　徹夜して企画書を作ったところで、明日までに終える**こと**はできないだろう。
11.　誤　人にやさしく他人の事を先に考えとくのは大切な**の**だと思っている。　〈台湾〉
　　　正　人にやさしく他人の事を先に考えるのは、大切な**こと**だと思う。
12.　誤　留学生活のいい点は、部屋が明るい**の**である。　〈カナダ〉
　　　正　私の留学生活でのいい点は、部屋が明るい**こと**である。

【のは→なら】

13.　誤　常用の辞典ではありませんから、お役に立つ**の**は、貸してあげてもいいです。　〈中国・香港〉

正 いつも使っている辞典ではありませんから、お役に立つ**なら**、お使いください。

【のは→と／たら】

14. 誤 モンゴルに「たばこを**すうのは**五さいをすくなくなる、さけを飲んだ十さをすくなくなる」ということわざがあります。〈モンゴル〉

    正 モンゴルに「たばこを**吸うと／吸ったら**五歳（寿命が）短くなる、酒を飲むと／飲んだら十歳（寿命が）短くなる」ということわざがあります。

【のが→てから】

15. 誤 彼女に**知っているのが**今まで半年ぐらいなかなか良い人に見えますね。〈タイ〉

    正 彼女と**知り合ってから**まだ半年ぐらいですが、なかなか良さそうな人ですね。

　その他　

【て→の(は)】

16. 誤 日本語を**話しては**おもしろいです。〈アルバニア〉

    正 日本語を**話すのは**おもしろいです。

17. 誤 毎日同じことをしたり、同じことを見たり、同じところに**住んでいて**つまらないと思いますか。〈中国・香港〉

    正 毎日同じことをしたり、同じことを見たり、同じところに**住んでいるのは**つまらないと思いませんか。

　誤用の解説　

　脱落　

　1も2も「大切は」「述べた」と言いっぱなしで、その部分が文の中でどういう要素になるかを考えていない。または、考えていても、どう表すかがわからないと思われる。

　付加　

　3は「漢語名詞＋し＋たい」（結婚したい）、4は「動詞テ形＋ほしい」（返してほしい）の形が正しく作れず、「の」を使って名詞化しようとしている。これらの誤用例は中国語母語話者に多く見られる。母語の影響によると考えられる。

混同

「こと」との混同が多く見られる。「の」と「こと」は多くの場合置き換えが可能だが、次のような述語では「～」に「の」が来ると不適切になる。(次の表で、？は普通は使えない、△は使うこともあることを表す。)

	こと	の	誤用例文番号
～が必要だ	○	？	5
～が多い	○	？	6
～に決める	○	？	7
～を考える	○	？	8
～がわかる	○	△	9
～ができる	○	×	10
～だ／である	○	×	11, 12

名詞節「こと」でも見られるが、13, 14は条件節で表すべきところを名詞節「の」を用いている。日本語は条件節で表現されることが多い言語であるが、学習者の母語ではこのような表現は使用しないために誤用が引き起こされたのであろうと考えられる。15は時を表す「てから」の代わりに「の」を用いている誤りである。

その他

16, 17は「～のは」のように「の」を使うべきところにテ形を用いている。学習者は「て」を使って文を結び付けようとしがちであるが、テ形では名詞化の代わりはできないことを繰り返し指導する必要がある。

伝達上の誤用 ★

● 9は「の」より「こと」が適切であるとしたが、「の」と「こと」の違いの一つは文体と絡んでくる。「の」は話しことばに用いられることが多く、「こと」は正確に定義する働きを持つことからもわかるように、書きことばに用いられることが多い。9は生死についてのかたい説明、解説文である。書きことば的であるので「の」より「こと」のほうが適切である。

指導のポイント

- 名詞節の「の」に接続する動詞・形容詞の形を正しく作らせる。特に、ナ形容詞、「名詞＋だ」の非過去・肯定が「〜なの」になるので注意させる。
- 「の」と「こと」の混同に注意させる。基本的には「の」は話しことばに用いられる。
- 「こと」と結び付く決まった形（「ことができる」「ことがある」「ことにする」「ことになる」など）では「の」は使わないように指導する。
- 文が「N1はN2だ／です」の形をとり、N2のところに動詞や形容詞が来る時は、「〜のだ／です」ではなく、「〜ことだ／です」の形をとる（例1）。「〜のだ／です」は別の意味用法（例2）になってしまうので注意させる。
    - 例1：趣味は映画を見る｛×の／○こと｝だ／です。
    - 例2：A：いっしょにでかけませんか。
      B：いえ、今日は川田さんと映画を見るんです。
- 「〜のは」「〜のを」のように「の」を使うべきところでテ形を使う学習者が多い。
    - 例：日本語を｛×話して／○話すの｝はおもしろい。

  状況や絵を用いて文を作る練習をするなど、工夫が必要である。
- 名詞節内の主語は、通常、「が」をとることを指導する。
- 強調構文「〜のは〜だ」の形も、学習者のレベルに合わせて適切に指導したい。

のだ／んだ

→君のためにやっている**のだ**。
→ちょっとお話がある**ん**ですが。

名詞句・名詞節を作る「の」（例：本を読むのが好きだ。彼が来ないのを知っていますか。）とは異なり、「の」が独立性を失って「のだ／んだ」という形で、話し手の心的態度（モダリティ）を表す。

|関連項目| からだ、ことだ、ものだ、わけだ、だろう、んじゃないか、と思う、理由節「の／んだから」

誤用例文

脱落

1. 誤 なぜ日本人は白人が日本語がわからないと**思うだろうか**。
   〈アメリカ〉
   正 なぜ日本人は、白人は日本語がわからないと**思うのだろうか**。

2. A：リーさんの発表はすばらしかったね。
   誤 B：まじめな彼のことだからちゃんと**じゅんびしていたでしょう**。
   〈タイ〉
   正 B：まじめな彼のことだから、ちゃんと**準備していたのでしょう**。

3. 誤 交通事故が起った責任が**あるだから**、賠しょう費を支払らたくなくても、支払らないではすまない。
   〈中国〉
   正 交通事故を起こした責任が**あるのだから**、賠償金を支払いたくなくても、支払わないではすまない。

4. 誤 偶然である**か**、何かつながりが**ある**か、調べたことはないが、おもしろい話だ。
   〈中国〉
   正 偶然な**のか**何かつながりが**あるのか**、調べたことはないが、おもしろい話だ。

付加

5. 誤 そうしたら、皆はもうすごく混んでいる電車に乗る恐れが**なくなるんだろう**。
   〈マレーシア〉
   正 そうしたら、皆はもう、すごく混んでいる電車に乗る心配／必要が**なくなるだろう**。

6. ★誤 今の福建省は、台湾と中国の経済交流のチャンネルとして**存在するんです**。
   〈中国〉
   正 今の福建省は、台湾と中国の経済交流のチャンネルとして**存在する**。

7. ★誤 最後、私は先生たちに**かんしゃしたいんです**。先生たちはとても新切で、やさしいです。
   〈ブラジル〉
   正 最後に、私は先生方に**感謝したいです**。先生方はとても親切で、やさしいです。

8. ★ 誤 ＜自己紹介で＞私は中国の黒竜江省斉々〇〇市から**来たのです**。 〈中国〉
   正 私は中国の黒竜江省斉々〇〇市から**来ました**。

9. ★ 誤 皆さん、ゴールデンウィークはどうでしたか。楽しかったですか、**つらかったんですか**。 〈韓国〉
   正 皆さん、ゴールデンウィークはどうでしたか。楽しかったですか、**つらかったですか**。

10. ★ 誤 これと関係なく、もし今余裕があるお金ができたら何を**したいんですか**。 〈韓国〉
    正 このことと関係ないんですが、もし今お金に余裕ができたら、何を**したいですか**。

誤形成

11. 誤 発達した経済と古くからの伝統が同時に存在している日本という国はどんな**国だのか**知りたい。 〈中国〉
    正 発達した経済と、古くからの伝統が同時に存在している日本という国はどんな**国なのか**、知りたいと思った。

12. 誤 それは**よかったなんですけど**、三か月前までに日本人の友だちがいません。 〈ブラジル〉
    正 それは**よかったんですけど**、三か月前まで日本人の友達がいませんでした。

混同

【のだ／んだ→からだ】

13. 誤 私はもっと専問的な都市計画という学問を学ぶために日本へやって来ました。というのは、私が国にはそのついて、まだ発展されないし、大学でもそんな科目の時間が**少なかったんです**。 〈韓国〉
    正 私はより専門的な都市計画という学問を学ぶために、日本へやって来ました。というのは、私の国では、そうした学問はまだ発展していないし、大学でもそのような科目の時間は**少なかったからです**。

【のだ／んだ→ものだ】

14. 誤 学生時代にはよく友達と**議論したのだ**。 〈中国〉
    正 学生時代にはよく友達と**議論したものだ**。

15. 誤 時間がたつのは、**はやいのですね**。〈韓国〉
    正 時間が経つのは、**早いものですね**。

【のだ／んだ→わけだ】
16. 誤 彼は選手だったんですか。道理ですばらしいプレイを**するのですね**。〈中国〉
    正 彼は選手だったんですか。道理で、すばらしいプレイを**するわけですね**。

【のだ／んだ→と思う】
17. ★誤 コースはよくて、先生たちも有能なので、日本語**勉強しつづけたいんです**。〈ブラジル〉
    正 いいコースで、先生たちも有能なので、日本語の**勉強を続けたいと思っています**。
18. ★誤 とくにうみが大好きです。ですから、今度日本に勉強するので、おきなわに**いきたいんです**。〈中国・香港〉
    正 特に、海が大好きです。ですから、今度日本で勉強するので、沖縄に**行きたいと思っています**。
19. ★誤 私はひろいアメリカとせまい日本、両方好きだ。二の国で**住みたいんだ**。〈アメリカ〉
    正 私は広いアメリカも狭い日本も、両方好きだ。二つの国に**住みたいと思う**。

【のだ／んだ→だろう】
20. 誤 韓国には飲み放題の文化がないんですが、社会の組織とかでは人に飲ませる文化があるので、もし飲み放題が流行したらきっと色んな問題が**出で来るんだ**と思います。〈韓国〉
    正 韓国には飲み放題の文化はないんですが、組織によっては人に飲ませる習慣があるので、もし飲み放題が流行したら、きっといろんな問題が**出てくるだろう**と思います。
21. 誤 もし普通の言葉を知ったれば、敬語は理解しやすいし、文章を作るのは簡単に**なるんだ**。〈アメリカ〉
    正 もし普通体がわかれば、敬語も理解しやすいし、文章を作るのも簡単に**なるだろう**。

誤用の解説

脱落
「のだ／んだ」単独の場合ではなく、「だろう」などと組み合わさったり（1, 2）、従属節（3）、引用節（4）の中で用いられたりする場合に、脱落が起こりやすい。「のだ」は1〜4のように、話し手が先行文脈に関連付けて事態を述べる場合に用いられる。

付加
5〜10のような「のだ／んだ」の付加（使い過ぎ）もまた、誤用の典型と言える。「のだ／んだ」の使い過ぎは、コミュニケーション上の問題につながることもあるので、注意が必要である。5や6は、ここでは特に先行文脈に関連付けた発言ではないため、「のだ／んだ」は不必要である。脱落と付加両方の誤用が見られるというのは、学習者にとって、「のだ／んだ」をいつ使えばよいのかが非常に難しいということでもある。

誤形成
「のだ／んだ」の前に来る語の形も間違いやすい。特に、名詞やナ形容詞の場合の「〜なのだ／なんだ」という言い方が問題となりやすい。11のように、「な」を用いることが難しいこともある一方、「なんです」という形が固定化して、12のように、品詞にかかわりなく「〜なんです」を使用してしまう誤用もよく見られる。

混同
「のだ／んだ」の練習の場面として「理由・事情を尋ねる／述べる」という状況が多く使われることもあって、「のだ／んだ」を単純に「理由を述べる表現」と理解してしまう学習者も多い。そのような場合は、13のような「からだ」との混同が生じやすい。14, 15では「ものだ」と「のだ／んだ」の混同が起こっている。14のように、昔をなつかしむ回想の気持ちは、「のだ／んだ」ではなく「（た）ものだ」で表される。また、15のような「時間が経つのは早い」ことは一般論的な事柄なので、意見・意向を一般的なこととして提出する「ものだ」がふさわしい。

16では、「だから、素晴らしいプレイをするんですね。」など、同じような状況で「のだ／んだ」を用いることもできるが、「道理で」という納得した気持ちを表すには、「わけだ」のほうがよりふさわしい。「のだ／んだ」「わけだ」「ものだ」などの文末のモダリティ表現の選択においては、その状況における話し手の心情を最もよく表す表現は何かということに注意を向けさせると同時に、「だから」「道理で」などの気持ちを表す接続詞や副詞などとの結び付きにも注意を払わせたい。

20では「もし〜たら」、21では「〜ば」の形で仮定条件が出されているので、後件（主節）には断定表現ではなく、「だろう」を伴った推量表現がふさわしい。

|伝達上の誤用| ★

- 「のだ／んだ」は、うまく使えると日本語が自然な感じになるが、学習者にとって使いこなすのが難しい項目でもある。使い過ぎると、以下に見られるように、感情過多の発話・文章になるので、注意が必要である。

①押し付け（6）

意見や情報を不必要な「のだ／んだ」とともに提示すると、ともすれば「そんなことも知らないのか」といった押し付けがましい表現となる場合がある。

②間違った強調意識（7，8）

「のだ／んだ」には、話し手の気持ちを強調する働きもあるが、それが学習者には印象に残りやすいためか、「強調」という理由で使い過ぎてしまう。7や8は、強調するつもりで「のだ／んだ」を使用したようであるが、不自然になっている。

③詰問調（9，10）

「のだ／んだ」には「説明を求める」という機能もあるが、それは事態の背後の事情といった内容についての場合の用法であり、単に相手に質問をする9や10のような場合には、不適切となる。質問において「のだ／んだ」を過剰使用すると、相手を問い詰めているような印象を与え、コミュニケーション上、問題を起こす恐れがある。

- 「のだ／んだ」には「説明する」という働きがあるが、17〜19のように、単に話し手の意見や感情を述べるだけの場合には用いない。特に、教室での練習で、「〜たいんですが、（どうすればいいですか）」という練習が頻繁に行われるためか、17〜19のように「〜たいんです」という表現が固定化して現れやすい傾向がある。しかし、この表現は言い切りで用いられた場合、幼稚な自己主張のようにも聞こえるので、「〜たいと思います」の形を徹底させるほうがよい。

|指導のポイント|

- 「のだ／んだ」の前に来る語の形を正確に覚えさせる。
- 「のだ／んだ」をいつ使うかを、状況とともにわかりやすく繰り返し指導する必要がある。許可求めの表現として「〜んですが／けど」の形で練習させるとよい。

例：ちょっと質問があるんですが／けど、今よろしいですか。

- 誤用では「のだ／んだ」の付加が多く見られる。「のだ／んだ」を使い過ぎないようにさせる。使い過ぎるとどんなマイナス効果を持つかを丁寧

に説明する。会話でもそうだが、特に論文などで使い過ぎると、情緒的になり過ぎるので注意させる。
- 話しことばでは、「んだ／んです」、書きことばでは「のだ／のである」となることを伝えておく。
- 「理由」「強調」などの単純なラベル付けは、かえって誤用を生む原因となることがある。必ず、状況とともに、なぜ「のだ／んだ」がそこで用いられているのかを考えさせる。
- 「のだ／んだ」だけでなく、「のだろう／んだろう」、「んじゃないか」、引用節の中の「のか」なども、学習者のレベルに合わせて説明する。
- 学習者の言語によっては、日本語の「ことだ」「ものだ」「のだ／んだ」などを一つの言い方で表すこともあるので、使い分けをきちんと説明しておく必要がある。

ので

➡ちょうど電車が来た**ので**、飛び乗った。
➡この本はおもしろい**ので**、何度も読んだ。

理由節「から」と意味用法が似ているが、本来は、事態間の因果関係（理由と結果）や事実関係を論理的に述べる時に使われる。

|関連項目| 理由節「から、ため(に)、の／んだから」、ところを見ると、前置き・逆接「が、けど、けれども」、並列(継起)節「て」、主語・主題

誤用例文

誤形成

1. 誤 その工事現場は**ごみだらけの**のでだれも入りたくない。 〈台湾〉
   正 その工事現場は**ごみだらけな**ので、だれも入りたくない。
2. 誤 漢字の読み方はどうも**難しいな**ので、こまりますね。 〈韓国〉
   正 漢字の読み方が**難しい**ので、困りますね。

混同

【ので→から】

3. 誤 先**見た**ので先生は研究室にいるはずだ。 〈台湾〉

正 さっき**見かけた**から、先生は研究室にいるはずだ。
4．★誤 **うるさいので**、静かにしろ。　　　　　　　　　　〈韓国〉
　　　正 **うるさいから**、静かにしろ。

【ので→の/んだから】

5．★誤 せっかく大学に**入ったので**、ちゃんと授業に出るべきだ。〈台湾〉
　　　正 せっかく大学に**入ったの/んだから**、ちゃんと授業に出るべきだ。

6．★誤 ロボットじゃあるまいし、心が**あるので**他の人に恋に落ちることが当たり前のことである。　　　　　　　　　　〈タイ〉
　　　正 ロボットじゃあるまいし、心が**あるの/んだから**、他の人と恋に落ちるのは当たり前のことである。

7．★誤 アジアであれ、ヨーロッパであれ、同じ地球に**あるので**、差別視するのはよくないと思う。　　　　　　　　　　〈台湾〉
　　　正 アジアであれ、ヨーロッパであれ、同じ地球に**あるの/んだから**、差別的に見るのはよくないと思う。

【ので→て】

8．誤 お休みのところを**おじゃまいたしますので**、もうしわけない。
　　　　　　　　　　　　　　　　　　　　　　　　　　　〈キューバ〉
　　　正 お休みのところを**おじゃまいたしまして**、申し訳ありません。

9．誤 学校が**遠いので**、家から30分ぐらいかかるから、オートバイを買うわけだ。　　　　　　　　　　　　　　　　〈インドネシア〉
　　　正 学校が**遠くて**、家から30分ぐらいかかるから、彼はオートバイを買うわけだ。

10．誤 今の日本は、すなわち過渡期だとうことを**経験したので**政治の安定と豊かで非常にはってんしている経済と社会文化保障制度になったと思います。　　　　　　　　　　　　　　〈韓国〉
　　　正 今の日本は、過渡期を**経て**政治が安定し、豊かで非常に発展した経済と社会文化保障制度になったと思います。

【ので→それで（1文→2文）】

11．誤 男の人は会社などの仕事なので手伝うことが**できなかったので**育児の問題はまだ女の人の仕事だと思われる。　　〈韓国〉
　　　正 男性は会社などの仕事があるので手伝うことが**できない**。**それで**育児の問題はまだ女性の仕事だと思われている。

【ので→と】
12. 誤 だから女性にも仕事があるから子供がいっても育つ時間もないし、**子供なので**仕事もできないので子供をほしい夫婦が減少していると思われる。〈韓国〉
    正 女性にも仕事があるから、子供がいても育てる時間もないし、**子供がいると**仕事もできないので、子供がほしい夫婦が減少していると思われる。

【ので→ところを見ると】
13. 誤 うれしそうな顔を**しているので**、彼が一学期の試験に合格したにちがいない。〈インドネシア〉
    正 うれしそうな顔を**しているところを見ると**、彼は一学期の試験に合格したに違いない。

【ので→ところを見ると／1文→2文】
14. 誤 あの人はいつもちがう車をうんてんしているので、金持ちらしい。〈インドネシア〉
    正 あの人は、いつも違う車を**運転しているところを見ると**、どうも金持ちらしい。／あの人はいつも違う車を**運転している**。どうも金持ちらしい。

【ので→が】
15. ★誤 私は日本語を**二年勉強したので**、日本語がぜんぶ話せるというところまでは行っていない。〈タイ〉
    正 私は日本語を**二年勉強したが／まだ二年しか勉強していない**ので、日本語が十分話せるというところまでは行っていない。

【ので→（んです）が（前置き）】
16. ★誤 お話を**お聞きしたいので**、宜しいでしょうか。〈中国〉
    正 お話を**お聞きしたいんですが**、よろしいでしょうか。

位置
17. 誤 あしたはいそがしいので、会議に行くかもしれない。〈インドネシア〉
    正 あしたは会議に行くので、忙しいかもしれない。
18. 誤 Aさんはいつも私の忠告をぜんぜん聞きませんので、とても頭がかたい人です。〈アメリカ〉
    正 Aさんはとても頭がかたい人なので、いつも私の忠告を全然聞き

ません。

その他
【文体】
19. ★ 誤 **約束しました**ので、時間通りに来るだろう。　〈中国〉
　　　正 **約束した**ので、時間通りに来るだろう。

【ために→ので】
20. 　誤 自動車が**故障したために**、あの修理店へ行きました。　〈中国〉
　　　正 自動車が**故障したので**、あの修理店へ行きました。

誤用の解説
【誤形成】
　1のように、名詞やナ形容詞の接続の形を「な＋ので」にするのが難しい反面、2のように「なので」が固定化し、イ形容詞や、時に動詞の後ろでも「な」が残ってしまう誤用が見られる。

【混同】
　他の接続語との混同が様々に起こる。「ので」は基本的に事態間の因果関係を表現し、話し手の判断の理由・根拠を表す「から」とよく比較される。3や13のように、話し手がその根拠を示しながら主観的な判断を示す文では、「ので」より「から」や「ところを見ると」などのほうがふさわしい。14では、「ところを見ると」のほか、2文にしたほうが座りがよく感じられる。
　主節が8のように謝罪を表したり、感謝の表現や感情形容詞（例：うれしい、悲しい）の場合は、「ので」ではなく「て」を用いる。
　一口に「理由を表す」といっても、どの部分を理由節として表すかは、話し手の意図や前後の文との関係によって様々である。確かに、9では「（理由）学校が遠い」→「（そのため）30分ぐらいかかる」、10では「（理由）過渡期を経験した」→「（そのことにより）政治が安定した」、11では「（理由）男性は育児を手伝えずにいた」→「（その結果）育児は女性の仕事だと思われるようになった」と、それぞれの事柄同士の関係には因果関係が見えるが、9や10は、継起の「て」でつなぐことが可能であり、そのほうが文の構造をすっきりとさせることができる。11では、文を二つに分けるほうがここでの主張が伝わりやすいであろう。
　12は、「子供な<u>ので</u>仕事ができない<u>ので</u>」と、「ので」を重複させている。「子供がいる」ことが「仕事ができない」ことの原因・理由ではあるが、子供がいる場合を想定した文として、「子供がいると」と条件表現を用いたほうがよい。

位置

17,18に見られるように、「から」同様「ので」でも、主節と理由節で述べる内容が逆になる誤用が見られる。母語の影響が考えられる。

その他

20は前件と後件（主節）の関係が原因・結果というより、ある理由があってそれを解決するために「修理店へ行った」となる。主に原因を表す「ために」ではなく、理由「ので」が適切となる。

伝達上の誤用 ★

- 「ので」「から」の使い分けはだんだんなくなっているようではあるが、主節末に話し手の意志や強い気持ちを表す表現がある時には、一般に「ので」は使いにくい。そのため、4のように主節の意図が命令の場合、「ので」は不適切となる。
- 5～7に見られるように、単なる因果関係ではなく、すでに聞き手も知っている事態を根拠として、「それが当然だ、そうするべきだ」という意図で述べる場合は、「ので」ではなく「の／んだから」とすべきである。
- 15では、「私が勉強したのは二年である（＝二年は不十分な期間）」ことを、「まだ完全には話せない」ことの理由にしているが、この場合は、理由節ではなく「勉強した」ことと「話せない」ことを逆接として表現するか、または、2年は短く不十分であることを「～しか～ない」で示す必要がある。
- 16のように、理由「から」と同じく理由「ので」も、依頼や申し出などに使われる場合は、前置き的に「（んです）が／けど」を用いたほうが丁寧で、語調がやわらかくなる。
- 「ので」の前は、一般的には普通形が用いられるが、改まった場面では丁寧形もしばしば用いられるため、文体的な注意も必要である。19のように前件のみ丁寧形とするのは不適切である。
- 19と関連して、コミュニケーション上、丁寧形をどこに使うか（丁寧さの度合い）も学習者に伝える必要がある。次は①から③へ順に丁寧度が上がっていく。「ので」の場合は「から」と異なり、②でも十分丁寧である。③はかなり丁寧な場面で使われるので、状況とのバランスを考える必要がある。

　① 疲れたので、すぐ寝る。
　② 疲れたので、すぐ寝ます。
　③ 疲れましたので、すぐ寝ます。

> **指導のポイント**
>
> - 「ので」の前には、通常は普通形が来るので、形を正確に定着させる。
> - 「ので」と「から」の使い分けについて、「ので」しか使えない場合と「ので」が使えない場合（文末制限など）のそれぞれを、例を挙げて十分に練習する。特に、初めに学習した「から」に固定化されないように、必要な場面での「ので」の使用を促すようにする。
> - 依頼や申し出などでは「ので」ではなく、前置き表現（(んです)が／けど、など）が用いられることに注意をさせる。
> - 丁寧形を「ので」の前に使用するのは、かなり改まった場面である。「丁寧形＋ので」を用いる時は、文末を含め、談話全体の待遇レベルを最後まで維持することを意識させる。

のに①

➡ 頑張った**のに**、うまくいかなかった。
➡ 日曜日な**のに**、仕事がある。

前件から予想される結果と逆のことが、後件（主節）に現れることを表す。既定の事柄に用いられ、話し手の「意外な気持ち」「とがめ」「非難」などを表すことが多い。話しことばに用いられる。

関連項目 逆接節「が・けれども、ても、ながらも」、た、ている、主語・主題

誤用例文

誤形成

1. 誤 とてもいい**天気**のに、うちにいます。 〈タイ〉
   正 とてもいい**天気**なのに、家にいます。
2. 誤 あの人はすばらしい**働きぶりを**のに、出世しないのはどういうわけでしょう。 〈アメリカ〉
   正 あの人はすばらしい**働きぶりをしている**のに、出世しないのはどういうわけでしょう。

596

▪ 混同

【のに→が／けれども】

3. ★ 誤 漢字がいっぱいなのによんでみて。 〈ブルガリア〉
   正 漢字がいっぱいだけど／けれども、読んでみて。
4. 誤 具合がちょっと**変なのに**お医者さんに行くところまではいっていないんです。 〈アメリカ〉
   正 具合がちょっと**変ですが**／**変だけれども**、お医者さんに行くところまではいっていないんです。
5. 誤 論文の資料を**集めるのに**、なかなか手に入れない。 〈中国〉
   正 論文の資料を**集めているが**／**集めているけれども**、なかなか手に入らない。

【のに→ても】

6. 誤 ＜テストの前に＞先生、**むずかしいのに**、本を見てはだめですか。 〈韓国〉
   正 先生、**難しくても**本を見てはだめですか。
7. 誤 論文の資料を**集めるのに**どういうように論文を書くことがわからない。 〈中国〉
   正 論文の資料を**集めても**、どのように論文を書くのかわからない。
8. 誤 いろいろな提案が**あるのに**、人によって差があるから実施することはむずかしいです。 〈中国〉
   正 いろいろな提案が**あっても**、人によって差があるから、実施することは難しいです。

▪ その他

【主語・主題】

9. ★ 誤 雨が降ったのに、でかけた。 〈中国〉
   正 雨が降ったのに、**彼は**出かけた。

【テンス・アスペクト】

10. 誤 朝は、とてもいい**天気なのに**、今は雨が降りそうだ。 〈中国〉
    正 朝はとてもいい**天気だったのに**、今は雨が降りそうだ。
11. 誤 日本語を一生懸命**勉強した**のに、進歩がおそい。 〈韓国〉
    正 日本語を一生懸命**勉強している**のに、進歩が遅い。

【ながらも→のに／が／けれども】

12. 誤 一人暮らしはもう**一年と言っていながらも**、まだ慣れていない。

〈中国〉

正 一人暮らしはもう**一年なのに／一年だが／一年だけれども**、まだ慣れない。

誤用の解説
誤形成
1は「名詞＋な＋のに」という形ができず、「な」が脱落している。2は「している」が抜けたと考えられるが、「働きぶりなのに」としたかったのかもしれない。

混同
「のに」は前件で既定の事実を述べ、予想外（社会の常識に照らして）の事柄に対する話し手の気持ち（多くは批判・非難）が後件に来る。「のに」は「ても」や「が・けれども」と異なり、3のように、後件（主節）に意志表現をとることはできない。

「が・けれども」は、その事柄はそうだと認めたうえで、さらに別の事柄を言い添える時に用いる。逆接的な言い添え表現であるため、前件・後件は論理的な逆接関係を持っていなくてもよい。3～5は特に常識的な見方について述べている文ではなく、後件を、単に逆接的に添えていると考えられるので、「が・けれども」がふさわしい。6～8（「テスト時に本を見ること」「論文を書くこと」「実施すること」）はすべて未定のことであり、また、前件と後件が逆接条件の関係にあるので、「ても」がふさわしいと考えられる。

その他
10, 11は「のに」の前のテンス・アスペクトの問題である。発話しているのは「今」であり、それより前の「朝」の状態について述べる場合は、「天気だったのに」としなければならない。11では進歩が遅いか速いかについて述べているので、過去の「た」ではなく、現在進行中の「ている」にしたほうがよい。

逆接を表す「ながらも」は、通常、他者のことに用いられる。12は話し手自身のことを述べていると思われるので、「ながらも」ではなく、「のに」「が・けれども」が適切である。

伝達上の誤用 ★

- 「が」は「明日は日曜日だが、仕事をしろ。」のように、文末に意志（ここでは働きかけ）表現をとることができる。3は「読んでみて」とやわらかい依頼表現になっているので、「が」を用いるとやや不釣り合いな感じがする。「が」が「けど・けれども」に比べて、ややかたい書きことば的な面を持つためと考えられる。
- 9は文法的に誤りではない。9の後件の主語は話し手以外の第三者だと考えられるが、その場合は主語を明記したほうがよい。主語を省略してしまうと話し手が主語と解釈され、文法的に誤っているかの印象を与えてしまう。

> **指導のポイント**
>
> - 「のに」に正しく接続できない学習者がいる。特にナ形容詞、「名詞＋だ」の非過去・肯定は「なのに」となるので注意させる。
> - 「のに」は既定の（すでに起こった、または現在起こっている）事柄についての逆接を表す。したがって、主節末には叙述表現しかとらない。「のに」文の主節末に、「てください」のような意志表現や質問文を用いる学習者がいるので、注意する。
> - 「のに」は意外な気持ちやとがめ・非難などを表すことが多いので、頻繁に用いたり、「のに」の部分を強調し過ぎないほうがよい。「が・けれども」にはそのような意味合いは入らず、やわらかく前件と後件を結ぶ。「ても」も主観の度合いが低いので、「のに」の使用より「が・けれども」「ても」の使用を促したほうがよい。

のに②

➡これはサラダを取り分ける**のに**便利だ。
➡東京へ行く**のに**どのくらいかかりますか。

前件で目的を表し、後件で目的を達成するために「どうであるか／どうであったか、どうすべきか／どうすべきだったか」を示す。後件との結び付きが強く、「～のに便利だ」「～のに必要だ」「～のに使う」「～のに（3時間）かかる」という形が多い。

| 関連項目 | 目的節「ため（に）・ためには、には」、条件節「（の）なら」、うえで、までに、（よ）うとして

| 誤用例文 |

| 混同 |

【のに→ために】
1. ★誤 旅行する**のに**、ビザをもらいました。　　　　〈タイ〉
　　正 旅行する**ために**、ビザをもらいました。
2. ★誤 ステレオを**買うのに**、アルバイトをする。　　　〈韓国〉
　　正 ステレオを**買うために**、アルバイトをする。
3. ★誤 旅行する**のに**、アルバイトをする。　　　　　〈中国〉
　　正 旅行する**ために**、アルバイトをする。
4. 　誤 安い品物を**買うのに**、安売に行った。　　　　　〈中国〉
　　正 安い品物を**買うために**、バーゲンセールに行った。

【のに→ためには／には】
5. 　誤 テニスを**練習するのに**、練習をしなければなりません。〈韓国〉
　　正 テニスを**マスターするためには／には**、練習をしなければなりません。

【のに→には】
6. 　誤 この研究を**するのに**、図書館へ行ったほうがいいと思う。〈アメリカ〉
　　正 この研究を**するには**、図書館へ行ったほうがいいと思う。
7. 　誤 東京へ**行くのに**、電車やバスに乗らなければならない。〈韓国〉
　　正 東京へ**行くには**、電車やバスに乗らなければならない。

【のに→めぐって／（よ）うとして】
8. 　誤 パンを**食べるのに**、その二人はけんかしました。〈インド〉

正　パンを**めぐって／食べようとして**、その二人はけんかしました。

【のに→うえで】

9．誤　発音は**会話するのに**大切です。　　　　　　　　　　〈中国〉
　　正　発音は**会話するうえで**大切です。

【のに→（の）なら】

10．誤　高速バースで**来るのに**、昼ご飯を食べた後で来なさいよ。〈中国〉
　　正　高速バスで**来るのなら**、昼ご飯を食べた後で来なさいよ。

【のに→までに】

11．誤　このトマトの違いは、トマトを**手にするのに**放出されるCO_2の量が大きくかわることです。　　　　　　　　　　〈中国〉
　　正　このトマトとほかのトマトとの違いは、トマトを**手にするまでに**放出されるCO_2の量が大きく異なる点です。

[誤用の解説]

|混同|

　1～4は「ために」にすべき例である。「のに」は後件に「便利だ」「役に立つ」などの決まった表現をとることが多く、目的・目標をはっきり述べたい場合は、目的を明確に表す「ために」にしたほうがよい。5～7では後件に判断文が来ているので、取り立て助詞「は」の付いた「ためには」か、同じく目的に対する判断を表す「には」にしたほうがよい。「ためには」と「には」は多くの場合同じように用いられるが、6，7は「には」のほうがよい例である。5が「テニスをマスターする目的で練習する」という明確な目的を表す文であるのに対して、6，7は「図書館へ行く」「電車やバスに乗る」という方法を述べている。このように方法を示す時は「ために」は使いにくく、「には」にしたほうがよい。8は「パンを食べるために」でもよいが、自然な日本語としては「パンをめぐって」「パンを食べようとして」がふさわしい。9は「のに」でも誤りではないようにも思われるが、「〜のに大切だ」という表現はあまり適切でなく、「大切だ」は「〜うえで」と結び付くと考えられる。

　10は次のような状況があると考えるなら、「なら」が適切となってくる。

　　Ａ：あしたここまで何で来るの？
　　Ｂ：高速バスで。
　　Ａ：高速バスで来るのなら、昼ご飯を食べたあとで来なさいよ。時間がかかるから。

これは「なら」の、「相手が提供した情報・状況を受け取って、それを主題として、そこから出てくる帰結を述べる」機能によるものである。

11において、「トマトが収穫される」ことは「CO_2が放出される」ことの目的ではない。CO_2は収穫される過程で出たものであるので、「までに」とすべきである。

|伝達上の誤用| ★

● 1～3は目的であることを明確に示すために「ために」を使ったほうがよい例であるが、「のに」は話しことば的で簡略化された言い方でもあるので、文全体を書きことば的に、かたく、フォーマルにしたい場合も、「ために」を使うとよい。

|指導のポイント|

- 「には」と同じく「のに」も、その前に動詞の辞書形のみをとる。そのことを徹底させる。
- 「のに」は決まった言い方（「～のに便利だ」「～のに使う」「～のに～かかる」など）で使われることが多い。導入時は学習者にそれを示し、そのような文型での文作りを練習させるとよい。
- 「のに」と「には」とは混同しやすい。両者は同じように使える場合が多いが、基本的には「には」が一般的な事柄について、「のに」は具体的な既定の事柄に使われやすい。学習者のレベルを見ながら、説明をしておくとよい。
- 目的「ために」とすべき時に「のに」を用いている誤りが多く見られる。「のに」は話しことば的で簡略化された言い方でもあるので、目的であることを明確に示す必要のある時は「ために」を使うとよい。

は

➡私**は**インドのモハメッドです。
➡魚**は**好きだが、光り物**は**だめだ。

様々な語に付いて、主題的に、また、対比的にそのものを取り立てる働きを持つ。

関連項目　が、も、を、に、って、について、従属節、主語・主題

誤用例文

脱落

1. 誤　しかし、今の社会で栄養不足Φもう問題ではないと思う。〈中国〉
   正　しかし、今の社会で栄養不足**は**もう問題ではないと思う。
2. 誤　彼はこれだけΦ言わなかたが、とうとう言うにした。〈ブルガリア〉
   正　彼はそれだけ**は**言わなかったが、とうとう言い始めた。
3. 誤　父にΦ手紙を書きましたが、母にΦまだ書いていません。〈タイ〉
   正　父に**は**手紙を書きましたが、母に**は**まだ書いていません。
4. 誤　高校を卒業した前Φ日本語と台湾語しか話せませんでしたが、いまΦ六つの言葉ぺらぺら話せます。〈台湾〉
   正　高校を卒業する前**は**日本語と台湾語しか話せませんでしたが、今**は**六つの言葉が自由に話せます。
5. 誤　この本はよく売れているが、いい本とΦ言えない。〈中国〉
   正　この本はよく売れているが、いい本と**は**言えない。

付加

6. ★誤　＜レストランで＞メニュー**は**ありますか。〈タイ〉
   正　メニュー、ありますか。
7. ★誤　あの、ミラノというレストラン**は**、わかりますか。〈フランス〉
   正　あの（う）、ミラノというレストラン、わかりますか。
8. ★誤　A：明日、飲み会があるから、Bさん**は**、来ない？〈アメリカ〉
   B：……
   正　A：明日、飲み会があるけど、Bさん（あなた）、来ない？
9. ★誤　先生は今日**は**きれいです。〈中国〉
   正　先生、今日、きれいですね。

10. 誤 ブラジル**では**このコースについて聞いたことがあります。
〈ブラジル〉
正 ブラジルでこのコースについて聞いたことがあります。

11. 誤 私と宗教との関係を示すために**は**、私が体験した修行を述べたいと思います。 〈アメリカ〉
正 私と宗教との関係を示すために、私が体験した修行のことを述べたいと思います。

混同

【は→が】

12. 誤 カラオケで3時間も歌いっぱなしだったので、今のど**は**とても痛い。
〈イギリス〉
正 カラオケで3時間も歌いっぱなしだったので、今、のど**が**とても痛い。

13. 誤 すみません、コピー機の使い方**は**よくわからないんですが。
〈フランス〉
正 すみません、コピー機の使い方**が**よくわからないんですが。

14. 誤 健康を保つには適当な運動量**は**必要です。 〈中国〉
正 健康を保つには適当な運動量**が**必要です。

15. 　　A：あの、田中さんですか。
　　B：いえ、私は山田です。
　　A：田中さんはどちらでしょうか。
誤 B：ああ、あの人**は**田中さんですよ。 〈タイ〉
正 B：ああ、あの人**が**田中さんですよ。

（従属節内）

16. 誤 私**は**手紙を書くとき、友だちが来ました。 〈ミャンマー〉
正 私**が**手紙を書いているとき、友達が来ました。

17. 誤 日本人の友達**は**できないために、日本語の話は練習できない。
〈タイ〉
正 日本人の友達**が**できないために、日本語の会話が練習できない。

（疑問引用節内）

18. 誤 あの学生のりょうしん**は**どんな人かしりたいのである。 〈韓国〉
正 あの学生の両親**が**どんな人か知りたいのである。

(名詞節内)
19. 誤 私はシャワーをあびるのは、毎日起きてからだ。　〈ドイツ〉
　　 正 私がシャワーを浴びるのは、毎朝起きてからだ。

(名詞修飾節内)
20. 誤 私はすんでいる所は学校からすごく近いために、いつも授業は遅れた。　〈中国〉
　　 正 私が住んでいる所は学校からすごく近いので、(ついのんびりしてしまい)いつも授業に遅れた。

【は→も】
21. ★誤 人とのコミュニケーションを円滑に保つ上で、ときには黙っていることは大切だ。　〈中国〉
　　 正 人とのコミュニケーションを円滑に保つ上で、時には黙っていることも大切だ。
22. 誤 背の高い人が羨ましい。しかし、背が高ければ高いなりに頭をぶつけるのは多い。　〈スイス(日本)〉
　　 正 背の高い人が羨ましい。しかし、背が高ければ高いなりに頭をぶつけることも多い。

【は→を】
23. 誤 筑波大生の敬語意識について調査は行います。　〈中国〉
　　 正 筑波大生の敬語意識について調査を行います。

【は→に】
24. 誤 11月はコースがはじめました。　〈ブラジル〉
　　 正 11月にコースが始まりました。

【は→って／というのは】
25. 　　A：削除してください。
　　★誤 B：先生、「削除」は何ですか。　〈韓国〉
　　 正 B：先生、「削除」って／というのは何ですか。

【(みな)は→(みんな)で】
26. 誤 私たちの地球のすばらしい自然をみなは協力してたいせつにしたいものである。　〈中国〉
　　 正 私たちの地球のすばらしい自然をみんなで協力して大切にしたいものである。

605

【は→と】
27. 誤 大切な人は、話すことさえできれば、すぐ心があたたくなる。
〈カナダ〉
正 大切な人と話すことさえできれば、すぐ心が温かくなる。

【は→でも】
28. 誤 フィリピンで買い物のかかくはやすいだから、やすい給料はだいじょうぶです。　〈フィリピン〉
正 フィリピンは物価が安いから、安い給料でも大丈夫です。

【は→なら】
29. 　　A：これ、とてもおいしよ。
★ 誤 B：そんなおいしそうな食べ物はぜひ食べたい。〈インドネシア〉
正 B：そんなにおいしい食べ物ならぜひ食べたい。

【は→から】
30. 誤 途中でやめるくらいなら、最初はやらないほうがましだ。〈中国〉
正 途中でやめるくらいなら、最初からやらないほうがましだ。

【は→について】
31. 誤 日本の住まいは、気候と材料の二つの面から考えてみよう。
〈アメリカ〉
正 日本の住まいについて、気候と資源の二つの面から考えてみよう。

【は→にとって】
32. 誤 ベーリントンのTVROOMというテレビがある部屋にはテレビを見にきた人より遊びにきた人の方が多いんじゃないかと思う。なぜならこのベーリントンTVROOMの人々は静かにテレビを見る時間というより社交の時間のようであったからだ。　〈アメリカ〉
正 ベーリントンのTVROOMというテレビがある部屋には、テレビを見に来た人より遊びに来た人の方が多いんじゃないかと思う。なぜならこのベーリントンTVROOMは、人々にとって、静かにテレビを見る時間というより社交の時間のようであったからだ。

【は→としては】
33. 誤 さらに高齢者の世帯が増加し、彼らは貯金を崩して年金で生活しております。それで来年からは日本全体は貯蓄ができないそうです。
〈韓国〉

正　さらに高齢者の世帯が増加し、彼らは貯金を崩して年金で生活しております。そのため来年からは日本全体**としては**貯蓄ができないそうです。

> 誤用の解説

> 脱落

1は主語に当たる語の助詞を落としており、文法的に誤りである。中国語のような孤立語の母語話者は、特に主語と目的語を表示する際、語順さえ守れば裸のまま（格助詞を付けずに）名詞を置いてもよいという発想で日本語も処理しがちである。2〜5は文法的に誤りとは言い切れないが、何らかの対比（2「これだけ言わなかった」と「これ以外は言った」、3「父」と「母」、4「卒業する前」と「今」、5「よく売れている」と「いい本と言えない」）が文脈上読み取れるのに、「は」が落ちている。

> 付加

10, 11は文法的な誤りとは言えないが、「は」を使用することで後続の句や述語との関係を切り、文としてのつながりが悪くなっている。10「ブラジルでは」、11「関係を示すためには」のように「は」で取り立ててしまうと、「ブラジルで聞いた」「関係を示すために述べたい」というまとまりが失われるために不自然さが生じてしまう。

> 混同

「は」と「が」の混同が際立って多い。「は」が対比的な意味にならず、ニュートラルな意味で使われるのはどのような文か、また、その場合に「が」を使用するとどのような意味が生じるのか理解できていないことが誤用の要因と考えられる。12のように感覚を述べる形容詞文は、一般に次のような構造を持つ。

　　　＜感覚の持ち主（私）＞は　＜対象（のど）＞が　＜形容詞（痛い）＞

この時「のど（対象）は」とすると、「他は痛くないが、のどは」のような対比の意味合いを感じさせてしまう。また、13のような「わかる」「できる」などの可能の文は「私(に)は　＜対象＞が　わかる」という構造を持つため、対象に「は」を使用すると、対比の意味が生じ、その意図がなければ不適切と言える。

14の学習者には、「は」「が」の選択は、次のように文型によって決まることを教えておきたい。

　①単純に属性を述べる文：「は」（運動は、健康のために必要だ。）
　②働きかけのある文：「が」（健康のために、運動が必要だ。＝運動すべきだ）
　③対比的な意味のある文：「は」（健康のために、運動は必要だ。）

14は②に属するため、「は」を「が」にする必要がある。15は「田中さんはどの人か」と問われて、何人かの中から選択し指し示している。このように主語を選択・指定する時は「が」が用いられる。16〜20は従属節（名詞節・名詞修飾節などを含む）の主語に「は」を使用した誤りである。従属節内の主語は基本的に「が」をとる。18は、疑問引用節の中に「は」が使われている例であるが、引用節は従属節の中でも単文と同じくらい独立性が強く、また、「両親はどんな人（か）」が名詞文であること、述語に疑問詞が来ていることから見ても「は」を用いるのは誤りとは言えない。しかし、「あの学生の両親はどんな人か」をひとまとまりとして読ませるためには、「が」を用いたほうがよい。

21，22は「も」との混同である。22は「〜なりに」が「背が高いことはいいこともある、困ったこともある」と例示していくニュアンスを含むため、「も」が適切だと考えられる。23では「を」の代わりに「は」を用いたために、「は」の付いた語（「調査」）を強く取り立てる意図が出ている。「〜は」が動詞の直前に来ていることも対比を強めている。

24で学習者は、他動詞「始める」の目的語に「が」を使用しただけでなく、「〜は〜が〜」文の文型に引きずられて「11月は」としたようである。26は「みなは」と「みなで」の混同である。学習者はよく混同するが、一致協力するという意味で「みなで」または「みんなで」としたほうがよい。

「と」「でも」「から」「について」「にとって」などと「は」を混同した27，28，30〜32は、明らかに文法的な誤りである。27，32は「人」に付ける助詞ということで、学習者は自動的に「は」を選択したと考えられる。学習者は、また、28のように「大丈夫」をよく使う。ここでは「安い給料で」大丈夫かどうかを問題にしているので、「は」ではなく「でも」にすべきである。30の「から」において、学習者は「4月から勉強を始めた」のような「から」はわかるが、「最初から（やらない）」という否定を強調する言い方を知らなかったと考えられる。31の「考える」は、「私は〜のことを／〜について考える」という文構造をとる。

33では、「高齢者世帯」、様々な世帯集団、あるいは、すべての世帯を含めた「日本全体」の集団があり、それぞれの立場から何が言えるかを述べようとしている。立場の違いを明確にするためには、「として」が適切である。「は」も誤りとまでは言えないが、立場の違いを明示するというニュアンスまでは表現し切れない。

伝達上の誤用 ★

● 「付加」の6のような存在を問う質問文については、主語を提示する時は無助詞

とするほうが、対比や選択・指定の意味がなく、自然であることがすでに知られているが、7，8のような質問文でも一般に助詞の付加は過剰な意味（ここでは「は」による対比）を添える結果となっていることがわかる。文法的に誤りとまでは言えないが、その状況では明らかに不自然な意味が生じている。

● 9は、通常、助詞の付かない「時」の副詞（ここでは「今日」）に「は」を使用したため、対比の意味（「今日は＋肯定」に対して「今日以外は＋否定」つまり「今日以外はきれいではない」）を想起させ、暗に意図しないメッセージを伝えている。

● 21で「が」を使用すると、「～べきだ」という働きかけの意味合いが出てしまう。「ときには」があるので、「も」を使って「が」を使用した時に出てくるような強い断定の意味合いを避けることができる。

● 主題を提示する形式には、「は」以外にも様々なものがある。25は相手の言ったことを受けるために「は」が使用されているが、「～は」は既知のものを提示するため、不自然となっている。未知の語を提示する形式「～って」「～というのは」を使うほうが自然になる。

● 29では、Bは相手から「おいしい」とは聞いたが、味をまだ知らない。したがって、既知のこととして「おいしい食べ物は」と言うのは無理なので、相手のことばを受けて「（あなたが言うように）おいしい食べ物なら」が適切となる。

指導のポイント

- 「は」と「が」の混同による誤用が多いが、指導に当たっては、両者の違いはあまり強調しないほうがよい。初級では「は」と「が」の違いにあまり触れずに基本文型の定着に集中し、中級レベルで時間を割いて整理し、練習させる。
- 全体的な枠組みとしては次のことを順次指導していく。
  ① 「は」は、格助詞「が」「を」（時に「に」）といっしょに用いる時は、それらに取って代わり、それ以外の格助詞といっしょに用いる時は「では」「とは」「からは」のように格助詞と重なる。しかし、「が」にはそのような働きはないという違いがある。
  ② 文頭に来る「は」は主題を表すことが多い。「～は～は～述語」のように2番目以降に位置する「は」は対比的意味合いが強くなる。
  ③ 文法的に「が」しか使えない環境について徹底して習得させる。
  ＊「が」しか使用できない環境
  ・疑問詞とそれに対する答えの部分

例　A：だれが行きますか。
　　　B：私が行きます。
・名詞修飾節や条件節内の主格（主語）
　例1：山田さんが持ってる帽子はかっこいいね。
　例2：林さんが行くなら、私は行かない。
●学習者の理解度を見ながら、次のような、「は」を使うことが自然な環境、「が」を使うことが自然な環境を構文として整理、提示する。
①「は」の使用のほうが自然になる環境
　・名詞文（属性の持ち主）例：吾輩は猫である。
　・形容詞文（「〜は〜が〜」文で「全体」に当たるもの、感情や属性の持ち主）例：象は鼻が長い。彼女は悲しそうだ。
　・自動詞文（属性の持ち主）例：水は百度で沸騰する。
　・他動詞文（属性の持ち主、認識活動の主体）
　　例：私はいつもそう思っている。
②「が」の使用のほうが自然になる環境
　・眼前描写・発見・報告　例：桜がきれいだ。家が燃えている。
　・名詞文（「現実」「ポイント」などを述語とする文の主体）
　　例：これが現実だ。
　・ナ形容詞文（「重要」「大切」「必要」など働きかける意味がある文の主体）例：毎日の練習が大切だ。
　・形容詞文（「〜は〜が〜」文で部分に当たるもの）
　　例：（象は）耳が大きい。
　　（感情の向かう対象）例：お化けがこわい。
　・自動詞文（存在・出現の文の主体、可能の対象）
　　例：津波が起きた。漢字が書けない。
　・他動詞文（状態を述べる文の主体）
　　例：あそこで子供が本を読んでいる。
　　　　彼がホームで私を待っていた。
③「は」「が」どちらもニュートラルな意味で使用できる環境
　・自動詞文（変化）例：時代は／が変わった。
　・他動詞文（能動的な動作）例：彼が／は盗みをやった。

ば

➡このボタンを押せば、券が出てきますよ。
➡どうすればいいですか。

一般的（客観的）条件、論理・理屈を表す。また、反復・習慣を表す。「疑問詞＋〜ばいい」の形で問いかけを表す。

|関連項目| 条件節「と、たら、なら」、逆接節「ても、のに」、トキ節「とき」、名詞修飾節、可能形、主語・主題

|誤用例文|

|脱落|

1. 誤 私はこの映画見る後で、もし世界の中で**戦争はない、いいわね**と思いました。　　　　　　　　　　　　　　　　　〈インド〉
   正 私はこの映画を見た後で、もし世界に**戦争がなければいい（のに）**と思いました。

|誤形成|

2. 誤 スイッチを**入れられば**、動きます。　　　　　　　〈ボリビア〉
   正 スイッチを**入れれば**、動きます。
3. 誤 スイッチを**入れれれば**、動きます。　　　　　　〈パキスタン〉
   正 スイッチを**入れれば**、動きます。
4. 誤 **わからなれば**、電話をかけてください。　　　〈インドネシア〉
   正 **わからなければ**、電話をかけてください。
5. 誤 **さむえば**、ヒーターをつけてもいいですよ。　　〈フィリピン〉
   正 **寒ければ**、ヒーターをつけてもいいですよ。
6. 誤 **さむなければ**、ヒーターをつけてもいいですよ。　　〈タイ〉
   正 **寒くなければ**、ヒーターを消してもいいですよ。

|混同|

【ば→とき】

7. 誤 うちに**帰れば**、子供にこのお菓子を持って行ってください。〈中国〉
   正 家に**帰るとき**、子供さんにこのお菓子を持って行ってください。

【ば→たら】

8. ★ 誤 最初から長い会話で**教えれば**、かなり混乱しさせるかもしれない。だから、最初は、A.桜がきれいだ。B.桜はきれいだ。というよ

うな例文で違いを説明してから、会話に入ったほうがいいと思う。〈中国〉

　　正　最初から長い会話で**教えたら**、かなり混乱させるかもしれない。だから、最初は、A．桜がきれいだ。B．桜はきれいだ。というような例文で違いを説明してから、会話に入ったほうがいいと思う。

【ば→と／たら】

9．★誤　身体の調子がこれから悪くなっていくと**考えれば**、涙がでるほど怖い。　〈スウェーデン〉

　　正　身体の調子がこれから悪くなっていくと**考えると／考えたら**、涙がでるほど怖い。

【ば→と】

10．誤　特に公園や街を歩きながら**見れば**ほとんどたばこがあるのを見ることができます。　〈韓国〉

　　正　特に公園や街を歩きながら**見ると**、ほとんどのところでたばこの吸い殻を見かけます。

【ば→(の)なら】

11．誤　京都へ**行けば**、しんかんせんが便利です。　〈タイ〉

　　正　京都へ**行くなら**、新幹線が便利です。

12．誤　そのれいぞうご、**捨てれば**、私にください。　〈ブラジル〉

　　正　その冷蔵庫、**捨てるのなら**、私にください。

13．誤　牛さえその命運を**逃げられなければ**、人間も言うまでもない。〈中国〉

　　正　牛でさえその運命から**逃げられないなら**、人間は言うまでもない。

【ば→ても】

14．★誤　仕事を捜すために本土に行かなければならない人ががたくさんいる。だから、もし、一年半の後にホバートに**帰れば**多くの友だちがいない。　〈オーストラリア〉

　　正　仕事を探すために、本土に行かざるをえない人がたくさんいる。だから、もし、一年半後にホバートに**帰っても**、あまり友達がいない。

15．★誤　＜いくつかの傾向を話したあとで＞また、歴史的な面から**みれば**、その傾向もある。　〈中国・香港〉

　　正　また、歴史的な面から**見ても**その傾向がある。

【ば→のに】

16. 誤 こんな簡単なクイズさえ**解けなければ**、他に何ができるの。〈中国〉
    正 こんな簡単なクイズさえ**解けないのに**、他に何ができるの。

【ば→名詞修飾節】

17. ★誤 センギギ海岸とクター海岸は有名な海岸の二つである。全国から**旅行者はロンボクへ行けば**、そのところを忘れない方がいいと思う。そのへんにホテルがたくさんある。泊まりたい人は泊まる場所は問題がない。〈インドネシア〉

    正 センギギ海岸とクター海岸は有名な海岸である。全国から**ロンボクへ行く 旅行者は**、その場所を覚えておいたほうがいいと思う。その辺にはホテルがたくさんある。だから、旅行者は泊まる場所に関して問題がない。

その他

【可能形の脱落】

18. ★誤 〈自分のことを言う〉大学院に**入れば**いいなあ。 〈中国〉
    正 大学院に**入れれば**いいなあ。

【〜ば〜ほど】

19. 誤 実際は何か**忘れたければ忘れたいほど**なかなか忘れにくくなりますからたばこを吸うことはまことに何も解決してくれません。

〈ベトナム〉

    正 実際は(何か忘れたくても、)**忘れたいと思えば思うほど**忘れられないものですから、たばこを吸うことは本当は何も解決してくれません。

誤用の解説

脱落

1は「もし」を付けたので、もう仮定表現になったと思って、「〜ば」(バ形)を作るのを忘れてしまったのであろう。

誤形成

誤形成が多く見られる。2, 3は2グループ動詞「入れる」の「〜ば」(バ形)ができていない例であるが、「〜ば」(バ形)が可能形と似ているために混乱したと考えられる。また、1グループ動詞に「入る」があるので、その影響も考えら

れる。否定形では4のように、「なければ」が「なれば」になりやすい。また、5，6のようにイ形容詞の肯定形・否定形にも誤形成が起きやすい。

> 混同

7は「とき」との混同である。前件・後件に特に依存関係がなく、その「時点」に焦点を置いているので、「とき」を使ったほうがよい。「うちに帰れば」は「帰ってから」のことになる。8〜10は「ば」の代わりに「と」や「たら」を使ったほうがよい例である。10は仮定的な意味合いはなく、「見ると、いつも」という必然を表すので「と」がふさわしい。

11〜13は「なら」との混同である。「ば」（「と」「たら」も）と「なら」の違いの一つは、「ば」は前件と後件の事柄に時間的前後関係を必要とし、「なら」は必要としない点である。11は「京都へ行くとき、新幹線に乗る」のであるから、時間的な前後関係がない。したがって、「ば」ではなく「なら」が適切になる。

「なら」は、また、相手のことば・情報を受けて、「そうであるなら」の意味で用いられる。12は相手が冷蔵庫を捨てようとしているのを知って、「そうであるなら→捨てる(の)なら」私にくださいと言いたいのであるから、「なら」がふさわしい。「なら」は、「それが真実であれば」という仮定的意味を表す。

13は、「牛が運命から逃げられない」ことが真実であれば、「(同様に) 人間も逃げられない」という意味なので、「なら」がふさわしいということになる。13は「逃げられないのであれば」と前提条件のような形をとれば、「ば」でも可能になる。

「〜さえ〜ば」は、「そのことが、主節（後件）の事態が実現するための唯一の条件である」ということを表す。16では「こんな簡単なクイズが解けない」ことが唯一の条件ではなく、単に原因・理由となっているのであるから、「〜さえ〜ば」で表すことはできない。

> その他

19は誤形成とも言えるが、「〜ば〜ほど」（例：考えれば考えるほど）が正しく使えない誤りである。「忘れたい」だけでは思いは募らないので、「忘れたいと思う」を「〜ば〜ほど」にしなければならない。

> 伝達上の誤用 ★

●「ば」は後件（主節）が実現するための条件を提示する。「右側を歩けば、危険だ。」より「右側を歩けば、安全だ。」のほうがおさまりがいいと感じられるのは、「安全であるための条件は右側を歩くことだ」という内容が、「ば」の意味用法に適っているからである。8，9は後件が「かなり混乱させる」「涙が出るほど怖い」

とマイナス評価の事態を表している。「ば」は後件に実現化する事柄としてプラス評価の表現をとる傾向があるので、「ば」は不適切になってくる。
- 14, 15の「ば」と「ても」の区別は微妙である。次は、電気店での客と店員の会話である。

　　客：これ、大丈夫かな。
　　店員：はい、こうやっておけば、大丈夫です。
　　客：ああ、こうやっておいても大丈夫なんだね。

　店員は客の懸念に対し、一つの仮定の提案をした。客はその提案にのっとって、「それにもかかわらず（私の心配にもかかわらず）大丈夫だ」の意味で「ても」を使っていると考えられる。このように「ば」と「ても」は同一の事柄に対する話し手のとらえ方、心理を表していると言える。このように考えると、14は後件に「友達がいない」という否定的な事柄が来ているので、「ても」のほうがよい。一方、15の「また、歴史的な面から見れば〜」のように、いくつかの点を指摘したあとで、異なった視点から見ても同様の傾向があると言いたい場合は、「また、歴史的な面から見ても〜」とするのが適切と考えられる。

- 17は条件を表す「ば」を用いているが、「ば」は前件と後件の間に時間的な前後関係を必要とする。「ロンボクへ行く」のと、「二つの海岸の名前を覚えておく」ことには時間的前後関係はない。「ば」の代わりに、訂正文のように名詞修飾節でまとめてしまうか、「旅行者がロンボクへ行く場合／ときは、〜」のように「場合／ときは」を用いるか、または、「行くのなら」と「なら」を用いるとよい。

- 18は主体がだれかによって、「入れば」または「入れれば」の適切性が左右される。話し手自身のことを述べる時、「入れば」を使うと他人事のように聞こえてしまうので、可能形「入れれば」を用いたほうがよい。第三者のことを述べる場合は、「入れば」と「入れれば」の両方が可能である。

指導のポイント

- 「〜ば」（バ形）が正しく作れない学習者が多いので、十分練習させる。
- 「ば」の基本は一般的な条件を表すことである。書きことば的であり、また、主節末には意志表現（例：行きたい、行こう、行け）はあまり来ない。
- ただし、前件と後件（主節）が異主語である場合、また、「形容詞＋ば」のように「ば」が状態性表現をとる時は、主節末に意志表現も来ることができる。
　　例1：代わりの人が来れば、（あなたは）帰ってください。

例2：おもしろければ、その本を買おう。
- 「ば」の文は、前件に適切な助言内容を含めて助言する場合に適している。「ば」の練習として人に助言する練習も含めたい。

  練習例：「〜すればいい／安全／大丈夫ですよ。」で答える。
  1．＜コインランドリーで＞
     見知らぬ人：このふたの開け方は…。
     学習者：あ、このハンドルを上へ上げればいいんですよ。
  2．＜スーパーマーケットで＞
     見知らぬ人：ドライアイスを入れたいんですけど。
     学習者：ああ、ここにビニール袋をひっかけて、このボタンを押せば大丈夫ですよ。

- 一般条件「ば」と逆接条件「ても」を混同する学習者がときどき見られる。母語の干渉による場合もあるが、日本語でも使い分けの難しい時があるので注意する。
- 「〜ば」（バ形）が可能形と似ているために、可能形との混乱（例：「書けば」と「書ければ」、「入れれば」と「入れられれば」）が起きてしまうこともあるので注意する。

はじめ・はじめて

➡はじめそうでもなかったが、今は大好きだ。
➡はじめて日本へ来ました。

「はじめ」は物事のいくつかの段階のうち、開始する時の事柄を表す。これに助詞を付けて「はじめに」「はじめは」の形でも使われる。「はじめて」は物事がそれまでなかったこと、未経験であることを表す。

|関連項目| 最初（に）、まず、はじめに、はじめは、始める

|誤用例文|

|脱落|

1. 誤 ある日、家は火事があって、火事現場からもっとも幼いこどもを救って来たのに自分自身は不幸に焼かれていた。その時Φ、御主

人はマリアのやさしい心に感動した。 〈韓国〉

正 ある日、家で火事があって、マリアは火事現場から一番幼い子供を救ったのに自分自身は不幸にも焼かれてしまった。その時**はじめて**、御主人はマリアのやさしい心に感動した。

|誤形成|

2. 誤 テニスは**はじめ**でけど、やってみよう。 〈中国〉
   正 テニスは**はじめて**だけど、やってみよう。
3. 誤 **あしめに**友達と一緒に中国へ旅行をする予定がありましたですが、今月彼のお姉さんが来ますのでその予定ができません。
   〈イスラエル〉
   正 **はじめ**友達と一緒に中国へ旅行をする予定でしたが、今月彼のお姉さんが来るので、それができなくなりました。

|混同|

【はじめ→はじめて】

4. 誤 私は、日本にいる**はじめ**の夏休みは、遊んだり、仕事をしたり、勉強をしたりした。 〈マレーシア〉
   正 私は、日本での**はじめて**の夏休みは、遊んだり、仕事をしたり、勉強をしたりした。
5. 誤 韓国の部屋はたたみではありませんから私が**はじめ**日本で生活した時ちょっとこまりましたが今は習慣になりましたから便利です。 〈韓国〉
   正 韓国の部屋はたたみではありませんから私が**はじめて**日本で生活した時ちょっと困りましたが、今は習慣になりましたから便利です。

【はじめ→はじめに】

6. 誤 **はじめ**あけるのはちちとははのプレーゼントです。それからいろいろひとのをあけます。 〈カンボジア〉
   正 **はじめに**開けるのは父と母のプレゼントです。それからいろいろな人からのを開けます。

【はじめは→はじめに】

7. ★誤 それから、**はじめは**ちちとははとケーキをわけます。これからきょうだいとともたちとおきゃくさんをわけます。 〈カンボジア〉

は

はじめ・はじめて

617

正 それから、**はじめに**父と母にケーキを分けます。それから兄弟と友達とお客さんに分けます。

【はじめに→はじめて】

8. 誤 実際の調査結果による、このことを通して、**はじめに**たばこを吸うことになりましただと答えた人がかなり多い数を示しました。

〈韓国〉

正 実際の調査結果によると、このことを通して、**はじめて**たばこを吸うようになったと答えた人がかなり多い数を示しました。

【はじめに→はじめは】

9. 誤 去年10月5日、私は日本に来ました。**始め**に、私は日本語をぜんぜん分かりませんでした。 〈インドネシア〉

正 去年10月5日、私は日本に来ました。**はじめは**、私は日本語が全然分かりませんでした。

10. 誤 オフラ・ハザさんの様式は**始め**に伝統的なのでした。最近ハザさんの様式は半分イェマンの伝統的の、半分西洋のです。 〈アメリカ〉

正 オフラ・ハザさんの様式は**はじめ**は伝統的なものでした。最近は半分はイエメンの伝統的なもの、半分は西洋的なものです。

【はじめに→まず】

11. 誤 ぼくがもし宝くじに当たったら、**はじめに**アメリカの両親に会いに行きます。それから彼女と沖縄に行きます。 〈アメリカ〉

正 ぼくがもし宝くじに当たったら、**まず**アメリカの両親に会いに行きます。それから彼女と沖縄に行きます。

【はじめには→まず】

12. 誤 シンガポールは多民族の国である。だから新年の祝いが四つある。**はじめには**1月1日の祝いである。（中略）もう一つの新年祝いはマレー人のである。（中略）インド人の新年は10月にある。（中略）つぎのは中国人の新年である。 〈シンガポール〉

正 シンガポールは多民族の国である。だから、新年の祝いが四つある。**まず**、1月1日の祝いである。（中略）もう一つの新年の祝いはマレー人のである。（中略）インド人の新年は10月にある。（中略）次は中国人の新年である。

【はじめて→はじめは】

13. 誤 ちまきは**はじめて**ごんはんだけで、その中がからっぽです。もっとも、今天、肉とか、甘いものとかいれて、いろいろなしゅ類があります。　　　　　　　　　　　　　　〈シンガポール〉

    正 ちまきは**はじめは**ご飯だけで、その中はからっぽでした。しかし、現在は、肉とか、甘い物とかが入っていて、いろいろな種類があります。

14. 誤 わたしはまいにちにほんじんとはなします。**はじめて**にほんじんのはなしはぜんぜんわからなかった。まいにちねんしゅうするから、だんだんすこしわかりなります。　　　　　　　　　〈中国〉

    正 私は毎日日本人と話しています。**はじめは**日本人の話は全然わからなかったけれど、毎日練習しているから、少しずつわかるようになりました。

【はじめては→はじめは】

15. 誤 自分で料理を作るためスーパーへ物を買わざるを得ないので主婦のようにスーパーに通うことに**はじめては**恥ずかしい感じを味わいました。　　　　　　　　　　　　　　　　　　〈台湾〉

    正 自分で料理を作るためにはスーパーへ行って買物する必要があります。主婦のようにスーパーに通うことは、**はじめは**恥ずかしかったです。

【はじめで→はじめに】

16. 誤 その後私はカナダへ留学しました。この時私は**はじめで**医学を勉強しました。でも次の年に環境科学を勉強しました。〈中国・香港〉

    正 その後私はカナダへ留学しました。そこでは、**はじめに**医学を勉強しました。でも、次の年に環境科学を勉強しました。

【はじめる→はじめて】

17. 誤 午後2時に向こうへ行ってすぐホテルに入って少し休んで温泉へ入りに行きました。温泉に入るのは日本で**始める**のでほんとうに気持いいです。　　　　　　　　　　　　　　　　　　〈台湾〉

    正 午後2時に向こうへ行ってすぐホテルに入り、少し休んでから温泉へ入りに行きました。温泉に入るのは日本で**はじめて**なので、本当に気持ちよかったです。

[位置]

18. 誤 わたしはちゅうごくからにほんへはじめてきます。　〈中国〉
    正 私ははじめて中国から日本へ来ました。

[誤用の解説]

[脱落]
　1は「はじめて」がなくてもわかるが、「はじめて」を入れることで、意味関係や時間の前後関係が明確になる。

[誤形成]
　2は清音と濁音の混同である。3は日本語のh音が必ずしも明瞭に発音される音ではないため、学習者は「あしめ」と聞いたのであろう。

[混同]
　4～6は「はじめ」、8～12は「はじめに」、13～17は「はじめて」に関する誤用である。4，5は、いずれもそれまで未経験だった事柄であるから、「はじめて」になる。4は一回目の夏休みなので「はじめ」を使ったのだろう。「はじめ」は、「今月のはじめ」のように、いくつかある段階のうちの最初の部分を表す。5も日本での生活はそれまで未経験だったのであるから「はじめて」になる。6は順序の一番目を表している。話しことばでは「はじめ」となることもあるが、正確さを加えるために、また、書く時には「に」を添えて「はじめに」としたほうがよい。

　8は、今までたばこを吸ったことがなかったのであるから、順序を表す「はじめに」ではなく、「はじめて」とすべきである。「はじめに」と「はじめは」は助詞「に」と「は」の違いに起因する。「に」はある時点を表し、その時に何をしたか、何が起こったかという行為・動作・動き（動作性の事象）を表すことが多い。「はじめにデパートへ行った。次に～」のような文である。一方、「はじめは」は、「は」の持つ対比的意味合いが加わり、9では「はじめはわからなかったが、あとでわかるようになった」、10では「はじめは伝統的だったが、最近は～」という対比的意味合いが入っている。

　11，12は「まず」にしたほうがよい誤用である。「はじめに」は物事の開始部分に何かが行われることを指し、「まず」は他のものに優先させるという意図が入る。11は話し手の優先順位の気持ちを、「まず」で表すことができる。12は、「はじめに」でもよいが、「まず」を使うことで順位付けが明確になる。

　13～15は、変化していく過程の開始時のことを述べているので、「はじめは」になる。学習者は「最初」という意味で「はじめて」、またはそれに「は」を付けて、

「はじめては」を使ったのだろう。16は、過去のことを順次に説明していくので「はじめに」を使う。17で学習者は「始める」で初体験であることを表そうとしているが、動詞で表すのは難しいので、「はじめて」を覚えたほうがよい。

位置

18はこの位置でも誤りではないが、特に「来た」ことを強調しない標準的な言い方では、「はじめて」を「私は」の後ろに置いたほうがよい。

伝達上の誤用 ★

● 7は順序を示しているので、「はじめに→それから（次に）」となる。「はじめは」とすると、「はじめは」が「あとは」と対比的なり、「はじめは父母に分けるが、あとは分けない」のような対比的意味合いになる。

指導のポイント

- 学習者は、「はじめ」「はじめに」「はじめは」の区別が付かない。名詞として使われる「はじめ」、「に」の付いた「はじめに」、「は」の付いた「はじめは」について、具体的な例をいくつか出して、十分理解させることが必要である。
- 「はじめて」「はじめは」の混同も多く見受けられた。「はじめて」は学習者はなかなか使えない語である。for the first time と言ってもピンと来ないので、「はじめに」「はじめは」と「はじめて」の意味の違い、用法の違いをきちんと把握させておく必要がある。「（さしみを食べたのは）はじめてだ」のように「はじめてだ／です」は比較的言いやすいので、「はじめて＋だ／です」から導入するのも一方法である。
- 「はじめに」は物事の開始部分を指し、「まず」は他のものに優先させるという話し手の意図が入る。学習者は「はじめに」ばかりを使い、「まず」がなかなか使えないようだが、「まず」も言えるように指導し、練習したい。

は

はじめ・はじめて

（し）始める

➡ハープを習い始めて2年になる。
➡先週からの大雨で土砂が流れ始めた。

動詞マス形の語幹に付いて、動作・行為や事態・変化の開始を表す。意志動詞に付いて意志的な開始を、無意志動詞に付いて事態・変化の開始を表す。

関連項目　始まる、（し）出す、できるようになる、自動詞、他動詞、従属節「てから」

誤用例文

脱落

1. 誤　そのときから、日本へ行って、化学の専攻を勉強し、日本語も勉強する**希望がありました**。〈中国〉
   正　そのときから、日本へ行って化学を専攻し、日本語も勉強するという**希望を持ち始めました**。

2. 誤　今いろいろな議論がよく行っています。日本の競輪、競馬、さらにパチンコ、宝くじなどギャンブルの大きな規模もその一つの証拠で、日本人は貯金が大好きじゃなくてもともとギャンブラーじゃないか新しく**思われています**。〈韓国〉
   正　今いろいろな議論がよく行われています。日本の競輪、競馬、さらにパチンコ、宝くじなど、ギャンブルの規模の大きさもその一つの証拠で、日本人は貯金が大好きというより、むしろ本性はギャンブラーなのではないかと**思われ始めています**。

3. 誤　あの人は数学の問題を**考えたら**最後解決するところまでやめない。〈アメリカ〉
   正　あの人は数学の問題を**考え始めたら**最後、解決するところまでやめない。

誤形成

4. 誤　大学時代に日本語に興味を**持ってはじめました**。〈台湾〉
   正　大学時代に日本語に興味を**持ち始めました**。

5. 誤　4月のはじめに桜の花が**咲いて始めた**。〈中国〉
   正　4月のはじめに桜の花が**咲き始めた**。

6. 誤　日本語を**習うはじめに**必死に勉強する態度は、だんだんへていた

とはっきり感じています。 〈イギリス〉
正 日本語を**習い始めた**ときに必死に勉強した気持ちは、だんだん減っていったとはっきり感じています。

|混同|

【を始める→（し）始める】
7. 誤 人がさわぎだすと、他の人も**さわぎを始めました**。 〈中国・香港〉
   正 一人が騒ぎだすと、他の人も**騒ぎ始めました**。

【（し）始める→始まる】
8. 誤 大風のジーソンはもうすぐ**しはじめます**。 〈ペルー〉
   正 台風のシーズンはもうすぐ**始まります**。
9. 誤 しけんの時期はあしたから**しはじめる**。 〈インドネシア〉
   正 試験はあしたから**始まる**。

【（し）始める→（し）出す】
10. ★誤 赤ちゃんが急に**泣き始めた**。 〈中国〉
    正 赤ちゃんが急に**泣き出した**。
11. ★誤 **言い始めた**人が最初にやってみるべきだ。 〈中国〉
    正 **言い出した**人が最初にやってみるべきだ。

【（し）始める→受身】
12. 誤 今月に**発売し始めた**メイクのマスカラを試してみたらどう。 〈アメリカ〉
    正 今月**発売された**メイクのマスカラを試してみたらどう。

【（し）始める→できるようになる】
13. 誤 でも今は日本の生活と日本人にもっと慣れてきて、日本の社会と日本人の考え方を**理解しはじめた**ので前の不思議なことがそんなに不思議ではなそうになった。 〈オーストラリア〉
    正 でも、今は日本の生活や日本人にだんだん慣れてきて、日本の社会や日本人の考え方が**理解できるようになってきた**ので、以前不思議に思ったことがそんなに不思議ではないようになった。
14. 誤 私が日本へ来てから、三か月が経ち、日本の生活にもなれてきた。実は、二年前にはホームステイの経験したから日本人の行動や考え方などを**理解し始めた**。 〈イタリア〉
    正 日本へ来てから、三か月が経ち、日本の生活にも慣れてきた。私

には二年前にホームステイの経験があるから日本人の行動や考え方などが**理解できるようになった。**

> その他

【(し)始まる→(し)始める】

15. 誤 1154年に大司教に新しい協会の新築が**建て始まられた。**　〈ドイツ〉
    正 1154年に大司教によって新しい教会が**建てられ始めた／建て始められた。**

【し始める→やり始める】

16. ★誤 株式ブームである。今まで株に興味のなかった人ですら、株を**し始めてきた。**　〈カナダ〉
    正 株式ブームである。今まで株に興味のなかった人ですら、株を**やり始めている。**

【(し)初める→(し)始める】

17. 誤 彼女は私の顔をみるなり、事故の状況を**説明し初めた。**　〈中国〉
    正 彼女は私の顔を見るなり、事故の状況を**説明し始めた。**

> 誤用の解説

> 脱落

1，2では、「そのときから」「新しく」という、物事の開始のきっかけを表す語が来ている。それを生かすならば、「(し)始める」を用いたほうが自然になる。3の「〜たら最後」は「それをきっかけにしてずっと」という意味を表す。物事の開始のきっかけという意味で、「考える」は「考え始める」としたほうがよい。

> 誤形成

4〜6はいずれも「動詞マス形の語幹＋始める」ということが徹底されていない。

> 混同

7は「(し)始める」の形にできなくて、「名詞＋を＋始める」にしている例である。誤形成ともとれるが、ここでは名詞の形と動詞の形の取り違えと考え、混同に分類した。8，9は「(し)始める」と動詞「始まる」の混同である。8，9は前に来る動詞「する」に引きずられて「(し)始める」を使ったと思われるが、動詞「始まる」を用いるべきである。

「発売する」は通常新しく売り出すことを指すので、12のように「(し)始める」を付ける必要はない。「発売した」を使うと、化粧品会社の人の発言のような印象

を与えるので、「発売された」と受身を使うほうが自然であろう。13, 14はよく似た文であるが、学習者の国籍が異なるので載せておいた。自分のことに対して、日本語では「理解し始めた」とは言わないで、「理解できるようになった」と結果を表現するほうが自然である。13では、理解できるようになった途中にあることを言おうとしているので、「てくる」を入れて、「理解できるようになってきた」にしたほうが自然になる。

その他

15は「建て始まる」という言い方、および、「建て始める」の受身の問題である。「建て始まる」については、「～(し)始まる」という言い方は文法的に誤りである。受身の問題については、「建てられ始める」にするべきか「建て始められる」にするべきかであるが、前者のほうが自然に感じられる。

「株をする」という言い方は「株の売買をする」という意味で使われているが、「株をし始めた」は少し落ち着かない感じがする。16をより自然にするためには、「株をやる→株をやり始めた」がよいであろう。17は漢字の問題である。動詞、複合動詞には「始める」を使う。

伝達上の誤用 ★

- 10, 11は「(し)始める」と「(し)出す」との混同である。両文とも間違いではない。ただし、「(し)始める」は意志的行為に用いられることが多く、10のような赤ちゃんの突発的な行為に対しては、「(し)出す」を用いたほうが自然である。11は当人以外の人から見れば突発的な行為としてとらえられるので、「(し)出す」がより自然である。
- 16では「株をし始める」という言い方をしている。「する」と「やる」はほぼ同じ意味を持っているように考えられるが、必ずしもそうではない。

　　①テニスを{する／やる}、勉強を{する／やる}、仕事を{する／やる}
　　②買い物を{○する／？やる}、食事を{○する／×やる}、
　　　電話を{○する／×やる}
　　③仕事を{し始める／やり始める}、勉強を{し始める／やり始める}
　　④株を{？し始める／○やり始める}

①②は「する／やる」が本動詞として、③④は複合動詞として用いられている場合である。

指導のポイント

- 「(し)始める」は動詞マス形の語幹に接続する。学習者はテ形や辞書形に接続しがちなので、正しく接続することを徹底させる。
- 動詞「始める」と「始まる」との混同が多く見られる。
- 学習者は、動詞が他動詞であれば、「(し)始める」(例：閉め始める)を付けることはわかるが、自動詞の時は「(し)始まる」(例：×閉まり始まる)ではないかと思ってしまいがちである。「(し)始まる」という言い方はないことを徹底させる。
- 授業での指導は、意志的な開始を表す「(し)始める」(例：食べ始める、読み始める)に片寄りがちなので、学習者のレベルに合わせて、「無意志動詞＋(し)始める」も説明するとよい。(例：土地の値段が下がり始めた。世界は変わり始めている。)
- 「(し)始める」と「(し)出す」の違いを、どこかで説明しておいたほうがよい。

はずだ

➡彼はそのことをまだ知らない**はずだ**。
➡A：この部屋寒くない？
　B：(ああ)寒い**はずだ**。窓が開いている。

より客観的な事実に基づいて、そうであれば当然そうなることを相手に伝える。「話し手の確信・期待を表す」「話し手が納得したことを表す」などの意味用法がある。

関連項目　わけだ、だろう、にちがいない、べきだ、つもりだ、**理由節**「から、ので」

誤用例文

脱落

1. 誤　あれ、だれもいないな。確か今日授業**ある**けど…。〈アメリカ〉
   正　あれ、だれもいないな。たしか今日授業が**あるはずだけど**…。
2. 誤　彼は、確か昨日**行ってない**。〈中国〉
   正　彼は、たしか昨日は**行っていないはずだ**。

付加

【はずだ→いつも〜する】

3. 誤 勉強が終わったら、いれだしの中に、ふとを持って、畳に**敷くは**ずです。 〈インド〉
   正 いつも勉強が終わったら、押し入れの中からふとんを出して、畳に**敷きます**。

誤形成

4. A：木村さんはいますか。
   誤 B：かばんがあるから、まだ**います**はずですが。 〈ボリビア〉
   正 B：かばんがあるから、まだ**いる**はずですが。
5. 誤 先週、**紹介する**はずと思うが。 〈中国〉
   正 先週、**紹介した**はずだと思うが。
6. 誤 日本に留学していたから、日本語が**上手**はずだ。 〈ベトナム〉
   正 日本に留学していたから、日本語が**上手な**はずだ。
7. 誤 次のクラスで今日、**テスト**はずだ。 〈ドイツ〉
   正 次のクラスは今日テスト**の**はずだ。

混同

【はずだ→だろう】

8. 誤 アインシュタンの相対性論理は、難しくて、私なら**判らない**はずだ。 〈台湾〉
   正 アインシュタインの相対性理論は難しくて、私には**分からないだろう**。

【はずだ→だろう／にちがいない】

9. 誤 空がくもっているから、雨が**ふる**はずである。 〈インドネシア〉
   正 空が曇っているから、雨が**降るだろう／にちがいない**。
10. 誤 かなりひどい台風だから、彼は**こない**はずだ。 〈台湾〉
    正 かなりひどい台風だから、彼は**来ないだろう／にちがいない**。

【はずだ→予定だ】

11. 誤 明日、私はテニスを**する**はずなのに、雨でしょう。 〈アメリカ〉
    正 明日、私はテニスを**する予定**なのに、雨が降りそうだ。

【はずだ→つもりだ】

12. 誤 できれば、私が一生懸命**改革する**はずだ。 〈マレーシア〉

627

正 できれば、私が一生懸命**改革**するつもりだ。

【はずだ→ことになる／一般的だ】

13. 誤 夜の時、はなびで、爆竹で遊んでいます。とても面白ろくてたまらない。その後で、大家庭の家族と一緒に御飯を**食べるはずです**。〈マレーシア〉

　　正 夜、花火や爆竹で遊びます。面白くてたまりません。その後で、大家族の皆と一緒に御飯を**食べることになります／食べるのが一般的**です。

【はずだ→ことになる／てしまう】

14. 誤 玄関で靴を脱ぐ習慣があるので、内開ドアが利用されると、玄関の間は**狭くなるはずである**。〈ブラジル〉

　　正 玄関で靴を脱ぐ習慣があるので、内開きのドアが使用されると、玄関は**狭くなることになる／狭くなってしまう**。

【はずだ→と思う／んじゃないか】

15. 　 A：何が贈り物にいいですか。

　★誤 B：茶がいい**はずだ**。〈中国〉

　　正 B：お茶がいいと思いますよ／いいんじゃないですか。

【はずだ→そうだ（伝聞）】

16. 　 A：田中さんは明日の会議に出席しません。

　　 B：え〜、どうして。

　★誤 A：さっき、電話がかけてきた。明日は用事があるので**出席しないはずだ**。〈中国〉

　　正 A：さっき、電話がかかってきて、明日は用事があるので**出席しないそうです**。

【はずだ→べきだ】

17. 誤 このような部屋に住んでいるので、**満足のはずだ**と思っています。〈イギリス〉

　　正 このような部屋に住めるのだから、**満足す（る）べきだ**と思っています。

【はずではない→べきではない】

18. 誤 私の意見によると、日本は中東へ軍隊を送る**はずではない**という考えを持っている。〈インドネシア〉

[正] 私は、日本は中東へ軍隊を送る**べきではない**と思う。

【はずではない→わけではない】

19. [誤] 日本語には食べる、行く、見るなどなどいろんな動詞があります。この動詞をただこのままで使う**はずではありません**。〈韓国〉

    [正] 日本語には食べる、行く、見るなどなどいろんな動詞があります。この動詞をただこのままで使う**わけではありません**。

【はずはない→ないだろう】

20. ★[誤] 日本語でテ形というものはいうまでもなくとても大切な文法の点である。テ形を作るために、基本的に動詞のグループ分けを知らないとテ形も**理解できるはずはない**。〈イギリス〉

    [正] 日本語でテ形というものは、言うまでもなくとても大切な文法のポイントである。テ形の作り方は、基本的には動詞のグループ分けを知らないと**理解できないだろう**。

誤用の解説

脱落

「はずだ」をいつ使うのかが難しく、使うべきなのに使わないで済ます非用が起こりやすい。1では、眼前の状態「教室にだれもいない」ことと、話し手の認識「今日は授業がある（から、教室には人がいる）」とにギャップがある場合であり、「はずだ」が使われるべきところである。2においても、話し手が、不確かな中にもそう述べるだけの「何らかの情報を持って判断している」ことを示すためには、「はずだ」を使いたいところである。

付加

3において、学習者は毎日習慣化していることを「当然そうする、そうなる」の一種と考え、「はずだ」を用いたと考えられる。3は単にふとんを敷く習慣について述べているだけなので、「はずだ」は不要である。

誤形成

「はずだ」の前に付く語の接続の問題である。「はずだ」の前には、動詞・イ形容詞の普通形・「ナ形容詞〜な」・「名詞＋の」が接続するが、4のように普通形にし忘れたり、5のように過去形にしなかったりすることがある。特に、6，7に見られるように、ナ形容詞と「名詞＋だ」の非過去・肯定形が接続する場合に、誤用が起きやすい。

混同

他のモダリティ表現との混同が多く見られる。

①だろう／にちがいない

「はずだ」は、少なくとも話し手の頭の中では「当然そうである／そうなる」と確定していることに用いられるので、その場で単に推測をするだけの場合は、もっと主観的な表現の「だろう」「にちがいない」などが使われる（8〜10）。特に、未来のこと（9）や他の人の感情・行動（10）について「はずだ」を用いると、聞き手（読み手）に「なぜ、あなたがそう判断し、断定できるのか」と思わせる、不自然な表現となってしまう。

②予定だ／つもりだ

「確定している（と考える）未来の行動予定」について、特に英語話者の場合、11のように「はずだ」を使ってしまうことが多い。「はずだ」は be supposed to とは異なり、話し手の未来の行動予定には用いられない。また、12のように、決まった予定ではなく、話し手の意志を示す場合は、「つもりだ」がふさわしい。

③いつも〜する（ことになる／なっている）、一般的だ

「当然そうだと判断される」という感覚はまた、「当然の（決まった）展開」といった内容を導き出してしまう誤用につながる（13, 14）。

④べきだ

「当然こうある」は「当然こうあるべきだ」となっていくことが多い。「〜するのが当然だ、正しい」と言う場合、日本語では「べきだ」を使う（17, 18）。特に、英語の should や中国語の「応該」など、言語によっては一語で「はずだ」と「べきだ」の両方の意味を持つ場合もあるので、区別が必要となる。

「はずだ」は、前に来る動詞や形容詞が否定の形をとって「〜ないはずだ」で否定表現を表すが、一方では、「はずだ」そのものが否定になる場合もある。その場合は、単に事柄が起こらないこと（例：10「来ないはずだ」）を判断するのではなく、そう判断すること自体に対する強い否定的な心情を示す。これは、学習者にとって混乱しやすいポイントになる。

①はずじゃ／ではない（予定、必然がない）

話し手の判断とは異なることが起きた時に、「それはおかしい」と強く述べる表現である。そのことを理解していないと、18, 19のように、他のモダリティとの混同もあって不適切な表現となる。19は部分否定を表す「わけじゃ／ではない」を用いる必要がある。

②はずが／はない（可能性の否定）

そういう判断をすること自体がおかしいことだという態度で述べる表現である。

|伝達上の誤用| ★

- 「はずだ」は、「そう判断されるのは当然だ」という、強い述べ方になることがある。15のように自分の意見を述べる時に使うと、断定的な響きとなってしまい、不適切となる。意見を述べる時は、「と思う」「んじゃない(か)」などを使わせたい。
- 「はずだ」はあくまでも、話し手の判断にかかわる表現である。16のように「電話があって、彼は出席しないと言った」という、単に伝言するような場合には用いられない。
- 「はずが／はない」は、そう判断し得る可能性自体を否定する、強い述べ方であるため、20のように、そのような意図がない場合に用いると不適切となる。

|指導のポイント|

- 「はずだ」の前に来る語の形を正確に覚えさせる。特に「名詞＋だ」（非過去・肯定形）は「〜のはずだ」、ナ形容詞（非過去・肯定形）は「〜なはずだ」となることに注意させる。
- 「はずだ」と混同しやすい「つもりだ」「べきだ」「だろう」「と思う」「んじゃないか」などとの違いを、学習者のレベルを見ながら理解させていく。
- 「〜はずだ」と判断し得るだけの根拠や論理展開を意識させるには、理由や条件を表す従属節とともに練習させると効果的である。（例：必ず出席すると言っていたのだから／のなら、来るはずだ。）従属節を使う代わりに、2文にして、接続詞を使ったり、対話の形で練習させてもよい。（例：彼はきのう必ず出席すると言っていた。だから、来るはずだ。）
- 学習者にとって一番難しいのは、「はずだ」という述べ方を、いつ、何のために使うのかということである。一文を作るだけではなく、場面をしっかり理解させて練習を行う必要がある。太田（2007）（2009）にはこの点についての提案がいくつか示されている。

べきだ

➡もっと懸命に生きるべきだ。
➡そんなことは言うべきじゃない。

相手または第三者の行為・事柄に対して、「(そうではなくて)～する/であるのが当然だ/正しい」と忠告・助言を行う。「なければならない」のような義務・当為を表す強い意味合いを持つ場合もある。

関連項目 ことだ、なければならない、てもいい、はずだ、ものだ、と思う

誤用例文

付加

1. 誤 大人なら理性があって判断する能力があるが、学生たちとか子供たちはまだ**判断するべき**能力がないので、広告をすれば、好奇心が生じてすいたいという心が生じかもしれない。〈韓国〉
   正 大人なら理性があって判断する能力があるが、学生たちや子供たちはまだ**判断する**能力がないので、広告を見ることで好奇心が生まれ、(たばこを)吸いたいという気持ちが生じるかもしれない。

誤形成

2. 誤 第二、たばこは身に悪い影響があって、出来るだけ吸わなくて、たばこを吸ってもたばこのマナーを**守り**べきだ。〈中国〉
   正 第二に、たばこは体に悪い影響があるので、できるだけ吸わないほうがよい。また、たばこを吸うとしても、マナーを**守る**べきだ。

3. 誤 実は、政治者だけでなく、皆はかんきょうの問題に関心の目を**向けた**べきだと思っています。〈フランス〉
   正 政治家だけではなくすべての人が、環境の問題に関心の目を**向ける**べきだと思います。

4. 誤 私は会社やレストランなど公共の場所では**禁煙すべき**と思っている。〈中国〉
   正 私は会社やレストランなど公共の場所では**禁煙すべき**だと思っている。

5. 誤 事故や災害のとき、自分の将来のために**投資すべき**の時に貯金は役に立つ。〈韓国〉

正　事故や災害のとき、また、自分の将来のために**投資すべき**時に貯金は役に立つ。

6．　誤　誕生日の人々は、パーティをするように、誕生日の前にレストランを連絡したり、買物をしたりします。沢山の時間もお金もかかります。こんなことは**べき**ですか。〈中国〉
　　　正　誕生日のパーティーをするために、人々は事前にレストランを予約したり、買物をしたりします。時間もお金もたくさんかかります。こんなことは**するべき**でしょうか。

混同

【べきだ→はずだ】

7．★誤　あの人は二年間も日本語を勉強してきた。日本語をもっと**喋べられるべきだ**。〈インドネシア〉
　　　正　あの人は二年間も日本語を勉強してきた。だから、日本語がもっと**しゃべれるはずだ**。

8．　誤　この時期、コスモスが**咲くべきだ**。〈台湾〉
　　　正　この時期には、コスモスが**咲くはずだ**。

9．　誤　**異国的べきでも**異国的じゃないので出る反感。したしくなるのはだめだの莫然の感じ。これが被害意識だか。〈韓国〉
　　　正　**異国的であるはずなのに**異国的じゃないことから起こる反感、親しくなってはだめだという漠然とした感じ、これは被害妄想だろうか。

【べきだ→なければならない】

10．　誤　私は論文を**書くべきだ**。〈中国〉
　　　正　私は論文を**書かなければならない**。

11．★誤　例えば、高校まで、香港の学生達は校服を**着るべきだ**。〈中国・香港〉
　　　正　例えば、香港の学生たちは、高校までは制服を**着なければならない**。

12．★誤　ある留学生の話によると、二年間も大学で住んでいた間親に気を使わなくてもよかったので突然新しい権威に**徒うべきだ**というのは非常に難しそうだ。〈アメリカ〉
　　　正　ある留学生の話によると、大学の寮に住んでいた二年間は親に気を遣わなくてもよかったので、突然新しい権威に**従わなければならない**というのは、非常に大変だそうだ。

13. ★誤 ハリラーヤーの前はマレー人は一月をだんじきするべきです。 〈マレーシア〉

    正 ハリラヤの前には、マレー人は1か月間、**断食しなければなりません**。

【べきだ→てもよい】

14. 誤 それだけではなく、テレビとラジオでたばこのコマーシャルは子供に悪い影響を与えます。すなわち子供が大人のことふうにやっていろいろな悪いこと**するべきだ**と思います。 〈中国〉

    正 それだけではなく、テレビとラジオのたばこのコマーシャルは、子供に悪い影響を与えます。すなわち、子供が大人をまねて、いろいろ悪いことを**してもよい**と考えてしまいます。

【ないべきだ→べきではない】

15. ★誤 社会、あるいは、コマーシャールとか、周りの人とか、みんな手を出さないで積極的に吸わせること、また、禁止すること、両方とも**しないべきだ**と思う。 〈中国〉

    正 社会、あるいは、コマーシャルや周りの人などが何も手を打たずに、積極的に(たばこを)吸わせたり、また、禁止したりするのは、両方とも**するべきではない**と思う。

16. ★誤 やはり自分ができないことは外国から援助してもいいですから自できるものは援助**いらないべきです**。 〈カンボジア〉

    正 やはり、自分でできないことは外国から援助してもらってもいいですが、できることは援助を**受けるべきではありません**。

17. ★誤 今、私たちアメリカ人は自由があるけど、昔にはなかったことを**忘れないべきである**。 〈アメリカ〉

    正 今、私たちアメリカ人には自由があるが、昔はなかったということを**忘れるべきではない**。

18. ★誤 それに、たばこのコマーシャルは子供に悪い影響を与えるから、テレビで**放送できないべきです**。 〈タイ〉

    正 それに、たばこのコマーシャルは子供に悪い影響を与えるから、テレビで**放送するべきではない／放送できないようにするべきだ**。

【ないべきだ→てはいけない】

19. ★誤 (断食中は)朝から夕まで**食べないべきだ**。 〈マレーシア〉

|正| （断食中は）朝から夕方まで**食べてはいけない**。

その他
【ほどの→べき】
20. |誤| 若者の敬語意識について調査したところ、次のような**驚くほどの**結果が出た。　　　　　　　　　　　　　　　　　　　〈韓国〉
    |正| 若者の敬語意識について調査したところ、次のような**驚くべき**結果が出た。

誤用の解説
付加
1では「判断能力」のことを言っているので、単に「判断する能力」でよい。

誤形成
2，3は前に来る語の接続の問題であるが、「べきだ」の前には動詞の辞書形しか来ない。「べきだ」が引用節の「と」の前に来る時に「だ」を付けなかったり（4）、逆に、名詞の前で「べきの」と不必要な「の」を付けてしまう（5）誤用も見られる。「べき」はあくまでも文を受けて用いる表現であり、6のように、「べきですか」と単独では用いることはできない。

混同
7～9に見られるように、「はずだ」との混同が多い。「当然そうなる、そうだと考えられる」という「はずだ」と、「当然そうなる→したがって、そうでなければおかしい」という「べきだ」は、意味的にも連続するため、混同が多くなると考えられる。10～13に見られるように、「なければならない」との混同も多い。特に10のように、話し手自身のことについて、単に義務があることを述べる場合には、「べきだ」ではなく「なければならない」のほうがふさわしい。話し手自身のことについて「べきだ」が使われるのは、

(1) 私も行くべきだとわかってはいるが、どうも気乗りがしない。
(2) 私から謝るべきなのか。

のように、理想と本心とに何らかの齟齬が生じている場合である。7～13のように、「べきだ」については、一つの表現（例：英語＝ should 、中国語＝ 応該、など）で「べきだ」「はずだ」「なければならない」のすべてを表し得る言語もあるので、使い分けを理解させる必要がある。

14は「〜するのが当然だ／正しい」という意味の「べきだ」を、「〜しても当然だ／正しい」→「〜してもよい」と許可の用法にまで拡大させたと考えられる。

「べきだ」には許可の意味用法はない。

　何かを「しない」状態を信念として正しいと考えている場合、学習者は**15～19**のように「～ないべきだ」と表現しがちである。しかし、「べきだ」に否定形は続かず、「～べきではない」の形になる。ただし、この言い方は強い否定になるので注意する。

その他

　「驚くほどの（進歩・成果）」という言い方はできるが、その場合は進歩や成果の量的な面への評価である。**20**のように、内容的にその評価に値するという意味では、慣用的表現の「～べきN」を用いるとよい。

伝達上の誤用 ★

- 「べきだ」は、単に話し手の信念を述べるだけでなく、その時点での直接的な忠告や命令になる場合が多い。例えば、**7**や**13**は、面と向かって聞き手に告げた場合は、そうしない相手への強い非難ととられる恐れもある。例には挙がっていないが、相手に対する直接的な発話の場合は、柔らかい忠告としての「～たほうがいい」などを用いたほうが適切な場合がある。
- 「なければならない」との混同も、話し手が強い信念（そうすることが正しい）として主張する場合は「べきだ」となり得るが、**11～13**のように、単に状況を説明するだけの場合に「べきだ」を用いると、かなり強い語調での主張として伝わってしまう。
- 否定の言い方は「べきではない」となるが、「べきではない」は、話し手が意図した以上に、強い語調として伝わる可能性があるので、そのことを理解して使用する必要がある（**15～18**）。また、「べきではない」を使って、「そうしないほうがよい」ということを表すのではなく、はっきりと禁止を示す「～てはいけない」のほうがふさわしい場合もある（**19**）。

指導のポイント

- 「べきだ」の誤形成が多い。「べきだ」の前には、動詞の辞書形しか来ないこと、および「する」では「すべきだ／するべきだ」の両方の形があることをよく理解させる。
- 否定はどう表すかを明確にしておく。「行かないべきだ」のような「～ないべきだ」という形はないこと、その場合は「（行く）べきではない」になることを説明し、練習する。

- 「べきだ」は、実現していない事態について、話し手が信念として、「その実現が望ましい、正しいあり方だ」と考えるものであることを理解させる。また、「べきだ」が強い語調を与えることが多いことにも注意させる。
- 「べきだ」と「なければならない」、「べきだ」と「はずだ」の使い分けを学習者のレベルを見ながら説明し、理解させる。特に、これらの形式を一つのことばで表現する英語や中国語などを母語とする学習者には、意味やニュアンスの違いを意識させる必要がある。

ほうがいい

➡無理をしないで、早く寝た**ほうがいい**よ。
➡人の悪口は言わない**ほうがいい**。

動詞のタ形およびナイ形に付いて、助言を表す。

|関連項目| （る）ほうがいい、たら／と／ばいい、なくてもいい

|誤用例文|

|誤形成|

1. 誤 私にとって有孔虫は興味のあるんですがみなさんは有孔虫はあまりおもしろくないと思います。それで、もと人気のある化石について**話して**ほうがいいかもしれません。　　〈フィリピン〉
   正 私は有孔虫に興味があるんですが、皆さんにはあまりおもしろくないと思います。ですから、もっと人気のある化石について**話した**ほうがいいかもしれません。
2. 誤 自分で行って、**見るの**ほうがいいです。　　〈中国〉
   正 自分で行って、**見た**ほうがいいです。
3. 誤 ぜんぶきんえんすることが好きですけどそのことが可能性がないですから規則を**作るの**ほうがいいと思います。　　〈韓国〉
   正 全部禁煙したほうがいいですけど、その可能性はないですから、規則を**作った**ほうがいいと思います。

4. 誤 ビールを**飲まなかった**ほうがいいです。　　　〈インドネシア〉
　　正 ビールを**飲まない**ほうがいいです。
5. 誤 二は感心を持って愛してから、結婚した**ほ**がいいと思います。
　　　　　　　　　　　　　　　　　　　　　　　　〈ベトナム〉
　　正 二人はお互い愛して合っているから、結婚した**ほうがいい**と思います。
6. 誤 しかしい今年は一家がいます。よかった！　たくさんいる人の**ほがいい**。　　　　　　　　　　　　　　　〈マレーシア〉
　　正 しかし今年は家族がいます。よかった！　たくさん人がいる／い**た**ほうがいい。

■混同

【(る)ほうがいい→(た)ほうがいい】

7. ★誤 先生に相談したところが、それを**やめる**ほうがいいじゃないと言われた。　　　　　　　　　　　　　　　　　〈韓国〉
　　正 先生に相談したところ、それは**やめた**ほうがいいんじゃないかと言われた。
8. ★誤 こんなことになってしまった以上は、誰に**てつだってもらう**ほうがいい。　　　　　　　　　　　　　　　　　〈中国〉
　　正 こんなことになってしまった以上は、誰かに**手伝ってもらった**ほうがいい。

【たほうがいい→たらいい】

9. 誤 祭りに何を**した方がいい**ことに関して考えようとしたから、色々な意見が出された。　　　　　　　　　　　　〈カナダ〉
　　正 祭りに何を**したらいい**かについて考えた結果、色々な意見が出された。
10. ★誤 筑波大学のことなら田川先生が何でもよく知っているから、必ず**たずねてみた方が良い**と思う。　　　　　　〈韓国〉
　　正 筑波大学のことなら田川先生が何でもよく知っているから、ぜひ**訪ねてみたらよい**と思う。

【たほうがいい→といい】

11. ★誤 中国の北京行くなら、「全聚徳」の北京ダックを**食べたほうがいい**。　　　　　　　　　　　　　　　　　〈中国〉

正 中国の北京に／へ行くなら、「全聚徳」の北京ダックを**食べると
　　　　いい**。
12. ★ 誤 例えば、一日中買い物をしているとき、友だちに「ちょっと休ん
　　　　でもいい？　私の犬がワンワンしている」と言います。こういう
　　　　ふに**使った方がいいです**。　　　　　　　　　　〈アメリカ〉
　　　正 例えば、一日中買い物をしているとき、友達に「ちょっと休んで
　　　　もいい？　私の犬がワンワンしている」と言います。こういうふ
　　　　うに**使うといいです**。

【たほうがいい→ばいい】
13.　誤 もっとまえ、十分に勉強したら、今のように「もっとがんばって
　　　　勉強したほうがいい」と感じる悔いはなかっただろう。　〈韓国〉
　　　正 もっと前に十分に勉強しておいたら、今のように「もっと頑張っ
　　　　て**勉強しておけばよかった**」という後悔はなかっただろう。

【ないほうがいい→なくてもいい】
14. ★ 誤 食べたくなければ**食べない方がいい**。　　　　〈インドネシア〉
　　　正 食べたくなければ**食べなくてもいい**。

その他
【テンス・アスペクト】
15.　誤 そして行ったより**行かなかったほうがいい**。　　　　〈韓国〉
　　　正 そして、**行かないほうがよかった**。

誤用の解説
誤形成
　1～6のように多くの形の誤りが見られる。助言を表す「ほうがいい」は、肯定ではタ形を、否定ではナイ形をとる。（例：行ったほうがいい。行かないほうがいい。）1～3はタ形で接続できない誤り、4は逆にタ形にしてしまった誤りである。学習者にとっては現在の内容を表すのに、肯定でタ形を使わなければならないこと、また、肯定と否定でテンスが変わることが難しいようだ。5，6は「ほう」を長母音として認識できていない、（または、正しく表記できていない）例である。

混同
　9は学習者によく見られる誤用である。「何をするか」のように一つのことを求める表現に、「～たほうがいい」という比較を含む助言表現が続いているために、

文が不自然になっている。日本語では、「何をするのが適当か」は「何をしたらいいか」「何をすればいいか」「何をすべきか」などで表される。

13は過去のやらなかったことに対する「悔い」(後悔)を表したいのであるから、「～ておけばよかった」「～ておいたらよかった」「～ておくべきだった」などが適切である。「～たほうがいい」は助言を表すので不適切である。

その他

15は、過去の事柄を述べる言い方が正しく作れないために引き起こされた誤用である。15は、行ったのだが、行ったことを後悔している文脈で用いられた文である。そういう場合は「行かないほうがよかった」が用いられる。後悔を強調する場合は「行かなかったほうがよかった」も可能である。

伝達上の誤用 ★

● 7, 8のように、「～るほうがいい」と「～たほうがいい」の混同による誤用が見られる。7, 8はそれ自体誤りではない。次のように、「ほうがいい」が比較を表すことが明らかな時は、「～るほうがいい」が使われる。

　　A：料理は、作るのと食べるのとどっちがいい？
　　B：もちろん、{○食べるほうがいい／？食べたほうがいい}。

しかし、7, 8では話し手の親切な助言であるので、気持ちのこもった「～たほうがいい」がふさわしい。

● 助言を表す「(た)ほうがいい」は「～しないより～したほうがいい」という比較の気持ちを含む。比較を含まずそのことのみの助言をしたい場合は「たら／と／ばいい」にしたほうがよい。

　　A：田川先生のお宅に行くんだけど、お土産持って行ったほうがいいかな？
　　B：うん、初めて訪問するときは、お土産を持って行ったほうがいいよ。
　　A：何がいいかな？
　　B：そうだね。お酒を持って行ったらいいよ。先生はお酒好きだから。

Bはお土産を持って行くべきかどうか迷っているAに「持って行ったほうがいい」と言い、何を持って行くか考えのないAに「お酒を持って行ったらいい」と助言している。10～12は「田川先生を訪ねること」「北京ダックを食べること」「こういうふうに使うこと」そのものを助言しているので、「たら／と／ばいい」が適当である。

● 「～なくてもいい」というのは、相手に許可を与える言い方で、14の「～ないほうがいい」はもっと積極的にその行為をしないことを勧めているので、話し手の意図が違ってくる。

> **指導のポイント**
>
> - 肯定では「行ったほうがいい」と過去形を使うので、学習者は最初、過去の事柄を表すのかととまどうようである。過去ではないことを説明しておく。
> - 肯定は「タ形＋ほうがいい」、否定は「ナイ形＋ほうがいい」の形が正確に作れない学習者が多い。十分練習させる必要がある。
> - 「～たほうがいい」と「～るほうがいい」の違いも学習者に説明したい。
>   - 例1　母親：明日は出かけるのとうちにいるのとどちらがいい？
>   　　　子供：うちに｛○いる／?いた｝ほうがいい。
>   - 例2　夫：あした荷物が届くから、だれか｛?いる／○いた｝ほうがいいよ。
>   　　　妻：はい、わかりました。
> - 「～たほうがいい」と「～たらいい」の違いも学習者の理解に合わせて説明したい。
>   - 例　　夫：あした荷物が届くって。
>   　　　妻：何時ごろ？
>   　　　夫：午前中だって。
>   　　　妻：じゃ、午前中だけ｛○いたら／?いたほうが｝いいね。

ほとんど

➡ 常用漢字は**ほとんど**知ってる。
➡ 今日の授業は**ほとんど**わからなかった。

「だいたい」「おおかた」の意味を表し、その程度が100％に近いことを表す。「ほとんど～ない」の形、あるいは「無理だ」のような否定表現を伴って、量や頻度が非常に少ない、全くないに近い様子を表す。また、「ほとんどの人／場合」のように名詞的に使われることもある。

|関連項目| ほとんどは／が／を／の、～のほとんど、**全体的に、だいたい**

> 誤用例文

> 付加

1. 誤 家族の皆達父も含めて**ほとんど**何か問題があったらいつも母に聞きます。　　〈タイ〉
   正 家族のみんなは、父も含めて、何か問題があったら、いつも母に聞きます。

> 誤形成

2. 誤 日本の大学院にとって転科ということが**ほどんと**ないそうにアメリカとずいぶん違うのにとても困っています。　〈台湾〉
   正 日本の大学院では転科ということが**ほとんど**ないそうで、アメリカとずいぶん違うので、とても困っています。

> 混同

【ほとんど→ほとんどのところで】

3. 誤 特に公園や街を歩きながら見れば**ほとんど**たばこがあるのを見ることができます。　　〈韓国〉
   正 特に公園や街を歩きながら見ると、**ほとんどのところで**たばこの吸い殻を見かけます。

【ほとんど→ほとんどは】

4. 誤 ひとびとのせいしんのあつりょくは**ほとんど**にんげんやかんじょうのもんだいやじぎょうなど。　〈台湾〉
   正 人々の精神的なプレッシャーは、**ほとんどは**人間関係や感情の問題や仕事などから来る。

【ほとんど→ほとんどが】

5. 誤 禁煙することがやさしいことだったら私も禁煙したい。しかし、難い。喫煙する人たちは**ほとんど**これを知っている。　〈韓国〉
   正 禁煙することがやさしいことだったら、私も禁煙したい。しかし、難しい。喫煙する人たちは**ほとんどが**このことを知っている。

【ほとんど→ほとんどを／ほとんどが】

6. 誤 現代の社会では、なぜ「広告」が大切か。もし、我々の生活のまわりに、よく留心すれば、なんか一つのことを見ける。それはなんでしょう。それは今私達の生活には**ほとんど**「広告」というも

のを取り囲んでいるという事である。　　　　　　〈インド〉

　　正　現代の社会では、なぜ「広告」が大切か。もし、我々の生活の周りをよく注意すれば、広告の一つや二つは見つけることができる。それはなぜだろう。それは今の私達の生活は、**ほとんどを／ほとんどが**「広告」というものに取り囲まれているという事である。

【ほとんど→ほとんどの】

7．　誤　**学生たちはほとんど反対だ。**　　　　　　　　〈中国〉
　　正　**ほとんどの学生（たち）は反対だ。**

【ほとんど→全体的に】

8．　誤　江南の川や湖も、夏になると**ほとんど**緑色に変わってきます。〈中国〉
　　正　江南の川や湖も、夏になると**全体的に**緑色に変わってきます。

【ほとんどの→のほとんど】

9．　誤　**ほとんどのたばこを吸う人**はたばこを吸うのが娯楽や休憩として好きです。　　　　　　　　　　　　　　　〈中国〉
　　正　**たばこを吸う人のほとんど**は、たばこを吸うのが娯楽や休憩になるから好きなのです。

位置

10．　誤　またその時代で**ほとんど**知識ある人たちは殺されました。
　　　　　　　　　　　　　　　　　　　　　　　〈カンボジア〉
　　正　また、その時代の知識人たちは**ほとんど**殺されました。

その他

【文末（可能形）】

11．　誤　しかし、今まで、たばこ吸う人々は麻薬ように、ほとんどやめることが**むずかしい**と言います。　　　　　　〈韓国〉
　　正　しかし、昔からたばこは麻薬と同じように、やめることはほとんど**できない**と言います。

【「ほとんど」と「忘れる」】

12．　誤　あの人の名前は**ほとんど忘れました。**　　　　〈中国〉
　　正　あの人の名前は**よく覚えていません。**

> 誤用の解説

> 付加

1では、「いつも」が存在しているので、「ほとんど」は不要となる。

> 誤形成

「ほとんど」は清音「と」と濁音「ど」が近接している。2で学習者は、清音・濁音の聞き分けができなかったか、正しく表記できなかったか、おそらく両方の要因がかかわっていると考えられる。

> 混同

「ほとんど」の誤用は、学習者が使用している「ほとんど」が、文中でどのような意味関係を持つのかが曖昧であることに起因している。3～7は「ほとんど」を副詞として、動詞（7は「名詞＋だ」）を修飾する形で使おうとしているが、意味が漠然としてしまっている。語を補うなどして、「ほとんど」の文の中での役割を明確にする必要がある。3は「ほとんどのところで」とすることで、意味関係が明確になる。4～7では、「ほとんど」が、文の中でどのような役割をしているのかがわかりにくくなっている。4は「（精神的なプレッシャーは）ほとんどは」とすることで、5では「喫煙する人たちはほとんどが」、6は「私達の生活は、ほとんどを／が」、7では「ほとんどの学生（たち）」とすると、文の意味が明確になる。

8も同様で、このままだと、「ほとんどの川や湖」なのか、緑色へと変化していく程度がほとんどなのかがわかりにくい。訂正文では「（川や湖の色が）全体的に」という形に訂正した。9で学習者は「たばこを吸う人のほとんど（は）」と言いたかったのだが、「ほとんどの」を文頭に持って来てしまったために、文意がとりにくくなっている。名詞修飾節（たばこを吸う）の前ではなく、被修飾名詞（人）の後ろに「のほとんど」の形で置いたほうが混乱がないと思われる。

> 位置

10のままでは、「ほとんど知識がある」と解釈される。「殺された」を修飾する形「ほとんど殺された」にするほうがよい。

> その他

11では「ほとんど難しい」は意味が不明瞭なので、述語を「できない」にすることによって、不可能なことを明確に表すことができる。12で、「あの人のことはほとんど忘れた」ならわかるが、「名前をほとんど忘れる」とはどういうことかわかりにくい。覚えている程度が低いことを表す「よく覚えていない」が適している。

指導のポイント

- 「ほとんど」を正確に発音できない、表記できない学習者がいるので注意する。
- 「ほとんど」は肯定にも否定にも用いられる。
    例：ほとんど終わった。
        ほとんど終わっていない。
    肯定の場合と否定の場合を整理して指導する。
- 名詞的用法と副詞的用法の使い分けがわかるように指導する。
    (1) 学生のほとんどが来た。（名詞的用法）
    (2) 学生がほとんど来た。（副詞的用法）
    名詞的用法で助詞を伴う場合は、適切な助詞が使えるようにする。
- 名詞的用法、副詞的用法の使い方とも関連するが、学習者は「ほとんど」を文の中でどのように用いたいのかが明確でない場合が多い。「ほとんど」にどのような役割・意味合いを持たせたいのか、よく考えさせる必要がある。
- 「ほとんど」の文中での位置についても指導しておく。迷う時は述語の前に置くように言っておく。

本当に

➡あの人は**本当に**いい人です。
➡そのニュースを聞いて**本当に**驚いた。

現実に起きたこと、事実であることを表す。また、「本当にすばらしい」のように、程度がはなはだしいことを強調する時にも使われる。

関連項目　実際(に)、本当は、本当のことを言えば、まさに、まったく

誤用例文

付加

1. ★誤　インド人とマレー人の結婚式も特色のあることが多い。この文章で詳細に紹介することは**本当に**できない。　　〈シンガポール〉
    正　インド人とマレー人の結婚式も特色のあることが多い。しかし、

この文章（の中）で詳細に紹介することはできない。

誤形成

2. 誤　もし、いつか私が**ほんどに**医者になって、父と母もきっと喜びがるでしょう。〈マレーシア〉
   正　もし、いつか私が**ほんとうに**医者になったら、父と母もきっと喜んでくれるでしょう。

3. 誤　貿易の面から見ると日本の経営管理は一番と呼ばらければなりません。**ほとうに**心からうらやましいを持っています。〈インド〉
   正　貿易の面から見ると、日本の経営管理は一番と言わなければなりません。**ほんとうに**心からうらやましいと思います。

混同

【ほんとに→ほんとうに】

4. ★誤　午前中毎日家の近くの幼稚園を通った。あるとき、ははが見えないで、涙が流れで、それに大きな声で泣いた。**ほんとに**恥かしかった。〈インド〉
   正　毎日、午前中は家の近くの幼稚園に通った。あるとき、母が見つからないので、涙が出て、大きな声で泣いた。**ほんとうに**恥ずかしかった。

【本当に→本当は】

5. 誤　日本のジョン海山ネプチュンは**ほんとうに**アメリカ人ですが彼は尺八を上手に吹きます。〈アメリカ〉
   正　日本のジョン海山ネプチューンは**本当は**アメリカ人ですが、彼は尺八を上手に吹きます。

【本当に→全く／まるっきり】

6. 誤　日本の文化とインドネシアの文化は**本当に**はんたいです。〈インドネシア〉
   正　日本の文化とインドネシアの文化は、**全く／まるっきり**反対です。

【本当に→実際（に）】

7. ★誤　私は**本当に**ブンバンファイ祭りに出たことがなくても、テレビで見ましたが、その祭りは楽しそうです。〈タイ〉
   正　私は**実際（に）**ブンバンファイ祭りに出たことがなくてテレビで見ただけですが、その祭りは楽しそうです／でした。

【本当に言えば→本当のことを言えば／本当は】

8. 誤 ふるさとから「出て」来た者は**本当に言えば**旅行者でその都市にとっては「よそもの」です。 〈アメリカ〉

   正 ふるさとから「出て」来た者は**本当のことを言えば／本当は**旅行者で、その都市にとっては「よそもの」です。

【本当には→本当は】

9. 誤 ハリラヤは**ほんとうには**一か月の断食の終るのお祭りです。 〈マレーシア〉

   正 ハリラヤは**本当は**一か月の断食が終わったことを祝うお祭りです。

【本当は→本当に】

10. 誤 最近、たばこを吸っている人が多くなる。世界の中で、たばこのことが問題となっている。**本当は**、たばこは人々に悪い影響を与える。 〈韓国〉

    正 最近、たばこを吸っている人が多くなっている。世界中でたばこのことが問題となっている。**本当に**たばこは人々に悪い影響を与える。

位置

11. 誤 それはゆうめいしひろがってあるので**ほんとうに**がいこくじんなら一度おすすめたいたべものです。 〈韓国〉

    正 それは有名だし広まっているので、外国人なら**本当に**一度おすすめしたい食べ物です。

その他

【真に→本当に】

12. 誤 農民は親切に狩り方法を教えてくれました。あの旅は**真に**何ともいえない懐かしいことでした。 〈マレーシア〉

    正 農家の人は親切に刈り取りの方法を教えてくれました。あの旅は**本当に**何とも言えない懐かしい旅でした。

【まさに→本当に】

13. 誤 大手町駅から東京駅までの地下行人道や新宿駅などいつも大勢きたないかっこうの浮浪者がいます。中には年をとった人だけではなくて、若い者もいます。私ははじめて見て**まさに**驚きました。 〈中国〉

[正] 大手町駅から東京駅までの地下道や新宿駅などに、いつも汚いかっこうの浮浪者が大勢います。中には年をとった人だけではなくて、若い者もいます。私ははじめて見たとき、**本当に**驚きました。

誤用の解説

誤形成

2は清音・濁音と長母音が認識できていない誤りである。3では、「ほんとう」の「ん」が認識できていないか、また、正しく表記できていない例である。日本語母語話者の発話でも「ほんとうに」と長音化しないことが極めて多く、そこから混乱が起きているとも考えられる。

混同

5の「ほんとうに」は、アメリカ人であることに間違いないことを強調していることになる。ここでは「本当は」として、「アメリカ人とは思われていないが、真実を打ち明けると」という意味にしたほうが自然な文になると思われる。6は、「本当に」が「反対」という名詞に付いているため不自然になっている。「全く／まるっきり（反対だ）」が自然であろう。

8のような「本当に言えば」という言い方はしない。「本当のことを言えば」か「本当は」となる。9で使われている「ほんとうには」という言い方もあまりしない。学習者は「本当は」と「本当に」を合体させたのかもしれない。「現状はそうではないが、本来は」という意味で「本当は」となる。10は「本当は」を用いているが、たばこの害悪について強く主張しているので、「本当に」が適切である。

位置

位置によって強調されるものが違ってくるので、「本当に」も述語の直前（11では「一度」と「すすめたい」の結び付きが強いので、「一度」の前）に持って来るのがよい。

その他

12, 13の「真に」「まさに」は心からそう思うという、文字通り「本当に」の意味だが、ともにかたく古めかしい言い方なので不適切である。そのほかにも「誠に」を使っている学習者もいた。

|伝達上の誤用| ★

- 1の「本当にできない」はできないと思っている程度が強く、嘘ではなくて本心から思っているという意味になる。「本当に」は主観的な表現なので1のような説明文で用いるのは適切ではない。
- 「ほんとうに」を短く発音した「ほんとに」は専ら話しことばで用いられる。4の文体ではちぐはぐな感じになる。
- 7の「本当に」と「実際（に）」（の言い換え）について考えてみよう。テレビでしか見たことがない祭りについて「本当に出たことがない」と言うと、「今言ったことが嘘ではない、真実である」という意味合いを含む。「実際に出たことがない」は言ったことの真偽を問題にするのではなく、現地まで行って本物の祭りに出たことがないという意味になる。

|指導のポイント|

- 「ほんとうに」を書く時、正確に表記できない学習者が多い。長母音と清音・濁音に気をつけさせる。
- 「本当に」と「本当は」の区別をしっかりさせる。それぞれが使われる状況をきちんと理解させる。「彼女は本当にきれいな人だ。」と「彼女は本当はきれいな人だ。」の意味の違いをつかませるとよい。
- 「本当は」と言いたい時に「本当には」とならないように注意する。通常は「本当には」という言い方はしない。
- 「本当に」と「実際に」を混同する学習者がいる。「本当に見た」は「見たのは嘘ではない」の意味合いを含むが、「実際に見た」は現実の状況の中で目にした（経験した）ことを表す。

ほ

本当に

前(に)

➡寝る**前**に、歯を磨きなさい。
➡仕事の**前**にストレッチ体操をする。

後件（主節）の事柄・行為が、前件より前に起こることを表す。

関連項目 前は、トキ節「うちに・うちは」、助詞「まで」、副詞「ちょっと、少し」主語・主題

誤用例文

誤形成

1. 誤 日本へ**来た**の前、日本語を勉強しませんでした。〈韓国〉
   正 日本へ**来る**前は、日本語を勉強していませんでした。
2. 誤 これを**かたづけて**前に帰りないでください。〈タイ〉
   正 これを**片づける**前に／片づけるまで帰らないでください。

【た前(に)→る前(に)】

3. 誤 高校を**卒業した**前日本語と台湾語しか話せませんでしたが、いま六つの言葉ぺらぺら話せます。〈台湾〉
   正 高校を**卒業する**前は日本語と台湾語しか話せませんでしたが、今は六つの言葉が自由に話せます。
4. 誤 バンクーバーに**行った**前に、年毎の夏によくいっぱい友だちと一緒に泳ぎに行った。〈中国・香港〉
   正 バンクーバーに**行く**前は、毎年夏によく大勢の友達と一緒に泳ぎに行った。
5. 誤 私が失敗したんですが、社長が**知るようになった**前に、問題を直したので、顔をたすけました。〈アメリカ〉
   正 私は失敗したのだが、社長が**知る**前に問題が解決したので、面目を失わずに済んだ。

混同

【前に→前は】

6. 誤 私は先生で、日本に**来る**前に北アルベルタに教えました。〈カナダ〉
   正 私は教師で、日本に**来る**前は北アルバータで教えていました。
7. 誤 日本語を**勉強する**前に、日本のことはよく了解できなかった。〈中国〉

正 日本語を**勉強する前は**、日本のことはよく理解できなかった。

【前→前は】

8. 誤 高校を**卒業した前**日本語と台湾語しか話せませんでしたが、いま六つの言葉ぺらぺら話せます。 〈台湾〉
   正 高校を**卒業する前は**日本語と台湾語しか話せませんでしたが、今は六つの言葉が自由に話せます。
9. 誤 日本**来る前**、日本についてはあまり知らなくて、今たいへんです。 〈タイ〉
   正 日本へ**来る前は**、日本についてあまり知らなかったので、今大変です。

【前→前に】

10. 誤 学校へ**行く前**、この仕事をおわらなければなりません。 〈韓国〉
    正 学校へ**行く前に**、この仕事を終えなければなりません。
11. 誤 6時に**なる前**家に帰らなければ母におこられるかもしれない。 〈中国〉
    正 6時に**なる前に**家に帰らなければ、母に怒られるかもしれない。
12. 誤 それを**使う前**、まず説明書をよく読んでみるほうがいい。 〈中国〉
    正 それを**使う前に**、まず説明書をよく読んでみたほうがいい。
13. 誤 **寝る前**、小説を読む。 〈中国〉
    正 **寝る前に**、小説を読む。

【前→まで】

14. 誤 この電車は急行で乗ったら最後、東京に**つく前**入りることが出来ません。 〈アメリカ〉
    正 この電車は急行なので乗ったら最後、東京に**着くまで**降りることはできません。

【前に→まで／(ない)うちは】

15. 誤 これを**かたづけて前に**帰りないでください。 〈タイ〉
    正 これを**片づけるまで／片づけないうちは**帰らないでください。

【前に→(ない)うちに】

16. ★ 誤 子供が**起きる前に**買物に行ったほうがいい。 〈韓国〉
    正 子供が**起きないうちに**買物に行ったほうがいい。

【(ない)前に→(ない)うちに／前に】

17. ★誤 雨が**降らない前**に帰りましょう。　　　　　　　　　〈中国〉
　　　正 雨が**降らないうちに／降る前**に帰りましょう。

[その他]
【副詞】

18. 　誤 京東に**着いたばかりの前**、友だちの入学試験の結果を発表したそうです。　　　　　　　　　　　　　　　　　　　　　　　　　〈韓国〉
　　　正 東京に**着くちょっと前**に、友達の入学試験の結果が発表されたそうです。

[誤用の解説]

[誤形成]
「前」が名詞であるため、1のように、「の」で接続させてしまう誤用も見られる。「前」は常に動詞の辞書形に接続するが、3～5に見られるように、出来事が過去である場合に、タ形にしてしまいやすい。2はテ形に接続している誤用である。

[混同]
8～13に見られるように、助詞「に」の脱落も目立つ。話しことばでは「前」だけでも可能だが、書きことばでは、「に」または「は」などを付けたほうが文として落ち着く。「前に」の「に」は、場合によって「前は」となるが、6，7のように両者を適切に使い分けられない誤用も多い。
　　前に：ある時の一点までにどんな行為をする／したか、どんな事態が起こる／起こったかを示す。
　　前(に)は：ある時の一点を主題化し、その時より前のことについて話し手の判断を述べたり、対比的に取り上げたりする。「に」は省略が可能。
特に、「前に」に続く後件（主節）が否定になる場合（7～9）は、肯定との対比が表されることになり、「は」が用いられることが多くなる。
14，15のように、その状態がずっとある時点まで続く場合は、「まで」が使われるが、この用法は、学習者には発想されにくいようである。

[その他]
「(～する)ちょっと／少し前」のような言い方では、「ちょっと」や「少し」をどこに置くべきかが、学習者には難しい。18では学習者は苦労して「着いたばかりの前」と表現しているが、「ちょっと／少し前」ができると、自然な日本語になる。

|伝達上の誤用| ★

● **16, 17**のように「前に」と「(ない)うちに」の混同もしばしば起こる。「その時点が来る以前」という意味で両者は非常に近い意味を持つため、混同されやすい。以下の2点に注意が必要である。

①**16**に見られるように、「肯定形+前に」と「否定形+うちに」は、その出来事が起こることに対する評価の面で話し手の心情に差がある。「否定形+うちに」のほうが、「その出来事が起こってしまっては困ったことになるため、その出来事が起こらずにいる望ましい状況の間に」という気持ちで用いられる。そのため、次のような例では、「彼が来る」ことに対する評価が異なり、場合によって相手に誤解を与えることもある。

　　(1)　彼が来る前に、この仕事を終わらせてしまいましょう。
　　(2)　彼が来ないうちに、この仕事を終わらせてしまいましょう。

②**17**に見られるように、「～ない前に」という言い方は、最近、日本語母語話者の間でも時に見られるが、「前に」の本来の意味が「言及されている出来事が<u>起こる</u>以前」であり、「何かが起こらない以前」では意味をなさないため、原則として誤用である。「肯定形+前に」もしくは、「否定形+うちに」(=その出来事が起こらない状態が続いている間に)のどちらかにすべきである。

|指導のポイント|

- 接続の形を正しく理解させる。特に、過去の出来事であっても、「前に」の前では辞書形をとることに注意させる。
- 「(～する)ちょっと／少し前」のように「前」の前に「ちょっと」や「少し」が入る表現も言及しておくとよい。
- 「前」は名詞なので、「に」だけでなく、そのうしろに「は」や「から」などの助詞をつけることができる。助詞との結び付きでどのような文となるか、学習者のレベルに合わせて説明しておく必要がある。

また

➡彼は教師であり、**また**、研究者でもある。
➡金も要らない。**また**、地位も要らない。

「同様に」という意味合いを持ち、同一の話題に関して、前文と後文を並列的、追加的に続けて言う時に使われる。

|関連項目| また（副）、あるいは、しかも、そして、そのうえ、それに、それにしても、むしろ、並列助詞「とか」

|誤用例文|

|脱落|

1. 誤 会社結構を更に変更して健全な会社にするように検討する。例えば、若干の規模の小さい会社を中企業、あるいは大企業に合併した方がいい。Φ会計制度健全のある会社に融資する。〈台湾〉
   正 会社組織をさらに改善して、健全な会社にするように検討する。例えば、規模の小さい会社のいくつかを中企業、あるいは、大企業に合併した方がいい。**また**、財政が健全な会社に融資する。

2. 誤 国家の経済的な面で考えても貯金は大事なことであるが、個人的な面だけを考えてもある程度の貯金は必要なものである。事故や災害のとき、Φ自分の将来のために投資すべきの時に貯金は役に立つ。〈韓国〉
   正 国家の経済的な面から考えても、貯金は大事なことであるが、個人的な面から考えても、ある程度の貯金は必要なものである。事故や災害のとき、**また**、自分の将来のために投資すべき時に貯金は役に立つ。

3. 誤 日本の島は長い間、外の世界とぜつえんしていたから、日本の考え方が世界とじょじょに変わってきた。Φ長い間、日本に外国人がいなかったので、日本人は外国人と考え方がぜんぜん違う。〈ドイツ〉
   正 島国の日本は長い間、外の世界と接触がなかったので、日本人の考え方は世界の人々の考え方と徐々に異なってきてしまった。**また**、長い間、日本に外国人がいなかったので、日本人は外国人とは考え方が全然違っている。

付加

4. 誤 私はタバコを吸わなければいいだと思っているが、**また**喫煙する人々が悪いだと思わない。　　〈韓国〉

　　正 私はタバコを吸わないほうがいいと思っているが、喫煙する人々が悪いとは思わない。

5. 誤 日本の伝統文化を見ると、日本人も正月には家族一緒に過ごしている。**また**、正月にはお餅を食べたり、寺に行って家族の健康などを祈ったりする。　　〈中国〉

　　正 日本の伝統文化を見ると、日本人も正月には家族一緒に過ごしている。正月にはお餅を食べたり、寺に行って家族の健康などを祈ったりする。

誤形成

6. 誤 かぜにかからないようにするためには、自分のうちに、帰えたらいちばんに手をきれいにあらってよく食べてよくやすめばいいと思います。**まだ**、よくねることも、必要だと思います。

　　　　　　　　　　　　　　　　　　　　　　　　〈フィンランド〉

　　正 風邪にかからないようにするためには、自分の家に帰ったら、一番先に手をきれいに洗って、よく食べて、よく休めばいいと思います。**また**、よく寝ることも、必要だと思います。

混同

【また→むしろ】

7. 誤 たばこはどう考えても、もちろん体にいいことはありません。**また**、体に悪いです。もし、少し吸ったら呼吸器に悪いです。〈タイ〉

　　正 たばこはどう考えても、絶対に体にいいことはありません。**むしろ**体に悪いです。もし、少しでも吸ったら呼吸器に悪いです。

その他

【とか→また】

8. 誤 自分の理想を実現**とか**、通産大臣にするために、これから、もっと一生懸命、勉強しようと決心しました。　　〈台湾〉

　　正 自分の理想を実現するため、**また**、通産大臣になるために、これからもっと一生懸命勉強しようと決心しました。

また

655

【そのうち→また】

9.　誤　また、夜更つりに行きました。そして、とれた魚などを煮るとか焼いてから食べました。きわめておいしかったです。**そのうち**、付近にある小さい工場や、農園などを見学しました。〈マレーシア〉

　　正　また、夜、さらに釣りにも行きました。そして、とれた魚などを煮たり焼いたりして食べました。とてもおいしかったです。**また**、付近にある小さい工場や農園などを見学しました。

【それにしても→また】

10.　★誤　私の意見では、男と女はキャリアを持つ同じ権利がある。**それにしても**、子どもがいたら、子どもは、一人ではなくて、せめて両親の一人が居る状態で育つ権利もある。〈ドイツ〉

　　正　私は、男と女は同じようにキャリアを持つ権利があると思う。**また**、子供がいたら、子供には、一人ではなく、せめて父親か母親がいる環境で育てられる権利がある。

【あるいは→また】

11.　誤　時料は六百円で、毎日八時間で、マレーシアのありと譚さんと一緒でした。お客さまのくるまを給油したり、鏡をふいたりしました。**あるいは**会社の当日の帳面を簡単に計算して、銀行に送って、毎日の給油量と現金の支出のただしい資料をコンピュータに入れました。〈台湾〉

　　正　時給は六百円で、毎日八時間働きました。仕事は、マレーシアのアリさんと譚さんと一緒でした。お客様の車に給油したり、鏡をふいたりしました。**また**、会社の当日の帳簿を簡単に計算して、銀行に送って、毎日の給油量と現金の支出の正しい資料をコンピュータに入れたりしました。

誤用の解説

脱落

　脱落の誤用が非常に多く、1～3のように「また」を使うべき箇所で使えていない場合が多い。後文を並列的に追加する場合の、接続詞の必要性がよくわかっていないと思われる。

付加

　4は、「～が」を用いて、前文と後文で逆接的なことを言っているので、並列的、追加的に述べる「また」は不要である。**5**で、前文では「家族と一緒の正月」を、後文では「正月の過ごし方」について書いている。学習者は、正月について複数の事柄を並列的に述べたため、「また」を使ったのだと思われるが、前文「家族と一緒の正月」から後文「正月の過ごし方」への流れは自然であり、「また」を使う必要はない。

誤形成

　「また」と「まだ」は両者の語形が似ているため、学習者は混同しやすい。特に、有声音と無声音の対立を持たない中国語話者や韓国語話者では、語中の清音（無声音）を濁音（有声音）と間違えやすい。これは、日本語の無声音が語頭では有気音で発音され、無気音の有声音と比較的区別しやすいのに対し（そのため、無気音を有声音、有気音を無声音とみなす学習者がこれらの言語の話者には多い）、語中では無声音も無気音で発音され、有声音との区別がつかなくなってしまうためである。**6**と同じ誤りは数例見られた。

混同

　他の語を使うべきなのに「また」を使ってしまう誤用は比較的少なく、「その他」に見られるように、「また」を使うべきなのに他の語を使ってしまう誤用が非常に多い。これは「また」の使い方がわからず、また、使わずに済ませる非用が多いということである。そうした非用の要因は、一つには授業で十分に教えられていないということ、また、「また」が習得に時間がかかる接続詞の一つだということである。「また」の用法についてポイントを示すと、以下のとおりとなる。

　　① 同じ主題について別の方向から述べる。
　　② 「さらに」「そのうえ」のように、後文で程度が増すことはない。
　　③ 前文と後文が対等（並列）の関係にある。

このうち、学習者がきちんとつかめていないポイントは①である。前文に後文を追加的に続ける用法ということで、「さらに」「そのうえ」「しかも」のような添加の接続詞を使ってしまう傾向がある。

　　(1) 彼は富豪であり、さらに、名門の出だ。
　　(2) 彼は教師であり、また、研究者だ。

(1)と(2)は、「前文（名詞文）、接続詞、後文（名詞文）」の形をとり、形式的には差が見えない。しかし、意味的には、(1)は性質の事柄が重なって程度が増すのに対し、(2)は前文と後文の関係は並立的で、「と同時に」という意味合いを示すに過ぎない。(1)も(2)も、中国語では累加や並列の意味を持つ「又」で表すため、特に中

国語話者にとっては両者の区別がつきにくいと思われる。

7では、前文の「体にいいことはない」を言い換えて、より程度の高い「悪い」を後文に持ってきている。二つのものを比較して、ある事柄よりもう一方の程度がより高いことを表すのは「また」ではなく、「むしろ」である。

その他

8は、列挙の意味で「とか」を使ったようだが、口語の「とか」はこの文章の文体に合っていない。また、学習者の勉学の目的について二つの方向（「理想を実現する」「通産大臣になる」）から述べているので、「また」がふさわしい。9では、「夜釣り」をして、その後「工場や農園の見学」をしたので、学習者は時間の流れを表す「そのうち」を用いたのかもしれない。しかし、この二つの出来事は並列関係にあるので、「また」が適当である。11は、「また」を「あるいは」とした誤用である。「あるいは」は二者選択を表す。11はアルバイトの話で、アルバイトの内容を列挙しているので、二者選択ではない。学習者は「あるいは」を並列や列挙にも使えると考えたのかもしれない。

伝達上の誤用 ★

● 10で「それにしても」を使っているが、英語の even so に当たるものを言おうとしたと思われる。日本語では「そうであっても」「そうであったとしても」という逆接表現になる。10は「男女は平等にキャリアを持つ権利がある」「子供には親のいる環境で育てられる権利がある」という、「キャリア」と「子育て」のことが並列的に述べられているので、並列・追加を表す「また」がふさわしいと考えられる。

指導のポイント

● 学習者は「また」と「まだ」を混同しがちなので、音の面でも、また、表記の面でも違いに注意させる必要がある。
● 「また」は用法は広いが、「また」で結ぶことができる対象は、同じ主題についての事柄である。導入段階でこのような点についても触れておきたい。
　　例：洋子さんはキャリアウーマンである。また、（洋子さんは）一児の母親でもある。
● 「また」は学習者がきちんと使えない接続詞の一つである。誤用例でも脱落（使わないで済まそうとする非用）が多いことがそれを示している。「また」が使えるとより自然な日本語になるので、「また」の指導に時間をかけ、身に付けさせたい。

- 学習者は、長文になると、「また」がさらに使えなくなる。指導の際には、長文を提示し、文章の展開を分析し、流れを追わせながら、同じ主題を別の角度から述べるという、「また」の使用に習熟させる必要がある。
- 「さらに」「そのうえ」「しかも」との混同が多いので、学習者のレベルに合わせ、相違点に注意させるとよい。

まだ

➡日本語が**まだ**上手に話せない。
➡彼は**まだ**寝ている。

話し手の予想、または予期する段階にまで至らないという判断を示す。否定表現に結び付く場合と、肯定表現に結び付く場合がある。

関連項目　ずっと、また（副）、もう、もっと、さらに、**否定形**、ている・ていない

誤用例文

脱落

1. 誤　私は中野区新井のところに住んでいます。最近引っ越したばかりですから、おもしろい所がどうかΦわかりません。〈中国〉
   正　私は中野区新井という所に住んでいます。最近引っ越したばかりですから、おもしろい所かどうか**まだ**わかりません。

誤形成

2. 誤　週末の予定、**また**はっきりきまっていない。〈中国〉
   正　週末の予定は、**まだ**はっきり決まっていない。
3. 誤　寒くなってきたとはいえ、**また**昼はあついときもある。〈韓国〉
   正　寒くなってきたとはいえ、**まだ**昼は暑いときもある。

混同

【まだ→ずっと】

4. 誤　夏で、暑いために、夜には、三時ごろ、ねましたので、朝は、十二まで、**まだ**、ねました。〈マレーシア〉

正 夏は暑いので、夜は三時ごろ寝て、朝は十二時まで、**ずっと**寝ていました。

【まだ→今はまだ】

5. 誤 将来日本語が生かせる仕事をしたいです。たぶん貿易会社とかに入ります。**まだ**そのことについて考えています。　〈アメリカ〉
   正 将来日本語が生かせる仕事がしたいです。たぶん貿易会社に入ると思います。でも、**今はまだ**そのことについて考えているところです。

【まだ→もっと】

6. ★誤 必要なことは備え付いた。**まだ**ほかのものがいりますか。〈中国〉
   正 必要なものは備え付けました。**もっと**ほかのものが要りますか。

【まだ→さらに】

7. 誤 私の中学のとき、父からの影響がありました。針灸の趣味がだんだん大きくなりました。その時、自分で針灸を勉強して、**まだ**少年センターでも勉強しました。　〈フィンランド〉
   正 私は中学のとき、父から影響を受けました。針灸に対する興味がだんだん大きくなりました。それで、自分で針灸を勉強し、**さらに**少年センターでも勉強しました。

【まだ→また】

8. 誤 しんちゃんは**まだ**ねしょした。　〈アメリカ〉
   正 しんちゃんは**また**おねしょした。

9. 誤 かぜにかからないようにするためには、自分のうちに、帰えたらいちばんに手をきれいにあらってよく食べてよくやすめばいいと思います。**まだ**、よくねることも、必要だと思います。
   〈フィンランド〉
   正 風邪にかからないようにするためには、自分の家に帰ったら、一番先に手をきれいに洗って、よく食べて、よく休めばいいと思います。**また**、よく寝ることも、必要だと思います。

【まだ＋肯定→まだ＋否定】

10. A：帰りますか。
    誤 B：**まだ帰ります**。　〈中国〉
    正 B：**まだ帰りません**。

その他

【テンス・アスペクト】

11. 　　　A：こばんを食べましたか。
    ★誤　B：いいえ、まだ**食べませんでした**。　　　　　　〈タイ〉
    　　　A：ごはんを食べましたか。
    　正　B：いいえ、まだ**食べていません**。

12. ★誤　私はまだ**見ません**がその映画はとてもおもしろいそうです。
    　　　　　　　　　　　　　　　　　　　　　　　　　〈アメリカ〉
    　正　私はまだ**見ていません**が、その映画はとてもおもしろいそうです。

13. 　誤　学校まで50分くらいかかります。最近は朝寝坊をして遅刻する日が増えました。まだ**残った**期間がんばろうと思います。　〈韓国〉
    　正　学校まで50分くらいかかります。最近は、朝寝坊をして遅刻する日が増えました。まだ**残っている**期間、がんばろうと思います。

誤用の解説

脱落

　1は、「引っ越したばかりだから」という理由付けに呼応する形で、「まだ＋否定」にしたほうが文の意味がはっきりする。

誤形成

　誤形成は多く見られたが、2, 3を含めすべて、濁音と清音の聞き分けができないために、あるいは、別語であるということがよく理解されていないために起こっていると考えられる。

混同

　4の「まだ」は、期待されている時点を過ぎても、完了せずに継続している状態を表す。したがって、時間の限度を表す「12時まで」とは相容れない。5も「考えている」という継続を表している。「ずっと」でもよいが、ここでは「まだ」を生かし、「今はまだ」と訂正した。7は、「独学での勉強」と「少年センターでの勉強」を並列的にとらえて、接続詞「また」のつもりで「まだ」を使ったとも考えられる。一方で、「期待する段階には至らない」と考え「まだ」を用いたのであれば、「さらに」との混同とも考えられる。訂正文では「同じ種類・性質の事柄が重なって程度が増す」ことを表す「さらに」を採用した。

　8, 9は「まだ」と「また」の混同として分類したが、意味的な混同ではなく、単なる清音・濁音という発音上の混同とも考えられる。8の「まだおねしょした」

は、「過去のある時点でもおねしょしていた」になるが、学習者は「繰りかえしおねしょした」を表す「またおねしょした」と言いたかったと思われる。9では、学習者は前文で述べたことに付け加える形で、「よく寝ることも必要」と言っているので、接続詞「また」を使いたかったと考えられる。

学習者は、日本語学習の初期のころには、「まだ」に否定の意味が含まれていると思うのか、それとも、文末を否定にするのを忘れるのか、10のように、否定にすべきところをできないでいる学習者がときどき見られる。

その他

11〜13は「ている」に関係する誤用である。13は、「残った期間、がんばってください」のような使われ方もあるので、誤りとは言えないかもしれない。しかし、話し手自身がその期間を「まだ終わっていない、完了していない期間」としてとらえる意識が強いので、「残っている」としたほうが自然である。

伝達上の誤用 ★

● 「まだ」は、話し手が「未だ達していない」(例：私は日本語がまだ下手です。)と判断するものだが、それは他の人から見れば「もう達している(この例では「日本語はもう上手だ」)」と判断されることかもしれない。その意味で「まだ」も「もう」も、話し手の気持ちが含まれる副詞である。

● 6では、学習者の「まだほかのものが要るか」という質問文を「もっとほかのものが要るか」と訂正した。学習者の文も誤りではないが、「まだ」は今までにすでにいくつかのものが補充されていて、「まだ、なお、必要なものがあるか」の意味合いが入る。一方、「もっと」は、ほかに必要なものがあるかどうかを単純に尋ねているだけである。ここで「まだ」を強調すると、いぶかりや不審、とがめの気持ちが入る可能性が出てくる。

● 11において、「(もう)食べましたか。」と聞かれて、「まだ食べません。」と答える学習者も多い。「まだ食べません」は話し手の意志を表すので、食べたことが完了(実現)していない意味を表すためには、「食べていない／食べていません」と「ている」を用いる必要がある。「まだ食べない／食べません。」のように言い切りの形で用いられると、「そのつもりはない」という、時に強い意志の表明になってしまうことがある。12は、「見ていません」と「ている」を用いたほうが自然であるが、意志を表す「見ません」でも可能である。12では「見ません」が「〜が」という従属節の中で用いられているので、11のような強い意志の表明の意味合いは薄れている。

> **指導のポイント**
>
> - 「まだ」と「また」の混同に気をつける。音が似ているので、発音や表記の際も注意が必要である。
> - 「まだ」は、初級段階では否定の場合（「下手だ」など否定的な意味を持つ表現も含む）（例：まだわからない）と、肯定の場合（例：まだ寝ている）に分けて指導したほうが、学習者にはわかりやすい。
> - 否定で用いられる時、「まだ」の中に否定の意味合いが含まれていると勘違いする学習者がいる。「まだ～ない」と言えるように十分練習する。
> - 「まだ」を still と理解し、「ずっと」と混同する学習者がいる。「まだ寝ている」と「ずっと寝ている」では意味が異なる。「まだ」は「期待されている時点を過ぎても完了しない」という話し手の気持ちを表し、「ずっと」はその状態が長く継続していることを表す。
> - 「まだ～（し）ない」と「まだ～（し）ていない」の違いをつかませる。「まだ～（し）ない／（し）ません」は話し手の意志を表し、事態、動作が完了（実現）していないことを表す時は、「～（し）ていない／（し）ていません」を使うように指導する。

または

➡この商品か、**または**、1,000円の商品券を差し上げます。

二者選択を表す。「A、または、B」のAＢは、形の上でも意味の上でも、対比的、並列的になる。

関連項目　また（接）（副）、さらに、そして、並列助詞「と、とか、や、か」

誤用例文

混同

【または→か】

1. 誤　あした**または**しあさってきてください。〈韓国〉
   正　あした**か**、しあさってに来てください。

2. 誤 都合がよければ土曜日**または**日曜日に友達の家へ遊びに行きたい。　　〈中国〉
   正 都合がよければ、土曜日**か**、日曜日に友達の家へ遊びに行きたい。

【または→と／そして】
3. 誤 これは今度の応募用紙ですが、空らんにお名前、**または**国籍をご記入して下さい。　　〈中国〉
   正 これは今度の応募用紙ですが、空欄にお名前**と／そして**国籍をご記入ください。

【または→とか／や】
4. 誤 アメリカ、**または**カナダという国は北米の国である。　〈ベトナム〉
   正 アメリカ**とか／や**カナダという国は北米の国である。
5. 誤 山のぼりに行くために必要なものは登山靴、**または**地図である。　　〈韓国〉
   正 山登りに行くために必要なものは、登山靴**とか／や**地図である。

【または→また】
6. 誤 はじめて福岡にきたときは先生の授業が理解できなかった。**または**日本の生活になれなかって、とても困った。　〈中国〉
   正 はじめて福岡に来たときは、先生の授業が理解できなかった。**また**、日本の生活に慣れなくて、とても困った。
7. 誤 我々は21世紀に向うのはどういうじゅんびをしているでしょうか。**または**、国や人間の生活のために、どうになるかと考えてほしい。　　〈マレーシア〉
   正 我々は21世紀に向けて、どのような準備をすべきでしょうか。**また**、国や人間の生活のために、どうすべきかを考えてほしいと思います。
8. 誤 次に、割り勘についてである。日本では割り勘が一般的であるのに対し、中国では代表者が一人で払う場合が多い。**または**、食事の方法である。日本では一人一人が小皿でおかずを取って食べる。　　〈中国〉
   正 次に、割り勘についてである。日本では割り勘が一般的であるのに対し、中国では代表者が一人で払う場合が多い。**また**、食事の方法が異なる。日本では一人一人が小皿におかずを取って食べる。

9. 誤 今年彼女は運が悪いです。先日交通事故にあいました。今月**または**ケガをしました。 〈中国〉
   正 今年彼女は運が悪いです。先日交通事故に遭って、今月**また**けがをしました。

【または→さらに】

10. 誤 次はカリブ海におけるヴードゥーの例について考察したい。**または**アフリカ南部になるワシ治療について考察する。〈オーストラリア〉
    正 次は、カリブ海におけるヴードゥーの例について考察したい。**さらに**、アフリカ南部にあるワシ治療について考察する。

■ その他

【「または」でのつなぎ方】

11. 誤 彼らは**歩いてまたは自転車で**天神へ行った。 〈韓国〉
    正 彼らは**歩くか、または、自転車に乗るかして**天神へ行った。

12. 誤 きょうパーティーへ行くのは**バスまたは地下鉄で行くか**どかまよっていたのでおくれてしまった。 〈インドネシア〉
    正 きょうパーティーへ行くのに、**バスで行くか、または、地下鉄で行くか**迷っていたので、遅れてしまった。

13. ★ 誤 ことしの冬には**はこね旅行にいきたい。またはほっかいどにスキーにいきたい**。 〈韓国〉
    正 今年の冬には**箱根旅行か、または、北海道にスキーに行きたい**。

14. 誤 びょう気のげんいんは多分、昨日の夜がひじょうに寒かったからです。**または、えいようが足りないかもしれません**。 〈カナダ〉
    正 病気の原因はたぶん昨日の夜が非常に寒かったからです。**または、栄養が足りないからかもしれません**。

| 誤用の解説 |

| 混同 |

1、2は誤用とは言えないが、「または」が文章語的なかたさのある表現であるため、会話文では「か」を使ったほうがよい。3～5は「と/そして」「とか/や」との混同である。これらは同じような種類のものを並べ立てる並列、列挙の働きを持つ。「と/そして」はすべてを網羅的に列挙し、「とか/や」は選択的に列挙する。3は名前も国籍も書くので、網羅的(すべて)列挙の「と/そして」を、

一方、4, 5は選択的に列挙しているので、「とか／や」を使うとよい。

6〜8は、「また」を「または」と書いた誤用である。「または」と「また」は両者の語形が似ているため、混同したと考えられる。9は「もう一度」「再び」の意味の副詞「また」との混同である。10では一つの考察のあともう一つの考察が加わるという、考察が発展していくという意味で累加の「さらに」が適切だと考えられる。

その他

11〜13は「または」のつなぎ方に問題がある。「A、または、B」には、「語、または、語」、「句、または、句」、「文、または、文」の形があるが、AとBを「または」でどうつなぐかが学習者にはわかりにくいと言える。14もつなぎ方の問題であるが、前文では病気の原因・理由を表すのに「〜から」を使っていて、後文では使っていない。後文に理由の「〜から」がないと、「または」の対立的関係がくずれ文全体がアンバランスになる。

伝達上の誤用 ★

●13は学習者の作文のままでも意味理解に支障はない。しかし、前文と後文に2回も「行きたい」が来ることで、冗長な感じを与える。実際の会話では、話し手は考えながら話すので、このような言い方もよくされるが、文章の中では適切ではない。

指導のポイント

- 学習者は接続詞の「または」と「また」を混同しがちである。「または」は選択を、「また」は並列・追加を表す。音も表記も似ているので注意させる。
- 「A、または、B」は二者選択を表し、基本的には「AかB（か）」に置き換えられる。学習者は「A、または、B」を「Aと／や／とか／そしてB」などととらえがちなので、注意が必要である。
- 「A、または、B」でAとBに来る語や句、文を「または」でどうつなぐかが、学習者にはわからないようである。AとBに来るのは、対比的、または、並列的な表現であることを丁寧に指導する必要がある。
- 「文」の二者選択で、「または」を使って正しく表せない学習者が多い。「自転車で行くか、または、歩くか」のように、「文＋か、または、文＋か」もきちんと教えておきたい。

まで

➡毎日9時から5時**まで**働く。
➡この魚は骨**まで**食べられる。

「まで」は「学校まで自転車で行く」のように目的地や時間の限度を示す格助詞と、「あなたまでそんなことを言うの」のような「普通では考えられない程度に及ぶ」という意味を表す取り立て助詞がある。ここでは、前者を「まで(a)」、後者を「まで(b)」として扱う。「まで(a)」「まで(b)」は連続していて区別が付かない場合も多い。

|関連項目|
　まで(a)：に、までに・までには、でも
　まで(b)：ほど、さえ、にまで

|まで(a)|

|誤用例文|

|混同|

【まで→でも】
1. ★誤　周恩来は今**まで**中国人に尊敬され「人民の総理」、「人民の公僕」と呼ばれている。　　　　　　　　　　　　　　〈中国〉
　　正　周恩来は今**でも**中国人に尊敬され「人民の総理」、「人民の公僕」と呼ばれている。

【まで→までに】
2. 誤　来週**まで**代策を準備しておいてほしい。　〈オーストラリア〉
　　正　来週**までに**代わりの対策を準備しておいてほしい。
3. 誤　ロボットじゃあるまいし、明日**まで**題出するのは無理だ。〈韓国〉
　　正　ロボットじゃあるまいし、明日**までに**提出するのは無理だ。
4. 誤　徹夜して企画書を作ったところで、明日**まで**終わるのはできないだろう。　　　　　　　　　　　　　　　　〈中国・香港〉
　　正　徹夜して企画書を作ったところで、明日**までに**終えることはできないだろう。

【まで→までには】
5. 誤　うちでたくさん宿題をして、漢字の練習をしているので六月**まで**日本語が上手なってくると思う。　　　　　　　　〈ドイツ〉

正　家でたくさん宿題をして、漢字の練習をしているので、六月**までには**日本語が上手になっていると思う。

【までに→に】
6.　誤　二日酔いのせいで集中できなく、2時**までに**やっと終わった。
　　　　　　　　　　　　　　　　　　　　　　　　　　　〈アメリカ〉
　　　正　二日酔いのせいで集中できなくて、2時**に**やっと終わった。

【までに→まで】
7.　誤　何時**までに**このテストは続くのかな。　　　〈韓国〉
　　　正　何時**まで**このテストは続くのかな。

【までも→でも】
8.　誤　それらのメリットが韓国人が今**までも**金属箸を使用している理由であろう。　　　　　　　　　　　　　　　　〈韓国〉
　　　正　それらのメリットがあるから、韓国人は今**でも**金属箸を使用しているのであろう。

【までかけて→まで】
9.　誤　まず地理的に話すと、フランスは土地が広く、南端から北端**までかけて**三千メートル程度もある。　　　〈フランス〉
　　　正　まず地理的に言うと、フランスは土地が広く、南端から北端**まで**約三千キロメートルもある。

誤用の解説

混同

「まで」と「までに」の混同が多い。各々がどんな動詞と結び付いて、どんな内容の「時」（継続動作の期間や締め切り、など）を表現するのか、正確に理解できていないために生じる誤用が見られた。

「まで」は継続する状態や動作を表す動詞と結び付き、期間を区切るために使用される。しかし、2〜5で用いられている動詞「準備しておく」「提出する」「終わる」「なる」は継続や状態を表していない。このような動詞について締め切りを提示する場合は「までに」が適切である。

「までに」は、動作主が意図的に動作を完了させる場合の期限・締め切りを提示する（例：5時までに終わりたい。明日までに提出しなさい。）が、**6**には意図的に完了させるという内容がないため、「までに」とは結び付かない。**7**の「続く」は継続する動作であるため「〜から〜まで」となり、「までに」とは結び付かない。

8で学習者は「今まで」金属箸を使ってきて、「今（現在）も」と言うつもりで「今までも」としたのであろう。しかし、「今までも」は過去の時点のことを表すので、不適切となる。9では空間的、時間的な幅を表す「まで」と「にかけて」を同時に用いている。両者の違いは「まで」が2点間を厳密に、「にかけて」がやや大雑把に表す点にあるが、両方同時に使用することはできない。

伝達上の誤用 ★

● 1は文法的に誤りとは言い難いが、「今まで」と期限を区切り、そこで動作を終了させてしまうため違和感を覚える。周恩来総理への人々の尊敬の念は「今」も含めて未来に続くという形の「今でも」で表現したほうが、現実世界に合っていると思われる。

指導のポイント

● 時の表現に関しては、圧倒的に「まで」と「までに」の混同が多い。「まで」は「継続」動作や「状態」を述べる動詞と結び付き、「までに」は「終了」を表す動詞と結び付きやすい。学習者が「継続」と「終了」の概念をつかめない時は、それぞれの動詞を示すとよい。

① 「継続」動作や「状態」を述べる動詞・表現（「まで」をとることが多い。）
　　いる、続ける、続く、滞在する、待つ、勉強する、雨が降る、開いている、やっている、など
　　例：2時｛○まで／×までに｝会議を続ける。

② 「終了」を述べる動詞（「までに」をとる。）
　　終わる、終える、出す、提出する、仕上げる、書き上げる、返す、返事する、行く、来る、帰る、など
　　例：この仕事は来週｛×まで／○までに｝終わる。

まで(b)

誤用例文

脱落

1. ★誤　このごろの若い娘ときたら、電車の中でも大声で話す一方で、えんりょなくけしょう❶している。　　　　　　　　〈ベトナム〉

正 このごろの若い娘ときたら、電車の中でも大声で話すし、遠慮なく化粧**まで**している。

混同

【まで→にまで】

2． 誤 (「よい子」が社会の壁にぶつかったとき、)その怒りに耐えず突発的に親に対して噴出することが、親殺しということ**まで**至るのではないでしょうか。　　　　　　　　　　　〈韓国〉

正 その怒りに耐えられずに突発的に親に対して感情を爆発させることが、親殺しということ**にまで**至るのではないでしょうか。

【まで→ほど】

3． ★誤 寒くなってきたとはいえ、まだその服**まで**は着なくてもいいと思うよ。　　　　　　　　　　　　　　　　　　　　　　〈アメリカ〉

正 寒くなってきたとはいえ、まだその服を着る**ほど**ではないと思うよ。

4． ★誤 寒くなってきたとはいえ、まだ雪が降る**まで**の寒さにならない。　　　　　　　　　　　　　　　　　　　　　　　　　　　　〈中国〉

正 寒くなってきたとはいえ、まだ雪が降る**ほど**の寒さにならない。

【まで→さえ】

5． ★誤 旅行に行っていたので、そのニュース**まで**知らなかった。〈アメリカ〉

正 旅行に行っていたので、そのニュース**さえ**知らなかった。

【までに→まで】

6． 誤 仲間がよくないって言ってたけど、喧嘩**までに**行ってなんて信じられない。　　　　　　　　　　　　　　　　　　　　　　　〈？〉

正 仲がよくないって言ってたけど、喧嘩**まで**しているなんて信じられない。

位置

7． 誤 失恋したからといって、自殺する**まで**の人がいないでしょう。〈韓国〉

正 失恋したからといって、自殺**まで**する人はいないでしょう。

その他

【さえ→まで】

8． ★誤 彼は魚が好きで、骨**さえ**食べてしまった。　　　　　〈フランス〉

正 彼は魚が好きで、骨**まで**食べてしまった。

【ながらも→ているときまで】

9. 誤 このごろの若い娘ときたら、**歩きながらも**タバコを吸う。〈タイ〉
   正 このごろの若い娘ときたら、**歩いているときまで**タバコを吸う。

誤用の解説

混同
2の「至る」は助詞「に」と結び付くが、そこに「まで」が付いて「〜にまで＋至る」となると、「普通では考えられない程度に及ぶ」の意味になる。取り立て助詞「まで」は格助詞の後ろに接続するので、「に／へ／で／と／から＋まで」となる。6も「喧嘩までに」としているが、「までに」は締め切りを提示するものであり、「普通では考えられない程度に及ぶ」という意味がない。

位置
7「名詞＋する」に「まで」を接続させる時は「名詞（自殺／離婚／人殺し）＋まで＋する」として、名詞の部分を取り立てるのが普通である。

その他
9では、座っている時はもちろん、「歩きながら」という状況においてもタバコを吸うと表現しようとして、「歩きながら＋も」としたのだろう。しかし「〜ながらも」の形は、逆接展開の意味（例：20キロの距離を歩きながらも、疲れを見せなかった。）で専ら使用されると思われる。9は逆接の展開ではないため、非常に違和感が強い。

伝達上の誤用 ★

● 1の「遠慮なく化粧している」は文法的には誤りとは言えない。ただ、この述べ方には「化粧」をしていることに驚く気持ちが表現されていない。実際は、「若い娘ときたら」と述べて、「化粧」は許容範囲を超えているものとして提示しているように読める。したがって、そのような話し手の評価を込めて「化粧まで」とするほうが文脈に合っている。

● 3，4は誤りではない。学習者は3，4で「寒いことは寒いが、それほどではない」と言いたくて、3「その服を着ること」、4「雪が降ること」を例として出している。しかし、3，4とも単に寒さの程度を表すなら「ほど」が適切である。「まで」を使用する状況としては、3では防寒服を着ようとしている相手に向かって「そこまではしなくてよい」、4では、雪が降ったらどうしようと思っている相手に、「そこまでは行かない」と言っている場面などが考えられよう。「まで」を

用いることで強調的なニュアンスを加えることができると言える。ただし、次のように、「～ほど～ない」が常に「～まで～ない」に置き換えられるとは限らないので、注意が必要である。

 (1) 恵んでもらうほど貧乏していない。

 (2)？恵んでもらうまで貧乏していない。

● 5の「そのニュースまで知らなかった」も文法的に誤りとは言えないが、違和感が残る例である。「旅行に行っていたので、ささいなニュースから重大なニュースまで（何も）知らなかった」では「まで」も可能になる。「まで」はその行為・事態を積極的に積み重ねていく時に使われる。（肯定的にとらえるので、「まで」は肯定文で用いられることが多い。）一方「さえ」は、消極的、否定的に「旅行に行っていたので何も知らなかった。その重大なニュースさえ知らなかった」となる。5では「旅行に行っていたこと」が理由になっているので、常識的には「何も知らなかった。その重大なニュースさえ知らなかった」に結び付くほうが自然と思われる。

● 8は5と同じく「まで」と「さえ」の混同である。「骨さえ食べてしまった」が、どちらかというと消極的、否定的な気持ちを表すのに対し、「まで」はその行為・事態（ここでは「食べる」）を積極的に積み重ねて、骨に達することを表している。8は文法的には誤りではないが、「魚が好きで」とあるので、積極的な気持ちを表す「まで」がより適切であろう。

指導のポイント

● 極端な例を挙げる表現に関しては、次の2点に注意が必要である。

① 文法的には「まで」を使用しなくても問題ないが、ひどく呆れるなど、許容範囲を超えるものとして提示したい場合は、「まで」を使用したほうが適切な場合がある。（例：近ごろの娘ときたら、電車の中でまで化粧している。）

② 「さえ」と「まで」は意味用法がよく似ているが、基本的な違いは、「まで」が積極的、肯定的に行為・事態をとらえる表現であるのに対し、「さえ」は消極的、否定的にとらえる表現であるという点である。「～さえ＋動詞否定形」「～まで＋動詞肯定形」のように結び付くことが多い。

まるで

➡ **まるで**双子みたいだ。
➡ **まるで**私が犯人のような言い方ですね。

ある状態を他の例にたとえて、二つのものがよく似ていることを表す。「まるで〜ようだ／みたいだ」の形で使われることが多い。話しことばで用いられる。

関連項目　いわば、例えば、ようだ、みたいだ、とても、似ている

誤用例文

付加

1. 誤　彼は**まるで**馬のような顔をしている。　　　　　　　　〈タイ〉
   正　彼は馬のような顔をしている。

誤形成

2. 誤　日本海の海岸のある部分は**まるて**ノルウェーの気色のようだと思う。　　　　　　　　　　　　　　　　　　　　　　　　〈アメリカ〉
   正　日本海の海岸のある部分は**まるで**ノルウェーの景色のようだ。

混同

【まるで→とても】

3. ★誤　日本海の海岸のある部分は**まるて**ノルウェーの気色のようだと思う。　　　　　　　　　　　　　　　　　　　　　　　〈アメリカ〉
   正　日本海の海岸のある部分は**とても**ノルウェーの景色に似ていると思う。

【まるで→例えば】

4. 誤　タバコは**まるで**コーヒーのようにひとつの嗜好品である。しかしタバコは自分のみならず他人にまで悪影響を与えるから、単純な嗜好品といわれない。　　　　　　　　　　　　　　　　　　　〈韓国〉
   正　タバコは、**例えば**コーヒーと同じく嗜好品の一つである。しかし、タバコは自分のみならず、他人にまで悪影響を与えるから、単純に嗜好品とはいえない。

その他

【いわば→まるで】

5. 誤　あの子は**いわば**うさぎのようにとびまわっている。〈インドネシア〉
   正　あの子は**まるで**うさぎのように跳び回っている。

【まるで～と同じよう→～とそっくりだ／似ている】

6. 誤 「だけ」の使い方と意味は**まるで**「まで」と同じのようね。〈アメリカ〉
   正 「だけ」の使い方と意味は、「まで」**とそっくりです／似ています**ね。

【テンス・アスペクト】

7. 誤 大変派手なスーツを着ている。これであとロースロイーズの車を乗りでもすればまるで社長に**なる**ようです。〈タイ〉
   正 大変派手なスーツを着ている。これであとロールスロイスに乗りでもすれば、まるで社長に**なった**ようです。

【「と思う」の付加】

8. 誤 日本海の海岸のある部分はまるてノルウェーの気色のようだ**と思う**。〈アメリカ〉
   正 日本海の海岸のある部分は、まるでノルウェーの景色のようだ。

【比喩するものの欠落】

9. 誤 彼女は**まるで**流暢に日本語を話す。〈タイ〉
   正 彼女は**まるで日本人のように**流暢に日本語を話す。

10. ★誤 あの大人しくて頭のいい子供は**まるで**大人のようですね。〈アメリカ〉
    正 あの大人しくて頭のいい子供は、**やることがまるで**大人のようですね。

【比喩表現の仕方】

11. ★誤 彼女はまるで**生き字引**だ。〈タイ〉
    正 彼女はまるで**生き字引のようだ**。

誤用の解説

付加

「まるで」は何かにそっくりであることを表すが、そこに話し手の評価が含まれることが多い。「まるで夢のようだ」はプラスの評価であり、そのすばらしさを表す。一方、「まるで地獄のようだ」はマイナスの評価としてその程度のひどさを表す。1はそうした評価は含まず、単に馬に似ていることを言いたいだけであるので、「まるで」は不要になる。

誤形成

2は日本人の話す「まるで」を「まるて」と聞きとっているか、表記する時に

「で」とできなかった誤りである。

混同

3は2と同文であるが、ここでは混同の誤用として取り上げた。3はたとえるというより、似ている度合いを言いたいので「とても」が適している。4はたばこをコーヒーにたとえているのではなく、ともに嗜好品の例としているので「まるで」は使えない。

その他

「まるで」が姿形や性質、状況がそっくりであるものにたとえるのに対し、「いわば」はずばりこれだという典型的なものへの言い換えを表す。5では、子どもの飛び回り方を「うさぎ」の動きにたとえているので「まるで」がふさわしい。6の「まるで～と同じようだ」は文法的には正しい言い方である。しかし、6は、「だけ」と「まで」の類似性を問題にしているだけで、話し手の評価に重点を置いているのではないので、「まるで」は不適当である。

「まるで～のようだ」を動詞「なる」を使って表すと、「なる」は「なった」になって、「まるで～になったようだ」となる。7の学習者はそのことを知らなかったようだ。8は2、3と同文で、「ようだ」の後ろに「と思う」が来ているが、「ようだ」に「と思う」は付かない。（話し手自身の思考内容を婉曲に示す表現として、「～ように思う」という言い方は別に存在する。）9、10は何と似ているのか、どこが似ているのかが示されていないので、「まるで」を使って言いたかったことが曖昧になっている。9では何と比べているのか、10では子供のどの部分が大人のようなのかについてことばを補う必要がある。

伝達上の誤用 ★

●「まるで」はしばしば話し手の評価が含まれるため、かなり冷静な見方が入る場合がある。3で「まるで」を使うと、どちらかと言えば冷やかに、皮肉っぽく日本の海をとらえているような感じがある。10の「まるで大人のようだ」も、どちらかと言えば、「子供らしくない」と否定的にとらえている。このように「まるで」が場合によっては、否定的なニュアンスを帯びることにも注意したい。学習者は、「まるで大人のようだ」のような表し方をするが、「何が大人のようなのか」という、比喩するものの詳細を述べるように注意する。

11は、ここでは「ようだ」を補足したが「生き字引だ」でも言えないことはない。11は、「世間で言われている」「典型的な」という意味で「いわば」を使って、「彼女はいわば生き字引だ」とすることもできる。

> **指導のポイント**
>
> - 「まるで」は何かに性質・状態がそっくりな時、「まるで〜のようだ」（例：まるで夢のようだ。）という形で用いられる。「まるで」は「ようだ」と結び付きやすいので、最初のうちは「ようだ」とともに練習するのがよい。
> - 「まるで」は話し手の評価を含むことが多い。単に似ていることを述べるのに「まるで」を使うと、不自然な文になるので注意させたい。
> - 学習者は「まるで大人のようだ」のような表し方をするが、何が「まるで〜のようだ」なのかという、比喩するものの詳細を述べるように注意する。
>   例：？彼女はまるで大人のようだ。→○彼女のものの言い方は大人のようだ／彼女はまるで大人のようなものの言い方をする。

みな（皆）・みんな

➡留学生たちは**みんな**頑張っている。
➡私たちは**みな**その決定に反対だ。

一定の範囲内にある、一つ残らずすべてのものが対象となる。人の場合も、ものの場合もある。多くの場合「〜はみな／みんな」の形で使われる。「みんな」は「みな」より話しことば的である。

関連項目 みな（皆）／みんなが／は／で、〜がみんな、すべての、全員、全部、〜たち、だれも＋否定形

誤用例文

誤形成

1. 誤 **みなん**さん、ぜひ一度きてください。　　　〈中国・マカオ〉
   正 **みな**さん、ぜひ一度来てください。
2. 誤 ホームスティの家庭の**みんな**さんは本当に親切にしてくれました。　〈アメリカ〉
   正 ホームスティの家族の**みな**さんは本当に親切にしてくれました。

混同

【みんな→だれも】

3. 誤 実は、あまりどころか、残念ながら気楽に話のできる男の友達が一人もいなかった。男性のクラスメートは**みんな**私に話しかけようとしなかった。　　　　　　　　　　　　　　　〈アメリカ〉

   正 実は、残念ながら気楽に話のできる男の友達が、あまりどころか、一人もいなかった。男性のクラスメートは**だれも**私に話しかけようとしなかった。

【皆→人々】

4. 誤 お正月の三日間、**皆**は神社とお寺へ行ったり親類をたずねたり酒を飲んだりおもちを食べたりします。　　　　　　〈アメリカ〉

   正 お正月の三日間、**人々**は神社やお寺へ行ったり、親類を訪ねたり、酒を飲んだり、おもちを食べたりします。

【みんな→すべての】

5. 誤 今、日本でだけないで世界のほとんど**みんな**国家たちにたばこを吸う人が増えています。　　　　　　　　　　　　　〈韓国〉

   正 今、日本だけでなく世界のほとんど**すべての**国で、たばこを吸う人が増えています。

【みんなの→すべての】

6. 誤 「自分より子供のために生きる。」この心はこの世の**みんなの**親の心ではないかと思います。　　　　　　　　　　　〈韓国〉

   正 「自分より子供のために生きる」。この心はこの世の**すべての**親の心ではないかと思います。

【皆が→全員／みな（皆）／みんな】

7. 誤 決勝戦を入りたいには、**皆が**集中練習を行う。　　〈中国〉

   正 決勝戦に残りたいので、（選手は）**全員／みな（皆）／みんな**集中練習を行う。

【皆は→みな（皆）／みんな】

8. 誤 田中さんの家族は兄といい、弟といい、**皆は**親切である。〈韓国〉

   正 田中さんの家族は兄といい、弟といい、**みな（皆）／みんな**親切である。

【皆が→みんなで】

9. 誤 林さんが合格したら、**皆が**焼き肉に食べましょう。〈韓国〉
   正 林さんが合格したら、**みんなで**焼き肉を食べましょう。

【〜の皆達→〜のみんなは】

10. 誤 **家族の皆達**父も含めてほとんど何か問題があったらいつも母に聞きます。〈台湾〉
    正 **家族のみんなは**、父も含めて何か問題があったら、いつも母に聞きます。

【みんなの〜（が）→〜（が）みんな】

11. ★誤 青少年は、たばこが好きなので吸うことではない。**みんなの人々**がたばこを吸うから、それを見て誘惑を感じることだ。〈韓国〉
    正 青少年は、たばこが好きだから吸うのではない。人々が**みんな**たばこを吸うから、それを見て誘惑を感じるのだ。

▌位置

12. 誤 あした必ず**皆**学校に来て下さい。〈タイ〉
    正 あしたは**皆**必ず学校に来てください。

▌その他

【〜たち→〜の皆さん】

13. 誤 店長さんと**社員たち**は私たちにとても親切てくれました。〈台湾〉
    正 店長さんと**社員の皆さん**は私たちにとても親切にしてくれました。

14. 誤 こちらは**主婦たち**のニーズに応じる新しい機械ですので、ぜひ**主婦達**に使ってみてください。〈オーストラリア〉
    正 こちらは**主婦の皆さん**のニーズに応じる新しい機械ですので、**主婦の皆さん**、ぜひ使ってみてください。

【助詞「に」】

15. 誤 現在、どこへ行ってもテレビかラジオが見られる。それに、なにが放送されるは良かれ悪しかれ国際か国内の**人々に皆**知れることだ。〈アメリカ〉
    正 現在、どこへ行ってもテレビかラジオがある。したがって、何が放送されるのかは、良かれ悪しかれ世界中の**人々みんなに**知れるものだ。

誤用の解説

誤形成

「みなさん」という形はあるが、「みんなさん」という形はない。1も2も、「みな」「みんな」「皆さん」の区別を曖昧にしていることが誤用の原因だろう。

混同

3において、「みんなが話しかけなかった」のであるから、「だれも～ない」を用いて全否定の形をとったほうがよい。4では不特定多数の人々について言っているのであるから、一定の範囲内のものを対象とする「みな(皆)・みんな」は不適当である。5，6は「すべての国」「すべての親」としたいところである。「すべて」には「構成要素を一つ一つ吟味し、全体を通してある一つの視点で一貫しているというニュアンス」(飛田・浅田1994) が含まれるため、5，6は対象を漠然と表す「みんな」でなく「すべて」が適している。

学習者は「皆が練習する」(7)、「皆は親切だ」(8) というように「皆が／は」と言いがちであるが、これは日本語の表現としてはやや不自然である。「皆が／は」の代わりに「みんな」を用いるか、「～はみな(皆)／みんな＋述語」(選手はみな(皆)／みんな集中練習を行う、(田中さんの家族は)みな(皆)／みんな親切だ)のように、副詞的に述語の前に持って来るのが自然である。7では「メンバーが揃って」という意味で「全員」を優先させた。

9は、食べに行くのは「皆(が)」なので、学習者は「皆が」を使ったようだが、「いっしょに」という意味では「みんなで」にする必要がある。10の「皆達」という言い方は日本語にはない。「すべての者は」と言いたいのであれば、訂正文のように「みんな」を主題として示す助詞「は」が必要である。(「家族の皆達」を「家族はみんな／みな(皆)」と訂正することもできる。)

位置

12はこのままでもよいが、クラスまたは学生全員に呼びかけているのであれば、「あしたは」の後ろに持って来たほうがよい。

その他

13に見られる「(社員)たち」と「(社員の)皆さん」の使い分けも、学習者の間違いやすい点である。「社員たち」という言い方は抽象的な文内容(例：中小企業では社員たちは朝早く出勤する。)では使ってもよいが、お礼を述べるような場合は失礼な言い方になる。ここでは「店長さん」と丁寧に言っているので、「皆さん」を使ったほうがよい。14も客である人に対して「主婦たち」は失礼である。15は「人々に皆に」と、「に」を2回使用しているが、「人々」と「みんな」をひとくくりにして「人々みんな」＋「に」としたほうがよい。学習者は「皆に」「皆と」の

みな(皆)・みんな

ように「皆（みな）」に種々の助詞を付けがちであるが、日本語では通常「みんなに」「みんなと」になる。

伝達上の誤用 ★

- 子供が親に何かを買ってほしい時、「みんなが持っている」という言い方をすることが多い。実際は数人しか持っていなくても、子供にとっては「みんな」なのである。「みんな」には「一定の範囲内ですべてのもの」という意味であるが、総体として漠然ととらえる意味合いも持つ。11では実際は「すべての人がたばこを吸っている」のではないが、喫煙者を総体としてとらえて「人々はみんなたばこを吸う」と言っているのである。

指導のポイント

- 「みな（皆）・みんな」は通常は述語を修飾する形で副詞的に用いられる。
  例：学生はみな（皆）／みんな参加した。
- 学習者は「学生はみな（皆）／みんな」のような「Nはみな（皆）／みんな」の形が言えないので十分練習させたい。
- 「みんな」は話しことばなので、「すべて／すべての」という言い方や、人については「全員」などの語も身に付けさせたい。
- 「皆達（みなたち）」という言い方をする学習者がいる。「みんな」「皆さん」など文や文脈に合った言い方を学ばせたい。
- 学習者は「みな」と「みんな」を混同して、「みんなさん」と言いたがる。「みんなさん」ではなく「みなさん」であることを徹底させる。漢字では「皆さん」と書き、読み方は「みなさん」であることもきちんと理解させたい。
- 「いっしょに」の意味の「みんなで」が使えない。「みな（皆）／みんな」の使い方とともに、「みんなで」の使い方も身に付けさせたい。

名詞修飾節

➡これは**母が送ってくれた**時計です。
➡**納豆がきらいな**人も多い。

動詞・動詞文、形容詞・形容詞文、名詞文などで、次に来る名詞を修飾、説明する。「連体修飾節」とも呼ばれる。

|関連項目| 丁寧形、普通形、る・た・ている、形容詞、条件節「と、ば」、助詞「の、は、が」

|誤用例文|

|付加|

1. ★誤 私は広告写真について非常に**趣味がある人**です。　　〈インド〉
   正 私は広告写真について非常に**興味があります**。

|誤形成|

2. 誤 となりの人はずっと**大きく**声でラジオを聞いだ、すぐに寝るわけにはいかない。　　〈台湾〉
   正 隣の人が、**大きい**音でずっとラジオを聞いていたので、すぐに寝られなかった。

3. 誤 人生の中で一番大切なのは、**健康の**体だけであると思う。〈台湾〉
   正 人生の中で一番大切なのは、**健康な**体であると思う。

4. 誤 日本人といっても納豆が**きらい**人もある。　　〈韓国〉
   正 日本人といっても納豆が**嫌いな**人もいる。

5. 誤 **同じの**教育制度下にいる香港の学生と日本の学生の学生生活は似ていると思うか。　　〈中国・香港〉
   正 **同じ**教育制度下にいる香港の学生と日本の学生の学生生活は、似ているだろうか。

【丁寧形→普通形】

6. ★誤 きのう**来ました**人は小川さんです。　　〈タイ〉
   正 きのう**来た**人は小川さんです。

【「の」の付加】

7. 誤 東京へ行った**の**友達は小林さんです。　　〈中国〉
   正 東京へ行った友達は小林さんです。

8. 誤 きのう新しい**の**辞書を買いました。 〈アメリカ〉
   正 きのう新しい辞書を買いました。

【「する」の脱落】

9. 誤 "グラストー"という祭りは世界の一番田舎で**公演**芸術の祭りである。 〈カナダ〉
   正 "グラストー"という祭りは、世界の一番田舎でさまざまな芸術**が公演される**祭りである。

▎混同

【連体（名詞）修飾→連用修飾】

10. 誤 **英語がわからないような**ウェトレスは私の注文を聞いてから、わかったようなわからぬような顔をして、「はい、はい。」と答えました。 〈中国・香港〉
    正 ウェイトレスは**英語がわからないようで／らしく**、私の注文を聞いてから、わかったようなわからないような顔をして、「はい、はい。」と答えました。

【〜い→〜くの】

11. 誤 コンピュータの時代が来ると、**多い人**がおたくになるという心配がある。 〈中国〉
    正 コンピュータの時代が来ると、**多くの人**がオタクになるという心配がある。

【V→の】

12. 誤 日本の場合に宗教の影響は文化だけにあると思う。さらに昔から**来た**文化だけである。現実に明治時代前に日本における宗教は重要だった。 〈アメリカ〉
    正 日本の場合、宗教の影響は文化だけにあると思う。しかも昔から**の**文化にである。実際に明治時代以前には、日本では／においては宗教は重要だった。

【の→V】

13. 誤 病気が早く治るように**栄養の**食物をたっぷり食べさせたい。〈中国〉
    正 病気が早く治るように、**栄養のある**食物をたっぷり食べさせたい。

14. 誤 相手は、クリスタルが名字というよりは、私が覚醒剤をよく**使う**からのニックネイムだと思っていました。 〈アメリカ〉

正 相手は、クリスタルは名字ではなく、私が覚醒剤をよく**使うから付いた**ニックネームだと思っていました。

【N→の】
15. ★ 誤 その時、一番**うれしい人は**たぶん子供たちそうです。〈ベトナム〉
　　　正 その時、一番**うれしかったのは**たぶん子供たちだと思います／子供たちでしょう。

【名詞修飾節→条件節】
16. ★ 誤 **小雨に降られた顔は**いつもくすぐったいも感じられますが、春の小雨で私の心も洗われるようになりました。〈中国〉
　　　正 **小雨が顔にかかると**、いつもくすぐったく感じるとともに、心まで洗われるように感じます。

位置
17. 誤 これは**大学のフィリピン**にあります。〈フィリピン〉
　　　正 そういうことは**フィリピンの大学**にもあります／見られます。
18. 誤 **日本のたばこを吸わない人**も自分の声を出て公共の場所で禁煙の法律化ように頑張るべきだと思う。〈中国〉
　　　正 **たばこを吸わない日本人**も声を出して／あげて、公共の場所での禁煙を法律化するように頑張るべきだと思う。

その他
【助詞「の」→助詞「が」】
19. 誤 これは李さん**の**きのう秋葉原で買った本です。〈韓国〉
　　　正 これは李さん**が**きのう秋葉原で買った本です。

【テンス・アスペクト】
20. 誤 今朝この本棚に**置いてある**辞書はもうなくなってしまう。〈シンガポール〉
　　　正 今朝この本棚に**置いてあった**辞書がもうなくなってしまった。
21. 誤 **おもしろかった**テーマでした。〈ドイツ〉
　　　正 **おもしろい**テーマでした。
22. 誤 教会へ行ったついでに**入院していた**友だちを見舞いに行ってきた。〈アメリカ〉
　　　正 教会へ行ったついでに、**入院している**友達の見舞いに行ってきた。

名詞修飾節

【連用修飾→連体（名詞）修飾】

23. 誤 そのうえに、植民時代（1803〜1870）**もうけられて**オーストラリアで二番目古い町として美しい伝統な建物が多い。〈オーストラリア〉

    正 そして、植民時代（1803〜1870）に**作られた**オーストラリアで二番目に古い町で、（そこには）美しい伝統的な建物が多い。

【条件節→名詞修飾節】

24. ★誤 センギギ海岸とクター海岸は有名な海岸の二つである。全国から**旅行者はロンボクへ行けば**、そのところを忘れない方がいいと思う。　　　　　　　　　　　　　　　　　　　　　〈インドネシア〉

    正 センギギ海岸とクター海岸は有名な海岸である。全国から**ロンボクへ行く旅行者は**、その場所を覚えておいた方がいいと思う。

> 誤用の解説

> 誤形成

誤形成が多く見られる。文が後ろの名詞を修飾する時に正しい形が作れない誤用である。2〜4はイ形容詞とナ形容詞の修飾の形が正しくできていない。5の「同じ」は名詞を修飾する時は、「同じ＋名詞」のように直接名詞にかかる。7, 8のような「の」の付加は、中国語母語話者に多い。「的」の過剰般化と考えられているが、8のアメリカ人学習者にも起こっているように、「の」の付加は外国人共通の傾向であると考えられる。9は「公演」まではできたが、次に動詞をどう名詞につなげていくかがわからなかったようだ。

> 混同

10では、「わからないような」を用いて次の名詞を修飾する形にしているため、文の意味がわかりにくくなっている。「て」を使って2文に分けたほうがよい。11〜14は修飾の形はできているが、不適切、または不十分な形を使っているものである。「の」で動詞を表そうとしたり（14）、逆に動詞でなく「の」で表したほうがいいもの（12）もある。11の「多い」は次の名詞を修飾する時、「多いN」ではなく「多くのN」となる。ほかに「近い」（近くのN）なども同様である。

> 位置

17は修飾部分と被修飾部分が逆になったもので、初心者によく見られる。語順が日本語と逆の母語を持つ学習者は、日本語のレベルが上がっても、ふとした時に間違ってしまうようだ。18は「日本の」の位置の問題で、このままであれば「日本のたばこ」になってしまう。（「日本の」の後ろに「、」を入れることも考え

られるが、ここでは位置の問題として扱った。)

その他

　名詞修飾節内の主語は「が」をとる。しかし、主語が被修飾名詞と近いか、また、意味的な混乱が生じない場合は「の」に置き換えることができる。19は「李さんの」と「買った本」の間に「きのう」「秋葉原」が存在し、意味がわかりにくくなっているので、「が」で明示したほうがよい。

　20〜22は名詞修飾節内のテンス・アスペクトの問題である。20は「今朝」であるから、「ある」ではなく「あった」になる。修飾節内の述語が状態を表す場合（21の「おもしろい」、22の「入院している」）は、主節が過去でも基本的には過去にする必要はない。21は主節が「テーマでした」と過去になっているので、「おもしろかった」としたのであろう。形容詞が名詞修飾に用いられる場合は、一般的には、「その文（＝主節）の述語が表している時と同じ時の状態を表しているのであれば現在形を、それより以前のことを表すのであれば過去形を使わねばならない」（寺村1984）ので、同じ時を表している21は「おもしろい」のままでよい。

　「動詞＋ている」の場合は、「していた」「している」のどちらでもいいが、両者に微妙な違いが出てくることがある。22では、「していた」は見舞いに行った時点で入院していたのであり、「している」は現在もなお入院していることを想像させる。23は、混同の10と対照的な誤用である。23のように二つ以上の文を続ける場合、学習者はテ形を使う傾向がある。「もうけられる」が次の文にかかるのか、被修飾名詞（ここでは「古い町」）にかかるのかを考えていないと思われる。10では連用修飾の形（動詞などの述語にかかる「て」）にすべきであったが、23は名詞修飾の形にすべきである。

伝達上の誤用 ★

● 1は誤りとは言えず、日本人の若者もこのような言い方をする傾向がある。しかし、自分のことを「〜する人」と述べるのは、やや子供っぽい印象を与え、違和感を持つ日本人も多い。

● 6は、名詞修飾節の文末に普通形をとるということができていない。非常に丁寧に言う場合は丁寧形も使われる（例：ただいまご紹介をいただきました山田です。インドから参りましたピンディです。）が、通常の会話では普通形でよい。6は丁寧に言うなら、「きのういらっしゃいました方は小川さんです」となるであろうが、冗長に感じられる。

● 15は間違いではないが、「人」と「子供」が重複している。学習者は15のように、強調構文「〜のは〜である」を使用せず、名詞修飾節を使いがちである。授業な

どで強調構文があまり教えられていないためと考えられる。
- **16**は名詞修飾のままでも誤りではないが、翻訳した日本語のように聞こえる。小雨に降られた顔がどうなるかという因果関係（条件と結果の関係）を表しているので、条件節を使うほうが自然な日本語になる。**24**はその逆で、訂正文のように名詞修飾節でまとめたほうがよい。ただし、「(全国の) 旅行者はロンボクへ行く場合／時は」とすることもできる。

> **指導のポイント**
>
> - 名詞修飾節は自然な談話を作る上で重要だが、使わないで済ます非用も多い。文脈などを作って意識的に練習する必要がある。
> - 修飾するものは前からかかることを徹底させる。
> - 修飾部分の普通形が正しくできない場合が多いので、十分練習が必要である。
> - 名詞修飾節の主語は基本的には「が」をとることを理解させる。主語に「の」をとる場合は、主語と述語の間の距離などの制約があるので注意する。
> - 学習者全般に、「田中さんが買ったのカメラ」「これは読まないの本」のように、名詞修飾節と修飾される名詞の間に「の」を入れる傾向が見られるので、注意する。
> - 名詞修飾節内のテンス・アスペクト（「る・た・ている」のどれをとるかの問題）は、修飾する述語が動詞か形容詞かによって異なる。動詞も動作を表すか状態を表すかによって異なる。

名詞の並列
(と、や、とか)

➡林さんと李さんと張さんと陳さんがいる。
➡林さんや／とか張さんがいる。

並列助詞「と、や、とか」などを用いた名詞の並列を取り上げる。名詞の並列には、すべてを並べ挙げる場合（並べ挙げ）と、いくつかを例として取り上げる場合（例示）がある。また、「か」を用いた並列表現（例：李さんか陳さん(か)が手伝ってくれる。）もある。

関連項目　並列助詞「と、や、とか」、助詞「も」、接続詞「そして」、副詞「ときどき」

誤用例文

脱落

【と】
1.　誤　あさ、パン、りんご、たまごをたべました。　　　　〈タイ〉
　　　正　朝、パン**と**りんご**と**卵を食べました。

【や】
2.　誤　夜の時、**はなびで**、**爆竹**で遊んでいます。　　　〈マレーシア〉
　　　正　夜、**花火や爆竹**で遊びます。

【か】
3.　誤　離婚死別、未婚による片親家庭には違いがあると思いますか？その理由は？　　　　　　　　　　　　　　　　　　〈韓国〉
　　　正　離婚**か**死別**か**未婚**か**によって片親家庭には違いがあると思いますか。その理由は？

付加

【とか】
4.★誤　将来日本語が生かせる仕事をしたいです。たぶん貿易会社**とか**に入ります。まだそのことについて考えています。　〈アメリカ〉
　　　正　将来日本語が生かせる仕事をしたいです。たぶん貿易会社に入ると思います。でも、今はまだそのことについて考えているところです。

混同

【とか→や】

5. ★ 誤 私は北京とか、日本とか行ったことがあります。 〈中国〉
   正 私は北京や日本に行ったことがあります。
6. ★ 誤 個人の差はあるかもしれないけれど日本人は親しくなっても自分の心とかしたいことをよく言わない。 〈韓国〉
   正 個人差はあるかもしれないけれど、日本人は親しくなっても、自分の気持ちやしたいことをあまり言わない。

【と→や】

7. ★ 誤 日本に神社とお寺がたくさんあるのに、そんなところは結婚式や葬式のための施設だけらしいだと思う。 〈アメリカ〉
   正 日本には神社やお寺がたくさんあるのに、そのようなところは結婚式や葬式のための施設でしかないらしい。
8. ★ 誤 外国人にあったり、特別の景色と建物と着物を見たり、外の生活と社会と文化を考えてみておもしろいだろうと思っています。 〈中国・香港〉
   正 外国人に会ったり、異国の景色や建物や着物を見たり、外の生活や社会や文化のことを考えてみたりするのは、おもしろいだろうと思っています。
9. ★ 誤 でも今は日本の生活と日本人にもっと慣れてきて、日本の社会と日本人の考え方を理解しはじめたので前の不思議なことがそんなに不思議ではなそうになった。 〈オーストラリア〉
   正 でも、今は日本の生活や日本人にだんだん慣れてきて、日本の社会や日本人の考え方が理解できるようになってきたので、以前不思議に思ったことがそんなに不思議ではないようになった。

【と→とか】

10. 誤 先生とか親から「勉強しなさい」と「それしないで」と言いらわれます。 〈アメリカ〉
    正 先生や親から「勉強しなさい」とか「そんなことするな」とか言われます。

【と→そして】

11. 誤 男の人は新しい家を用意します。**と**お金を女の人にあげます。
〈インドネシア〉
    正 男の人は新しい家を用意します。**そして、**お金を女の人に渡します。

【と・も→も・も】

12. 誤 日本人といっても目の大きい人**と**小さい人もいます。〈アメリカ〉
    正 日本人といっても、目の大きい人**も**小さい人もいます。

【と・は→も・も】

13. 誤 今、私**と**私の家族**は**日本の生活にだいぶ慣れてきました。
〈マレーシア〉
    正 今では、私**も**家族**も**日本の生活にだいぶ慣れてきました。

【～、～、～、と～→～、～、～、そして～】

14. 誤 イスラエルのオフラ・ハザ、ブラジルのカオマ、南アフリカのミリアム・マケバ、アメリカの広島、**と**日本のジョン海山ネプチュンが大好です。
〈アメリカ〉
    正 イスラエルのオフラ・ハザ、ブラジルのカオマ、南アフリカのミリアム・マケバ、アメリカのヒロシマ、**そして、**日本のジョン海山ネプチューンが大好きです。

15. 誤 1920年から1980年までの病気の死亡率の表を見ると、脳出血、がん、心臓病**と**結核の４つの推移が分かる。〈韓国〉
    正 1920年から1980年までの病気の死亡率の表を見ると、脳出血、がん、心臓病、**そして、**結核の４つの死亡率の推移が分かる。

【～と、～と、～と、～と、～→～、～、～、そして、～】

16. 誤 私はひまとお金があるとき、よく外国へ旅行に行きます。タイ**と**マレシア**と**中国の東南海岸**と**アメリカの西海岸**と**ハワイを行たことがあります。
〈中国・香港〉
    正 私は時間とお金があるとき、よく外国へ旅行に行きます。タイ、マレーシア、中国の東南海岸、アメリカの西海岸、**そして、**ハワイへ行ったことがあります。

【～、～、～も→～も～も～も】

17. 誤 英語、フランス語、スペン語**も**話せてお父さんはどこも誰かと会話が出来るようだ。
〈アメリカ〉

正　英語もフランス語もスペイン語も話せるので、お父さんはどこに
　　　　　行っても誰かと会話が出来るようだ。

　その他
【ときどき→とか／や】
18.　誤　みんなは**ときどき**ともだちと**ときどき**かぞくといっしょにきれい
　　　　　なところへさんぽうします。　　　　　　　　　　〈カンボジア〉
　　　正　人々は友達**とか／や**家族といっしょに、きれいなところを散歩し
　　　　　ます。

【1週ときどき2週間→1、2週間】
19.　誤　マレーシアにはハリラヤがとても大切のに地の所はあまりおいわ
　　　　　いしません。ここでハリラヤの**一週ときどき2週間**前いろいろな
　　　　　準備をします。　　　　　　　　　　　　　　　　〈マレーシア〉
　　　正　マレーシアではハリラヤがとても大切なのに、他の所ではあまり
　　　　　お祝いしません。ここではハリラヤの**1、2週間**前から、いろい
　　　　　ろな準備をします。

【1時間2時間→1、2時間】
20.　誤　彼は**1時間2時間**前に帰りました。　　　　　　　〈イギリス〉
　　　正　彼は**1、2時間**前に帰りました。

　誤用の解説
　　名詞（語）の並列の誤用は、複数個の語の並べ方ができないもの（1、2、14～
16）、「と」と「や」の混同（7～9）、「と」を「～も～も」（12、13、17）で表せな
いもの、「とか」（4～6）、「か」（3）の使い方などである。

　脱落
　　1～3は並列助詞の脱落である。1は複数個の並べ挙げで、「と」が落ちている
誤りである。14～16のような表し方もあるが、説明的でややかたい言い方なので、
ここでは単に「と」で結べばよい。2は「花火で爆竹で」ではなく、「花火や爆竹
で」のように「や」でまとめたほうがよい。「と」を用いることもできるが、「と」
はそれだけ限定するので、同類の集合をイメージさせる「や」が適している。
　　3は並列助詞「か」の脱落である。「か」は一つを選択する（例：進学か就職か
を決める。）、また、どちらともはっきりしないさま（例：あれは飛行機かUFOか
…。）を表すが、話しことばでは最後の名詞の後ろの「か」は省略されることが多
い。3は「によって」という書きことば的な助詞が来ているので、「未婚」の後ろ

に「か」が必要である。

混同

10, 11では文の並列に「と」を使っている。「と」（「や」も）は語にしか接続しない。「とか」はくだけた言い方であるが、文の接続ではそれほどくだけた感じはない。文の並列には「や」も「と」も使えないため、「とか」がニュートラルになってくるのかもしれない。11のように、文頭では接続詞の「そして」を使う必要がある。

12, 13は「も」と関連した誤用である。12は「NもNも」とすべきである。13はこのままでも適切な文だが、「なかなか慣れなかったのが、家族のみんなが慣れてきた」という意味で、「私も家族も」にしたほうが自然になる。

数多くの語を並列する時、「～、～、」を使用することができる。しかし、14, 15では「～、～、」の最後の語を「と」でつないでいる。「、」を使用する時は「～、～、そして～（など）」という形にしたほうがよい。16はすべてを「と」でつないでいるが、「と」による並べ挙げはすべてを（ここでは旅行先をすべて）網羅しなければならないことになる。また、表現としてもやや幼稚に感じられるので、14, 15と同じく「～、～、そして～（など）」を用いたほうがよい。17は父親の堪能な外国語を、「これもあれも」と列挙するために、「～も～も～も」の形を使うとよい。

その他

学習者は18のような場合に、「ときどき」を使って表そうとすることがある。舌足らずな感じがするので、「Nとか／やN」を使わせたい。また、「ときどき」を使わずに、19, 20の「1，2週間」「2，3時間」「4，5回」のような言い方も習熟させたい。

伝達上の誤用 ★

- 4の「とか」はぼかした言い方として日本人の若者がよく使っており、誤用とは言えない。しかし、かなりくだけた言い方なので、4のようなきちんとした説明には不適切に感じられる。5，6では「とか」が「NとかNとか」の列挙として使われている。文法的には間違いではないが、この場合も「とか」はくだけ過ぎた感じを与えてしまう。
- 7～9は、「と」ではなく「や」を使ってほしい例である。「や」の基本的な意味機能は、すべての中からいくつかを例として挙げることであるが、安藤（2001）は「『や』は同類の集合をイメージさせる機能があり、そのために、文中の名詞を一つの背景によってまとめるという機能を持つ。」と述べて、次の例を挙げ、「と」

名詞の並列（と、や、とか）

との違いを説明している。

(1) a．彼は肉と魚は食べない。
    b．彼は肉や魚は食べない。
(2) a．彼らは娘と息子のことを心配している。
    b．彼らは娘や息子のことを心配している。

(1)(2)aの「肉と魚」「娘と息子」は、「と」によって一つのセットとなっているが、(1)(2)bの「肉や魚」「娘や息子」は、それぞれ、あらかじめ同類としての背景を有している。(1)bでは「菜食」という、また(2)bでは「（親と対照される）子供」という一つの集合をイメージさせる。

7の「神社とお寺」、8の「景色と建物と着物」、「生活と社会と文化」9の「日本の生活と日本人」「日本の社会と日本人の考え方」についても、「や」を用いて、共通に属する集合のイメージを表す形（「神社やお寺」「景色や建物や着物」「日本の生活や日本人」など）にする必要がある。初級レベルで、「いくつかのものを選択して並べ挙げる」として「や」を習った学習者には、この「や」の使い方は難しいが、日本の文化や習慣がわかってき始める中級・上級レベルでは、取り上げたい用法である。

【指導のポイント】

- 物事を並べ挙げる時は、並べ挙げられるものは同じ性質のグループに属するもの、言い換えれば、並べ挙げとして対等の資格を持つものであることを理解させる。
- 物事を並べ挙げるのに「と」「や」「も」「とか」などの助詞を使うが、学習者はそのいくつかを混用しがちなので注意する。1文の中では1種類の助詞で統一するのが基本である。
- 並べ挙げの時、「〜、〜、〜、と〜」のように、最後に「と」を添える学習者がいるが、日本語ではそのような「と」の使い方はしない（その場合は、「そして」を使う）ことを指導する。
- 文の並列では「と／や」は使えないことに気をつけさせる。
- 「や」は部分的、選択的並べ挙げをする助詞であるが、「神社やお寺」のように、共通に属する集合のイメージを表す「や」の用法も、学習者のレベルを見て言及しておきたい。

名詞文・形容詞文の並列

→ 父は**電気技師**で、母は美容師です。
→ このアパートは駅に**近くて**、**便利**でいい。

名詞文と形容詞文の並列を取り上げる。名詞文、ナ形容詞文は「～で」、イ形容詞文は「～くて」の形をとる。（「暑かったり寒かったり」「彼女は美人だし、独身だし」のような並列表現については「たり」「し」の項目で取り上げる。）

|関連項目| 名詞、ナ形容詞、イ形容詞、並列助詞「と」、逆接節「が」、主語・主題

誤用例文

脱落

1. 誤 ゴ先生はまじめな**先生**、いつも学生（私たち）に親切にあげてだから学生たちはゴ先生はたいへんすきです。〈インド〉
   正 ゴ先生はまじめな**先生**で、いつも（私たち）学生に親切にしてくださるから、学生たちはゴ先生が大好きです。

2. 誤 父と兄は電気技師**です**。母は土木技師**です**。私は化学技師です。〈アメリカ〉
   正 父と兄は電気技師で、母は土木技師で、私は化学技師です。

3. 誤 田中さんは**しんせつ**、**おもしろい**いい人です。〈タイ〉
   正 田中さんは**親切**で、**おもしろくて**、いい人です。

誤形成

4. 誤 つくばはいいところだとおもういます。つくば大学もべんりし、**しずかくて**、べんきょうもできるし、スプツもできます。〈インドネシア〉
   正 筑波はいいところだと思います。筑波大学も便利だし、**静か**で、勉強もできるし、スポーツもできます。

5. 誤 日本人いつも**忙しい**でいっしょけんめい働きます。〈タイ〉
   正 日本人は、いつも**忙しくて**、一所懸命働きます。

6. 誤 バスガイドさんは**明るい**でとても楽しかったです。〈フィリピン〉
   正 バスガイドさんは、**明るくて**、とても楽しかったです。

混同

【と→くて・で】

7. 誤　私の国は**大きい**と**きれい**とおもしろいです。　　　〈ペルー〉
   正　私の国は、**大きくて**、**きれいで**、おもしろいです。

【と→で】

8. 誤　使い捨てで用いるものとして、割り箸は**衛生**と清潔な道具です。
   　　　　　　　　　　　　　　　　　　　　　　　　　　〈アメリカ〉
   正　使い捨てできるものとして、割り箸は**衛生的で**清潔な道具です。

【くて→が】

9. ★誤　日本語は**おもしろくて**むずかしいです。　　　　　〈タイ〉
   正　日本語は**おもしろいですが**、難しいです。

位置

【形容詞の順序】

10. ★誤　この部屋は**きれいで広い**です。　　　　　　　　　〈タイ〉
    正　この部屋は、**広くて**、**きれい**です。

11. ★誤　このりんごは**大きくて**、**おいしくて**、**赤い**です。　〈タイ〉
    正　このりんごは、**赤くて**、**大きくて**、**おいしい**です。

その他

【「よくて」の使い方】

12. 誤　このコースは**よくて**、おもしろいです。　　　　　〈台湾〉
    正　このコースは、**よいコースで**、おもしろいです。

13. 誤　このテレビは、**よくて**、やすかったです。　　　　〈インド〉
    正　このテレビは、**いいテレビで**、安かったです。

【として→で／であり】

14. 誤　日本社会は**学歴社会として**、厳しい教育制度が有名です。〈ブラジル〉
    正　日本社会は、**学歴社会で／であり**、厳しい教育制度が有名です。

誤用の解説

脱落

　1～3のような「で」の脱落が見られる。2は短い名詞文の羅列なので、「で」で結んだほうがよい。

誤形成

　形容詞文の接続の誤りでは、4～6のような、ナ形容詞とイ形容詞の混乱が見られる。学習者にとっては、どれがナ形容詞かイ形容詞かという区別はなかなか難しいが、区別ができていてもテ形接続となると、混乱したり、「～くて」「～で」のどちらかの形に固定化してしまったりするようだ。

混同

　7, 8はイ形容詞・ナ形容詞を「と」でつないだ誤用である。「と」は名詞にしか用いられないことが徹底されていない。

その他

　12, 13で学習者は、「いい／よい」のテ形として「よくて」を使っているが、並列表現としては「このコース／テレビはよくて、～」のような言い方はしない。（「Aはよくて、Bは悪い」のような対照・対比の場合は別である。）訂正文のように名詞修飾の形にするか、「このコースは教え方／雰囲気がよくて」「このテレビは映りがよくて」のように何がよいかをもっと細かく特定しないと意味が不十分となる。14は、as ～ という言い方を日本語にしたのかもしれないが、この場合は、「で（あり）」を用いて、並列的に表現すればよい。

伝達上の誤用　★

● 並列を表す場合は、基本的には同じ評価同士のものが並ぶ。9の「おもしろい」と「難しい」のように一方がプラス、他方がマイナス評価のものを並べる時には、「て」ではなく、逆接「が・けれども」を用いる必要がある。しかし、学習者の中には「難しい」をプラス評価ととらえ、「おもしろくて難しい」と言えるはずだと言う者もいる。その考えに従えば、9は誤用ではなくなる。

● 10, 11は形容詞を並べる場合の順序についてである。りんごについて、色「赤い」、味「おいしい」という二つの特徴を述べたい時は、可能性としては次の2通りの言い方ができる。

　　(1)　このりんごは赤くておいしい。

　　(2)？このりんごはおいしくて赤い。

(1)は適切だが、(2)はどうだろうか。形容詞の順序に関しては、「赤い」のような色や「大きい」のような形を描写する、より客観的な表現は前に置かれ、一方、全体的な評価を表す語や、より主観的な表現は一番最後に置かれることが多い。したがって、11の「おいしい」、また、10の「きれいだ」も最後に持って来たほうが落ち着く。

指導のポイント

- 学習者は形容詞を並列させる場合、「～くて」と「～で」を混同しがちである。その形容詞がイ形容詞かナ形容詞かを確認させながら、しっかりと使い分けを練習させる必要がある。
- 形容詞の並列では、基本的には、プラス評価のもの同士、またマイナス評価のもの同士の並べ挙げをするように指導し、練習させる。
- 形容詞の並べ挙げの順序については、色や形など外観的、客観的なものは最初に、そのものに対する全体的な評価や、主観的な意味合いを表す形容詞は最後に来る。このことも指導しておきたい。
- 学習者は「いい／よい」のテ形として「よくて」を使いたがるが、何が「いい／よい」のかを明示しないと、「よくて」だけでは意味をなさないので注意させる。

も

➡ 周さん**も**行くの？じゃ、私**も**行きます。
➡ ゆうべは10時間**も**寝た。

様々な語に付いて、「同類のもの・ことを示す」「多いという気持ちを表す」「完全否定」（例：何もありません。）「感情・感慨を添える」（例：あなたも大変ですね。）などの意味を表す。

|関連項目| は、でも、が、を、まで、さえ、疑問詞、数量表現

|誤用例文|

|脱落|

1. 誤 英語Φ、フランス語Φスペン語も話せてお父さんはどこも誰かと会話が出来るようだ。　　　　　　　　　〈アメリカ〉
   正 英語**も**フランス語**も**スペイン語も話せるので、父はどこに行っても誰かと会話が出来るようだ。
2. 誤 日本へ留学しように、何年間Φ日本語を勉強つづけます。〈中国〉

正 日本に／へ留学できるように、何年間も日本語の勉強を続けています。

3．★誤 病院で働いているのでいつも忙しいです。時々土と日曜日にΦ病院にいます。　　　　　　　　　　　　　　　　　　〈アメリカ〉
　　　正 病院で働いているので、いつも忙しいです。時々土日にも病院にいます。

|付加|

4．誤 日本の割り箸は97％が中国から輸入されています。日本でも作られている割り箸もありますが、中国はもっと安いです。〈アメリカ〉
　　正 日本の割り箸は97％が中国から輸入されています。日本で作られている割り箸もありますが、中国のほうが安いです。

5．誤 値段の安さといい、美味しさといい、この店に週三回も来てもおかしくはない。　　　　　　　　　　　　　　　　　　　〈台湾〉
　　正 値段の安さといい、美味しさといい、この店に週三回来てもおかしくはない。

6．誤 そして、日本語と専問、両方も勉強しています。　　　〈台湾〉
　　正 そして、日本語と専門、両方勉強しています。

7．誤 最近、毎日もチョコレートとアイスクリームを１本ずつ食べています。　　　　　　　　　　　　　　　　　　　　　　〈インド〉
　　正 最近、毎日チョコレートとアイスクリームを１つずつ食べています。

|混同|

【も→は】

8．誤 けがをしてしまったので、入院せずにもすまない。　〈ベトナム〉
　　正 けがをしてしまったので、入院せずにはすまないだろう。

【も→が】

9．誤 全ての動詞に自動詞と他動詞もあるわけじゃない。時々、一方しかない単語もあるし、両方も兼ねている動詞もある。
　　　　　　　　　　　　　　　　　　　　　　　　　　〈オーストラリア〉
　　正 全ての動詞に自動詞と他動詞があるわけではない。一方しかない単語もあり、両方兼ねている動詞もある。

【も→で】
10. 誤 彼はその人に出会ってからというもの、いろいろな面も変わった。
〈台湾〉
正 彼はその人に出会ってからというもの、いろいろな面で変わった。

【(なに)も→(何(なん))でも】
11. 誤 私はいま1000円だけあるのでなにも出来る。　　　　〈韓国〉
正 私は今1000円もあるので、何でも出来る。

【も→また】
12. 誤 (残念ですが、行けません。) こんども、れんらくしてください。
〈ドイツ〉
正 (残念ですが、行けません。) 今度、また連絡してください。

【も→まで】
13. ★誤 小雨に降られた顔はいつもくすぐったいも感じられますが、春の小雨で私の心も洗われるようになりました。　〈中国〉
正 小雨が顔にかかると、いつもくすぐったく感じるとともに、心まで洗われるように感じます。

位置

14. 誤 教師は仕事とはいえ、たまにも危険である。　　　〈アメリカ〉
正 教師は仕事とはいえ、たまに危険なこともある。

15. 　　A：きのうどこへ行きましたか。
　　B：上野へ行きました。
　　A：秋葉原は。
　　誤 B：も行きました。　　　　　　　　　　　　　〈フィリピン〉
　　正 B：**秋葉原へも**行きました。

16. 誤 きのう1週間分の食料を買い込むのに、**2台の車も**使いました。
〈中国・香港〉
正 きのう1週間分の食料を買い込むのに、**車を2台も**使いました。

17. 誤 米に関して日本政府の規則は日本人もアメリカ人**もに**不利のだと思うだけれども私は日本の農場経営者の心配をよく分かります。
〈オーストラリア〉
正 米に関する日本政府の規制は、日本人**にも**アメリカ人**にも**不利だと思うけれども、私は日本の農場経営者の心配もよく分かります。

その他

【(だれ)でも→(だれ)も】

18. 誤 高校時代のような学生達や丈夫な男性や、だれ**でも**席を上げませんでした。　　　　　　　　　　　　　　　　　　　　　　　〈ブラジル〉
    正 高校生のような学生達も丈夫そうな男性も、だれ**も**席を譲りませんでした。

【でも→も】

19. 誤 並んでいる列を割って先頭に出るのをする人は一回**でも**見たことがありません。　　　　　　　　　　　　　　　　　　　　　　　　〈中国〉
    正 並んでいる列に割り込んで真っ先に入る人を一回**も**見たことがありません。

20. 誤 あの家族は兄**でも**弟**でも**優秀である。　　　　　　　　　〈中国〉
    正 あの家族は兄**も**弟**も**優秀である。

【と→も】

21. 誤 日本人といっても目の大きい人**と**小さい人もいます。〈アメリカ〉
    正 日本人といっても、目の大きい人**も**小さい人もいます。

【かも→も】

22. 誤 何年間**かも**ことばを全く口にしなかった虐待された子供がある日突然喋りだした。　　　　　　　　　　　　　　　　　　　　　〈アメリカ〉
    正 何年間**も**ことばを全く口にしなかった、虐待を受けていた子供がある日突然しゃべりだした。

誤用の解説

脱落

1は「も」が脱落しても意味はわかるが、助詞の抜けた話しことばのような印象を与える。2は「何年間」だけでは「何年間か(ある一定期間)」か「何年間も(期間が長いという話し手の意識)」なのか意味が確定しない。

付加

4では「日本でも」「割り箸も」と「も」が二つ重なっているが、ここで取り立てたいのは、「日本」ではなく「割り箸」のほうであるため、「日本」の後ろの「も」は不要である。学習者は中国でも日本でも箸を作っているということを表現しなければならないと考え「も」を複数回使用したのかもしれない。5では「三

回」を「〜ても」の中で用いている。「ても」節の中では「三回も」の「も」は不要になる。6は「両方も」という表現が誤りで、「両方」か「両方とも」にすべきである。7の「毎日」は、すべての日をこの一語で包括しているので、同類の語を含めるための「も」は不要となる。

混同

「も」の混同の誤用は、「は」と比較すると量的には少ない。8は慣用的な表現「〜(せ)ずには(すまない)」であるために、「は」を「も」にできない。9で学習者は「自動詞も他動詞も」と言いたかったようだが不完全な形になっている。また、混同の誤用ではないが、9の「両方も」は「両方」とすべきである。10では「彼の持つ面」があの面もこの面も変わったという意味で、「いろいろな面も」と言ったのであろう。「も」は累加する語に付く。「いろいろ」は累加を表さないので、「も」は付きにくいと思われる。11の「何も」は、「何も＋ない／わからない／ほしくない」のように否定形とともに使う。11のように、「何も」と、肯定形と結び付く「何でも」との使い分けができない学習者は多い。12では「次回も連絡してください」と言うことはできるが、「今度も連絡してください」は不自然である。「次回」には「前回」「今回」のように類義の語があるが、「今度」にはそれがない。したがって「今度、機会を改めて」という意味で「今度、また連絡してください」と言うほかない。

位置

語や句を取り立てる際に「も」の位置を誤る例が見られる。14では、「教師は危険な場合／時もある」という意味で「も」を使ったと思われるが、「たまにも」という語はない。15は日本人の会話では時々聞かれる表現であるが、かなりくだけた表現で標準的な言い方ではない。16で話し手は「2台の車」を一つのまとまりと考え「も」を使ったと考えられるが、数量の多さを取り立てる時は、「2台も」のように数量表現の後ろに「も」を付けなければならない。17では、「(アメリカ人)もに」と助詞を並べているが、格助詞と取り立て助詞の順序は、通常、「名詞＋格助詞＋取り立て助詞」になる。

その他

18, 19に見られる「だれでも」や「一回でも」は、どちらも肯定で使われる。否定の場合には「でも」でなく「も」を用いて、「だれも」「一回も」とすべきである。

「でも」は「午前中がだめなら、午後でもいい」のように複数の選択肢があって、その一つで可という場合に用いられる。「〜でも〜でも」も複数の選択肢のどちらでも可という意味合いを持つ。20は選択肢という意味合いはなく、積極的に両方

ともそうであるということを言いたいのであるから、「～も～も」を使うべきである。21の「～と～も」という形は使用されないので、「～と～が」か「～も～も」かどちらかにすべきである。ここでは様々なタイプの「目」があると想像できるため、「～も～も」とした。22の学習者は「何年間か」と「何年も」を同時に使ったと考えられる。

伝達上の誤用 ★

● 3の文は誤りではないが、「土(曜日)と日曜日に」とすると、他の曜日が排除されるような感じがある。文の流れでは「休みの土曜日と日曜日まで」という意味になるので「土曜日と日曜日にも／土日にも」としたほうがよい。
● 13はこのままでも違和感はない。ここでは類似の事物が存在することを言外にほのめかす形で「も」が使われている。(例：子供も大きくなった。今年もあと少なくなりました。今日も無事に終わった。)しかし13は「私の心も洗われる」は、特に「私の」と取り立てる必要はなく、一般的表現として「春の小雨で心まで洗われた」としたほうがよい。特に「私」を入れたいのであれば、「私の」ではなく「私は」とすべきである。

指導のポイント

● 「～にも」を「～もに」とする助詞間の接続の間違いが見られる。「～とも／からも／までも」などの形について練習の機会を増やすとよい。
● 「でも」と「も」の混同が目立つ。「何も＋否定」「何でも＋肯定」という形が定着していない。文型として「何もない」「何でもある」を定着させる練習を十分する必要がある。
● 二者の提示に(「日本語と専門も」)のように「～と～も」とする誤用があった。「～も～も」という形を確認する。
● 時の副詞「毎日」「たまに」「今度」などは、意味的に同類の概念が想定できないため「も」が付けられないが、これらに「も」をつけてしまう誤用が多いので注意する。

もう

➡この本は**もう**読んだ。
➡あの店へは**もう**行かない。

時間や程度、また、行動や出来事がある時点・地点に達したことを示す。そこから、時間の経過の速さに対する驚き、あるいは、これ以上は無理だというあきらめや絶望などの気持ちが入ることがある。完了状態になっていないときは「まだ〜(てい)ない」となる。また、「もう＋数量表現（助数詞など）」（例：もう一杯）の形で「さらに付け加える」という用法もある。

関連項目　まだ、すでに、もっと、あと＋数量表現、た、助詞「も」

誤用例文

付加

1. 誤　この文章のいみ**もう**だいたいわかりました。〈中国〉
   正　この文章の意味はだいたいわかりました。
2. 誤　月日の経つのは矢のようにはやいです。一ケ月の夏休みは夢のように**もう**経てしまいました。短かったと思います。〈台湾〉
   正　月日の経つのは矢のように速いです。一か月の夏休みは夢のように過ぎてしまいました。一か月というのは短かったと思います。

誤形成

3. 誤　そのうちには時間があったら、**も**一回先生たちにあいてほしいんです。〈フランス〉
   正　そのうち時間があったら、**もう**一回先生たちに会いたいんです。

混同

【もう→すでに】

4. ★誤　もちろん、広告は商品を知らせるために存在するけれどいまの広告は**もう**現代文化と芸術の代表になっている。〈インド〉
   正　もちろん、広告は商品を知らせるために存在するけれど、今の広告は**すでに**現代文化と芸術の代表になっている。
5. ★誤　AさんとCさんは山田先生の紹介で**もう**会ったことがありますが、ひさしぶりです。〈アメリカ〉
   正　AさんとCさんは、山田先生の紹介で**すでに**会ったことがありますが、今回会うのは久しぶりです。

【(今思いだしたら)もう→今となっては】
6. 誤 ＜来日直後日本語がまったく分からなかったときの苦労話をした後で＞今思い出したら、**もう**なつかしいなぁ。〈アメリカ〉
   正 **今となっては**なつかしいなぁ。

【もう→あと】
7. ★誤 日本に来て半年すぎました。**もう**３ヶ月いるつもりです。〈アメリカ〉
   正 日本に来て半年過ぎました。**あと**３か月いるつもりです。

【もう→もっと／何より】
8. 誤 その人たちは自由生活を得るために自分たちの文化とちがう国へ行って新しい経歴や家族や友人などをつくります。この事実は自由が**もう**大事であることを裏付けています。〈中国・香港〉
   正 その人たちは自由な生活を得るために、自分たちの文化と違う国へ行って、新しい経歴や家族や友人などを作ります。この事実は自由が**もっと／何より**大事であることを裏付けています。

【もう→助詞「も」】
9. 誤 **もう**二年間日本語を勉強したが、まだぜんぜん分からない。〈アメリカ〉
   正 二年間**も**日本語を勉強したが、まだ全然分からない。
10. 誤 会社の課長さんは、ほんとうに親切な人で、入社二ケ月ばかり**もう**二回レストランでごちそうしていただきました。〈台湾〉
    正 会社の課長さんは本当に親切な人で、入社二か月ばかりの間に二回**も**レストランでごちそうしてくださいました。

位置
11. 誤 今まで私は日本のスーパーで買物することに**もう**慣れた。〈タイ〉
    正 (私は)今では**もう**日本のスーパーで買物することに慣れた。

その他
【テンス・アスペクト】
12. 誤 量が多くて、もう**疲れている**。〈中国〉
    正 量が多くて、もう**疲れてしまった**。
13. 誤 日本でもう二年間**住んでいました**。〈中国〉
    正 日本にもう二年**住んでいます**／日本に**住んで**もう**二年になります**。

14. 誤 もう**結婚しました**が、いま私費生として日本に来て家内と大塚のアパートに住んでいます。　　　　　　　　　　〈台湾〉
    正 もう**結婚しています**が、今は私費留学生として日本に来て、家内と大塚のアパートに住んでいます。

【「もう」の表現意図】
15. ★誤 ＜突然唐突に＞**もう**早御飯を食べた。　　　　　　〈中国〉
    正 私は朝御飯を食べた。

【再び→もう】
16. 誤 今日欠席した田中に明日試験の範囲もう言っておいたので、**再び**電話するのは必要ではない。　　　　　〈アメリカ〉
    正 今日欠席した田中には明日の試験の範囲を言ってあるので、**もう**電話する必要はない。

[誤用の解説]

[付加]
　1では「もうわかった」は理解し尽くしたことを表すので、「だいたいわかった」とは相容れない。2では、「夢のように」という表現の中に、あっという間に終わってしまったという気持ちが含まれているので、「もう」は不要となる。

[誤形成]
　話しことばでは3のように、「も一回」となる場合があるが、書く時は「もう」とする必要がある。

[混同]
　6は過去を振り返ってみて、かつて苦労した時のことをなつかしく思っている。したがって、その時はつらかったが、今はなつかしいという気持ちが入る「今となっては」がふさわしい。
　「もう」には、「もう少し」「もう一度」のように、さらに付け加える用法があるため、学習者は8のように、「もっと」の意味で「もう」を使ったのかもしれない。しかし、「もう」のこの用法は「もう＋数量表現」という形をとることが多く、8では不適切になっている。
　学習者は、9，10のように、数量表現の前に「もう」を付けて、「すでにたくさん」の気持ちを表す傾向があるが、数量表現の後ろに取り立て助詞「も」を付けて表すことを学ばせたい。

位置

11はこのままの位置でも誤りではない。しかし、「慣れた」の前でなく、「日本のスーパーで買い物することに慣れた」という意味で、訂正文のような位置が望ましいと考えられる。

その他

「もう」は、行動や出来事がある時点・地点に達したことを示す表現であるため、文末のテンス・アスペクトは「もう」に呼応する形をとらなければならない。12は、「疲れている」ではなく「疲れてしまった」とすることによって限界に達した感じが出る。13は「もう〜ていた」ではなく、訂正文のように「もう〜ている」または「〜て〜になる」の形にする必要がある。また、既婚の学習者は14のような言い方をするが、過去のことではなく現在の状態を説明するのであるから、「結婚している」を使う必要がある。16では書きことばの「再び」を使っているが、文体のちぐはぐさが感じられる。

伝達上の誤用 ★

● 4，5は「すでに」にしたほうがよい例である。「すでに」はある時点・段階に達したということを客観的に述べ、「もう」のような特別な感情は含まれない。また、「もう」は話しことば的なので、書きことばやきちんとした説明では「すでに」を使ったほうがよい。

● 7において、「もう3か月いるつもりです」でも意味は通じるが、もっと明確な表現にするためには、「あと3か月」にしたほうがよい。「あと3か月」は区切り（この場合は滞在終了時点）から数えて3か月残っているという、数量に焦点を置いた客観的な表現である。

●「もう朝御飯を食べた」は、「食べた」ことがすでに終わっているということを示すと同時に、「まだなのか」という聞き手の問いや予想に対して、すでに終わったという判断を示す。15のように、ある地点・限界に達したという状況や文脈がないのに、突然「もう」を使うと、聞き手はその意味がつかめなくてとまどうことが多い。「もう朝御飯を食べた」は「こんなに早い時間に食べた」「朝御飯を食べてきたから要らない」などの意味合いを含むので、単に事実を述べるのであれば「もう」は不要である。

指導のポイント

- 「もう」にはいくつかの用法があるが、基本は、「すでに（ある地点・限界に）達した」という話し手の気持ちを示す。
  例：もう全部食べてしまった。もう食べられない。
- 不必要なところに「もう」を使っている学習者が見られるが、「もう十分だ」という意味合いを強調することになるので、使い過ぎないよう注意が要る。
- 「もう」は話しことば的なので、書きことばやきちんとした説明では、「すでに」を使うように指導したい。
- 「もう」と「あと」の使い分けを理解させる。「あと」は目標・到達点に焦点を当てた言い方で、例えば「もう10分で12時だ」とは言わず、「あと10分で12時だ」となる。このような「あと＋数量／期間」の言い方を指導したい。
- 「もう」と「も」は、発音、表記、そして意味用法からも混同しがちなので、注意させること。
- 「もう」を文中のどこに置けばよいかという位置にも注意させる。

もっと

➡ もっとゆっくり歩いてください。
➡ もっとやりがいのある仕事がしたい。

同じものの数量・程度が、より一層増す時に使われる。したがって、そのものや事柄の数量・程度がすでに存在することが前提となる。「もっと勉強しろ」は、今そうである以上に「勉強しろ」となる。「もっと」は、単に二つのものを比較する場合や、客観的に現状について述べる場合には使わない。

|関連項目| ずっと、かなり、〜(の)ほうが、さらに、これ以上、最も、よく、より＋形容詞

> 誤用例文

> 付加

1. 誤 外国人力士と日本人力士を分けて別々で相撲競技を行うほうが日本の相撲発展に対しては**もっと**いいと思います。〈中国〉
   正 外国人力士と日本人力士を分けて、別々に相撲を行うほうが、日本の相撲の発展にとってはいいと思います。

> 誤形成

2. 誤 私にとって有孔虫は興味のあるんですがみなさんは有孔虫はあまりおもしろくないと思います。それで、**もと**人気のある化石について話してほうがいいかもしれません。〈フィリピン〉
   正 私は有孔虫に興味があるんですが、皆さんにはあまりおもしろくないと思います。ですから、**もっと**人気のある化石について話したほうがいいかもしれません。
3. 誤 彼はきれいですが、お友だちは**まっと**きれいですね。〈オーストラリア〉
   正 彼はきれいですが、お友達は**もっと**きれいですね。

> 混同

【もっと→ずっと】
4. 誤 中国は日本より**もっと**大きいです。中国の人口は日本のよりも**もっと**多いです。〈中国〉
   正 中国は日本より**ずっと**大きいです。中国の人口は日本より**ずっと**多いです。

【もっと→ほうが(ずっと)】
5. 誤 私がするよりもあなたが**するのが**もっといいだろう。〈韓国〉
   正 私がするよりもあなたが**するほうが**(**ずっと**)いいだろう。
6. 誤 ベトナムの女の人はアオザイを着ていると**もっと**やさしくてきれいだと思います。〈ベトナム〉
   正 ベトナムの女の人はアオザイを着ている**ほうが**、(**ずっと**)やさしそうできれいだと思います。

【もっと→どんどん／さらに】
7. 誤 そして、住宅ロンとかきそんの消費習慣で支出が**もっと**大きくなっています。〈韓国〉

もっと

707

正　そして、住宅ローンとか既存の消費の習慣で、支出が**どんどん／さらに**大きくなっています。

【もっと→かなり】

8.　誤　蒲田という所は大きいデパートもあるし**もっと**大きい本屋もあるしいろいろなレストランもあるしさまざまな生活の必需品の店もあります。〈台湾〉

　　正　蒲田という所は大きいデパートもあるし、**かなり**大きい本屋もあるし、いろいろなレストランもあるし、さまざまな生活必需品の店もあります。

【もっと→これ以上】

9.　誤　かばんの中に**もっと**入れるとこわれてしまうかもしれない。〈インドネシア〉

　　正　かばんの中に**これ以上**入れると、こわれてしまうかもしれない。

【もっと→最も】

10.　誤　わたしはにほんへ医学くのべんきょうにきました。いがくは**もっと**むずかしい科学。〈中国〉

　　正　私は日本へ医学の勉強に来ました。医学は**最も**難しい科学です。

【もっと→よく】

11.　誤　父より竹山さんの方が英語を**もっと**使って上手になりました。〈アメリカ〉

　　正　父より竹山さんの方が、英語を**よく**使って上手になりました。

【もっと→より】

12.　★誤　PKO問題をめぐって、日本政府は毎日**もっと**いい解決方法をさがすように会議を開いています。〈中国〉

　　正　PKO問題をめぐって、日本政府は**よりよい**解決方法を見つけるために、毎日会議を開いています。

【もっと→より多く】

13.　誤　一人が吸ったら、回りの人々が一緒にたばこから造った悪い気体を吸います。だから、**もっと**の人々ために、たばこを吸えないよう規則を作るべきです。〈中国〉

　　正　一人が吸うと、周りの人々もたばこから出た悪い気体を吸います。だから、**より多く**の人々のために、たばこを／が吸えないように

規則を作るべきです。

[位置]

14. 誤 遊ぶ前に勉強しておいたほうが**もっと**後から楽しめる。〈アメリカ〉
    正 遊ぶ前に勉強しておいたほうが、後から**もっと**楽しめる。

[その他]

【「もっと」が修飾する語】

15. ★誤 たばこを吸わない人はたばこを吸っている人の側に座っている時、**もっと大損害**を受ける。〈中国〉
    正 たばこを吸わない人がたばこを吸っている人のそばに座っている時、**もっと大きい／悪い被害**を受ける。

【形容詞の脱落】

16. 誤 今、たばこのことはせいしょうねんにはもっとΦ問題になっているとおもいます。〈韓国〉
    正 今、たばこは青少年にとってもっと**大きな**問題になっていると思います。

[誤用の解説]

[付加]

1は「〜ほうが」と比較表現を使っているので、「もっと」は不要である。

[誤形成]

2も3も、学習者は自分に聞こえたとおりに書いている。日本人の発音する促音「っ」がとらえにくいこと、また、「もっと」の「も」が母語によっては「ま」に近く聞こえるためであろう。

[混同]

4は、「もっと」の付加の誤用としても扱うことができるが、ここでは、学習者の強調したい気持ちを考慮し、「ずっと」との混同とした。4のような単なる比較では「もっと」は使えない。「中国は大きいが、もっと大きい国は〜」のように大きいものがあって、それ以上に大きいものと言う時に、「もっと」は使われる。5，6は、「〜ほうが」が使えていないのと、単なる比較なのに「もっと」を使っているために起きた誤用である。5，6とも、「〜ほうが」があれば「もっと」はなくてもよく、程度を強めたい時は「ずっと」がふさわしい。「もっと」を生かしたければ、5では「私でもいいが、あなたがするほうがもっとうまく行く」、6では、「ベトナム女性はきれいだが、アオザイを着ているほうがもっときれいだ」とすれ

ば「もっと」が可能になる。

7は、もともと程度がはなはだしいものが一段と程度を増す状態を表すので、「どんどん」「さらに」が適している。8で「もっと」を用いると、「デパートよりもっと大きい本屋」の意味になってしまう。このように「もっと」には文脈から容易に判断できる比較の対象が必要である。8では単に本屋の大きいことを述べたかったと思われるので、比較を表さない「かなり」などが適している。

「もっと」は「もっと＋〜と」の形で、肯定的な助言や励ましを与えることができる。（例：もっと勉強すると、成績が上がるよ。もっと丁寧に描写すると、おもしろくなるだろう。）9は「もっと＋〜と」の形をとっているが、否定的な内容を表しているので適さない。「もっと」の代わりに「これ以上」を用いると、限界点であることが明確になる。10については、学習者は科学の中の医学の難しさを強調したかったと解し、「最も」と訂正した。単なる程度を表したかったと考えると、「かなり」「非常に」などに訂正できる。11は頻度にかかわるので、回数の多いことを表す「よく」が適している。13の「もっとの人々（のために）」という言い方はない。「もっと」を名詞として使ってしまったと考えられる。

位置

14はこのままでも意味がわからないことはないが、「もっと」が何の程度を示すのかが曖昧にならないように、その語の直前（ここでは「楽しめる」の前）に置くとよい。

その他

「もっと」は副詞で、基本的には、名詞を修飾しない。15で学習者は「大損害」を「大きい損害」だから「もっと」で修飾できると考えたのであろう。16では、「もっと」自体に「大きい」が含まれると思って使ってしまったようだ。

伝達上の誤用 ★

- 「もっと軽いスーツケースがほしい」のように、「もっと」は程度が今以上である様子を表す。比較する基準に対して現状がそこまで行っていないというニュアンスが入り、「もっと勉強しなさい。」「もっと頑張ればよかった。」のように、命令や忠告、反省、また、勧めなどの気持ちが出る場合がある。
- 「もっと」は話しことばで用いられる。12では、日常の会話にはあまり使わない、かたい言い方の「より〜」が適している。「もっと」を用いたままの文では、現状ではよい解決方法が見つかっていないことに対する反省・願望などの気持ちが直接的に入ると思われる。
- 15で「もっと」は直接には名詞を修飾しないと説明したが、「もっと右。」「もっ

と上。」のような言い方がある。こうした表現が名詞を修飾しているのか否かは議論のあるところである。

指導のポイント

- 「もっと」の誤用のほとんどは、単なる二者比較に「もっと」を使っていることから起こっている。（例：地下鉄はバスよりもっと速い。）
- 「もっと」は今以上の状態にしたいという働きかけや反省の意味合いを含む。単なる二者比較ではなく、このことがはっきりわかるような状況を取り入れた練習が望ましい。

  例1　店長：売り上げはどう？
  　　　店員：いや、ちょっと…。
  　　　店長：だめじゃないか。もっと頑張って、もっと売り上げを上げなきゃ。

  例2　A：結果はどうでしたか。
  　　　B：だめでした。もっと頑張ればよかった。

- 学習者は比較のときに「もっと」を多用しがちであるが、「もっと」以外に「より〜」「ずっと」「〜（の）ほうが」などの言い方も使えるよう指導したい。
- 「もっと」の発音や正しい表記にも気をつけさせる。

もっとも

➡私達は優勝しますよ。**もっとも**、キューバチームが出場しなければの話ですが。

前文で述べた事柄に対し、後文で制限や条件を付けたり、例外を認めたりする働きを持つ。したがって、通常は、前文の事柄に対して、後文で但し書きを付け加える形をとる。「ただし」より主観的で、「ただし」が働きかけの意味合いが強いのに対し、「もっとも」は話し手の気持ちや感想を述べるにとどまることが多い。

関連項目　けれども、しかし、そのうえ、ただし、たとえば、もちろん、最も、
　　　　　　逆接節「が・けれども」

> 誤用例文

> 付加

1. ★誤 私はいぬが大好きですよ。**もっとも**両親はいぬが嫌いですけど。　　〈アメリカ〉
   正 私は犬が大好きです。両親は犬が嫌いですが。

> 混同

【もっとも→けれども】

2. ★誤 私は漢字を千字ぐらい勉強していました。**もっとも**文法のことがぜんぜん学ばなかったので、無意義だったのかな。　〈アメリカ〉
   正 私は漢字を千字ぐらい勉強していました。**けれども**、文法のことは全然勉強しなかったので、無意味だったかもしれません。

【もっとも→けれども／しかし】

3. 誤 彼はとても厳しい。**もっとも**、心がいい。　　〈中国〉
   正 彼はとても厳しい。**けれども／しかし**、性格がいい。

【もっとも→しかし】

4. 誤 ちまきははじめてごんはんだけで、その中がからっぽです。**もっとも**、今天、肉とか、甘いものとかいれて、いろいろなしゅ類があります。　　〈シンガポール〉
   正 ちまきは初めはご飯だけで、その中はからっぽでした。**しかし**、現在は、肉とか、甘い物とかが入っていて、いろいろな種類があります。

【もっとも→ただし】

5. 誤 彼は、旅があまり好きではない。**もっとも**北海道へいくのが例外だと思う。　　〈タイ〉
   正 彼は、旅があまり好きではない。**ただし**、北海道へ行くのは例外だと思う。

6. ★誤 日本に留学すれば、必ず日本語が上手になる。**もっとも**日本人と話すの努力しなければならない。　　〈中国〉
   正 日本に留学すれば、必ず日本語が上手になる。**ただし**、日本人と話す努力をしなければならない。

【もっとも→そのうえ】
7. 誤 きのう先生に叱られた。**もっとも**両親にも叱られたので、大変だった。　　　　　　　　　　　　　　　　　　　　　　　〈タイ〉
   正 きのう先生に叱られた。**そのうえ**、両親にも叱られたので、大変だった。

【もっとも→例えば】
8. 誤 大学で留学生が多い。**もっとも**ドイツ人だけで二十人ばかりがいる。　　　　　　　　　　　　　　　　　　　　　　　　〈カナダ〉
   正 この大学には留学生が多い。**例えば**、ドイツ人だけでも二十人もいる。

【もっとも→もちろん】
9. ★誤 できる部分だけを書いて下さい。**もっとも**最初からみんなに全部書いてほしいとは思っていませんから。　　　　　〈台湾〉
   正 できる部分だけを書いてください。**もちろん**、最初からみんなに全部書いてほしいとは思っていませんから。

【もっとも→もともと】
10. 誤 日曜日も出張した。**もっとも**休み日だが。　　　　　　〈中国〉
    正 日曜日も出張した。**もともと**日曜日は休み（の日）だったが。

【もっとも→もともとは】
11. 誤 今年は日本語を勉強している。**もっとも**韓国語を勉強したかったけど、取れなかった理由で日本語を選んだ。　　　〈アメリカ〉
    正 今年は日本語を勉強している。**もともとは**韓国語を勉強したかったのだが、（授業が）取れなかったので、日本語を選んだのだ。

その他

【接続詞「もっとも」か副詞「最も」か】
12. 誤 東京はおいしいレストランが多いですよ。**もっとも**すしのレストラが多い。　　　　　　　　　　　　　　　　　　　　〈？〉
    正 東京はおいしいレストランが多いですよ。**もっとも、すし屋が多いですが。**／東京はレストランが多いですよ。**最も／一番／特に多いのはすし屋です。**

【文末】

13. ★ 誤 私の友達は宇宙飛行士になりたい。もっとも、**できないはず**です。　　〈ノルウェー〉
    正 私の友達は宇宙飛行士になりたがっています。もっとも、簡単に**はなれないと思いますが**。

14. ★ 誤 奨学金をもらいました。もっとも、2万円の**奨学金です**。〈タイ〉
    正 奨学金をもらいました。もっとも、2万円の**奨学金ですが**。

15. ★ 誤 A：あした、バイトがあるだよ。もっとも一時間しか**やらない**。〈?〉
    正 A：あした、バイトがあるんだよ。もっとも、一時間しか**やらないけど**。
    B：そうですか。

16. 誤 漢字のよくわかる**人なんですが**、もっとも2500字の**能力です**。
    〈ロシア〉
    正 漢字のよくわかる**人なんです**。もっとも、2500字の**能力ですが**。

誤用の解説

付加

1は、必要のない部分に「もっとも」を使った例である。学習者は、「もっとも」は前文を述べたあとで、あとから思いついたことを軽く付け足すものだと解釈し、前文の内容をよく考えずに、思いついた文を後文につなげてしまう傾向がある。

混同

2～6は、「もっとも」の代わりに、ほかの逆接の接続詞「けれども」「しかし」「ただし」などを用いた誤用である。2は制限や条件を付けたり、例外を認めたりしているのではなく、単に前文の事柄に対して否定的内容を述べているので、「けれども」がよい。3は前文の否定とも、対比ともとれるので、「けれども／しかし」の両方を採用した。4は前文（初めは）と後文（現在は）を対比した文なので、「しかし」を用いたほうがよい。

5，6のように「ただし」との混同もよく見られる。5は第三者である「彼」のことを話しているので、主観的表現の「もっとも」ではなく、より客観的な「ただし」が適している。

7～11では他の接続詞を使うべきなのに、「もっとも」を使っている誤用である。誤用はかなり多岐に渡っている。「もっとも」が授業で十分教えられないために、学習者はその意味用法がよくつかめないまま使っていると思われる。

その他

12については、接続詞の「もっとも」を使ったのか、比較を表す副詞「最も」を使ったのか判定ができないところである。もし前者であれば、後文は「もっとも、すし屋が多いですが。」に、後者であれば「最も／一番／特に多いのはすし屋です。」となるであろう。学習者は音が同じであるため、接続詞「もっとも」と副詞「最も」を混同しがちなので、どちらの意味で使っているのか確認する必要がある。

13〜15は、文末が正しく作れていない誤用である。他の文法項目でも同様の問題があるが、学習者は文型のはじめの部分には注目するものの、文末へ行けば行くほど文型への注意度が低くなりがちである。

「もっとも」を使った文の形は、「前文。もっとも、〜が／けど。」がふさわしい。16は「が」を付ける位置が間違っている。前文で述べた事柄に対し、「もっとも」を用いて後文で制限・条件を付けたり、例外を認めたりするので、「もっとも」で始まる文の文末に「が」が付く形になる。

伝達上の誤用 ★

● 「もっとも」は前文で言い切った事柄に対して、後文で部分的に条件を付けたり、例外的なことに言及したりする。1で「もっとも」を用いると、「自分は犬が好きだから飼いたい」、でも「両親が嫌いだから飼えない」のようなニュアンスになる。単に自分の好みと両親の好みを比べているだけなら、「もっとも」は不要で、「しかし」や「けれども」を使うのがよい。

● 2は学習者の作文のままでも間違いではない。ただし、「もっとも」を用いることによって、漢字を千字勉強したことを否定的にとらえる意味合いが含まれる。そうでなく、単に自分の日本語学習について語っているのであれば、「けれども」がよい。

● 6には「努力しなければならない」と一般的立場から述べた表現があるので、「ただし」のほうがよい。「もっとも」を用いると、相手への働きかけの程度が弱くなり、自分自身で感想を述べているというニュアンスになる。

● 9は「混同」の誤用として「もちろん」と訂正したが、学習者は「もっとも」の使い方がわかっていて、「もっとも」を使ったのかもしれない。もしそうであれば、聞き手（みんな）に非常に失礼な言い方をしていることになる。その理由としては、後文で否定的な制限や条件を付けているためと考えられる。

● 「もっとも」は、もともと話し手の気持ちを表すものなので、文の形は、13〜15に見られるように「もっとも、〜が／けど。」となり、文末に逆接を示す「〜が／

けど」が続く場合が多い。文末に「～が／けど」を付けないと、文が言い切りの形となり、「もっとも」の軽く付け加えるニュアンスとバランスがとれない。15のような対話文では、文末の「～が／けど」がないと、強い語調となってしまう。

> **指導のポイント**
>
> - 学習者は接続詞の「もっとも」と副詞の「最も」を混同しがちなので、注意させる。
> - 学習者は、「もっとも」の追加・補足機能を拡大解釈して、どのような文でもあとから付け足すことができると考える傾向にある。その結果、意識が後文だけに向かい、前文の内容をよく考えずに、思いついた文を後文につなげてしまう。
> - 「ただし」との混同が多く見られる。学習者が「ただし」を知っている場合は、導入の際には「ただし」と比較対照したうえで、その違いに留意させるとよいだろう。「ただし」は書きことば的で、「もっとも」より客観的な表現である。
> - 「もっとも」は、もともと話し手の気持ちを表すものであることから、「前文。もっとも、～が／けど。」の形で用いられることが多い。「もっとも」と合わせて、文末の「が／けど」をセットで導入、練習させ、定着を図るべきである。
> - 「もっとも」の文末には意志表現は来ない。どのような文末表現が来やすいかにも注意させる。
> - 「もっとも」は話しことば、書きことば両方に使うが、ややかたい表現である。使用する場面に注意させる必要がある。

最も

➡ **最も**苦手な科目は物理だ。
➡ 3人の中で彼が**最も**有望だ。

その程度がどれよりも進んでいる様子を表す。ややかたい言い方で、話しことばでは「一番」に置き換えられることが多い。

|関連項目| 一番、ずっと、特に、もっと、非常に、〜の中で、形容詞

|誤用例文|

|付加|

1. 誤 しかし、**もっとも**一番重要な事はたばこがみんなの健康に悪い事が欠点です。〈韓国〉
   正 しかし、一番重要なことは、たばこにはみんなの健康に悪いという欠点があることです。
2. ＜喫煙について意見を二つ述べた後で＞
   誤 どのほうが**もっとも**いいですか。私は一番目の意見を支持しています。〈中国〉
   正 どちらのほうがいいですか。私は一番目の意見を支持しています。

|混同|

【最も→ずっと】

3. 誤 まずタバコを吸うのはお酒を飲むことより体には**もっとも**よくないです。〈韓国〉
   正 まず、タバコを吸うのは、お酒を飲むことより体には**ずっと**よくないです。

【最も→一番】

4. ★誤 全部取れば**もっとも**いいと思う。〈中国〉
   正 全部取れれば**一番**いいと思う。
5. ★誤 トイレがタバコのけむりでいっぱいだった。**もっとも**内側からけむりが出ていた。〈韓国〉
   正 トイレがタバコの煙でいっぱいだった。**一番**奥から煙が出ていた。

【最も→非常に】

6. 誤 日本ではあいまいな言葉であればあるほど優れた表現になって**もっとも**重んぜられているようです。〈中国〉

正 日本では、あいまいな言葉であればあるほど優れた表現になって、**非常に**重んじられているようです。

【最も→もっと】

7. 誤 何だよ。**もっとも**略に話した方がよかったのに。 〈中国〉
   正 何だよ。**もっと**略して話した方がよかったのに。
8. 誤 成績があがっているんだけど、**もっとも**あがればいいのに。〈韓国〉
   正 成績が上がっているんだけど、**もっと**上がればいいのに。

【最も→特に】

9. 誤 たばこを吸うことが権利だという人はこれが個人の問題だと考えますが、実際に、これは全世界の社会問題だとおもいます。そして、子どもに対して、問題の重要性を**もっとも**強調しなければなりません。 〈中国〉
   正 たばこを吸うことが権利だという人は、それは個人の問題だと考えますが、実は、これは全世界の社会問題だと思います。さらに、子どもに対する問題の重要性を**特に**強調しなければなりません。

その他

【「〜の中で」が必要】

10. 誤 外国語の勉強は難しいことです。**もっとも難しいのは**日本語です。 〈中国〉
    正 外国語の勉強は難しいものです。**その中で最も難しいのは**日本語です。
11. 誤 彼はこれを提安した。**もっともいい意見**であった。 〈韓国〉
    正 彼がこれを提案した。**意見の中で最もいい意見**であった。

【形容詞の脱落】

12. 誤 美人の条件はいろいろなことがあるけれども、私にとって、頭がいいのは**もっとも**条件です。 〈ベトナム〉
    正 美人の条件はいろいろあるけれども、私にとっては、頭がいいことが**最も大切**(**な**条件)です。

誤用の解説

付加

1は「最も」か「一番」のどちらか一つでよい。2で学習者は「もっと」と言

いたかったのかもしれないが、「～(の)ほうが」があるので不要である。

混同

3はタバコとお酒の両者を比較しているので、「最も」ではなく、「ずっと」となる。4，5は「一番」としたほうがよい誤用である。「一番」が「1番、2番～」と順番に並べていった時に先頭に位置するものであるのに対して、「最も」はそのような順序意識はなく、他のものに比べて「とりわけそうである」という程度の高い状態を表す。4は前後の文がないので文脈を把握しにくいが、最善の方法という意味合いで「一番」がよいだろう。4は文中の「取る」が「獲得する」の意味であれば、可能形の「取れれば」が自然になる。5は煙が出ていたのは入り口から一番遠い場所と解し、「一番奥」とした。

6のように、比べる枠・範囲がない場合は、「最も」ではなく程度がはなばなしい様子を表す「非常に」となる。7，8は「もっと」との混同である。「もっと」は現状が基準と比べて劣っている場合に使い、命令・忠告、反省、勧めなどの気持ちが入る。7，8は「もっとも（最も）」と「もっと」の音が似ているために混同したのかもしれない。9では対象を「子供」に特化しているので、他と区別して取り上げるという意味で「特に」が適している。

その他

「最も」は、他のいくつかのものと比べて判断・選択するときに使う。10，11では判断・選択の対象となるものが明記されていないので文として曖昧になっている。12は、形容詞「重要な／大切な」が脱落している誤用である。「最も」が、それ自体に「重要な／大切な」、また、「いい」という意味を含んでいると考えたためであろう。

伝達上の誤用 ★

- 「一番」が話しことば的なのに比べ、「最も」は書きことば的である。4，5は意味的には「最も」でよいが、話しことばの内容の文に書きことばの「最も」を用いたので、不適切になっている。これは文体的な問題であるとも考えられる。

指導のポイント

- 音が似ているためか、「最も」を二者比較の「もっと」と思い込んでいる学習者がいる。
- 「最も」と「一番」の違いは、「最も」が書きことば的であり、「一番」は話しことば的であること、また、「一番」は順序・序列の意識が強いのに

対し、「最も」は絶対的な程度の高さを示すことである。
- 学習者の中には、「最も」自体に、「最もよい」や「最も大切だ」の意味があると思っている者がいる。「最も」の後ろに適切な形容詞が来るように練習させる。

    例：×それは最も条件だ。→○それは最もよい条件だ。
- 学習者は「最も」がよくわからなくて、程度の高いことを表す「非常に」や「特に」と混同することが多い。「最も＋形容詞＋名詞」（例：最も重要な産業は農業だ。）また、「〜は（〜の中で）最も＋形容詞」（例：農業は（産業の中で）最も重要だ。）という「最も」の基本の形を教えておきたい。

ものだ

➡子供はじっとしていない**ものだ**。
➡学生は勉強する**ものだ**。

形式名詞「もの」がその名詞としての独立性を失い、「〜ものだ」という形で、話し手の心的態度（モダリティ）を表す。意味・用法は多岐にわたり、「本来的特徴」、「当然」、「回想」（例：学生時代はよく思案にふけったものだ。）、「感心・驚き」（例：あんな技がよくできるものだ。）などを表す。

|関連項目| ことだ、のだ／んだ、べきだ

|誤用例文|

|脱落|

1. 誤 新しい買ったくつは、いつも始めに**走きにくいである**。〈カナダ〉
   正 新しく買った靴は、いつも初めは**歩きにくいものである／歩きにくい**。

|付加|

2. 誤 彼はくいしん坊で何でも**食べるものだ**。〈中国〉
   正 彼は食いしん坊で、何でも**食べる**。
3. 誤 おじがやさしくくれたことを、いつも**思い出すものです**。〈イギリス〉
   正 叔父がやさしくしてくれたことをいつも**思い出す**。
4. ★誤 このたぐいの話はよく**聞くものだ**。〈中国〉

正 このたぐいの話はよく**聞く**。
5. ★誤 日本の文化や週間などがブラジルに比べてけっこうちがう。そのために、色々な行動と考え方がよく**分からいものだ**。　〈ブラジル〉
　　　正 日本の文化や習慣などは、ブラジルとはかなり違う。そのために、色々な行動や考え方がよく**分からなくなる**。
6. ★誤 かつて、この日にみんなは僧に花束や食べ物を**持って行ったもの**で、戒律を守り、お寺へ説教を聞き**行ったものです**。　〈タイ〉
　　　正 かつては、この日に人々は僧のところへ花束や食べ物を**持って行き**、戒律を守り、お寺へ説教を聞きに**行きました**。
7. ★誤 一方で、その家族がグループに様々な美味しい料理を**作ってあげたものだ**。　〈ブラジル〉
　　　正 一方、その家族はグループに様々なおいしい料理を**作ってあげた**。
8. ★誤 ところでハリラヤに際してムスリムは特別な服を**着ったものです**。　〈マレーシア〉
　　　正 ところで、ハリラヤのときには、ムスリムは特別な服を**着ます**。
9. ★誤 また食べることが終わったら私たちは一緒に握手を**するものです**。　〈マレーシア〉
　　　正 また、食べ終わると、私たちは互いに握手を**します**。
10. ★誤 小さい時からずっと私の住む所にはテレビが**あったものだ**。　〈アメリカ〉
　　　正 小さい時から私の住む所にはずっとテレビが**あった**。
11. ★誤 私はキリスト教の新教の信者です。子供のときに洗礼も受けたし、毎週、親と一緒に教会へ**行ったものです**。　〈アメリカ〉
　　　正 私はキリスト教の新教の信者です。子供のときに洗礼も受けたし、毎週、親と一緒に教会へも**行きました**。

混同

【ものだ→のだ／んだ】

12. 誤 私は宗教に興味がないという意味ではないが、さまざまな宗教の教義や考え、自分のクリスト教も含めて、よく**知らないものである**。　〈アメリカ〉
　　　正 私は、宗教に興味がないというわけではないが、さまざまな宗教の教義や考えを、自分のキリスト教も含めて、よく**知らないのである**。

【ものだ→ことだ】
13. 誤 毒ガスが作られたとはなんと**恐ろしいものだろう**。　〈ブラジル〉
    正 毒ガスが作られたとは、何と**恐ろしいことだろう**。

その他
【ば→というのは】
14. 誤 みんな家族は**集まれば**とてもたのしいものです。　〈マレーシア〉
    正 家族みんなで**集まるというのは**、とても楽しいものです。

誤用の解説
脱落
「ものだ」は脱落していても、内容への影響があまりないので、1のように構文的に問題が起こらない場合は気づかれにくい。「ものだ」の表現性（「ものだ」の示す意味用法）を理解して、必要に応じて使用できるようにする必要がある。

付加
「ものだ」の誤用で最も多いのは付加である（2〜11）。2のように、個別の対象に対しては、「本来的特徴」としての「ものだ」を用いることはできない。また、2で学習者は、「ものだ」を用いて「感心・驚き」を示そうとして、失敗している。「感心・驚き」の「ものだ」は、2のような説明的な文ではなく、次のように眼前描写的な場合に用いられる。
　(1) 全部食べたのか。あんなものがよく食べられるものだ。
　(2) 全部平らげるなんて、よく食べるものだ。
3では、「やさしくしてくれた」ことに対する回想の気持ちが「ものだ」と「思い出す」の両方に含まれているので、どちらか一方を削る必要がある。3では、「ものだ」の付加の誤用として扱った。

混同
12, 13は、「ものだ」「ことだ」「のだ」がそれぞれどのような話し手の気持ちを表すのか、ということが十分にわかっていないために起きた誤用である。12では自分自身のことに「ものだ」を用いているが、「ものだ」は一般論的な意見・意向を表すため、不適切になっている。話し手の心情を説明する「のだ」がふさわしい。13は「感心・驚き」を表しているが、その程度が極めて高い場合は、感嘆表現として「〜とは何と＋形容詞＋ことか」を用いたほうがよい。

その他

「本来的特徴」の用法は、ある事柄についての「とらえ直し」を表すことが多いため、14の「〜というのは」のように、対象をとらえ直す表現と共に用いると、呼応が成り立ち、落ち着きがよい。

伝達上の誤用 ★

● 4〜11に見られるように、「ものだ」の付加による誤用が極めて多いのは、以下のように、「ものだ」の表す心情が、話し手の表現しようとしていることとずれてしまう場合が多いことを示している。

- 4, 5： 一般的な事柄としての「本来的特徴」であれば、「ものだ」を使用し得るが、話し手の個人的な感想としては不適切になる。
- 6〜9： 各国の行事に関する説明であるが、動詞・形容詞などのタ形に「ものだ」が付くと、客観的な説明でなく回想になってしまい、説明文には不適切である。また、9のようにル形に「ものだ」が付くと、本来的特徴や当然そうすべきことを示し、やはり説明文には不適切になる。
- 10, 11： 話し手の経験を述べてはいるが、話し手（誤用例を書いた学習者）が大学所属の留学生であることを考えると、かなり昔のことのように回想する言い方は不自然になる。このように、過去の事柄に対して、単に「ものだ」を付ければよいと考えてしまう傾向が学習者にはあるので、「回想」のニュアンスをきちんと伝える必要がある。

● ここには例として挙げられていないが、「本来的特徴」や「当然」（例：学生は勉強するものだ。）の用法は、使い過ぎると説教がましく聞こえることにも注意する。

指導のポイント

- 名詞としての「もの」の意味・用法を整理した上で、モダリティ表現の「ものだ」は、話し手の気持ちを表すことを理解させる。
- 「ものだ」の示す心情を十分に理解させるとともに、「よく／いつも〜したものだ（回想）」、「〜というのは、〜ものだ（本来的特徴）」など、表現意図に合わせて、いっしょに使われやすい表現を組み合わせて提示するとよい。
- 「ものだ」と「ことだ」の基本的な違いは、「ことだ」が個別的な、「ものだ」が一般論的な判断に基づくという点である。このことについても、

説明しておくとよい。
- 「ものだ」は、時として説教がましくなったり、また、年寄りじみて聞こえたりすることがあることにも注意させる。
- 否定表現「〜ないものだ」を習得したあと、「〜ものではない」についても混乱のないように、提示する必要がある。

（て）もらう・（て）いただく

→ 友達にCDをもらった。
→ お金を返してもらった／ていただいた。

日本語の「やりもらい（授受）」には、ものの移動と動作・行為による恩恵・利益の移動がある。ここでは、「名詞を＋もらう／いただく」「動詞＋てもらう／ていただく」を取り上げる。（解説は「脱落」「混同」などの誤用分類に沿って、まとめて行う。）

関連項目　（て）あげる・（て）さしあげる、（て）くれる・（て）くださる、**敬語（謙譲語）**、可能形、使役文、受身文、助詞「に、を」

誤用例文

Nをもらう

誤形成

1. 誤　赤ちゃんはりょうしんの愛を**もらて**世をわたります。　　〈韓国〉
   正　赤ちゃんは両親から愛を**もらって**世の中を渡っていきます。

混同

【もらう→くれる】

2. 誤　私の夏休みには、なつかしくの国へ帰ったことです。（中略）そのころ、家族のみんなから**お金がもらいやすい**ので、ずいぶんよくデパートへ買物に行きました。　　〈マレーシア〉
   正　夏休みには、なつかしい国へ帰りました。（中略）一時帰国のときは、家族のみんなが**すぐお金をくれる**ので、よくデパートへ買い物に行きました。

【(を)もらう→(が)来る】

3. 誤 彼に三回もてがみを送ったのに、まだ返信が**もらわない**。
〈中国・香港〉

   正 彼に三回も手紙を送ったのに、まだ返事が**来ない**。

【もらう→受ける】

4. 誤 たとえばたばこを吸えば自分の欲求満足に足りますけど他の人々がたばこの煙でいろいろな被害を**もらう**ことがあるの場合もあります。
〈韓国〉

   正 たとえば、たばこを吸えば自分の欲求は満たされますけど、他の人がたばこの煙でいろいろな被害を**受ける**場合もあります。

その他

【(私に)もらう→(私は)あげる】

5. 誤 田中さんは**私に**テープを**もらいました**。　　〈フランス〉

   正 **私は**田中さんにテープを**あげました**。

てもらう

脱落

6. ★誤 <ホームステイ先の田中さんが日光へ連れて行ってくれたことに対して>田中さん**が**車で日光に**連れて行きました**ので、とても楽しかった。
〈中国〉

   正 田中さん**に**車で日光に**連れて行ってもらって**、とても楽しかった。

付加

7. 誤 実は、あなたは、去年、私から**かしてもらった**本と資料は今、試験と論文を書くために、私にとって急用ですから、はやく**かえしてもらうのが欲しい**です。
〈台湾〉

   正 実は、去年、私が**貸した**本と資料なんですが、今、試験と論文を書くのに必要ですから、早く**返してもらいたい／返してほしい**です。

8. 誤 人々は友達やありがたい人にカドを**あげてもらいます**。　〈韓国〉

   正 人々は友達や感謝したい相手にカードを**あげます**。

誤形成

9. 誤 お父さんの車で日光まで連れていて**案内もらって**とても楽しかった。 〈中国〉
   正 お父さんの車で日光まで連れていってもらいました。そして、**案内してもらって**、とても楽しかったです。

混同

【てもらう→てもらえる】

10. <相手に自分たちの写真をとることを頼む>
    誤 しゃしんを**とってもらいませんか**。 〈パキスタン〉
    正 写真を**とってもらえませんか**。

11. 誤 ちょうとすみません。しゃしんを**とらせてもらいませんか**。 〈フランス〉
    正 ちょっとすみません。写真を**とらせてもらえませんか**。

【てもらう→てくれる】

12. <国から送ってきたものを見せて>
    誤 国のお母さんが**送ってもらたんです**。 〈中国〉
    正 国のお母さんが**送ってくれたんです**。

13. 誤 山下さんに聞いてみたら、使い方を**教えてもらいました**。 〈中国〉
    正 山下さんに聞いてみたら／聞いてみたところ、使い方を**教えてくれました**。

【(借り)てもらう→(貸し)てくれる】

14. 誤 Mがノートを**借りてもらて**もうわかりになりました。 〈中国〉
    正 Mがノートを**貸してくれた**ので、わかりました。

その他

【受身形→てもらう】

15. ★誤 お父さんにくるまで日光に**連れされてしました**。 〈中国〉
    正 お父さんに車で日光に**連れて行ってもらいました**。

16. ★誤 <ホームステイ先の>お父さんに車で日光に**連れられて行きました**。 〈中国〉
    正 お父さんに車で日光に**連れて行ってもらいました／いただきました**。

【(私に)〜てもらう→(私は)〜てあげる】
17. 誤 李さんは私に本を貸してもらいました。　　　　〈中国〉
    正 私は李さんに本を貸してあげました。

【ことができる→てもらえる／ていただける】
18. ★誤 聞きたいことがあるんですが、教えることができますか。〈メキシコ〉
    正 聞きたいことがあるんですが、教えてもらえません／いただけませんか。

【助詞「が」→助詞「に」】
19. ＜国から送ってきたものを見せて＞
    誤 国のお母さんが送ってもらたんです。　　　　〈中国〉
    正 国の母に送ってもらったんです。
20. 誤 (私は)メアリーさんがクラスのノートを貸してもらいました。
    　　　　　　　　　　　　　　　　　　　　　　　〈中国〉
    正 (私は)メアリーさんにクラスのノートを貸してもらいました。

Nをいただく
混同
【いただく→あげる】
21. ＜木村先生の奥さんがセーターを渡す絵を見て＞
    誤 木村先生の奥さんはリサさんにセーターをいただきました。
    　　　　　　　　　　　　　　　　　　　　　　　〈メキシコ〉
    正 木村先生の奥さんはリサさんにセーターをあげました。

ていただく
誤形成
22. 誤 15日にはカンボジア人にとって、先祖がじこくのおさまにきょかをいただって、家族と集まっていくとカンボジア人はしんじます。　　　　　　　　　　　　　　　　　　　　〈カンボジア〉
    正 15日には、先祖が地獄の王様に許可をいただいて、家族に会いに来るとカンボジア人は信じています。

混同

【ていただく→てくれる】

23. 誤 （友達の）Mがアパートに来て、ノートを**貸していただきました**。 〈中国〉

　　 正 Mがアパートに来て、ノートを**貸してくれました**。

【ていただく→てくださる】

24. ＜先生がドアを開ける絵を見て＞
　　 誤 先生がドアを**あけていただきました**。 〈インドネシア〉
　　 正 先生がドアを**開けてくださいました**。

【ていただく→お～する（謙譲）】

25. ＜先生から先生の友人に中国語を教えることを頼まれて＞
　　 誤 先生の友人は中国語に対して興味があってうれしいです。私も**教えていただけたいんです**。 〈中国〉
　　 正 先生の友人が中国語に興味を持ってくださって、うれしいです。私も**お教えしたい／教えてさしあげたい**です。

その他

【助詞「は」→助詞「には」】

26. ★誤 その課長さん**は**、いろいろの指導をいただきまして感謝しています。 〈台湾〉
　　 正 その課長さん**には**いろいろな指導をしていただきまして、感謝しています。

【ていただく→てもらう】

27. ★誤 母から**送っていただいた**ものです。 〈中国〉
　　 正 母から**送ってもらった**ものです。

【受身形→てもらう／ていただく】

28. ★誤 それで、1週間に1回色々な基本的な日本語を**教えられた**。 〈アメリカ〉
　　 正 それで、1週間に1回色々な基本的な日本語を**教えてもらった／いただいた**。

【借りる→貸す】

29. 誤 ＜先生から辞書を借りる絵を見て＞私は、木村先生にじしょを**かりていただきます**。 〈インドネシア〉

正　私は、木村先生に辞書を**貸して**いただきます。

誤用の解説
脱落
　6は、ホームステイ先のお父さんである田中さんが、「私」のために日光にいっしょに行き、それを「私」はうれしいと思っている状況である。この場合「田中さんが」を生かして「連れて行ってくれた」としてもよいが、「とても楽しかった」の主語は私なので、「（私は）田中さんに車で日光に連れて行ってもらって、とても楽しかった」としたほうがよいと思われる。

付加
　7は「てもらう」について2か所の誤りがある。一つは「私から貸してもらった」であるが、日本語では行為の送り手（あげる人）が話し手自身の場合はこのような言い方はしない。
　(1)　a．　山田さんは田中さんに／から本を貸してもらった。
　　　　b．？山田さんは私に／から本を貸してもらった。
　bのような場合は「私は山田さんに本を貸してあげた」となる。7の二つ目の誤りは、「返してもらうのがほしい」である。これは「返してほしい」、または「返してもらいたい」にする必要がある。
　8は「もらう」の付加として分類したが、学習者が言いたかったのは、「カードをあげたりもらったりする」だったかもしれない。その場合は、「て」と「たり」の混同の誤用になる。

誤形成
　1, 22のように「もらって」「いただいて」が発音上、また表記上「もらて」「いただって」になることが多い。誤用例にはないが「いたたいて」「いただきて」などになる誤用もある。9は「案内」と「もらって」の間に「して」が必要である。

混同
　2のように、「もらう」と「くれる」とを混同する学習者が多い。2は一時帰国で、家族のみんなが（積極的に）お金をくれるととらえたほうが文意に合っていると思われる。3は「返事をもらっていない」としてもよい。しかし、返事に視点を置いて「返事が来ない」としたほうが自然である。
　「（て）あげる」「（て）くれる」「（て）もらう」は、基本的に、「受け取った人がよいものであると感じる」と話し手が考えるものに使う。そのため、4のような時は「被害をもらう」ではなく「被害を受ける」と言うべきである。10, 11のように依頼表現の「てもら<u>え</u>ませんか」を「てもら<u>い</u>ませんか」としてしまう誤用が多

729

い。最初に学習する段階で、可能の形にすることをよく注意して指導する必要がある。

12は「てもらう」と「てくれる」の誤用として訂正したが、学習者は「(国のお母さん)に」とするところで「が」を用いてしまったとも考えられる。13は、「山下さんに聞いてみたら」が主題となることがわからなかったと思われる。「聞いてみたのは」は学習者本人であり、学習者本人が教えてもらったのであるが、談話の流れとしては、「聞いてみたら」の「たら」が主題的な役割を果たし、後件の主語は「山下さんは」となる。

「貸す」と「借りる」は、発音が似ていること、また中国語では「借」で「貸す・借りる」の両方を表すために、ものの移動の方向が混乱する傾向がある。14ではそれに「てもらう」と「てくれる」が加わって、「借りてもらう」としてしまう誤用が見られる。(同じような誤用は29でも見られた。29はインドネシアの学習者だが、「貸す・借りる」の方向性が混同の要因となっていると考えられる。)

「(て)もらう」と「(て)くれる・(て)あげる」との混同は「(て)いただく」でも同じで、21では「あげる」、23, 24では「てくれる」「てくださる」との混同が見られる。25で学習者は「てさしあげる」と「ていただく」を混同し、なおかつ、「ていただく」を可能形にして願望「たい」に結び付けている。25は下の者が先生に向かって言っているので、謙譲表現「お～する」を使えばよい。使役やりもらい表現を用いて「教えさせていただきたい」としてもよい。

その他

5, 17に見られるように「＜第三者＞が 私に ～(て)もらった」という言い方をする学習者がいるが、日本語では「私が ＜第三者＞に ～(て)あげた」という言い方をすることが多いので注意が必要である。(第三者は聞き手「あなた」を含む。以下同じ。) 19, 20は状況から考えて、行為を受ける側が「私」であることが明らかなので、「お母さんが」「メアリーさんが」ではなく、「母に」「メアリーさんに」となる。

伝達上の誤用 ★

● 6のように、「田中さんが車で日光に連れて行く」という行為が、「私に」とってうれしいことである場合には、感謝の気持ちを表すために日本語では「てもらう」を使う。そういう状況にあって、やりもらい表現が適切に使われないと失礼に当たることがある。

● 同様に15, 16も、「お父さんが車で日光に連れて行く」という行為が「私に」とってうれしいことである場合には、やりもらい表現を使うのが普通であるが、「連

れされて」や「連れられて」のように受身形にしてしまう誤用がしばしば見られる。受身形にすると、その行為を喜ばしくないと判断することになるので、注意が必要である。**28**も受身を用いているという点で同様である。
- **18**については「ことができる**8**」を参照されたい。
- **26**は、課長さんから恩恵をもらったのであるから、恩恵をくれた人には助詞「に」を使って「課長に〜てもらう／いただく」とすべきである。しかし、**26**のように「恩恵をくれた人」を「は」で受けて、文末に「〜ていただく」を用いる(1)(2)のような言い方が、最近日本語母語話者の間でよく聞かれる。

    (1) 横田社長<u>は</u>我々の施設に多額の寄付を<u>していただき</u>、感謝にたえません。
    (2) 今、先生<u>は</u>わかりやすく説明<u>していただきました</u>。

「主体＋は」で始まっているのであるから、述語は「てくれる／てくださる」となるべきだが、日本語母語話者は「ていただく」のほうが丁寧と感じているようで、(1)(2)のような言い方が日本語母語話者の中に広く定着している。
- **27**のように、身内の行為について敬語を使ってしまう誤用がときどき見られる。日本語母語話者は、自分の家族の年長者（祖父母や両親）に向かって話す時に敬語を使うことがあるが、ソトの人に対しては、自分の祖父母や両親の行為に敬語を使うのは適切ではない。韓国語など、学習者の母語によっては、ソトの人に対しても自分の家族の年長者について敬語を使う言語もあるので注意が必要である。
- 誤用例には出てこなかったが、「てもらう」には次のような「指示」の用法がある。

    (3) 上司：山田君には名古屋へ行ってもらう。林君は広島だ。
    (4) 妻：本当のことを言っていただきます。きのうどこに泊まったのですか。

この「てもらう・ていただく」は恩恵の授受というより、指示・命令に近い。このような「てもらう・ていただく」の用法を知らない学習者が、相手に「〜てもらいます」と言った時、特に目上の人には失礼になることもあるので、注意が必要である。

指導のポイント

- 「私は ＜第三者＞に 〜（て）もらう／いただく」（例：私は森さんに教えてもらう。）と「＜第三者＞が 私に 〜（て）くれる／くださる」（例：森さんが私に教えてくれる。）はものや恩恵の移動が同じであるため、非常に混乱しやすい。もの・恩恵が話し手自身に来る時、「私は」で始めると「（て）もらう・（て）いただく」、「＜第三者＞が」で始めると「（て）くれる・（て）くださる」になることを、十分な練習を通して徹底させる。

- 人にお願いをする時は「(て)もら<u>え</u>／(て)いただ<u>け</u>ませんか」のように可能形を使う。学習者は「(て)もら<u>い</u>／(て)いただ<u>き</u>ませんか」としてしまうので注意が必要である。
- 「＜第三者＞は 私に ～(て)もらう」(例：林さんは私に教えてもらった。)という言い方をする学習者が多い。日本語では「私は ＜第三者＞に ～(て)あげる」という言い方をすることを注意させる。

やっと

➡ **やっと**仕事が終わった。
➡ 5時間歩いて、**やっと**頂上に着いた。

困難を伴ったり、時間や手間がかかったりしたが、一応の結果が出た様子を表す。結果は、満足のいくものの場合もあるし、最低限のレベルだけは確保したという場合もある。苦労して実現したことに対して安堵の気持ちが含まれる場合もある。

|関連項目| 結局、とうとう、ようやく、いよいよ、なんとか、どうにか、はじめて、並列(継起)節「て」、助詞「が」

|誤用例文|

|脱落|

1. 誤 3か月も待たされたあげくΦ就職VISAが出た。〈韓国〉
   正 3か月も待たされたあげく、**やっと／ようやく**就業ビザが出た。

|混同|

【やっと→結局】

2. 誤 さんざん迷ったあげく**やっと**もとの計画に従うことにした。〈中国〉
   正 さんざん迷ったあげく、**結局**もとの計画に従うことにした。

【やっと→とうとう】

3. ★誤 何回も約束を守らなかったものだから、**やっと**彼を怒らせてしまった。〈中国〉
   正 何回も約束を守らなかったものだから、**とうとう**彼を怒らせてしまった。

【やっと→なんとか／どうにか】

4. 誤 ぎりぎりに家をでたが、**やっと**電車に間に合った。　　〈？〉
   正 ぎりぎりに家を出たが、**なんとか／どうにか**電車に間に合った。

【やっと→いよいよ】

5. ★誤 まず、ハリラヤの前に、イスラム教の人は一ヶ月でだんじきをしなければなりません。（中略）**やっと**ハリラヤの朝です。みんな早く起きて、シャワーをあびて、マレー人の伝統的というバジュメラユを着ます。　　〈マレーシア〉
   正 まず、ハリラヤの前に、イスラム教の人は一か月断食をしなければなりません。（中略）**いよいよ**ハリラヤの朝です／になりました。みんな早く起きて、シャワーを浴びて、マレー人の伝統的な服、バジュメラユを着ます。

【やっと→はじめて】

6. 誤 最初日本に来て、住む所は解決しなければ、なりませんから、アパートを探しにいって不動産屋さんは探してくれましたが、いろいろ契約して、そして敷金、礼金ということは**やっと**わかりました。　　〈中国〉
   正 最初日本に来たとき、住む所を決めなければなりませんでしたから、アパートを探しに行きました。不動産屋さんは探してくれましたが、そこでいろいろ契約して、そのとき敷金、礼金というものを**はじめて**知りました。

位置

7. 誤 四年間日本語を勉強して、じょうよう漢字全て**やっと**読めるようになった。　　〈オランダ〉
   正 四年間日本語を勉強して、**やっと**常用漢字が全て読めるようになった。

その他

【助詞「は」→助詞「が」】

8. 誤 最終面接の結果**は**やっと出てきた。　　〈台湾〉
   正 最終面接の結果**が**やっと出てきた。

9. 誤 つまらなくて長い授業**は**やっと終わった。　　〈スウェーデン〉
   正 つまらなくて長い授業**が**やっと終わった。

【文末】

10. 誤 きのう徹夜して今朝の5時にやっと宿題を**やってしまった**。
    〈スリランカ〉

    正 きのう徹夜して、今朝の5時にやっと宿題を**やり終えた／やり終わった**。

11. 誤 私は3年間に研究した結果、やっと今年の6月には論文を**書いてしまった**。
    〈カナダ〉

    正 私は3年間研究した結果、やっと今年の6月には論文を**書き終えた**。

【「やっと」に対応する表現／文末（可能形）】

12. 誤 ＜ホームスティの話＞どういう家庭に入るかと考えることは僕の楽しみだった。**やっと**家族の皆さんに**会った**時には本当にほっとした。
    〈アメリカ〉

    正 どういう家庭に入るのかを考えることは、僕の楽しみだった。**やっと**家族の皆さんに**会えた**時には、本当にほっとした。

13. 誤 まず、ハリラヤの前に、イスラム教の人は一ヶ月でだんじきをしなければなりません。（中略）**やっと**ハリラヤの**朝です**。みんな早く起きて、シャワーをあびて、マレー人の伝統的というバジュメラユを着ます。
    〈マレーシア〉

    正 まず、ハリラヤの前に、イスラム教の人は一か月断食をしなければなりません。（中略）**やっと**ハリラヤの**朝が来ました／になりました**。みんな早く起きて、シャワーを浴びて、マレー人の伝統的な服、バジュメラユを着ます。

【従属節】

14. 誤 この文法はどうしても分からなかったが、先生に**聞いてから**、やっと分かるようになった。
    〈アメリカ〉

    正 この文法はどうしても分からなかったが、先生に**聞いたら**やっと分かるようになった。

誤用の解説

脱落

1では、待ち望んでいたものが手に入ったのだから、「やっと」または「ようや

く」を使うことによってその喜びや安堵感が出る。

混同

2は、「もとの計画」を実現させたくて、それに向かって努力してきたのであれば「やっと」でよいが、「さんざん迷ったあげく」には、最終的に得られた結果はあまりよくないという意味合いがあるから、「結局」としたほうがよい。「やっと」と「結局」は結果に至る過程は同じだが、得られた結果について、「やっと」にはプラス評価、「結局」には納得、あきらめ、無力感などマイナス評価が入ることが多い。3は、「彼を怒らせた」というマイナスの結果になっているので、プラス評価の「やっと」は使えない。長い時間、様々な局面を経過して、最終的な局面に到達するという意味を持つ「とうとう」が適している。「とうとう」はプラスの結果にもマイナスの結果にも使えるが、結論、結果に焦点が当たる「結局」と比べ、最終局面に至る過程に焦点が当たる。

4は、家を出たのが遅かったにもかかわらず、電車に乗れたのであるから、いろいろな手段を尽くして希望を実現させる「なんとか」「どうにか」を使ったほうがよい。5では「やっと」によって、楽しみに待っていた朝が来たという気持ちは伝わってくる。しかし、「いよいよ」を使うと、その事柄の到来、さらにこれから何かが始まるという待ち望みの感じが出る。6は、わかるまでに時間も手間もかかったということで「やっと」を使ったと思われるが、わかることを以前から望んでいたわけではなく、部屋の契約をする過程で知ったのであるから、「はじめて」がよい。

位置

「やっと」は話し手の気持ちと関係する副詞なので、直接述語を修飾するのではなく、文全体にかかることが多い。7は「やっと」を、後件（主節）全体の前に持って来たほうがよい。

その他

8, 9は、助詞「は／が」と「やっと」の問題である。「やっと」は様々な局面を経て、目的を達成したことを表す副詞である。目的や事態の達成、到来などの「物事の生起」には「が」が使われる。（例：結果が出た。仕事が終わった。地震が起きた。）10, 11で、学習者は、動作の完了の意味で「てしまう」を使ったのかもしれないが、「てしまう」には後悔や残念の気持ちが入りやすい。「やっと」は目的を達成してほっとするという、プラスの意味合いを表すので、「てしまう」は使わないほうがよい。

12, 13は、物事が実現することを示す動詞（自動詞か他動詞か、可能動詞か、など）の問題である。可能形を使ったり（12）、自動詞を使う（13）と、望ましい事

態の到来を表すことができる場合が多い。14は、「やっと」と従属節の問題である。「聞いてから」という単なる時間表現より、「聞いたら（わかった）」としたほうが、目的達成のきっかけがよく表れる。

| 伝達上の誤用 | ★

●学習者の誤用に見られるように、「やっと」「ようやく」「ついに」「とうとう」（3）、「いよいよ」（5）は使い分けが難しい。以下に特徴をまとめておく。飛田・浅田（1994）を参考にした。

やっと：ややプラスイメージを持つ。実現可能な対象について、苦労して目的を達成する様子を表す。安堵の気持ちが入り、「ようやく」より気分的な余裕がない。

ようやく：ややプラスイメージを持つ。待ち望んでいた物事が実現する様子を表す。ややかたい文章語である。

ついに：長い時間様々な局面を経過して、事態が新しい局面に入る様子を表す。到達点に焦点が置かれる表現である。ややプラスイメージを持つ。

とうとう：長い時間様々な局面を経過して、最終的な局面に到達する様子を表す。最終的な局面に至る過程に焦点が当たる。マイナス／プラスイメージの両方を表すことができる。

いよいよ：「事態はいよいよ悪化しつつある」のように、「いよいよ」は重大な時が到来する様子を表す。期待や危惧の持続に視点が置かれ、事柄実現の前にその到来を予告する形で用いる。未定の事柄に用いられる。

| 指導のポイント |

●「結局」「とうとう」「いよいよ」「はじめて」などとの混同が見られる。「やっと」は、最大限の努力をして困難な状況を克服し、どうにか実現する状態を表す。十分な例文を提示し、「やっと」の意味合いを体得させる。

●「やっと」の後ろに続く述語にも注意を払わせる。自動詞か他動詞か、テンス・アスペクトはどうかなど。「やっと」は「終わった、完成した、できた、着いた」などの達成を表す自動詞と結び付きやすい。また、「やっと電車に乗った」より、「やっと電車に乗れた」のような可能を表す表現と結び付きやすい。

●事態の達成を描写的に述べる時は、「やっと父が帰ってきた」のように、主語は「が」をとりやすい。

- 「やっと〜なった／した」理由や、そうなるきっかけを表す従属節（理由節、条件節、トキ節など）を正確に作れるように指導し、練習する。
- 中級レベルの学習者に「やっと」を使って作文をしてもらったら、ほとんどの者が正しく使えていた。最初は混乱しやすいようであるが、しばらく勉強すると、使えるようになる副詞のようである。

やはり・やっぱり

→欠点はあるが、**やはり**彼女が好きだ。
→**やっぱり**我が家が一番だ。

違うことが期待されたが、結果的には普通の予想通りだった場合や、何か試みたが、結果に違いはなかった場合、また、現状が今までと同じように変化しないで続いていく場合などに用いられる。予想や前提は示される場合も示されない場合もある。「やっぱり」は「やはり」を強めた、より話しことば的な言い方である。

|関連項目| **今までどおり、期待したとおり、結局、普通、それから、しかし、でも、のだ／んだ、からだ、ようだ、らしい、主語・主題、**

|誤用例文|

|脱落|

1. 誤 やり方がちがうと思ったら、Φぜんぜんちがう。　　　　〈中国〉
   正 やり方が違うと思ったら、**やはり／やっぱり**、全然違う。

|混同|

【やはり→今までどおり】

2. ★誤 私の日本語は上手になったと言われたが、**やはり**頑張るのは必要だ。　　　　〈中国〉
   正 私の日本語は上手になったと言われたが、**今までどおり**頑張ることは必要だ。

【やはり→期待したとおり】

3. ★ 誤 きのう、私は近くにある盆踊り大会を見に行きました。**やはり**、おもしろかったです。今、私がこのことをわかりました。
〈マレーシア〉

　　正 きのう、私は近くであった盆踊り大会を見に行きました。**期待したとおり**、おもしろかったです。今、私は盆踊りのことがわかりました。

【やはり→普通】

4. ★ 誤 日本人が「帰る」という言葉を使う場合は**やはり**何年か前にふるさとから「出て」来たということを示します。
〈アメリカ〉

　　正 日本人が「帰る」という言葉を使う場合は、**普通**、何年か前にふるさとから「出て」来たということを示します。

【やはり→結局】

5. ★ 誤 電車があまり込んでいたため、あの人は**やはり**電車の中へ掛け込むのをできなかった。
〈中国〉

　　正 電車があまりに込んでいたため、その人は**結局**電車の中へ駆け込むことができなかった。

【やはり→それから】

6. 誤 試験日には、鉛筆や消しゴムを持って来てください。**やはり**、がくせいしょうもわすれないでください。
〈マレーシア〉

　　正 試験日には、鉛筆や消しゴムを持って来てください。**それから**、学生証も忘れないでください。

位置

7. 誤 息子はコロンビアで生まれました。この息子は親が言う日本語を理解できましたが**やはり**自分で話した場合はスペイン語を使いました。
〈アメリカ〉

　　正 息子はコロンビアで生まれました。この息子は親が話す日本語は理解できましたが、自分が話す場合は**やはり**スペイン語を使いました。

8. 誤 援助はカンボジアできないものは援助してもいいですが**やはり**カンボジア自分できるものであれば援助しない方がよいと思います。
〈カンボジア〉

正 援助は、カンボジアができないことは(援助)してもいいですが、カンボジアが自分たちでできることであれば、**やはり**援助しない方がよいと思います。

その他
【主語・主題の脱落】
9．★ 誤 佐々木投手はきのう、巨人戦でまた完ぷうをして勝利投手になった。**やはり**、日本第一の投手に間違いない。　　〈韓国〉
　　正 佐々木投手はきのう巨人戦でまた完封して、勝利投手になった。**やはり**、彼は日本一の投手に間違いない。

【「やはり」の前の逆接表現の必要性】
10．誤 日本語を勉強するには時間がかかりそうだ。**やはり**勉強しなければならない。　　〈中国〉
　　正 日本語を勉強するのは時間がかかりそうだ。**でも、やはり**勉強しなければならない。
11．誤 初めは全部答えようと思っていました。**やはり**それは少し無理だと分かってやめました。　　〈台湾〉
　　正 初めは全部答えようと思っていました。**でも、やはり**それは少し無理だと分かってやめました。

【文末理由付け】
12．誤 えっ、できなかった。やっぱり**難しい**ね。　　〈中国〉
　　正 えっ、できなかったの。やっぱり**難しいん**だね。
13．誤 彼は優秀生に選ばれました。やはり普段よく**勉強していました**ね。　　〈中国〉
　　正 彼は優秀生に選ばれました。やはり普段よく**勉強していました**からね。

【「やはり」と第三者表現】
14．誤 彼は作日、学校へこなかった。やはり**かぜ**だった。　　〈韓国〉
　　正 彼は昨日、学校へ来なかった。やはり**風邪**だったようだ。
15．誤 女の子とお母さんは毎日お父さんの写真を見てやっぱりお父さんがいなくて**さびしいでしょう**。　　〈アメリカ〉
　　正 女の子とお母さんは毎日お父さんの写真を見ています。やっぱりお父さんがいなくて**さびしいようです**。

誤用の解説
脱落
　1では、話し手の期待どおりだったという意味合いを表すために、後件の文頭に「やはり」が必要である。
混同
　2は、前の状態や予想と、結局は違わないという判断（例えば、「（上手になったと言われたが、）やはりまだそれほどでもない」など）を表す文ではなく、これまでどおり頑張りたいという話し手の希望を表しているので、「今までどおり」が適切である。3は、盆踊りに対する「おもしろいだろう」という予想、また、4は日本人の「帰る」に対する気持ち、5は、たぶん電車に乗り込めないだろうという予想が言語化されていないし、前文からも察知できないので、「やはり」の使用は無理である。3，4では、客観的な表現の「期待したとおり」「普通」、5は事態がそうなったことを表す「結局」がふさわしいだろう。6で「やはり」を用いると、「学生証は当然要るだろうと思っているだろうが、予想されるとおり必要である」という意味になる。6は試験に必要なものを列挙しているので、「それから」が適当である。
位置
　7において、文意を明確にするためには、「やはり」を「スペイン語を使いました」の前に置いたほうがよい。8は援助するかどうかについての考えを述べているので、「やはり」は結論の「援助しない」の前にあったほうがよい。
その他
　10,11は、「やはり」の前に逆接の語がほしいところである。前文で状況を説明し、「にもかかわらず」と続ける時には、「だが」「でも」「しかし」などの逆接の接続詞が必要となる。12,13は前文で状況を説明し、後文で理由付けをする形を用いる必要がある。学習者の文では、事前に予想がすでにあって、話を聞いて、あるいは事態を知って、思ったとおりだと判断しているだけであり、このままでも間違いではないが、「のだ／んだ」や「〜からだ」を使って理由付ける形をとったほうが、話を聞いて、驚き、発見して、最後に納得している感じが出る。
　「やはり・やっぱり」は話し手の判断を表す副詞なので、第三者に使う時は、14,15のように文末に「ようだ」がほしい。

伝達上の誤用　★

●「やはり・やっぱり」は、自分自身で、ありとあらゆる場面を考えて検討した結

果や結論を述べる時に使う。自分自身に対しては納得の気持ちが含まれ、また相手に話す時には断定的な言い方を避けた、婉曲的な言い方になる。2〜5は唐突に「やはり」が現れているので、それぞれ客観的表現に訂正したが、これらが具体的状況のある会話の中で聞き手に向けて発せられると、問題はなくなる。考え考え、自分の意見を言ったりする時には、「やはり・やっぱり」はかなりの自由度で使用できると言える。

● 9は、後文に「彼は」がなくても、彼（佐々木投手）が主語・主題であることはわかる。しかし、話し手が「やはり」を用いて結論を下したり、まとめたりする時には、「だれがそうなのか／そうするのか」を明示したほうが、文の流れが明確になる。

指導のポイント

- 「やはり・やっぱり」は日本人がよく使うので、学習者が興味を持つ表現である。学習者の混同の誤用を見ると、「今までどおり、期待したとおり、普通、結局、それから」などで表さなければ意味が曖昧になるところで、「やはり・やっぱり」を使っている。会話などでは具体的状況があるので、「やはり・やっぱり」を使っても文意が通じるが、書いたものになると、意味関係がつかみにくくなると考えられる。
- 「やはり・やっぱり」で文をまとめる時、主語がだれかわかりにくくなりやすい。特に名詞文（「NはNだ」）では主語を表したほうがよい。
- 「やはり〜だから。」というような理由付け表現でまとめる時、「から」が脱落してしまいがちなので、注意を促す。
- 他者について「やはり・やっぱり」を使って述べる時は、「だろう／ようだ」のような推量表現が必要である。
- 前後の状況を含んだ、大きな流れの中で使われている例文や、予想が明示されていないものなど、できるだけ多くの例文に当たって、また、時間をかけて、「やはり・やっぱり」の意味・用法に慣れ、語感を体得する方向で指導したい。
- 中級レベルの学習者に「やはり・やっぱり」を使って作文をしてもらったら、ほとんどの者が正しく使えていた。日本人が「やはり・やっぱり」を連発するからかもしれない。最初は理解しにくい副詞であるが、しばらく勉強すると、使えるようになるようである。

（よ）う

➡ さあ、**出かけよう**。
➡ 夏休みに国へ**帰ろう**と思う。

「行こう」「寝よう」「勉強しよう」の形をひとまとめにして「（よ）う」で表す。「〜（よ）う」は話し手の意志・意向を表す。「〜（よ）うと思う」の形で用いられることが多い。

|関連項目| たい、だろう、つもりだ、と思う、**命令形**、ましょうか、ませんか

|誤用例文|

|脱落|

1. ★ 誤 日本の交通手段と韓国の交通手段を**比べる**と思います。　〈韓国〉
   　 正 日本と韓国の交通手段を**比べよう**と思います。
2. ★ 誤 私はあした東京へ**行く**と思います。　〈アメリカ〉
   　 正 私はあした東京へ**行こう**と思います。

|付加|

3. 誤 このほうほうはとてもえいようかがたかくてうぐ**けんこうになろう**かもしりませんがもともとやさいはからだにやくにたちますからいいたべものだとおもいます。　〈韓国〉
   　 正 この方法はとても栄養価が高くて、すぐ**健康になる**かもしれませんが、野菜はもともと身体にいいものだから、（野菜のほうが）いい食べ物だと思います。
4. 誤 金がなくて、同志もなくて、いずれにせよ、いま**旅行しよう**はだめだ。　〈中国・香港〉
   　 正 お金がないし、友達もいないし、いずれにせよ、今**旅行**はできない。
5. 誤 大変申し訳ありませんが、OPIはまだ受けていません。上旬に**受けよう**つもりでしたが、この前の試験から90日はまで立っていません。　〈アメリカ〉
   　 正 大変申し訳ありませんが、OPIはまだ受けていません。上旬に**受ける**つもりでしたが、この前の試験からまだ90日経っていないので。

|誤形成|

6. 誤 今度の休みは、国に**帰りよう**と思っています。　〈メキシコ〉
   　 正 今度の休みは、国に**帰ろう**と思っています。

7. 誤 あしたテレビを**買ようと**思っています。　　　〈インドネシア〉
   正 あしたテレビを**買おう**と思っています。
8. 誤 宿題をやる時、グラフなど**使かよう**と思ったが、めんどくさいため、やめました。　　　〈中国〉
   正 宿題をやる時、グラフなどを**使おう**と思ったが、めんどくさいのでやめました。
9. 誤 友達が**いろう**といるまいと、私はさびしくない。　　　〈中国〉
   正 友達が**いよう**といるまいと、私はさびしくない。
10. 誤 熱があるので、早く**ねろう**と思います。　　　〈メキシコ〉
    正 熱があるので、早く**寝よう**と思います。
11. 誤 Mさんとどんなことをいっしょにしてみたい、とかはかんがえたことがいっかいもないが、今から**かんがえてみろ**と思う。〈アメリカ〉
    正 Mさんとどんなことをいっしょにしてみたいとかは、一回も考えたことがないので、今から**考えてみよう**と思う。

|混同|

【(よ)う→なりたい】
12. 誤 にほんごがはやく**できよう**とおもっています。　　　〈中国〉
    正 日本語が早く**できるようになりたい**と思っています。

【(よ)う→だろう】
13. 誤 もうすぐあのビルは**倒ろう**と思う。　　　〈中国〉
    正 もうすぐあのビルは**倒れるだろう**と思う。
14. 誤 たぶんごねんあとでわたいしはくにへ**かえりましょう**。　　　〈中国〉
    正 たぶん５年後に私は国へ**帰るでしょう**。

【(よ)う→命令形】
15. 誤 父が私に早く**寝ろう**と言いました。　　　〈フランス〉
    正 父が私に早く**寝ろ**と言いました。
16. 誤 先生がもっと**勉強すろう**と言いました。　　　〈台湾〉
    正 先生がもっと**勉強しろ**と言いました。

【ましょうか→ませんか】
17. ★誤 しばらく勉強のことを忘れて、のんびりしたいんですけど、君といっしょに**たのしみましょうか**。　　　〈中国・香港〉
    正 しばらく勉強のことを忘れてのんびりしたいんですけど、君もい

よ
（よ）う

っしょに楽しみませんか。

その他

【「と思う」の脱落】

18. ★ 誤 にほんごがべんりで、おもしろいからいまいっしょうけんめいべんきょうしましょう。　　　　　　　　　　　　　〈アメリカ〉
    正 日本語が／は便利で、おもしろいから今一生懸命**勉強しよう**と思っています。

【「(よ)うとする」の脱落】

19. 誤 彼女は結婚を後悔しながらも、**りこんしようもないようだ。**〈タイ〉
    正 彼女は結婚を後悔しながらも、**離婚しようともしない。**

20. 誤 大急ぎで走り、**飛び乗った**か、バスに乗られなかった。〈韓国〉
    正 大急ぎで走り、**飛び乗ろうとした**が、バスに乗れなかった。

誤用の解説

付加

　3の学習者は、推量のつもりで「健康になろう」を用いたようだが、正しい形は「健康になるだろう」である。しかし、ここには推量の「かもしれない」があるので、「だろう」は削除したほうがよい。4は「旅行はできない」と訂正したが、学習者は「(旅行しよう)というのは」と言いたくて、「というのは」が作れなかったとも考えられる。5は、「つもりだ」の前では、「(よ)う」ではなく辞書形が来る。

誤形成

　学習者にとって、「(よ)う」で難しいのは、正しい活用形を作ることである。6～11のように、正しい活用形の作り方を把握していない誤用が多い。2グループ動詞（例：寝よう）を1グループ動詞の形（例：寝ろう）にしてしまったり、逆に1グループ動詞（例：買おう）を2グループ動詞の形（例：買よう）にしてしまったりする。

混同

　12, 13のように、「(よ)う」は無意志動詞（例：できる、わかる、倒れる）には付かない。学習者はこの点を理解していないようである。14では「(よ)う」の丁寧形「～ましょう」を用いているが、「たぶん」を用いて5年後のことを推量しているので、推量「だろう」の丁寧形の「でしょう」を使うべきである。天気予報で「今晩雨が降りましょう」と言うことはできるが、現代語ではあまり使われない。

15, 16のように、命令形と意向形が混乱していると見られる誤用もある。音が似ているため、また、日本語には活用形が多種あるために、混同してしまったのであろう。

その他

「(よ)う」に「とする」を付けた「〜(よ)うとする」の形が必要な誤用である。「〜(よ)うとする」はある行為が行われる直前の状態を表すが、19にはその行為を全くしない「〜(よ)うとしない」が適切である。20は、ある行為が試みられたが達成されていない状態を表す、「〜(よ)うとした」が必要である。

伝達上の誤用 ★

● 1, 2のように「比べると思う」「行くと思う」と言うと、他の人の行動を話し手が想像する、または、自分の行動を客観視しているような表現になってしまう。話し手の意志を伝える時は「(よ)う＋と思う」の形が適切である。

● 17のように、学習者は、人を何かに誘う場合に、「〜ませんか」を使うべきところで「〜ましょうか」を使ってしまうことがある。「〜ましょうか」(例：行きましょうか。始めましょうか。) は、その行為がすでに約束されている場合に共同動作の申し出として用いられるので、人を誘う時に使うと不自然になる。

●「(よ)う」を用いて話し手の意志を相手に伝える時は、後ろに「と思う」を付ける必要があるが、18ではそれが脱落している。「勉強しましょう」だけで終わると、自分自身への言い聞かせか、話し手自身の意志の表明にとどまってしまう。

指導のポイント

- 正しく「(よ)う」の形が作れない学習者が多い。1グループ動詞と2グループ動詞の混同（例：見ろう、書きよう）、また、命令形と意向形の混同（例：起きろう、寝ろう）による誤用が多い。
- 話し手自身の意志を伝える時は、「辞書形＋と思う」（例：(私は)帰ると思う）ではなく、「(よ)う＋と思う」（例：(私は)帰ろうと思う）となることを徹底させる。
- 第三者の意志を伝える時は、通常、「(よ)う＋と思っている（＋「ようだ／らしい／そうだ（伝聞）」）」（例：彼は国へ帰ろうと思っている（ようだ）。）になる。
- 「〜ませんか」と「〜ましょうか」の意味、用法の使い分けを説明する。次のようなステップを踏んで、違いを練習してもよい。

A：ジャズのライブがあるんですが、いっしょに<u>聞きに行きませんか</u>。
　　B：ジャズのライブですか。いいですねえ。
＜しばらく二人で雑談をする。＞
　　A：そろそろ時間ですね。じゃ、<u>行きましょうか</u>。
　　B：ええ、行きましょう。
Aは「～ませんか」でBを誘い、Bも行くことを承知した。時間が来たので、Aは共同動作の申し出という形で「～ましょうか」を使っている。

要するに

➡そんなことを言うなんて。**要するに**、彼は自分のことしか考えていないんだ。

「以上を短くまとめれば」「大事な点だけ言えば」「手っ取り早く言えば」という意味を表す。よく似たものに「つまり」「すなわち」がある。「つまり」「すなわち」が、前文の事柄を単に言い換える意味合いが強いのに比べ、「要するに」は前文の事柄を後文でまとめたり、要約したりする意味合いが強い。

|関連項目|　結局、だから、つまり、また（接）、のだ／んだ、主語・主題

|誤用例文|

|脱落|

1.　誤　たばこを吸う人のとなりにいったらたばこのにおいが服に染みてよくとれない。そして灰とか吸いさしを道に捨てるし、たんつばを吐きたら道がきたない。そしてたばこを吸う人と話したら口からたばこのにおいがする。手にもにおいがする。φ喫煙はいろいろな面で悪い。　　　　　　　　　　　　　　〈韓国〉

　　正　たばこを吸う人の隣に行ったら、たばこのにおいが服に染みてとれなくなる。また、（彼らは）灰とか吸いさしを道に捨てる。たんつばを吐いたら、道が汚くなる。そして、たばこを吸う人と話したら、口からたばこのにおいがする。手からもにおいがする。**要するに**、喫煙はいろいろな面で悪いのだ。

付加

2. 誤 私は去年9月に日本へきました。**要するに**、きて、もう1年がすぎました。 〈韓国〉
   正 私は去年9月に日本へ来ました。来て、もう1年が過ぎました。

3. ★誤 私は、今、日本人との話すことができて、手紙で交流することもできます。**要するに**、先生のおかげで、日本語が上手になったと思います。 〈中国〉
   正 私は、今、日本人と話すことができるし、手紙のやりとりをすることもできます。先生のおかげで、日本語が上手になったと思います。

混同

【要するに→結局】

4. 誤 長い会議だった。**要するに**この提案は無事に通過した。 〈中国〉
   正 長い会議だった。**結局**、この提案は無事に通過した。

【要するに→だから】

5. ★誤 あした雨が降るそうだ。**要するに**傘を持って行って下さい。〈タイ〉
   正 あした雨が降るそうだ。**だから**、傘を持って行ってください。

6. 誤 私たちは学生である。**要するに**、勉強を忘れては行けない。〈中国〉
   正 私たちは学生である。**だから**、勉強を忘れてはいけない。

7. 誤 彼はブラックコーヒーが飲めない。**ようするに**、ミルクと砂糖が必要だ。 〈韓国〉
   正 彼はブラックコーヒーが飲めない。**だから**、彼がコーヒーを飲むには、ミルクと砂糖が必要だということだ。

【要するに→また】

8. 誤 私は北京とか、日本とか行ったことがあります。**要するに**私は世界のいろいろな美しい都会へ行きたいです。 〈中国〉
   正 私は北京や日本に行ったことがあります。**また**、世界のいろいろな美しい都市へ行きたいです。

⬜その他
【文末】
9. ★誤 となりの家の人は先月新しくて高い車を買った。先週5人の子供に大きいバイクを買ってあげて、今日は大きいな家を買った。要するにお金があれば**何で買える**。　　〈インドネシア〉

　正 隣の家の人は、先月新しくて高い車を買った。先週5人の子供に大きいバイクを買ってあげて、今日は大きい家を買った。要するに、お金があれば、**何でも買えるということだ**。

10. ★誤 長い話だったが、要するに「勉強することは、勉強するほど、わからなくなる」ということを**感んじたであろう**。　〈マレーシア〉

　正 長い話だったが、要するに「勉強というものは、すればするほどわからなくなる」ということを**感じたはずである**。

【主語・主題の脱落】
11. 誤 試験の結果は悪かった。**要するに私の責任だ**。　〈韓国〉
　正 試験の結果は悪かった。**要するに、それは私の責任だ**。

【主語・主題と文末】
12. 誤 社長の発音は、三点がある。**要するに、皆さん協力して先月の損失を挽回する**。　〈韓国〉

　正 社長の発言には、（重要な点が）三点ある。**それは、要するに、皆さん協力して先月の損失を挽回しようということである**。

⬜誤用の解説
⬜脱落
　学習者は、文が長くなると、最後の部分で前に述べた内容のまとめを行うという意識が薄らぐ傾向にある。そのため、長文だからこそ最後の要約が必要であるにもかかわらず、1のように、要約の働きを持つ「要するに」が忘れられてしまう。

⬜付加
　2，3は、必要のない箇所に「要するに」を使った誤りである。学習者は後文でまとめ意識が働いたのかもしれない。しかし、2は単なる叙述文なので、「要するに」を使って結論付ける必要も、後文で判断・評価を行う必要もない。

⬜混同
　4は「途中に紆余曲折があり、事態が終結した」ことを表している。前文をま

とめて要約する「要するに」ではなく、行き着く先の最後の結果を示す「結局」が適している。「要するに」は前文を前提として後文で要約を行うので、前文にはまとめて述べられる程度の叙述内容が来なくてはならない。したがって、5～7のように、前文が短く、前文（原因）→後文（結果）のような関係の場合は、「要するに」は使えない。話しことばで、話し手の主観性の入る「だから」がふさわしい。

　8では、最後の文で「要するに」を使っていることから、まとめ意識が働いて「要するに」を使ったものと考えられる。ただ、旅行経験について述べたあとで、いきなり今後の世界旅行の夢を結論として持って来るのは飛躍があり過ぎる。また、「要するに」の文には「たい」のような意志表現は使われない。訂正では「過去の旅行経験」→「将来の旅行の夢」という流れを生かして、副詞「また」を使い、「（今後も）また旅行したい」とした。

その他

　11, 12は、主語・主題が抜けている誤用である。「要するに」を用いる文では、今まで述べたことを読み手が誤解しないように、主語・主題を明確にしたほうがよい。

伝達上の誤用　★

●途中の説明を省き、いきなり結論へ移るという「要するに」の機能は、一方的に話し手の解釈を押しつけているような語感を伴う。3で「要するに」を使うと、断定的で、押し付けがましいニュアンスが出て、「自分はこう思うのだ」という強い主張となってしまう。3は先生に対する感謝の気持ちを表す文章なので、「要するに」を使うと、失礼な感じとなり、書き手が伝えたい感謝の気持ちとは逆のニュアンスを伝えてしまう恐れがある。

●5の後文は「傘を持って行ってください」という依頼の文である。「要するに」は意志表現（「たい」「（よ）う」など）や、働きかけの表現（「てください」、命令など）はとりにくいが、あえて「要するに」を使うと、依頼の意味は消え、「傘を持って行く」ことを強制する強い要求のニュアンスが出てしまい、コミュニケーションに支障を来す恐れがある。

●「要するに」は、前述の内容のまとめを行って、自分自身が考える結論や聞き手の話した内容の確認を行うので、9, 10、そして12の後文には話し手の判断、評価が来て、文末には、断定表現（「のだ」「ということだ」「はずだ」など）を用いるべきである。

> **指導のポイント**
>
> ● 「要するに」と、「すなわち」「つまり」「結局」などの相違点をよく指導する必要がある。ポイントをまとめると次のようになる。
>   要するに：前に述べたことをまとめて要約する。
>   すなわち：Aの内容を別の語Bで言い換える（A＝B）。
>   つまり：Aの内容を受けて、Bに言い換える過程で、結論意識が強く働いている場合に使われる。
>   結局：いろいろあった結果、行き着く先の最後の結果を示す。
> ● 「要するに」の文末には、断定表現（「のだ」「ということだ」など）が来やすいので、学習者には文末表現に注意させる。

ようだ

➡ 彼にはこの問題は難しい**ようだ**。
➡ 今日は春の**ように**暖かい。

「ようだ」は、見たり聞いたりした情報に従って、話し手自身が自分で想像したり、考えを加える推量判断表現である。また、「女のような男」のような比況・比喩の用法もある。

|関連項目| そうだ（様態）、だろう、みたいだ、らしい、と思う、副詞「どうも、どうやら、まるで」

|誤用例文|

|推量判断|
|脱落|

1. 誤 リーさんはカメラを**買うつもり**です。　　　　　〈フランス〉
   正 リーさんはカメラを**買うつもりのよう**です。
2. 誤 おしゃべりはあまり好きではなくて外人の意見で父がちょっと変わった人のように**見えます**。　　　　　〈オーストラリア〉
   正 父はおしゃべりはあまり好きではなくて、外の人の意見ではちょっと変わった人のように**見えるよう**です。

3. 誤 彼は夜ラジオでクラシック音楽を聞きながらでなければすぐ**眠られません**。　〈アメリカ〉
   正 彼は夜、ラジオでクラシック音楽を聞きながらでなければ、すぐには**眠れないようです**。
4. 誤 みんなの前でスピーチしなければならないとあって、評論家の彼でも**緊張してしまう**。　〈中国・マカオ〉
   正 みんなの前でスピーチしなければならないとあって、評論家の彼でも**緊張してしまうようだ**。
5. 誤 私の知り合いの何人かは、化粧するために、いつも朝早く起きなければなりません。そして、授業中は眠くて、授業の内容はよく**吸収できません**。　〈中国〉
   正 私の知り合いの何人かは、化粧するために、いつも朝早く起きなければなりません。そのため、授業中は眠くて、授業の内容をよく**吸収できないようです**。

【付加】

6. 誤 彼女は結婚を後悔しながらも、**りこんしようもないようだ**。〈タイ〉
   正 彼女は結婚を後悔しながらも、**離婚しようともしない**。

【誤形成】

7. 誤 雨が降りそうだがニュースによるときょう**晴れだようだ**。〈中国〉
   正 雨が降りそうだが、ニュースによると、きょうは**晴れのようだ**。
8. 誤 大きく見ると自然はいつも変化しながらいろいろな模様を現すが人間はその変化についてあまり**利己的なのようである**。　〈韓国〉
   正 大きく見ると、自然はいつも変化しながらいろいろな様相を呈するが、人間はその変化に対してあまりに**利己的なようである**。
9. 誤 このごろの若い娘ときたら、電車の中でメイクをしても**平気ようだ**。　〈アメリカ〉
   正 このごろの若い娘ときたら、電車の中でメイクをしても**平気なようだ**。

よ
ようだ

10. 誤 通学の時、電車で、日本の社会人が眠ったり、新聞とかを読んだり、大きいかばんを持ったり、**疲れような感じ**だと思う。〈中国〉
    正 通学の時、電車の中で、日本の社会人が眠ったり、新聞とかを読んだり、大きいかばんを持ったりしているのを見ると、**疲れているような感じがする**。

混同

【ようだ→とおり】

11. 誤 ほんとに**見るような**学習が好きな人だろう。〈中国〉
    正 ほんとに**見たとおり**、勉強が好きな人だ。

【ようだ→だろう】

12. 誤 彼はいつも試験に合格していたから今度も**合格するようた**。〈ブルガリア〉
    正 彼はいつも試験に合格していたから、今度も**合格するだろう**。

【ようだ→そうだ（様態）】

13. ★誤 初めて見た時、Dさんがおもしろいし、**しんせつなようである**と思った。〈アメリカ〉
    正 初めてDさんに会った時、おもしろいし、**親切そうな人**だと思った。
14. 誤 だんだん暗くなって、雨が**ふるようだ**。〈韓国〉
    正 だんだん暗くなって、雨が**降りそうだ**。

比況・比喩

誤形成

15. 誤 大変派手なスーツを着ている。これであとロースロイーズの車を乗りでもすればまるで**社長になるようです**。〈タイ〉
    正 大変派手なスーツを着ている。これであとロールスロイスに乗りでもすれば、まるで**社長になったようです**。

その他

【「と思う」の付加】

16. 誤 寒くなってきたとはいえ、今月はまだ**夏のようだ**と思う。〈シンガポール〉
    正 寒くなってきたとはいえ、今月はまだ**夏のようだ**。

誤用の解説

推量判断

脱落
1～5は、第三者の行為・状態を述べる時には「ようだ」が必要であるが、それが理解されていないことによる誤用である。

付加
6では、「離婚しようともしない」という強い言い切りの表現が来ているので、推量を表す「ようだ」はそぐわない。

誤形成
7～10は「ようだ」の前の接続の形が正しく作れない誤用である。

混同
「ようだ」は推量判断を表すので、11のように、見てはっきりわかる場合は使いにくい。「見たとおり」または「見るからに」とする必要がある。

「ようだ」は、見たり聞いたりした情報に従って推量判断を加える。12は今まで合格していたからといって、今回必ずしも合格するとは限らない。そういう不確定要素を含んでいるので、話者の主観に基づく「だろう」がふさわしい。

13, 14に見られるように、「ようだ」と様態「そうだ」の意味用法の違いが正しく理解されていない場合も多い。「ようだ」が直接体験した知識（視覚、聴覚、自分の調査など）に基づくことが多いのに対し、様態「そうだ」は観察対象の外観から受ける直感的な「感じ」を表す。

比況・比喩

誤形成
比況・比喩において、状態を表す場合は「夢を見ているようだ」「天国にいるようだ」という非過去を用いることができるが、動作・変化を表す動詞（例：なる、変わる）ではタ形をとる。したがって、15も「なる」ではなく「なった」とすべきである。推量判断の「ようだ」の場合は、「どうも」「どうやら」などの副詞と共起しやすいが、比況・比喩の「ようだ」は、15のように「まるで」などの副詞といっしょに用いられることが多い。

その他
16のように「ようだ」（推量判断、比況・比喩とも）には、通常「と思う」は付かない。「ように思う」とすれば可能である。

伝達上の誤用 ★

● 13のように、人に対する印象を話す場合に「親切そうだ」とは言うが、「親切なようである」と言うと違った意図になってしまう。「親切なようである」は、もしかしたら違うかもしれないという不確定要素を含むので、用い方によっては失礼になることがある。

● 一方で、はっきり断言したくない時に、日本語母語話者は「ようだ」を使うことがある。「ありません」と言う代わりに、「ない」ことが明白でも「ないようです」と言う。これは曖昧にすることで、丁寧さを表していると考えられる。

指導のポイント

● 「ようだ」では脱落と誤形成の誤用が多い。話し手が第三者について述べる場合は、文末に推量判断の「ようだ」が必要なことを説明しておく必要がある。次のような練習も有効であろう。

　　例　A：林さんは参加しますか。
　　　　林：はい、参加します。
　　　　A：李さんは？
　　　　林：李さんも参加するようですよ。

● 「ようだ」の前の接続の形を正しく理解させる。特に「名詞＋だ」（非過去・肯定）は「〜のようだ」、ナ形容詞（非過去・肯定）は「〜なようだ」となることに意識を向けさせる。

● 「ようだ」と似ている「そうだ」「らしい」「だろう」の意味用法の違いを、学習者の理解に合わせて、一度整理して理解させるとよい。

● 比況・比喩を表す「ようだ」については、「子供のようだ」は子供ではないこと「夏のようだ」は実際は夏ではないことを十分理解させる必要がある。

● 「ようだ」の名詞修飾の形「ような」、連用修飾の形「ように」の使い方を整理して理解させることも必要である。

ように

➡漢字が書けるように、何度も練習する。
➡仕事がうまくいくように工夫をする。

目的を表す。無意志動詞（可能形や自動詞）、動詞のナイ形などに付いて、「そういう事柄・状況が結果として成立するように」という意味を表す。

関連項目　目的節「ため(に)・ためには、のに、には」、可能形、否定形、意志動詞・無意志動詞

誤用例文

誤形成

1. 誤　日本のたばこを吸わない人も自分の声を出て公共の場所で禁煙の**法律化**ように頑張るべきだと思う。　〈中国〉
   正　たばこを吸わない日本人も声を出して／あげて、公共の場所での禁煙を**法律化する**ように頑張るべきだと思う。
2. 誤　日本へ**留学し**ように、何年間日本語を勉強つつけます。　〈中国〉
   正　日本に／へ**留学できる**ように、何年間も日本語の勉強を続けています。

混同

【意志動詞→無意志動詞】

3. 誤　大学に**入る**ように毎日受験勉強をしています。　〈中国〉
   正　大学に**入れる**ように毎日受験勉強をしています。

【ように→ために】

4. 誤　人間の**健康ように**たばこを吸わないでください。　〈中国〉
   正　人間の**健康のために**たばこを吸わないでください。
5. 誤　大学に**入るように**毎日受験勉強をしています。　〈中国〉
   正　大学に**入るために**毎日受験勉強をしています。
6. 誤　PKO問題をめぐって、日本政府は毎日もっといい解決方法を**さがすように**会議を開いています。　〈中国〉
   正　PKO問題をめぐって、日本政府はよりよい解決方法を**見つけるために**、毎日会議を開いています。
7. 誤　日本の宗教の中で先祖と霊はとても大切だ。ですから人間と霊の関係の良さも大切でよく霊を**なぐさめるように**式典がある。
   〈アメリカ〉

正　日本の宗教の中では先祖と霊はとても大切だ。また、人間と霊が良い関係にあることも大切で、霊をしっかり**慰める**ために行事がある。

8.　誤　映画祭の雰囲気を**楽しめるように**多い外国人達がこの時期に韓国を、釜山を訪問します。〈韓国〉

　　　正　映画祭の雰囲気を**楽しむために**、多くの外国人たちがこの時期に韓国の釜山を訪問します。

【ように→ためには／には】

9.　誤　日本の文化を**わかるように**、日本で何年もすまなければなりません。〈ブラジル〉

　　　正　日本の文化を**理解するためには／には**、日本に何年も住まなければなりません。

10.　誤　いい成績を**取るように**、出席率が60％以上ならなければなりません。〈韓国〉

　　　正　いい成績を**取るためには／には**、出席率が60％以上にならなければなりません。

【ように→ためには】

11.　誤　日本語の新聞が**読めるように**、漢字をべんきょうするのが必要です。〈タイ〉

　　　正　日本語の新聞を**読めるようにするためには**、漢字を勉強することが必要です。

12.　誤　形容詞を学習者を**覚ぼえさせるように**、ある程度に暗気させるために努力しないといけない。〈韓国〉

　　　正　形容詞を学習者に**覚えさせるためには**、ある程度暗記させる努力をしないといけない。

【ように→のに】

13.　誤　＜終了式の学生のスピーチで＞日本語の本もういいし、私たちにさしあげましたテープは日本語を**わかるように**とてもたすかりました。〈ブラジル〉

　　　正　日本語の本もいいし、私たちにくださったテープも日本語を**理解するのに**とても役立ちました。

その他
【文末】
14. ★ 誤 日本の文化をわかるように、日本で何年も**すまなければなりません**。　　　　　　　　　　　　　　　　　　　　　〈ブラジル〉
　　　 正 日本の文化がわかるように、日本に何年も**住みたいと思います**。

　誤用の解説
　誤形成

　1で学習者は、「法律化」という語を動詞と考えたのかもしれない。「〜化」は「そのように変える／変わる」の意味を持つが、日本語では名詞扱いである。
　「ように」の前は状態性の動詞や、可能形、否定形など意志性を持たない動詞が現れる。そのため、2のような「意志動詞＋ように」は不自然となる。

　混同

　3は、「ように」の前に意志動詞「入る」を使ったために不自然になっている。4〜8は「ために」との混同である。前件と後件（主節）の関係は目的とそのための行為・事柄を表している。目的をはっきりさせるためには、「ために」を使用したほうがよい。4は名詞との接続なので、「ために」の前には「の」が必要である。
　9, 10は「ように」と「ためには／には」との混同である。後件（主節）に「なければならない」という判断表現が来ているので、「ために」に取り立て助詞「は」を付けた「ためには」（または単に「には」）が適している。11, 12も9, 10と同じく後件に判断表現が来ているので、「ためには」がふさわしい。ただし、11, 12では、前件が「〜ようにする」「〜させる」などのやや入り組んだ表現であるので、目的であることを明確にするために「には」よりも「ためには」を用いたほうがよいと考えられる。同じ目的節でも、述語に「よい」「便利だ」などの表現が来る場合は、13のように「ように」ではなく「のに」を使う。

　伝達上の誤用　★

●14は9と同文である。9では「ように」を「ためには」に訂正したが、ここでは「ように」の後件（主節）の文末について考える。「ように」には「そのことを願って」という意味合いが入るため、文末も「なければならない」ではなく、「たい」などの意志・願望の形をとったほうが自然になる。

> **指導のポイント**
>
> - 「ように」と「ために(は)」の混同が多い。両者を混同させない説明・練習の工夫が必要である。「ように」は「生じさせたい結果」に「ように」を付けて、「そのような結果を得るために」という形で目的を表す。導入の段階では、動詞の可能形、自動詞、動詞の「ナイ形」などの無意志表現で練習するとよい。
> - 「ように」の前は必ずしも無意志動詞だけではなく、望ましい結果としてそうなるというとらえ方をすれば意志動詞も来る。(ただしその場合は、前件の主語と後件(主節)の主語は異なる。)(例:子供が勉強するように、百科事典を買った。)学習者の理解度を見ながら、「ように」の前には意志動詞も来ることに触れておくとよい。
> - 「ように」節内の主語は、他の従属節と同じく、「が」をとる。

よく

➡この絵は**よく**描けてますね。
➡彼は**よく**忘れ物をする。

「よく」は大きく分けて、「それをする/した能力・行為・作用・結果が十分である」ことと、「頻繁に〜する」という頻度を表す。本書では前者を「よく(a)」、後者を「よく(b)」として考える。

|関連項目|

よく(a):あまり+否定、うまく、上手に、かなり、ずっと、十分に、大変、もっと、ますます、可能形

よく(b):多く、しょっちゅう、たくさん、常に、もっと、しばしば、たびたび、〜(し)やすい、あまり+否定

|よく(a)|

|誤用例文|

|付加|

1. 誤 天気予報が二とおりある、一つは一週間の天気予報、もう一つはあすの天気予報、これは、さきの方より、**よく**役く立ちだ。〈マレーシア〉

正 天気予報には二通りある、一つは一週間の天気予報、もう一つはあすの天気予報で、後者は、前者より、役に立つ。

|混同|

【よく＋否定→あまり＋否定】

2. 誤 個人の差はあるかもしれないけれど日本人は親しくなっても自分の心とかしたいことを**よく言わない**。〈韓国〉
   正 個人の差はあるかもしれないけれど、日本人は親しくなっても、自分の気持ちやしたいことを**あまり言わない**。

3. 誤 ここで二つの危険に合うかもしれない。一つは大学の生活に**よく**なれることが**できない**で、他の学生と遠くにいる親に頼りすぎて迷惑をかける。〈アメリカ〉
   正 ここで二つの危険に遭うかもしれない。一つは大学の生活に**あまり**慣れることが**できなくて**、他の学生や遠くにいる親に頼りすぎて迷惑をかけることだ。

【よく→うまく】

4. 誤 建物の新築工事は**よく**進んでいく。〈韓国〉
   正 建物の新築工事は**うまく**進んでいる。

【よく→うまく／上手に】

5. 誤 ぼんやり景色を見ながら時間をつぶすだけでなくて、時間を**よく**使うのは良いことです。〈アメリカ〉
   正 ぼんやり景色を見ながら時間をつぶすだけでなくて、時間を**うまく／上手に**使うのは良いことです。

6. 誤 あの人が日本語で**よく**話しますが、論文を書くというところまでは行っていません。〈台湾〉
   正 あの人は日本語で**うまく／上手に**話しますが、論文を書くというところまでは行っていません。

【よく→かなり／ずっと】

7. 誤 今のイギリスの食生活は前とくらべると**よく**豊富で健康になってきた。〈イギリス〉
   正 今のイギリスの食生活は前と比べると、**かなり／ずっと**豊富で健康的になってきた。

【よく→十分に／深く】
8. 誤 まことを尽してお互いに交流し合えば、**よく**理解し合うことができると思います。　　　　　　　　　　　　　　　〈中国〉
   正 誠意をもってお互いに交流し合えば、**十分に／深く**理解し合うことができると思います。

【よく→大変】
9. ★誤 **よく**お世話になりまして、有難うございます。　　〈アメリカ〉
   正 **大変**お世話になりまして、有難うございました。

【よく→もっと】
10. ★誤 ロボットじゃあるまいし**よく**食べたほうがいい。　〈キューバ〉
    正 ロボットじゃあるまいし、**もっと**食べたほうがいい。

【よく→詳しく】
11. 誤 夏目漱石は明治時代の日本に起こった大きな社会的な変化について**よく**書いている。　　　　　　　　　　　　　　〈アメリカ〉
    正 夏目漱石は、明治時代の日本に起こった大きな社会的な変化について、**詳しく**書いている。

【よく→注意深く】
12. 誤 彼の話を**よく**聞いた。しかしほとんど分からなかった。〈アメリカ〉
    正 彼の話を**注意深く**聞いた。しかし、ほとんど分からなかった。

【よく→ますます】
13. 誤 付き合えば付き合うほど**よく**彼が大好きになった。彼がやさしくて私を感動させる。　　　　　　　　　　　　　　〈タイ〉
    正 付き合えば付き合うほど、**ますます**彼のことが好きになった。彼はやさしくて、私を感動させる。

【よく→一生懸命】
14. ★誤 試験をおちた。そこで、今度の試験のために、**よく**勉強している。　　　　　　　　　　　　　　　　　　　　〈マレーシア〉
    正 試験に落ちた。それで、今度の試験に備えて、**一生懸命**勉強している。

誤用の解説

付加

1のように、「よく役に立つ」という言い方はあまりしない。「役に立つ」は通常それ自体に「よく」という意味合いを含むためであろう。

混同

2，3は「よく＋否定」と「あまり＋否定」との混同である。「よく」は「わからない」や「できない」と結び付いて、その理解や能力の程度を表すことができる。しかし、他の動詞と用いると、2「よく言わない」、3「よく慣れることができない」のように、意味が曖昧になったり、頻度を表す「よく」との混同も起こるので、「あまり〜ない」を使ったほうがよい。

4〜6は、「うまく／上手に」との混同である。「それをする／した能力・行為・作用・結果が十分である」ことを表すために、「よく」を用いたのであろう。ここでは「進む、使う、話す」がどのような進歩の、また、うまさの程度であるかを具体的に示したほうがよいので、「うまく／上手に」を使ったほうがよい。7は「よく」と「かなり／ずっと」の混同である。「食事の豊富さ」の程度を言っているのであるから、「かなり」または、以前と比べてという意味で「ずっと」としたほうがよい。

8では「よく理解し合う」という言い方をしているが、やや違和感がある。「理解し合う」の中に「よい／よく」の意味合いが含まれているからであろうか。「理解し合う」の程度を表すには、「よく」ではなく「十分に／深く」がより適切だろう。11, 12は「書く」「聞く」ことを十分にするという意味で「よく」を使っているが、どのように十分なのかを、もっと的確な語を使って説明する必要がある。13は、好きである程度が十分であることを「よく」で言いたかったようだが、「付き合えば付き合うほど」に対応させて「ますます」がよい。

伝達上の誤用 ★

●「よく」は「よくいらっしゃいました」「よく話してくれました」のように、感謝の意を表す用法がある。9の学習者はそのような言い方に影響を受けたのかもしれない。ここでは、やや改まった感じで程度が大きいことを言いたいので「大変」を用いたほうがよい。

●「彼はよく食べる」の「よく」は自然な表現であるが、「よく食べろ」「よく食べてください」、また、10のように「よく食べたほうがいい」など働きかけに用いると、「よく」の意味が曖昧になり不自然になる。働きかけの文での「よく」は行為

の完全さを表すと考えられる。「よく見てください」の場合は、「見る」という行為の完全さを追求することができるが、「食べる」の場合はそれができにくい。そのために、10が不自然になっていると思われる。訂正では「よく食べる」はたくさん食べるに通じると解し、量的表現の「もっと」を採用した。

● 14も一見すると正しい文のように見える。しかし、今度の試験という目的のために、必死になって勉強をしている様子を表す「一生懸命」が適している。「よく」はその行為が十分であると評価するだけなので、ここでは適切ではない。

指導のポイント

- 程度を表す「よく＋否定」の形に注意する。「わかる」「できない」のような可能を表す動詞では「よく＋否定」「あまり＋否定」が使えるが、他の動詞では「あまり＋否定」を使うことが多い。
  例1：日本人は本心を｛×よく／○あまり｝言わない。
  例2：ご飯を｛×よく／○あまり｝食べない。
- 「よく」を「上手に／うまく」の意味で使う学習者が多い。「よく描けた」などはよいが、「よく話す」「よく使う」などは意味が不明瞭になる。
- 「能力・行為・作用が十分である」という意味で、学習者は「よく食べたほうがいい」「よく書いている」「よく聞いた」などを使うが、意味がはっきりしない。「よく」ばかり使わずに、別の語で具体的に表現することも学ばせる必要がある。

よく（b）

誤用例文

付加

1. 誤 そんなにいい機会はめったに**よく**来ないよ。　　　〈韓国〉
   正 そんなにいい機会はめったに来ないよ。

混同

【よく→常に】

2. 誤 マレー人の話の中に、サン・カンチルーというのは体が小さいが、大変聡明な動物である。おにの話に、負けたのは、いつも悪い物だから、サン・カンチルーは**よく**勝っている。　　〈マレーシア〉

正 マレー人の話の中で、サン・カンチルーというのは、体は小さいが大変聡明な動物のことである。鬼の出てくる話では、負けるのはいつも悪者だから、サン・カンチルーは**常に**勝つ。

【よく→しょっちゅう】

3. ★誤 マンハッタンではたくさんすることがあるので、みんないつもいそいでいます。道も地下鉄も**よく**こんでいます。〈アメリカ〉

　正 マンハッタンではすることがたくさんあるので、みんないつも急いでいます。道も地下鉄も**しょっちゅう**込んでいます。

【よく→もっと／しばしば】

4. ★誤 まず、野球のチームがおおくならなければなりません。二番目は野球の試合が**よく**おこないます。三番目、テレビやラジオの中で**よく**野球の試合を放送します。〈台湾〉

　正 まず、野球のチームが今より多くならなければなりません。二番目に野球の試合を**もっと／しばしば**開催することです。三番目に、テレビやラジオで**もっと／しばしば**野球の試合を放送することです。

【よく＋否定→あまり＋否定】

5. 誤 日本のはしが二つあります。とてもきれいですが**よく使いません**。中国の食べ物を食べるときに使います。〈アメリカ〉

　正 日本のはしが二膳あります。とてもきれいですが、**あまり使いません**。中国の食べ物を食べるときに使います。

位置

6. 誤 私は毎日電車で学校へきます。毎日電車に乗っているとき、電車で**よく**本を読んでいる人もいます。〈中国〉

　正 私は毎日電車で学校へ行きます。電車の中で本を読んでいる人を**よく**見かけます。

7. 誤 3歳でピアノを始めてからというもの**よく**学校の代表にとして演奏会に参加している。〈台湾〉

　正 3歳でピアノを始めてからというもの、学校の代表として**よく**演奏会に参加している。

▎その他

【たくさん→よく】

8．★ 誤 最近**たくさん**ニューミュージックを聞きます。　　〈アメリカ〉
　　　 正 最近**よく**ニューミュージックを聞きます。

9．★ 誤 私は日本のまんがが大好きです。将来まんが家になりたいと思う時が**たくさん**あります。　　〈アメリカ〉
　　　 正 私は日本の漫画が大好きです。将来、漫画家になりたいと思う時が**よく**あります。

【多く→よく】

10．　 誤 また、人々は誕生日のお祝いに**多く**パーティをします。これはたぶん西方社会から習ったでしょう。　　〈中国〉
　　　 正 また、人々は誕生日のお祝いに**よく**パーティーをします。これはたぶん西欧社会からの影響でしょう。

【しきりに→よく】

11．　 誤 父はたばこを本当にたんと吸う人です。それから私は**しきりに**見ることができます。父の部屋が煙で覆われるのを。　　〈韓国〉
　　　 正 父はたばこを本当にたくさん吸います。私は**よく**見ます、父の部屋が煙で覆われるのを。

【〜やすい→よく】

12．　 誤 私は超普通な人間です。性格は明るいて**笑うやすい**です。　　〈中国〉
　　　 正 私はごく普通の人間です。性格は明るくて**よく笑います**。

【文末】

13．★ 誤 お寺が田舎のホテルのない所にあったのでお寺によく**泊まることになった**。　　〈アメリカ〉
　　　 正 お寺が田舎のホテルのない所にあったので、そこによく**泊まった**。

▎誤用の解説

▎付加

　1では「めったに」と「よく」が相容れないため、不自然になっている。

▎混同

　2は、サン・カンチルーが常勝しているのであるから、「常に」がふさわしい。
　4は、回数・頻度を増やせということであるから、「よく」ではなく「もっと」か、

動作の頻度を表す「しばしば」がよい。5のように動詞の否定形とともに使う場合は、「よく～ない」ではなく「あまり～ない」となる。

位置

6，7では、頻度の多い動作・行為が何か、曖昧にならないように、その直前に持って来る。

その他

10で学習者は「多く」を使っている。「その現象は多く見られる」のような用法があるので、「多く＝よく」と思ったのかもしれない。また、「多く＝たくさん＝よく」と考えたのかもしれない。しかし、「たくさん」や「多く」は数量・分量の多いことを表し、10のような頻度に用いると不自然になる。「しきりに」と「よく」は似ているが、「しきりに」は「(ある期間中)立て続けに」の意味を持つ。11では「いつ見ても」の意味だから「よく」がふさわしい。12の「笑いやすい」という言い方は普通には存在しない。

伝達上の誤用 ★

● 3で用いられている「よく」は、込み具合の十分さを表す「よく(a)」とも、回数の多い「よく(b)」ともとれる。「よく」が「動詞＋ている」とともに使われる場合は、「よく知っている」「よく覚えている」のように程度を表すことが多いが、習慣を表す動作(「よく使っている」「(あの雑誌は)よく読んでいる」)では頻度を表すこともある。3はマンハッタンで頻繁に見られる事柄なので、回数の多いことを表す「しょっちゅう」がよいだろう。

● 8，9の「たくさん」は頻度を表しているが、「たくさん」は話しことば的で、やや子供っぽさが感じられるので、「よく」など他の語で表現したほうがよいと思われる。

●「たびたび」「しばしば」が動作の頻度を問題にするのに対し、「よく」は「そのようなことが多い」(例：新幹線はよく遅れる。彼はよく質問する。あの子はよく泣く。)という状態や習慣、性質を問題にしている。13でも「お寺に泊まる」ことが習慣のようになっているので、「決定」を表す「ことになる」ではなく、単に「よく泊まった」がよい。

指導のポイント

● 頻度を表す「よく」を否定文で使う場合は、「よく～ない」でなく「あまり～ない」となることに注意させる。

例：携帯は{○あまり／×よく}使わない。
- 「たくさん」との混同が見られる。子供っぽく感じられるので、「よく」を使わせる。
- 「よく勝っている」「よく込んでいる」「よく行う」は、間違いとは言えないが、頻度を明確に表すために、「しょっちゅう」「しばしば」「たびたび」「常に」などの表現を使わせたい。

らしい

➡彼は会社を辞めたらしい。
➡横綱には横綱らしい相撲をとってほしい。

「らしい」は、見たり聞いたりした情報にしたがって、話し手自身が自分で想像したり、考えを加える推量判断表現である。また、「男らしい男」のような比況・比喩の用法がある。

|関連項目| ようだ、そうだ（様態）、そうだ（伝聞）、みたいだ、だろう

|誤用例文|

|推量判断|
|脱落|
1. 誤 山田さんは風邪を**引きました**。　　　　　　　　〈中国〉
   正 山田さんは風邪を**引いたらしい**です。
2. 誤 リーさんはカメラを**買うつもりです**。　　　　　〈フランス〉
   正 リーさんはカメラを**買うつもりらしい**です。

|誤形成|
3. 誤 A：リサさんから聞いたんですが、新しいワープロは**べんりならしい**ですよ。　　　　　　　　　　　　　　　　　　　　　　〈フランス〉
      B：そうですか。
   正 A：リサさんから聞いたんですが、新しいワープロは**便利らしい**ですよ。

▎混同

【らしい→だろう】

4. 誤 あの人はいつもちがう車を運転しているから、きっと**金持ちらしい**。〈タイ〉

　　正 あの人はいつも違う車を運転している。きっと**金持ちだろう**。

【らしい→だろう／(なり)そうだ】

5. 誤 こん晩の空の模様を見ると明日はいい天気に**なるらしい**。〈韓国〉

　　正 今晩の空を見ると、明日はいい天気に**なるだろう／なりそうだ**。

【らしい→そうだ（様態）】

6. 誤 リーさんが**食べたいらしい**食べものは用意しておきます。〈中国〉

　　正 リーさんが**食べたそうな**物は用意しておきます。

7. 誤 一番驚いたのは彼は二子だそうだ。今、よく考えれば、**まじめらしい人**はたぶん彼ではないかもしれない。たぶん彼の兄さんや弟さんじゃないかと思う。〈マレーシア〉

　　正 一番驚いたのは彼が双子だということだ。今よく考えれば、**まじめそうな人**はたぶん彼ではなかったかもしれない。たぶん彼の兄さんか弟さんじゃないかと思う。

【らしい→ようだ／みたいだ】

8. 誤 そして、あまり話さなかったので、**まじめらしい**。〈マレーシア〉

　　正 そして、あまり話さなかったことから考えると、**まじめな人のようだ／みたいだ**。

9. 誤 これは大学のビルですか？　**病院らしい**ですね。〈タイ〉

　　正 これは大学のビルですか。**病院のようです／みたい**ですね。

▎その他

【「と思う」の付加】

10. 誤 日本に神社とお寺がたくさんあるのに、そんなところは結婚式や葬式のための**施設だけらしいと思う**。〈アメリカ〉

　　正 日本には神社やお寺がたくさんあるのに、そのような所は結婚式や葬式のための**施設でしかないらしい**。

【従属節（理由節）】

11. 誤 あの人はいつもちがう車をうんてんしているので、金持ちらしい。〈インドネシア〉

正 あの人はいつも違う車を運転している。どうも金持ちらしい／きっと金持ちだろう。

比況・比喩

混同

【らしい→ようだ／みたいだ】

12. 誤 あの2人はよくにっている。まるでふたこらしいだ。 〈韓国〉
    正 あの2人はよく似ている。まるで**双子のようだ／みたいだ**。
13. ★誤 あの女は体がよくて**男らしい**すがただ。 〈韓国〉
    正 あの女性／女の人は体が立派で、**男のような／みたいな**体型だ。
14. ★誤 彼は女性のものが大好きで、**女らしい**ですね。 〈中国〉
    正 彼は女性のものが大好きで、**女のようです／みたい**ですね。
15. ★誤 彼は姿を見ると**女性らしい**だ。 〈韓国〉
    正 彼は姿だけ見ると**女性のようだ／みたいだ**。

誤用の解説

推量判断

脱落

第三者の行為・状態を述べる時には「らしい」が必要であるが、1, 2はそれが理解されていないことによる誤用である。

誤形成

3のように、「らしい」の前に接続する形が正しくできないことによる誤用が多く見られる。特にナ形容詞と「名詞＋だ」は注意が必要である。

混同

4～9のように、「らしい」と「だろう」「ようだ」「そうだ（様態）」の意味用法が似ているため、混乱による誤用が見られる。「ようだ」が、自分が直接体験した知識（視覚、聴覚、自分の調査など）に基づくのに対し、「らしい」は「間接的な経験による知識（伝聞、他人の調査結果など）に基づくことが多い。また、「だろう」は、より主観的で、話し手自身の考え、想像で判断することができる。一方、「そうだ（様態）」は観察対象の外観から受ける直感的な「感じ」やその事態が起こる「可能性・兆候」を表す。

その他

「らしい」のあとには「と思う」が付かないが、10のように付けてしまう誤用が見られる。11は「らしい」を用いる時、推量判断の根拠・理由をどう表すかの問題である。「ので／から」という理由節と「らしい」は共存しにくい。訂正文のように、根拠・理由の文を出して、それと切り離した次の文で話し手の判断を述べる形が自然である。

比況・比喩

混同

比況・比喩の「らしい」は、その本来の性質が特に強く存在する場合に使う。12～15の文ではそれぞれ「双子、男、女、女性」ではないので、「らしい」ではなく「ようだ／みたいだ」を使うべきである。

伝達上の誤用 ★

- 13のように、「男らしい」という時は男性に対して使い、女性に対して使う時は「男のようだ／みたいだ」となるので、注意が必要である。14、15についても同様である。

指導のポイント

- 「らしい」の前の接続の形を正しく理解させる。特に「名詞＋だ」とナ形容詞（非過去・肯定）は「だ」が落ちることに意識を向けさせる。
- 「らしい」では推量判断と、比況・比喩両方において混同の誤用が多く見られる。これは学習者にとって「らしい」の適切な使い方がわかりにくいということを示している。
- 推量判断の「らしい」は様態の「そうだ」、推量判断の「ようだ」「だろう」と混同しやすい。違いが見えるような状況を考え、練習する工夫がほしい。
- 比況・比喩の「らしい」は「ようだ／みたいだ」と混同しやすい。「女らしい」は女性に対して使い、「女のようだ／みたいだ」は男性に対して使うということをよく理解させること。

連用中止(形)

➡まず簡単にポイントを**述べ**、次に詳しい説明をします。

「動詞マス形の語幹」「イ形容詞＋く」などの形で、動的・静的事態の並列を表す。「て」と用法は似ているが、より書きことば的である。

|関連項目| 並列(継起)節「て、たり、し」、ながら（付帯状況）、**条件節**「と、ば」、**理由節**「から、ので」、**逆接節**「が・けれども」

|誤用例文|

|脱落|

1. 誤 季節風の影響があるだから、冬は北風が**できる**、天気はちょっと寒い。 〈台湾〉
   正 季節風の影響で、冬は北風が**吹き**、ちょっと寒い。
2. 誤 そして、中華民国柔道チームの選手と**なった**、国外へ試合に参加した。 〈台湾〉
   正 そして、中華民国柔道チームの選手と**なり**、国外での試合に参加した。

|誤形成|

3. 誤 留学生にはいろいろな学生が**い**、一人ひとりの対応が必要だ。 〈中国〉
   正 留学生にはいろいろな学生が**おり**、一人ひとり、対応が必要だ。

|混同|

【連用中止(形)→て】

4. 誤 お父さんは新聞を読み、コーヒーを**飲み**、出かけた。 〈タイ〉
   正 お父さんは新聞を読み、コーヒーを**飲んで**、出かけた。
5. 誤 **集中し**勉強に取り組むために、試験がよくできた。 〈タイ〉
   正 **集中して**勉強に取り組んだために、試験がよくできた。

【連用中止(形)→ば／と】

6. 誤 学習者に色々な形容詞の例をあげて、このチャートのような普通体、丁寧体、現在形、否定形、過去形など、一つの形容詞の文形を書く練習**繰り返し**、学習者はもっと早く形容詞の違いを覚えて、もっと早く形容詞を活用することができると思う。 〈韓国〉

正　いろいろな形容詞の例を挙げて、このチャートにあるような普通体、丁寧体、現在形、否定形、過去形などの形容詞の活用形を書く練習を**繰り返せば／繰り返すと**、学習者はもっと早く形容詞の違いを覚えて、形容詞の活用ができるようになると思う。

【連用中止（形）→ながら】
7.　誤　テレビを**見**、お飯を食べる。　　　　　　　　　　　　〈台湾〉
　　正　テレビを**見ながら**、ご飯を食べる。
8.　誤　ラジオを**耳き**、勉強することはよさそうではない。　　〈韓国〉
　　正　ラジオを**聞きながら**勉強することはよくないだろう。

【連用中止（形）→たり】
9.　誤　ゆうべは友達を**会い**、勉強も**し**、ちょっと忙しかった。〈韓国〉
　　正　ゆうべは友達に**会ったり**、勉強も**したり**、ちょっと忙しかった。
10.　誤　私は日本に来て、4ヶ月になってきたけれども、来た時から留学生センターのAコースに入っているので日本人の学生と**話しあい**、**つきあえる**機会が割合に少なくなっている。〈オーストラリア〉
　　正　私は日本に来て4か月になるが、来た時から留学生センターのAコースに入っているので、日本人の学生と**話し合ったり**、**付き合ったりする**機会が割合に少ない。

【連用中止（形）→が】
11.　誤　私は小さいとき、よくある親族の家へ遊びに**いき**、この家はおもしろかったです。　　　　　　　　　　　　　　　　　〈中国・香港〉
　　正　私は小さいとき、ある親戚の家へよく遊びに**行ったが**、その家はおもしろい家でした。
12.　誤　仕事が、八月九日に**始まり**、様々のことがわからなかった。
　　　　　　　　　　　　　　　　　　　　　　　　　　　　　〈マレーシア〉
　　正　仕事が八月九日に**始まったが**、様々なことがわからなかった。
13.　誤　今日は熱が**あり**、それに、学校に行きたい。　　　　〈中国〉
　　正　今日は熱が**あるが**、学校に行きたい。

【〜く→から】
14.　★誤　彼はとても**忙しく**、来られないわけだ。　　　　〈アメリカ〉
　　正　彼はとても**忙しいから**、来られないわけだ。

【なく→ないから】

15. ★ 誤　母は中国人なので洋風な料理を**作らなく**、八つまでチーズを食べたことがない。　〈オーストラリア〉

    正　母は中国人なので洋風の料理を**作らないから**、八つまでチーズを食べたことがなかった。

【なく→ないんですが】

16. ★ 誤　これと**関係なく**、もし今余裕があるお金ができたら何をしたいんですか。　〈韓国〉

    正　このことと**関係ないんですが**、もし今お金に余裕ができたら、何をしたいですか。

その他

【ことができる】

17. 誤　彼は英語と日本語を**話すことができ**、**聞くことができる**。　〈韓国〉

    正　彼は英語と日本語を**話し**、**聞くことができる**。

誤用の解説

脱落

　1、2は短い文の羅列なので、「連用中止（形）」で書きことば的にまとめたほうがよい。

誤形成

　3において、「学生がいる」の「いる」の連用中止（形）は、通常は「おり」になる。

混同

　4、5は「て」との混同の例である。4は動作が続いて起こる継起の場合であり、5は「ある動作がどのような状態・状況で行われているか」という付帯状況の場合である。動作の継起を表す場合、日本語の文は「て」ばかりが続いたり、「連用中止（形）」ばかりが続くことは少なく、次の(1)(2)のように、「て」と「連用中止（形）」が入り混じって文を形作る。

　(1)　保育園に子供を迎えに行き、スーパーで買い物をして、家に帰る。

　(2)　保育園に子供を迎えに行って、スーパーで買い物をし、家に帰る。

「連用中止（形）」の特徴は、そこで切れ目ができるという点なので、(1)では「スーパーで買い物をして家に帰る」という連続性が、(2)では「迎えに行ってスーパーで買い物をする」という連続性が感じられる。4において、「コーヒーを飲んで、

そのあと出かけた」という連続性を持たせるためには、「て」にしたほうがよい。5では、「集中する」が勉強の仕方や状態を説明しており（付帯状況）、このような場合は「て」を使う。

　6の「練習を繰り返す」と「早く形容詞の違いを覚える」は前者がきっかけ・条件、後者が結果を表している。連用中止（形）は「て」と同じく、それ自体に明確な意味用法があるのではなく、前後の文関係や文脈から意味用法が決まってくる。6においてきっかけ・条件を明確に表すためには、条件表現を用いる必要がある。7，8においても、「テレビを見る」「ラジオを聞く」は「食べる」「勉強する」ことの付帯状況になるので、二つの動作を同時にするという意味で「ながら」が適切である。

　9，10でも連用中止（形）が並んでいるが、文の内容から考えると、動作・行為を選択して述べる「たり」がふさわしい。連用中止（形）は書きことば的なので、文がかたくなるのを避けるためにも「たり」のほうが適している。11～13では連用中止（形）を使って、前件と後件が逆接関係にあることを表そうとしている。連用中止（形）は動作の並列や継起は表せるが、逆接関係までは表せない。

　その他

　17については、「ことができる」が二つの連用中止（形）にかかり得るか否かの、スコープの問題を含んでいる。「日本語を話し、聞くことができる」と言えることから、連用中止（形）の場合も「ことができる」は文末に一つ使うだけで、「話す・聞く」にかかると考えられる。

　伝達上の誤用　★

● 14はイ形容詞の連用中止（形）の例である。誤りとは言えないが、「彼はとても忙しく」だけでは何を表しているかとらえにくく、後件（主節）との関係を考えて理由だと判断しなければならない。前件・後件の関係を「から」を用いて明確にしたほうがよい。

● 15，16は連用中止（形）の否定の形についての問題である。15については前件、後件との意味的関係から、理由を表す「から／ので」にすべきと思われる。このように、動詞を「～なく」という形で次につなげていく言い方は、もともとは誤用であるが、日本人も使い始めているようである。16はこのままでも文法的に間違いではないが、「これと関係なく」だけでは、ぶしつけな感じを与えるので、訂正文のように前置き表現を用いて、丁寧に言えるように指導したい。

指導のポイント

- 「連用中止(形)」は書きことばに使われることに言及しておく。
- 日本語の文では「て」と「連用中止(形)」が入り混じって使われる。学習者は「て」か連用中止(形)か、どちらか一方でつなぎがちなので、実際の日本語の文を示すとよい。
- 「連用中止(形)」は並列・継起は表せるが、それ自体で原因・理由、条件などは表せない。理由や条件を示したい時は、理由や条件を表す形式(「から/ので」「と/ば/たら」など)を用いる必要がある。
- 前件・後件が逆接関係にある場合にも、「連用中止(形)」を用いる学習者がいる。「連用中止(形)」では逆接関係は表せないので、逆接の形式(「が」「けれども」「のに」「ながら(も)」など)を用いることを指導する。
- 付帯状況(例:座って話す、気をつけて運転する)を表す時に、連用中止(形)は使いにくく、「て」が使われる。

わけだ

➡つまり、これ以外に方法はない**わけだ**。
➡A:今日は学校が休みなんだよ。
　B:ああ、だから静かな**わけだ**。

より客観的な事実に基づいて、そうであれば当然そうなることを相手に伝える。「わけだ」には、「話し手の結論・帰結を表す」「話し手が納得したことを表す」などの意味用法がある。

関連項目 はずだ、からだ、だろう、のだ/んだ、ことだ、てしまう、**理由節「から、ので」**

誤用例文

脱落

1. ★ 誤 私は特意に来なかったではない。　　〈中国〉
   　 正 私はわざと来なかった**わけではない**。

付加

2. 　 誤 大連はまた、リンゴの**故郷**というわけです。　〈中国〉

　　　　正 大連はまた、リンゴの**故郷**です。

　誤形成
3.　　　　A：きょうは、しずかですね。
　　　　　B：ええ、みんな旅行で、いないんです。
　　　誤 A：ああ、それで**しずか**わけですね。　　　　〈インドネシア〉
　　　正 A：ああ、それで**静か**なわけですね。

　混同
【わけだ→からだ】
4.　誤 先生にしかられたのは、宿題をちゃんと**やらなかったわけだ**。〈台湾〉
　　正 先生にしかられたのは、宿題をちゃんと**やらなかったからだ**。
5.　誤 石油の価格が上がることは、中近東に問題があって、石油の生産が**停帯しているわけだ**。　　　　　　　　　　　　　　　　〈台湾〉
　　正 石油の価格が上がるのは、中近東に問題があって、石油の生産が**停滞しているからだ**。

【わけだ→のだ】
6.　誤 私は特意に来なかったではない。実は用事が**出るわけです**。〈中国〉
　　正 私はわざと来なかったわけではなく、実は用事が**できたのです**。

【わけだ→はずだ／にちがいない】
7.　誤 その十年にわたって開発した製品は生活によほど便利だから、使う人は絶対に**ふえていくわけだ**。　　　　　　　　　　〈アメリカ〉
　　正 その十年にわたって開発した製品は、生活にとても便利だから、使う人は絶対に**増えていくはずだ／にちがいない**。

【わけだ→はずだ／だろう】
8.　誤 毎日500回なわ跳をして、筋肉が**強くなるわけだ**。　　〈台湾〉
　　正 毎日500回縄跳びをすれば、筋肉が**強くなるはずだ／だろう**。
9.　誤 たくさん運動したら体が**よくなるわけだ**。　〈帰国子女（日本）〉
　　正 たくさん運動したら体が**強くなるはずだ／だろう**。

【わけだ→だろう】
10.　誤 毎日たくさんのチョッコレートやアイスクリームなどの高脂肪ものを食べると、きっと**太るわけだ**。　　　　　　　　　〈台湾〉
　　正 毎日たくさんのチョコレートやアイスクリームなどの高脂肪のものを食べると、きっと**太るだろう**。

【わけだ→ことだ】

11. 誤 留学生と言うと簡単に言えば、外国へ行って勉強することであろう。ところで決して自分の専門のみについて勉強するのではなくて、自分の興味を持つことと、あの国の特有のことを**勉強するわけだ**と思っています。　　〈台湾〉

    正 留学というのは簡単に言えば、外国へ行って勉強することであろう。しかし、決して自分の専門のみを勉強するのではなく、自分の興味があることや、その国／留学先の国特有のことを**勉強することだ**と思う。

【わけだ→てしまう】

12. ★誤 日本人は自分の気持ちをあまり直接言うので、ときどき私は**誤解するわけである**。　　〈？〉

    正 日本人は自分の気持ちをあまりはっきり言わないので、ときどき私は**誤解してしまう**。

【わけがない→わけにはいかない】

13. 誤 彼が本当のことを言わない以上、私からさきに本音を言う**わけがない**。　　〈韓国〉

    正 彼が本当のことを言わない以上、私から先に本音を言う**わけにはいかない**。

【わけはない→わけがない】

14. ★誤 ただでさえ勉強の時間がすくないのだから、もしてアルバイトなどできる**わけはない**。　　〈台湾〉

    正 ただでさえ勉強の時間が少ないのだから、ましてアルバイトなどできる**わけがない**。

【わけではない→わけがない】

15. ★誤 ロボットじゃあるまいし、毎夜てつやして働ける**わけではない**。　　〈アメリカ〉

    正 ロボットじゃあるまいし、毎晩徹夜して働ける**わけがない**。

【わけではない→ことができない】

16. 誤 一旦環境が破壊されると人類と他の生物は楽しく生きていく**わけではない**と思う。　　〈中国〉

    正 一旦環境が破壊されると、人類や他の生物は快適に生きていくこ

とはできなくなる。

【わけではない→ためではない】

17. 誤 早期教育に賛成する理由は、子供に早く自分の好きなことを勉強できるが、子供を将来に偉くなる**わけではない**です。〈中国・香港〉

    正 早期教育に賛成する理由は、子供が早く自分の好きなことを勉強できるようになるからであり、子供が将来偉くなる**ためではない**。

【わけにはいけない→わけにはいかない】

18. 誤 親の希望をかなえるために立派な大学を出て、大企業に入ったので、今更サラリーマンをやめる**わけにはいけない**。

    〈帰国子女（日本）〉

    正 親の希望をかなえるために立派な大学を出て大企業に入ったので／のだから、今更サラリーマンを辞める**わけにはいかない**。

その他

【従属節（理由節）】

19. 誤 彼はとても**忙しく**、来られないわけだ。 〈アメリカ〉

    正 彼はとても**忙しいから**、来られないわけだ。

20. 誤 ずっと**待たせて**、彼は怒ったわげだ。 〈アメリカ〉

    正 ずっと**待たせたから**、彼は怒ったわけだ。

誤用の解説

付加

2 は、どのような文脈で用いられているかが不明なので、誤用か否かの判断がしにくい。しかし、「また」を用いて、ほかの事柄に続けて「りんごの故郷」と紹介しているので、大連の紹介の続きと考えることができる。その場合は「わけだ」は不要になる。

誤形成

「わけだ」の前に来る語の接続の形を間違えてしまう誤用が見られる。特に、3 のようなナ形容詞、また、「名詞＋だ」の非過去・肯定形が接続する場合に誤用が起きやすい。

混同

短絡的に「わけだ」＝「理由付け」と考えてしまい、4，5 のように「からだ」と混同してしまう誤用がしばしば見られる。また、6 のように「のだ」と混同す

ることもある。(**17**のように、「わけだ」の否定形でも、同様の間違いが起こることもある。)

「わけだ」が「当然の帰結」を表すという点で「はずだ」に似ているために、**7〜9**のような混同が見られる。また、判断という点で「にちがいない/だろう」などとも混同しやすくなる（**7〜10**）。

「はずだ」と「わけだ」の話し手の根拠から判断への流れは次のようである。

　a．きょうは会議があるから、社長が来るはずだ。
　b．きょうは会議があるから、社長が来るわけだ。

〜はずだ		
根拠	→	判断（確信・期待）
会議がある。	（であれば）	社長が来るはずだ。
〜わけだ		
根拠	→	判断（論理的・自然的帰結）
会議がある。	（だから）	社長が来るわけだ。

　aでは、「きょう会議がある」ことが根拠・情報となり、「そうであれば社長が来る」と確信・期待する表現として「〜はずだ」が用いられる。一方、bでは、「きょう会議がある」ことが根拠・情報となり、「だから、社長が来る」と論理的に結論付ける表現として「〜わけだ」が用いられる。（市川2005）

　11では、留学生についてまとめるために、最後に「わけだ」を用いたのかもしれないが、ここでは留学とは「何か」について述べているので、最後を「ことだ」にする必要がある。

　13〜18に見られるように、「わけだ」の否定表現は複雑で、学習者は正しく使うのが難しい。次の①〜③のそれぞれが同じように「否定」表現を含むため、混同が起こりやすい。

　　①わけが/はない（当然）（**13, 14**）
　　②わけじゃ/ではない（部分否定）（**15〜17**）
　　③わけにはいかない（不可能）（**18**）

③の不可能を表す「わけにはいかない」は、その意味から、**18**のように、「わけにはいけない」と可能動詞を用いてしまいがちである。また、同じ「不可能」でも、心理的な不可能ではなく、客観的に不可能である場合には、**16**のように「ことはできない」とすべきである。

> その他

19, 20では、「から／ので」「のだから」といった理由節などと正しく呼応させて使う必要がある。

> 伝達上の誤用 ★

●「わけだ」は、文を作るために絶対に必要というわけではないので、学習者に使わないで済まそうとする非用が見られる。例えば、**1**では、「のではない」を使えば、「わけだ」を使わなくても表現は可能だが、話し手がきちんと事情を述べたい場合には用いるようにしたい。逆に、それほどの気持ちがないのに「わけだ」を多用すると、押し付けがましい印象を与えてしまう可能性もあるので注意する必要がある。

●**12**で「わけだ」を使うと、自分のことなのに、まるで他人事のように解説をしている印象を与え、不適切である。結果の事情説明として「わけだ」を使ったのであろうが、この程度の論理関係では「わけだ」を使う必要はなく、むしろ、その結果に対する話し手の不本意を示すために、「てしまう」を使うほうがふさわしいだろう。話し手が、真に「わけだ」を使うべき心情なのかという点に注意が必要である。

●「わけがない」と「わけはない」の違いは、「は」と「が」の基本的な用法の違い、言い換えれば、話し手が「何をどのように伝えようとしているか」による。例えば、聞き手に「報告する」という文脈で、「当然あり得ないことだ」と、ひとまとまりの事柄として述べる場合は「が」が用いられる。一方、「わけはない」は、「あるかどうかを考えてみると、当然あり得ないのではないか」と、話し手の判断を表す時に用いられる。**14, 15**では、「ただでさえ」「まして」「じゃあるまいし」といった強調的な語が使われており、話し手が聞き手に、当然のこととして、ひとまとまりの事柄を伝えようとしている。このような場合は、「が」を使ったほうがよい。「わけがない」「わけはない」は、いずれも「道理から考えてあり得ない」という強い否定であることに留意して、使用する必要がある。

> 指導のポイント

● 「わけだ」の前に来る語の形を正確に覚えさせる。
● 「からだ」との混同が起こりやすいので、「理由付け」に対する「結果、帰結」として「わけだ」が来ることを、構文的な違いも含めて、十分に理解させる。

　　　　a．先生にしかられたのは、宿題をしなかったからだ。
　　　　　　（結果）　　　　　　（理由）＋からだ
　　　　b．宿題をしなかったから、先生にしかられたわけだ。
　　　　　　（理由）　　　　　　（結果）＋わけだ

- 「わけだ」が使える状況を十分に準備して提示する。「～から／ので／以上、～わけだ」といった理由節による状況提示や、2文構造の「～。だから／それで、～わけだ」、また、条件節「～たら／ば／ても、～わけだ」などが使用できるように、十分に指導するとよい。
- 「わけだ」のように、使用しなくても内容に大きな誤解が生じない表現は、非用が起こりやすい。「わけだ」によって表現できる意味合いやニュアンスを、学習者に十分に理解させる必要がある。

を

➡毎朝牛乳を飲む。
➡家を出て、交差点を渡る。

名詞に付いて、動作、作用の対象、目的を表す。また、出発点や起点、通過の場所や経過点も表す。

|関連項目| は、も、が、に、と、の、について、に対して、**他動詞**

|誤用例文|

|脱落|

1. 誤 彼女はもし何か問題があったら、いつもお寺へ行って神様に問題の解決方法Φ聞くんです。〈台湾〉
   正 彼女はもし何か問題があったら、いつもお寺へ行って、神様に問題の解決方法を聞くんです。
2. 誤 日本にある保守的の教会は別として、ほかのクリスチャンとなると、イエス・キリストの福音Φ伝える人は成長している。〈アメリカ〉
   正 日本にある保守系の教会は別として、イエス・キリストの福音を伝えるクリスチャンが増加している。

3. 誤 フランス人は、肉食とともにワイン**を**よく飲む。　　　〈フランス〉
   正 フランス人は、肉を食べるときにワイン**を**よく飲む。

付加

4. ★誤 じゃがいも**を**、食べる？　　　　　　　　　　　　　〈中国〉
   正 じゃがいも、食べる？
5. 誤 それしか**を**食べていないといってもそんなに少なくありませんね。
   　　　　　　　　　　　　　　　　　　　　　　　　　　　〈アメリカ〉
   正 それしか食べていないといっても、そんなに少なくありませんね。
6. 誤 レポートを明日までにていしゅつ**を**しなければならない。
   　　　　　　　　　　　　　　　　　　　　　　　　〈オーストラリア〉
   正 レポートを明日までに提出しなければならない。

混同

【を→は】

7. 　　A：ヤンさんはビールを飲みますか。
   誤 B：いいえ、ビール**を**飲みません。　　　　　　　〈アメリカ〉
   正 B：いいえ、ビール**は**飲みません。
8. 誤 小さい子供ではあるまいし、自分の洗濯物**を**自分で洗いなさい。
   　　　　　　　　　　　　　　　　　　　　　　　　　〈アメリカ〉
   正 小さい子供ではあるまいし、自分の洗濯物**は**自分で洗いなさい。

【を→も】

9. 誤 スーツ**を**買えたし、面接に関する問題もしたし、面接の準備はしてあります。　　　　　　　　　　　　　　　　　〈オーストラリア〉
   正 スーツ**も**買えたし、面接に関する問題もしたし、面接の準備はしてあります。
10. 誤 寒くなったとはいえ、コート3枚**を**着るまでもないだろう。
    　　　　　　　　　　　　　　　　　　　　　　　　　〈ブラジル〉
    正 寒くなったとはいえ、コートを3着**も**着るまでもないだろう。

【を→が】

11. 誤 私はテニス**を**できます。　　　　　　　　　　　　　〈タイ〉
    正 私はテニス**が**できます。
12. 誤 「韓江の奇跡」とも呼ばれているこの経済成長から韓国の力動性**を**よく見れる。　　　　　　　　　　　　　　　　　　〈韓国〉

正「韓江の奇跡」とも呼ばれているこの経済成長から、韓国の力強さがよく見てとれる。

13.　誤 日本語の勉強はおもしろい。しかも日本の内国を旅行する時、勉強した日本語**を**役に立つ。　　　　　　　　　　　〈タイ〉
　　　正 日本語の勉強はおもしろい。そして、日本の国内を旅行する時、勉強した日本語**が**役に立つ。

14.　誤 最近日本語**を**進歩しないの上に、英語の言葉もわすれる。〈イギリス〉
　　　正 最近日本語**が**進歩しない上に、英語の言葉も忘れる。

【を→に】

15.　誤 明日出発する海外旅行の準備を完璧にやってあると思ったとたん、パスポートがないこと**を**気付いた。　　　　　〈韓国〉
　　　正 明日出発する海外旅行の準備は完璧にやってあると思ったそのとき、パスポートがないこと**に**気付いた。

16.　誤 倒れた騎士が試合**を**負ける。　　　　　　　　　　　〈アメリカ〉
　　　正 倒れた騎士が試合**に**負ける。

17.　誤 ゼミの新人だから、自分の考えが正しいと思っても、まず先輩たちの意見**を**賛成しないではすまない。　　　　　〈中国〉
　　　正 ゼミでは新人だから、自分の考えが正しいと思っても、まず先輩たちの意見**に**賛成しなければならない。

18.　誤 アメリカの旗は、アメリカにとって大変重要である。だから使う時に、いくつかルール**を**従う必要がある。　　　〈アメリカ〉
　　　正 アメリカの旗は、アメリカにとって大変重要である。だから使う時には、いくつかルール**に**従う必要がある。

19.　誤 結婚式**を**参加しただけでなく、スピーチも頼まれた。　〈中国〉
　　　正 結婚式**に**参加するだけでなく、スピーチも頼まれた。

【を→と】

20.　誤 日本にいるうちに、日本舞踊をはじめ、茶道や花道などいろいろな文化を体験したいと思っている。更にたくさん日本人**を**友達になりたいのである。　　　　　　　　　　　　　　　〈イギリス〉
　　　正 日本にいるうちに、日本舞踊をはじめ茶道や花道などいろいろな文化を体験したいと思っている。それに、たくさんの日本人**と**友達になりたいのである。

21. 誤 ときどき小学校の時、風邪引った時、時々おばあさんが寺へ行って「神」を書いてある紙を一枚焼いて持って帰えりました。それで水と併せて彼女に飲みさせられました。　〈台湾〉
    正 小学生の時、風邪を引くと、おばあさんは時々寺へ行って「神」と書いてある紙を一枚焼いて持って帰ってきてくれました。そしてそれを水と一緒に飲まされました。

【を→に／と】
22. 誤 20年ぶりに友人を会って、うれしいかぎりだ。　〈韓国〉
    正 20年ぶりに友人に／と会えて、うれしかった。

【を→から】
23. 誤 ある日、中国の重要な官員は中国の北から南にかけて敵軍を逃がって、香港の北部に行って、そこで住んであげる。　〈中国・香港〉
    正 ある日、中国の官僚は中国の北から南へと、敵軍から逃げて、香港の北部に行って、そこに住みついた。

【を→の】
24. 誤 形といい、色といい、文句をつけようがない。　〈中国〉
    正 形といい色といい、文句のつけようがない。
25. 誤 当時は、大学生の間に、そういう麻薬を濫用者が尊敬を受けましたので大丈夫だと思いました。　〈アメリカ〉
    正 当時は、大学生の間でそのような麻薬の濫用者が尊敬されていたので、大丈夫だと思いました。

【を→でも】
26. 誤 わかりました。あなたの頼みとあれば、どんなことをしてあげる。　〈オーストラリア〉
    正 わかりました。あなたの頼みとあれば、どんなことでもしてあげます。

【を→について】
27. 誤 出発に際して、旅行の安全を注意しておく。　〈中国〉
    正 出発に際して、旅行の安全について注意しておく。

その他

【を→か】

28. 誤 すみません、明日の夜、何**を**予定がありますか。　〈アメリカ〉
    正 すみません、明日の夜、何**か**予定がありますか。

誤用の解説

脱落

1～3とも話しことばで助詞が落ちることに慣れ、うっかり落としてしまったのだろう。

付加

5のように「しか」は、「を」と並べて「しかを」とすることはできない。「だけを」「ばかりを」などの、並べることができるものと混同したようである。6では「レポートを提出を」のように「を」が重なり、過剰となっている。

混同

7，8とも文法的に誤りとは言えないかもしれないが、不自然な印象を与える。7は否定される対象に「を」が使用されている。「否定」は常に「肯定」と対比関係にあるので、否定文では「を」に代わって対比を表す「は」が使用されることが多い。「は」ではなく格助詞（ここでは「を」）を用いると、その語に強い指定の意味合いが出てしまう。8は「自分の」「自分で」という表現が繰り返されている。目前の洗濯物だけを指して、「洗濯物を洗いなさい」ということを言いたいのではなく、「自分のことは自分でやりなさい」というように、「自分のこと」を取り立てて主張する意図があると考えられる。9は「スーツを買えた」「問題をした」という二つの句を並列している。後者に「も」があるため、前者にも「も」があるほうが自然である。10「コートを3枚着る」の「3枚」は、一般常識から見て過剰と言える。話し手の評価の意味を添える「3枚（着）も着る」が自然である。

11では、「できる」の対象に「を」を使用している。「～を／が食べられる」のように可能動詞では両方使用できる場合もあるが、「～をできる」は不自然である。12「～を／が見られる」は「を」「が」とも使用できるが、「見える」は「を」を使用できない。「見れる」は「見てとれる」と訂正されているが、意味的に「見られる」（意識的に、努力して目にする）ではなく、「見える」（視力、洞察力で感じ取れる）に近く、「を」は不可となる。13，14とも自動詞に「を」を使用したための誤りである。

15～19は「気づく」「負ける」「賛成する」「従う」「参加する」など、対象を「に」で提示するタイプの動詞に「を」を使用した誤りである。「対象＝を」とい

う連想で処理したことが誤用の要因だと思われる。**20**は「相手」について、「と」と「を」を混同したと考えられる。**21**は、「字を書く」と言えることから「を」を使用したようであるが、「神（神そのもの）を書く」とは言えない。正しくは「神（文字・言語記号としての神）と書く」と言うべきで、この「と」は「そうだと言う」と同じく引用内容を表すものである。この「と」の用法は授業などではあまり教えられていないようだ。**22**は、対象の提示に「に／と」をとる動詞「会う」に「を」を使用した誤用例で、これも「対象＝を」とのみ覚えていたことが誤用の要因と考えられる。

　日本語では「家を出る」「国を離れる」「大学を卒業する」のように出発点・起点を表すのに「を」を使用することがある。**23**では習得した日本語の知識から類推し、出発点・起点をすべて「を」で提示すると思い込み、「〜を逃げる」としたのだろう。語彙力のある学習者であれば、「〜を逃（のが）れる」という動詞と混同したとも考えられる。**24**は「を」でも文法的な誤りとは言い難い。しかし、「〜よう」はものの有り様・あり方を表す名詞なので、「名詞＋の＋〜よう」（例：ものの言いよう、頭の使いよう）という言い方が基本である。

　25では「麻薬の濫用者」あるいは「麻薬を濫用する人」とすべきところを、両者を混同して「麻薬を濫用者」としてしまったようである。「濫用」だけで動詞として使えると誤解したとも考えられる。

　26は「例外なくすべて」という意味で、本来「どこ／どれ／どんなこと／何＋でも」とすべきところに「を」を用いたための誤用である。「疑問詞＋でも」の形が定着していなかったと考えられる。

　27の「注意する」には二つの意味がある。一つは警告してやめさせるように働きかけるもの（例：小学生（警告の相手）を注意する。喫煙・服装（警告の対象物）を注意する。）で、もう一つは自分で心にとどめる（例：安全に／について注意する。）という意味である。前者は「を」が使用できるが、後者は「を」が使用できない。

その他

　28は、「ある」を修飾する副詞句「何か」とするべきところに、「何を」を使用した誤用例である。「〜に〜がある」という文は「を」とは結び付かない。

伝達上の誤用 ★

●「が」のところでも、存在を問う文には助詞を使用しないことがニュートラルであった（例：メニュー、ありますか。）が、4の「じゃがいもを食べる？」という質問文でも無助詞が自然で、「を」の使用はいぶかり表現のようなニュアンスを生

じさせてしまう。ただ、そういう意図がある場合、つまり「本当にじゃがいもを食べるの？」といぶかったり、問いただすような文脈では「を」を使用する必要がある。

指導のポイント

- 「を」を使うべきところで他の助詞を使ってしまう誤用が多く見られる。次のように対象を「を」で表さない動詞について十分に練習することが大切である。
  ①対象を「が」で提示する動詞：わかる、できる、見える、聞こえる、など
  ②対象を「に」で提示する動詞：会う、気づく、勝つ、負ける、賛成する、従う、参加する、など
  ③対象を「と」で提示する動詞：〜と友達になる
  ④対象を「から」で提示する動詞：逃げる、逃(のが)れる、など
  （「家を出る」「国を離れる」「大学を卒業する」など「を」を使用するものと混同しやすい）
- 「を」とともに用いることができない取り立て助詞（「×しかを」「×さえを」など）と、ともに用いることができる取り立て助詞（「だけを」「ばかりを」など）の区別を確認する。
- 「数量表現＋動詞」では格助詞を用いない。（×3枚を着る。）
- 「〜と書く」（例：「漢字」と書く。）「〜を書く」（例：漢字を書く。）のように、「内容」と「対象」との混同に注意させる。

んじゃないか

→彼は来ない**んじゃないか**。
→これは少し難しい**んじゃないか**と思う。

動詞・形容詞などに付いて、話し手の婉曲な意見を提出する。書きことばでは「のではないか」となる。「だろう／でしょう」と結び付いて「〜んじゃないだろうか」の形で、また、「と思う」と結び付いて、「〜んじゃない(だろう)かと思う」の形で用いられることが多い。

|関連項目| のだ／んだ、じゃない(か)、んじゃない、ないんじゃない(か)、と思う

|誤用例文|

|脱落|

1. 誤 みんなの前でスピーチしなければならないので、緊張して言葉が**出ないか**と心配している。　　〈オーストラリア〉
   正 みんなの前でスピーチしなければならないので、緊張して言葉が**出ないんじゃないか**と心配している。

|誤形成|

2. 誤 友達になるためには、相手の話しをよく聞くことがいちばんいい**方法んじゃないか**。　　〈韓国〉
   正 友達になるためには、相手の話をよく聞くことが一番いい**方法なんじゃないか**。

3. 誤 彼はつくば大学校の**学生んじゃないか**。　　〈韓国〉
   正 彼は筑波大学の**学生なんじゃないか**。

4. 誤 この形についてちょっと**おかしじゃないか**と思っている人もあります。　　〈韓国〉
   正 この形についてちょっと**おかしいんじゃないか**と思っている人もいます／あります。

5. 誤 そして、駅員はお客さんを電車に押し込むのも**あぶないなんではないだろうか**。　　〈マレーシア〉
   正 また、駅員がお客さんを電車に押し込むのも**危ないんじゃない**だろうか。

▌混同

【じゃないか→んじゃないか】

6. 誤 これがほしければ、持って行ってもいいじゃないかな。〈韓国〉
   正 これがほしければ、持って行ってもいいんじゃないかな。

7. 誤 今の専攻は心理学で、Wさんの場合にはちょうどいいじゃないかと思た。〈アメリカ〉
   正 今の専攻は心理学で、Wさんの場合にはちょうどいいんじゃないかと思った。

8. 誤 飲み放題のねだんがたかいじゃないでしょうか？ 〈アメリカ〉
   正 飲み放題の値段が高いんじゃないでしょうか。

9. 誤 タイ人なので、いろいろタイの事を習えるじゃないかと思って、色んなしつ問を聞いた。〈タイ〉
   正 タイ人なので、いろいろタイの事を習えるんじゃないかと思って、色んな質問をした。

【じゃないか→んじゃないか（と思う）】

10. ★誤 一方では法というのがこのような部分までおよびより喫煙者自分がこれを感じてわがままな喫煙（どこでおたばこを吸う行い）をしなければもっとよくなるじゃないか。〈韓国〉
    正 一方では、法律がこのような部分にまで及び、喫煙者自身がそれによってわがままな喫煙（どこでもたばこを吸う行い）をしなくなれば、もっとよくなるんじゃないか（と思う）。

【じゃないか→と思う】

11. 誤 1年間、日本語を勉強したあと、今この作文を書いています。そのコースはいいじゃないでしょうか。〈ブラジル〉
    正 1年間、日本語を勉強したあと、今この作文を書いています。このコースはいいと思います。

【んじゃないか→じゃないか】

12. ★誤 安くていいんじゃないか。〈ペルー〉
    正 安くていいじゃないか。

13. ★誤 どんなことになってもいいんじゃないか。〈韓国〉
    正 どんなことになってもいいじゃないか。

14. ★誤 ここからとび出したら危ないんじゃないか。〈中国〉

　　　　正 こんな所から飛び出したら**危ないじゃないか**。

【んじゃないか→と思う】

15. ★ 誤　＜論語＞遠くから友達がたずねてくれて**うれしいんじゃないか**。

〈韓国〉

　　　　正 遠くから友達が訪ねて来てくれれば、**うれしいと思う**。

その他

【よくないか→いいんじゃないか】

16. ★ 誤　それは難しそうであるから、Ａさんは頭が**よくないか**と思う。

〈アメリカ〉

　　　　正 それは難しそうであるから、(やり終えた)Ａさんは頭が**いいんじゃないか**と思う。

誤用の解説

脱落

　1の「(声が)出ないかと心配する」というのは、「(声が)出ることを心配する」という意味になる。「出ない」ことを心配しているのであれば、「出ないんじゃないか」と二重否定の形をとる必要がある。

誤形成

　2,3は、名詞の後ろでは「なんだ」「なんじゃないか」のように、「な」が必要なことがわかっていない誤りである。5は逆にイ形容詞に「な」を付けてしまったと考えられる。4は接続の誤りとも、発音上の誤りとも受け取れる。「イ形容詞(〜い)＋んじゃないか」の「ん」の把握は学習者には難しく、それに加えて「(おかし)い」の長母音にも誤りが生じたと考えられる。

混同

　「んじゃないか」と「じゃないか」との混同による誤用が多い。「んじゃないか」は話し手の婉曲的、消極的な意見の提出を表し、「じゃないか」は積極的な同意・意見の提出を表す。したがって、6〜10では「んじゃないか」が適当だと考えられる。11も「んじゃないか」でよいが、コースに対する自分の感想の表明であるので、「と思う」がふさわしいだろう。一方、12〜14は、より積極的な同意・意見を提出しているので、「じゃないか」が適切となる。

[伝達上の誤用] ★

- 意見を提出する時、10のように「んじゃないか」で言い放つと、少しぶっきら棒な感じがする。6のように終助詞「な」を付ける、また、7, 9のように「と思う」を付けると婉曲な言い方になり、丁寧さが加わる。
- 12〜14のような時に「んじゃないか」を用いると、話し手の積極的な気持ちが伝わらない。もっと積極的に意志を表明するためには、「じゃないか」を使用したほうがよい。
- 15は学習者が「論語」を口語体に直した文である。このままでもよいが、文意がやや曖昧になるので、「んじゃないか」の代わりに「と思う」を用いると、より明確な気持ちの表明になる。
- 16のように「頭がよくないかと思う」と「頭がいいんじゃないかと思う」は意味が反対になるので、注意が必要である。16の「よくないか」は「いい／よい」の否定形「よくない」に、疑い・問いかけ、また、納得を表す終助詞「か」が付いたものである。「よくないかと思う」には二つの意味合いがあり、一つは、「印象がよくないかと思う」「喧嘩はよくないかと思う」のように、ほぼ「よくないと思う」と同義で、否定「よくない」を婉曲に表現したものである。もう一つは、「こっちのほうがよくないかと思う」「もうちょっと粘ってもよくないかと思う」のように、現在の状況に対して、別の意見を提出するものである。Aさんは<u>頭がいいとはあまり思われていなかった</u>が、この難問をやり終えたのだから、「(案外) 頭がよくないかと思う」という意味合いで使っているなら、16も可能であるが、16には下線部分のような先行文脈はないので、「よくないか」は不適切になっている。

[指導のポイント]

- 「んじゃないか」では、前に来る語を正しく接続できない、また、「ん／の」の脱落の誤用が多かった。学習者には、まず「んじゃないか」の前の接続の形を正しく理解させる必要がある。
- 学習者は「いいんじゃない(か)」と言うべきところを「いいじゃない(か)」と言い、「いいじゃない(か)」と言うべきところを「いいんじゃない(か)」と言ってしまう。いつ使うかを状況・場面に応じて何度も説明する必要がある。
- 学習者は「いいじゃないか」「おもしろいじゃないか」の「じゃないか」の意味がつかみにくいので、「じゃないか」＝終助詞「よ」と置き換えて理解させるとよい。(例：いいじゃないか＝いいよ、おもしろいじゃない

か＝おもしろいよ、だめじゃないか＝だめだよ）
- 「いいんじゃないか」は「(た)ほうがいい」「たらいい」「てもいい」などといっしょに使われることが多い（例：その仕事はやめたほうが／やめたら／やめてもいいんじゃないですか。）ので、それらと関係付けて練習させるとよい。
- 「いいじゃない」「いいんじゃない」「よくない」の意味用法の違いを、学習者の理解度を見ながら、どこかで整理する。

引用文献

安藤淑子（2001）「中級レベルの作文に見られる並立助詞「や」の問題点—「と」の用法との比較を通して—」『日本語教育』108号 47, 49

庵功雄・高梨信乃・中西久実子・山田敏弘（2000）『初級を教える人のための日本語文法ハンドブック』スリーエーネットワーク 188

庵功雄・高梨信乃・中西久実子・山田敏弘（2001）『中上級を教える人のための日本語文法ハンドブック』スリーエーネットワーク 408

市川保子（2005）『初級日本語文法と教え方のポイント』スリーエーネットワーク 166

新屋映子・姫野伴子・守屋三千代（1999）『日本語教科書の落とし穴』アルク 129

寺村秀夫（1984）「形容詞の働きには何がひそんでいるか」『国文学 解釈と教材の研究』29巻6号 5月号 学燈社 99-105

飛田良文・浅田秀子（1994）『現代副詞用法辞典』東京堂出版 89, 121-122, 132, 185, 210-211, 215, 216, 298, 327, 565, 576

益岡隆志（1993）『24週日本語文法ツアー』くろしお出版 66-67

森田良行（1989）『基礎日本語辞典』角川学芸出版 145

参考文献

青木ひろみ（1997）「自動詞における《可能》の表現形式と意味—コントロールの概念と主体の意志性」『日本語教育』 93号 97-107

浅山友貴（2004）『現代日本語における「は」と「が」の意味と機能』第一書房

荒巻朋子（2003）「授受文形成能力と場面判断能力の関係—質問紙調査による授受表現の誤用分析から—」『日本語教育』117号 43-52

有賀千佳子（1993）「対話における接続詞の機能について—「それで」の用法を手がかりに—」『日本語教育』79号 89-101

石黒圭（2001）「換言を表す接続語について—「すなわち」「つまり」「要するに」を中心に—」『日本語教育』110号 32-41

板井美佐（2006）「中国人日本語学習者の日本語作文における第一言語使用の効果—中国人上級学習者を対象として—」『日本語教育論集』21号 筑波大学留学生センター 19-34

─────（2006）「第2言語（日本語）作文における第1言語（中国語）の関与─転移の視点からのディスコース分析─」『東京国際大学論叢　言語コミュニケーション学部編』2号　東京国際大学言語コミュニケーション学部 111-126

市川保子（1997）『日本語誤用例文小辞典』凡人社

─────（2000）『続・日本語誤用例文小辞典』凡人社

─────（2007）『中級日本語文法と教え方のポイント』スリーエーネットワーク

宇佐美洋（2001）『日本語学習者による日本語作文と，その母語訳との対訳データベース Ver.2』CD-ROM版　国立国語研究所

太田陽子（2007）「会話作成タスクにみるハズダの学習上の問題点」『日本語論叢　岩淵匡教授古希記念特別号』早稲田大学日本語論叢の会 303-315

─────（2009）「意見文におけるハズダの機能と文章展開のパターン」『日本語教育』140号 70-80

迫田久美子（1993）「話し言葉におけるコ・ソ・アの中間言語研究」『日本語教育』81号 67-80

─────（2007）「日本語学習者によるコソアの習得」『言語』Vol.36・No.2 大修館 66-73

橋本直幸（2003）「「と思っている」について─日本語母語話者と日本語学習者の使用傾向の違いから−」『日本語文法』3-1 35-48

本郷智子（2006）「会話における「たら」と「と」の談話機能」『多摩留学生教育研究論集』第5号 電気通信大学・東京学芸大学・東京農工大学 19-28

水谷信子（1985）『日英比較話しことばの文法』くろしお出版

南不二男（1993）『現代日本語文法の輪郭』大修館書店

森山卓郎（2000）『ここからはじまる日本語文法』ひつじ書房

索引 （文法範疇による）

モダリティ

かもしれない	082
ことだ	128
そうだ（伝聞）	247
そうだ（様態）	241
たい	293
だろう	371
つもりだ	385
てほしい	439
なければならない	519
にちがいない	556
のだ／んだ	585
はずだ	626
べきだ	632
ほうがいい	637
ものだ	720
（よ）う	742
ようだ	750
らしい	766
わけだ	774
んじゃないか	787

テンス・アスペクト

た	287
（し）出す	336
てある	405
ていく	409
ている	412
ておく	420
てくる	428

	てしまう	434
	てみる	443
	なる・ようになる	528
	（し）始める	622
ヴォイス	受身文	049
	可能文	075
	ことができる	123
	使役文	144
	使役やりもらい	150
	自動詞	208
	他動詞	339
やりもらい	（て）あげる・（て）さしあげる	016
	（て）くれる・（て）くださる	103
	（て）もらう・（て）いただく	724
助詞	が	058
	から	086
	しか	155
	だけ	321
	だけしか	327
	で	399
	として	507
	に	535
	に関して	546
	に対して	551
	について	559
	にとって	562
	によって	570
	の	575
	は	603

	まで	667
	も	696
	を	780
指示語	あ	193
	こ	167
	そ	180
引用節	疑問引用節	100
	と言う	462
	〜という〜	466
	と思う	481
名詞節	こと	116
	の	581
名詞修飾節	名詞修飾節（連体修飾節）	681
理由節	から	089
	ため（に）	350
	て	389
	ので	591
トキ節	あと（で）	022
	うちに	054
	てから	424
	とき	488
	前（に）	650
条件節	たら	359
	と	456
	なら	523

	ば	611
逆接節	が・けれども	065
	ても	447
	のに	596
目的節	ため（に）	354
	（し）に	542
	には	567
	のに	600
	ように	755
並列（継起）節	し	140
	たり	366
	て	393
	名詞の並列（と、や、とか）	687
	名詞文・形容詞文の並列（で・くて）	693
	連用中止（形）	770
接続詞	いわば	045
	結局	112
	さて	132
	さらに	136
	しかし	158
	しかも	163
	したがって	198
	実は	203
	すなわち	226
	すると	230
	そこで	251
	そして	255
	そのうえ	261

	それから	265
	それで	269
	それでは	275
	それに	281
	だが	308
	だから	312
	つまり	380
	でも	452
	というのは	471
	ところが	497
	ところで	502
	また	654
	または	663
	もっとも	711
	要するに	746
副詞	あまり	026
	いちばん（一番）	030
	いつも	032
	いま（今）	036
	かならず（必ず）	071
	きっと	096
	自分で	213
	ずいぶん	217
	ずっと	220
	ぜひ	234
	全部	237
	だいたい	297
	たいてい	301
	たいへん（大変）	305
	たくさん	317
	たしか	329

確かに	332
たぶん	344
たまに	347
つい	376
どうしても	474
どうも	478
ときどき（時々）	494
とても	511
なかなか	516
はじめ・はじめて	616
ほとんど	641
本当に	645
まだ	659
まるで	673
みな（皆）・みんな	676
もう	702
もっと	706
最も	717
やっと	732
やはり・やっぱり	737
よく	758

編著者		
市川保子	元東京大学留学生センター教授	
	元九州大学留学生センター教授	

著者		
浅山友貴	慶應義塾大学日本語日本文化教育センター非常勤講師
荒巻朋子	東京学芸大学・青山学院大学・明治大学非常勤講師
板井美佐	城西国際大学人文科学研究科教授・大連工業大学外国語学院客員教授
太田陽子	一橋大学国際教育交流センター教授
坂本まり子	元東京大学留学生センター非常勤講師
杉本ろここ	元東京大学留学生センター非常勤講師
副島昭夫	元麗澤大学外国語学部教授
田代ひとみ	明治大学兼任講師・相模女子大学非常勤講師
野田景子	元東京大学大学院新領域創成科学研究科国際交流室
	非常勤講師
本郷智子	東京農工大学グローバル教育院教授

装幀・本文デザイン
山田武

日本語誤用辞典
外国人学習者の誤用から学ぶ
日本語の意味用法と指導のポイント

2010年4月6日　初版第1刷発行
2025年3月21日　第6刷発行

編著者	市川保子
著　者	浅山友貴　荒巻朋子　板井美佐　太田陽子　坂本まり子　杉本ろここ
	副島昭夫　田代ひとみ　野田景子　本郷智子
発行者	藤嵜政子
発　行	株式会社　スリーエーネットワーク
	〒102-0083　東京都千代田区麹町3丁目4番トラスティ麹町ビル2F
	電話　営業　03(5275)2722
	編集　03(5275)2725
	https://www.3anet.co.jp/
印　刷	倉敷印刷株式会社

ISBN978-4-88319-522-0 C0081

落丁・乱丁本はお取替えいたします。
本書の全部または一部を無断で複写複製（コピー）することは著作権法上での例外を除き、禁じられています。